Die Welt im Jahr 1000

Die Welt im Jahr 1000

Herausgegeben von Franz-Josef Brüggemeier
und Wolfgang Schenkluhn

In Zusammenarbeit mit
Georg Berkemer, Andreas Brockmann,
Stefan Eisenhofer, Gerhard Hoffmann,
Volkhard Huth, Wolfgang Reinhard und
Angela Schottenhammer

Herder
Freiburg · Basel · Wien

Alle Rechte vorbehalten – Printed in Germany
© Verlag Herder Freiburg im Breisgau 2000
Herstellung: J.P Himmer, Augsburg 2000
ISBN: 3-451-27090-0

Inhaltsverzeichnis

Vorwort 7
Einleitung 9

I. Zeitvorstellungen 24

1 Das Millennium 24
2 Zeit und Gesellschaft 29
3 Zyklische und lineare Zeit 41
4 Zeiten der Gefahr 43
5 Strukturierte Zeit:
  Die Kalendersysteme 45
6 Die Grundlagen der Kalender 50
7 Ausblick 60

II. Überlieferung 63

1 Der Mensch und die Schrift 63
  Exkurs: Zwischen Verleugnung
  und Erfindung – Zur Quellenproblematik der Geschichte Afrikas 76
2 Komponierte Geschichte: Der »gerade«
  und der »krumme« Pinsel 85
3 Worin dokumentiert sich die Welt
  des Jahres 1000? 95
4 Welt und Mensch im Bild:
  Kunst- und Kunsthandwerk 111

III. Agrarische Systeme 135

1 Voraussetzungen und Kenntnisse 135
2 Zentrale landwirtschaftliche Produkte 145
3 Ertragssteigerungen in der Landwirtschaft 156
4 Die Landbevölkerung 166
5 Der politische Rahmen 173
6 Ausblick 179

IV. Städte 182

1 Einleitung 182
2 Größenordnungen 184
3 Das Bild der Stadt 188
4 Städte in ihrem Umland 204
5 Staatliche Autoritäten und Stadt 205
6 Handwerk und Handwerker 211
7 Handel und Wandel 217
8 Stimmen zur Arbeit 222
9 Ethnische Verhältnisse 223
10 Städter und Probleme der Macht 224
11 Stadtleben zwischen Luxus und
   Gefahren 225
12 Vergnügungen 233
13 Bildung und Schulen 239
14 Religiosität und Rationalismus 247
15 Ausblick 249

V. Kommunikation, Transport und Verkehr 251

1 Grenzen der Welt 251
2 Vorstellungen über Fremde 253
3 Handelsbeziehungen 256
4 Handels- und Verkehrswege 258
5 Handelsprodukte und Handelsorganisation 270
6 Tausch- und Zahlungsmittel 275
7 Verständigung und Sprache 279
8 Nachrichtenübermittlung 281
9 Kriegerische Auseinandersetzungen und Diplomatie 283
10 Religion und Kunst 289
11 Wissenschaft, Sport und Spiel 295
12 Schlußbemerkungen 299

VI. Wege der Welt ins Jahr 2000 301

Glossar 318
Literaturliste 322
Abbildungsnachweis 333
Autorenverzeichnis 335

Vorwort

Im Jahr 2000 endet ein Jahrtausend, ein neues steht bevor. Diese Feststellung klingt banal, doch sie eröffnet ganz ungewohnte Perspektiven, wenn wir auf das Jahr 1000 zurückblicken. Denn der Blick zurück auf die »Welt im Jahr 1000« ist nicht nur ein Blick in die Vergangenheit; er erlaubt vor allem ein anderes Verständnis der Gegenwart und weist zugleich in die Zukunft.

Dieser Blick überwindet wie selbstverständlich eine zu kurz greifende, auf Europa beschränkte, westliche Sichtweise und ermöglicht ein Bild unserer Welt, das deren Vielfalt ebenso berücksichtigt wie die Eigenständigkeit und große Tradition der verschiedenen Kulturen. Er erlaubt es, deren heute noch beeindruckende Leistungen in Wissenschaft, Technik oder Kultur ebenso darzustellen wie die darin enthaltenen Anknüpfungspunkte für künftige Entwicklungen. Dieser Blick zeigt eine Welt, die durch nachhaltige Entwicklung genauso geprägt war wie durch eine vom Menschen schon weitgehend gestaltete Natur, und die ihre eigenen Grenzen des Wachstums kannte. Er stellt einen Zeitabschnitt vor, der in der westlichen Welt als ›dark ages‹ bezeichnet wird, wenig bekannt ist und gerade dadurch aber eine große Faszination ausübt, während andere Kulturen eine Blüte verzeichneten und in vielfältigen Kontakten miteinander standen.

Das vorliegende Buch soll diesen Blick ermöglichen und dazu einen Überblick über die »Welt im Jahr 1000« geben. Das ist keine einfache Aufgabe. Die Arbeit daran begann etwa 20 Monate vor der Drucklegung. Trotz des engen Zeitrahmens haben wir daran festgehalten, die Untersuchungen interdisziplinär durchzuführen und – aufbauend auf dem aktuellen Forschungsstand zu den einzelnen Zivilisationen der Welt um 1000 – kulturvergleichend zu arbeiten. Das konnte nur gelingen, weil uns ein Gremium von Beratern ganz uneigennützig unterstützt und vielfach Hilfe gewährt hat. Hiervon ausgehend haben wir die Schwerpunkte des Projekts auf die Themen Zeitvorstellungen, Überlieferungskultur, agrarische Strukturen, Städtewesen sowie Handel, Kommunikation und Verkehr gelegt. Parallel hierzu erarbeiteten die Mitarbeiter am vorliegenden Band eine Quellensammlung, die unter dem Titel »Menschen im Jahr 1000« bereits erschienen ist (Verlag Herder, Freiburg 1999). Teil des Projektes ist ferner eine Konferenz mit internationaler Beteiligung in Halle an der Saale.

Eine Publikation, deren Ziel es ist, auf dem Niveau moderner wissenschaftlicher Erkenntnisse einen Querschnitt über die Welt im Jahr 1000 zu geben, kommt ohne Illustrationen nicht aus. Die dem Band beigegebenen Abbildungen sind zahlreich, gleichwohl bewußt auf Artefakte aus dem hier angesprochenen Zeitraum beschränkt, um etwas von dem Geist der Zeit zu visualisieren, was durch Beispiele aus früheren oder späteren Epochen leicht verwischt würde.

Zu danken haben wir in erster Linie den Verfassern der Beiträge: Dr. Georg Berkemer, Dr. Andreas Brockmann, Dr. Stefan Eisenhofer, Dr. Gerhard Hoffmann, Dr. Volkhard Huth und Dr. Angela Schottenhammer. Sie haben die schwierige Aufgabe übernommen, nicht über ihre Spezialgebiete zu schreiben, sondern im thematischen Vergleich zu anderen Kulturen zu arbeiten. Erst deren Bereitschaft zur übergreifenden Betrachtung hat eine Realisierung der Themen möglich gemacht. Zu danken ist auch dem Projektbeirat: Prof. Dr. Ulrich Haarmann (†), Berlin, Prof. Dr. Ulrich Köhler, Freiburg, Prof. Dr. Ludolf Kuchenbuch, Hagen, Prof. Dr. Dieter Kuhn, Würzburg, und Prof. Dr. Hermann Kulke, Kiel. Der Beirat hat in vielen Sitzungen das Konzept und die Perspektiven des Projekts diskutiert und die Arbeit der Verfasser begleitet. Wichtige Unterstützung haben wir ferner erhalten von Prof. Dr. Roger Goepper, Köln, vor allem von Prof. Dr. Jürgen Osterhammel, Konstanz, der uns zu Beginn auf den richtigen Weg hinwies, von Jürg Steiner, der die ursprüngliche Idee zu einer Ausstellung mit entwickelt hat, von Prof. Dr. Wolfgang Reinhard, Freiburg, Prof. Dr. Ulrich Borsdorf, Essen, und Prof. Dr. Gottfried Korff, Tübingen.

Weiterer Dank geht an die Mitarbeiter der Institute der Herausgeber in Halle und Freiburg: Thomas Bauer, Dr. Jens Ivo Engels, Matthias Heiduk, Dr. Leonhard Helten, Peter Kramper, Annelies Kraneis, Florian Leuthner, Carsten Vogelpohl, Ingrid Wissner sowie für ihre Hilfe im Vorfeld an Dagmar-Gun Helke und Prof. Dr. Gunnar Brands.

Schließlich ist die großzügige Unterstützung durch die Volkswagenstiftung zu betonen. Ursprünglich sollte die »Welt im Jahr 1000« als Ausstellung im Themenpark der Expo 2000 in Hannover behandelt werden, unser Vorhaben war als wissenschaftliches Begleitprojekt zu dieser Ausstellung konzipiert. Leider wird dieses Thema in Hannover nur noch in reduziertem Umfange dargestellt. Die Volkswagenstiftung hat dennoch das Projekt weiterhin unterstützt und es so ermöglicht, das vorliegende Buch zu erstellen, das – so hoffen wir – einen Eindruck von der Faszination der »Welt im Jahr 1000« vermittelt und zeigt, wie interessant und aufschlußreich es für uns ist, sich damit zu befassen.

Zum Schluß einige technische Anmerkungen. Um die Lesbarkeit dieses Buches zu erhöhen, haben wir die Zahl der Anmerkungen auf ein Mindestmaß reduziert. Aus demselben Grund haben wir auch den Gebrauch fremdsprachiger Ausdrücke klein gehalten. Das ist den Autoren, die ausgewiesene Kenner »ihrer« Regionen sind, nicht leicht gefallen, doch sie haben es angesichts des zu erwartenden Leserkreises akzeptiert. Schließlich konnten wir aus Platzgründen in die Literaturliste nur einen kleinen Teil der tatsächlich benutzten Titel aufnehmen. Das ist besonders bedauerlich, denn ein vergleichbares Buch, das in einem Querschnitt dieselbe – oder eine andere – Epoche behandelt, dazu weltweit und auf vergleichende Weise, ist uns nicht bekannt. Diese Feststellung gilt nicht nur für den deutschsprachigen Raum, sondern, soweit wir ermitteln konnten, auch international. Unter all den verschiedenen Rückblicken und Chronologien, die anläßlich des Millenniums erschienen sind, hat keines eine vergleichbare Perspektive eingenommen.

Vielleicht haben sich deren Autoren auch nur deshalb beschränkt, weil sie vorsichtiger waren als wir, denn das Thema dieser Publikation und sein methodisches Vorgehen bergen ein hohes Risiko. Das ist uns nur zu bewußt. Doch wir glauben, daß derartige Darstellungen überfällig sind. Fraglos werden spätere Vorhaben vieles besser machen. Doch ein Anfang ist gemacht. Und der ist, wie wir alle wissen, immer besonders schwer.

Freiburg/Halle im Januar 2000

Einleitung

Ein Jahrtausend wechselt

Das Jahr 2000 hat begonnen, die vorhergesagten Katastrophen sind nicht eingetreten. Eigentlich hat sich fast nichts geändert. Das war zu erwarten, denn warum sollte eine bloße Datumsänderung weitreichende Auswirkungen haben, zumal – genau genommen – das neue Jahrtausend erst mit dem kommenden Jahreswechsel beginnt. Auch wissen wir, daß viele Kulturen aus unterschiedlichen Gründen ganz verschiedene Zeitrechnungen haben. Und dennoch: Es macht Sinn, bei runden Daten innezuhalten und nach vorne, vor allem aber auch nach hinten zu blicken. Das ist in den letzten Jahren und Monaten vielfach geschehen. Das Angebot reicht von kurzen Features über mehrteilige Sendungen bis hin zu tiefgründigen Essays, die Aufschluß über den geschichtlichen Weg der Welt am Ende des 20. Jahrhunderts geben.

Diese Rückblicke schauen unterschiedlich weit zurück. Die meisten haben sich auf das letzte Jahrhundert beschränkt, einige auf das abgelaufene Jahrtausend, und nur wenige haben auch die Zeit davor behandelt. Dabei standen und stehen sie alle vor dem Problem, eine ungeheure Vielzahl von Entwicklungen, Veränderungen und Ereignissen behandeln zu müssen, was die Setzung klarer Schwerpunkte verlangt. Leider führt das in der Regel dazu, die Geschichte der eigenen Nation, eventuell noch die eines Kontinents in den Mittelpunkt zu stellen, die anderen hingegen auszuklammern. Allerdings stellt sich bei einer globalen Perspektive nicht nur das Problem der Materialfülle, sondern vielmehr die viel größere Schwierigkeit, Fragestellungen und Gesichtspunkte zu formulieren, die die Geschichte der ganzen Welt betreffen. Sollen wir die zurückliegenden Jahrhunderte mit dem Blick des hochindustrialisierten Westens betrachten, oder mit dem Chinas oder Afrikas? Ist dafür die christlich geprägte Kultur Europas maßgebend, oder nicht vielmehr die anderer Religionen? Ferner: in welcher Beziehung haben die verschiedenen Kulturen und Regionen zueinander gestanden? Haben sie sich eher unabhängig voneinander entwickelt, oder wie – und ab wann – haben sie sich gegenseitig beeinflußt?

Es fällt schwer, auf derartige Fragen befriedigende Antworten zu geben. Dazu sind die Bemühungen, eine Geschichte unserer Welt zu schreiben, noch zu jung, die entsprechenden Ansätze zu wenig entwickelt. Das vorliegende Buch verfolgt deshalb ein anderes Ziel. Es bietet keine Darstellung, die mehrere Jahrhunderte umfaßt, und greift auch nicht eine bestimmte Entwicklung heraus, die sich durchgesetzt hat. Vielmehr steht im Mittelpunkt ein eigener Zeitabschnitt: »Die Welt im Jahr 1000«. Über diesen Abschnitt gibt das Buch einen Überblick, behandelt ganz verschiedene Regionen und Kulturen, unter denen Europa eine eher geringe Rolle spielte, und will vor allem deren Vielfalt und Eigenständigkeit aufzeigen, die bei der Einordnung in langfristige Entwicklungen meist verlorengehen. Aus diesem Grund konzentriert sich die Darstellung auch auf die enge Zeitspanne um das Jahr 1000.

Für die Mehrheit der heute Lebenden, gerade in Europa, verkörpert das Jahr 1000 eine weitgehend entschwundene Welt. Wie waren Kultur und Gesellschaft verfaßt? Gab es damals schon das Bewußtsein von einer Jahrtausendschwelle? Erwartete man den Jahrtausendwechsel mit Ängsten oder mit Hoffnungen? Wie und wovon lebten die Menschen auf dem Globus, wie verteilten sie sich auf die einzelnen Regionen, welche Kulturen gab es? Was wußten sie voneinander, wie gingen sie miteinander um? Welche Rolle spielte Europa in der damaligen Welt? Was wissen wir oder können wir von den damals Lebenden heute noch wissen? Und ist etwas für uns, im Jahr 2000, aus dieser fernen Welt geblieben?

Von diesen Fragen geht das vorliegende Buch aus und will zeigen, welch überraschende Vielfalt die Welt vor 1000 Jahren besaß, worin sie uns verblüffend ähnlich und worin sie uns erstaunlich fremd ist. So ist von beeindruckenden Leistungen ebenso zu berichten wie von uns heute unverständlichen Denk- und Verhaltensweisen. Gerade die Ferne und auch die Unschärfe der damaligen Kulturen, die den Reiz des Unbekannten ausmachen, lassen uns den Abstand klarer ermessen und unseren eigenen Standort besser erkennen.

Das 20. Jahrhundert war eine Epoche großer Grausamkeiten und zugleich großer Entdeckungen. Einerseits brutalste Kriege, andererseits ein Vordringen in Makro- und Mikrowelten, von denen kein Zeitalter zuvor auch nur etwas ahnte, und diese Entwicklungen auf der Basis einer unglaublichen Mobilität, Kommunikation und Beschleunigung aller Lebensverhältnisse, die noch lange nicht an ihr Ende gekommen sind. Vielmehr scheint diese rasende Bewegung eine virtuelle Welt neben der realen zu erschaffen, so daß uns schon die jüngste Vergangenheit wie ein ferner Spiegel erscheint. Um wieviel fremder und unverständlicher muß uns dann eine Welt vorkommen, die vor 1000 Jahren existierte.

Begleitet, wenn nicht sogar verursacht, wird diese Entwicklung durch eine Bevölkerungsexplosion, die die Welten früherer Zeiten als leer empfinden läßt. So hat sich die Weltbevölkerung dieser Tage seit 1960 verdoppelt. 6 Milliarden Menschen leben heute auf unserem Globus gegenüber geschätzten 250 Millionen im Jahr 1000. Erst im 17. Jahrhundert wurde daraus eine halbe, Anfang des 19. Jahrhunderts eine ganze Milliarde. Es handelt sich dabei um eine in Bewegung gesetzte Masse, deren Wachstum sich in einer parabelförmigen Kurve beschleunigt. Für die einen befindet sie sich dabei auf dem Weg in eine »höhere« und bessere Zukunft, für die anderen schwebt sie über dem Abgrund. Beides ist wahrscheinlich richtig: Megalomane Städte, Ausbeutung der Ressourcen und kaum lösbare Umweltprobleme, die wenig Gutes ahnen lassen, einerseits, andererseits ein technischer und medizinischer Fortschritt und ein für viele nie gekanntes Lebensniveau mit unglaublichen Möglichkeiten, die Jules Vernes Utopien wie blasse Gedankenspielchen erscheinen lassen. Längst brauchen wir keine 80 Tage mehr um die Welt, man kann heute problemlos mit den Zeitzonen um den Globus reisen und im Flugzeug 24 Stunden den Beginn des neuen Millenniums feiern. Doch wie weit kam man dagegen in 24 Stunden im Jahr 1000?

Die »Welt im Jahr 1000« war im Kontrast zu heute weder eine »One World« noch eine Welt der Massen, sondern eine Welt der Vielfalt und ein weiter menschenleerer Raum. Ungeheure Distanzen, die hohe Grenzen setzten, lassen fragen, wer wen kannte bzw. wer überhaupt wen kennen konnte? Von der geschätzten Viertelmilliarde Menschen lebte gerade einmal ein Zehntel in Europa. Frankreich, Italien, Spanien stellten mit 18 Millionen das Gros, nur ganze 4 Millionen lebten in Deutschland und Skandinavien, eine Einwohnerzahl, die allein der Raum Berlin heute bereits um die Hälfte übersteigt. So konnten in Europa in politischer, wirtschaftlicher und kultureller Hinsicht kaum nachhaltige Prozesse in Gang kommen, Stabilität gab es wohl nur auf einem sehr niedrigen Niveau, und von überregionaler Bedeutung war wenig zu spüren.

Tatsächlich spielte Europa, mit Ausnahme der Gebiete, die zum Byzantinischen Reich und zum arabischen Spanien zählten, in der

»Welt im Jahr 1000« eine höchst untergeordnete Rolle. Kaum ein Fremder verirrte sich in die kleinteilige, mit Wald und Gebirge durchzogenen Landschaften Zentraleuropas. Der Vorstoß der Araber ins Innere des Kontinents wurde zwar aufgehalten, weil ihnen Karl Martell 732 bei Poitiers eine Niederlage beibrachte, doch erzählt man sich jenseits der Geschichtswissenschaft, die Araber wären wegen der dichten Wälder und dem andauernden Regen in Westfrankreich sowieso umgekehrt. Wahrscheinlich besiegelte Karl Martell nur das Ende einer Razzia. Aber auch wegen christlicher Feindseligkeit und geringer wirtschaftlicher Möglichkeiten besuchten Reisende aus islamischen Regionen mitteleuropäische Gegenden nur selten und widerwillig. So sind die Zeugnisse von Nichteuropäern über das damalige Europa ausgesprochen rar und in der Regel wenig vorteilhaft.

Umgekehrt wußte man in Europa auch wenig von der Welt, da es über zufällige Berührungen hinaus keine nachhaltigen Kulturkontakte gab. Die christliche Weltkarte um 1000 war in den Köpfen eine durch Heilsgewißheit bestimmte Geographie. In der Vorstellung handelte es sich um eine flache Scheibe mit den drei »bekannten« Kontinenten Europa, Afrika und Asien und der Stadt Jerusalem im Zentrum. Im Osten, der auf der Karte oben lag, befand sich am Rand der Scheibe, völlig unerreichbar, das Paradies. Am meisten wußte man natürlich über Byzanz, dessen Glanz und Reichtum den Oberschichten im »Abendland« Vorbild war. Kaum einer war aber des Griechischen oder Arabischen mächtig, immer brauchte man Dolmetscher, und selbst Berichte »weltgewandter« Persönlichkeiten wie Liutprand von Cremona, der Gesandter und Brautwerber in Konstantinopel im Dienste Ottos II. war, lassen Animositäten zwischen den Kulturen erkennen. Aber auch innerhalb Europas waren noch im 12. Jahrhundert über so manche Völker und Gegenden die abenteuerlichsten Erzählungen in Umlauf. Erst im Zeitalter der Gotik scheint es zu einer gewissen Internationalität auf dem Kontinent gekommen zu sein.

Trotzdem fällt ein Ereignis wie die Entdeckung Amerikas wahrscheinlich genau in das Jahr 1000 und wurde nicht von Vertretern der Hochkulturen vollbracht. Es war der Wikinger Leif Eriksson, der Sohn Erichs des Roten, der von Grönland aus den Nordosten des amerikanischen Kontinents erreichte. Es soll sogar zu mehreren Besiedlungsversuchen gekommen sein, die von den Einheimischen jedoch vereitelt wurden. Die legendäre Tat wurde in Europa kaum zur Kenntnis genommen, erst Adam von Bremen erwähnt sie 1075. Ob die Entdeckung von »Vinland«, wie man Amerika damals nannte, wirklich stattfand, wissen wir bis heute nicht zuverlässig, doch deuten archäologische Spuren in Neufundland, die wohl skandinavischen Ursprungs sind, auf dieses Geschehen im Jahre 1000 hin.

Wahrscheinlich konnte nur der Wagemut und die Neugier der – für die Christen – heidnischen Nordmänner eine solche Entdeckung möglich machen. Dem Kalkül der arabisch-asiatischen Fernhandelsleute war ein solches Vorgehen ebenso fremd wie den lateinischen Christen. Die Mitteleuropäer richteten ihre Energien auf die Eroberung und Missionierung des Ostens, aus dem um die Mitte des 10. Jahrhunderts die ungarischen Reiterheere gekommen waren und wo die Slawen erfolgreiche Aufstände probten. So entstanden wohl in dem Jahr, in dem Leif Eriksson Vinland betrat, die christlichen Königreiche von Polen und Ungarn.

Die geringe Bedeutung Nordamerikas und die Randlage Europas in der damaligen Welt erleichtert es uns, den Blick, der am Ende des 20. Jahrhunderts so sehr auf den euro-amerikanischen Bereich fixiert ist, auf Kulturen zu lenken, die außerhalb dieses Bereiches lagen, damals aber von entscheidender Bedeutung waren und es im 21. Jahrhundert möglicherweise wieder sein werden. Gemeint sind die großen Zivilisationen im gesamten nordafrikanisch-asiatischen Raum, von den arabischen und byzantinischen Ländern über Indien, Südostasien bis hin zu China, die das Bild der Welt im Jahr 1000 prägten. Neben den von den anderen Kontinenten isolierten Hochkulturen Mittelamerikas lagen hier die Zentren der Welt: riesige Städte mit hohen Einwohnerzahlen, die regen Handel miteinander trieben, vielfältige Kontakte untereinander besaßen und die Länder Klein-, Mittel- und Ostasiens eng zusammenbanden.

An der Nahtstelle zwischen Europa und Asien lag das Byzantinische Reich, das unter Kaiser Basileios II. (976-1025) seine größte Ausdehnung erreichte. Es umfaßte nicht nur das Gebiet der heutigen Türkei, einschließlich Armeniens, sondern ganz Südosteuropa, Griechenland und den Balkanraum sowie große Teile Süditaliens. In langen Kämpfen, die das 10. Jahrhundert bis über die Jahrtausendschwelle hinweg andauerten, schlugen die Byzantiner Bulgaren, Russen und Slawen zurück und restituierten viele Gebiete, die dem Reich in den Jahrhunderten zuvor verlorengegangen waren. So stand Byzanz unter Basileios II. auf dem Gipfel seiner politischen und militärischen Macht. Man selbst verstand sich als Oströmisches Imperium, die Bezeichnung »byzantinisch« wurde dem Reich erst nach seinem Untergang im 15. Jahrhundert gegeben. Die spätrömische Staatstradition war auch Grundlage der byzantinischen Herrschaft. Der theokratische Kaiser regierte den Staat durch eine einheitliche, überall gültige Rechtsordnung, gestützt auf einen straff zentralisierten Verwaltungsapparat und eine gut organisierte Armee. Die Hauptstadt Konstantinopel war streng genommen die einzige Stadt, die diesen Namen in Europa im Jahr 1000 verdiente. Eine halbe Million Menschen bewohnten diese stärkste Festung des Mittelmeerraumes, die ein Ort hochdifferenzierten Handwerks und Gewerbes war, große Manufakturen besaß und mit aller Welt Handel trieb.

Die am weitesten entwickelten Kulturen der Welt fanden sich um 1000 vor allem in Ostasien sowie im Vorderen und Mittleren Orient. An erster Stelle ist China zu nennen, das im 8. Jahrhundert unter der Tang-Dynastie einen Höhepunkt seiner kulturellen Ausstrahlung in Asien erreichte. 300 Jahre lang, von 960 bis 1279, herrschte die Familie Zhao der Song-Dynastie über ein Territorium von knapp drei Millionen km². Zum Vergleich: Im selben Zeitraum erlebte das kleine Mitteleuropa die Herrschaft dreier kaiserlicher Dynastien, der Ottonen (962-1024), Salier (1024-1125) und Staufer (1138-1250). Zu Beginn der Song-Zeit wurde das Land geeint, der Staat politisch und wirtschaftlich reformiert. In der Verwaltung wurde die Aristokratie durch »Beamtengelehrte« abgelöst, worin man gern das Ende des »chinesischen Mittelalters« und den Beginn der »Neuzeit« sieht. Ziele der Regierung waren der Ausbau der Zentralgewalt, die Schaffung einer zivilen Ordnung und die Zurückdrängung des militärischen Einflusses. Steuern wurden nicht mehr nur natural, sondern in Geldwerten erhoben, so daß es zum Aufschwung der Geldwirtschaft kam. Staatliche Monopole über gewisse Erzeugnisse wie Textilien, Getreide, Metalle, Salz, Tee und Alkohol brachten Einnahmen und schützten vor ausländischer Konkurrenz. Im Bereich des Handwerks entfaltete sich mit der Seiden- und Porzellanproduktion ein staatliches Manufakturwesen. Schließlich nahm der maritime Handel zu, und es entstanden blühende Handelsstädte sowie eine eigene Schiffbauindustrie.

Im Jahre 1000 befand sich Japan inmitten der Heian-Periode (794-1185), die auch als Fujiwara-Zeit bekannt ist, benannt nach den zahlreichen Regenten, die diese Familie stellte. Der Kaiser hatte seine politische Macht weitgehend eingebüßt und fungierte mehr als geistiges Oberhaupt der Nation. Wie in China hatte sich ein Beamtenstaat etabliert, die Verwaltungsstrukturen bestimmte die Fujiwara-

Familie, auch auf dem Land herrschte ein patrimoniales System. Der Hof residierte in Heiankyô (Kyôto), der Hauptstadt des Landes, mit großem Glanz und Luxus. Es war die klassische Zeit der Aristokratie. Wissenschaft und Kunst erlebten einen neuen Aufschwung, und der Einfluß der chinesischen Kultur ging allmählich zugunsten eigenständiger Entwicklungen zurück. Es gab bereits eine ausgeprägte Prosaliteratur, die in dem Roman *Genji-Monogatari* der Hofdame Murasaki Shikibu (975-1031) ihren Höhepunkt fand. Die lang andauernde Heian-Periode brachte auch eine deutliche Verbesserung der Infrastruktur des Landes und eine Förderung des wirtschaftlichen Lebens.

Der indische Subkontinent wurde um das Jahr 1000 von autokratischen Königen regiert, die sich ebenfalls einer ausgedehnten Beamtenschaft bedienten. Den Norden des Landes beherrschte die Pala-Dynastie (740-1125), die sich zum Buddhismus bekannte und die heiligen Stätten pflegte. Hier existierten, wie etwa in Nalanda, große und weithin berühmte Klosteruniversitäten. Westlich davon breitete sich das Ghaznawiden-Reich aus, das durch die Eroberungszüge des Mahmud von Ghazni zwischen 998 bis 1030 entstand und dem Panjab die Islamisierung brachte. Ganz im Norden, in Kaschmir, einem wichtigen Zentrum der Sanskrit-Literatur, zerfiel gerade die Macht der Utpala-Dynastie, die hier von 855 bis 1003 regierte. Hingegen nahm in Südindien unter Rājarāja I. (985-1014) die Tamilen-Dynastie der Cola ihren Aufstieg und herrschte schließlich vom Ganges bis nach Ceylon, Malaya und Sumatra.

Auf der Arabischen Halbinsel, in Vorder- und Mittelasien, Nordafrika und Spanien hatte sich seit dem 7. Jahrhundert eine einheitliche arabisch-islamische Kulturzone entwickelt, in der viele Völker lebten. In diesem Großreich herrschten offiziell die Abbasiden (750-1258), doch diese Kalifen von Bagdad waren seit 936 auf religiöse Funktionen beschränkt. Und im Jahr 969 hatten die Fatimiden Kairo zur Hauptstadt eines weiteren Kalifats gemacht, das die Herrschaft über den gesamten islamischen Bereich anstrebte. Nach der Eroberung von Teilen Syriens und Mesopotamiens kontrollierten sie die islamische Welt vom Euphrat bis zum Atlantik. Der fatimidische Verwaltungsapparat bestand weitgehend aus Nichtmuslimen und zeichnete sich lange Zeit durch Effektivität und Toleranz aus. Im islamischen Spanien hatten sich seit dem Jahr 756 die Omaijaden-Emire von der politischen Kontrolle Bagdads gelöst und behaupteten von 929 bis 1031 ein eigenständiges Kalifat. Um 1000 war die maurische Kultur auf ihrem Höhepunkt und erreichte unter al-Mansur (977-1002) noch einmal die Herrschaft über den größten Teil Spaniens bis zu den Pyrenäen.

Von der übrigen Welt wohl weitgehend abgesondert, entwickelten sich die mittelamerikanischen Hochkulturen. In das Hochland von Mexiko drangen im 9. Jahrhundert, aus dem Norden kommend, die Tolteken ein und gründeten ihre Hauptstadt Tollan nordwestlich von der bereits verlassenen Metropole Teotihuacan. Die Tolteken traten, wenn auch im kleinen Maßstab, die Nachfolge dieser einst fast ganz Mesoamerika einenden Hochkultur an und setzten neue Akzente in der Architektur der Zeremonialzentren und der Keramik. Einer ihrer Herrscher und Oberpriester war der legendäre Quetzalcoatl, die »Gefiederte Schlange«. Er zog um 1000 mit seinen Anhängern an die Golfküste und löste der Legende nach eine zweite Blüte der Maya-Kultur im Norden der Halbinsel Yukatan aus. Neues Zentrum der Macht wurde Chichén Itzá, das noch heute unübersehbar von toltekischen Einflüssen in seiner Architektur geprägt ist. Die toltekische Kultur begann um 1000 ihren Zenit zu überschreiten, und Tollan wurde in der Mitte des 12. Jahrhunderts zerstört.

Um Eigenart und Zusammenhang dieser Welt um 1000 geht es in den folgenden Beiträgen. Nicht daß neben Europa/Byzanz, den Gebieten des Islam, Indien, China und Mesoamerika keine weiteren Kulturen existiert hätten, aber von vielen ist für die Zeit um 1000 nichts oder nur wenig bekannt, was an der schwierigen Überlieferung, fehlenden Zeugnissen oder einer schwachen Forschungslage liegt, aber auch an der bewußten Zerstörung bestehender Traditionen durch die späteren Kolonialmächte. So mußten die Nomadenvölker Zentralasiens, die Pueblokulturen im Südwesten der heutigen USA, die andinen Kulturen, die Verhältnisse in Australien, Neuseeland und der südpazifischen Welt ausgespart bleiben. Auch die nordeuropäischen Kulturen oder Rußland und das Kiewer Reich sind nur in Ansätzen berücksichtigt. Ausführlicher behandelt hingegen wird das subsaharische Afrika, das (nicht nur) für die Zeit um 1000 ein unterschätzter Kontinent ist. Tatsächlich waren weite Teile Afrikas in vielfacher Weise mit dem nordafrikanisch-asiatischen Raum verbunden und wiesen bemerkenswerte eigene Kulturen auf. Zudem sind sie auch deshalb von Interesse, weil sich hieran exemplarisch die Probleme aufzeigen lassen, die bei der historischen Erforschung von Kulturen entstehen, die (noch) nicht schriftlich verfaßt waren und/oder eine besonders schlechte bzw. bisher kaum erforschte Überlieferung besitzen.

So hat dieses Buch nicht alle Kulturen im Blick. Doch die Beschränkung in der Auswahl auf die »großen« Zivilisationen der Zeit hat den Vorteil der Überschaubarkeit und der Vergleichbarkeit. Den Beiträgen geht es dabei nicht um eine Vollständigkeit aller kulturellen Erscheinungen in der Welt um 1000, sie wollen vielmehr bestimmte und bestimmende Strukturen aufzeigen. Deshalb bestand das Ziel auch nicht darin, möglichst viele kulturgeschichtliche Phänomene in Politik, Religion, Kunst und Alltagsgeschehen zu behandeln und sie für Europa, Afrika, Asien oder Mesoamerika wie in einem Lexikon darzustellen. Angestrebt ist vielmehr eine integrative Betrachtung, eine Zusammenschau im Hinblick auf fünf Schwerpunktthemen: Zeitvorstellungen, Überlieferungskultur, agrarische Systeme, Städtewesen sowie Kommunikation, Transport und Verkehr.

Das erste Kapitel behandelt Zeitvorstellungen. Einleitend stellt es die Frage, welche Rolle das Jahr 1000 für die damaligen Menschen spielte, und untersucht daran anschließend, welche Vorstellungen von der Zeit die Menschen im Jahre 1000 überhaupt hatten, wie sie Zeit empfanden und wie sie diese maßen. Der überwiegende Teil von ihnen lebte und arbeitete auf dem Lande und stand unter dem Einfluß der natürlichen Zeit: dem Wechsel von Tag und Nacht, dem Sonnenstand sowie der Jahreszeiten. Daneben gab es sakrale, kosmologische, dynastische, ursprungsmythische Zeiten, die verschiedene gesellschaftliche Gruppen in unterschiedliche Zeitkorsetts schnürten, wie etwa die Mönche und Priester im »Abendland«, wo Bezüge zur Bibel und Heilserwartungen den Tagesablauf und das Kirchenjahr regelten. Doch auch hierbei gab es keine einheitlichen Jahresanfänge oder Jahreszahlen. Überall wurde Zeit anders gerechnet, da die Bezugssysteme sich schon regional stark unterschieden. Vor tausend Jahren lebte man in unüberschaubaren Zeiten. Auch gab es keine weitgreifenden Endzeiterwartungen, die sich ja heute übrigens nicht mehr vorwiegend aus religiösen Vorstellungen speisen, sondern in erster Linie aus Computerfehlern, einem möglichen Aussetzen der elektronischen Zeit. Mithin ist das Jahr 1000 ein fiktiver Zeitpunkt, dessen Bedeutung sich weniger von damals als vielmehr von unserem Zeitverständnis her bemißt.

Dieser Befund verweist einmal mehr darauf, daß unser Interesse an Geschichte wesentlich durch unsere eigenen Erfahrungen geprägt ist, so daß wir fragen müssen: Was wissen wir eigentlich über die damaligen Kulturen, worauf gründet sich unser Wissen? Können wir empirisch abgesicherte Aussagen treffen, oder müssen wir über diese Zeit weitgehend spekulieren? Davon handelt das zweite Kapitel. Grundlage allen Verständnisses bilden Sachzeugen wie Schriftquellen, archäologische Funde, Bildquellen u. a. m. Sie zusammen bilden eine Überlieferungskultur, die sich, wie die Zeitvorstellungen, für jede Region höchst unterschiedlich gestaltet. Geschichtliche Kenntnis wächst vor allem aus schriftlichen Quellen und überlieferten Objekten, was mündliche und nomadische Kulturen aller Zeiten zwangsläufig benachteiligt. Leider wird vielfach von dem Fehlen derartiger Überlieferungen auf die Kulturhöhe von Zivilisationen geschlossen, was falsch ist. Nichtschriftlichkeit und Fehlen von archäologischen Befunden bedeutet weder einen vorgeschichtlichen noch einen geschichtslosen Zustand, wofür das subsaharische Afrika ein schlagendes Beispiel liefert. Hier ist die orale Überlieferung meist spät und häufig nach europäischen Standards aufgeschrieben worden und materielle Zeugnisse sind, soweit man nach ihnen überhaupt geforscht hat, vielfach dem Klima zum Opfer gefallen. So kann man nur schwer etwas wissen. Dennoch deuten die in jüngster Zeit erlangten Erkenntnisse für die Zeit um 1000 schon auf zwar schriftlose, aber innovative und hoch organisierte Kulturen in Afrika und nicht auf einen Kontinent des Stillstands.

Werden die Lebensumstände in der Welt im Jahr 1000 quellenmäßig auch nur höchst unterschiedlich greifbar, in Mesoamerika etwa hauptsächlich über Artefakte und Archäologie, in China darüber hinaus durch Schriftzeugnisse und Philologie, so eint alle Kulturen doch der Umstand, daß sie damals im wesentlichen agrarisch verfaßt waren. Verschieden waren jedoch – wie das dritte Kapitel zeigt – die Formen, unter denen man Landwirtschaft betrieb, auch die Techniken, die man anwandte, und die Erträge, die daraus resultierten. Überall gab es aber bestimmte Grundnahrungsmittel, deren Erzeugung die größte Anstrengung innerhalb des jeweiligen agrarischen Systems galt. Aus der Landwirtschaft zogen Obrigkeiten Steuern und Abgaben, auf ihrer Grundlage ruhte die gesellschaftliche und politische Struktur der einzelnen Kulturen, ob in Mesoamerika, Europa, China, Byzanz oder der islamischen Welt. Ihre relative Stabilität gewannen die agrarischen Systeme aber nicht aus einer nachhaltigen Wirtschaftsweise, dazu waren die Kenntnisse über die natürlichen Zusammenhänge und der Einfluß auf die Naturgewalten noch zu gering, sondern aus dem niedrigen Niveau der Produktion und dem Umgang mit Naturkatastrophen, Mißernten und Versorgungskrisen. Ein Entzug der Lebensgrundlagen durch Übervölkerung, Überbeanspruchung der Ressourcen oder falsche Agrartechnologien kam, vielleicht mit Ausnahme der Maya-Kultur, nicht vor. Eher waren es fiskalische und politische Gründe, die ein landwirtschaftliches System scheitern ließen.

Um 1000 lebten knapp zehn Prozent der Weltbevölkerung in Städten, wohingegen es heute fast fünfzig Prozent sind. Trotzdem waren Städte, die das Thema des vierten Kapitels bilden, keine unbedeutenden Orte, schon gar nicht in den entwickelten Kulturen, in denen sie als politische, wirtschaftliche und kulturelle Zentren fungierten. Vor allem in China gab es bereits eine hochentwickelte Stadtkultur, umfangreichen Handel, Produktion und Bildung. Hier konzentrierten sich der Reichtum, die Verwaltung und, insbesondere in Indien, auch die Religion, etwa in Form bedeutender Pilgerstätten. Die Hauptstädte Ost- und Südasiens, meist regelmäßig angelegte Gründungen mit klarer Gliederung in Rücksicht auf gesellschaftliche Hierarchien und Funktionen, erreichten bereits bis zu einer halben Million Einwohner und waren flächenmäßig um ein Vielfaches größer als alle vergleichbaren europäischen Städte, mit Ausnahme von Byzanz. Allein die kaiserlichen Residenzen innerhalb der Städte von Kaifeng und Kyôto übertrafen die damalige Ausdehnung von Köln, Paris oder London. Waren in China die Großstädte geprägt von Märkten, Geschäften, den Werkstätten der Handwerker, Vergnügungslokalen und den Häusern hoher Beamter, so standen in Indien und Mesoamerika die Tempelanlagen im Zentrum, in den islamischen Ländern Moschee und Bazar. Sichtbare Zeichen sakraler Präsenz waren dabei weltweit vorhanden, ob Pagode, Minarett oder die himmelragenden pyramidalen bzw. parabelförmigen Türme *(shikara)* indischer Tempel. In Europa entstanden um 1000 an den Bischofskirchen der Städte gerade die ersten Doppelturmfassaden. Zusammen mit den Querhaus- und Chorflankentürmen entwickelten sich daraus das Stadtbild prägende Sakralbauten. Deren Präsenz in den Städten dürfte eine wichtige Gemeinsamkeit der meisten hier betrachteten Kulturen darstellen.

Die Versorgung der großen Städte brauchte ein weit entwickeltes und gut funktionierendes Verhältnis zum Umland. Kommunikationsmöglichkeiten und ein ausgebautes Verkehrswegenetz, das Thema des fünften Kapitels, waren hierfür unabdingbar. Aber auch von Stadt zu Stadt, im überregionalen, länderübergreifenden Handel waren Wege und Straßen, ob zu Land oder zu Wasser, eine wichtige Voraussetzung für den wirtschaftlichen Austausch. Neben dem Handel bestimmten vor allem politische und religiöse Interessen die damaligen Formen von Kommunikation. So zählen zu ihr auch kriegerische Auseinandersetzungen, Diplomatie und Missionsarbeit. Man wußte voneinander das, was Kaufleute, Krieger, Diplomaten, Mönche und Pilger an Informationen über fremde Kulturen mitbrachten. Nur die letzte Kategorie umfaßte in den Ländern des Islam und Buddhismus größere Gruppen, der gewöhnliche Mensch reiste nicht. Der Weg der Güter und Kriege war auch der von Wissenschaft und Technik, von Kunst und Religion. Manchmal beinhaltete er auch alles auf einmal, wenn beispielsweise die Wikinger erst tauschten und anschließend die Häfen, in denen sie handelten, plünderten.

Und doch brachten Kommunikation und Handel Ideen oder neue Techniken nur sehr langsam von einem Ende der Welt zum anderen. Starke eigene Traditionen, gepaart mit Desinteresse, verhinderten eine oftmals schneller denkbare Adaption verschiedenster Verfahren und Kenntnisse. Vieles blieb regional und wurde nicht weitergegeben, anderes hingegen als Luxusware oder Kunstwerk über große Entfernungen hinweg ausgetauscht, wie etwa Stoffe aus Ost- und Mittelasien in Europa belegen. Das Potential der Handelswege offenbart hingegen die Nachrichtenübermittlung, vor allem im Kriegsfall, wo beispielsweise die Schnelligkeit postalischer Dienste über den asiatischen Kontinent verblüfft. So war die Höhe der Kommunikation nicht nur von technischen, sondern wie auch heute noch von gesellschaftlichen Umständen abhängig, eine Frage der Notwendigkeit und Akzeptanz.

Zusammengefaßt lag der Schwerpunkt der »Welt im Jahr 1000« fraglos auf dem asiatischen Kontinent, wozu die Arabische Halbinsel zählt und zumindest Nordafrika hinzugedacht werden muß. Hier und nicht in Europa hatten die Kulturen einen beeindruckenden Stand erreicht, der in Mesoamerika bereits überschritten war. Dieser Zenit war die Folge langer Entwicklungsprozesse, deren entscheidende Phase in China und Indien schon mehrere Jahrhunderte zurücklag. Dies vermögen insbesondere Kunst und Architektur zu zeigen. Die klassischen Typen, Motive und Formen der Malerei und Skulptur wurden bereits in der Zeit vom 5. bis 9. Jahrhundert geprägt, so daß um 1000 schon eine traditionelle, verfeinerte Kunstübung herrschte. Auch in den islamischen Gebieten war das ähnlich. Aber es ist auch ein gewisser Neuanfang mit der Song-Dynastie in China und den Ottonen in Europa verbunden. Überall war Bewegung: Während die lateinischen Christen nach Osten expandierten, standen die Muslime in Europa vor dem Rückzug, in Mittelasien hingegen vor neuen Eroberungen. So ist es nicht nur schwierig, in der damaligen Welt den Zeitpunkt »1000« zu bestimmen, sondern auch eine Charakteristik für die »Welt im Jahr 1000« auszumachen, die sie aus der geschichtlichen Entwicklung hervorhebt. Auf den Punkt bezogen, erkennt man keine entscheidenden Weichenstellungen. Auffällig ist vielmehr eine festliegende Rollenverteilung: Es gab führende Kulturen, große Reiche mit lang herrschenden Dynastien, denen gegenüber Europa nichts Vergleichbares zu bieten hatte. Seine geographische Lage, geringe Ausdehnung, niedrige Einwohnerzahl sowie seine sprachliche, kulturelle und politische Zersplitterung waren das Gegenteil dessen, was für eine Hochkultur der damaligen Zeit Existenzvoraussetzung war. Nichts deutet um 1000 darauf hin, daß dieser kleinteilige, inhomogene Kontinent in globaler Perspektive auch nur irgendwann eine Rolle wie China, der indische Subkontinent oder die islamische Welt spielen könnte.

Und doch – war Europa nicht im Kleinen das, was die Welt um 1000 im Großen war: eine Ansammlung vielfältiger Kulturen? Liegt darin vielleicht das Erfolgsrezept Europas in späteren Zeiten? Ereignisse, die im Jahr 1000 noch am Rande lagen oder am Rande geschahen, wie die Entdeckung Amerikas durch die Wikinger, gewannen 500 Jahre später eine ganz andere Bedeutung, rückten in den Mittelpunkt des Geschehens und entfalteten ihre globale Bedeutung. Damit kommen wir zurück zu den Ausgangsfragen. Die Konfrontation zweier »Schwellenzeiten« zeigt keinen fernen Spiegel, sondern die Entfernung und Umkehrung von Verhältnissen, ein über die Zeit vollständig verwandeltes Antlitz der Welt. Die Zählung ab Christi Geburt, die vor 1000 Jahren noch kaum interessierte, ist auf unserem Globus heute ein Allgemeingut, gleich welcher Religion man angehört. Sie begleitete den Aufstieg des kleinsten Kontinents zur Weltgeltung, der sich am Ende des zweiten Jahrtausends mit Blick auf das erste Millennium fragen lassen muß, wie er das wohl werden konnte.

Dieser Frage widmet sich das abschließende Kapitel, das eigentlich aus dem Rahmen des Buches herausfällt und die Welt des Jahres 1000 verläßt. Nach der ausführlichen Bestandsaufnahme der vorangegangenen Kapitel gibt es einen knappen Ausblick auf die Zusammenhänge, die dazu beigetragen haben, daß Europa aus seiner untergeordneten Stellung herauswachsen konnte. Dabei zeigt sich, daß es keine einfachen Antworten gibt und auch zufällige Faktoren eine große Rolle spielten.

Am Ende bleibt die Frage, ob der europäische Kontinent nicht, wie die großen Kulturen vor tausend Jahren, seinen Zenit bereits überschritten hat und ob andere Regionen wie Afrika und Südostasien die kommenden Jahrzehnte und Jahrhunderte prägen werden. Vielleicht stehen wir heute doch vor einem echten Jahrtausendwechsel.

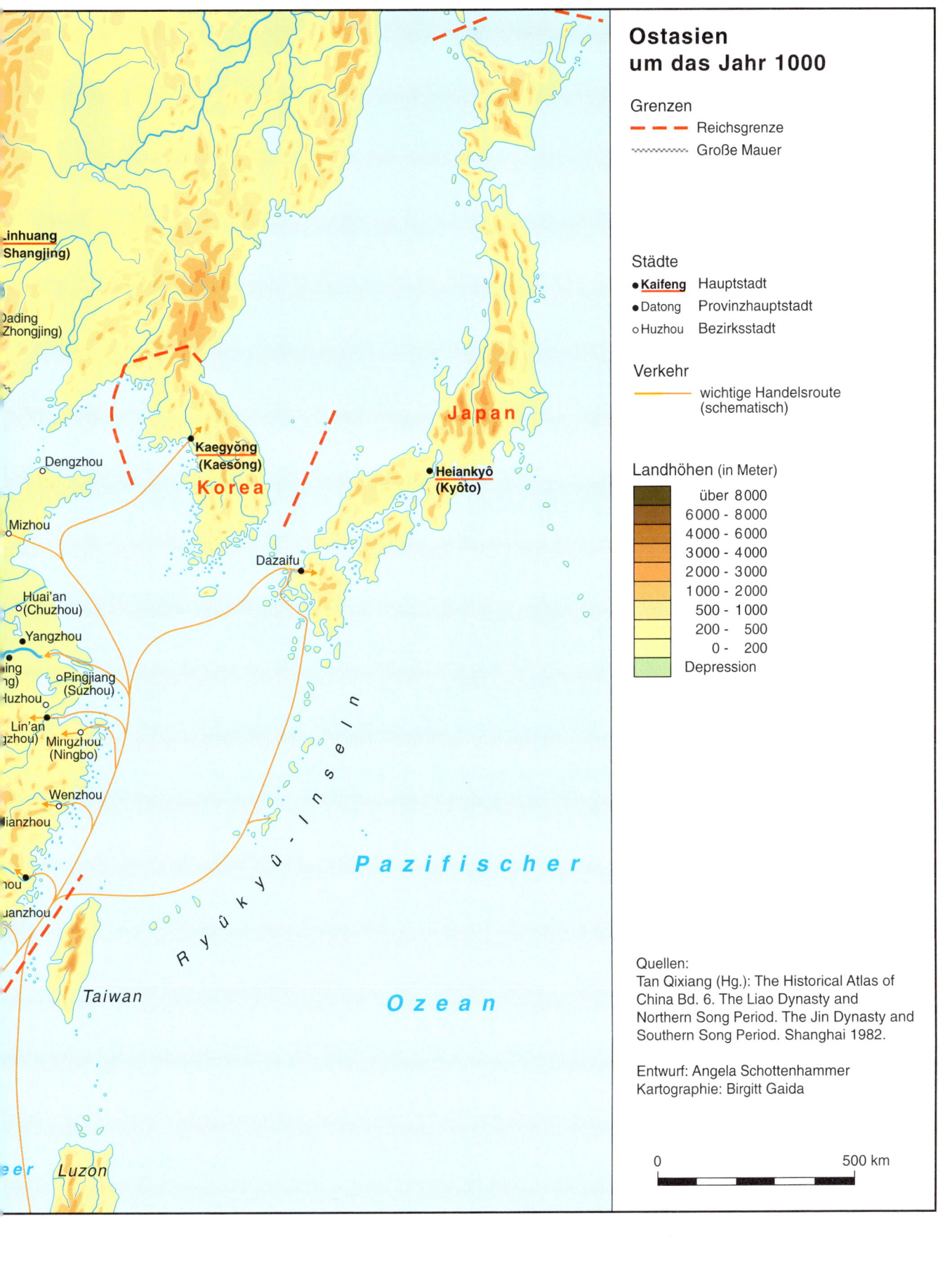

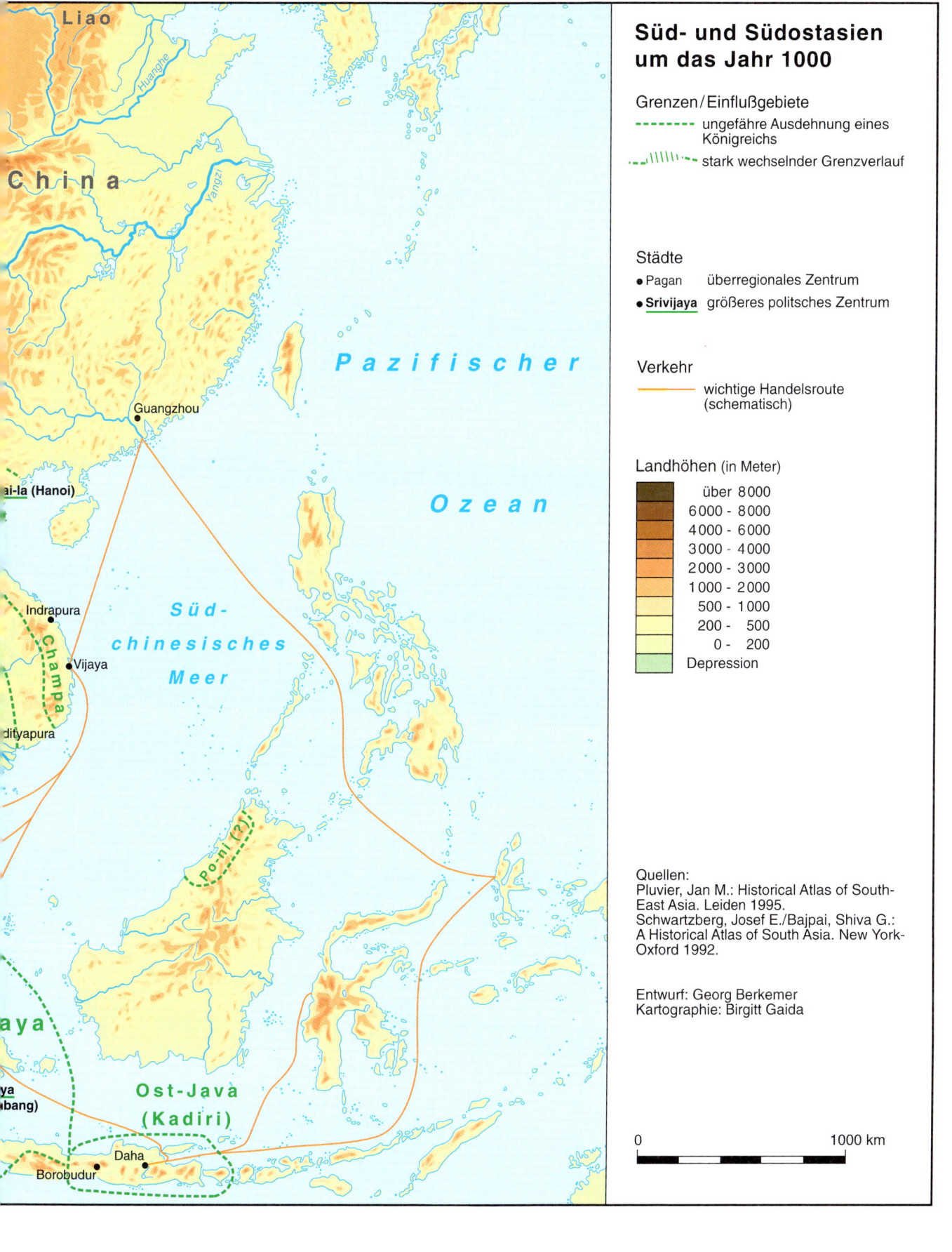

Georg Berkemer
I. Zeitvorstellungen

1. Das Millennium

Das Jahr 2000 hat begonnen. Das Ende des alten Millenniums und die »Zeitenwende« haben in allen Kulturen eine Vielzahl von Rückschauen und Vorausblicken ausgelöst. Offenbar empfinden viele Menschen den Beginn des neuen Jahrtausends als bedeutsames Ereignis, als Bedrohung oder als den Eintritt in eine ungewisse Zukunft. Anders als zum letzten Jahrhundertwechsel hört man kaum euphorische Stimmen, die etwa von der Lösung der großen Menschheitsprobleme im neuen Zeitalter träumen. Statt dessen rufen Mahner eher bescheiden dazu auf, das neue Jahrhundert besser werden zu lassen als jenes katastrophale, welches hinter uns liegt.

Wenn nun die Menschheit in einem scheinbar rationalen und nüchternen Zeitalter wie dem unsrigen offenbar Mühe hat, das neue Jahrtausend in den Bahnen der alltäglichen Ordnung zu beginnen, wie hat dann wohl die mittelalterliche Welt das vorherige Millennium im Jahre 1000 erlebt? Populärwissenschaftlich klingt dies z. B. so:

»In der Bevölkerung breitet sich der Chiliasmus aus, der Glaube, daß um die Jahrtausendwende der Weltuntergang und das Jüngste Gericht erfolgen und daß Christus nach seiner Wiederkunft ein irdisches Tausendjähriges Reich des Friedens und der Freude errichten würde.«[1]

Weit ist heute die Vorstellung verbreitet, im Jahre 1000 sei die Menschheit von ihrem eigenen Untergang überzeugt gewesen (Abb. 1 und 2). Hintergrund dieser These von der mittelalterlichen Endzeiterwartung bildet das letzte Buch des Neuen Testaments, die Offenbarung des Johannes. Hierin hat die christliche Endzeiterwartung ihre Wurzeln. Der Evangelist schildert in dramatischen Worten, wie Christus die beiden feindlichen »Tiere« und ihre Anhänger überwinden wird und ein Engel den Teufel für 1000 Jahre in den Abgrund sperrt:

»Und ich sah einen Engel vom Himmel herabsteigen, der hatte den Schlüssel des Abgrunds, und eine große Kette (lag) auf seiner Hand. Und er ergriff den Drachen, die alte Schlange, die der Teufel und der Satan ist, und legte ihn in Fesseln für tausend Jahre und warf ihn in den Abgrund und schloß über ihm zu und legte ein Siegel an, damit er die Völker nicht mehr verführe, bis die tausend Jahre vollendet wären. Danach muß er auf kurze Zeit losgelassen werden.«[2]

Die Geschichtsforschung glaubte lange Zeit zu wissen, die Schrecken der Jahrtausendwende hätten die Menschen der damaligen Zeit tief getroffen (Abb. 3). Die Vorstellung von einer Panik der Massen stammt von dem französischen Historiker Jules Michelet (1798-1874), aus dem zweiten Band seiner *Histoire de France* von 1833. Lange Zeit wurde sie ohne Prüfung des Wahrheitsgehaltes weiterverbreitet.[3] Danach sollen die Menschen in Erwartung des kommenden Jahres 1000 schreckliche Ängste ausgestanden haben. Um sie herum tobende Katastrophen mußten ihnen nahelegen, so Michelet, daß die Freilassung des Teufels von seiner Kette zu befürchten sei. Michelets Quellen waren, wie man heute weiß, teilweise unglaubwürdig, teilweise von ihm auch überinter-

[1] Schelm-Spangenberg, Geschichte zum Nachschlagen, S. 43.
[2] Die Offenbarung des Johannes 20, 1-3, zitiert nach der deutschen Textversion der Jerusalemer Bibel.
[3] Jules Michelet, Histoire de France, Bd. 2. Paris 1833, S. 131-137.

1 Szene aus der ›Bamberger Apokalypse‹ (um 1000). Der Engel mit dem Mühlstein entstammt dem Buch Hiob, steht hier aber im Zusammenhang mit dem Jüngsten Gericht.

2 Ebenfalls eine Szene aus der ›Bamberger Apokalypse‹ (um 1000). Das Bild mit dem jugendlichen König versinnbildlicht Herrschertugenden: Gehorsam gegenüber Gottes Geboten, Reinheit, Reumütigkeit und Geduld.

3 Das Fresko mit Christus beim Jüngsten Gericht befindet sich in der Kirche der Panhagia ton Chalkeon in Thessaloniki. Es entstand 1028 und gehört zu den seltenen erhaltenen Zeugnissen mittelbyzantinischer Monumentalmalerei.

tiert. Dennoch galt seine Interpretation in der Öffentlichkeit des 19. und 20. Jahrhunderts für lange Zeit. Erst neuere Geschichtsbücher nehmen Abstand von einer Idee, die alle Vorurteile über das »finstere Mittelalter« zu bestätigen scheint.

Es gibt gute Gründe, die gegen die These von der großen Angst um 1000 sprechen. Es ist unwahrscheinlich, daß viele Christen die Offenbarung des Johannes überhaupt kannten. Nur eine winzige Minderheit konnte lesen, nur kleine Kreise hatten Kontakt mit den wenigen gebildeten Theologen. Diese setzten sich zwar mit der lateinischen Übersetzung oder gar dem griechischen Urtext auseinander, sorgten sich aber kaum um die Verbreitung ihrer Erkenntnisse im Volk. Dies konnte auch der Gemeindeklerus nicht leisten, weil er in der Regel nicht viel mehr von Theologie verstand als die Laien. Erst in der Zeit des Buchdrucks zeigte die Idee vom anbrechenden Tausendjährigen Reich eine breite Wirkung, etwa bei den Wiedertäufern und den Böhmischen Brüdern (16./17. Jahrhundert) und später bei Mormonen und Zeugen Jehovas.

Michelet selbst war in seinen Aussagen über das Millennium vorsichtiger als spätere populäre Autoren. Sie ließen oft außer acht, daß die Jahreszählung nach der christlichen Ära um 1000 noch kein Gemeingut war: Die offizielle Jahresrechnung wurde noch überwiegend nach der römischen Ära *ab urbe condita* vom 21. April 753 v. Chr. vorgenommen. Auch waren sich die Zeitgenossen um 1000 keineswegs einig, wann denn genau das tausendste Jahr nach Christi Geburt sein solle. So irrte sich Abbo, der 988 bis 1004 Abt von Fleury war, um 21 Jahre. Der Spielraum anderer Berechnungen umfaßte die Zeit von 979 bis 1033 nach der heute gängigen Kalenderpraxis, also mehr als ein halbes Jahrhundert. Aber auch die heutige Festlegung des Geburtsjahres Jesu nach den Berechnungen des Dionysius Exiguus (ca. 470-550) ist mit Unsicherheiten behaftet. Denn das wahre Geburtsjahr kann mit den verfügbaren historischen Quellen nur grob auf 7 bis 4 v. Chr. eingegrenzt werden.

4 Das Nirvana des Buddha, 1086 in Japan entstandene Seidenmalerei. Der sterbende Buddha wird von trauernden Schülern umringt. Am Kopfende der Bahre sieht man Bodhisattvas, die mit unbewegten Gesichtern dem Geschehen beiwohnen. Am oberen Bildrand steigt Māyā, die Mutter des Buddha, aus dem Himmel herab. Während bislang der Tod des Buddha in der buddhistischen Tradition meist auf 544 v. Chr. datiert wurde, geht man jetzt davon aus, daß er ungefähr 350 v. Chr. im Alter von 80 Jahren an einer Lebensmittelvergiftung verstarb.

Selbst wenn das Jahr 1000 eine Weltuntergangsstimmung erzeugt hätte, wäre wohl kaum ganz Europa zugleich in Panik geraten. Denn nicht nur über das Jahr des Millenniums herrschte keine Übereinstimmung, auch der Tag des neuen Jahres wurde höchst unterschiedlich festgelegt. Welche Möglichkeiten es dazu gab, wird später in diesem Kapitel beschrieben. Aber die Probleme werden noch komplizierter: Die Berechnung der christlichen Ära hatte nämlich eine eigentümliche Besonderheit. Die europäischen Wissenschaftler der damaligen Zeit kannten die Null nicht, weil sie römische Ziffern verwandten. Folglich gab es kein »Jahr Null«. Auf das Jahr Eins *vor* Christus folgte gleich das Jahr Eins *nach* Christus. Weil wir heute indisch-arabische Ziffern verwenden, glauben viele Menschen, das Jahrtausend beginne jeweils am 1. Januar des Jahres 1000, 2000 usw.

Von seiten der katholischen Kirche war auch keine Unterstützung der Endzeiterwartungen zu finden. Die Kirchenväter waren, wenn überhaupt, gemäßigt chiliastisch und warnten davor, die zitierte Stelle der Offenbarung wörtlich zu interpretieren. Dabei stützte man sich auf andere Stellen der Bibel, wie z. B. diejenige aus dem Zweiten Petrusbrief, wo es heißt: »Ein Tag ist bei dem Herrn wie tausend Jahre, und tausend Jahre sind wie ein Tag.«[4]

War das Jahr 1000 schon in den Ländern der westlichen Kirche keine eindeutig berechenbare Größe, so hatte es außerhalb dieses Bereichs erst recht keine Bedeutung. Die Ostkirche, die nach der griechischen Weltära datierte, schrieb schon das Jahr 6508, das Judentum und der Islam hatten ihre eigenen Zeitrechnungen. Man befand sich im Jahr 4706 beziehungsweise 390. Menschen in anderen Gegenden der Welt wären nicht einmal für die Idee des Millenniums empfänglich gewesen. Für sie hatte die Zahl 1000 im Kalenderwesen keine besondere Bedeutung. Allein im Buddhismus war das Jahr 1000 nach Buddha ein Grund zur Besorgnis. Manche Gelehrte vermuteten, daß der zukünftige Buddha Maitreya im Jahr 1000 nach dem Todestag des Buddha erscheinen werde (Abb. 4). Das wäre im Jahre 456 n. Chr. der Fall gewesen. Aber von einer messianischen Bewegung ist in den Quellen nichts bekannt. Erst im Jahre 1956, dem 2500. Todesjahr, gab es solche Heilserwartungen. Millenarismus war also auch hier ein Phänomen der Neuzeit.

Als Fazit bleibt, daß es sich bei der vermuteten millenaristischen Panik des Jahres Eintausend mehr um eine nachträgliche Konstruktion handelt. Das gilt für das Phänomen »Jahr 1000« ganz allgemein und ganz besonders für den fiktiven Zeitpunkt des 31. 12. 1000, an dem der Untergang hätte stattfinden sollen. Im Gegensatz zum neuen Millennium des Jahres 2000 gab es keine klare Zeitgrenze, die für eine größere Anzahl von Menschen oder gar über die Kulturen hinweg Gültigkeit besessen hätte.

[4] 2 Petrus 3, 8.

Einige Daten der Weltkalender für den 1. Januar 1000 (julianisch)

Maya Long Count: 10.8.12.5.5; Tzolkin = 9 Chicchan; Haab = 13 Uo	
Islam:	20 Muharram 390
Jüdisch:	21 Teveth 4760
Persisch:	16 Dey 378
Chinesisch:	Jahr 36 (jihai), Monat 11 (gengwu), Tag 22 (gengzi), Jahr des Schweins
Indisch:	Somavara (Montag), 8. Tag der dunklen Hälfte des solaren Monats Makara (Steinbock), des lunaren Monats Pausha, Ären: Kaliyuga 4100, Saka 921, Vikrama-Samvat 1056
Byzantinisch:	Montag, 1. Januar 6508

2. Zeit und Gesellschaft
Grundlegende Annahmen über die Zeit

Eine der elementarsten Wahrnehmungen des Menschen ist seine Eingebundenheit in die Zeit. Zeit wird als Zeit-»Raum« wahrgenommen, in dem Abläufe sich wiederholen und Ereignisse wiederkehren. Religiöse Feste finden darin zur richtigen Zeit am richtigen Ort statt. Sie schaffen dadurch, daß sie zur gleichen Zeit an vielen Orten gefeiert werden, eine Gemeinschaft der Feiernden. Am deutlichsten sind Ort und Zeit bei solchen Menschen verbunden, die ihr Leben zu festen Zeiten an unterschiedlichen Orten verbringen. Dies gilt etwa für Viehnomaden oder Bergbauern, die ihre Feste mit dem jahreszeitlichen Wechsel ihres Aufenthaltsortes verbinden, aber auch für die Menschen der Moderne, deren Arbeitszeit, Freizeit und Urlaubszeit sich an unterschiedlichen Orten abspielen.

Die Erkenntnis der Zeitgebundenheit führt zwangsläufig zur Frage nach der eigenen Herkunft und der Gemeinschaft, in der man lebt. Antworten darauf geben die Mythen von der Entstehung der Welt, vom Beginn und vom Ende des Kosmos und der Menschen. Mit dem kosmischen Ursprung kommt auch jene Veränderlichkeit in die Welt, welche die Menschen als »Zeit« wahrnehmen. Nach den Mythen fast aller Religionen entstand die Zeit erst im Akt der Schöpfung, während zuvor Zeitlosigkeit herrschte. Die prominenteste Ausnahme ist vielleicht der indische *kalpa*-Zyklus, der Zyklus der Weltären. Im *kalpa*-Zyklus wechseln sich Welt und Nichtexistenz ab. Am Ende des Brahma-Tages *(kalpa)* von 4 320 000 000 Menschenjahren kehrt die Welt im Weltuntergang in Brahma zurück. Es folgt nun die ebenso lange Brahma-Nacht, nach der der nächste *kalpa* mit der Weltentstehung beginnt.

Im Alten Testament wird die Zeit nach Genesis 1, 3 im Akt der Schöpfung erzeugt. Durch das Wort »Es werde Licht« scheidet Gott die Zeit der Helle von der Dunkelheit und läßt so den ersten Tag entstehen. Später diente die Erschaffung der Welt in sechs Tagen der Arbeit und einem Tag der Ruhe als Vorbild für die Wocheneinteilung, die sich somit auf einen gottgeschaffenen Zyklus stützt. In anderen Mythen sind es ähnliche Zeitabschnitte und Zyklen, die die Zeitordnungen schaffen, etwa der Mondumlauf, der den Monat vorgibt, oder die jährlichen Zeiten der Hitze und der Kälte, des Regens und der Trockenheit oder des Wanderns der Sonne nach Süden im Frühjahr und nach Norden im Herbst.

Auf der praktischen Ebene regeln Zeitsysteme die Beziehungen der Individuen zur Gemeinschaft und strukturieren alle Tätigkeiten und Geschehnisse, die dabei auftreten. Hier ist der sinnvolle Umgang mit der Zeit in der konkreten Welt angesprochen. Jede Zivilisation entwickelte eigene Antworten auf diese Fragen. Doch so sehr sich die Kulturen unterscheiden, ihre Antworten auf die Grundfragen weisen viele Gemeinsamkeiten auf. Ebenso wird sich in den folgenden Abschnitten herausstellen, daß die Weltzivilisationen im Jahr 1000 manche »Zeitfragen« auf recht ähnliche Weise gelöst haben. Es nimmt nicht wunder, daß die Zeit in so manchem Götterhimmel mit einer eigenen Personifikation vertreten ist: Bei den alten Griechen war es Chronos, der Vater des Zeus. Am Hof des indischen Götterkönigs Indra steht der Gott Kala für die Zeit. Die Mesoamerikaner personifizierten die Zeit in einem Götterpaar, der Cipactonal und dem Oxomoco.

Doch kaum eine Mythologie oder Philosophie kann genauer sagen, was Zeit eigentlich ist. Denn Zeit ist kein Ding, das für sich existiert. Diese Erkenntnis findet sich bestätigt im modernen Weltbild nach Albert Einstein. Aber schon die Philosophen des Altertums und des Mittelalters wußten, daß Zeit nur indirekt wahrnehmbar ist, etwa im Wandel der Dinge. Bewegungen in Zeit und Raum sind meßbar, und manche davon, nämlich die der Himmelskörper, geschehen in präzisen Zeiträumen. So war es ein logischer Schritt zu der Überlegung, ob Zeit nicht Ausdruck von Bewegung sei, und Unbewegtheit damit ein Kennzeichen der Ewigkeit.

Augustinus beschrieb im 11. Buch seiner *Bekenntnisse* diese Problematik. Es gibt nach ihm keine absolute Zeit, sondern nur Zeiträume, die man messen kann. Augustinus nennt das Beispiel des lateinischen Gedichtvortrags, bei dem es kurze und lange Silben gab. Beide Arten der Silben haben keine eindeutige Länge; fest steht nur, daß die lange Silbe das Doppelte an Zeit dauert wie die kurze. Daraus leitet Augustinus ab:

»So kam ich zur Ansicht, Zeit sei nichts anderes als eine gewisse Ausspannung. Ausspannung von was? Das weiß ich nicht, aber es würde mich wundern, wenn es nicht die des Geistes … selbst wäre. Was messe ich denn, mein Gott, ich beschwöre dich, wenn ich etwa behaupte: ›Dieser Zeitabschnitt ist länger als jener‹ …? Die Zeit messe ich, ich weiß es. Aber ich messe nicht die Zukunft, weil sie noch nicht ist, ich messe nicht die Gegenwart, weil sie sich über keine Dauer ausdehnt, und ich messe auch nicht die Vergangenheit, weil sie nicht mehr ist. Was also messe ich? Vielleicht die vorübergehenden Zeiträume, nicht die vergangenen?«[5]

Vorübergehende Zeiträume, also Zeitabschnitte, die sich aus einer unbekannten Zukunft durch eine unmeßbar kurze Gegenwart in eine Vergangenheit bewegen, wären damit also das Prinzip der wahrnehmbaren Zeit. Für Gott, den Schöpfer der Zeit, ist alle Zeit unendlich ausgedehnte Gegenwart, denn er nimmt alle Zeit der Vergangenheit, Gegenwart und Zukunft zugleich wahr. Diese Idee des Augustinus prägte die Welt der Gelehrten Europas auch um 1000 noch. Im Mittelpunkt stand die Frage, wie die Gegenwart als einzig reale Zeit religiös gedeutet werden könnte.

In der indischen Philosophie gab es keine so eindeutige Meinung. Zum Beispiel existierte im indischen Mittelalter die Vorstellung von Zeit als meßbarer Konsequenz der Tatsache, daß Dinge eine Ausdehnung im Raum haben. Grundeinheit der Zeit war hier die kleinstmögliche Dauer, der »Moment«. Das ist die Zeitspanne, die das kleinste Materieteilchen, das »Atom«, braucht, um die Strecke zurückzulegen, die gleich der ist, die es selbst im Raum einnimmt. Eine zeitgenössische Formulierung sagt: »Die Zeitspanne, welche nötig ist, um ein Atom zu bedecken, ist die Atom-Zeitspanne.«[6]

Solche Versuche, die Zeit exakt zu definieren, hatten in der Regel weniger Bedeutung als religiöse Beurteilungen. Es gab in Indien Philosophen, die sagten, Zeit sei eine grundlegende metaphysische Kategorie, die der Schöpfer zusammen mit Materie, Geist und Raum erschaffen habe. Aber es gab auch die gegenteilige Idee: Zeit müsse ewig sein, denn wenn sie es nicht wäre, müßte es eine Zeit vor der Zeit geben, was ein logischer Widerspruch sei.[7] Wichtig war auch die Verbindung des Gottes Shiva mit der Zeit. Im Shivaismus war Gott der Schöpfer der Zeit; die Zeit ist gar Teil von Shivas Göttlichkeit. So wie im Glauben der Christen die Zeit erfüllt und die Menschheit durch göttliche Gnade erlöst wird, befreit Shiva die Gläubigen durch seine Gnade aus den Banden der Zeit (Abb. 5).

Hier aber enden die Parallelen, denn Shivas Gnade bietet den Menschen die individuelle Erlösung aus der Zeit, die als göttliche Kraft den Kreislauf der Wiedergeburten in Gang hält. In einem Punkt widersprechen sich die christliche und die hinduistische Zeitvorstellung völlig: Im Christentum erfüllt sich die Zeit in der Wiederkunft Christi, wenn die Welt wieder in die göttliche Ewigkeit eingeht. In Indien galt das Weltende nur als Teil einer viel größeren zyklischen Weltzeit. Nach dieser Idee leben wir zu Beginn des vierten und schlechtesten Zeitalters, das 3104 v. Chr. begonnen hat und insgesamt 360 000 Jahre währen soll. In

[5] Augustinus, Bekenntnisse, Buch 11.
[6] Bhāgavata-Purāṇa III.11.4.
[7] Dasgupta, Indian Philosophy, S. 285, 375.

5 Bronzeplastik des Gottes Śiva als Herr des Tanzes (11. Jh.). Der Strahlenkranz symbolisiert das Weltall, eine rechte Hand zeigt das Zeichen des Schutzes, eine linke das Feuer der Zerstörung des Bösen. Sein rechter Fuß ruht auf einem zertretenen Dämon.

diesem Zeitalter wird der seit Weltbeginn langsam fortschreitende Prozeß des ständigen Verfalls der Werte mit dem Aussterben der Menschheit sein Ende finden. Danach soll das erste Weltzeitalter wieder entstehen.

In China und Mesoamerika war es die Aufgabe des Menschen, das Seine zu tun, um die kosmische Zeit in der rechten Ordnung zu bewahren, in China vor allem Aufgabe des Kaisers. Nur die richtigen Rituale konnten die Welt in dem Zustand erhalten, der als Gleichgewicht der kosmischen Kräfte galt. In Mesoamerika, wo die menschliche mit der kosmischen Sphäre gleichgesetzt wurde, geschah dies durch den richtigen rituellen Umgang mit den Substanzen der Menschenwelt wie Nahrung, Blut oder wertvollen Dingen, z. B. bei den Festen innerhalb der 18 »Monate«. Opfer, ins-

Der indische Zyklus der Weltalter (kalpa)
aus: P. V. Kane, History of Dharma‹Ástra, Bd. 3, Pune 1973, S. 890ff

Der Begriff yuga (Zeitalter) wird in zwei Bedeutungen verwendet. Einmal bezeichnet er die Zeitspanne von 12 000 Götterjahren, zum anderen auch die vier Unterteilungen dieser Zeitspanne. Man nennt die 12 000 Götterjahre umfassende Zeitspanne auch catur-yuga (Vier-Yuga). Ein caturyuga setzt sich zusammen aus seinen vier yugas und den yugas vorausgehenden und folgenden Zeitperioden (sandhyās und sandhyāmsas), zusammen 12 000 Götterjahre. Ein Götterjahr ist so lang wie 360 menschliche Jahre. Die 12 000 Götterjahre eines yuga entsprechen also 4 320 000 menschlichen Jahren. Die Unterteilungen sind die folgenden:

	sandhyā	400 Götterjahre	144 000 Menschenjahre
krta		4 000 Götterjahre	1 440 000 Menschenjahre
	sandhyāmśa	400 Götterjahre	144 000 Menschenjahre
	sandhyā	300 Götterjahre	108 000 Menschenjahre
treta		3 000 Götterjahre	1 080 000 Menschenjahre
	sandhyāmśa	300 Götterjahre	108 000 Menschenjahre
	sandhyā	200 Götterjahre	72 000 Menschenjahre
dvapara		2 000 Götterjahre	720 000 Menschenjahre
	sandhyāmśa	200 Götterjahre	72 000 Menschenjahre
	sandhyā	100 Götterjahre	36 000 Menschenjahre
kali		1 000 Götterjahre	360 000 Menschenjahre
	sandhyāmsa	100 Götterjahre	36 000 Menschenjahre
caturyuga		12 000 Götterjahre	4 320 000 Menschenjahre

1 000 caturyugas bilden einen Tag des Gottes Brahma (4 320 000 000 Menschenjahre), die Zeitspanne, die kalpa genannt wird. Am Ende des kalpa oder Brahma-Tages kehrt die Welt im Weltuntergang (pralaya) in Brahma zurück. Es folgt nun die Brahma-Nacht von ebenfalls 4 320 000 000 Menschenjahren, nach der der nächste kalpa mit der Weltentstehung beginnt. Die Brahma-Tage sind zusammengefasst in Brahma-Monate zu 30 Brahma-Tagen und -Nächten. Ein Brahma-Jahr hat 12 Brahma-Monate, und das Leben des Brahma beträgt 100 Brahma-Jahre ($3{,}1104 \cdot 10^{15}$ Menschenjahre). Vom Leben des Brahma ist gegenwärtig etwas mehr als die Hälfte vergangen.

besondere Menschenopfer, hielten die Zeit in Bewegung. Durch Opfer und Analogiezauber sollte die kosmische Ordnung erhalten werden. In China waren es die richtigen Zeremonien zur rechten Zeit, die das Gelingen der Alltagstätigkeit ermöglichten. Der Kaiser selbst markierte jedes Jahr den Auftakt der Feldarbeiten, wenn er mit dem Pflug eine rituelle Furche zog und den Auftakt dadurch symbolisch in die kosmische Ordnung einbrachte.

Auch die Bestattung der Toten sollte zum rechten Zeitpunkt stattfinden. Dabei vereinigte sich das individuelle Schicksal mit dem der ganzen Familie, die den Toten in Zukunft unter ihren Ahnen wiederfand. Eine Grabinschrift aus der Zeit der Song-Dynastie macht dies deutlich:

«Huizong (der Sohn des Verstorbenen) meinte, [sein Vater] dürfe nicht überstürzt, sondern müsse den Riten gemäß begraben werden. Deshalb wollte er [das Begräbnis] auf einen Tag verlegen, der als [besonders glückverheißend] prophezeit würde. ... Im Jahre 4 [der Regierungsdevise] *xining* (1071) mit den zyklischen Zeichen *xinhai*, im Herbst im achten Monat mit den zyklischen Zeichen *guichou*, einem Neumond, am zwanzigsten Tag mit den zyklischen Zeichen *renshen*, wurde der Sarg mit dem verstorbenen Körper und Geist des Herrn auf einem Berg, sieben Meilen von dem Dorf Huangtaili in der Gemeinde Fenggaoxiang entfernt, begraben.»[8]

[8] Grabinschrift des Beamten Zhang Yue. Zitiert nach der deutschen Übersetzung in Schottenhammer, Grabinschriften, S. 149-150.

Soziale Zeit

Zeit ist nicht »demokratisch«, auch wenn die christliche Lehre sagt, daß für jeden einmal die Stunde des Todes kommt, ob er Bettler sei oder Papst. Für die Dauer der irdischen Existenz galt diese Gleichheit kaum. Der Umgang mit der Zeit spiegelt immer die menschlichen Lebenswelten wider. So auch in der Zeit um 1000, die zumindest im Fall der großen Zivilisationen verschiedene Stände und Schichten kannte. Adlige, Kaufleute, Bauern, Priester und Gelehrte »lebten« jeweils eine eigene Zeit.

Vor allem die religiös inspirierten Zeitsysteme zeigen, daß Zeit auch ein Herrschaftsinstrument sein konnte. Die Vertreter des Staates und des dominierenden Glaubenssystems spielten im jeweiligen Zeitmanagement die dominierende Rolle als Befehlsgeber, Informationslieferanten, Vorbilder und Initiatoren. Religiöse Feste und staatliche Rituale liefen nach zeitlichen Regeln ab, die Experten wie Priester, Beamte oder Wissenschaftler festlegten. Die Zeit anderer zu bestimmen war Teil der gesellschaftlichen Privilegien eines hohen Standes. Menschen mit hohem gesellschaftlichem Status markierten die Regeln für den »richtigen« Moment. Wer die Arbeit eines anderen in Inhalt wie Zeitraum einteilen konnte, manifestierte seine gesellschaftliche Vorrangstellung. Auf der anderen Seite waren Sklaven, Diener und Bauern gezwungen, ihre Arbeitszeit den Forderungen der Herrschenden anzupassen. So war die Feldbestellung nicht nur von den natürlichen Zyklen des Jahres bestimmt, sondern auch von den Steuerforderungen und den Wünschen der Grundherren nach Marktfrüchten und Luxusprodukten.

Gemeinsame Rituale und Feiertage, die ein Band der Solidarität in einer Stadt oder einem Dorf knüpfen konnten, waren dagegen Mittel, diese Ungleichheit in erträglichem Maß zu halten. Menschen, die hieran nicht teilhatten, dokumentierten freiwillig oder unfreiwillig ihr Anderssein. Zu solchen gemeinschaftstiftenden Ritualen gehörte das gemeinsame Freitagsgebet der Muslime ebenso wie der christliche Sonntag und der jüdische Sabbat. Wichtig für die Schaffung von Gemeinsamkeit über Standesgrenzen hinaus waren auch von allen begangene Jahresfeste und Pilgerfahrten.

Zu all diesen Unterschieden trat der zwischen Männern und Frauen, deren Alltag oftmals einen unterschiedlichen Umgang mit der Zeit erforderte. Am stärksten war dies wohl dort, wo man es sich leisten konnte, die Lebenswelten der Geschlechter zu trennen, also beim Adel und in den städtischen Zentren. Als Extrem kann man sich die Frauenhäuser vorstellen, die bei den Herrschern der islamischen Welt, Süd- und Südostasiens und am chinesischen Kaiserhof üblich waren.

Im allgemeinen galt das Hausinnere als Frauenbereich und das Äußere als Männerdomäne – eine Aufteilung, die noch bis in die Gegenwart reicht. Aus den unterschiedlichen Tätigkeiten von Frauen und Männern ergaben sich verschiedene Tageseinteilungen. Dies galt sowohl für die Oberschicht als auch für diejenigen Männer und Frauen, die direkt von ihr abhängig waren, also vor allem Dienstpersonal und Sklaven. Im Klosterleben unterschied sich der Zeitablauf von Frauen und Männern recht wenig. Auch in der Welt der Landbevölkerung und bei den städtischen Unterschichten war diese Trennung weniger stark ausgeprägt als in der Oberschicht, denn Frauen und Männer aller Generationen und die meisten Kinder mußten gemeinschaftlich die Feldarbeit oder das Handwerk verrichten.

Für die weit überwiegende Zahl der Menschen war der Zeitablauf im Jahr und in den Tagen durch die Arbeit des eigenen Standes geprägt. Der Alltag orientierte sich an den Arbeitszyklen, die zum Erwerb des täglichen Brots notwendig waren. Da die meisten Menschen von der Landwirtschaft lebten, war ihre Zeit von Anbau und Ernte bestimmt. Ihre Tage, Monate und Jahre hielten sich folglich eng an die natürlichen Abläufe. Sie hatten kei-

6 Zwölf im 11. Jh. entstandene Kalenderblätter aus Christchurch in Canterbury. Gezeigt werden das bäuerliche Leben und charakteristische Arbeiten im Jahresablauf.

nen Einfluß darauf, und sie konnten davon ausgehen, daß ihre Nachkommen noch über Generationen die gleichen Tätigkeiten zu bestimmten Zeiten des Tages und Jahres ausführen würden, wie sie auf den Kalenderbildern in Abb. 6 dargestellt sind.

Diese wohl im zweiten Viertel des 11. Jahrhunderts gemalten Bilder heben die für jeden Monat charakteristische Tätigkeit hervor: Pflügen im Januar, Rebschnitt im Februar, Umgraben und Säen im März, Bewirten (Auftragen bei einem Fest) bzw. Feiern im April, Schafe hüten im Mai, Getreideschnitt im Juni, Holzfällen im Juli, Heumahd im August, Ei-

chelmast der Schweine im September, Beizjagd im Oktober, Schichten des Brennholzes im November, Dreschen im Dezember. Dabei beschränkt sich die Darstellung nicht nur auf die Bauern selbst, sondern schließt auch die ländliche Herrenschicht ein (April; Oktober). Kaum überraschen dürfte die Abbildung von Schafen, während der Hinweis auf Weinbau in einem englischen Kalender erstaunt.

Zwar unterschieden sich diese Arbeiten im kalten Europa von denen in den Steppenzonen und Bewässerungskulturen des Vorderen Orients und Südasiens oder dem Schwendbau in den tropischen Wäldern Amerikas. Doch letztendlich waren es immer die tägliche Arbeit auf dem Feld, die tägliche Sorge um das Vieh, die jahreszeitlich anfallenden Arbeiten wie Aussaat und Ernte, Be- und Entwässerung, Geburt von Jungtieren, Weidewechsel und Tausch oder Verkauf der Produkte, die das Leben prägten. Manchmal wiederholten sich die Zyklen jährlich, in anderen Fällen gab es komplizierte Rotationssysteme mit ineinandergreifenden Anbau- und Erntezeiten über mehrere Jahre. Dabei mußten die Menschen flexibel auf unterschiedliche Faktoren reagieren, etwa auf die lokalen Varianten des Klimas, die Marktsituation oder den begehrlichen Zugriff von Steuereintreibern. Außerdem wurden die gewohnten Zyklen immer wieder von Fluten, Ungeziefer, Dürren und anderen Katastrophen gestört.

Die Bewohner der Städte hatten andere Zeiteinteilungen, die durch Zyklen bei der Produktion von Waren, periodische Handelstätigkeit und religiöse Feiern bestimmt waren. Es galt, bestellte Güter zu fertigen, Märkte zu beliefern, den Vorrat an Rohstoffen zu organisieren. Während die Landbevölkerung vor allem auf die natürlichen Zeitabläufe reagierte und ihre Arbeit in Übereinstimmung mit ihnen verrichten mußte, waren die Zeitabläufe der Städte vielfältiger. Viele Tätigkeiten der unterschiedlichen Handwerker und Händler waren aufeinander abzustimmen, da die Arbeit des einen Handwerks von den Produkten anderer abhing. So waren Drahtzieher und Nagelschmied abhängig von der Lieferung der Metalle durch Schmelzer oder Zwischenhändler, der Schneider verarbeitete die Produkte des Webers, der Hersteller von Süßigkeiten benötigte die Produkte des Zuckersieders, des Müllers und des Gewürzhändlers, im Vorderen Orient und in Indien auch die des Parfümeurs und des Goldschmieds.

Damit ergibt sich folgendes Bild: Zwar bedurften die städtischen Gewerbe einer Zeiteinteilung, an die sich viele verschiedene Personen halten mußten, damit die Kette von Rohstoffen, Vorprodukten, Herstellern, Händlern und Verbrauchern nicht unterbrochen wurde. Aber im Gegensatz zur Welt der Bauern war diese Zeiteinteilung von den Menschen selbst festlegbar, weil die Zyklen der Natur hier eine geringere Rolle spielten. Dennoch hatten natürliche Gegebenheiten auch in den Städten des 11. Jahrhunderts wesentlich größere Einflüsse als heute.

Es gab in allen Kulturen Märkte und Messen, die den Notwendigkeiten der Produzenten und Verbraucher angepaßt waren. Wöchentliche oder jährliche Märkte waren von der Obrigkeit kontrolliert, Marktprivilegien regelten ihre Dauer. Ein bemerkenswertes Moment der Liberalisierung war die Aufhebung der Sperrstunde 1063 in Kaifeng, der Hauptstadt des song-zeitlichen China. Damit waren Vergnügen und Handel ohne strikte zeitliche Regulierungen möglich.

Auch die großen Institutionen schufen Zeiteinteilungen, vor allem die Staatsapparate und die religiösen Gruppierungen. Beide waren oft nicht scharf voneinander zu trennen. Ein Beispiel dafür liefert das Wirtschaftssystem, das sich um 1000 in der südindischen Stadt Tanjavur, der Hauptstadt des Reiches der Cola-Dynastie, entwickelte. Auslöser war der Bau eines riesigen Tempels für den Gott Shiva-Rajarajeshvara, der die Frömmigkeit, den politischen Erfolg und den Reichtum seines Erbauers, des Königs Rajaraja I. (985-1014), dokumentieren sollte. Schon der Bau des Tempels beschäftigte Tausende von Handwerkern und Hilfsarbeitern. Der Tempel beherbergte einen regelrechten »Hofstaat«, in dessen Mitte der Gott wie in einem Palast residierte: kleinere Götter, Priester, Tänzerinnen, Musiker, Wachpersonal, Köche, Handwerker, Schreiber und viele andere Berufsgruppen. Götter wie Menschen, alle mußten unterhalten, ausgestattet, ernährt werden. Die Inschriften des Tempels geben Auskunft über Hirten, die das Vieh hüteten und das Butterschmalz für Lampen im Tempel lieferten. Da sie ununterbrochen brennen sollten, waren pro Lampe 96 Schafe, 48 Kühe oder 16 Büffel eingeteilt. Eine weitere Inschrift erwähnt tägliche Reisrationen für die 50 Musiker des Tempels, eine dritte die Mahlzeiten für Hunderte von Tänzerinnen, für Tanzlehrer, Lautenspieler, Sänger, männliche und weibliche Musiker, Dutzende Schreiber, Trommler, Töpfer, Wäscher, Goldschmiede, Schreinermeister usw.[9] Eine andere Inschrift bestimmte, daß die »Bürger des großen Marktes« der Stadt Tanjavur täglich fünfundzwanzig (Koch-)Bananen an den Tempel liefern sollten, »solange Mond und Sonne bestehen«.

Mit seiner enormen wirtschaftlichen und kulturellen Bedeutung nimmt es nicht wunder, daß die vielen religiösen Zeremonien des Tempels eine große Ausstrahlung besaßen. Sie legten Jahr für Jahr den Lebensrhythmus der Bediensteten des Tempels, des königlichen Hofstaats, der Handwerker und Dienstleute der Stadt, aber auch der Gläubigen aus dem Umland fest. Die Inschriften im Tempel zeigen aber auch, daß der Einfluß des neuen Großtempels noch weiter ins Land hinaus reichte. Denn der Tempel hatte Rechte an Ländereien, deren Pachteinnahmen für Nahrungsmittel, Öl, Blumen usw. genutzt wurden. Zudem war der Tempel die größte »Bank« des Landes und

[9] Siehe die Inschriften Nr. 63-66 aus dem 29. und letzten Regierungsjahr von König Rajaraja I. (1013/14), in: Hultzsch, Inscriptions, Bd. II, Nr. 3, S. 249-303; sowie Nr. 38, Paragraph 6, ebd. Bd. II, Nr. 2, S. 152.

verlieh Geld gegen jährlichen Zins. Es bildete sich so eine Wirtschaftsstruktur heraus, für die der große Reichstempel durch Feste und Termine für Abgaben genau bestimmte Zeitintervalle vorgab. Viele Berufsgruppen aus unterschiedlichen Ständen waren darin integriert und blieben dies bis weit über den Untergang des Cola-Reiches im 13. Jahrhundert hinaus – letztendlich sogar bis heute.

Jahresablauf der indischen Könige:
Heiße Zeit (März bis Juni):
Zeit der Feste, Tempelpatronage, Hochzeite
Monsun (Regenzeit Juli bis September):
interne Organisation, Innenpolitik, persönliche Interessen (z.B. Dichtkunst, Musik)
Kühle Zeit (Oktober bis Februar):
Großaudienzen, Steuereinzug, Jagd, Krieg

In den meisten Gegenden war der Staat fern, außer zu besonderen Zeitpunkten im Jahr. Dazu gehörte das Ende der Erntezeit, wenn es galt, die Landpacht oder Grundsteuer einzuziehen oder Erntearbeiten und Spanndienste zu fordern. Griff der Staat mit Steuerforderungen oder Arbeits- und Wehrdienst in die Welt der Bauern und Handwerker ein, kamen Alltagsarbeit und die Rhythmen der staatlichen Verwaltung zeitlich in Übereinstimmung.

Im Koran war, anknüpfend an vorislamische beduinische Traditionen, ein reines »Mondjahr« festgelegt worden. Das ist ein Jahr, das exakt 12 Mond-Monate lang ist. Dieses Jahr ist damit um ca. 11 Tage kürzer als das Sonnenjahr. Nach der Expansion konnten die Araber aus praktischen Gründen aber nicht mehr ohne den Sonnenkalender der Bauern und Städte auskommen. Daher waren in den islamischen Reichen zwei Kalendersysteme gleichzeitig in Gebrauch. Zum einen galt der offizielle religiöse Mondkalender, der nur 354 Tage zählte und dem Sonnenjahr nicht mehr angepaßt wurde. Zum anderen bediente man sich in den eroberten Gebieten unterschiedlicher staatlich-praktischer Kalender. Diese Kalender nach dem Sonnenjahr halfen, um feste Steuertermine nach der Ernte festzulegen. So gab es zum Beispiel im Vorderen Orient einen Sonnenkalender, der die alte seleukidische Ära aus hellenistischer Zeit weiterführte. Sie begann am 1. Oktober 312 v. Chr. und zählte um 1000 die Monate wie in Westeuropa nach dem Julianischen Kalender. Allerdings benutzte dieser Kalender Monatsnamen aus der aramäisch-syrischen Sprache. In den östlichen Regionen des Islam fand ein persischer Sonnenkalender Anwendung, der nach der Ära des letzten Sassaniden-Herrschers Yazdegird III. (633-651) rechnete und den Jahresbeginn auf die Tagundnachtgleiche des Frühjahrs festlegte.

In Indien galt als rechte Zeit zum Krieg die Zeit nach der Ernte, wenn gutes Wetter Kriegszüge möglich machte und freie Zeit für Bauern und Hirten die Heere anschwellen ließ. In Byzanz und in Indien war an zahlreiche Soldaten Land verteilt worden, um zu Zeiten des Krieges Bauern oder Grundherren als Soldaten und Offiziere einsetzen zu können. Dennoch dürfte die Mehrheit der Betroffenen die Zeit des Krieges zugleich als die Zeit des Schreckens empfunden haben, wenn das Leben durch Hunger, Krankheit und Tod aus dem Zyklus des normalen Zeitablaufs in eine Zeit der Zerstörung einmündete.

Rituelle und verwaltete Zeit

Weder Bauern noch Stadtbewohner der Weltkulturen brauchten für ihre Arbeit eine genaue Einteilung der Tage in kleinere Abschnitte. Die Zeit zwischen Sonnenauf- und Sonnenuntergang war gewöhnlich die Arbeitszeit. Der mittägliche Höchststand der Sonne teilte sie in zwei Hälften. Genaue Stunden oder gar Minuten brauchten sie nicht. Die Zeitorganisation der religiösen Institutionen hingegen waren detailreicher und konnten stark in die Tagesabläufe der Laien eingreifen, am weitreichendsten im Islam, wo fünf Gebetszeiten die Tageseinteilung eines Muslims prägten: Frühmorgengebet, Mittagsgebet, Nachmittagsgebet, Frühabendgebet und Spätabend/Nachtgebet.

In Europa, wo die Kirche die Einteilung des Jahres durch ihren Festkalender bestimmte, trafen die Welten von Laien und Klerus im Sonntagsgottesdienst und an den hohen Festtagen zusammen. Deutlich wird dies durch die Plazierung des Weihnachtsfestes in die Zeit der Wintersonnwende und des Osterfestes in die Nähe der Frühjahrs-Tagundnachtgleiche (Frühjahrsäquinoktium). Zahlreiche Manuskript-Illustrationen dokumentierten die Bedeutung des Festes (Abb. 7 und 8). Hier fanden christliche und heidnische Vorstellungen einen Ausgleich, der die große Tradition der Kirche mit den kleinen Traditionen verband, die auch im Jahr 1000 noch lebendig waren. Ostern bezog sich dadurch nicht nur auf das jüdische Pesah-Fest, sondern rückte in die Nähe vorchristlicher Frühlingsfeste. Weihnachten wurde am 25. Dezember gefeiert, dem Tag, an dem die Römer in der Antike Feste für die Sonnengötter Sol Invictus und Mithras gefeiert hatten. Beide sollen nämlich an diesem Tag geboren sein.

Christliche Mönche und Nonnen teilten ihren Tag genau ein. Novizen verpflichteten sich mit ihrem Gelübde nicht nur dazu, ihre Lebenszeit Gott zu widmen, sondern als Nebeneffekt auch dazu, die strenge Einteilung des Tages in der mönchischen Disziplin ihr ganzes Leben lang einzuhalten. Ihr Tag begann zur ersten Stunde des Tages, der *Prim,* etwa um sechs Uhr morgens, aber schon seit kurz nach Mitternacht hatten sie dann mehrere Stunden im Gebet verbracht. Die Zeit der Bettruhe der Mönche war diejenige von Sonnenuntergang bis Mitternacht, die heute viele Menschen mit Freizeit und Fernsehen zubringen.

Die andere große Mönchsreligion, der Buddhismus, richtete ihre Zeiteinteilung zumindest in Süd- und Südostasien in der Praxis stärker auf das Jahr als auf den Tagesablauf aus. Der Grund war, daß die Mönche außer zu

Der Tagesablauf eines Benediktinermönchs in Mitteleuropa

mit ungefährer Entsprechung in heutiger Zeiteinteilung

Prim (Gebet zur ersten Stunde des Tages, der nach antiker Tageseinteilung morgens begann)	sechs Uhr
Kapitelsversammlung: Aufgabenverteilung für die Arbeiten des Tages, Schuldbekenntnis, Straffestsetzung	halb Sieben
Morgenmesse, danach Arbeit	halb Acht
Terz (Gebet zur dritten Stunde) und Messe	neun Uhr
Arbeit	viertel vor Zehn
Sext (Gebet zur sechsten Stunde)	halb Elf
Mahlzeit	zwölf Uhr
Ruhepause	viertel vor Eins
Non (Gebet zur neunten Stunde)	zwei Uhr
Arbeit	halb Drei
Vesper (Gebetsstunde zur Zeit des Lichtanzündens; feierlichste Gebetszeit des monastischen Tagesablaufs)	halb Fünf
Abendessen (außer in der Fastenzeit)	halb Sechs
Komplet (letzte kanonische Gebetsstunde am Abend)	sechs Uhr
Bettruhe	viertel vor Sieben
Vigil (nächtliche Gebetsstunde)	halb Eins
Bettruhe	halb Drei
Matutin (Morgengebet)	vier Uhr
Bettruhe	halb Fünf
Aufstehen	viertel vor Sechs

7 Das Fragment aus der Exultetrolle aus Benevent (985-987) zeigt das Anzünden der Osterkerze durch den Bischof.

Monsunzeiten häufig unterwegs waren, sich vom Betteln ernährten und so den Tagesablauf der Laien zumindest teilweise mitvollzogen. Waren die Mönche aber in einem Kloster, so galt für alle gemeinsam ein geregelter Tagesablauf, der von Meditation, gemeinsamem Gebet, Lernen und Lehre geprägt war.

In anderen Religionen beherrschte der Tempeldienst die Tagesabläufe der religiösen Experten. Im Hinduismus wurde ein Zeremoniell des Tempeldienstes entwickelt, das sich an die Tageseinteilung eines Königs anlehnte. Der Tagesablauf richtete sich nach dem Sonnenauf- und -untergang, der gemessenen Zeit bzw. dem Stand der Sonne und nach den Sternkonstellationen.

Als Beispiel für gemeinschaftstiftende Riten sollen die großen Feste des Islam näher betrachtet werden. Der 30tägige Fastenmonat Ramadan fiel im Jahr 1000 in die Zeit von Montag, dem 5. August, bis Dienstag, dem 3. September. Dabei waren gesunde erwachsene Muslime verpflichtet, sich von Sonnenaufgang bis Sonnenuntergang aller Speisen, Getränke und Genüsse zu enthalten und zusätzliche Gebete zu verrichten. Das Fest des Fastenbrechens nach dem Ramadan wurde am 1. Schawwal, also am Mittwoch, dem 4. September, begangen. Es stand traditionell im Zeichen großer Gastfreundschaft, von gegenseitigen Geschenken und Besuchen. Der 29tägige Monat der Pilgerfahrt umfaßte die Zeit von Samstag, dem 2. November, bis Samstag, dem 30. November 1000. Zumindest einmal im Leben sollte sich jeder Muslim, der dazu materiell und gesundheitlich in der Lage war, in diesem Monat auf eine gemeinschaftliche Wallfahrt nach Mekka begeben, zur heiligen

Stadt und Wiege des Islam. Das Pilgerzeremoniell richtete sich nach der «Abschieds»-Pilgerfahrt des Propheten Muhammad im Jahre 632. Das Opferfest *(Id al-adha)* am 10. Tag des Pilgermonats wurde im Jahr 1000 am Montag, dem 11. November, begangen. An diesem Tage sollte die Schlachtung eines Tieres überall in den islamischen Regionen an die Bereitschaft Abrahams erinnern, als Beweis seiner Gottesfurcht seinen Sohn zu opfern, worauf sich Gott mit dem Opfer eines Widders zufriedengab. Das Opferfest umfaßte die rituelle Schlachtung des Opfertieres, Festmahle und reichliche Almosen ebenso wie gegenseitige Geschenke und Besuche.

In China hingegen gab es fast keine gemeinsamen arbeitsfreien Tage. Sonntage oder ähnliche regelmäßige Einschnitte in das Arbeitsleben der ganzen Gesellschaft waren unbekannt. Ebenso wies der Kalender kaum offizielle Feiertage auf. Die große Ausnahme bildete das Neujahrsfest und die Tage um den Jahresbeginn. Das Fest fiel seit 104 v. Chr. auf den Tag des ersten Neumondes nach dem Eintritt der Sonne ins westliche Sternzeichen des Wassermanns und konnte so nur im Zeitraum zwischen dem 21. Januar und dem 19. Februar stattfinden. Meist wurde dann zwei oder drei Tage nicht gearbeitet, die Läden blieben geschlossen. Öffentliche Ämter feierten oft vom 19. Tag des letzten Monats bis zum 19. Tag des ersten Monats im Jahr. Die Zeit des Neujahrsfestes war die Zeit der Feiern gegenseitiger Besuche, bei denen sich die Menschen reich beschenkten. Nach 14 Tagen beim ersten Vollmond des Jahres endete diese Zeit im Laternenfest. Das ausgelassene Fest der Lampions hatte eine gewisse Ähnlichkeit mit Fasching oder den römischen Saturnalien, denn nun waren Dinge erlaubt, die sonst gegen die guten Sitten verstießen.

Auch in Indien blieben arbeitsfreie Tage für alle Mitglieder der Gesellschaft die Ausnahme.

8 Miniaturen zum Ostergeschehen in einer Handschrift des frühen 11. Jh. Auf dem linken Bild sind der Engel und die Frauen am leeren Grabe Christi zu sehen (oben auf dem Dach die schlafenden Wächter!), rechts schwebt der seelenrettende Christus über den Feuergluten der Vorhölle und reicht den Sündern seine Hand.

Die Regierungen verordneten keine Feiertage, und einzelne Berufsgruppen und Religionen hatten ihre eigenen Bräuche. Nach einer Legende hatte der Gott Vishnu den Indern vier große Feste gegeben: Die Brahmanen erhielten den Vollmondtag des Monats Sravana (Juli-August). Sie banden dann Armbänder um die Handgelenke ihrer Patrone und Klienten. Die Krieger erhielten Dasara im Herbst, die Kaufleute das Lichterfest am 27. Tag des Sternzeichens Zwilling, und die Diener das Fest Holi, eine Art Karneval, bei dem die soziale Ordnung für kurze Zeit verkehrt war. Diese großen Feste wurden überall zur gleichen Zeit begangen, doch die einzelnen Kasten und Gruppen feierten meist separat; erst die Summe der kleinen Zeremonien machte das Fest aus.

3. Zyklische und lineare Zeit

Feste sind Fixpunkte und zugleich Zeiten der Abwechslung im Alltag der Menschen. Sie wiederholen sich jährlich und bilden so etwas wie kulturelle Abbilder der natürlichen Rhythmen des Jahres, der Generationen und Lebensalter. So war die Erlebniswelt der Menschen von wiederkehrenden Zeitabschnitten geprägt. Mußten sie da nicht annehmen, alles Geschehen im Kosmos würde in einem Kreislauf bis in die Unendlichkeit immer wiederholt?

Es wird oft gesagt, daß alte Kulturen oder die Kulturen des Ostens eine zyklische Zeitvorstellung hatten, während die Kulturen des Westens, die auf Judentum, Christentum und Islam basieren, ihre Zeit von der Weltschöpfung bis zum Jüngsten Gericht linear dachten. Dies ist insofern richtig, als man auf die Frage, wie oft die Welt erschaffen wurde, in den monotheistischen Religionen die Antwort »einmal« hätte hören können. Im Buddhismus, den hinduistischen Religionen und in Mesoamerika ging man dagegen von mehreren Weltschöpfungen aus. Allerdings kann diese Antwort nicht unbedingt als Beweis für ein »zyklisches« oder im Gegensatz dazu ein »lineares« Weltbild herangezogen werden – und schon gar nicht für einen fundamentalen Unterschied in der Denkweise der Menschen. Im Alltag unterschieden sich die natürlichen Kreisläufe der Tage, Mondphasen, Jahre, Generationen, Lebensalter, Aussaaten und Ernten in verschiedenen Weltgegenden nicht allzusehr. Zudem fußten alle Religionen in ihren Festen auf diesen Zyklen.

Auch Christentum und Islam kennen in Gestalt von Auferstehung oder Wiedererweckung der Toten die Idee der Wiederkehr. So hofften ihre Gläubigen, der Zustand vor dem Sündenfall könne wiederhergestellt werden. Viele von ihnen setzten das Paradies nach dem Jüngsten Gericht mit dem Paradies der Schöpfungszeit gleich.

Wie in allen Religionen kommt auch im Christentum eine zyklische Komponente des Zeitdenkens zum Tragen, wenn es um die Feier der Liturgie im Jahreskreis geht. Besonders deutlich wird dies am höchsten Fest der Christenheit, dem Osterfest. Das Osterfest sollte seit der im Konzil von Nikaia im Jahre 325 festgesetzten Osterregel am ersten Sonntag nach dem Frühlingsvollmond gefeiert werden. Aber das Osterfest folgte nicht nur der Passion Christi, an die es im Jahreszyklus erinnert, sondern ebenso der Schöpfung der Welt. Denn die Schöpfung konnte nach der damaligen Auffassung nur zur Zeit der Frühlings-Tagundnachtgleiche entstanden sein. Der erste Tag der Schöpfung war danach der 18. März, an dem auch Sonne und Mond erschaffen wurden. Da der Mond aber nur als Vollmond erschaffen werden konnte, war der erste Tag ein Vollmond, und der erste Herrentag, der den Abschluß der Schöpfung bildete, der Sonntag danach.

Das Abbild dieser Schöpfungskonstellation am österlichen Frühlingshimmel verband in jedem Jahr aufs neue die Gegenwart mit der verheißenen Erlösung. Der Kalender eröffnete so im Auferstehungsfest Christi einen Hinweis auf die permanente Präsenz Gottes. Damit wurde der menschliche Lebenskreis in den linearen Zeitverlauf alles Irdischen eingegliedert, an dessen Ende die Wiederkunft Christi stand. Jede Auseinandersetzung mit dem Thema Zeit wurde zu einer Erfahrung der Heilszeit in der Gegenwart. Die entfernten Geschehnisse zu Anbeginn und gegen Ende der Welt verbanden sich mit der Gegenwart. In der Wahrnehmung der Gegenwart sollte permanent die göttliche Schöpfung gedacht werden, die der Zeit und der Welt ihre Ordnung gab. Die historische Dimension war damit gewissermaßen aufgehoben und zur Heilsgeschichte geworden.[10]

Christentum, Islam und mit Einschränkungen der Buddhismus unterscheiden sich von anderen Religionen dadurch, daß sie sich in ihrem zeitlich-kalendarischen Selbstverständnis nicht auf einen oder mehrere Schöpfungsakte am Uranfang beziehen, sondern auf historische Ereignisse. Im Christentum war dies die Geburt des Jesus von Nazareth, im Islam der Auszug Muhammads von Mekka nach Medina im Jahre 622 n. Chr. Jene Zeitpunkte gliederten die Geschichte in ein »Vorher« und ein »Nachher«, die sich in ihrer Qualität fundamental unterschieden. Da dieser jeweilige Zeitpunkt einmalig war, verloren die Zeitzyklen ihre Prominenz und mußten sich dem linearen Element unterordnen.

Es ist bemerkenswert, daß das Christentum den Beginn seiner Ära nicht mit Ostern, dem höchsten Fest im Jahr, verknüpfte. Nicht Erlösung und Auferstehung bildeten den Beginn der neuen Ära, sondern die Geburt des Heilands. Vermutlich hielten sich die Gelehrten an die alte Tradition der königlichen Zeiteinteilungen, die mit dem Regierungsantritt des neuen Herrschers ihren Anfang nahmen. Im Jahr 1000 n. Chr. aber war, wie gesehen, der Bezug auf Christi Geburt noch nicht die alleinige Jahreszählung der westlichen Christenheit.

Der Buddhismus bezog sich in ähnlicher Weise auf einen historischen Zeitpunkt im Leben des Buddha, doch er entwertete nicht die Relevanz der Zyklen, da er die Lehre von der Wiedergeburt aller Wesen vertrat. Erst in der Überwindung der Wiedergeburt kann der Kreislauf gebrochen werden, allerdings immer nur für einzelne Individuen. Daher ist der Tod des Buddha, auf den keine Wiedergeburt folgt, der wichtigste Einschnitt in der Heilsgeschichte. Die Ära begann folglich mit dem Todesjahr des Buddha als seinem Eingang ins Verlöschen (Nirvana). Aber die Buddha-Ära wurde selten benutzt und ist erst kurz vor dem Jahr 1000 in Sri Lanka inschriftlich erwähnt.

Besonders in den östlichen Kulturen gab es viele Weltdeutungen, in denen lineares oder zyklisches Denken mehr oder weniger stark dominierte. In Indien existierten Lehren von den immer wiederkehrenden Großzyklen, aber auch der Glaube an einen gnadenreichen Hochgott. Wir finden sogar Vorstellungen, die bis hin zum reinen Materialismus reichten, in dem weder Götter noch Wiedergeburt, weder Lohn noch Strafe im Jenseits anerkannt wurden. Zugleich behaupteten in Indien und Südostasien die Herrscher in ihren Inschriften, daß ein gerechter König zeitweilig das erste, Goldene Zeitalter wiederherstellen und den Zerfall der Welt aufhalten konnte. Durch diese lineare Zeitidee, ausgedrückt in der Ära der gerecht waltenden Herrscherdynastie, wurde der zyklische Zerfall für die jeweilige Gegenwart unterbrochen.

Meist glaubten die Menschen an eine ideale Vergangenheit: Im Christentum sprach man vom Paradies, im Islam erinnerte man sich an die religiös-politische Leitung durch Muhammad, Hindus und Chinesen kannten jeweils ein »Goldenes Zeitalter«. Nur in Mesoamerika, wo die Weltschöpfung sich viermal vollzog, bevor das jetzige, vorerst letzte Weltzeitalter entstand, kann man nicht von einem Idealzustand am Anfang der Schöpfung sprechen. Dort war es vielmehr so, daß die Götter erst nach mehrmaligen Versuchen den Menschen im jetzigen, einigermaßen befriedigenden Zu-

[10] Englisch, Zeitbewußtsein, S. 124.

stand hervorbringen konnten. Auch mußte dort der Zyklus des Kalenders, der sich alle 52 Jahre wiederholte, von den Menschen durch die richtigen Festhandlungen am Laufen gehalten werden. Falls die Rituale nicht ordnungsgemäß durchgeführt wurden, drohte der Weltuntergang.

So lebten die Gesellschaften des Jahres 1000 meist mit dem »Rücken zur Zukunft«, wie Jan Assmann es ausdrückte. Sie schauten auf ideale Epochen in der Vergangenheit zurück. Diesen ursprünglichen Idealzustand erneut zu erreichen, wurde im Ritual oder der Lehre vom rechten Leben versucht. In China galt die Zeit des Altertums als Vorbild, das man durch die Berücksichtigung der alten Lehren nutzen wollte. Die gesellschaftliche Elite Chinas des Jahres 1000 blickte besorgt auf eine – in ihren Augen – von Niedergang, Zerfall, Krieg und Zersplitterung gekennzeichnete nahe Vergangenheit zurück, aus der erst die Kaiser der neu gegründeten Song-Dynastie (960-1279) einen Ausweg gefunden hätten. Sie hoffte auf eine glorreiche Zukunft und zeigte sich davon überzeugt, daß die wahren Lehren des Altertums zuvor nicht genügend berücksichtigt worden seien. In Indien und insbesondere in China ging die Anstrengung dahin, diesen Zustand durch rechtes Tun in der Gegenwart zu erreichen. Aber während es in Indien die Aufgabe des Königs war, durch seine persönliche Haltung dafür zu sorgen, galt in China das Altertum als Vorbild für alle, die durch gemeinsame Anstrengung dem Ideal nachstreben mußten.

War es aber immer möglich, durch redliches Bemühen, religiöse Rituale und Einhaltung der kosmischen und gesellschaftlichen Gesetze diesen uralten Idealzustand wiederherzustellen? Im Christentum und Islam verließ man sich auf das Jüngste Gericht, auf das die Gläubigen sich freilich durch fromme Lebensführung vorzubereiten hatten. In Mesoamerika, wo die Zeit mehrere Zyklen der Schöpfung durchlief, kehrte man am Ende einer Schöpfungsperiode dennoch nicht zum Ausgangspunkt zurück. Ein heutiger Beobachter würde die Idee der Zeit in Mesoamerika wohl eher als Zeitspirale denn als Zeitzyklus sehen. Zeitspirale bedeutet, daß jeder Zyklus zwar zu einem Ende der Welt und der Neuschöpfung führte, daß aber die Ausgangsbedingungen der Neuschöpfung durch das frühere Weltende beeinflußt waren.

Vor unserem Zeitalter gab es in Mesoamerika schon vier Schöpfungen oder Weltzeitalter, die als »Sonnen« bezeichnet wurden, denn die Sonne galt als die erschaffende und gegen Ende des Zeitalters auch als die zerstörende Kraft der Welt. Die große Bedeutung, die der Sonne zukam, manifestierte sich auch darin, daß diese nur durch das Selbstopfer eines Gottes erneut am Himmel aufsteigen konnte. Ähnliches galt auch für den Mond. Die Namen der Sonnen – Jaguar, Wasser, Feuerregen, Wind und Bewegung – trugen bzw. tragen (im Falle von Bewegung) die Art der Zerstörung in sich. Die jetzige, letzte Welt sollte durch Erdbeben, Hungersnöte und Krieg ihr Ende finden.[11]

4. Zeiten der Gefahr

Die Normalität zyklischer Zeitläufe stand in scharfem Kontrast zu der ständigen Bedrohung durch Katastrophen. Dazu gehörten Epidemien, Mißernten, Erdbeben, aber auch Kriege oder jäher Standesverlust infolge einer Krankheit. Angesichts dieser Bedrohungen war für die meisten Menschen nicht die Art des Zeitverlaufs das Wesentliche. Für ihren Alltag war es weniger bedeutend, ob Zeit in ihrer Kultur linear oder zyklisch konzipiert war. Wichtiger waren das Bemühen um den Erhalt des Gleichgewichts durch die richtigen Riten und das Bedürfnis, diese unerwarteten Ereignisse zu erklären.

Plötzliche Ereignisse haben in allen Kulturen das Bedürfnis nach der Erklärung des Geschehens hervorgebracht. Solche Kontingenz-

[11] Vgl. Lehmann, Geschichte der Königreiche.

erfahrungen ließen Stäbe von Spezialisten entstehen. Astrologen, Chronisten, Barden, Baumeister, Theologen, Philosophen, Historiker und Priester waren daran beteiligt. Auch konnte man Ahnen- und andere Geister, Heilige oder Dorfgöttinnen für Glück oder Unglück verantwortlich machen beziehungsweise Hilfe von ihnen erbitten. Kometen, Orakel oder Sternkonstellationen konnten das Unheil ankündigen, das viele Kulturen als Strafe des Himmels für Gottlosigkeit oder allzu sorgenfreies Leben deuteten.

Die folgenden beiden Textbeispiele aus Europa und Indien werfen ein Licht auf die schlimmen Erfahrungen, denen die Menschen hilflos ausgesetzt waren. Das erste Beispiel beschreibt eine Naturkatastrophe, das Erdbeben von 989 in Konstantinopel, bei dem auch die Hagia Sophia stark beschädigt wurde, damals die größte Kirche der Christenheit. Leon Diakonos, der wichtigste byzantinische Geschichtsschreiber um die Jahrtausendwende, erlebte das Ereignis selbst mit. In seiner Chronik beschreibt er die Katastrophe als Teil einer ganzen Serie von Schrecknissen, die von einem Kometen verursacht sein sollten. Den Vorzeichen, die nichts Gutes ahnen ließen, folgte dann die Katastrophe:

»Denn als der Abend kam, an dem man des großen Märtyrers Demetrios feierlich zu gedenken pflegt, brachte ein fürchterliches Erdbeben, wie es die Menschen unserer Zeit bisher noch nicht erlebt hatten, die Bollwerke von Byzanz zum Einsturz, zerstörte die Mehrzahl der Häuser, deren Trümmer die Bewohner unter sich begruben, und machte auch die Ortschaften in der Umgebung von Byzanz dem Erdboden gleich, wobei ein großer Teil der Landbevölkerung ihren Tod fand. Doch nicht genug damit, auch die Kuppel und die westliche Apsis der großen Kirche stürzte ein;[12] sie wurden jedoch später von Kaiser Basileios innerhalb von sechs Jahren wieder aufgebaut. Diesem Unglück folgten nicht minder schreckliche Heimsuchungen: Hungersnot und Pest, Dürre und Überschwemmungen sowie ungeheure Stürme, wobei durch den gewaltigen Anprall der Wellen auch eine Säule im Hafen des Eutropios umgestürzt wurde, so daß der Mönch, der auf ihr lebte, in den Fluten des Meeres elend umkam.[13] Auch die Mißernten, die damals eintraten, und all das übrige Leid, das nach dem Erscheinen des Kometen über uns hereingebrochen ist – all das ist von diesem Vorzeichen angezeigt worden und dann in Erfüllung gegangen.«[14]

In noch größerem Maßstab geschahen Verheerungen durch feindliche Angriffe. Die Menschen in Nordindien litten damals besonders unter dem Herrscher von Ghazna in Afghanistan, Sultan Mahmud (geb. 971, gest. 1030). Er unternahm zwischen 1000 und 1027 insgesamt siebzehn Feldzüge zum Indus und Ganges, vernichtete dabei die Königreiche hinduistischer wie muslimischer Herrscher und plünderte Städte und Tempel. Seine »Heldentaten« beschreibt ein Bericht aus dem Buch *Tarikh Yamini* von al-Utbi (gest. ca. 1023), der Beamter am Hof Mahmuds gewesen war. Er berichtet in einer kurzen Passage über den Feldzug nach Kanauj am Ganges im Winter 1018/19.

»Der Sultan rückte gegen die Befestigungen von Kanauj vor, die aus sieben Bastionen bestanden, umspült vom Ganges, der unter ihnen hinfloß wie ein Meer. In Kanauj gab es fast 10 000 Tempel, von denen die Götzenanbeter fälschlich und absurderweise behaupteten, daß ihre Vorfahren sie vor zwei- oder dreihunderttausend Jahren angelegt hätten. Sie beteten dort und richteten ihre Gelübde und ihre Bitten dahin wegen deren hohen Alters. Viele der Einwohner dieses Ortes flohen und wurden zersprengt, elend wie Witwen und Waisen, weil die Angst sie bedrückte, nachdem sie Zeuge der Zerschlagung ihrer tauben und stummen Götzen geworden waren. Vielen gelang so die Flucht, und

[12] Die »große Kirche« ist die Hagia Sophia.
[13] Dies ist ein Hafen in der Stadt Chalkedon. Säulenheilige kamen also nicht nur in der Einsamkeit der Wüste vor, sondern konnten auch mitten in einer Stadt ihren Aufenthalt nehmen.
[14] Aus: Phokas, Tod der Sarazenen, S. 159f.

diejenigen, die nicht flohen, wurden umgebracht. Der Sultan nahm alle sieben Festungen an einem Tag und gab sie seinen Soldaten frei zur Plünderung, und um Gefangene zu nehmen.«[15] Solche Ereignisse mit Tausenden von Toten und Vertriebenen waren in den Augen der brahmanischen Schriftgelehrten Zeichen für die Entwicklung der Welt hin zur prophezeiten Auflösung aller Werte und Gesetze.

Viele Menschen glaubten auch, daß es innerhalb der Zyklen des Jahres einzelne Zeitabschnitte gäbe, die von sich aus gute oder böse Vorzeichen trügen. So konnten die Zeiten der Krisen und des Unglücks systematisiert und erklärt werden und ihnen somit ein für die Betroffenen verstehbarer Sinn gegeben werden. Viele Kalender des Jahres 1000 hatten ihre guten und ihre schlechten Tage, Tage, die versprachen, ein Werk gelingen zu lassen, und andere, an denen kein Glück zu gewinnen war.

5. Strukturierte Zeit: Die Kalendersysteme

Wie in den vorhergehenden Abschnitten gezeigt, war Zeit in vormodernen Zivilisationen mit vielfältiger Bedeutung aufgeladen, die sich in den Kalendersystemen niederschlugen: Regelmäßigkeiten im Zeitablauf des Alltags, Erfahrungen von Unwägbarkeit und Unsicherheit in Krisenzeiten, die Autonomie oder Fremdbestimmung der Tages- und Lebenszeit und die philosophischen und wissenschaftlichen Erkenntnisse. Kalendersysteme bringen den Willen zum Ausdruck, den Lauf der Zeiten in einem System von Regeln abzubilden, das den Menschen zugänglich ist. In jedem dieser Systeme vereinen sich die bekannten kosmischen Gesetze, die Beobachtungen des Tagesablaufs, die natürlichen Rhythmen von Monat, Jahr und Generationen, von Geburt und Tod.

Alle vormodernen Kalendersysteme stützten sich auf irdische Naturzyklen und Himmelsphänomene. Letztere wie Mondphasen, Sonnenstände und Planetenbahnen sind weltweit fast gleich. Die Naturkreisläufe dagegen unterscheiden sich mitunter sehr. Wesentlich stärker weichen schließlich die kulturellen Rahmenbedingungen voneinander ab.

Der mesoamerikanische Kalender

Der Kalender der Maya ist das uns Heutigen fremdeste System der Zeitrechnung, welche die Welt um das Jahr 1000 kannte. Tatsächlich handelte es sich um ein ganzes Bündel von ineinander verschränkten Systemen der Kalendarik, die erst durch eine hohe Entwicklung von Astronomie und Mathematik und mit der Arbeit von Spezialisten möglich wurde. Zugleich ist dieser Kalender derjenige, der am weitesten in die Lebenswelt der Menschen eingriff. Er ist damit ein gutes Beispiel für eine Institution, die die Gesellschaft in ihrer Gesamtheit prägte. Die Völker Mesoamerikas glaubten, es werde zu einer kosmischen Katastrophe kommen, wenn die Zeremonien zum Ende des alle 52 Jahre neu beginnenden Zyklus ausblieben – dann nämlich könne die Sonne nicht mehr aufgehen (Abb. 9).

Zyklische Aspekte

Das Kalendersystem der mesoamerikanischen Völker basierte zum einen auf dem Sonnenjahr zu 365 Tagen. Dieses Jahr war unterteilt in 18 Abschnitte von jeweils 20 Tagen. Zu diesen 360 Tagen kamen 5 Tage hinzu, die als unheilvoll

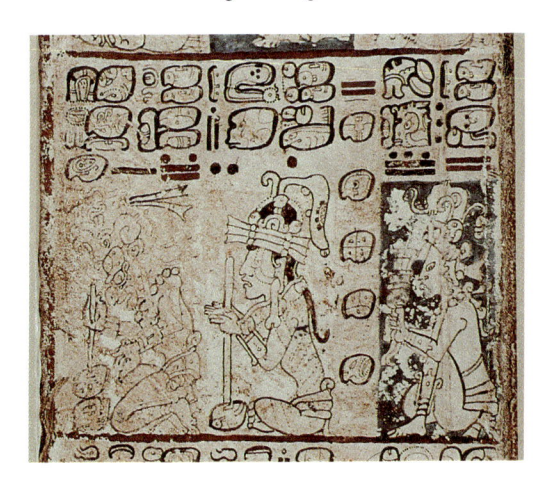

9 Maya-Götter beim Feuerbohren. In ähnlicher Weise wurde in der Neujahrsnacht das Feuer des neuen Jahres von Priestern zeremoniell erbohrt.

[15] Zitiert nach: Elliott/Dowson, History of India, S. 45f. (Übers. G. Berkemer).

galten. Diese hießen bei den Maya *uayeb*, bei den Nahua sprechenden Völkern des mexikanischen Hochlandes *nemontemi* (Abb. 10). Viele Namen der 18 »Monate« sind unübersetzbar, bei manchen erkennt man als Ursprung noch ein Naturphänomen. Nach Bedarf wurde der Kalender dem tatsächlichen Sonnenjahr angepaßt. Schalttage gab es jedoch nicht.

Daneben gab es ein zweites zyklisches System der Zeiteinteilung, das nicht auf dem natürlichen Jahr beruhte. Dieser »Wahrsagekalender« war bedeutsam in der Religion. Außerdem diente er dazu, in Kombination mit dem Sonnenjahr Zeiträume zu berechnen, die größer als ein Jahr waren. Der Wahrsagekalender enthielt anders als der Sonnenkalender nur 260 Tage, die aus 13 numerierten Abschnitten von je 20 einzeln benannten Tagen bestanden. Jeder Tag des »Wahrsagejahres« trug die Nummer des Abschnitts und einen zusätzlichen Tagesnamen, von denen es für jeden Tag im Abschnitt einen eigenen gab, insgesamt also 20. Die Tagesnamen variierten stark je nach Region, nahmen aber immer Bezug auf Tiere, Pflanzen, Naturerscheinungen und auch abstrakte Begriffe.

Aus der Kombination von Sonnen- und Wahrsagekalender ergab sich die sogenannte Kalenderrunde. Das Sonnenjahr wurde nach dem Tag des Wahrsagekalenders benannt, der auf seinen ersten Tag fiel. Nun ist aber das Jahr mit seinen 365 Tagen gegenüber den 18 »Monaten« zu 20 Tagen um fünf Tage zu lang, so daß sich der Jahresname immer um fünf Tagesnamen verschob. Da es 20 Tagesnamen gab und 20 durch 5 teilbar ist, kamen immer die gleichen vier Tagesnamen als Jahresnamen vor. Man kombinierte diese mit der Zahl des numerierten Abschnitts im Wahrsagekalender, in den der Tag des Jahresanfangs fiel. Wenn also das Jahr am Tag »Rohr«, der nach dem Schilfgras benannt ist, begann, und dieser in den ersten Abschnitt des Wahrsagekalenders fiel, dann hieß das Jahr »Eins Rohr«. Wenn man die 13 Zahlen des Wahrsagekalenders mit den vier Jahresnamen multiplizierte, erhielt man die Zahl 52. Erst nach 52 Sonnenjahren oder 73 Zyklen des Wahrsagekalenders konnte die Jahresbezeichnung »Eins Rohr« wieder auftreten. Diese Kalenderrunde war der wichtigste Zyklus der mesoamerikanischen Zeitrechnung.

Diese Jahresbenennung hatte praktische Bedeutung. Mesoamerikanische Völker nannten zum Beispiel ihre Fürsten nach dem ersten Tag im Jahr ihrer Geburt. Der fünfte Toltekenherrscher der Stadt Tollan, Quetzalcoatl, lebte der Sage nach genau einen Zyklus von 52 Jahren zwischen 947 und 999 n. Chr. Sein Name war daher Ce Acatl Topiltzin: Unser Prinz Eins Rohr.

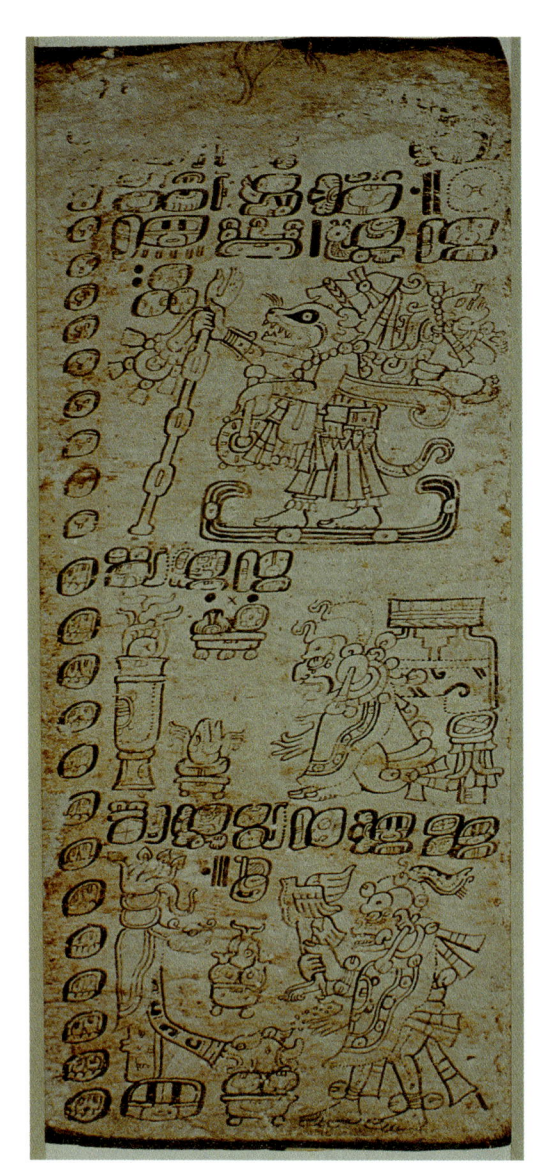

10 Beschreibungen von Zeremonien während der unheilvollen fünf Tage vor dem Ende des Jahres und zum Anfang des neuen Jahres. Oben sieht man den Gott Bacab, der den Maisgott als Last des Schicksals des kommenden Jahres trägt. Dieser symbolisiert die Fülle des Maises und damit ein gutes Jahr. (Vgl. auch Bild 26 Kapitel III, auf dem Bacab den Jaguar trägt, das Symbol des Krieges.) In der mittleren Reihe sieht man den »Gott D« oder Itzamna vor seinem Tempel sitzen. Er ist der Patron des kommenden Jahres. In der unteren Reihe ist das Opfer eines geköpften Truthahns abgebildet. Der opfernde Gott ist der Totengott.

11 Sogenannter »Gott L« aus dem Codex Dresdensis. Der Gott ist eine Manifestation der Venus. Man sieht sein tonbemaltes Gesicht mit schwarzer Markierung. Kniend streckt er einen Arm mit dem bunten Schild aus und schwingt mit der anderen eine Speerschleuder, als habe er gerade einen Speer geworfen.

Einen größeren Zyklus erreichte man durch die Einbeziehung des Planeten Venus (Abb. 11) in die Kalenderrechnung. Die mesoamerikanischen Völker berechneten den scheinbaren Umlauf des Morgensterns um die Sonne (ohne zu wissen, daß Morgen- und Abendstern derselbe Planet ist) und kamen so auf einen Zyklus von rund 584 Tagen. 240 Umläufe des Morgensterns entsprachen gleichzeitig auch 676 Drehungen des Wahrsagekalenders. Kombinierte man die Zyklen von Sonnenkalender/Wahrsagekalender und Venuskalender/Wahrsagekalender miteinander, so ergab sich, daß sie alle 104 Jahre übereinstimmten. Diese Zahl galt als ein »Greisenalter«.

Daneben gab es noch andere Zyklen, bei denen auch der Mond ins Spiel kam. Hier bewegen wir uns im Grenzbereich der bisherigen Erforschung des Kalenders. Es handelte sich dabei weniger um Versuche der Einteilung von Zeit als um die Wahrsage anhand von Himmelskörpern und Zahlensymbolik. Man kann in diesen Zyklen also Parallelen zu den zahlreichen astrologischen Systemen der Alten Welt sehen.

Lineare Aspekte

Der lineare Kalender, der jeden Tag einzeln zählt und eine Summe der Tage bildet, bietet uns heute die Möglichkeit, Daten exakt zu bestimmen. Dieses System wurde jedoch nur von den Maya verwendet.

Der lineare Kalender begann nach unserer Zeitrechnung am 13. August 3114 v. Chr. Zunächst könnte man vermuten, daß es sich hierbei um die Erschaffung der Welt handle, was nicht weiter verwunderlich wäre bei einer Kosmologie, der eine Weltzeitalterlehre zugrunde liegt. Bekannt ist allerdings, daß die Maya Berechnungen anstellten, die hinter diesen Zeitpunkt zurückgingen, was die zuvor genannte Hypothese fraglich erscheinen läßt.

Die lineare Zählung der Tage, auch »Lange Zählung« genannt, bediente sich eines Zwanzigersystems, um die Position der einzelnen Zahlzeichen zu bewerten. Für Kalenderdaten sieht dies wie folgt aus, wobei die Stellen von hinten gelesen werden: Die Stellen *kin, tun* und *katun* wurden von 0 bis 19 numeriert, die 4. Stelle *(unial)* 0 bis 17, aber die 5. Stelle *(baktun)* von 1 bis 13.

5. Stelle	baktun	=	144 000 Tage
4. Stelle	katun	=	7 200 Tage
3. Stelle	tun	=	360 Tage
2. Stelle	umal	=	20 Tage
1. Stelle	kin	=	1 Tage

Wie leicht zu sehen ist, erfolgt an der 3. Stelle, der Einheit *tun*, ein Bruch mit dem Zwanzigersystem, da der Wert 20 x 20 = 400 zu erwarten wäre. Die Zahl 400 ist aber zu weit von der Jahreslänge entfernt, um praktikabel zu sein, und wurde daher durch 360 ersetzt. Die Einheit *tun* wird häufig als Bindeglied zwischen Sonnenkalender und der Tageszählung angesehen. Aber die fünf schlechten Tage am Jahresende wurden nicht in die Rechnung einbezogen. Daher rechnete man mit 360 und nicht 365 Tagen. In der 4. Stelle taucht die 20 als Multiplikator wieder auf, 360 x 20 = 7200, ebenso wie in weiter folgenden Stellen. Abbildung 12 ist ein Beispiel für die Darstellung eines solchen Datums.

In der Praxis, d. h. in Inschriften oder Bilderhandschriften, wurden die drei Zeiterfassungssysteme Sonnenjahr, Wahrsagekalender und lineare Tageszählung miteinander verknüpft. Ein solches Datum sieht transkribiert dann wie folgt aus: 13.0.0.0.0, 4 Ahau, 8 Cumku. Dieses Datum ist der Tag »Null« der linearen Maya-Zeitrechnung, die nicht, wie zu erwarten, bei 0.0.0.0.0 beginnt. Der Grund liegt in der Zählung der letzten Stelle des Datums. *Baktun* wurde von 1 bis 13, anstatt von 0 bis 12 gezählt. Das Datum 13.0.0.0.0 entspricht dem 13. August 3114 v. Chr. Von hinten gelesen, erfahren wir zuerst den Tag im Sonnenjahr, den Tag 8 des »Monats« Cumku, gefolgt vom Tag 4 Ahau im Wahrsagekalender. Jetzt erst folgt die Tageszählung nach dem linearen Kalender. Da man auch hier von hinten liest, ergibt sich erst auf der 5. Stelle ein Wert größer als Null. In Maya-Zahlen ausgedrückt bedeutet dies: Wenn man

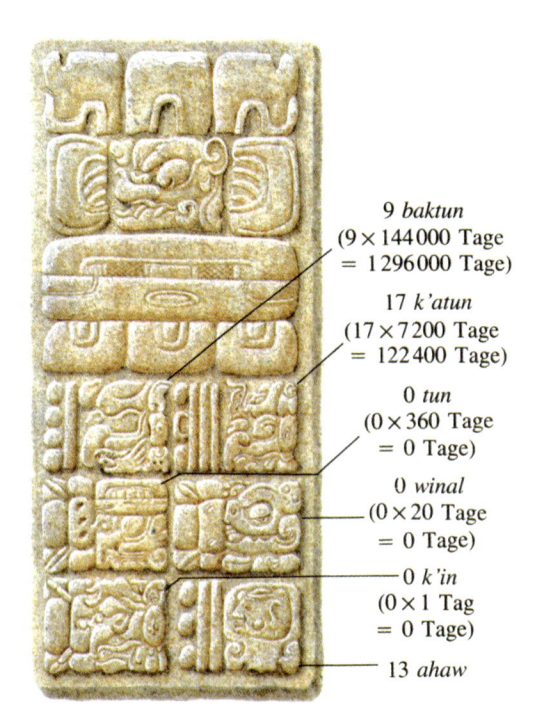

9 *baktun* (9 × 144 000 Tage = 1 296 000 Tage)
17 *k'atun* (17 × 7 200 Tage = 122 400 Tage)
0 *tun* (0 × 360 Tage = 0 Tage)
0 *winal* (0 × 20 Tage = 0 Tage)
0 *k'in* (0 × 1 Tag = 0 Tage)
13 *ahaw*

12 Eine Maya-Stele aus Quirigua, an der man sehr gut die einzelnen Kalenderstellen (Datumsglyphen) erkennen kann.

von dem Beginn des linearen Kalenders der Maya die Tage bis zum 1. Januar 1000 des Julianischen Kalenders durchzählen wollte, so käme man zu dem Maya-Datum 10.8.12.5.5., 13 Uo, 9 Chicchan.

Die chinesische Zeitrechnung

Der chinesische Kalender ist eine Kombination aus solaren und lunaren Elementen. Er basiert auf dem synodischen Monat, also der Zeit zwischen zwei Neumonden (29,23166 Tage) und dem Jahr mit 365,2240 Tagen. Man bringt diese beiden Perioden in Übereinstimmung, indem man die folgenden Regeln anwendet: Ein normales Jahr hat 12 Monate, ein Schaltjahr hat 13 Monate. Im Detail heißt das:

1. Das Jahr besteht aus Monaten zu abwechselnd 30 und 29 Tagen. Der Monat beginnt mit dem Neumond. Normalerweise fällt in jeden der 12 Monate des Jahres einmal ein Zeitpunkt, in dem die Sonne von einem Tierkreiszeichen in ein anderes tritt.
2. Wenn nun ein Monat keinen solchen Punkt enthält, dann ist er ein Schaltmonat und trägt die gleiche Nummer wie sein Vorgänger.
3. Der 11. Monat ist immer der Monat der Wintersonnenwende.
4. Der Jahresbeginn fällt daher auf einen Neumond-Tag im Januar oder Februar.

Nach diesem Prinzip können die Jahre des chinesischen Kalenders in normalen Jahren 353, 354 oder 355 Tage haben, in Schaltjahren 383, 384 oder 385 Tage.

Die chinesische Zeitrechnung beginnt der Legende nach im 3. Jahrtausend v. Chr., manche Autoren nennen sogar ein genaues Jahr: 2637 v. Chr. Zu dieser Zeit soll der Gelbe Kaiser, Huangdi, die Zeit in Zyklen zu je 60 Jahren eingeteilt haben. Der Ursprung dieser Datumsangabe ist unklar, doch frühe Anfänge sind bereits aus der Shang-Dynastie (ca. 1570-1045 v. Chr.) bekannt. Heute wird das Datum benutzt, um eine fortlaufende Jahreszählung zu erreichen, die der chinesische Kalender nicht kennt, da er in Zyklen von 60 Jahren rechnet. Ausgehend von diesem Datum liegt das gegenwärtige Jahr 2000 im 78. Zyklus.

Die Jahre der Zyklen wurden nicht gezählt, sondern mit Namen versehen. Es gab zehn Zyklenzeichen oder »himmlische Stämme« (*tiangan*), die den fünf Elementen und den Himmelsrichtungen zugeordnet wurden. Diese himmlischen Stämme hatten aus der Sicht der Menschen des Jahres 1000 jeweils einen aktiven und einen passiven Aspekt nach dem Prinzip von Yin und Yang. Wissenschaftler weisen aber heute aber darauf hin, daß der Zyklus älter ist als die Philosophie von Yin und Yang, und wohl eher von der alten chinesischen »Woche« zu 10 Tagen abgeleitet war.

Im Kalender waren die fünf himmlischen Stämme mit einem zweiten Zyklus kombi-

Jahresanfang und -länge im chinesischen Kalender um das Jahr 1000

Jahr n. Chr.	julianisches Datum des chinesischen Neujahrs	Jahreslänge in Tagen
997	10. Februar	355
998	31. Januar	354
999	20. Januar	384
1000	8. Februar	354
1001	28. Januar	383
1002	15. Februar	354

niert, den zwölf »Erdzweigen« (*dizhi*), für die man statt der abstrakten Zeichen die Namen der zwölf Tierkreiszeichen setzen konnte: Ratte, Rind, Tiger, Hase, Drache, Schlange, Pferd, Schaf, Affe, Hahn, Hund und Schwein. Die Jahre wurden dann durch eine Kombination der beiden Zyklen benannt, wodurch man sechzig Doppelnamen erhielt. Dieser Zyklus von 60 Jahren wurde das »Große Jahr« genannt. In der Praxis hatte das System aber den Nachteil, daß man Jahre, die mehr als 60 Jahre voneinander entfernt waren, nicht eindeutig unterscheiden konnte. Es wurden daher die Regierungsjahre des Kaisers und die von ihm ausgerufenen »Regierungsdevisen« zum eindeutigen Bezeichnen der Jahre benutzt. Eine Regierungsdevise war ein Motto, das der Kaiser für einen bestimmten Zeitraum ausgeben konnte. Nach dieser Rechnung war das Jahr 1000 das dritte Jahr der Regierungsdevise *xianping* (Umfassender Friede) des Song-Kaisers Zhenzong. Auch die Tage werden nach einem solchen Zyklus zu 60 zusammengefaßt.

6. Die Grundlagen der Kalender
Die Beobachtung der Zeit

Das Jahr ist in allen Kulturen der wichtigste Bezugspunkt für den Kalender. Aber in der Unterteilung der Jahre und in der Art, wie sie zu größeren Einheiten zusammengefaßt werden, sind die verschiedenen Kulturen zu unterschiedlichen Lösungen gelangt. Man kann die errechneten Planetenbewegungen mit der Länge des menschlichen Lebens in Bezug setzen, um so wie in Mesoamerika zu den Zyklen von 52 oder 104 Jahren zu gelangen. Ähnliche Zyklen, die sich an der Länge einer Generation oder eines Menschenlebens orientieren, wurden in Indien aus der Bahn des Jupiter abgeleitet und zur Konstruktion von Einheiten zu 12 und 60 Jahren benutzt. Der 60-jährige Zyklus und der Sonnenumlauf des Jupiter in fast genau 12 Jahren war auch in China bekannt und seit alters astronomisch und kalendarisch benutzt worden. Selten in Gebrauch war dagegen im Osten die Einteilung der Jahre in *saecula* (Jahrhunderte) oder *millennia* (Jahrtausende), wie sie besonders im Christentum bekannt und mit symbolischer Bedeutung versehen waren.

Ein weiteres Element der Zeitrechnung trat mit den dynastischen Ären hinzu, deren Grundlage kein beobachteter oder errechneter Zyklus ist, sondern die eher zufällige Folge von Königen oder Herrschergeschlechtern verkörpert. Hier wird besonders deutlich, wie die Symbole der Herrschaft auch die Zeitordnung von Untertanen oder der besiegten Konkurrenten dominieren und monopolisieren konnte. Besonders anschaulich ist dies in China, wo die Ordnung der Zeit von Anbeginn an mit dem Kaiser, dem obersten Herrn der Welt, verbunden war.

Messung der Zeit

Es war im Prinzip leicht, durch astronomische Beobachtung bestimmte Zeitpunkte zu bestimmen oder andere aus diesen Beobachtungen abzuleiten. Diese astronomischen Geschehnisse hatten einen entscheidenden Nachteil: Viele sind periodisch leichten Schwankungen unterworfen, und kleinere Perioden passen nicht ohne Rest in größere. Daher die Versuche, die kleinsten, unteilbaren Zeiteinheiten zu finden. Für solche genauen Messungen von Zeit gab es in allen Kulturen der Welt Experten für Astronomie und Astrologie, wobei beides selten unterschieden wurde. Der indische Astronom und Universalgelehrte Varahamihira (ca. 505 n. Chr.) stellte einen Katalog der Kenntnisse auf, über die ein Astrologe verfügen mußte:

»Unter den astronomischen Berechnungen, die ein Astrologe kennen muß, sollen die verschiedenen Unterteilungen der Zeit sein, wie Ära, Jahr, Sonnenwende, die Periode von zwei

Monaten, Monat, 14 Tage, Tag und Nacht, die Wache, *muhūrta*, *nāḍī*, *prāṇa*, *truti* und weitere Unterteilungen, sowie die Ekliptik, und wie alle diese in den fünf Almanachen behandelt werden; diese heißen der Paulinische, der Römische, der des Weisen Vasiṣṭa, der des Sonnengottes und der des Gottes Brahmā. Und er soll Bescheid wissen über die vier Konzepte solarer Tag, *savana*-Tag, siderischer Tag und lunarer Tag, sowie die Erscheinung von Schaltmonaten und Zeitunterschieden zwischen lunaren und solaren Monaten.«[16]

Mit der vierzehntägigen Phase ist der zu- bzw. abnehmende Mond gemeint. Die Wache hatte eine Länge von 1½ Stunden, ein *muhūrta* von 48 Minuten, eine *nāḍī* von 24 Minuten, und ein. *Prāṇa* oder »Atemzug« bezeichnete die Zeit, die man zum Sprechen von 10 Silben brauchte. Unter *truti* verstand man ein Achttausendstel des *muhūrta*. Die Ekliptik war eine Projektion der Erdumlaufbahn um die Sonne auf die Himmelskugel. Und die »Konzepte des Tages« bezogen sich auf folgende Möglichkeiten, die Tageslänge zu messen: 1) der solare Tag, der je nach Jahreszeit und Sonnenscheindauer in ungleiche Teile unterteilt war, 2) der standardisierte Tag mit gleichlangen Stunden, Monaten zu 30 Tagen und Jahren zu 360 Tagen, 3) der siderische Tag, d. h. die Zeit, die der Mond braucht, um ein Sternbild zu durchqueren. 27 Sternbilder entsprachen einem solaren Monat, 4) der lunare Tag, d.h. ¹⁄₃₀ der Zeit zwischen zwei Neumonden.

Wie exakt Himmelsbeobachtungen sein konnten, zeigt das alte Universalinstrument der Astronomen, Astrologen und Landvermesser, das Astrolabium (Abb. 13). Dieses antike Meßinstrument war in Europa dem Vergessen anheimgefallen. Es kam dann im 11. Jahrhundert aus der islamischen Welt zurück ins christliche Europa. Eine Passage aus der fragmentarischen Autobiographie des Walcher von Malvern (gest. 1125) macht den Gebrauch des Instruments deutlich. Am 18. Oktober 1092 wurde er von einer Mondfinsternis überrascht:

»Ich ergriff sofort mein Astrolabium und notierte sorgfältig den Zeitpunkt der vollständigen Mondfinsternis, die nur wenig später als drei Viertel nach der elften Stunde in der Nacht eintrat. Rechnet man diese Zeit in die Äquinoktialzeit um [d.h. in gleiche Stunden, G. B.], so war es kurz vor 12.45 Uhr.«[17]

Das Astrolabium ist eine zweidimensionale Projektion der Himmelssphäre auf einen Satz drehbarer Scheiben, mit deren Hilfe man Himmelskonstellationen einstellen konnte. Älteste Fragmente stammen aus dem ersten vorchristlichen Jahrhundert. Dieses Instrument war so konstruiert, daß es an dem Ort, für dessen Breitengrad es benutzt werden sollte, astronomische Daten wie Positionen der Gestirne erkennen ließ. Die Astronomen konnten mit Hilfe des Astrolabiums auch die Uhrzeit bei Tag und Nacht ermitteln und den Zeitpunkt des Sonnenauf- oder -untergangs

13 Ein Astrolabium aus dem muslimisch-spanischen Saragossa von 1079/80. Durch die drehbare zweidimensionale Projektion der Himmelssphäre konnte man bestimmte Himmelskonstellationen einstellen und astronomische Daten wie Sonnenaufgang und -untergang ablesen.

[16] Varahamihira, S. 8-9.
[17] Aus: Gurjewitsch, Weltbild, S. 109.

bestimmen. Man konnte also schon früh den Tag in 24 gleiche Teile oder aber, wie in der Praxis üblich, die helle und dunkle Tageshälfte in jeweils 12 unterschiedlich lange Abschnitte einteilen. Auf Reisen ließen sich die Breitengrade ablesen. Das Astrolabium eignete sich zur Konstruktion von Sonnenuhren, Vermessung von Brunnentiefen, Turmhöhen und Entfernungen. Zur Navigation auf dem Meer war es aber nicht gut zu gebrauchen, weil man einen festen Untergrund benötigt. Muslime schätzten insbesondere die Möglichkeit, mit Hilfe des Astrolabiums die Richtung nach Mekka zu finden. Im islamischen Raum wurde es noch über die antiken Instrumente hinaus weiterentwickelt und behielt seine Bedeutung in Orient und Okzident bis weit in die Neuzeit bei. Jedoch war seine Herstellung teuer, und man konnte es nicht ohne Spezialkenntnisse in Mathematik und Astronomie benutzen.

Im Alltag schätzte man die Zeit dagegen mit Hilfe des Sonnenstands oder unterschiedlichen Vorläufern der Uhr, etwa mittels Wasser oder Quecksilber, die aus Gefäßen abliefen, mit der Sonnenuhr oder indem Öl, Räucherstäbchen oder Kerzen abgebrannt wurden. Die Sanduhr war dagegen eine Erfindung des Hochmittelalters.

Einfache Sonnenuhren konnte man relativ leicht herstellen. Zur groben Zeiteinteilung in Vor- und Nachmittag genügte schon ein Stab, der einen Schatten erzeugte. Dieser Uhrtyp war daher die bekannteste Methode. Aber sie war gerade nördlich der Alpen mit vielen Nachteilen behaftet, da sie bei bewölktem Himmel und bei Nacht ausfiel und so besonders im europäischen Winter nicht besonders praktikabel war. Zudem war sie als Zeitgeber auf einen bestimmten Breitengrad festgelegt und für astronomische Bestimmungen ungeeignet, da sie die »wahre Sonne« zeigte, die je nach Jahreszeit im Verhältnis zur gleichförmigen Stunde vor- oder nachgeht.

Als legendärer Erfinder der Kerzenuhr gilt der angelsächsische König Alfred der Große von Wessex (849-899). Er hatte gelobt, die Hälfte seiner Zeit Gott zu widmen. Also kümmerte er sich acht Stunden am Tag um die Regierungsgeschäfte, acht Stunden widmete er dem Gebet, acht Stunden reservierte er für den Schlaf. Um die Zeit zu messen, ließ er täglich sechs Kerzen von gleichem Gewicht abbrennen, und konnte so Zeitintervalle von vier Stunden messen. Von ihm ist bekannt, daß er diese Kerzen auch auf Reisen brennen ließ.

Allerdings waren Kerzen zur Zeitmessung schon lange vorher in China bekannt, ebenso die Duftuhr aus Räucherstäbchen, die vor allem in Tempeln beliebt war und in China bis ins 20. Jahrhundert überdauerte. Diese Uhr war sehr billig, und wenn man verschiedene Düfte in einem Räucherstäbchen kombinierte, konnte man die ungefähre Zeit sogar mit der Nase feststellen. Sowohl die Duft- wie die Kerzenuhren waren im Zeitalter der Song-Dynastie in China weit verbreitet und wurden später auch nach Japan eingeführt.

Dagegen blieb die Wasseruhr seit dem Altertum eher ein Luxusgegenstand. Sie stammte ursprünglich aus Ägypten und verbreitete sich über die ganze Alte Welt. Ihr Grundprinzip bestand darin, daß man durch gleichmäßiges Ein- oder Ausfließen von Wasser eine Volumenänderung in einem Gefäß erzeugte. Dabei waren einige physikalische und astronomische Parameter zu berücksichtigen. Es war zum Beispiel nötig, das Volumen des fließenden Wassers auch bei verändertem Druck im Auslaufgefäß gleichmäßig zu halten. Und das Problem der ungleichen Stunden stellte sich hier umgekehrt, denn die Zeitmessung war so regelmäßig, daß sie von der »offiziellen« Sonnenuhr mit ihren ungleichen Stunden abwich. Dies konnte man zwar kompensieren, indem man die Hähne der Wasseruhren nach astronomischen Vorgaben einstellte, aber man hatte dann wieder ein Instrument zur Hand, das einen Experten verlangte. In Mitteleuropa passierte es auch häufig, daß die kostbare Maschine ihren Dienst versagte, weil das Wasser gefror. All dies machte die Wasseruhr recht aufwendig in der Herstellung und wenig brauchbar für den Alltag.

Im technisch fortgeschritteneren China gab es raffiniert ausgedachte Maschinen, welche die uralte Idee der Wasseruhr weiterentwickelten. In Büchern der Song-Zeit finden wir Beschreibungen von astronomischen Uhren, deren Komplexität zur damaligen Zeit unübertroffen war. Das Räderwerk der Uhr bewegte sich mit Hilfe einer Hydraulik. Man benutzte als Kraftquelle Wasser oder Quecksilber, und zwar so, daß das Wasser oder Quecksilber nicht kontinuierlich floß, sondern die Flüssigkeit sich in einer der Radschaufeln ansammelte. Das Gewicht der Flüssigkeit drehte dann das Rad um eine Schaufel weiter. Im 11. Jahrhundert wurde dann ein Kettenantrieb anstelle der mehrere Meter durchmessenden Räder aus Holz verwendet, was die Konstruktion vereinfachte. So entstand die berühmte Wasseruhr des Su Song (1020-1101) (Abb. 14). Er konstruierte 1088 einen Antrieb, bei dem ein kleiner Behälter an der Radspeiche in 24 Sekunden von Wasser gefüllt wurde, um dann durch sein Gewicht ein System von Hebeln auszulösen, die das Rad um genau eine Speiche weiterbewegten. Dadurch rückte der nächste Behälter, nach und der Vorgang wiederholte sich. Nach 36 dieser Bewegungen stand das Rad wieder in seiner Ausgangsposition. Auf diese Weise vollführte die Uhr 100 Umdrehungen *(ke)* in 24 Stunden.

Auch die Chinesen standen vor dem Problem, das die Griechen schon erkannt hatten: Die Wasseruhren waren genauer als die Sonnenuhren, weil diese ja die ungleichen Stunden des wahren Sonnenstandes anzeigten. Der Gelehrte Shen Gua (1031-1095) ging der Sache nach und korrigierte den Irrtum seiner Vorgänger, die geglaubt hatten, daß das Wasser in den Wintermonaten langsamer und in den Sommermonaten schneller fließe, und dies auf eine Eigenschaft des Wassers zurückführten:

»Als ich das Wesen dieser Erscheinung untersuchte, fand ich, daß sich die Sonne zur Zeit der Wintersonnenwende schneller bewegt, mit der Folge, daß der Ablauf der Sonne noch nicht beendet ist, während die Wasseruhr schon mehr als einen Tag, also mehr als 100 Ke, anzeigt. Dagegen bewegt sich die Sonne zur Zeit der Sommersonnenwende langsamer, mit der Folge, daß der Ablauf der Sonne schon beendet ist, während die Wasseruhr noch keinen vollen Tag, also weniger als 100 Ke, anzeigt. So erhielt ich die Größe dieser Differenz. Danach bestimmte ich nochmals die Schattenlängen der Sonnenuhr, doch beide Anzeigen stimmten niemals überein. Das hatten die Alten noch nicht erkannt.«[18]

Shen Gua irrte aber in einem Punkt: es gab nämlich schon im 6. Jahrhundert Gelehrte, denen die Unregelmäßigkeit der Sonnenbewegung aufgefallen war. Heute weiß man, daß der Grund in der elliptischen Erdbahn um

14 Modell der »Kosmischen Maschine«, der großen astronomischen Uhr des Su Song aus dem Jahre 1088. Mit Wasserkraft wurde die oben befindliche Armillarsphäre betrieben, die zur Beobachtung der Sternpositionen diente. Die Kraftübertragung erfolgte beim bronzenen Original durch einen Kettenantrieb.

die Sonne besteht. Die Erde ist im nördlichen Winter der Sonne am nächsten und umläuft sie daher nach den Keplerschen Gesetzen schneller als im Sommer, wenn sie weiter von der Sonne entfernt ist (Abb. 15).

Die Genauigkeit der chinesischen Uhren war so groß, daß sie erst von den Pendeluhren des 17. Jahrhunderts übertroffen wurde. Man vermutet, daß die Abweichung bei ungefähr 20 Sekunden in 24 Stunden lag. An der oben beschriebenen Uhr des Su Song war ein Visierrohr angebracht, das die Korrektur der »Wasserzeit« mit Hilfe eines Sterns ermöglichte. Die Uhr hatte den Zweck, den Stand von Himmelskörpern auch bei bewölktem Himmel zu bestimmen. Sie war ein Instrument der Astrologen am kaiserlichen Hof, um beispielsweise Geburtshoroskope für die Gemahlinnen des Herrschers zu erstellen.

Da die maschinelle Zeitmessung noch nicht weit entwickelt war, ließen sich kleine, regelmäßige Zeitabschnitte nur sehr schwierig bestimmen. Dies konnte aber auch durch »Menschenkraft« erfolgen: In Indien gab es die schon genannte Maßeinheit des »Atemzuges«. Aus den christlichen Klöstern ist die Sitte überliefert, daß ein Mitglied des Konvents die Zeitabschnitte der Nachtwachen bestimmte, indem er Psalmen rezitierte. Von diesen Gebeten wußte man aus Erfahrung, welche Anzahl ungefähr für die Überbrückung der richtigen Zeitspanne benötigt wurde. Erwähnt sei hier auch der Hahn, der Mönchen wie Laien den Tagesanbruch zuverlässig ankündigte. Die Benutzung dieses Tiers als Mittel der Zeitbestimmung zeigt aber auch, daß die meisten Menschen damals keine Möglichkeit und keine Notwendigkeit hatten, ihren Alltag in exakte Zeitabschnitte einzuteilen. Man dachte in ungefähren Zeiträumen, nicht in meßbaren Zeiteinheiten.

Monat und Jahr

Alle Kalender der Kulturen um 1000 sind Versuche, die drei wichtigsten natürlichen Zeitrhythmen Tag, Monat und Jahr in ein einheitliches System zu bringen. Da Tag, Monat und Jahr keine Vielfachen voneinander sind, ist es nicht möglich, einfache Beziehungen herzustellen und die beiden kleineren Einheiten etwa in einem Jahr unterzubringen, ohne daß ein Rest übrigbliebe. So enthält das Jahr etwas mehr als 365 Tage; der Mond umkreist die Erde in ca. 29,53 Tagen, so daß das Jahr etwa

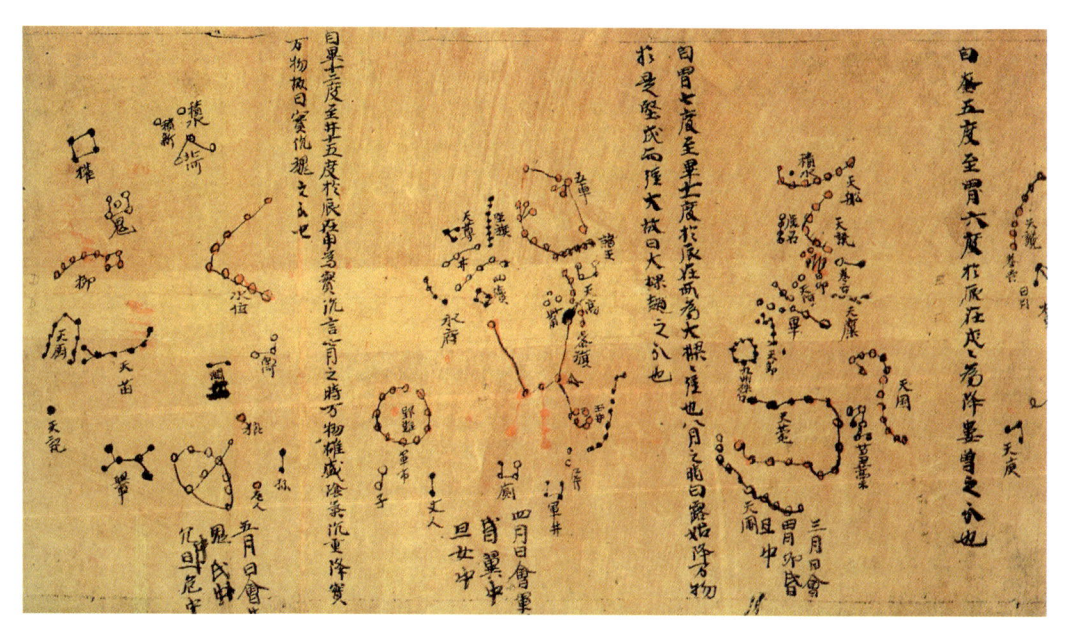

15 Der Ausschnitt der chinesischen Sternkarte mit Mercatorprojektion von ca. 940 zeigt u.a. Orion, Großer und Kleiner Hund, Hase, Krebs und Hydra. In der chinesischen Astronomie unterscheidet sich die Anordnung dieser Sternbilder.

[18] Aus: Shen Gua, Pinselunterhaltungen, S. 52.

12,36 Mondumläufe umfaßt. Daraus folgt, daß das Sonnenjahr 11 bis 12 Tage länger ist als das Mondjahr. Überall bemühte man sich, diese nicht ohne weiteres miteinander in Beziehung zu setzenden Naturrhythmen miteinander in Übereinstimmung zu bringen. Meist liefen die Lösungen darauf hinaus, sie mit einem festen Jahresbeginn zu verbinden.

Schon lange vor unserer Zeitrechnung hatten die Babylonier einen ersten Weg zum Abgleich von Sonnen- und Mondjahr gefunden. Sie hatten erkannt, daß 235 Monate fast genau 19 Sonnenjahren entsprechen. Das heißt, daß erst nach 19 Jahren ein Neumond auf denselben solaren Tag fallen kann. Auf dieser Grundlage ließen sich Schaltjahre und -monate einführen, die zwar von den natürlichen Zyklen abwichen, aber die Erfordernisse in der alltäglichen Praxis gut erfüllten. Vom Vorderen Orient hat sich diese Lösung in vielen Völkern der Alten Welt verbreitet. Nach Europa kam das babylonische Wissen durch die Vermittlung der Griechen. Meton aus Athen lehrte dieses System 432 v. Chr., und der nach ihm benannte Metonsche Zyklus von 19 solaren Jahren wurde zur Kalenderberechnung in Athen eingeführt.

Auch im Jahr 1000 stützten viele Kulturen ihren Kalender auf den Meton-Zyklus der Beziehung zwischen Sonne und Mond. Von Indien im Osten bis ins christliche Europa im Westen war der Meton-Zyklus bekannt. In China hatte man ihn unabhängig entdeckt. Tatsächlich läßt aber die Erkenntnis über die Zyklen von Sonne und Mond auch bei Berücksichtigung von Metons Prinzip unterschiedliche Lösungsansätze zu. So ordneten verschiedene Kulturen den einzelnen Gestirnen ungleiche Wichtigkeiten zu und verbanden manchmal die beiden Grundzyklen von Sonne und Mond mit anderen Zeitgebern, nämlich Planetenumläufen. Multiplikationen mehrerer kleinerer Zyklen ergaben Resonanzzyklen, in die mit einigem Geschick auch andere kleinere Perioden eingepaßt werden konnten. Der Meton-Zyklus selbst ist ein solcher Resonanzzyklus von Mond- und Sonnenumlauf. Die Chinesen konnten den wichtigen Zyklus von 60 Jahren wahlweise aus den Wiederholungen der himmlischen Stämme (kan) und der Erdzweige (zhi) herleiten. Fast das gleiche Ergebnis erhielten die Astronomen über die Konjunktionen von Jupiter und Saturn alle 59,577 Jahre.

Das Ergebnis solcher Rechnungen waren Planeten-»Jahre« und Großzyklen, wie sie in Mesoamerika, China und Indien bekannt waren. Andererseits konnte man aber auch eines der beiden wichtigsten Gestirne zur Kalenderberechnung ganz weglassen. So war zum Beispiel der Mond im islamischen Kalender von überragender Bedeutung, während das Sonnenjahr nur in administrativ-fiskalischer Hinsicht eine Rolle spielte. Im Kalendersystem Mesoamerikas war dagegen die Sonne der dominierende Faktor, während Mondmonate nicht vorkamen. Dies heißt nun nicht, daß der Mond dort in Religion und Weltbild keine Bedeutung hatte. »Mutter Mond« wurde verehrt, war aber keine Kalendergottheit (Abb. 16).

Das »Mondjahr« mit seinen 354 Tagen wurde dem Sonnenjahr von 365 Tagen auf unterschiedliche Weise angepaßt. Folgende Systeme waren um das Jahr 1000 in der Praxis in Gebrauch:

1. Die Monatslängen wurden auf ganze Tage gerundet, so daß ein Monat immer 29 oder 30 Tage lang war, abhängig vom Tag, auf den der Neumond fiel; oft wurden dann lunare Schaltmonate ins Sonnenjahr eingefügt. Das jüdische und das chinesische System beruhten auf dieser Abstraktion.

2. Die Monatslängen wurden vom Mondumlauf ganz unabhängig gemacht und der Länge des solaren Jahres angepaßt, wie im römisch-westlichen System. Dieses ist seit Julius Cäsar die Grundlage für die heutigen Monatslängen von 28 bis 31 Tagen im Julianischen und seit 1582 im Gregorianischen Kalender.

3. Die Monatslängen waren der astronomischen Monatslänge angepaßt. Dadurch ent-

16 Obwohl die Sonne im mesoamerikanischen Raum das Kalendersystem dominierte, war der Mond nicht unbedeutend. Die Mondgöttin, auch »Unsere Mutter« oder »Unsere Herrin« genannt, ist hier umgeben von Glyphen für Kalenderdaten und trägt auf ihrem Rücken eine kleine Figur des Totengottes.

stand in der Praxis ein Jahr, das 12 Monate zu abwechselnd 29 und 30 Tagen umfaßte, das schon erwähnte »Mondjahr«. Die Konsequenz war, daß das Kalenderjahr nur 354 Sonnentage zählte und im Sonnenjahr rotierte. So ist das religiöse Jahr im islamischen Bereich bis heute organisiert, wo die Monate mit dem ersten sichtbaren Licht der Mondsichel nach Neumond beginnen.

4. Wenn man den Jahresanfang im Sonnenjahr festlegte (z. B. an die Frühjahrs-Tagundnachtgleiche koppelt) und die astronomische Monatslänge beibehielt, müssen lunare Schaltmonate ins Sonnenjahr eingefügt werden. Auf dieser Regelung beruhen die verschiedenen indischen Systeme.

5. Man benutzte den Mond nicht zur Unterteilung des Sonnenjahres. So geschah es im mesoamerikanischen Kalender, wo das Jahr unabhängig vom Mondzyklus in 18 Perioden von 20 Tagen unterteilt war. Der Mondzyklus der »Mutter Mond« wurde separat geführt und hatte keinen Einfluß auf die abstrakte Berechnung der Zeit.

Aus diesen Prinzipien leiteten sich in der Praxis zahlreiche Varianten ab. Im europäischen Sonnenkalender gab es bei der Berechnung des Osterdatums ein lunares Element. Ostern fiel auf den Sonntag nach dem ersten Frühjahrsvollmond und konnte nicht an einem festen Datum gefeiert werden. Anders als Weihnachten mußte das Osterfest auf komplizierte Weise berechnet werden.

In Europa war der Jahresbeginn meist mit dem Frühlingsanfang verknüpft. Ostern als höchster christlicher Feiertag bot sich dafür an. Dieser »Osterstil« hatte aber den Nachteil, daß Ostern ein bewegliches Fest war und damit der Jahresanfang auf 35 verschiedene Daten fallen konnte. Ähnlich wie im chinesischen Kalender war auch hier die Jahreslänge im Osterstil unterschiedlich. Dennoch war dieser Stil der Jahresrechnung als *mos gallicus* bis ins 16. Jahrhundert in Frankreich in Gebrauch. Auch die Erzdiözese Köln rechnete so. Das Fest Mariä Verkündigung am 25. März lag nahe genug zur Äquinoxe, um ebenfalls als Jahresanfang zu dienen. Es feiert den Besuch des Erzengels Gabriel bei Maria und die Verkündigung der Geburt des Herrn. Hierdurch wurde eine Brücke geschlagen zu dem neun Monate später liegenden Weihnachtsfest. Diese Rechnung war in Pisa in Gebrauch. Die Logik der Vorgänge gebot es, den Jahresanfang nach Empfängnis *vor* und nicht nach der Geburt Jesu zu legen. Der Engel war Maria ja 9

Monate vor der Geburt erschienen. Folglich begann das Jahr nach diesem Stil auch schon 9 Monate früher. Somit war der erste Tag des Jahres 1000 nach diesem *stilus Pisanus* bereits der 25. März 999 der heute üblichen Jahreszählung.

Aber nicht alle, die Marias Unbefleckte Empfängnis als Jahresanfang benutzten, hielten sich an den *stilus Pisanus,* und in manchen Regionen Europas begann man das Jahr erst am 25. März *nach* unserem Jahresanfang. In Florenz, England und bei den Zisterziensern war dies der Fall. Der florentinische Stil galt auch im Erzbistum Trier. Das hatte zur Folge, daß am 1. Januar 1000 unserer heutigen Rechnung das Jahr in Pisa schon fast zu Ende war, aber in Trier und Köln noch nicht begonnen hatte. Aber auch Trier und Köln feierten ihr Neujahr mit etwa einer Woche Abstand. Ersteres am 25. März, an Mariae Verkündigung, und in Köln begann das Jahr zu Ostern am 31. März 1000.

Der heutige Jahresanfang zum 1. Januar war ebenfalls bekannt, aber nicht sehr gebräuchlich. Man nannte ihn den *stilus circumcisionis*, also Beschneidungs- oder Circumcisionsstil, weil er den Jahresbeginn auf das Fest der Beschneidung Jesu am siebten Tag nach der Geburt legte. Dieser Stil war im christlichen Abendland nicht gerne gesehen. Das Konzil von Tours (576) hatte ihn als *antiquus error* abgelehnt und drohte, seine Verwendung mit Exkommunikation zu bestrafen. Häufiger benutzte man hingegen den Weihnachtsstil mit Jahresbeginn am 25. Dezember.

Auch in Persien, Indien und wahrscheinlich in Mesoamerika war der Jahresbeginn mit der Frühjahrsäquinoxe verknüpft. Während also viele Jahreszählungen nach den rituellen Kalendern der Welt unmittelbar mit dem Beginn des Frühjahrs in Zusammenhang standen, war dies nicht immer so. In China begann man das Jahr am Neumondtag nach dem Eintritt der Sonne ins (westliche) Sternzeichen Wassermann, im Jahr 1000 also am 8. Februar des Julianischen Kalenders. Das chinesische Neujahrsfest liegt also ungefähr in der Mitte zwischen Wintersonnenwende und Frühjahrsäquinoxe.

In China spielten philosophische und astrologische Momente im Kalender eine große Rolle. Man ordnete den Jahren besondere Qualitäten zu und berechnete so den Zyklus von 60 Jahren. In Mesoamerika kannte man neben dem Sonnenkalender auch andere »Jahre«, insbesondere der Umlauf der Venus spielte hier eine Rolle. Die herausragende Stellung des Wahrsagekalenders mit 260 Tagen ist schon erwähnt worden. In Indien und Südostasien existierten um 1000 zahlreiche regional unterschiedliche Kalendersysteme. Zum Beispiel wurde ein solarer und ein lunarer Kalender zu unterschiedlichen Zwecken nebeneinander gebraucht; in einigen Regionen begannen die Monate mit dem Neumond, während in anderen der Vollmond den Monatsbeginn anzeigte.

Ein wichtiges Regulativ zur Strukturierung des Jahres waren die Schaltungen, mit denen der Kalender dem natürlichen Umlauf der Erde um die Sonne angeglichen wurde. Beim reinen Sonnenkalender Europas war um das Jahr 1000 die Regelung der Schalttage des Julianischen Kalenders noch immer gültig. Dieses Kalendersystem, von Julius Cäsar in Rom eingeführt, stammte aus dem Alten Ägypten und gilt mit einigen Änderungen auch heute noch. Bereits vor dem Jahre 1000 wußten die Spezialisten, daß der Julianische Kalender Ungenauigkeiten besaß und daher dem tatsächlichen astronomischen Datum um einige Tage vorausgeeilt war. Schon Beda Venerabilis dachte im 8. Jahrhundert über eine Kalenderreform nach. Aber erst Papst Gregor XIII. konnte die Reform umsetzen, die sich ab dem späten 16. Jahrhundert durchzusetzen begann und heute allgemein gilt.

Im Gegensatz dazu gab es im islamischen Mondkalender nicht nur keine Schaltungen in Gestalt von zusätzlichen Tagen oder Monaten; vielmehr waren Einfügungen explizit verboten. Dadurch drehte sich der Mondkalender durch das solare Jahr.

In China, in Indien und in Südostasien, wo es Kombinationen von Sonnenkalender und Monaten nach dem Mondumlauf gab, wurden Schaltmonate eingefügt. Daher hatte ungefähr jedes dritte Jahr 13 Monate. Im indischen System traten lunare Schaltmonate immer dann auf, wenn zwei lunare Monate, also zwei Neumonde, innerhalb eines solaren Monats auftraten. Der nordindische Mondkalender hatte solche Schaltmonate 998 und 1001 n. Chr. In Mesoamerika wurden nach den 18 »Monaten« zu 20 Tagen, die nur 360 Tage ergaben, jährlich die 5 zusätzlichen Tage als unvollständiger 19. »Monat« eingefügt. Daneben kam ein unregelmäßiger Schalttag immer dann zum Einsatz, wenn Bedarf bestand.

Die Teilungen des Monats

Es liegt nahe, den Monat in zwei Hälften zu teilen, und zwar den zunehmenden Mond zwischen Neu- und Vollmond einerseits, und andererseits den abnehmenden Mond danach. Daraus resultieren zwei Zeiträume von je ungefähr 14 ¾ Sonnentagen, die sich anhand der Mondphasen und Mondaufgänge leicht bestimmen lassen. Außerdem erhält man »Mondtage«, die von Mondauf- bis Monduntergang reichen. Der Nachteil ist, daß der Kalender dann auf Mond- anstatt auf Sonnentagen beruht. Gewöhnlich arbeiten Kalender, die auf Mondtagen beruhen, mit lunaren Schaltmonaten statt solaren Schalttagen.

Die Woche ist eine weitere Zweiteilung dieser ungefähr 14 Tage und zugleich eine Loslösung vom Mondkalender, da man hierbei Sonnentage, d. h. beispielsweise den Zeitraum von Sonnenaufgang zu Sonnenaufgang, anstatt der Zeitspanne zwischen zwei Mondaufgängen zugrunde legte.

Die Woche ist also der Zeitraum von sieben Sonnentagen, wie er sich im alten Mesopotamien und in der Bibel findet. Die westliche Antike, das alte Indien, Ostasien und Mesoamerika kannten diese Einteilung aber nicht. Der griechisch-römische Kulturraum, die Germanen und das alte Indien hatten ihren Kalender in die Phasen des zu- und abnehmenden Mondes eingeteilt, und sowohl Europa wie Indien benutzten diese Kalenderrechnung auch im Jahre 1000 neben der babylonischen Wocheneinteilung weiter. Besonders in Indien war die Einteilung in eine »helle« und »dunkle« Hälfte des Mondumlaufs bedeutend, da die Astrologie auf dieser Zeiteinteilung fußte. Als hell galt die Monatshälfte vor dem Vollmond, als dunkel die darauf folgende.

Die Wocheneinteilung verbreitete sich im Römischen Reich durch den Einfluß der jüdischen Religion. Außer dem Sabbat blieben

Die Namen der solaren Tage in Indien

Name in Sanskrit	Himmelskörper	deutsche Entsprechung
ravivāra, ādityavāra	ravi, āditya (Sonne)	Sonntag (Sonne)
somavāra, candravāra	soma, candra (Mond)	Montag (Mond)
maṅgalavāra, bhaumavāra	maṅgala, bhauma (Mars)	Dienstag (Mars, Ziu)
budhavāra, saumyavāra	budha, saumya (Merkur)	Mittwoch (Merkur, Wotan)
bṛhaspativāra, guruvāra; aber auch lakṣmīvāra	bṛhaspati, guru (Jupiter); Lakṣmī ist die Glücksgöttin	Donnerstag (Jupiter, Donar)
śukravāra	śukra (Venus)	Freitag (Venus, Freya)
śanivāra	śani (Saturn)	Samstag/Sonnabend (Saturn)

dort die Tage zuerst unbenannt und wurden lediglich gezählt. Später ordnete man in Rom den Wochentagen die Namen der Planeten nach dem babylonischen System zu. Zu dieser Zeit kam die Einteilung auch nach Indien, wo sie mit dem babylonisch-hellenistischen Sonnenkalender im 6. Jahrhundert in Inschriften erschien. Bemerkenswert ist, daß dort exakt die gleichen Planeten als Tagesnamen erscheinen, wie man sie auch in Europa kennt. Im islamischen Kalender blieben die Tage der Woche dagegen meist nur beziffert. Es findet sich dort allerdings neben der Bezeichnung »Tag des Sabbats« *(yaum al-sabt)* auch der »Tag des Gemeinschaftsgebetes« *(yaum al-guma)* für den Freitag. Lediglich in Mesoamerika wurde die Länge des »Monats« zu 20 Tagen ausschließlich aus dem Jahr abgeleitet.

Die Tageseinteilung

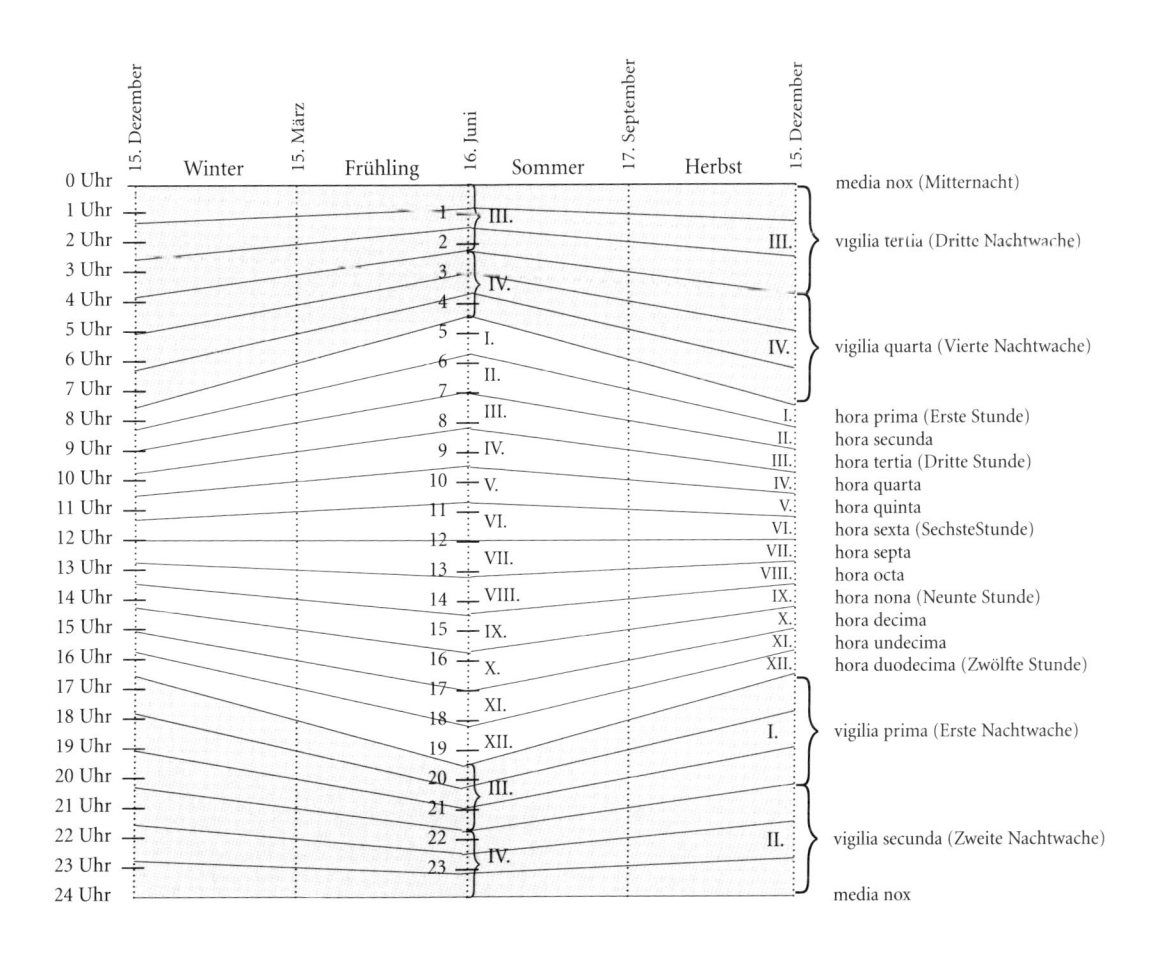

Der natürliche Zyklus des Tages wurde von den hier betrachteten Kulturen ebenfalls unterschiedlich gemessen. Unsere heutige Einteilung in 24 Stunden existierte um 1000 zwar auch. Sie besaß als babylonisch-antike Idee damals schon ein beträchtliches Alter. Aber der Inhalt dessen, was man unter der jeweiligen Zeiteinheit verstand, war anders als heute. Da es für Laien keine technische Möglichkeit gab, den Tag in 24 gleich lange Abschnitte zu gliedern, war der Ausgangspunkt einer jeden Teilung des Tages der Stand der Gestirne: Die Zeit des Tageslichts ließ sich in die Zeit vor und nach dem Höchststand der Sonne, die der Nacht in die vor und nach dem Höchststand eines Sternbildes einteilen. Damit waren vier Abschnitte innerhalb von 24 Stunden geschaffen. Diese Tagesviertel konnten dann auf unterschiedliche Art weiter unterteilt werden.

Durch Dreiteilung eines Tagesviertels erreichten die Chinesen ihre »Wachen«. Das heißt, sie erhielten für jeden Tag 12 Teile zu je 2 europäischen Stunden. Auch in Indien gab es solche »Wachen«, die dort aber durch Zwei- oder Vierteilung des Tagesviertels entstanden und damit 1,5 oder drei Stunden umfaßten. Durch die Teilung des Tagesviertels in sechs Abschnitte wurden die 12 Tages- und Nachtstunden erreicht. Wie sich aus ihrer astronomischen Herleitung ergab, war die Stundenlänge nicht einheitlich. Eine Stunde umfaßte immer 1/12 der Zeit des Tageslichts oder der Dunkelheit, so daß die Tagesstunden im Sommer wesentlich länger waren als im Winter. Erst die zunehmende Verbreitung der mechanischen Uhr nach 1300 konnte mit einiger Zuverlässigkeit gleiche Stundenlängen garantieren. Um 1330 wurden in Marienburg zum ersten Mal die gleich langen 24 Stunden verwendet.

Europa und der islamische Raum verwendeten Tage zu 24 Stunden mit variablen Stundenlängen, die entsprechend der geographischen Breite und der Jahreszeit schwankten. Jede Zeitangabe bezog sich demnach auf die astronomisch genaue Zeit des Ortes der Messung. Mit anderen Worten: jeder Ort hatte seine eigene Zeit. Zeitzonen oder andere Standardisierungen kannte man nicht. Aber auch in Indien waren die Stunden bekannt und wurden vor allem in der Astrologie benutzt. Wie der Name für »Stunde« im Sanskrit, nämlich das lateinische Lehnwort *hora* zeigt, war das Konzept der Stunde dort in der Spätantike eingeführt worden. Parallel zur Stunde benutzte man in Indien auch die Tageseinteilung in 30 *muhūrtas* oder 60 *ghaṭikas*. Wegen der Äquatornähe trat hier das Problem der unterschiedlich langen Stunden in der Praxis nicht so gravierend auf wie in Europa, China und einigen islamischen Regionen, so daß eine recht präzise Zeitmessung durch astronomische Beobachtungen möglich war. Der Befund zur mesoamerikanischen Tageseinteilung ist nicht leicht zu gewinnen. Wenn heutige Traditionen zum Maßstab genommen werden dürfen, dann hat es wohl verschiedene Einteilungen gegeben, die sich an die Orte der Gestirne, den Mond- und Sonnenstand, die Farbe des Himmels und die Tätigkeiten der Menschen anlehnten. Sie beruhten demnach auf Beobachtung und Alltagspraxis, nicht auf Zeitmessung. Stundenähnliche Einteilungen und andere gleich lange Abschnitte des Tages gab es vermutlich nicht.

Ähnlich wie bei der Tageseinteilung kennzeichneten um das Jahr 1000 auch verschiedenste Regeln den Tagesbeginn. Die heute als Beginn des Tages gültige Mitternachtsstunde gab es nur in China, während in Indien, Europa und Mesoamerika der Sonnenaufgang als Tagesbeginn galt. Der islamische Bereich kannte – wie auch der jüdische Kalender – als Tagesanfang den Sonnenuntergang. Dabei ist zu beachten, daß dort der Tag am Vorabend des (europäischen) Tages begann.

7. Ausblick

Wenn zukünftige Historiker einmal die Frage untersuchen, wie ähnlich oder unähnlich die Menschen des Jahres 1000 und des Jahres 2000 sich angesichts des Jahrtausendwechsels verhielten, so werden sie auf wenige Parallelen stoßen. Die Wende zum Jahr 2000 betraf fast alle der sechs Milliarden Menschen direkt, zumindest als soziales Ereignis; nicht wenige fühlten sich darüber hinaus emotional betroffen, da sie einen Übergang in eine »neue Zeit« zu fühlen glaubten. Die einstmals christliche Ära ist nun annähernd universal gültig. Wer am globalen Geschehen beteiligt ist, und sei es nur in Form des TV-Konsumenten oder Flugpassagiers, weiß um Ortszeiten und Zeitzonen, benutzt Wochen, Stunden und Minuten und besitzt eine Uhr, die, gleichgültig wo auf der Welt gekauft, nach demselben Prinzip funktioniert.

Das Jahr 1000 dagegen ist eine abstrakte Größe. Dort, wo wir das Jahr 1000 lokalisieren und unsere Emotionen hineinprojizieren, gab es nichts zu den Vorgängen von heute Vergleichbares. Dies gilt nicht nur technisch gesehen, weil anstatt des Nanosekundentaktes der Computerchips die Sonnenuhr und der Hahnenschrei die Kommunikationsrhythmen beherrschten. Es gilt auch für den Zeit-Raum, in dem die Menschen lebten. Das Jahr 1000 entspricht nicht einfach unserer Erlebniswelt eintausend Jahre früher und ein wenig »primitiver«, sondern ist Teil einer Zeitepoche ohne universelle Kommunikation und mit fast ausschließlich lokalen Bezugssystemen. Die Zeitvorstellung der Menschen hatte eher den Charakter eines Mythos oder eines universellen kosmischen Prinzips als die des treibenden Taktgebers individueller Geschäftigkeit. Es gab weder *time sharing* noch *time control,* dafür aber die beständige Bedrohung durch die Unwägbarkeiten der Zeit. Für die Menschen des Jahres 1000 waren Zeit und Endlichkeit alles durchdringende Mächte, denen jedes vergängliche Wesen viel sichtbarer unterlag als heute. Nur konsequent war es daher, daß Mythen und Religionen in ihr ein göttliches oder universelles Prinzip walten sahen.

Wir haben gesehen, daß die Frage »Was geschah im Jahr 1000?« zuerst dazu führt, zu klären, was genau mit diesem Begriff gemeint sein soll. Da die Menschen in verschiedenen Epochen rechneten und unterschiedliche Begriffe und Meßsysteme verwendeten, hätten sie, falls sie sich überhaupt begegneten, erst ein Einvernehmen über die Zeit herstellen müssen. Sich über die Zeit verständigen bedeutete, sich über Religion, über Ursprungsmythen, über Gesellschaftssysteme, ja über den Sinn des Lebens zu verständigen. Ein simpler Uhrenvergleich konnte nicht existieren.

Erst durch die Entwicklung der mechanischen Uhr um 1300 konnten sich Menschen durch einen Blick auf die Turmuhr einer Stadt auf eine gemeinsame Zeit einigen. Und erst durch die Forderung nach präzisen Chronometern zur Navigation wurde in der Frühen Neuzeit die Genauigkeit der Uhren so groß, daß sie für exakte Orts- und Zeitbestimmungen tauglich wurden. Erst dann lohnte es sich, auch regionale oder später nationale Zeitsysteme festzulegen.

Seit der europäischen Expansion hat die Welt nicht nur den Kalender Europas übernommen, sondern damit auch das Zeitverständnis. Und seit zwei Jahrhunderten hat die europäische Zeit sich stark in ihrem Charakter verändert. Nach Lewis Mumford waren es nicht die Maschinen, sondern die Uhren, die die Industrielle Revolution ermöglicht haben. Ohne die Uhr und die Idee des gleichmäßigen Taktes ist keine industrielle Produktion möglich. In der Epoche von Fließbandarbeit und Just-in-time-Produktion wird auf neue Art klar, daß Herrschaft über die Zeit gesellschaftliche Macht ist. Weniger pompös als die Herrschaftsdevisen der altchinesischen Kaiser, strukturiert die moderne Zeitmacht immer präziser den Alltag.

Gleichzeitig verlor die europäische Zeit viel von ihrer Transzendenz. Allein das Bewußtsein von ihrem Verrinnen ist vielleicht geblieben – Geborgenheit in der Ewigkeit oder gar im Zyklus der Wiederkehr empfinden nur noch wenige. Selbst das Millennium-Fieber oder die in Rom ausgerufenen »Heiligen Jahre« können nicht darüber hinwegtäuschen, daß bestimmte Zeiträume kaum noch mit besonderer Bedeutung versehen sind. Die Heiligkeit der Feiertage wurde zunächst zur gewerkschaftlich erstrittenen Erziehungshilfe unter dem Motto »Samstags gehört Vati mir« säkularisiert und verflüchtigt sich vollends unter dem Druck der Märkte. Einzelne mögen sich vor »Freitag dem 13.« fürchten, aber die Gesellschaft als Ganzes akzeptiert solche Empfindungen kaum. Die Zeit läuft heute so gleichmäßig wie die Uhren, in deren nimmermüdem Lauf sie für uns sichtbar wird. Die Erfahrung von Zeit reduziert sich in den westlichen Gesellschaften offenbar auf zweierlei: das Gefühl der Beschleunigung und des Verlustes. Denn sie allein setzt dem Streben nach individuellem Glück unüberschreitbare Grenzen.

Mechanisierung und später Computerisierung schufen so die Voraussetzung für einen Umgang mit der Zeit, die den Menschen des Jahres 1000 sehr fremd vorgekommen wäre. Wie für andere Lebensbereiche gilt auch im Zeitdenken, daß wir Heutigen von unseren Vorfahren von damals nicht nur um ein Jahrtausend, sondern um eine ganze Welt entfernt sind.

Der Kalender für das Jahr 1000
(in der damals gültigen julianischen Form)

Januar								Februar								März						
So	Mo	Di	Mi	Do	Fr	Sa		So	Mo	Di	Mi	Do	Fr	Sa		So	Mo	Di	Mi	Do	Fr	Sa
	1	2	3	4	5	6						1	2	3							1	2
7	8	9•	10	11	12	13		4	5	6	7	8•	9	10		3	4	5	6	7	8	9•
14	15	16	17	18	19	20		11	12	13	14	15	16	17		10	11	12	13	14	15	16
21	22	23°	24	25	26	27		18	19	20	21	22°	23	24		17	18	19	20	21	22°	23
28	29	30	31					25	26	27	28	29				24	25	26	27	28	29	30
																31						

April								Mai								Juni						
So	Mo	Di	Mi	Do	Fr	Sa		So	Mo	Di	Mi	Do	Fr	Sa		So	Mo	Di	Mi	Do	Fr	Sa
		1	2	3	4	5	6			1	2	3	4									1
7•	8	9	10	11	12	13		5	6•	7	8	9	10	11		2	3	4	5•	6	7	8
14	15	16	17	18	19	20		12	13	14	15	16	17	18		9	10	11	12	13	14	15
21°	22	23	24	25	26	27		19	20	21°	22	23	24	25		16	17	18	19°	20	21	22
28	29	30						26	27	28	29	30	31			23	24	25	26	27	28	29
																30						

Juli								August								September						
So	Mo	Di	Mi	Do	Fr	Sa		So	Mo	Di	Mi	Do	Fr	Sa		So	Mo	Di	Mi	Do	Fr	Sa
	1	2	3	4•	5	6							1	2•	3	1•	2	3	4	5	6	7
7	8	9	10	11	12	13		4	5	6	7	8	9	10		8	9	10	11	12	13	14
14	15	16	17	18	19°	20		11	12	13	14	15	16	17		15	16°	17	18	19	20	21
21	22	23	24	25	26	27		18°	19	20	21	22	23	24		22	23	24	25	26	27	28
28	29	30	31					25	26	27	28	29	30	31		29	30•					

Oktober								November								Dezember						
So	Mo	Di	Mi	Do	Fr	Sa		So	Mo	Di	Mi	Do	Fr	Sa		So	Mo	Di	Mi	Do	Fr	Sa
		1	2	3	4	5							1	2		1	2	3	4	5	6	7
6	7	8	9	10	11	12		3	4	5	6	7	8	9		8	9	10	11	12	13	14°
13	14	15	16°	17	18	19		10	11	12	13	14°	15	16		15	16	17	18	19	20	21
20	21	22	23	24	25	26		17	18	19	20	21	22	23		22	23	24	25	26	27	28•
27	28	29	30•	31				24	25	26	27	28•	29	30		29	30	31				

1. Jan. Beschneidung Christi; 6. Jan. Epiphanias; 8. Feb: Chinesisches Neujahrsfest 22. Feb: Chinesisches Laternenfest; 8. März: Indisches Neujahr (nordindisch); 15. März: Frühjahrsäquinoxe, Persisches Neujahrsfest; 23. März: Indisches Neujahr (südindisch); Beginn des jüdischen Passah-Fests; 25. März: Mariae Verkündigung; 29. März Karfreitag; 31. März: Ostern; 9. Mai Chr. 19. Mai Pfingsten; Himmelfahrt; 9. Juni: Chin. Drachenfest; 16. Juni Sommersonnwende; 6. Aug: Beginn des islamischen Fastenmonats Ramadan; 2. Sept. Rosh ha Shanah; 5. Sept. Islam. Fest des Fastenbrechens; 11. Sept. Yom Kippur; 15. Sept: Chin. Mitt-Herbstfest; 17. Sept. Herbst-Äquinoxe; 25. Okt. Beginn von Hanukkah; 12. Nov. Islam. Opferfest im Monat der Pilgerfahrt; 15. Dez.: Wintersonnwende; 25. Dez. Weihnachten

Volkhard Huth
II. Die Überlieferung*

1. Der Mensch und die Schrift

Materialität und Geltungsbereich des Schriftwesens

»Im Anfang war das Wort« (Joh. 1,1) – doch lebten nicht die Schrift, so ließe sich auch fortsetzen. Von vielleicht einer Million Jahren, die sich maximal für das Dasein des Menschen auf Erden ansetzen lassen, sind nur die letzten rund fünf- bis sechstausend Jahre seiner Geschichte mit Schriftlichkeit verbunden. Damit ergibt sich allerdings nur in mathematischer oder naturwissenschaftlicher Sichtweise ein marginaler Befund, wenn man bedenkt, daß die Entwicklung und Weitergabe von Ideen entscheidend an das Medium der Schriftlichkeit gebunden sind; nur in diesem Medium beispielsweise wurde Wissenschaft möglich. Der Ausdruck »Schriftlichkeit« zielt hier auf phonetische Schriftsysteme. Gemeint sind damit Zeichensysteme, bei denen das einzelne Schriftzeichen jeweils einem bestimmten Laut oder einer Lautgruppe entspricht. Man muß also, um derartige Wortschriften lesen zu können, Lautbilder und Regelwerk der Einzelsprache kennen, die sich eines solchen Systems bedient.

Das ist dagegen nicht der Fall bei reinen Bilderschriften, die nur Gegenstände abbilden. Sie verdanken sich zwar ebenso einem Mitteilungsbedürfnis und sind auch wie die Zeichensysteme der an Wortlaut gebundenen Schriften technisch der Niederschlag eines absichtlichen Markierungsvorgangs (wie Malen, Ritzen, Einkerben usw.), beziehen sich aber nicht auf konventionell festgelegte Laute. Eine Weiterbildung der »Piktogramme« stellen »Ideogramme« dar, die über den konkreten Einzelgegenstand hinaus Vorstellungen wachrufen wollen, die sich mit ihm verbinden. Dieses System bietet – in Grenzen – schon gewisse Chancen, abstrakte Begrifflichkeiten eindeutig zu fixieren: z. B. ein Kissen zwischen zwei stilisierten, einander abgewandten Rücken, um die Bedeutung »Ehezwist« abzurufen. Bilderschriften dieser Art haben sich beispielsweise noch im 20. Jahrhundert bei afrikanischen Völkern erhalten. Daneben existieren sogenannte Gegenstandsschriften, die bisweilen über die Funktion simpler Gedächtnisstützen hinausgehen können wie die in unterschiedlichen Weltgegenden auch noch um 1000 weitverbreiteten Knotenschriften. Deren bekannteste bildeten allerdings erst später die Inka mit ihrem *quipu*-System aus, dessen lederne Knotenschnüre sich bisweilen zu kiloschweren Botschaften auswuchsen.

In Ost- und Südasien, in der islamischen und christlichen Welt kannte und nutzte man indes vor tausend Jahren bereits Schriftsysteme mit einer festen Relation von Schriftbild und Lautbild, die sich in diesen Kulturen seither nicht mehr prinzipiell verändert haben. Einen Ausnahmebefund zeigen dagegen die präkolumbischen Schriftsysteme Mesoamerikas an, deren einzige ›Vollschrift‹ die klassische Periode der Maya-Kultur (etwa 250-950 n. Chr.) hervorbrachte. Ihre restlose Entschlüsselung gelang bis heute nicht, auch wenn die Forschung in jüngster Zeit erhebliche Erkenntniszugewinne verbuchen konnte. Die Verständnisschwierigkeiten gründen sich auf das eigentümliche Nebeneinander ideographischer und phonetischer Bestandteile in den Maya-Glyphen, deren überreicher Bildbestand sich aber sowohl aus Begriffs- als auch aus Silbenzeichen zusammensetzt (Abb.1). Sprach-

---

* Der folgende Text bildet einen Auszug aus einem weiter gefaßten Beitrag mit dem Titel: »Überlieferungskultur. Zugänge zur Welt des Jahres 1000«, der hier inhaltlich reduziert sowie aus technischen Gründen streckenweise stark gekürzt werden mußte.

Am Tag 13 *ahaw*	dem 18. Tag des Monats *cumku*
des 17. *k'atun*	wurde dieses Steindenkmal errichtet
vom Herrn der Berge,	Herscher C
aus dem königlichen Geschlecht von Tikal,	einem Nachfolger des Dynastiegründers.
Es ist der 29. Herrscher	in der Abfolge.
	Sein Vater ist
Herrscher B,	Herr der Berge, große Sonne
aus dem königlichen Geschlecht von Tikal.	Er steht im vierten *k'atun* seines Lebens,
er, der Kriegsführer.	756 Tage später,
	am Tag 11 *kan*,
dem 12. Tag des Monats *kayab*,	bestieg er den Thron,
er der Kriegsführer,	der sich selbst kasteit.

1 Freie Übersetzung eines Hieroglyphentextes auf einer spätklassischen Maya-Stele aus Tikal. Auf der Originalstele ist außer den hier umgezeichneten Hieroglyphen Herrscher C, der 29. der Dynastie von Tikal, dargestellt. Übersetzung von Berthold Riese.

wissenschaftliche Analysen haben ermittelt, daß dabei die phonetischen Symbole dem Lautwert ganzer Silben entsprechen: Ihre Zusammenziehung ergibt dann Wörter der gesprochenen Sprache, vergleichbar den alphabetischen Systemen. Inzwischen hat man auf diese Weise ein rundes Drittel der etwa 60 phonetischen Symbole entziffern können.

Viel günstiger ist die Relation bei der Entschlüsselung der etwa 800 Hieroglyphen, von denen annähernd zwei Drittel als geklärt gelten. Daß es überhaupt erst dieses Umweges bedurfte, liegt an dem Kulturbruch, den die spanischen Konquistadoren herbeigeführt haben. Nicht nur drängten sie den Einheimischen das lateinische Alphabet auf, sie sorgten auch mit gnadenlosen, religiös motivierten Bücherverbrennungen dafür, daß das damals noch in großer Zahl überlieferte präkolumbische Handschriftenmaterial fast völlig vernichtet wurde. Selbst ein an den indianischen Kulturen interessierter Geistlicher wie Fray Diego de Landa, Bischof der Stadt Mani in Yucatán, veranlaßte 1562 die Verbrennung von mehr als zwei Dutzend alter Maya-Handschriften. Sein Kommentar: »Dieses Volk be-

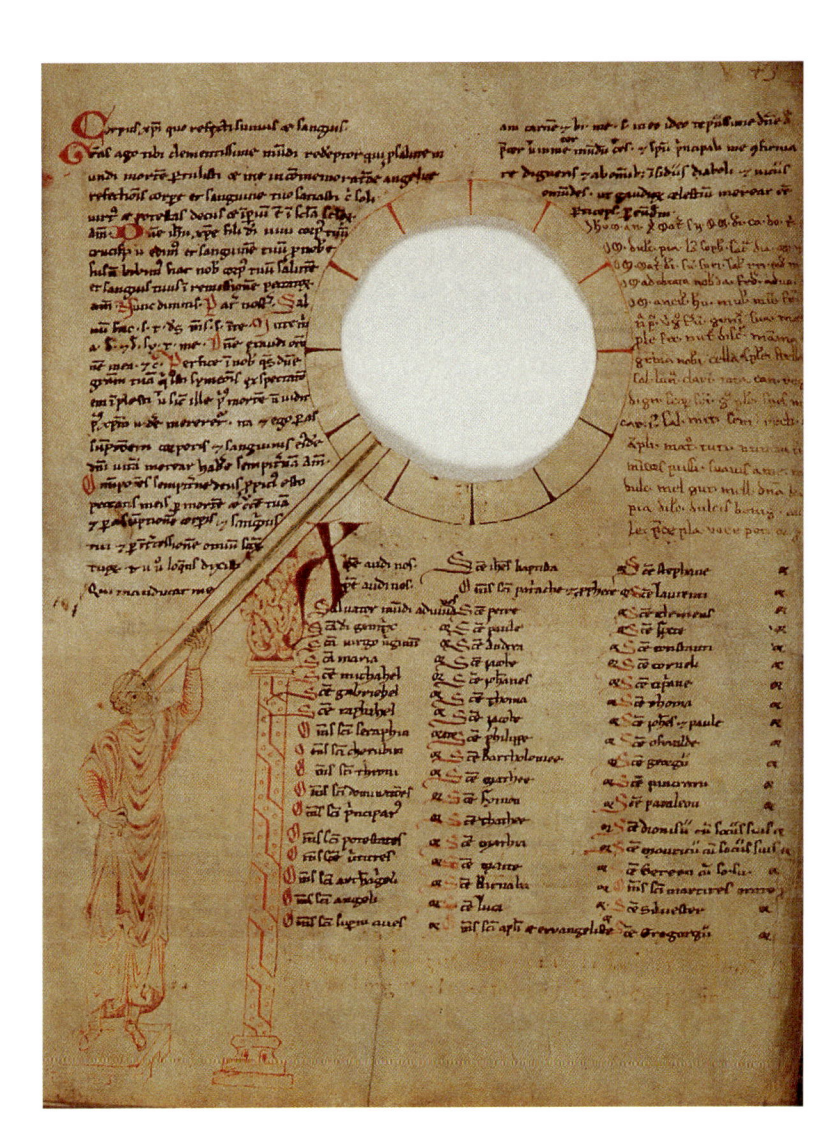

2 Durch sein Sehrohr späht ein Mönch in den Sternenhimmel, dessen kreisrunde Scheibe im Pergament freigeschnitten ist. Vermutlich war hier aber einmal das Zifferblatt einer Sternuhr zu sehen. Der die St. Galler Zeichnung (um 1000) begleitende Traktat hat sich nicht erhalten, die umgebenden Texte sind jüngerer Zeitstellung.

diente sich auch gewisser Charaktere oder Buchstaben, mit welchen sie ihre Altertümer und Wissenschaften in ihre Bücher schrieben, und mit jenen Figuren und einigen Merkzeichen davon verstanden sie ihre Dinge, lehrten und lernten sie. Wir fanden eine große Anzahl von Büchern aus diesen ihren Buchstaben, und weil sie nichts enthielten, worin nicht Aberglaube und Falschheiten des Bösen gewesen wären, verbrannten wir sie alle, was sie höchlich bedauerten und ihnen viel Kummer bereitete.«[1]

Auch wenn noch während des 16. Jahrhunderts einzelne Aufzeichnungen in Bilderschrift bzw. einige Kopien längst abhanden gekommener Originalmanuskripte entstanden, verloren sich das einheimische Schriftwesen und sein Verständnis. Damit büßten die späteren Bewohner dieser Regionen aber auch weitgehend die Möglichkeit ein, sich mit ihren Traditionen und ihrer Geschichte zu befassen. Hinzu trat natürliche Überlieferungsungunst. Die Handschriften bestanden entweder aus Pergament, das man aus abgeschabten Hirschhäuten gewonnen hatte, oder aus einer Papierart, die man aus dem Bast von Agavenfasern oder Feigenbaumrinden herstellte. Nach Einweichung und Ausklopfen erhielten die verfilzten Blätter einen dünnen Kalküberzug, bevor man sie in Streifen schnitt, leimte und zusammenfaltete. Auf den Kalkgrund wurden dann die Bilder gemalt – was ihnen im Lauf der Zeit

[1] Zitiert nach: Biedermann, Altmexikos heilige Bücher, S. 13.

65 | II. DIE ÜBERLIEFERUNG

leicht zum Verhängnis werden konnte, da die Kalkmischung schon bei leichter Biegung aufriß. So sind selbst einige der wenigen noch erhaltenen vorspanischen Codices wie die ohnehin an ihren Rändern stark abgeblätterte Maya-Handschrift in Paris heute nicht mehr benutzbar. Diese Handschrift ist eines von nur noch vier erhaltenen Maya-Faltbüchern, und auch die Zahl der aus dem nördlichen Mexiko erhaltenen Bilderhandschriften liegt mit etwa fünfzehn bekannten Exemplaren kaum höher. Die handschriftliche Quellenbasis ist also äußerst schmal.

Wie dürftig die Überlieferung aus Mesoamerika tatsächlich ist, belegt schon ein Seitenblick auf die europäischen Verhältnisse, die innerhalb der Überlieferungskultur des Jahres 1000 keineswegs herausragen: Noch heute verwahrt man in St. Gallen alleine 88 gesicherte Handschriften, die vor Ort im 10. Jahrhundert entstanden, und 45, die hier seit dem 11. Jahrhundert liegen – ohne die bekannten Codices hinzuzurechnen, die dortige Mönche für auswärtige Auftraggeber geschaffen und abgegeben haben. Obwohl das 10. Jahrhundert schon nicht mehr als eine Zeit kultureller Hochblüte der Abtei eingestuft wird, kann man doch für deren damalige Handschriftenproduktion eine dreistellige Zahl erschließen (Abb. 2).

Einen Grundzug freilich haben die St. Galler Codices mit den mesoamerikanischen Faltbüchern gemein: Alle diese Zeugnisse wurden von Geistlichen für Geistliche angefertigt. Ja, die erhaltenen mesoamerikanischen Codices gehören ihrem Inhalt nach sogar ausschließlich der sakralen Sphäre an, waren heilige Bücher im engeren Sinn, gelesen auch nur von der Priesterklasse. Anders verhält es sich hingegen mit den in die Tausende gehenden Inschriften auf steinernen Denkmälern, die der Zerstörung hartnäckiger trotzten: auf Stelen (vgl. Abb. 1), Altären oder Türstürzen, aber auch auf Keramiken und kleineren Gerätschaften oder Schmuck.

Auch in den anderen Kulturregionen lieferten Tierhäute oder Papier die Beschreibstoffe. In Europa entkalkte und beizte man die Kalb-, Ziegen- oder Schaffelle, bevor sie in einem Gestell ausgespannt und glattgeschabt (oder auf den Britischen Inseln auch aufgerauht) wurden. Mit Gänsefeder und – recht aufwendig hergestellter – Tinte beschrieben und/oder mit unterschiedlichen Farbmitteln bemalt, die zum Teil von weither beschafft werden mußten, wurden die Blätter zu Lagen gefalzt und in Buchbinderladen zu einem Block zusammengeheftet. Anschließend erhielt der »Codex« Deckel und Einbandbezug, zuletzt Schließen und Beschläge. Doch Pergament war kostbar; es galt, sehr sparsam damit umzugehen und den Schriftraum des Blattes optimal zu nutzen. Bedenkt man, daß zuweilen für einen Codex eine ganze Viehherde ihr Leben lassen konnte, so versteht sich einerseits der intensive Einsatz von Abkürzungstechniken im europäischen und byzantinischen Schriftwesen, zum andern auch, weshalb man nicht selten in bereits vorhandenen Codices ältere Beschriftungen abschabte (»Rasur«) und die Seiten mit anderen Texten neu beschrieb (»Palimpsest«). Zeitbedingte Veränderungen der einzelnen Schriftarten, vor allem regionale oder gar lokale Schreibgewohnheiten erlauben der Forschung oft eine relativ genaue oder zuweilen gar exakte Bestimmung von Entstehungszeit und -ort einer Handschrift.

Der heute bevorzugte Beschreibstoff Papier war in China schon im 1. Jahrhundert n. Chr. bekannt, der Herstellungsprozeß seither kontinuierlich verfeinert worden. Im 6. Jahrhundert hielt Papier in Korea Einzug, im Jahrhundert darauf in Japan, ehe es sich über Zentralasien in den islamischen Gebieten ausbreitete. Die Blüte von Kunst und Wissenschaft im Raume des heutigen Usbekistan um die Jahrtausendwende begünstigte dort die Papiermacherei ganz erheblich; von hier wanderte das Papier über die Karawanenstraßen wei-

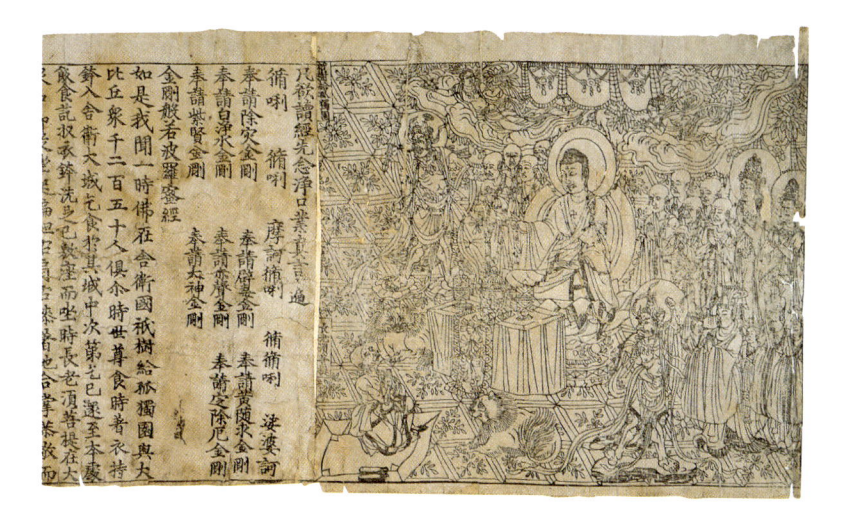

3 Das 868 gedruckte »Diamantsutra«, eine über 5 Meter lange Schriftrolle, gilt als der älteste erhaltene Papierdruck Chinas. Auf dem Titelblatt unterhält sich Buddha im Kreis von göttlichen Wesen, Mönchen und Beamten mit einem Schüler.

ter nach Westen. In Europa wurde es – zunächst in Süditalien und Spanien – seit etwa 1100 erst langsam bekannt, eine regelrechte Ausbreitung der Papierherstellung ist dagegen hier erst für das Spätmittelalter zu verzeichnen. Wie mikroskopische Untersuchungen bewiesen, hat man im islamischen Raum das Papier (entgegen asiatischem Vorbild) ausschließlich aus Lumpen hergestellt, aus abgetragener Kleidung oder ausgemusterten Tauen. Allerdings gelang eine Verfeinerung der Herstellungsverfahren, die das Papiermachen von der häuslichen auf die Ebene der Warenproduktion hob.

Während die Beschriftung in islamischer wie in christlicher Welt harte, oft entsagungsvolle Handarbeit war, die den ganzen Körper forderte und quälte, verfügte man in China seit dem siebten nachchristlichen Jahrhundert bereits über entlastende Druckverfahren. Zunächst handelte es sich um Holzdruck auf Papier oder Seide, doch erhielt die Drucktechnik hier alsbald auch Anstöße durch Bronzegußverfahren, die seit alters zur Herstellung von Inschriften eingesetzt worden waren. Zur Massenproduktion bediente man sich allerdings der Technik der Steinabreibung, bei der die in Steinplatten gravierten Schriftzeichen auf Papier abgerieben wurden (Abb. 3). Über dieses Medium verbreitete sich das klassische Schrifttum des Buddhismus, des Konfuzianismus und Daoismus in gewaltigen Auflagen; schon im zweiten nachchristlichen Jahrhundert hatte man auf diese Weise die sieben Hauptschriften des Konfuzianismus mit insgesamt über 200 000 Schriftzeichen vervielfältigt. Auch diese Technik wurde mit der Zeit stark verfeinert, vor allem hinsichtlich der Musterung und, vor allem, der perspektivisch abgestuften Abreibungstechnik, die es sogar gestattete, räumliche Objekte auf flachem Papier perspektivisch wiederzugeben: gewissermaßen eine Vorform photographischer Reproduktion. Gelehrte und Dichter ließen um 1000 schon Gesamtausgaben ihrer Werke drucken; viel höhere Auflagen erzielten Familienkalender, deren Aktualisierung und Publikation die Kaiser selbst aus religiösen wie politischen Gründen steuerten.

932 gab der Premierminister Feng Dao den Druck der zum Verkauf bestimmten konfuzianischen Klassiker in Auftrag, der zwanzig Jahre später abgeschlossen werden konnte – mit insgesamt 130 Bänden! Im 10. Jahrhundert sollen Einzeldrucke von Bildern fünf- bis sechsstellige Auflagenziffern gehabt haben, von einer Anthologie buddhistischer Schriften gleicher Zeitstellung sogar noch heute über 400 000 Exemplare existieren. Doch vollzog sich in diesem Jahrhundert auch der Wandel von der montierten Querrolle zum gebundenen Buch mit einzelnen Druckseiten.

Solche Bücher kamen zunächst in weitaus geringeren Auflagen heraus, ihre hölzernen Druckstöcke wurden jedoch oft lange und sorgfältig verwahrt.

Insgesamt warf das Druckverfahren logistische Probleme auf, mußten doch die Drucker jeweils zehntausende, ja bisweilen hunderttausende von Druckstöcken auf Lager halten. Den größen Platzbedarf hatten selbstredend die kaiserlichen Druckereien, denen vorzugsweise der Druck der offiziellen Nachschlagewerke oblag; allein von diesen sollen mehr als 5000 Bände bekannt sein. Wie Shen Gua berichtet[2], unterhielt der Kaiser darüber hinaus zur angemessenen Verwahrung seiner eigenen gewaltigen Bibliotheksbestände Buchhallen an unterschiedlichen Orten (Abb. 4), um die Gefahr von Brandverlusten und Wasserschäden zu minimieren. Im 11. Jahrhundert waren es die »Drei Hallen« und der »Palast der Kostbarkeiten«, die alle zum »Hof der Verehrung der Kultur« gehörten. Sie verwalteten einen gemeinsamen Ausgabenetat und wurden von Dutzenden von Bibliotheksbeamten betreut.

Die großen verlags- und drucktechnischen Projekte des 10. Jahrhunderts stellten einer Funktionselite das geistige Rüstzeug bereit, zugleich sorgten sie auf breiter Basis für den Vertrieb religiös-magischen Schrifttums. Der gewaltigste Innovationssprung gelang dabei Bi Sheng kurz vor der Mitte des 11. Jahrhunderts, als er den Druck mit beweglichen Lettern entwickelte. Die Schriftzeichen schnitt er in Ton und brannte sie; für jedes Schriftzeichen hatte er mehrere Lettern, so daß sie auf der gleichen Seite in höherer Zahl vorkommen konnten (Abb. 5). Der Druck geschah dann auf einer präparierten, gerahmten Eisenplatte. Das Verfahren lohnte sich nur bei hohen Auflagen, die aber dann äußerst schnell bewältigt werden konnten.

Während das chinesische Papier um 1000 bereits in feinster Qualität zu haben war, wurde Papier in Indien überhaupt erst durch die Muslime im 13. Jahrhundert eingeführt. Wichtiger Beschreibstoff waren hier Palmblätter, im wesentlichen von drei Palmenarten. Zumindest aus Südindien und Sri Lanka haben sie sich indes aus der Zeit vor dem 16. Jahrhundert kaum erhalten. Ungeachtet dessen ist die Schrifttradition auf dem indischen Subkontinent allgemein viel älter (Abb. 6). Gleichwohl wird man mit einiger Skepsis registrieren, daß Buddhisten wie Jainisten mit der Behauptung rivalisieren, ihre alten Schriften seien schon im sechsten vorchristlichen Jahrhundert abgefaßt worden. Zweifellos gab aber auch in dieser Kulturregion die Schriftlichkeit das zivilisatorische Maß ab: erkennbar noch an der Inanspruchnahme dieses »Wissensspeichers« durch Hindu-Priester, die damit ihren höchsten Rang in der Kastenhierarchie rechtfertigten.

Zeugnisse pragmatischer Schriftlichkeit, also etwa Rechnungen oder Alltagskorrespondenzen, wurden auf Palmblatt-Akten notiert, ebenso literarische Schriften (Abb. 7 a, b). Begreiflicherweise reduziert sich der erhaltene Bestand auf die Gebiete trocken-kalten Klimas in Nordindien und Nepal. Demgegenüber vertraute man die wichtigsten Dokumente wie königliche Urkunden dem beständigeren Material der Kupferplatten an. Sie sind aus allen Teilen Indiens in hoher Zahl überliefert. Eigenartigerweise ahmen die rechteckigen Stücke in ihrem Zuschnitt die Form von Palm-

4 Kaiser Zhenzong betrachtet Bücher im großen Pavillon der Reinheit. Zhenzong zelebrierte damit die Fertigstellung einer neuen Enzyklopädie von insgesamt 24 192 Bänden (ca. 1007).

[2] Shen Gua, Pinselunterhaltungen, S. 23f.

5 Der von Bi Sheng zwischen 1041 und 1048 entwickelte Druck mit beweglichen Lettern ist durch eine zeitgenössische Beschreibung gut bezeugt. Auf ihr beruht diese moderne Nachbildung.

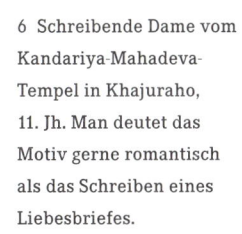

6 Schreibende Dame vom Kandariya-Mahadeva-Tempel in Khajuraho, 11. Jh. Man deutet das Motiv gerne romantisch als das Schreiben eines Liebesbriefes.

7a, b, c Zwei Szenen (Abb. a, b) aus dem Leben Buddhas in einer illustrierten Handschrift aus dem Kloster Nalanda, entstanden um 1097. Die Handschriftenseiten wurden aus Palmblättern gefertigt, der Einband (Abb. c) ist aus Holz.

blättern nach, suchten also bewußt diese Assoziation wachzurufen. Zur Eingravierung der Texte hielten sich die Herrscher Spezialisten. Zusammen mit den zehntausenden von Steininschriften auf Felsen, Säulen oder Steintafeln, die meist herrscherliche Edikte, Schenkungen oder Herrscherlobpreisungen festhalten, und den Stifterinschriften an hinduistischen Tempeln stellen die Kupfertafeln das Gros der historischen Schriftüberlieferung Indiens bereit.

Im Byzantinischen Reich schließlich überwog noch im frühen Mittelalter Papyrus alle anderen Beschreibstoffe. Sogar noch um die Jahrtausendwende bezog man ihn aus Ägypten, doch hatte zu dieser Zeit bereits das Pergament die Vorrangstellung im Buchwesen erobert. Man stellte es in vielerlei Qualität her; höchste Wertschätzung genoß aber die Haut ungeborener Tiere, die entweder nur für liturgische Bücher verarbeitet wurde oder aber zur Herstellung von Codices, die man dem Kaiser oder auch dem Patriarchen von Konstantinopel zu widmen gedachte. Doch auch gattungsunabhängig wurden an die Beschaffenheit des Pergaments höhere ästhetische Ansprüche gestellt als im christlichen Westen. Erst ab dem 12. Jahrhundert trat das Pergament als nicht nur bevorzugtes, sondern auch verbreitetstes Schriftmaterial gegenüber dem Papier in den Hintergrund. Auf Papier liegt zweifellos der Großteil (spät-)byzantinischer Handschriftenüberlieferung vor.

Grobe Schätzungen gehen summarisch von einem etwa 30000-40000 Handschriften umfassenden Bestand aus, der heute über die ganze Welt verstreut ist – wohlgemerkt: zur gesamten byzantinischen Geschichte von der Spätantike bis ins 15. Jahrhundert. Die noch immer vielbewunderten kalligraphisch gestalteten Werke darf man darunter mit einer Größenordnung von allenfalls zwei bis drei Prozent veranschlagen. Gerade für diese exklusive Sparte muß man allerdings mit den höchsten Verlusten im Lauf der Zeit rechnen. Die Zerstörungen und Plünderungen Konstantinopels erst durch die Kreuzfahrer (1204), dann im Zuge der osmanischen Eroberung (1453) haben hier wie auch bei den kostbaren Bildwerken und Reliquienschätzen Überlieferungslücken gerissen, die nicht mehr zu schließen sind.

Schon dieser Überblick über die stofflichen Grundlagen der großen Schriftkulturen des Jahres 1000 deutet an, welches zivilisatorische Entwicklungspotential dem Schriftwesen innewohnt, welche intellektuellen Prozesse es beförderen half. Daraus ist nun nicht der Schluß zu ziehen, daß ›nichtschriftliche‹ Kulturen jener Zeit über geringere intellektuelle Kapazitäten geboten hätten. Das kreative Gedächtnis hängt nicht von Verschriftlichung ab. Doch zweifellos entziehen sich im Falle schriftloser Gesellschaften deren soziale Organisation und geistige Lebensformen weithin dem Zugriff des Historikers.

Die »unvergänglichen Spuren des Schreibrohrs«

Der vereinfachenden Vorstellung, daß oral geprägte Gesellschaften vorzugsweise mit dem Ohr wahrnähmen, während die literalen stärker auf den Augenreiz setzten, müßte man mit Blick selbst auf die Schriftkulturen des Jahres 1000 widersprechen. Denn auch in (wenigstens einigen von) ihnen verlangte die Lebensgestaltung der meisten Menschen selten oder nie nach Schriftpraxis. In Europa schritt der Verschriftlichungsprozeß in Rechtsleben und Wirtschaft erst seit dem hohen Mittelalter langsam voran, maßgeblich angetrieben von den Verwaltungserfordernissen der auflebenden Stadtkommunen, deren früheste Entwicklung von italienischem Boden ausging. Doch selbst dort ist für die Zeit um 1000 noch keine durchgreifende Literalisierung zu verzeichnen, wie sie ab dem 12. Jahrhundert mit rasch anwachsenden und fein differenzierten städtischen Verzeichnissen zu Haus- und Grundbesitz, Herdstättenzahl, Steuern- und Abgaben, Darlehen oder Vorräten ablesbar wird. Das Rechts- und Geschäftsleben kannte weder im öffentlichen noch im privaten Leben kontinuierliche Buchführung. Diese Ausweitung des Schriftwesens auf den umfassenden Bereich pragmatischer Alltagserfordernisse kennzeichnet einen Rationalisierungsschub, der sich erst im 12./13. Jahrhundert vollzog.

Um die Jahrtausendwende jedoch manifestiert sich die orale Kultur selbst in den geschriebenen Texten. Wie man zunehmend erkennt, spiegeln sie vielfach die Wahrnehmungsgewohnheiten einer überwiegend nichtschriftlichen Gesellschaft und ihrer Kommunikationsformen. Schriftlichkeit und Mündlichkeit standen nicht beziehungslos nebeneinander, sondern griffen ineinander über. Urkunden nahmen vielfach auf den rituellen Ablauf der zugrundeliegenden – mündlichen und öffentlichen – Rechtsakte Bezug. Die Urkundenausstellung war an feststehende Handlungen und Sprechformeln im Zusammenwirken von Schreibern, Zeugen und Empfängern geknüpft. Zumindest das feierliche Diplom unterschied in seiner Datierung zwischen dem Zeitpunkt der Rechtshandlung (»Actum«) und dem seiner Beurkundung (»Datum«). Zwischen beiden konnten oft Monate liegen.

Ganz anders verhielt es sich dagegen in der hochliteralisierten islamischen Welt. Hier griff um 1000 Schriftlichkeit längst tief in das All-

8 Höchst ungewöhnlich ist ein Silbermedaillon von al-Muqtadir, Kalif in Bagdad (908-932): Der Kalif wird entgegen islamischen Kunstregeln figürlich dargestellt und hält sogar ein Weinglas in der Hand, auf der Rückseite des Medaillons musiziert eine Lautenspielerin – Ausdruck der Vergnügungssucht dieses Kalifen?

tagsleben ein, durchdrang Verwaltung, Rechts- und Wirtschaftsleben. Noch heute stellen das etwa die in großer Zahl erhaltenen, unscheinbaren kleinen Papierstreifen vor Augen, auf denen Steuervorschriften, Gerichtsvorladungen oder selbst Vorführungsbefehle notiert wurden. Allerdings besteht eine erhebliche Diskrepanz zwischen der nahezu unüberschaubaren Fülle überlieferter religiöser, literarischer und wissenschaftlicher Traktate einerseits und einer relativ beschränkten Zahl von originalen Dokumenten auf der anderen Seite. Unter den erhaltenen Originalen sind es etwa bis zum 9. Jahrhundert vor allem Papyri aus Ägypten, die wertvolle Angaben zur islamischen Rechtspraxis bereitstellen. Als besonders aussagekräftig für die vorderorientalische Sozialgeschichte des 11. bis 13. Jahrhunderts erweisen sich circa 10000 Blätter und Fragmente aus über 200000 Papierstücken, die erst vor rund hundert Jahren im Lagerraum der Synagoge von Alt-Kairo entdeckt wurden. Sie umfassen Geschäfts- und Privatkorrespondenz, Testamente, Verträge oder Rechnungen und reduzieren sich keineswegs auf das Leben der jüdischen Gemeinde Kairos. Wie die literarischen, wissenschaftlichen und administrativen Schriften zeigen solche Belege, daß Verwaltung, Wirtschaft und Bildungswesen sich in den islamischen Regionen breit auffächerten. Nichtislamische Bevölkerungsgruppen, vor allem Juden und Christen, hatten daran einen nicht geringen Anteil.

Doch auch für Ursprung und Verbreitung der arabischen Schrift spielte eine hochentwickelte orale Tradition wohl die Schlüsselrolle. Die klassische arabische Konsonantenschrift hatte sich seit dem 3./4. Jahrhundert n. Chr. aus den Buchstaben des Aramäisch-Nabatäischen entwickelt. Seit dem 7. Jahrhundert wurde die klassische, literarische Schriftsprache der Araber vorbildhaft als Wort Allahs im Koran festgelegt. In ihren Fundus fanden dann im 7./8. Jahrhundert auch die berühmtesten vorislamischen, auf arabischen Poetenwettbewerben gefeierten Gedichte Eingang, die generationenlang mündlich überliefert worden waren. Bei der schriftlichen Fixierung des Korans herrschte zunächst ein monumentaler Schriftduktus vor, das *Kūfī*, so genannt nach dem irakischen Kufa, einer der ersten arabischen Stadtgründungen im Zuge der Expansion des 7. Jahrhunderts. Diese steife und eckige Schrift zeichnete sich durch ein optisches Gleichmaß aus, dessen Zuspitzungen und Rundungen ein ornamentales Erscheinungsbild hervorriefen. Seit dem 10./11. Jahrhundert diente dieser Duktus in erster Linie als Ausstattungselement der Anfänge von Büchern und Schriften, ebenso an Bauten und auf Objekten des Kunsthandwerks. Mit der raschen Verbreitung des Papiers und der damit einhergehenden Be-

9 Ausschnitt aus einem Koran, geschrieben im Jahre 1000/1001. Die kunstvoll gestalteten Schriftzeichen stammen von der Hand des Ibn Al-Bawwab, eines Schülers des großen Kalligraphen Ibn Muqla.

schleunigung des Schreibvorgangs begann seit dem 8. Jahrhundert in der arabischen Buchschrift der Siegeszug eines kursiven Schriftstils, des *nashī* (von *nash*, »Abschreiben«). Insbesondere der seit al-Muqtadir (Abb. 8) mehreren Kalifen als Wesir dienende Ibn Muqla (886-940) prägte als herausragender Kalligraph diesen Stil. Dessen Eigentümlichkeit vereinigt runde Schriftformen, fein abgestimmte Buchstabenproportionen, das Ausbalancieren der Bewegungen und einen Ausgleich von Stärke und Feinheit der Linien. Ibn Muqla wirkte als Kalligraph schulbildend (Abb. 9). Als Wesir attackiert und auf Drängen mißgünstiger Militärführer seiner rechten Hand beraubt, schrieb er mit der linken Hand weiter. Sein Kursivstil ging später in die arabische Druckschrift ein.

Auch in Ostasien wurde der ästhetische Aspekt der Schrift stark gewichtet und zu eigener Schreibkunst weiterentwickelt, in der nur wenige große Meister nach langer Übung zu exzellieren vermochten (Abb. 10). Erst wer die Regeln dieser Kunst beherrsche, so hieß es, gelange zu wahrer Meisterschaft und in eine »höhere Sphäre«; ansonsten verstehe man sich nur auf »Sklavenschrift«, die sich in der Nachahmung ohne eigenen Pinselduktus

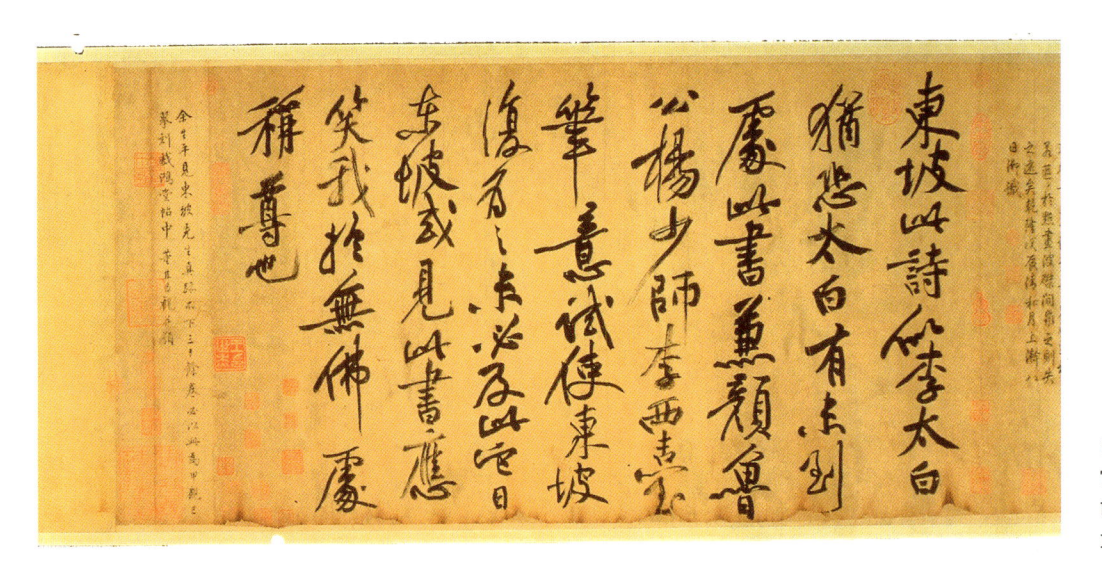

10 Kalligraphie des Huan Tingjian (1045-1105), eines berühmten songzeitlichen Beamtengelehrten.

erschöpfe.³ Auch in Japan bekundete man den Meistern der Schriftkunst diese Verehrung. Als der herausragende der »Drei Kalligraphen« galt Fujiwara no Yukinari (972-1027), dessen sanfter Pinselstrich das klassische Modell für einen eigenen japanischen Stil abgeben sollte.

Desgleichen kannte die lateinische Schrift des europäischen Mittelalters besondere Auszeichnungsschriften. Für repräsentative Werke wählte man aus der Antike überkommene Majuskelschriften, deren Ausführung viel mehr Zeit verschlang und größere Kunstfertigkeit erforderte als die für das übliche Schreiberhandwerk genutzten Minuskeln. Unter ihnen hatte sich seit der Herrschaftszeit Karls des Großen ein harmonisch-nüchterner Schrifttyp durchgesetzt, der zwar mancherlei regionale Sonderentwicklungen kannte, als vereinheitlichendes Moment jedoch die Buchschrift bis ins 12. Jahrhundert charakteristisch umschloß: die »karolingische Minuskel«. Um 1000 hatte sie etwa in einigen klösterlichen Schriftzentren Süddeutschlands längst (wieder) ein dichtes, glatteres Bild⁴ erreicht.

Allerdings konnten auch innerhalb einer Handschrift Gebrauchs- und Auszeichnungsschrift wechseln (Abb. 11 a, b), etwa zur Unterscheidung von Widmungsschreiben, Inhaltsübersicht, Rubriken und Text. Auch bedienten sich die Schreiber um 1000 in zunehmendem Maße eines Zeichensystems zur Gliederung ihrer Texte (mittels Punkten und Strichen), das dem Leser Sprechpausen und die Begrenzung von Sinneinheiten anzeigte. Andere Möglichkeiten der Schriftspiegelaufteilung kannte man im islamischen Raum und in Byzanz, wo Rahmentafeln, Zierelemente oder die Zuordnung von Kolumnen mit unterschiedlicher Schriftgröße die optische Gliederung leisteten.

Die Satzzeichen waren von großem praktischem Wert, wurden die Texte doch meist laut vorgetragen. Vorgelesen wurde in den klösterlichen Zentren der Schriftkultur zu frommer Erbauung, also für das Seelenheil. Doch konnte man, wie die Kirchenväter betont hatten, selbst aus dem Studium grammatischer Werke höheren, will sagen: geistlichen Nutzen ziehen. Um die Lehren der Grammatiker zu verinnerlichen, durften im 9./10. Jahrhundert daher ruhig auch antike Komödien im Kloster gelesen werden.

Islam und Christentum waren Buchreligionen; das machte sie empfänglich für umfassende Vorteile der Schrift, die sich auch auf profane Wissensbereiche erstreckten. »Denn woher käme uns die Geschichte der Völker, gäbe es nicht die unvergänglichen Spuren des Schreibrohrs?«⁵ So fragte der weitgereiste Ge-

³ Shen Gua, Pinselunterhaltungen, S. 198f.
⁴ Bischoff, Paläographie, S. 153f.
⁵ Al-Bīrūnī, Gärten der Wissenschaft, S. 149.

11 a, b Diese um 1000 in Süditalien entstandene Handschrift muß schon bald nach Deutschland gelangt sein. Das zeigt die Wertschätzung ihrer Texte an, eines spätantiken Geschichtswerkes samt Fortsetzungen sowie eines erfolgreichen Militärhandbuchs. Auf den anliegenden Seiten ist links das kalligraphische Titelblatt in einer antik-römischen Großbuchstabenschrift gehalten, der Capitalis rustica. Die Textseite rechts mit dem Beginn des Werkes schrieb man in einer unaufwendigeren Buchschrift (Beneventana), die nur in Süditalien in Gebrauch war.

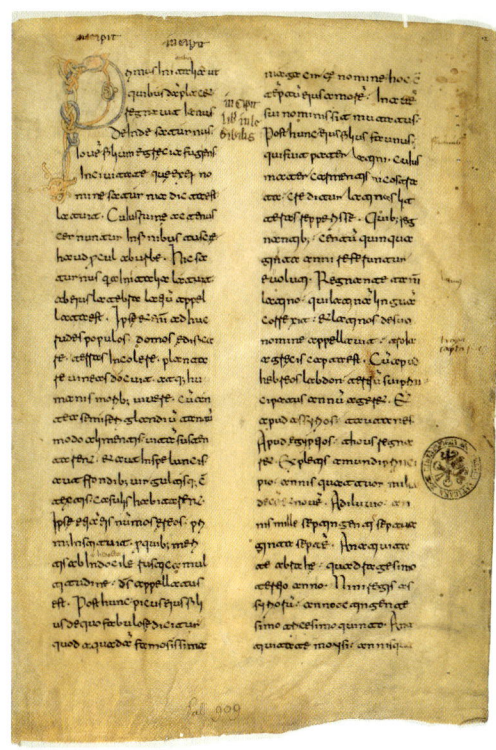

lehrte al-Bīrūnī, ein Polyhistor des frühen 11. Jahrhunderts. Er konnte sich dabei auf Koranverse (96:3-4) stützen, nach denen Gottes Edelmut den Menschen das Schreiben gelehrt hatte, damit er Wissen erwerben könne. Diese Überzeugung stimulierte die arabische Auseinandersetzung mit dem wissenschaftlichen Erbe der Antike ebenso wie die literarische Aufbereitung unterschiedlichster Wissensgebiete in Überblicksform. Viele muslimische Autoren scheuten auch nicht die Berührung mit der christlichen Kultur und schufen bereits bis an die Wende zum 11. Jahrhundert erste enzyklopädische Werke.

In unmittelbarer Nachbarschaft, im Byzantinischen Reich, blühte eine der reichsten Buchkulturen überhaupt. Zu diesem Zeitpunkt beeinflußte sie verstärkt auch die abendländische Christenheit, namentlich über die Buchmalerei (s. dazu unten 4. Abschnitt). Überhaupt nimmt Byzanz aufgrund des Reichtums und der Vielfalt seiner schriftlichen Überlieferung eine Sonderrolle unter den Zivilisationen Europas (und Kleinasiens) im Jahre 1000 ein, was mit dem ununterbrochenen Fortleben antiker Kultur und ihrer gesamten Wissensbestände im Oströmischen Reich erklärt werden kann. Hier gab es zudem ein breiter aufgefächertes, stark staatlich-laikal geprägtes Bildungswesen, um die Jahrtausendwende allerdings nur noch in Konstantinopel selbst. Abgesehen von einigen älteren Rechtstexten war die Masse der weltlichen und geistlichen Literatur in griechischer Sprache abgefaßt, deren Idiom freilich je nach Gattung und Anlaß zwischen klassischer Hochsprache und den Abstufungen der Umgangssprache stark schwanken konnte. Der eigentliche Durchbruch als weithin genutzte Schriftsprache gelang der Volkssprache jedoch erst im 12. Jahrhundert. Von ihr führt der Weg zum heutigen Neugriechisch.

Kulturell wichtigster Aspekt der Schrift war auch hier die Vermittlung religiösen Heilswissens. Die islamische Welt vertraute auf die Animation zu Gebet und Versenkung, die von formvollendeten Kalligraphien ausgehen konnte; in Ostasien setzte man in elitärem Be-

75 | II. DIE ÜBERLIEFERUNG

wußtsein auf die meditativen Wirkungen des kunstvollen Schreibens, dessen Beherrschung nur wenigen anstand. Doch wohl wie nirgendwo sonst in der Welt des Jahres 1000 hat man die Symbolik der Schriftkultur so weit getrieben wie in Byzanz. Hier war man es gewohnt, die Schrift als lebendige und beständige Korrespondenz von Erdenleben und himmlischer Sphäre zu empfinden. Den prägnantesten Ausdruck fand diese kulturspezifische Mentalität in der konkreten Vorstellung des Schriftverkehrs zwischen Himmel und Erde: Wie der Kaiser auf Erden, so stellte Christus im Himmel Urkunden aus und verteilte Geschenke. Gleich dem Rechtsleben auf Erden war dazu ein Beamter oder Kanzlist zwecks Eingabe vonnöten; beim Schriftverkehr zwischen Himmel und Erde übernahmen diese Aufgabe die Gottesmutter Maria oder die Heiligen. Wie sehr diese Vorstellung tatsächlich in das Alltagsleben hineinwirkte, beweisen an Urkunden gehängte Bleisiegel, auf denen Christus oder Maria als personifiziertes Siegel angerufen werden. Wandmalereien in Kirchen, leider erst aus dem Spätmittelalter, haben diese gedankliche Konstellation sogar zu himmlischen Kanzleiszenen ausgestaltet. Diese Auffassung hatte ihren Kern und fand ihre eschatologische Projektion im Bilde des leeren Thrones, den der Kaiser geräumt und für die Wiederkehr Christi am Ende der Tage bereitet hatte. Noch heute zeigt eine Bronzetafel in der Hagia Sophia die »Thronbereitung«. Doch der Thron ist nicht leer: Auf ihm ruht ein Buch – das Buch der Evangelien.

Exkurs: Zwischen Verleugnung und Erfindung – Zur Quellenproblematik der Geschichte Afrikas
von Stefan Eisenhofer

Die vorkoloniale Geschichte Afrikas

Stellen Sie sich vor, Sie müßten die Vergangenheit Deutschlands nur mit Hilfe vereinzelter schriftlicher Aufzeichnungen rekonstruieren, die seit der letzten Jahrhundertwende von einigen Fremden aus völlig anderen Weltgegenden mit mangelhaften Kenntnissen der deutschen Sprache und Kultur geschrieben wurden. So absurd diese Aufgabe erscheinen mag: Diese Situation kommt der Geschichtsschreibung für viele Länder und Regionen Afrikas ziemlich nahe.

Weil die meisten afrikanischen Gesellschaften südlich der Sahara keine Schrift verwendeten, fehlen oft bis weit in das 20. Jahrhundert hinein geschriebene Eigenzeugnisse von Afrikanern. So gibt es keine direkten Sichten und zeitgenössischen Informationen von Einheimischen zu Ereignissen und Entwicklungen früherer Zeiten. Denn auch die mündlichen Überlieferungen wurden vielfach erst in den letzten Jahrzehnten aufgezeichnet. Für die Zeiten vorher sind wir auf vereinzelte Reiseberichte fremder Reisender und Geographen angewiesen. Dazu kommen vereinzelte archäologische Grabungen sowie ethnologische, linguistische und biologische Studien. Die Historiker Afrikas sind daher oftmals wie Puzzle-Spieler, die keine Ahnung davon haben, wie groß das Puzzle ist, aus wie vielen Teilen es besteht, wo dessen Ränder liegen und wie es überhaupt aussehen soll.

In früheren Jahrhunderten füllten europäische Geographen mangels Kenntnissen über Afrika die leeren Flächen der Landkarten dieses Kontinents anstatt mit den Namen von Städten gerne mit Kuriosiäten und Elefantendarstellungen, damit die Landkarte von Afrika auf die Betrachter nicht so leer wirkte. Diesen

12 Terrakotta-Kopf der sogenannten Nok-Kultur aus Zentralnigeria. Diese Figuren und Büsten stammen in der Mehrzahl aus der Zeit von 400 v. Chr. bis 400 n. Chr. Seit 1000 ist die Nok-Kultur archäologisch nicht mehr greifbar; mangels Forschung ist über die ehemalige Funktion dieser Plastiken nichts bekannt.

Die schriftlichen Berichte von Nicht-Afrikanern

Lange wurden schriftliche Aufzeichnungen fremder Reisender und Geographen als einzige wesentliche Quellen zur Rekonstruktion der vorkolonialen Geschichte Afrikas betrachtet. Für das Jahr 1000 stammen diese von chinesischen und arabischen Berichterstattern, da die ersten Europäer erst im späten 15. Jahrhundert die Küsten des subsaharischen Afrika betreten haben. Diese überlieferten schriftlichen Berichte haben den großen Vorteil, daß sie den geschilderten Ereignissen zeitlich näher liegen als wir. Sie sind allerdings mit anderen Erkenntnisinteressen als denen von westlichen Historikern verfaßt. Oftmals fehlten den Berichterstattern auch das Verständnis und das Interesse für Phänomene, die den Afrikanern damals und der Forschung heute wichtig waren und sind. Vielfach beruhen die Berichte auch nicht auf eigenen Erlebnissen, sondern auf Gerüchten und Hörensagen, was immer wieder zu Verzerrungen und Mißverständnissen führte. Und auch bei den Aussagen von Augenzeugen bestehen große Unterschiede in der Aussagekraft. Das beginnt schon damit, daß die meisten Reisenden sich nur kurz, wenn überhaupt, in den entsprechenden Gebieten aufgehalten haben. Und über ihre Informanten wissen wir meist auch nichts: Waren es zufällige oder gesteuerte, waren es Spezialisten oder ahnungslose Wichtigtuer. Oft sind die Werke auch keineswegs einheitlich in ihrem Gehalt. So ist beispielsweise Al-Masudi wohl selbst auf Madagaskar und in Ostafrika, aber nicht in Westafrika gewesen.

Häufig ist auch unklar, auf welche Region sich eine Aussage bezieht, da Informationen über ein bestimmtes Gebiet auf andere übertragen wurden. Und zwischendurch stößt man immer wieder auf Gemeinplätze wie beispielsweise jenen, daß Gold in Afrika wie Karotten wachsen würde. Abgesehen davon, daß ein solch immenser Goldreichtum für mehrere

Umstand griff der große Jonathan Swift ironisierend auf, als er im Jahr 1733 schrieb:

>»So geographers in Afric-maps
>With savage-pictures fill their gaps
>And o'er unhabitable downs
>Place elephants for want of towns«.

Nun wissen wir im Gegensatz zu unseren europäischen Vorfahren heutzutage zwar durchaus, daß es in Afrika – auch bereits weit vor dem Jahr 1000 – nicht nur Elefanten und andere große Tiere gegeben hat, sondern vielerorts mächtige Königreiche, riesige Städte, hochspezialisierte Handwerker und weitreichende Fernhandelsbeziehungen. Doch der größte Teil dieses Kontinents ist historisch betrachtet noch immer »terra incognita«. Aber nur, weil wir über die Vergangenheit dieser Gebiete nichts wissen, heißt das keineswegs, daß dort auch tatsächlich nichts geschehen ist. Es heißt nur, daß noch nichts erforscht ist.

Gebiete Afrikas behauptet wird, ist der Wahrheitsgehalt solcher Aussagen auch sonst nicht leicht einzuschätzen, zumal zur Überprüfung vor dem 15. Jahrhundert keine Archivquellen oder andere nicht zur Veröffentlichung gedachte Quellen zur Verfügung stehen. Wir besitzen lediglich publizierte Schriften, die oft für ein breiteres Publikum mit bestimmten Absichten und Tendenzen verfaßt sind. Unabsichtlich Überliefertes oder Informationen für Spezialisten fehlen weitgehend.

Den wenigen vorhandenen schriftlichen Quellen verdanken wir wichtige Erkenntnisse über bestimmte Zeiten und Regionen. Sie geben uns eine Ahnung von dem Prunk an afrikanischen Königshöfen, bezeugen weitreichende Handelsbeziehungen und geben Auskunft über so manches Detail, wie beispielsweise jener chinesische Bericht aus dem 9. Jahrhundert, der bereits für seine Zeit die bis heute geübte Praxis ostafrikanischer Hirten belegt, das Blut von Rindern abzuzapfen, ohne daß die Tiere dabei Schaden nehmen. Den Wert vieler Informationen können wir wahrscheinlich heute noch gar nicht abschätzen, weil sie erst in Kombination mit anderen Quellen und Forschungswerkzeugen ihren weiterreichenden Gehalt entfalten. An erster Stelle ist dabei die Archäologie zu nennen, die sich in den letzten Jahrzehnten zu einem immer wichtigeren Hilfsmittel der Geschichtsschreibung Afrikas entwickelt hat.

Die Archäologie in Afrika

Durch archäologische Forschungen wurden viele in der westlichen Welt gepflegte Vorurteile widerlegt und der Ansicht, Afrika sei im wesentlichen ein isolierter Kontinent gewesen, der Boden entzogen. So konnten beispielsweise in Zentralafrika Handelsbeziehungen über Hunderte von Kilometern nachgewiesen und dadurch das Klischee vom undurchdringlichen zentralafrikanischen Regenwald Lügen gestraft werden.

Daneben wurden mittlerweile in vielen Regionen Afrikas kulturelle Zentren mit beeindruckenden materiellen Hinterlassenschaften entdeckt, die seither in der Forschung und im Kunsthandel für Furore sorgen. Zwar hatte um das Jahr 1000 die Nok-Kultur (Abb. 12) in Zentralnigeria ihren Höhepunkt offenbar schon lange hinter sich und ist ab diesem Zeitraum archäologisch nicht mehr nachweisbar. Aber im südlichen Nigeria war die Urbanisierung des Yoruba-Gebietes in Städten wie Oyo und Ife offenbar in vollem Gang. Orte wie Benin City, die einige Jahrhunderte später europäische Reisende stark beeindruckt und zu Vergleichen mit den bedeutendsten Städten des damaligen Europa hingerissen haben, waren aber anscheinend noch nicht so bevölkerungsreich. Doch finden sich in dieser Region die weltweit längsten und massivsten Erdkonstruktionen des vormechanischen Zeitalters. Es handelt sich um die Überreste von Wällen mit einer Gesamtlänge von etwa 16000 Kilometern bei einer Durchschnittshöhe von drei Metern, die damit nahezu viermal so lang wie die Chinesische Mauer sind.

13 Die Metallhandwerker im alten Reich Benin, im heutigen Nigeria, erreichten in der Gelbgußtechnik eine außerordentliche Meisterschaft. Manche Forscher verweisen die Anfänge des Gelbgusses in Benin in die Zeit um 1000.

14 Steinskulptur der sogenannten Wan- oder auch Proto-Guro-Kultur von der Republik Elfenbeinküste in Westafrika. Mangels archäologischer Grabungen weiß man über die Funktion dieser um das Jahr 1000 verfertigten Stücke bislang nichts.

Auch in anderen Teilen Westafrikas lieferte die Archäologie wertvolle Erkenntnisse. So im Niger-Binnendelta, wo nicht nur blühende regionale und überregionale Handelssysteme ausgemacht werden konnten, sondern auch spezialisierte Metallverarbeitung mit ausgeklügelten Schmelz- und Gießtechniken (Abb. 13). Außerdem legen vor allem die Grabungsergebnisse nahe dem Ort Jenné nahe, daß Afrika keineswegs nur durch Gegeneinander, Vertreibung und Vernichtung geprägt war, sondern vor allem auch ein Miteinander verschiedenster Menschen und Kulturen kannte.

Weiter südlich, an der Guineaküste, wurden mittlerweile ebenfalls mehrere Zentren von Handel, Politik, Kunst und Handwerk nachgewiesen, etwa das Gebiet der Wan- oder Proto-Guro-Kultur (Abb. 14) in der heutigen Republik Elfenbeinküste oder in Igbo-Ukwu in Südost-Nigeria, wo das Grab eines hohen Würdenträgers mit reichen Grabbeigaben entdeckt wurde, das auf das 9./10. Jahrhundert datiert wird (Abb. 15). Spektakuläre archäologische Befunde sind aber keineswegs auf Westafrika beschränkt. So legten im südlichen Afrika die sogenannten Proto-Shona und andere im Gebiet zwischen den Flüssen Sambesi und Limpopo offenbar die Fundamente zum späteren Mutapa-Reich im heutigen Simbabwe. In Ostafrika wurden riesige Mengen chinesischen Porzellans gefunden.

Ein gravierender Nachteil archäologischer Funde ist aber nun einmal, daß diese nicht sprechen können. Deshalb gibt es keine Archäologie ohne Interpretation. Besonders deutlich wird dies in der Diskussion um das Alter der Funde von Igbo Ukwu (Abb. 16) in Südost-Nigeria, wofür zwei Wissenschaftler aufgrund desselben Materials zu völlig verschiedenen Ergebnissen gelangten. Afigbo datierte die Funde seiner Heimat in die Zeit um 850 n. Chr., während Babatunde Lawal sie erst in die nachportugiesische Periode verlegte. Wenngleich neueste Untersuchungen das hohe Alter der Fundstücke zu stützen scheinen, zeigt die Kontroverse doch, daß die Befunde bisweilen nicht eindeutig sind. Und oft ist gerade bei der Interpretation von Fundstücken mit gegenseitigen Übertrumpfungsversuchen von Forschern und Regionen zu rechnen, da jeder gerne den ältesten Beleg vorweisen möchte. Ähnliche Probleme ergeben sich bei den berühmten Metallarbeiten und Elfenbeinschnitzereien von Ife und Benin, deren Altersbestimmung aufgrund stilistischer Kriterien zu unsicher ist, um weitreichende historische Schlüsse zuzulassen.

Das sind zwar wichtige, aber keineswegs die drängendsten Fragen der Archäologie Afrikas. Denn in weiten Gebieten wurde bis heute archäologisch so wenig geforscht, daß bestimmte Städte, die im 16. Jahrhundert von europäischen Besuchern als riesig beschrieben und mit den größten europäischen Städten verglichen worden sind, archäologisch noch immer nicht ausfindig gemacht werden konn-

15 Dieses nahezu kugelförmige Keramikgefäß soll einen Zeremonialgegenstand einer hochrangigen Persönlichkeit enthalten haben. Neben anderen Beigaben stammt es aus einem Grab des Fundortes Ikbo-Ukwu im heutigen Nigeria.

ten. Neben fehlenden finanziellen Mitteln hat die Archäologie in Afrika noch mit weiteren Problemen zu kämpfen. So verhindern ein oftmals ungünstiges Klima und Insektenfraß das Überleben von materiellen Kulturgütern. Eine fast noch größere Bedrohung archäologischer Befunde sind jedoch Raubgrabungen, bei denen in Schatzgräber-Manier imposante Funde ihrem Zusammenhang entrissen und kleinere Fundstücke vernichtet werden. Wir wissen daher über einst bedeutende Kulturen wie die von Jenné, Katsina, Sokoto (Abb. 17 & 18), Nok oder Calabar (Abb. 19) noch immer sehr wenig. Afrikas Erbe wird dabei ziemlich widerstandslos geplündert, wichtige Informationen gehen für immer verloren.

Mündliche Überlieferungen und Lokalhistorien

Neben den Schriftquellen fremder Reisender und archäologischen Forschungen wurden vornehmlich in den Jahren um 1960 von der westlichen Forschung die mündlichen Überlieferungen Afrikas entdeckt. Endlich glaubte man, das Fleisch für das allzu dürftige Skelett westlicher Quellen zur Rekonstruktion der Historie gefunden zu haben. Epen, Lieder, Preisgesänge, Erzählungen, Mythen und Heimatgeschichten wurden als wichtige Quellen gerade auch für die frühe vorkoloniale afrikanische Geschichte wahrgenommen. Allerdings hat man in der ersten Begeisterung nicht nur die schwindelerregende Vielfalt der Geschichte des afrikanischen Kontinents unterschätzt, sondern auch die Schwierigkeiten der Überlieferungen.

So sind mündliche Traditionen keine historischen Urkundensammlungen, die »mündliche Dokumente« seit Jahrhunderten unverändert weitergeben. Unbestreitbar ist, daß in mündlichen Gesellschaften oft für uns unvorstellbare Gedächtnisleistungen auch bei ansonsten eher durchschnittlich begabten Menschen zu finden sind. Aber Traditionen sind auch in Afrika nicht unwandelbar und haben keineswegs unverändert die Zeiten überdauert. Sie sind vielmehr zunächst Spiegel ihrer eigenen Zeit und nicht Zeugen entferntester Vergangenheit. Viele der »mündlichen Überlieferungen« für die vorkolonialen Jahrhunderte sind zudem keine mehr oder weniger wortgetreuen Übersetzungen und Niederschriften irgendwelcher gesammelter mündlicher Überlieferungen. Oft wird bei einer genauen Prüfung deutlich, daß so manche vermeintlich mündliche Tradition aus unterschiedlichsten europäischen und einheimischen Quellen zu einem homogenen Gebilde zusammengebaut worden ist von afrikanischen Autoren, die europäische Schriften gelesen haben und die darin gefundenen Informationen mit einheimischen Erzählungen geschickt vermischt haben. Auch sind seit den dreißiger Jahren des 20. Jahrhunderts in manchen Gebieten verstärkt heimatliche Traditionen in Buchform erschienen und haben später aufgezeichnete Traditionen beeinflußt, zumal manche Lokalhistorien bereits seit Jahrzehnten als Schulbuch verwendet werden.

Im vorkolonialen Afrika gab es keine Kalender mit fixierten exakten Daten. Vergangene Zeiten wurde anders empfunden und gemessen als bei uns. Es ist deshalb schwierig, mündliche Traditionen in eine westliche Zeitrech-

16 Ebenfalls aus Ikbo-Ukwu stammt diese Bronzemaske, die von manchen Forschern dem 10. Jh. zugeschrieben wird. Mit weiteren Bestandteilen bronzenen Festornats und Zeremonialgeräts gehört sie zu einem Zufallsfund aus den Dreißiger Jahren, der erst Jahrzehnte später ausgewertet werden konnte. Bis heute ist nicht geklärt, ob diese Fundstelle in das Umfeld eines damaligen sakralen Königtums in dieser Region gehört.

nung einzubetten. Als Hilfsmittel für das Erschaffen eines zeitlichen Rahmens werden manchmal Königslisten aus afrikanischen Reichen verwendet, die oft bis vor das Jahr 1000 zurückreichen sollen. Aber ihre Verwendung ist problematisch, denn die Listen sind trotz der bisweilen langen Reihen von Herrschernamen und der vermeintlich exakten Jahreszahlen nur selten dokumentarisch abgesichert. Oft beruhen sie nur auf schwer einschätzbaren Angaben einheimischer Autoren, die in ihren Werken die Regierungszeiten von Herrschern und wichtige Ereignisse aus mündlichen Überlieferungen in ein lineares westliches Zeitschema und in ein aus den europäischen Quellen vorgegebenes Raster gepreßt haben.

Oftmals beruhen die Zeitangaben der Königslisten auch auf Berechnungen durchschnittlicher Regierungsdaten. Diese Methode ist aber alles andere als verläßlich, da wir mit unabsichtlichen und bewußten Ergänzungen, Kürzungen, Neubildungen und Umstellungen rechnen müssen. Zudem weiß man aus anderen Gebieten der Welt, daß oftmals Herrscher, die nebeneinander in verschiedenen Orten regiert haben, in späteren Zeiten nacheinander aufgelistet wurden. Und auch für Afrika gibt es kaum Anzeichen für eine systematische Überlieferung von zeitlicher Reihenfolge und Regierungslänge früherer Herrscher. Obendrein ist zu bedenken, daß Datierungen gerne an prestigeträchtigen fremden Vorbildern ausgerichtet wurden, indem man sich an der europäischen oder an der islamischen Geschichte orientierte. So werden beispielsweise Amtsantritte von Dynastiegründern von der Lebenszeit Muhammads im 7. Jahrhundert aus bestimmt oder in die Phase der großen Reichsgründungen in Europa gelegt.

Es gab auch in Afrika Hüter der Traditionen und Spezialisten der Vergangenheit. In vielen Königreichen existierte das Amt des Hofhistorikers oder des Priesters der königlichen Ahnen. Diese sind aber keine über jeden Zweifel erhabene Quellen historisch »korrekter" Informationen. Denn die Historiker standen im Dienst der Machthaber und deren Interessen. Es war keineswegs Ziel und Absicht dieser Ämter, über Jahrhunderte hinweg die Regierungslänge jedes einzelnen verstorbenen Herrschers »abzuspeichern«, sondern die Rechtmäßigkeit der Herrschaft der jeweils Regierenden zu unterstreichen.

Für die meisten Regionen besitzen wir zudem in den publizierten Traditionen bestenfalls eine »Geschichte von oben«, eine Geschichte der Dynastien, Herrscher und Kriege. Über die einfachen Leute, über die Frauen, über das Denken, Hoffen und Fühlen der damaligen Menschen wissen wir praktisch nichts. Die Mehrzahl der veröffentlichten Überlieferungen für das vorkoloniale Afrika setzt sich nur wenig mit wichtigen Grundlagen wie den sozialen, politischen, kulturellen und religiösen Praktiken und Strukturen der damaligen Gesellschaften auseinander.

Europäische (Vor-)Urteile und afrikanische Reaktionen

Historische Traditionen spiegeln nicht einfach nur vergangene Ereignisse, sondern sind von vielfältigen Interessen gelenkt und geprägt. Das gilt verstärkt für die Kolonialzeit, in der Traditionen mehr denn je als politische Instrumente mit oft mehreren Stoßrichtungen dienten. Dabei muß man bedenken, daß viele Informationen in historischen afrikanischen Traditionen als Antwort und Gegenreaktion auf westliche Vorstellungen von der Geschichtslosigkeit Afrikas zu verstehen sind. Denn diesem Kontinent und seinen Menschen wurden in der westlichen Welt vor allem seit dem 18. Jahrhundert im Gefolge von Sklavenhandel und Kolonialismus eine eigenständige Geschichte und ein historischer Wandel abgesprochen: »Afrika ist kein geschichtlicher Weltteil, es hat keine Bewegung und keine Entwicklung aufzuweisen, und was etwa in ihm, das heißt, in seinem Norden geschehen ist, gehört der asiatischen und europäischen Welt zu. Was wir eigentlich unter Afrika verstehen, das ist das Geschichtslose und Unaufgeschlossene, das noch ganz im natürlichen Geiste befangen ist.«

Solche überheblichen Zitate wie das des berühmten Philosophen Georg Friedrich Hegel sind durchaus typisch nicht nur für ihre Zeit. Hegel war überzeugt davon, daß Afrika vor dem Kontakt mit außen statisch und unbeweglich gewesen ist. »Dieser Zustand ist keiner Entwicklung und Bildung fähig, und wie wir sie heute sehen, so sind sie immer gewesen«, urteilte Hegel über die Afrikaner. Und einige Zeit später sah auch Jacob Burckhardt auf dem afrikanischen Kontinent nur »Völker des ewigen Stillstandes«. Noch 1965 vertrat der Historiker Trevor-Roper die Ansicht, in Afrika könne man nur »die sinnlosen Drehungen und Windungen barbarischer Stämme in malerischen, aber unbedeutenden Ecken des Globus« beobachten. Entsprechend wurde behauptet, in Afrika hätten sich prähistorische Zustände bis zum heutigen Tag bewahrt. Die Umwelt wurde als einziger bestimmender Faktor der dortigen »Nicht-Geschichte« betrachtet. Wegen des Überlebenskampfes in einer menschenfeindlichen Umwelt seien die Afrikaner einfach zu beschäftigt gewesen für Geschichte. Vergleichbar der Pflanzen- und Tierwelt sei außer den Wanderungen und Teilungen von Klans und Stämmen in Afrika nichts Wesentliches geschehen.

Als Gegenbewegung zu solchen Auffassungen entwickelten sich vornehmlich seit den fünfziger und sechziger Jahren des 20. Jahrhunderts Strömungen in der Geschichtswissenschaft, die vehement die Dekolonialisierung der afrikanischen Geschichte forderten. Ihre Wurzeln hatten diese Bewegungen in der Mitte des 19. Jahrhunderts. Bereits damals wandten sich einige intellektuelle und europäisch ausgebildete Afrikaner gegen westliche Vorstellungen, welche die Afrikaner als »geschichtslos«

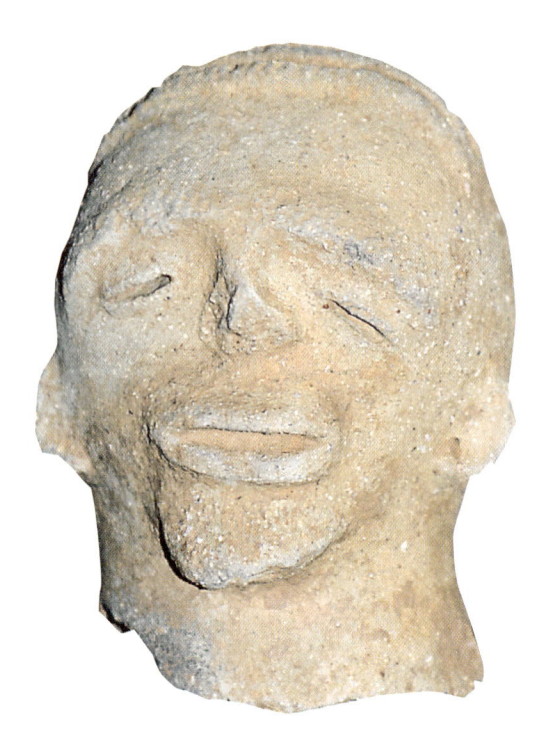

17 Im Norden der heutigen Republik Nigeria lag das Gebiet der sogenannten Sokoto-Kultur, die etwa zeitgleich zur etwas südlicheren Nok-Kultur blühte. Über die genauere Verwendung der abgebildeten Sokoto-Terrakotta läßt sich jedoch nur mutmaßen.

18 Ein weiteres Beispiel des vielfältigen Formenschatzes der Sokoto-Plastiken.

begriffen. Diese Afrikaner waren sich bewußt geworden, daß die ihnen in den Schulen vermittelte Geschichte diejenige von Europa war und forderten ein »Recht auf eigene Geschichte«. Es entstanden so seit diesem Zeitraum gedruckte Heimatgeschichten, die als »Gegen-Historien« zur vorherrschenden Auffassung der europäischen Kolonialherren konzipiert waren. Diese Schriften wollten zeigen, daß ihre Heimat in voreuropäischer Zeit keineswegs statisch und unterentwickelt gewesen war. Sie konstruierten als Gegengewicht zur eurozentrischen Geschichte eine einheimische Historie.

Um die voreuropäische Größe der einheimischen Kulturen herauszustreichen, werden vorkoloniale Zeiten in den Traditionen bisweilen stark glorifiziert. Und so mancher frühe Herrscher tritt uns als archetypischer Kulturheros eines vermeintlich Goldenen Zeitalters entgegen, um den fast alle wichtigen militärischen, religiösen, politischen und künstlerischen Errungenschaften aus verschiedenen Epochen des Reiches gruppiert wurden.

Zusätzlich sollte die eigene Heimat durch Brückenschläge zu europäischer und britischer Geschichte aufgewertet und an die Seite der großen nichtafrikanischen Weltreiche gesetzt werden. In manchen der Lokalhistorien, beispielsweise in denen von Jacob Egharevba aus Benin City in Südnigeria, werden afrikanische Herrscher mit dem Beinamen »der Große« versehen, womit diese in eine Reihe mit den großen europäischen Reichsgründern Alexander und Karl gestellt werden. Ein anderer wird mit dem Zusatz »the Conqueror« belegt und dadurch zum afrikanischen Gegenstück von »Wilhelm dem Eroberer« (»William the Conqueror«), der mit seinem Normannenheer das Angelsachsenreich eroberte und in England ein starkes Königtum begründete.

Viele Traditionen hatten aber nicht nur eine europäische, sondern auch eine innerafrikanische Zielrichtung. Denn durch eine starke Publikationstätigkeit vor allem in den ersten Jahrzehnten des 20. Jahrhunderts verfügten um das Jahr 1930 bereits viele Regionen über eine veröffentlichte Heimatgeschichte. Jene Gebiete jedoch, die noch keine »eigene« Darstellung besaßen, befürchteten dadurch, keine Ansprüche gegenüber den Kolonialherren anmelden zu können. In den dreißiger Jahren wurden deshalb viele Heimatgeschichten veröffentlicht, um die vergangene Größe der eigenen Heimat zu betonen. Man wollte nicht gegenüber anderen Gebieten ins Hintertreffen geraten. Viele dieser Lokalhistorien waren deshalb geprägt von polemischen Stellungnahmen der verschiedenen Orte gegeneinander, von der Anmeldung von Ansprüchen und von der Untermauerung von Besitzverhältnissen. Die Wurzeln der eigenen Heimat wurden dazu meist in eine weit entfernt liegende Vergangenheit verwiesen, während den benachbarten Gruppen und Orten im Gegenzug ein solch hohes Alter abgesprochen wurde. Gerade in den Zeitraum um das Jahr 1000 wurden daher viele Neuerungen und die Einführung von »Zivilisationsmerkmalen« verlegt. Zum einen war die eigene Heimat so älter und ehrwürdiger als die der Nachbarn, und nebenbei erreichte man damit auch noch, daß ihre Anfänge in die Phase der großen Reichsgründungen in Europa fallen. Dabei wurde das hohe Alter der Heimat, der eigenen Sprache und der einheimischen Bräuche als symbolisches Kapital eingesetzt, um die heimatlichen Interessen zu legitimieren und um den Ansprüchen der anderen Gruppen in der Kolonie nicht hilflos unterworfen zu sein.

Schließlich besitzen manche Traditionen noch eine lokalpolitische Zielrichtung. So war beispielsweise das alte Reich Benin in Nigeria durch die vielen gegeneinander arbeitenden Gruppen zu Beginn der Kolonialzeit nahezu unregierbar geworden. Königshaus und britische Kolonialregierung setzten daher auf eine »kulturelle Rekonstruktion« und versuchten, den Palast zu einem künstlerischen und rituellen Zentrum zu machen und zu zeigen, daß der König von Benin in eine Reihe mit den berühmten Herrschern der Vergangenheit gehörte. Flankiert wurden diese Bestrebungen durch publizierte historische Traditionen, die belegen sollten, wie sehr das Reich in der Vergangenheit von starken Herrschern profitiert und wie fatal sich Zeiten der Streitigkeiten ausgewirkt hätten. Entsprechend wird in diesen Überlieferungen eine jahrhundertelange ununterbrochene Herrscherfolge konstruiert und die Rolle der Herrscher ausgeschmückt, während andere Kräfte im Reich in ihrer ehemaligen Bedeutung reduziert wurden.

Die publizierten mündlichen Traditionen wurden daher weniger vom Interesse an einer »historisch korrekten« Rekonstruktion der Vergangenheit geleitet, sondern von der Absicht, Geschichte für die Gegenwart nutzbar zu machen. Daten über frühere Jahrhunderte sind deshalb nicht einfach als historische Fakten zu verstehen, sondern als gemeinsame Leitbilder und heimatliche Identifikationsmittel. Sie wurden als emotionales Band um die Mitglieder der eigenen Gruppe geschlungen, um der Gegenwart gewachsen zu sein.

19 Diese Terrakotta entstammt der sogenannten Calabar-Kultur im Südosten des heutigen Nigeria, die um ca. 1000 bestand.

Die Zukunft der afrikanischen Vergangenheit

Afrika hat keineswegs nur eine erfundene Geschichte. Dieser Kontinent hat es nicht nötig, zugunsten fiktiver Geschichte seine tatsächliche Vergangenheit verschütten zu lassen, zumal dort manche historische Entwicklungen früher und weitreichender als anderswo auf der Welt stattgefunden haben, etwa im Feldbau oder in der Kunst. Dennoch sind die Rätsel der vorkolonialen afrikanischen Vergangenheit noch vielfältig. Um ihrer Lösung näher zu kommen, sind noch intensive Forschungen nötig: eine behutsame Auswertung der mündlichen Überlieferungen und der schriftlichen Archive ebenso wie archäologische Grabungen und linguistische Studien. Hinzu kommen biologische Untersuchungen etwa der früheren Nahrungspflanzen oder der Domestikation von Tieren. Und schließlich können auch sorgfältige ethnographische Vergleiche weiterhelfen, den Schleier der afrikanischen Vergangenheit zu lüften.

2. Komponierte Geschichte: Der »gerade« und der »krumme Pinsel«
Der Geschichtsschreiber und die »Wahrheit«

»Was ist Wahrheit?« Darüber sannen um 1000 ein französischer Bischof und sein König in einem fiktiven Dialog nach.[6] Bischof Adalbero von Laon, der dieses Gespräch mit König Robert II. poetisch imaginierte, ließ den König einwenden: »Es ist unrecht, wahr zu nennen, was nicht wahr ist: Die Fabel kommt nicht der Wahrheit gleich und gibt nicht vor, wahr zu sein.« So einfach sei es nicht, konterte der Bischof unter Berufung auf eine gleichsam innere Wahrheit: »Sieh, ich habe Wahres gesagt; du weißt, daß die Wahrheit nicht überschritten wurde. ... Wisse, daß die Dinge nicht so geschehen sind (wie ich sie beschrieben habe), aber daß sich alles so hätte abspielen können.«

Bis heute meinen wir uns solcher Unterschiede bewußt zu sein. Wir vertrauen auf das kritische Vermögen, zu erkennen, inwieweit historische Darstellungen konstruiert sind. Das taten Historiker im Grunde schon lange vor dem Gespräch Adalberos mit König Robert. Doch auf welche Grundlagen kann sich der um selbständige und möglichst vorurteilsfreie Darstellung des Geschehenen bemühte Geschichtsschreiber berufen? Schon Thukydides wußte, daß er sich auf schwankendem Boden bewegte: »Gunst oder Gedächtnis« hätten die Aussagen der von ihm persönlich befragten Zeugen überlagert, verschiedene Personen nicht dasselbe über dasselbe ausgesagt. Folglich bemaßen sich Eignung und Vertrauenswürdigkeit des Geschichtsschreibers an seiner methodischen Umsicht. Dem Historiker bleibe daher nichts anderes übrig, als sein Nachrichtenmaterial bis ins kleinste Detail kritisch-vergleichend zu überprüfen.[7]

Im europäischen Mittelalter hingegen durchzog das Bemühen um Rechenschaft als bedeutsames Merkmal auch historiographische Werke, die sich hierin nicht grundsätzlich vom Anliegen ausgesprochen religiöser Texte entfernten. Vor und über allen sachlichen Interessen rangierte ihre existentiell-christliche Daseinshaltung und Jenseitserwartung. Auch und gerade die Beschreibung des Weltgeschehens war Heilsgeschichte. Seine Auffassung und Gestaltung lief auf eine Schwarzweißmalerei hinaus, deren dunkle Seite Heiden, Verräter und Verbrecher besetzten. Damit standen die europäischen Geschichtsschreiber der Zeit um 1000 mit ihrer eindeutigen Unterscheidung von Gut und Böse längst in einer festgefügten christlichen Literaturtradition, bei aller rhetorischen Schulung an antik-heidnischen Vorbildern.

Doch konnte der Rat des Geschichtsschreibers, konnten sein analytisches Vermögen wie auch das Deutungspotential früherer Geschichtswerke schon vor tausend Jahren ganz unmittelbar gefragt sein. Dabei handelte es sich nicht allein um ein informationshungriges, bisweilen bestätigungssüchtiges Nachschlagen, wenn es die Herkunft und Legitimation von Gütern, Rechten oder Anspruchstiteln zu erweisen galt. Hierin lag fraglos eine wichtige Aufgabe historischer Darstellungen. Viel verblüffender mag anmuten, daß man in einem Geschichtswerk auch Aufschluß suchte über beunruhigende Naturerscheinungen, Katastrophen oder Weissagungen. So entsetzte 1027 viele Bewohner der südlichen Zonen Frankreichs ein düsteres atmosphärisches Phänomen: Die Menschen wähnten Blutregen über sich niedergehen. Was mochten die Gründe hierfür sein, auf welche Sünde wollte Gott damit aufmerksam machen? Der besorgte Herzog der Region Aquitanien sandte eilends einen Boten an seinen Herrn, den westfränkischen König Robert II., der sich damals in Orléans aufhielt. König Robert zögerte keine Sekunde und schickte seinerseits sogleich einen Boten ins benachbarte Kloster Fleury (Saint-Benoît-sur-Loire), aber auch zur Sicherheit noch weitere an den Erzbischof von Bourges und nach Chartres. Hier wie dort schienen Bibliotheks-

---

[6] Zitiert nach: Fichtenau, Lebensordnungen, S. 527.
[7] Vgl. insges. Thukydides, Geschichte I, 20-22, nach Landmann, S. 28-33.

schätze vorhanden, mit deren Hilfe man das bedrohliche Rätsel vielleicht würde lösen können. Und in der Tat, in Fleury, das die Gebeine des Ordensgründers Benedikt barg und wo des Königs Halbbruder Gauzlin den Abtsstab führte, wurde man ebenso fündig wie in Chartres. Der König hatte Gauzlin angewiesen, in »gewissen Geschichtswerken« nachforschen zu lassen. Die Anregung half rasch. Der Bote konnte seinem König mehrere Zitate aus älteren Werken überbringen, die den Vorgang schon zu früheren Zeiten bezeugten. Der berühmte Gelehrte Fulbert ließ aus Chartres wissen, man möge im sechsten Buch, vierzehnten Kapitel der »Historiae« Gregors von Tours nachlesen, bei einem Chronisten des 6. Jahrhunderts, einem Markstein frühmittelalterlich-fränkischer Geschichtsschreibung. Gregor von Tours erzählte ausführlich vom Blutregen, der sich einst sogar dreimal innerhalb eines Jahres zugetragen hätte; in der Folge seien schlimme Krankheiten und Seuchen aufgetreten. Damit wußte man unter den Kundigen des Jahres 1027, daß es sich wenigstens nicht um ein einmaliges, bislang unbekanntes Menetekel handeln konnte, auch wenn man sich im Lichte von Gregors Ausführungen nun auf allerlei Ungemach einstellen mußte. Abt Gauzlin wußte es sogar ganz genau: Blutregen ziehe Krieg oder Bürgerkrieg nach sich. Freilich nicht in Gregors »Historiae« zu finden war die trockene Erklärung, die die Meteorologie unserer Tage dazu liefert: Der ›Blutregen‹, bisweilen noch heute im mittelmeernahen Europa niedergehend, kommt dadurch zustande, daß heftige Böen Wüstensand aus der Sahara, in den sich Regen mischt, weit nach Norden treiben.

Wie auch immer, vor tausend Jahren konnten historiographische Werke mit ihrem ausgebreiteten Wissens- und Erfahrungsschatz ganz unmittelbar der Gegenwartsdeutung dienen, infolgedessen auch gelegentlich handlungsanweisenden Charakter annehmen. Übergreifende, abwägende, auf inneres Erfassen und Deuten der Ereignisse angelegte Darstellungen oder gar ein Perspektivenwechsel, der sich unterschiedliche Standpunkte der Betroffenen anzuverwandeln sucht, finden sich im Grunde bei keinem der europäischen Zeitgenossen, die sich mit chronikalischer Geschichtserzählung abmühten. Doch auch dort, wo – wie im islamischen Raum – eigentlich umfassende Beleuchtung angestrebt und die Geschichtsschreibung in einen ebenso weiten wie anspruchsvollen wissenschaftlichen Rahmen gestellt wurde, gelang kaum der Sprung über die Grenzen der vorausgesetzten kulturellen Homogenität. Dies unterstreicht das Werk eines muslimischen Gelehrten namens Ibn Farighun, der wahrscheinlich persischer Herkunft war und am Hofe der ostiranischen Samaniden studiert hatte. In seinem enzyklopädischen Opus »Das Umfassende der Wissenschaften« raisonnierte er um die Mitte des 10. Jahrhunderts über Aufgaben, Wert und Nutzen der Geschichtsschreibung. Er richtete seinen Blick in weltgeschichtlichem Ausgriff von der Schöpfung bis zur Gegenwart und bewältigte eine erstaunliche thematische Breite. Das Zeitalter des Propheten Muhammad stand bei ihm im Vordergrund, doch rechtfertigte er auch den Platz, den der Historiker in seiner Darstellung für die vorislamische Periode der Araber und Perser bereitzuhalten habe:

»Die Wissenschaft von der Geschichte umfaßt die Erwähnung von berühmten Ereignissen in vergangenen Zeiten, das heißt solcher, die über lange Zeiträume stattfinden, wie eine zerstörerische Flut, ein vernichtendes Erdbeben oder Nationen ausrottende Epidemien und Trockenheiten. Sie kann auf die Namen der Könige nicht verzichten, die in den Zonen mit ihrer Zahl, ihren Lebensdaten, der Dauer ihrer Herrschaft und dem Wechsel ihrer Dynastien erwähnt werden. (Dazu gehört) das Wissen vom Beginn und der Wiederholung der Schöpfung und den Verhältnissen voriger Generationen hinsichtlich ihrer Körper und Vernunft. Doch wird es durch die Ferne dieser

Zeit verfälscht, während Späteres nicht so verfälscht wird. Derjenige, der sich mit der Verbreitung dieser Nachrichten befaßt, kann sie nicht (alle) bewahren, denn ›ist nicht Kunde von denen, die vor ihnen waren, zu ihnen gekommen, … die nur Gott allein kennt‹ (Koran 14:9). (Dazu gehören) die Nachrichten von der Geburt des Propheten, seiner Sendung, seinen Zügen und Verhältnissen bis zur Zeit seines Todes. Sie werden für die Politik und die Bekriegung der Feinde verwendet. (Dazu gehört) die Kenntnis der Lebensläufe der … Kalifen, ihre Eroberungen, Führungen und der Bürgerkriege, … die Kenntnis der Stammbäume der Massen ihrer Stämme und Familien. … (Dazu gehört) die Kenntnis von den Büchern der Perser und ihren Lebensläufen …, genutzt für … die Fragen der Herrschaft und die Schaffung des Rechts für die Untertanen.«[8]

Der muslimische Enzyklopädist wie auch seine zeitgenössischen europäischen Historikerkollegen nahmen eine von Schreibanlaß und Darstellungsabsicht bestimmte Perspektive ein. Die Ergebnisse sind demgemäß mit großer Vorsicht zu lesen, doch verlieren die Darstellungen damit nicht an Wert. Im Gegenteil. Durch ihre spezifische Perspektive eröffnen die Autoren einen wichtigen Zugang zur Welt des Jahres 1000. Greifbar wird nicht nur ihre Standortgebundenheit in politischen Kämpfen, werden nicht nur ihre ökonomischen Belange und sozialen Bindungen, sondern ihre geistig-seelischen Befindlichkeiten, ihre »Mentalitäten«. Auch ohne eigens thematisiert zu werden, treten markante Züge von Weltsicht und Denkweisen hervor. So offenbart der Mensch des Jahres 1000 mehr von sich, als er beabsichtigte: selbst und gerade dort, wo der Autor schon auf die Nachwelt schielte.

›Schöpferisches‹ Erinnern

Vieles von dem, was wir für das 10. Jahrhundert dank erhaltener ›Quellen‹ zu wissen glauben, entpuppt sich bei näherem Zusehen als Ergebnis überaus komplexer Erwägungen des um 1000 schreibenden Historikers. Nicht selten konstruierte er die Vergangenheit, so wie sie für seine Belange von Nutzen war. Hier treten Strategien des Erinnerns *und* Vergessens in den Blick, gelenkt von eigener Lebenspraxis und Anforderungen der Umwelt. Hauptsächlich und zuallererst betrifft dies geistliche Gemeinschaften, die zu jener Zeit im Okzident fast ausschließlich das Erbe der Vergangenheit kannten und betreuten. Vor allem verwalteten sie das Gedenkwesen, und zwar über dessen spirituellen Kern, das liturgische Gebetsgedenken, die Sorge um die Memoria: das Gedenken an lebende und verstorbene Personen, vollzogen in kultischer Handlung.

Im Tausch für die Wahrnehmung dieser Aufgaben erhielten die Klöster ein Gutteil ihrer Zuwendungen und deckten damit die wirtschaftliche Subsistenzgrundlage ab. Es fiel ihnen allerdings schwer, gegen den gebieterischen Zugriff des Adels, aber auch gegen Anmaßungen amtskirchlicher Obrigkeit ihre Unabhängigkeit zu behaupten und gleichzeitig die Zuwendungen sicherzustellen. Ein Kloster konnte und durfte sich nicht handgreiflich verteidigen, es war auf vertrauensvolle Sachwaltung seiner weltlichen Interessen angewiesen. Diese Aufgaben nahm der ›Vogt‹ (lat. *advocatus*) als schützender Rechtsvertreter des Klosters in weltlichen Angelegenheiten wahr. Was aber, wenn dieser seine Machtstellung zur Mehrung eigenen Besitzes und Ansehens mißbrauchte, wie dies in der Tat häufig vorkam? Wie sich verteidigen? Als Mann oder Frau geistlichen Standes doch nur mit geistigen Waffen! Das hieß, die Urkunden so abzufassen, daß die eigenen Ansprüche dauerhaft gesichert schienen.

Die Folge war: Nur allzuoft wurde gefälscht, und zwar besonders im 10. bis 13. Jahrhundert auf breiter Basis. Man rechnet damit, daß von allen frühmittelalterlichen Königsurkunden (Diplomen) rund die Hälfte, von den vor dem 12. Jahrhundert für geistliche

---

[8] Die Blütezeit, S. 120f.

Empfänger ausgefertigten Urkunden rund zwei Drittel gefälscht sind. Wohl können wir diese Fälschungen durch innere und/oder äußere Merkmale und durch verfeinerte Verfahren naturwissenschaftlichen wie geisteswissenschaflichen Zuschnitts aufdecken. Doch darf man sie nicht einfach mit dem Verdikt »falsch« abtun, denn sie vermitteln, was lange Zeit geringgeschätzt worden ist, durch die Fälschungstendenz und über die Fälschungsumstände hochbedeutsame Aufschlüsse. Und zwar nicht nur über die jeweils zugrundeliegenden Rechtszustände, sondern ganz grundsätzlich zu dem nach unseren heutigen Maßstäben merkwürdig austarierten Spannungsverhältnis von Wahrheit und Lüge, wie es uns im individuellen wie kollektiven Bewußtsein mittelalterlicher Personen oder Personengruppen nicht selten entgegentritt. Diese konnten nämlich subjektiv von der inneren Wahrhaftigkeit der Sachverhalte, die sie fingierten, durchaus überzeugt sein. Es liegt dann eine *pia fraus*, ein »frommer Betrug« vor.

Mochte nicht das in der gefälschten Königs- oder Papsturkunde behauptete Rechts- und Besitzverhältnis, das überdies für die eigene Gemeinschaft existenzsichernde Einnahmen verhieß, tatsächlich überkommener, uralter Gewohnheit entsprechen? Hatten nicht sogar weißbärtige Alte, die man als Zeugen um Auskunft bat, einmütig diesen Zustand beschworen? Dann war es nur »rechtens« und mit Sicherheit Gottes Wille, wenn man dem verbürgten Zustand noch nachträglich schnell die Bestätigung »mit Brief und Siegel« verlieh. Ob der Versuch beim Vogt verfing, ob es gelang, damit den Übergriffen einer Adelssippe zu wehren, kann der moderne Wissenschaftler nur schwer erschließen, oft gar nicht ermitteln.

Vergangenheitsbilder und Geschichtlichkeitserfahrung

Das Um- und Neuschreiben der Geschichte ist kein Spezifikum des europäischen Mittelalters, sondern kann heute als Medienphänomen täglich nachvollzogen werden. Für die letzte Jahrtausendwende erscheint am ehesten ein Vergleich zwischen den abendländischen Verhältnissen und denen des indischen Subkontinents gerechtfertigt. Ein Beitrag zum Thema »Erschaffung der Vergangenheit« könnte dort beispielsweise bei der mittelalterlichen Anhäufung älterer Tempelinschriften ansetzen, die deren Stifter aus legitimatorischen Gründen, zuweilen gar mit entschiedener Propagandaabsicht serienweise veränderten. Mit ihnen erhielt die Herrschergenealogie dann eine neue historische Tiefendimension: auch dies ein kreatives »Umschreiben« der Vergangenheit.

In Indien sind mündliche Überlieferungssysteme im frühesten religiös-mythischen Schrifttum grundgelegt, das noch gegen Ende des zweiten Jahrtausends vor unserer Zeitrechung entstand: in den sich aus vier Sammlungen von Hymnen und Opfertexten zusammensetzenden *Veden*. Diese Texte, die sich vom Volksdialekt zur Kunstsprache des Sanskrit entwickelten, dürfen noch für die Epoche früher »Staatenbildung« in Nordindien, das heißt für den Zeitraum von etwa 1200-600 v. Chr. Quellenrang beanspruchen. Auch noch um 1000 n. Chr. vermittelten sie Kenntnis der Schöpfungsmythen, mit der Kosmologie aber auch Geschichtsbilder, die sich um die Helden der Vergangenheit rankten. Die *Veden* müssen auch das Epochengefühl der Zuhörerschaft bestimmt haben, entstammten ihre Offenbarungen doch dem »Goldenen Zeitalter« und verkündeten damit implizit die Botschaft, daß die Gegenwart schlechter sein mußte als die Vergangenheit.

Die *Veden* vermittelten eine Zeitalterlehre, die auf einem viergliedrigen Niedergangsschema beruhte: In jedem der drei dem eigenen vorangegangenen Zeitalter war nämlich, wie man glaubte, infolge der Unbeständigkeit alles Irdischen je ein Viertel des originalen Offenbarungstextes verlorengegangen. Die Überlieferungsgeschichte enthielt damit einen Appell, der nicht nur eine weltimmanente Geschichtsdeutung herausforderte, sondern vor dem Hintergrund religiöser Zeitlosigkeit zugleich überhaupt erst die bewußte Erfahrung von Geschichtlichkeit mitlieferte. Dies geschah auch durch die Bindung der Hymnen an den Opferzyklus, der stets aufs neue ein zeremonielles Zusammenwirken des Priesters und der Opfernden stiftete.

Nicht nur im Textbestand, auch in der Zelebration und mündlichen Vortragstechnik bestand kaum Spielraum für eine eigenständige Gestaltung oder auch nur Abänderung des Überkommenen. Die Überlieferung band sich an den Vortrag. Seine rituellen, ›performativen‹ Akte und Rollenerwartungen sorgten alleine schon für eine lange Dauer der Traditionszusammenhänge. Sie drückten ihnen aber auch das Siegel zeitloser Gültigkeit auf, das dazu beigetragen haben mag, daß sich in diesem Kulturraum für die Geschichtsschreibung keine eigenständige Literaturform herausgebildet hat. Das Erleben und Vermitteln von Geschichtlichkeit verlangt also nicht zwangsläufig nach Geschichtsschreibung, und es wäre im Blick auf die Kulturen des Jahres 1000 völlig irreführend, Vorhandensein und Weitergabe von Geschichtsbewußtsein am Bestand der Geschichtsschreibung zu messen. Offenbar bedurfte das südasiatische Geschichtsdenken nicht des in Europa seit dem ersten vorchristlichen Jahrtausend entwickelten historiographischen Modells. Ganz anders als Thukydides, der als erster Autor nicht nur Griechenlands, sondern seines Kontinents überhaupt bewußt zwischen Mythos und »Realhistorie« schied, trugen die brahmanischen Priester auch noch 1000 n. Chr. die vedischen Texte als ursprünglich göttliche Offenbarungen von Generation zu Generation und sorgten für den »rechten« Text. Eine eigene Wissenskonzeption stand hier von vorneherein Pate: *Veda* meint eigentlich »Wissen« – ein Fundamentalwissen nicht nur um die Beschaffenheit der Welt und um das Weltgeschehen, sondern um die »richtige« Überlieferung, um ihre richtige Rezitation. Einst von den Göttern den Sehern eröffnet, gaben diese das Gehörte unangefochten weiter. Insofern leisteten die Sammlungen der Opfertexte und Hymnen funktionell durchaus etwas den liturgischen Büchern Vergleichbares, deren der christliche Priester zur Meßzelebration bedurfte.

Doch ist hinzuzufügen, daß jenen Basistexten der religiösen Tradition des Hinduismus exegetisch-erklärende zur Seite traten, vielleicht vergleichbar dem allmählich ausufernden üppigen Kommentarbrauchtum des gelehrten Juden- und Christentums. So erwuchsen aus dem Kanon der Brahmanen schon weit vor unserer Zeitenwende Literaturzweige, in deren Differenzierung letzthin nicht nur epische Neubildungen entgegentraten, sondern auch eigene philosophisch-wissenschaftliche Textgattungen. Sie galten nunmehr als das erinnerte, der rein menschlichen Sphäre abgewonnene Wissen. Zu diesem zählten Wissensdisziplinen, die zur gleichen Zeit in Europa ihren Platz im Unterrichtssystem der »sieben freien Künste« eingenommen hätten. Im Okzident bestand es aus dem »Dreiweg«, nämlich Grammatik, Dialektik und Rhetorik, sowie dem »Vierweg«, enthaltend Arithmetik, Musik, Geometrie und Astronomie. In Indien aber gehörten dazu auch zwei Gattungen historischer Literatur: eingeordnet unter den Begriffen *Itihasa* (»Erzählung wahrer Begebenheiten«) und *purana* (»Begebenheit aus alter Zeit«).

Die Hauptmasse der erhaltenen Puranen stammt aus der Zeit von etwa 300-800 n. Chr., und sie können in einem engeren Sinne als eigene mittelalterliche Literaturgattung Indiens angesprochen werden. Ihre Stoffe verarbeiten Vorkommnisse politischer Geschichte ebenso, wie sie das Eigenbewußtsein von Personen und Gruppen historischer Eliten dokumentieren, deren Rechte, soziale Pflichten und ethische Normen, sogar bisweilen en détail deren häusliche Verhältnisse und die Architektur von Tempelanlagen. Nicht zuletzt sind auch sie ein wichtiger Überlieferungsträger der genealogischen Repräsentation dieser dominanten Gruppen.

Auffälligerweise genießen einige dieser Zeugnisse bis zum heutigen Tag eine besondere Popularität, was man ihrem volkstümlichen literarischen Stil, aber auch dem Umstand zuschreibt, daß sie weiten Volkskreisen, insbesondere den Unfreien und Frauen, offenstanden, denen der Zugang zu den *Veden* versperrt blieb. Dies gilt vor allem für das *Bhagavata-Purana*[9], das nach herrschender Forschungsmeinung dem 10. Jahrhundert angehört und seine ungebrochene Beliebtheit vor allem dem zehnten Buch verdankt, das sich in aller Ausführlichkeit den Liebesspielen *Krishnas* mit den Hirtinnen der Wälder von Mathura widmet.

Nochmals von der Last des Geschichtsschreibers

Die monumentalen Erzählungen der christlichen Welt charakterisiert ihre religiös-transzendente Wurzel. Dieser Grundzug mußte jedoch auch vor tausend Jahren nicht dem Arbeitsethos oder der Methodik des Historikers zuwiderlaufen. Das zeigt ein Blick in die östliche Hemisphäre des Christentums. Hier, in Byzanz, war dank eines nie ganz abgerissenen, noch vitalen Traditionsstranges antiker Bildung auch auf dem Felde der Historiographie ein Vorgehen denkbar, das sogar ironische Distanz erlaubte. Die Geschichtsschreibung beanspruchte in Byzanz fast durchweg nur den Rang einer volkstümlichen, kaum höhere Sprachebenen erreichenden Gattung. An antiken Historiographen schulte man daher auch nicht, wie im Westen, den Sprachstil, sondern eher die Art des Zugriffs auf den historischen Stoff.

Wie und in welchem Bewußtsein geschah das? Drastisch äußerte sich dazu der 1040 in Thrakesion geborene Johannes Skylitzes, ein hoher kaiserlicher Beamter, dessen ›Chronik‹ zu den herausragenden und am stärksten nachwirkenden Geschichtswerken gezählt werden muß, die uns von den byzantinischen Verhältnissen des 9. und 10. Jahrhunderts berichten. Im Vorwort setzte er sich von seinen ausdrücklich benannten Vorgängern und Gewährsleuten ab und rügte, sie hätten ihr Werk zu dilettantisch angefangen und ihren Lesern Schaden, nicht Nutzen zugefügt:[10]

»Indem der eine einen Kaiser hofieren, ein zweiter einem Patriarchen am Zeug flicken, ein dritter einen Freund in ein helles Licht setzen wollte …, und indem ein jeder die Geschichte als Vorwand nahm, sein eigenes Ziel zu erlangen, sind sie weit abgewichen von der Gesinnung der … gotterfüllten Männer. … Ihre Darstellung bei ein und denselben Ereignissen ist nicht auf einen Nenner zu bringen, sie haben ihre Leser (eigentlich: Hörer [!]) total verunsichert. … Ich habe die … Schriftsteller auf historische Objektivität durchgesehen, ferngehalten, was Äußerung der Voreingenommenheit oder der Gefallsucht war, Differenzen und Unstimmigkeiten eliminiert, getilgt, was mir an das Mythische angrenzend vorkam. Was aber ohne Anstoß war bzw. nicht die Wahrscheinlichkeit gegen sich hatte, das habe ich gesammelt, ich habe hinzugefügt, was ich mündlich von alten Männern erfuhr, habe alles knapp auf einen Nenner gebracht. … Vermag doch die Lektüre Erinnerung zu erzeugen, kann doch Erinnerung das Gedächtnis nähren und erweitern, wie im Gegensatz dazu Desinteresse und Flüchtigkeit Vergessen mit sich bringen; die Konsequenz ist aber regelmäßig ein Mangel an Geschichtsbewußtsein, der Dunkel und Verschwommenheit über das Gedenken der Geschichte ausgießt.«

Einige Jahrzehnte vor der Abrechnung des Skylitzes mit seinen Vorgängern war der be-

[9] Vgl. die Textsammlung Le Śrīmad Bhāgavatam, übersetzt und erläutert von A. C. Bhaktivedanta Swami Prabhupāda.
[10] Zitiert nach: Byzanz wieder ein Weltreich, S. 27ff.

gabte Rhetoriker und nachmalige Bischof Johannes Mauropus von Euchaita (geboren ca. 990, gestorben nach 1075) durch lobessüchtige Auftraggeber wohl aus der kaiserlichen Hofgesellschaft Konstantinopels angestachelt worden, eine Chronik zu verfassen. Seine Ablehnung dieses Ansinnens war für Johannes nicht nur Ehrensache, sondern zunächst eine Gattungsfrage: Gegen eine Beweihräucherung jener Leute in entsprechenden poetischen Ergüssen, Lobgedichten eben, hätte Johannes nicht viel einzuwenden gehabt; gegen eine Übertragung solcher Anliegen auf die Geschichtsschreibung aber regten sich seine Chronistenskrupel, denen er in einer Mischung von Mißmut und Hohn Ausdruck verlieh. Immerhin könnten seine Spottverse dazu beigetragen haben, daß Johannes seine damalige Wirkungsstätte Konstantinopel verlassen mußte[11]:

»Noch sprach der Autor keine Lüge aus!
Doch man erwartet diese Lüge für das Folgende;
so wollen jene es, die ihm den Auftrag gaben.
Sie finden allzu wenig Lob bis jetzt,
wovon sie kaum genug bekommen können.
Doch dies hat man dem Preisgesang zu überlassen.
So will ich denn mein Buch nicht weiterführen;
denn für die Lüge hab' ich kein Talent.
Ich warte ab, bis ich die Wahrheit sagen kann.«

Vielleicht hätten diese starken Worte eines sichtbar um Redlichkeit ringenden Geschichtsschreibers bei einem zeitgenössischen Autor gleicher Berufung im fernen China nur ein mildes Lächeln hervorgerufen. Dort hielt man unter Historikern auf die Kunst der »Benennung durch Verschweigung«. Su Xun (1009-1066) arbeitete in seiner Abhandlung mit dem Titel »Erörterung über die Geschichte« ebenso klar wie minutiös heraus, was er darunter verstand: geschickte Redaktion bei Faktenschilderungen und Personenporträts, insbesondere bei letzteren eine feine Abschattierung ihrer Charaktereigenschaften. Werde ein Großer vorgestellt, so preise man seine Vorzüge; was er an Mißlichem riet und tat, ließe sich, wo man es denn gar nicht verhehlen konnte, besser in anderen Erzählzusammenhängen unterschwellig mitteilen.

Darin gibt sich eine in fester konfuzianischer Tradition wurzelnde Überzeugung zu erkennen: Hauptaufgabe des Geschichtsschreibers ist danach die rechte Verteilung von »Lob und Tadel« bei seiner Darstellung der Vergangenheit. Dieses Grundmuster erinnert an die Kontrastmalerei der europäischen Historiographen dieser Zeit, auch wenn ihr religiöser Bezugsrahmen andere Normen setzte. Die Vergleichbarkeit ließe sich auch beim Versuch einer kulturübergreifenden Typenbestimmung einzelner historiographischer Gattungen weitertreiben: In Europa schuf die christliche Überlieferung einen biographischen Darstellungstyp, der Lebensbeschreibung und Legende miteinander verwob. Helden dieser Erzählgattung waren Märtyrer (Abb. 20) und Heilige, die Stoffaufbereitung diente Kult und Erbauung, nicht historischen Berichtszwecken. Ähnlich diesen Viten zielt auch die offizielle biographische Literatur der Song-Zeit kaum auf Individualisierung ab. Bezeichnenderweise trägt sie, im Unterschied zu den anderen Formen, in denen uns chinesische Geschichtsschreibung entgegentritt, trotz ihrer eigenen Konturen keinen Gattungsnamen, der ihre Eigenheit klar hervortreten ließe: Man ordnete diese Zeugnisse schlicht als »aneinandergereihte Überlieferungen« ein.

Dennoch wäre es vorschnell, hieraus verallgemeinernde Schlüsse auf eine herkömmliche Darstellungsweise chinesischer Geschichtsschreibung zu ziehen. Längst konnte sie um 1000 auf eine Tradition des Methodenbewußtseins zurückblicken, die der griechischen an Eindringlichkeit keineswegs nachstand. Es äußerte sich zum einen in Normen, an die Stil und Aufbau einer Gattung – etwa annalistische und enzyklopädische Struktur – gebunden waren. Zum andern wirkte es sich

[11] Beck, Leben in Byzanz, S. 165.

20 Um 1000 muß die böhmische Herzogin Hemma diesen Prachtcodex gestiftet haben. Er enthält den Text der Lebensbeschreibung des in Böhmen hoch verehrten Märtyrers Wenzel, verfaßt von Gumpold von Mantua. Die Kostbarkeit der Handschrift spiegelt sich im gemusterten Purpurgrund der Schriftzierseiten ebenso wie in den Deckfarbenmalereien auf Goldgrund. Der Bildstreifen zeigt die Ermordung Wenzels durch seinen eigenen Bruder auf dem Weg zur Frühmesse.

ganz praktisch in der Handhabung der Quellen aus, die nach ihrem Dokumentencharakter taxiert und geordnet wurden (z. B. genealogische Register, Tagebücher, Berichte). Dies konnte sich zu regelrechter Regestenerstellung auswachsen, wie sie die europäische Geschichtsforschung besonders des 19. Jahrhunderts als Arbeitsinstrument zur Erschließung eines thematisch gebundenen Stoffes betrieb. Auffällige Eigenart der chinesischen Historiker war es jedoch, Dokumente lieber selbst zu erzeugen als darstellend zu bearbeiten. Im Grunde verstanden sie sich eher als Registratoren denn als wählende und interpretierende Betrachter.[12]

Geschuldet war dies alles einem schon um 1000 n. Chr. tausend Jahre alten Werk, dem *Shiji* (»Aufzeichnungen des Historikers«) des Sima Qian (ca. 145-90 v. Chr.), aus dem noch songzeitliche Autoren die »Regeln« ihrer Zunft schöpften. Hiermit begann die Reihe der ›Dynastiegeschichten‹, die als ordnendes chronologisches Gerüst den historischen Stoff gliederten. Sein universalhistorischer Ausgriff reichte sogar eine Konstruktion auch der Urgeschichte mit. Doch darin lag nicht die herausragende Besonderheit. Etwas Grundsätzliches trennte das Werk von historiographischen Unternehmungen in anderen Kulturen der Zeit: Im wesentlichen blieb bei ihm

[12] Trauzettel, Geschichtsschreibung, S. 88.

alles innerhalb der geschichtlichen Welt, war im exklusiven Sinne Menschheitsgeschichte, die nicht aus mythischen Ursprüngen erwuchs.

Vor allem aber steht Sima Qians maßgebliches Werk für den chinesischen Anspruch auf zivilisatorische Vorrangstellung in der Welt. Die Chinesen fühlten sich, wie etwa zur gleichen Zeit die Griechen in Europa und Kleinasien, ausschließlich von »Barbaren« umgeben. Hier leuchtet eine ebenso attraktive wie unmuterregende Fassade des gedanklichen Bauprinzips auf, das offenbar den Grundriß aller offiziellen chinesischen Historiographie abgab, so vielfältige Erscheinungsformen sie auch kannte: Ihr eigentlicher Zweck war moralisch-didaktischer Natur, und ihre Rezeption grundsätzlich darauf berechnet, die Kontinuität der als überlegen eingestuften chinesischen Zivilisation sichern zu helfen.

Zur Standardisierung der Dynastiegeschichtsschreibung trug entscheidend die Auftragslage bei: Die Aufträge ergingen stets vom Hof, vom jeweiligen Herrscher, der bei der Auftragserteilung im übrigen nicht allein an sich selbst, sondern an seine Sippe, an die Ahnenfolge dachte, in die er eingetreten war und die er fortzusetzen hatte. Selbst wo sich private, das heißt: nicht vom Hof angestoßene Ansätze einer solchen Geschichtsschreibung festmachen lassen, zeigt deren Rezeption, daß letzthin eben doch der Hof den Ausschlag dafür gab, was Verbreitung fand oder zu verkümmern bestimmt war. Institutionalisierung und Konformitätsdruck waren die Folge. Bei aller Verfeinerung philologischer wie allgemein quellenkritischer Kenntnisse und Methoden sorgte dies für den eigentümlichen Zug konservativer Beharrung, der durchgängig in der chinesischen Historiographie vorwaltet. Bedenkt man ferner das hauptsächliche Strukturmerkmal des songzeitlichen China, die tiefgreifende bürokratische Durchdringung des Staatswesens, so versteht sich ein zugespitztes Urteil über chinesische Geschichtswerke: Es handele sich bei ihnen um »Wegweiser zur Praxis der Bürokratie«[13].

Auch ohne Auftragserteilung vermochten sie selten den theoretisch durchaus geläufigen Forderungen nach einer unvoreingenommenen Geschichtsschreibung zu genügen: Bei dieser konzeptionellen Ausgangslage führte die Hand des Geschichtsschreibers nur allzuoft den »krummen« statt des »geraden Pinsels« – so bringt es jedenfalls eine chinesische Unterscheidung auf den Punkt. Doch dies sollte andererseits nicht den Blick dafür trüben, daß für die Zeit des Jahres 1000 n. Chr. aus keiner anderen Weltgegend offizielle historiographische Materialsammlungen und Aufzeichnungen bekannt sind, die eine ähnliche Systematik der Integration historischer, ritueller und administrativer Begebenheiten aufwiesen wie die des songzeitlichen China, dessen Kaiserhof die Verwaltungsprotokolle und die Tagesberichte der Tätigkeit des Kaisers im chronologischen Jahreslauf zusammenfaßte. So weit war in Europa beispielsweise noch nicht einmal die auf diesen Gebieten im Mittelalter lange Zeit führende päpstliche Kanzlei.

Eine hinreichende Vorstellung vom Wesen altchinesischer Geschichtsschreibung eröffnet sich aber erst mit der Einsicht, daß in China wie wohl in keiner anderen Kultur Poesie und Geschichtsschreibung einander innig durchdrangen, womit sich übrigens auch die schier unerschöpfliche Fülle der erhaltenen historischen Erzählungen erklärt. Aristoteles, seit dem vierten vorchristlichen Jahrhundert die europäische Autorität systematischer Wissenschaft, hätte sich dieses Mischverhältnis verbeten. Er betonte in seiner *Poetik* vielmehr den grundlegenden Unterschied zwischen Dichter und Historiker: Aufgabe des Dichters sei es nicht, »zu berichten, was geschehen ist, sondern vielmehr, was geschehen könnte und was möglich wäre nach Angemessenheit und Notwendigkeit«[14]. Darum sei die Dichtung auch

---

[13] Balázs, Chinesische Geschichtswerke, bes. S. 215.
[14] Aristoteles, Poetik, S. 36.

philosophischer und bedeutsamer als die Geschichtsschreibung: »Denn die Dichtung redet eher vom Allgemeinen, die Geschichtsschreibung vom Besonderen.«

Eine klarere, striktere Differenzierung scheint sich nirgends anzubieten. Freilich, um 1000 war die *Poetik* des Aristoteles, deren späterer Einfluß (nicht nur) auf die europäische Dichtkunst kaum zu überschätzen ist, im Abendland völlig unbekannt, wurde nur in Byzanz und eindringlich in der islamischen Welt gelesen, wo der Universalgelehrte Ibn Sina, von den Abendländern Avicenna genannt, um 1020 sogar an einem Kommentar arbeitete.

Aristoteles hatte sich jedoch nicht über die Wege ausgelassen, auf denen Historiker zu ihren Erkenntnissen gelangen, sich insofern auch gar nicht mit einer Quellenkunde beschwert. An ihr kommt jedoch nicht vorbei, wer mehr über die Menschen der Welt des Jahres 1000 erfahren möchte, als die Geschichtsschreiber jener Zeit – bewußt oder unbewußt wertend – ihrem Codex oder ihrer Seidenrolle anvertraut haben. Denn sie schrieben, wo und auf welche Veranlassung auch immer, absichtsvoll. Damit tritt das Hauptkriterium historischer Quellenkritik in den Vordergrund: Wir müssen nach der Intentionalität oder Nichtintentionalität der einzelnen Überlieferung fragen.

Über Eigenheiten des Geschichtsdenkens um 1000

Ein homogenes Geschichtsverständnis oder Geschichtsdenken läßt sich selbst innerhalb der einzelnen hier angesprochenen Kulturregionen nicht ausmachen. Zumindest fallen jeweils verschiedene Modelle ins Auge. Ein stark verbindendes Kulturelement scheint – in ganz unterschiedlicher Ausrichtung und mit ganz unterschiedlicher religiöser Grundierung – das zyklische Geschichtsdenken gewesen zu sein. Noch der spätantik-heidnischen Geschichtsschreibung in Europa war hingegen ein lineares Geschichtsbild geläufig gewesen, wie es unter gewandelten Voraussetzungen auch in jüngster Zeit vorherrschend war (und noch ist). In den Kulturen des Jahres 1000 trat es dagegen nirgends in Erscheinung. Gehegt wurde wohl der Entwicklungsgedanke (Abb. 21), fremd war die Vorstellung des »Fortschritts«.

Dagegen werden religiöse und mythische Verhaftung bzw. Überhöhung allenthalben sichtbar. Ein Durchbrechen dieser Sicht scheint sich nur in China anzudeuten, auch wenn selbst hier die Vorstellungen der Urgeschichte noch eines mythischen Fundaments bedurften: allerdings anthropozentrischen Zuschnitts, was für die übrigen Kulturen Asiens, Europas und Amerikas zu gleicher Zeit noch unvorstellbar gewesen zu sein scheint. Für sie war Gott, waren die Götter Ursprung und Herr(en) der Geschichte, an ihm oder an ih-

21 Dargestellt ist die Herabkunft des Gottes Vishnu vom Himmel, der auf Erden verschiedene Gestalt annimmt: in aufsteigender Reihe, ausgehend von den Tierformen Fisch, Schildkröte und Eber über die Zwischenwesen Mannlöwe und Zwerg zu den Menschen »Rama mit der Axt« und »König Rama«; schließlich folgen als Mittler ein sehr menschlich aufgefaßter Gott und der im Mittelalter längst zum Gott erhobene Prinz Siddhartha Gautama (Buddha). Zuletzt erscheint Kalki, der Reiter auf dem weißen Pferd, der die Bösen vernichten wird. Damit versetzt er die Welt am Ende des letzten Zeitalters wieder in den Zustand der Rechtmäßigkeit.

nen bemaß sich der »Sinn« der Geschichte – ganz gleich wie viele, oft unbeschadet nebeneinander stehende Modelle der Geschichtsperiodisierung zur Verfügung standen bzw. aufgrund der Angaben »heiliger« Schriften berechnet wurden. Eine eschatologische Sicht ist in der Geschichtsschreibung von Christen- und Judentum, aber auch im Islam nachweisbar. Offenbarung und Verheißung wurden Einfluß auf den Geschichtsverlauf eingeräumt. Deren »Erfüllung« verbürgte die Heilsgeschichte, die sich im profanen Erlebnisraum offenbarte.

Die Verwalter geschichtlichen Wissens, also ihre gelehrten Vermittler, waren in Europa, Byzanz, Indien und auch in Mesoamerika als Autoren, Lehrer und Verkünder meist Angehörige einer privilegierten Klerikerschicht. Der Islam kannte allerdings weder Kirche noch Kleriker. Seine Geschichtsschreiber stammten aus den Kreisen der Religions- und Rechtsgelehrten oder betätigten sich zugleich als Verwaltungsbeamte, verfaßten auch geographische und poetische Werke. In China rekrutierten sich Historiker zumeist aus den Reihen der Beamtengelehrten.

Wohl gehörten die Kleriker der kleinen Herrenkaste an und konnten somit über die exklusive Verbreitung an Höfen und hofnahen Bildungszentren ihrem Geschichtsbild zu maßgeblicher Durchsetzung verhelfen. Dennoch sagen diese teilweise hochelaborierten Werke recht wenig, wahrscheinlich oft gar nichts über das Geschichtsbewußtsein der breiten Bevölkerungsmasse aus. Das muß gerade für Europa bei der Diskussion angeblicher »Schrecken des Jahres 1000«, die noch heute im wesentlichen die Neugier auf das erste Millennium lenken, neben den Erfordernissen der Quellen- und Überlieferungskritik grundsätzlich mitbedacht werden.

Daß die breiten, außerhalb Chinas, von Byzanz und der islamischen Welt fast überall illiteraten Volksschichten gleichwohl über eigene, durchaus auch ›laikale‹ Geschichtsbilder verfügten, belegen die oft jahrhundertelang mündlich tradierten Erzähl- und Sagenstoffe. Doch selbst deren Aufzeichnung blieb das Privileg des Klerus. Ein Geschichtsschreiber weltlichen Standes läßt sich in Europa, wo selbst der überwiegende (jedenfalls männliche) Teil des Adels schriftunkundig oder wenigstens -unerfahren war, für die Zeit um 1000 nur ein einziges Mal nachweisen, in Byzanz gar nicht, obschon hier im Unterschied zum christlichen Westen ein staatlich organisiertes Unterrichtswesen bestand.

Zweifellos eine Sonderrolle spielte die Beamtengeschichtsschreibung in China mit ihrer eigenen Zweckrationalität. Zu deren Eigenheit zählt neben der verpflichtenden Pflege des methodologischen Traditionsbestandes auch die in der Song-Zeit Auftrieb erhaltende »Beweisforschung«, die sich aus dem Rechtssystem entwickelte. Ihre Anwendung auf die Geschichtsschreibung mag darauf beruhen, daß konfuzianische Gelehrte, die als (lokale) Beamte eingesetzt wurden, über Erfahrung in der Justizverwaltung verfügen mußten. Wie zu sehen war, wurde das grundsätzliche Bestreben um historische ›Objektivität‹ aber auch in Byzanz sowie den islamischen Regionen geteilt und durch Methodenbewußtsein gestärkt.

3. Worin dokumentiert sich die Welt des Jahres 1000?
Der Kompaß der Texte

Aus dem China der Song-Zeit ist eine schier unüberschaubare Menge an Schriftzeugnissen überliefert. Zwar schlugen kriegs- und katastrophenbedingt jahrhundertelang immer wieder Zerstörungswellen über dem Bestand der älteren chinesischen Schriftüberlieferung zusammen, zuletzt noch im 20. Jahrhundert. Doch das Erhaltene, namentlich das über den reichen Inschriftenbestand und beiläufig auf Sachzeugnissen überkommene Material, vermittelt einen Eindruck von den gewaltigen Dimensionen, von dem hohen Literalisierungsgrad und der Weitläufigkeit, aber auch der Tiefenschärfe und Ausdrucksvielfalt schriftlicher Darstellungsform. Nicht zuletzt spiegeln sich darin Handel und Verbreitung der Bücher, werden Herstellungsverfahren und – konventionen, Publikumserwartungen, Erziehungsideale und der jeweilige Ausbildungskanon sichtbar.

Zusammengenommen gibt sich im blühenden Büchermarkt das prägende kulturelle Merkmal des songzeitlichen China zu erkennen. Eine Analogie läßt sich annähernd für den islamischen Raum behaupten, sicher auch für das Byzantinische Reich, wo zwar die Masse der Bevölkerung kaum Bücher besaß, Angehörige der höheren Bildungsschicht aber einen hohen Bedarf an Gebrauchsschriften hatten. Die breite, schriftkundige Mittelschicht bevorzugte die Lektüre chronikalischer Werke, die deshalb – ganz zielgruppenorientiert – in sprachlich schlichterem Gewand daherkamen. Für die christlich-europäische Welt wiederum gilt der Befund nur ganz vereinzelt, vielleicht im Ansatz für die Verbreitung liturgischer Schriften; für Amerika und das subsaharische Afrika der Zeit um 1000 scheint sie indes noch nicht einmal in einem solchen Ansatz auf.

Das Gros der chinesischen Schriftquellen gehört, modern gesprochen, der Fachprosa an, zum Gutteil hervorgebracht durch die Zwänge und Bedürfnisse des bürokratischen Apparates. Sie besitzen vielfach einen systematischen Grundzug, eine enzyklopädische Tendenz, reflektieren jedoch auch den beträchtlichen geistigen Aufschwung, der sich parallel zu dem rasanten Wirtschaftswachstum seit dem 11. Jahrhundert zu vollziehen schien und sich keineswegs in technischen Innovationen erschöpfte. Stützend besaß man schon seit den beiden Jahrhunderten um unsere Zeitenwende aktuell gehaltene Bibliographien, um das schriftlich Tradierte überschauen zu können.

Trotz der Üppigkeit der poetischen Literatur ermangelte ihr im Regelfall ein frischer, origineller Zug, der zu gleicher Zeit in Japan sich nachhaltig geltend machte. In Japan, das weithin unter dem Eindruck der chinesischen Kulturhegemonie stand, gelang es jedenfalls Frauen aus gesellschaftlichen Elitekreisen, vornehmlich am Herrscherhof, die monotone Vorrangstellung der einfallslos kopierten chinesischen Klassiker zu durchbrechen. Man mutmaßt, daß sie kraft mangelnder öffentlicher Verpflichtungen sich leichter von den herrschenden Konformitätszwängen befreien und sich deshalb dem eher geringgeschätzten Genre der Romanzen und Romane zuwenden konnten. Wie auch immer, die größte Dichterin dieser ostasiatischen Kulturepoche, die wohl zwischen 1025 und 1031 im Alter von etwa fünfzig Jahren verstorbene Hofdame Murasaki Shikibu, war nicht nur mit dem Schatz der altjapanischen Literatur, sondern auch mit der chinesischen Tradition bestens vertraut – was man ihr eben als gesellschaftlichen Tabubruch vorwarf. Ihr bezaubernd-stimmungsvoller, aus 54 Kapiteln bestehender Liebesroman *Die Geschichte vom Prinzen Genji,* der mehr als nur einen tiefen Einblick in das japanische Hofleben der Heian-Zeit des frühen 11. Jahrhunderts gewährt, regte schon früh zu gezielten Kommentaren an und hat schließlich bis auf den heutigen Tag anhaltende Weltgeltung erlangt.

Nicht sicher verbürgt ist die Nachricht, derzufolge Murasaki später Nonne geworden wäre. Dieser Stand hätte sie mit der schätzungsweise etwa siebzig Jahre vor ihr geborenen Hrotsvit von Gandersheim verbunden, deren dramatische Dichtungen zweifellos den Höhepunkt dieses Genres im europäischen 10. Jahrhundert bilden. Die Sächsin vermutlich – wie Murasaki – adliger Geburt, von deren Leben wir sonst fast gar nichts wissen, schrieb ihre Legenden, Dramen und Epen auf Latein, der abendländischen Bildungssprache ihrer Zeit. Hrotsvits Sprachkunst und Formbeherrschung sind von solchem Rang, daß man ihre vergessenen, erst im 16. Jahrhundert wieder-

22 a, b Mit nur einer Ausnahme versammelt diese Handschrift das gesamte literarische Werk der sächsischen Dichterin Hrotsvit von Gandersheim (um 935 - nach 973). Zu sehen sind Widmungsverse an den jungen König Otto II., den Hrotsvit hier mit dem weisen alttestamentarischen Herrscher Salomo vergleicht.

entdeckten Werke lange für eine Fälschung der Humanistenzeit gehalten hat. Doch ist eine um 1000 entstandene Handschrift mit ihren Werken erhalten, die vielleicht schon im 11. Jahrhundert in ein Regensburger Kloster gelangte (Abb. 22 a,b).

Darüber hinaus haben neueste Untersuchungen herausgestellt, daß man Hrotsvit nicht als weltabgewandte Nonne ansehen darf, die sich in ihrer Klosterzelle bildungsbeflissen, aber im Grunde ahnungslos an sterilen Bildungsstoffen abgemüht hätte. Schon ihr kräftiger Umgang mit antiker Mythologie, nicht minder ihre komödiantischen Exkurse auf erotisch-schlüpfriges Terrain, vor allem ihre ganz individuelle Theaterleidenschaft entwerfen ein anderes Bild. Mittlerweile steht fest, daß sie sich auch mit philosophischem Schrifttum befaßt haben muß.

Hofdichtung und Klosterkultur sind auch ein Signum der indischen Überlieferung aus dieser Zeit. Bei aller Rücksicht auf die unterschiedliche Ausmessung der Kulturhorizonte drängt sich hier wiederum der Eindruck struktureller Übereinstimmungen mit der Überlieferungskultur der christlichen Welt auf. Ähnlich dieser kennt auch der indische Subkontinent die populären historischen Erzählgattungen der *Vitae* und *Gestae*, hier zusammengefaßt als *Carit[r]a* (»Taten/Werke/Abenteuer«). An den Königshöfen wie auch in den (jainistischen) Klöstern gedichtet, widmeten sie sich ebenso wie im Abendland den Heiligen, aber auch, diesen gegenüber in größerer Anzahl, den Herrschern. Wie im Westen stand freilich auch hier kein biographischer Authentizitätsgesichtspunkt im Vordergrund, sondern die appellative Preisung einer Lebensnorm. Gleichwohl bieten auch sie wichtige historische Informationen, nicht nur zur Herrschafts- und Sozialgeschichte, sondern etwa auch zu den religiösen Konflikten zwischen Buddhisten und Jainisten. Durchgängig zu betonen ist die Eigenheit der jainistischen Überlieferung. Neben dem Sprach- und dem Formenvorrat des Sanskrit, in dem die Epen im Westen des Subkontinents verfaßt waren, bediente sie sich auch einer spezifischen (mittelindischen) Volkssprache. Auffallend umfangreich erscheint der Bestand ihrer Kom-

97 | II. DIE ÜBERLIEFERUNG

mentarliteratur zu den alten Texten, ebenso ihr von großer Erzählfreude kündender Legenden- und Balladenschatz. Auch an philosophischem Schrifttum fehlt es nicht, wie insbesondere eine in 32 Kapiteln gehaltene Lehrschrift *Über die Nichtigkeit der Welt* des jainistischen Dichters Amitagati bezeugt.[15]

Herrschergenealogien, durchaus mythologisch angereichert, könnten ebenso in Analogie zu den europäischen Verhältnissen der Zeit gesehen werden wie die regionalen und lokalen Ausprägungen der chronikalischen und annalistischen Überlieferung, meist im episch-puranischen Stil verfaßt. Sie genießen wegen ihres stärker als in der Sanskrit-Literatur verankerten realhistorischen Bezugs die besondere Aufmerksamkeit nicht nur des Historikers, sondern haben vor Ort auch eine nicht zu unterschätzende identitätsstiftende, bisweilen sogar sprachschöpferisch-prägende Wirkung ausüben können. Auch wenn sich grundsätzlich die Einsicht durchgesetzt hat, daß die Inder nie einen Unterschied zwischen Sage, Legende und Geschichte gemacht hätten und indische Geschichtsschreibung daher »immer nur eine Art der epischen Dichtung« gewesen sei[16], treten auch hier Unterschiede im Zugriff auf den historischen Stoff hervor: So grenzten sich die buddhistischen Chroniken Sri Lankas sowie diejenigen aus Myanmar und auch aus Südostasien durch ihre striktere Ausrichtung auf die Vermittlung historischer Zustände und Vorgänge von der übrigen, die Historie poetisch umkleidenden Literatur klar ab. Informationen verschafften sich die Mönche durchaus über königliche sowie die Archive anderer hochgestellter Familien. Doch auch die Klöster und Tempel hielten sich eigene Archive: Was den einen die Dokumentation der Abstammungsverhältnisse, von legitimatorischen und Besitzansprüchen war, war den andern der Erhalt des Wissens um die Geschichte ihres Religionsstifters Buddha und seiner Lehre. Derlei Wissenstradition gewann ihre besondere Bedeutung vor dem Hintergrund der Krisenerfahrung, die die Etablierung muslimischer Reiche seit dem späteren Mittelalter insonderheit bei den hinduistischen Mönchen auslöste.

Die Welt des Islam selbst kann für die Zeit um 1000 mit einem breiten Spektrum der Dichtkunst aufwarten. Islamische Poesie blühte nicht nur an den Höfen der Kalifen, sondern auch in vielen Zentren regionaler Herrschaft. So wirkte einer der berühmtesten arabischen Dichter, al-Mutanabbi (915-965), am Hofe der Hamdaniden im syrischen Aleppo, danach in den fürstlichen Residenzen von Alt-Kairo, Bagdad und Schiraz. Buyiden-Emire im Irak und in Iran umgaben sich vor allem mit Poeten arabischer Zunge, unterstützten jedoch beispielsweise im iranischen Raiy auch schon Autoren in der neupersischen Schriftsprache. Noch stärker in dieser Richtung wirkten die Samaniden im mittelasiatischen Buchara. Als Mäzen des Neupersischen galt schließlich zu Beginn des 11. Jahrhunderts der im Osten Afghanistans herrschende, prunk- und musenliebende Emir Mahmud von Ghazna (998-1030). Angeblich lebten vierhundert Poeten an seinem Hofe, zu dessen Pracht die Raubzüge Mahmuds im benachbarten Indien nicht wenig beigetragen hatten. Zu ihnen gesellte sich wohl um 1010 das Dichtergenie Firdausi (gestorben nach 1020) aus dem iranischen Tus. In Ghazna vollendete er sein Heldenepos, das *Buch der Könige* mit etwa 50 000 Doppelversen. Diese iranische Nationaldichtung umfaßte die Zeiten von den mythischen Uranfängen Irans bis zur Mitte des 7. Jahrhunderts n. Chr. Sie verwob historisches Geschehen, dramatische und phantastische Elemente mit eigenen Reflexionen zu einer untrennbaren Einheit – und ist mittlerweile zu einem bleibenden Monument der Weltliteratur avanciert. Der Legende zufolge hatten die berühmtesten, freilich äußerst blasierten Hofdichter ihren Rivalen wegen angeblich schiitischer Neigungen angeprangert und damit den streng sunnitischen Sultan Mahmud gegen Firdausi aufge-

[15] Vgl. Schmidt/Hertel, S. 265-340, S. 523-577.
[16] Winternitz, Geschichte der indischen Literatur, Bd. 2, S. 167.

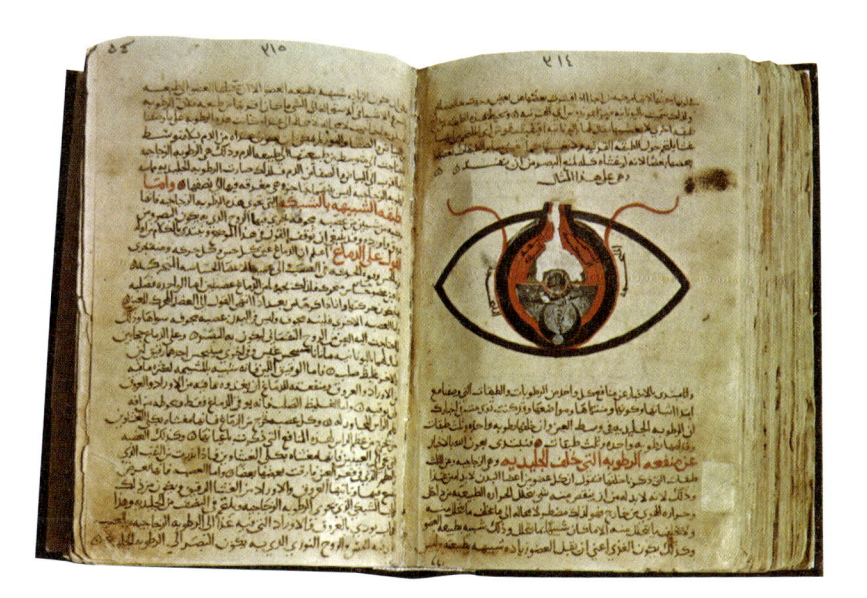

23 Seite aus den *Zehn Abhandlungen über das Auge* des Hunayn Ibn Ishaq in einer Kopie des 13. Jhs. Das Werk machte später auch im Abendland Furore und enthielt im Original das älteste bekannte Bild zur Anatomie des Auges.

hetzt. Jedenfalls verließ der Dichter Ghazna. Verarmt wanderte er wahrscheinlich von Fürstenhof zu Fürstenhof, bis ihn in seiner Vaterstadt der Tod ereilte. Just in der Stunde von Firdausis Begräbnis soll eine Karawane mit reichen Geschenken Mahmuds, der sich endlich der Bedeutung des Dichters bewußt geworden war, die Stadt Tus erreicht haben.

Einer Einladung des Emirs Mahmud an seinen Hof wußte Avicenna (980-1037) zu entgehen. Aus dem samanidischen Osten gebürtig, sticht dieses Universalgenie neben dem aus Choresmien stammenden al-Bīrūnī (973-1048) als einer der bedeutendsten Denker aus der Welt des Jahres 1000 heraus. An der berühmten Bibliothek von Buchara hatte er den Grundstock seines phänomenalen Wissens gelegt. Nach ausgiebigem Studium der aristotelischen wie der neuplatonischen Philosophie unternahm er den höchst ambitionierten Versuch einer metaphysischen Synthese beider geistigen Strömungen. Das daraus hauptsächlich erwachsene *Buch von der Genesung der Seele* wirkte nicht nur auf das islamische Geistesleben, sondern fand schließlich auch im europäischen Denken der Hochscholastik besonderen Anklang, nicht zuletzt, weil Avicenna Philosophie als ein System natürlicher Theologie auffaßte. Gleichzeitig wirkte er auch als renommierter Arzt und verfaßte ein bedeutendes heilkundliches Kompendium. Alles in allem kann man ihn als eine Galionsfigur des blühenden islamischen Wissenschaftslebens seiner Zeit begreifen.

Der überaus rege Diskurs erstreckte sich, befeuert durch die Auseinandersetzung mit dem griechisch-antiken Erbe und dessen Fortführung, auf mannigfaltige Gebiete der Philosophie, Mathematik und Naturwissenschaften. Forschungseifer und Fleiß einzelner, vielseitiger Gelehrtenpersönlichkeiten trugen maßgeblich zu diesem Diskurs bei. So soll Hunayn Ibn Ishaq (gestorben 873), ein nestorianischer Christ aus dem südirakischen Hira, nicht weniger als um die 130 Schriften der griechischen Antike ins Syrische und Arabische übertragen haben. Dieses Wirken setzte wichtige Wissenschaftsimpulse, schloß aber eigene Autorschaft nicht aus. In seinen *Zehn Abhandlungen über das Auge*, im christlichen Europa später als *Liber de oculis* kursierend, beschrieb er eingehend die Anatomie des Auges, die Beschaffenheit des Sehnervs, erörterte Augenkrankheiten und empfahl Medikamente zu deren Behandlung. Das Werk, von dem eine getreue Kopie des 13. Jahrhunderts vorliegt, enthielt die früheste bekannte Abbildung zur Anatomie des Auges (Abb. 23).

Wie Avicenna und al-Bīrūnī schrieben auch zahlreiche Historiker iranischer Herkunft ihre Werke auf Arabisch, der verbreiteten Wissenschaftssprache des islamischen Kulturraumes. Wohl deshalb erfuhr die muslimische Geschichtsschreibung im 10. Jahrhundert eine beträchtliche Verstärkung universalhistoriographischer Tendenzen, wobei die einzelnen Werke ganz unterschiedliche regionale und dynastische Orientierungen suchten. Zudem umfaßte die arabische Geschichtsliteratur eine Vielzahl von Reiseberichten und geographisch-naturkundlichen Werken, die einen gegenüber der Sicht des Christentums wesentlich geweiteten Horizont eröffneten und historisches Material in Fülle enthielten.

Über die Dimensionen der hier skizzierten Wissenskultur, darunter die reichen Ausfaltungen des historischen Schrifttums, unterrichtet eine einzigartige Bestandsaufnahme des ausgehenden 10. Jahrhunderts. Es handelt sich um eine Literaturgeschichte der islamischen Welt, die weitreichende Ausblicke auf fremde Kulturen einschloß: Gemeint ist der *Fihrist* (»Verzeichnis«) des Ibn an-Nadim, verfaßt 987/88.[17] Sein Verfasser, einer von etwa einhundert Buchhändlern seiner Zeit in Bagdad, besaß einen unstillbaren Wissenshunger, enzyklopädischen Eifer wie auch ein unbekümmertes Sendungsbewußtsein: »Dies ist das Verzeichnis der Bücher aller Völker, der Araber wie der Nichtaraber, welche in arabischer Sprache und Schrift in den verschiedenen Wissenschaften vorhanden sind, nebst Nachrichten über ihre Verfasser und die Klassen der Autoren, nämlich ihren Stammbaum, ihr Geburts- und Todesjahr, Alter, ihre Heimat, ihre Vorzüge und Fehler von Anbegin einer jeden Wissenschaft bis auf unsere Zeit, d. h. das Jahr 377 H.« Auch wenn auf dieser Grundlage sein Wissen um die fremden Kulturen stark eingeschränkt sein mußte, war Ibn an-Nadim doch ein weitgereister Mann, der auch aus eigener Anschauung schöpfen konnte. So hatte er noch im Jahre der Abfassung des *Fihrist* in Konstantinopel einen nestorianischen Mönch getroffen und von ihm Vieles über China erfahren. Dieser und andere Gewährsleute hatten Ibn an-Nadim auch das Schriftwesen fremder Kulturen nahegebracht, deren Schreibeigentümlichkeiten er gleichfalls sorgsam in seinem »Verzeichnis« registrierte und mit Schriftproben versah.

Man muß es lebhaft bedauern, kann es gleichzeitig aber auch als einen Hinweis auf die Eigenart der mit anderen Kulturen unverbundenen Zonen Mesoamerikas und des besonders traurigen Schicksals ihrer Schriftüberlieferung werten, daß uns eine dem arabischen *Fihrist* synchrone Bestandsaufnahme für sie nicht vorliegt. Bücherverbrennungen der mit missionarischem Eifer auftretenden Kolonisatoren haben unzählige der indianischen Faltcodices dahingerafft. Auch wissen wir von umfänglichen Vernichtungsaktionen durch Kriegshandlungen schon vor der Ankunft der europäischen Eroberer. So sind, neben den Inschriften auf den Steindenkmälern, etwa 6000 zum Teil recht schwierig zu entziffernde Texthieroglyphen erhalten, die im wesentlichen das an ein magisch-religiöses Weltbild gebundene Kalenderwesen vorstellen, damit aber auch willkommene Informationen über dessen Auswirkungen auf das Alltagsleben bereithalten. Dagegen sind uns von der Maya-Kultur keine zeitgenössischen Werke etwa der Geschichtsschreibung, der Genealogie oder der Heilkunst überliefert, für deren einstiges Vorhandensein wir aber zuverlässige Indizien haben: auf Stelen etwa sind sie jedenfalls noch deutlich aus der Zeit vor der Jahrtausendwende dokumentiert.

Die gähnende Lücke der Schriftüberlieferung wird nicht durchweg aufgehoben durch die heiligen Bücher der Tempelschulen des übrigen Mexiko, deren Priester im Unterschied zu denen der Maya – und übrigens auch schon deutlich vor Durchsetzung dieser Norm im katholischen Europa – im Zölibat lebten.[18] Immerhin besitzen wir aber aus dem Hochland

[17] Vgl. die Ausgabe von Dodge; das folgende Zitat bei Fück, Literaturgeschichte, S. 23f.

[18] Biedermann, Altmexikos heilige Bücher, S. 18.

des nördlicheren Mexiko beträchtlich mehr Handschriften vorkolumbischer Zeitstellung als aus den Wohngebieten der Maya.

Die insgesamt ernüchternde Bilanz ist um so bedauerlicher, als schriftlich fixierte Chroniken unersetzliche Manifeste des Geschichtsbewußtseins darstellen: Auch bei den präkolumbischen Völkern war, wie noch aztekische Gewohnheiten verdeutlichen, die Weitergabe historischer Überlieferung eine Angelegenheit schriftkundiger Weiser, von »Wissenden«, die als Lehrer und Vorbild wirkten. Wie weit deren historisches Gedächtnis zurückreichen konnte, belegt das älteste Datum, das sich in einer präkolumbischen Bilderhandschrift mit Jahressymbolen nachweisen läßt: Ein heute in der Österreichischen Nationalbibliothek verwahrter Codex (Cod. Vindobonensis Mexicanus 1) enthält auf Seite 23 eine astronomische Darstellung des Venusdurchgangs vor der Sonne. Im mythologischen Kontext dieses Naturvorganges strebte das Herz des Gottes und Helden Quetzalcoatl zur Sonne auf – es muß dies, wie errechnet worden ist, der 16. Juli 690 n. Chr. gewesen sein!

Angesichts der um sich greifenden Vernichtung und da das Gedächtnis ganzer Völkerschaften für immer unterzugehen drohte, entschlossen sich nach der Eroberung einige für die indianische Kultur aufgeschlossene Spanier, fast durchweg Geistliche, zu umfassenden Recherchen, die man als einen der frühesten und großangelegten Feldversuche der *oral history* beschreiben könnte: Dank der unzähligen Einvernahmen – meist alter – indianischer Gewährspersonen setzten Bernardino de Sahagún, Diego de Landa, Toribio Motolinía, Diego Durán und andere ihre erzählenden Sammelwerke auf, die als großer Fundus für die Daten, Rituale und Zeremonien Mesoamerikas in vorhispanischer Zeit bleibenden Zeugniswert besitzen. Ihnen schlossen sich mit der Zeit zum Teil zweisprachig, aber auch schon ausschließlich spanisch schreibende indianische Autoren an. Von besonderem Interesse sind in diesem Zusammenhang teilweise aufwendig gemalte, mit mehr oder weniger ausführlicher Beschriftung versehene Stammbäume mit Genealogien ruhmreicher Fürstensippen. Deren Darstellungskonventionen entsprechen in Wort und Bild schon der europäischen Machart. Sie sind somit keine authentischen Zeugnisse früherer Epochen, wurzeln aber tief in der vorhispanischen Ära. Zugleich zeugen sie davon, daß längst eine kulturelle Kreuzung über die Kontinente hinweg stattgefunden hatte.

Monumentale Spuren

Neben den heute meist museal verwahrten Gegenständen des täglichen Bedarfs konfrontieren Kunstwerke und Monumente noch ganz unmittelbar mit der Welt des Jahres 1000. Es liegt auf der Hand, daß Zerstörungen durch Mensch und Natur, spätere Überbauung oder schlichtweg Einverleibung in jüngere Bauensembles auch das noch stehende Mauerwerk tausendjähriger architektonischer Gebilde in seiner Eigenart kaum mehr hervortreten lassen; vieles bedarf erst der Freilegung durch archäologische oder denkmalpflegerische Arbeit. So bietet trotz beachtlicher Relikte ottonischer Baukunst in Deutschland keiner der Kirchenbauten noch sein ursprüngliches Erscheinungsbild. Ihre archaisch anmutenden Formenelemente künden noch von anderen Entwürfen, als sie mit der ›romanischen‹ Stilgebung seit dem 11. Jahrhundert Einzug hielten (Abb. 24).

Nicht wesentlich besser steht es um die Bauerhaltung in der Romania des Mittelmeerraumes (Abb. 25 a, b und 26) wie auch für dessen Osthälfte, das ehedem Byzantinische Reich. Immerhin manifestiert sich in dessen Fußspuren das um 1000 gerade entstandene Russische Reich über die ältesten Bau- und Ausstattungsteile der Sophienkathedrale in Kiew (Abb. 27), und zwar zeitlich noch vor dem Einsetzen einer eigenen Geschichtsschreibung. Desgleichen vermittelt die Sophienkathedrale bzw. eine Rekonstruktion ihres ursprünglichen Zustandes einen Eindruck davon, wie eifrig Fürst Jaroslaw »der Weise« bemüht war, die repräsentative byzantinische Reichskunst in seiner neuen Reichshauptstadt nachzuahmen: ganze Straßenzüge sollen damals streng nach konstantinopolitanischem Vorbild entstanden sein.

Darüber hinaus läßt sich resümieren, daß die Mittelalterarchäologie in enger werdendem Zusammenwirken mit der Geschichtsforschung während der letzten Jahrzehnte neue Fragestellungen entwickelt und unsere Kenntnis über topographische und baugeschichtliche Befunde hinaus auf vielen Gebieten Europas beträchtlich erweitert hat: Das Spektrum reicht von der Kirchen- bis zur Rechts- und

24 Die Kirche des Kanonissenstiftes St. Cyriakus in Gernrode am Rande des Ostharzes geht auf eine Stiftung des mächtigen sächsischen Markgrafen Gero zurück. Als erste Äbtissin setzte der Stifter seine Schwester Hathui († 1014) ein. Wohl noch in ihrer Amtszeit wurde der früheste Kirchenbau vollendet, von dem heute nur noch die tausendjährigen Mauerteile der Chorapsis im Ostteil zeugen.

Verfassungsgeschichte. Dabei greift sie immer wieder über das schriftlich Bezeugte hinaus, sorgt für dessen Bestätigung, Ergänzung oder auch Widerlegung. So ist es etwa der Archäologie gelungen, im nordneufundländischen L'Anse aux Meadows vor Kanadas Ostküste die Reste einer dort um 1000 angelegten Wikingersiedlung mit ihren Hausstellen, Herden und sogar einer Schmiede zu ergraben. Damit erhielten die Angaben der erst Jahrhunderte später niedergeschriebenen Saga-Dichtungen, die von den Reisen der Vorfahren ins sagenumwobene *Vinland* sangen, eine neue Konkretion.

In Skandinavien selbst fällt der Archäologie der Fürstengräber eine Schlüsselrolle zu.

25 a, b Innenraum (Gewölbeansicht) der 1022 geweihten Klosterkirche von Sant Pere de Rodes in Katalonien. — Außenansicht mit Turm.

26 Eines der wenigen noch relativ unversehrten Architekturdenkmäler des abendländischen Kirchenbaus um 1000 steht im südfranzösischen Saint-Génis-des-Fontaines (Département Pyrenées-Orientales), vollendet um 1020. Aus dieser Zeit stammt der abgebildete Türsturz des Westportals.

Lokalisiert wurden sie in großen Grabhügeln, die im früher christianisierten Raum des nordalpinen Europa seit Jahrhunderten längst dem Brauch der Friedhofsbestattung (bzw. der seltenen Beisetzung im Kirchenraum) gewichen waren. Und doch läßt sich gerade am bedeutendsten archäologischen Fundort nordischen Königtums der Übergang von der heidnischen zur christlichen Periode festmachen: Im dänischen Jelling liegt eine kleine Kirche inmitten zweier mächtiger Grabhügel, deren einer – der Südhügel – mit 77 Metern Durchmesser und 11 Metern Höhe sogar der größte seiner Art in Dänemark ist. Zusammen mit schriftlichen Bezeugungen, die seit 1200 einsetzten, konnten anhand weniger Fundstücke, die von früheren Grabräubern zurück- bzw. unbeschädigt gelassen worden waren, die Gräber den Eltern des dänischen Königs Harald Blauzahn (958-987) und damit der Zeit um die Mitte des 10. Jahrhunderts zugeordnet werden. Besonders faszinierend war die Beobachtung, daß die Grabkammer von Haralds Vater Gorm zur gleichen Zeit ausgehoben worden sein muß, zu der man einen hölzernen Vorgängerbau der heutigen Kirche errichtete. Das sich hier abzeichnende kulturelle Neben- und Miteinander von Heiden- und Christentum ist auch an einem der beiden alten Runensteine abzulesen, die noch heute vor der Kirche zwischen den Grabhügeln stehen. Seine Inschrift hebt hervor, daß Harald diese – doch eigentlich heidnische – Anlage für seine Eltern habe ausheben lassen, »der Harald, der ganz Dänemark und Norwegen gewann und die Dänen christlich machte«[19].

Neben der traditionellen Siedlungsarchäologie, die seit dem Zweiten Weltkrieg in erheblichem Umfang neue Befunde nicht mehr nur aus dem ländlichen Raum, sondern verstärkt auch zur Entstehungs- und Frühgeschichte von Städten bereitstellte, behauptet auch die Kirchenarchäologie ihren Platz. Freilich sind von den etwa 500 ergrabenen oder erhaltenen Kirchenbauten der vorromanischen Bauepoche auf dem Gebiet des Ottonischen Reiches bislang etwa nur 30 Prozent durch angemessene Publikationen erschlossen. Unter diesen rund 500 Bauten entfällt etwa ein Drittel (genau 167) auf Großbauten wie zum Beispiel die Dome von Magdeburg, Münster und Trier oder große Klosterkirchen wie auf der Insel Reichenau oder in Fulda; der archäologische Erschließungsgrad der Groß- und Kleinbauten hält sich allerdings etwa die Waage. Die Erforschung dieser Bauten verheißt mannigfaltige Aufschlüsse: zunächst natürlich zu den Kultformen selbst, auf deren Vollzug die Architektur ausgerichtet ist, darüber hinaus aber

[19] Wikinger-Waräger-Normannen, S. 50.

27 Blick in die Kuppel der Sophien-Kirche von Kiew. Erstmals erbauen ließ sie Großfürst Jaroslaw «der Weise» (1019-1054), Sohn des (nachmals) heiligen Wladimir, mit dessen Taufe 988 die Christianisierung des Russischen Reiches grundgelegt wurde. Dessen religiöses Zentrum war die Kirche der heiligen Sophia im Residenzort Kiew. Wie die architektonische Bauform selbst ist auch das zentrale Mosaik strikt am byzantinischen Vorbild orientiert. Geschaffen wurde es um 1040 von Künstlern aus Konstantinopel.

auch auf Repräsentationsanliegen, die ihre Stifter und Erbauer mit Dimension und Ausstattung verbanden.

Auch Zentralitätsfunktionen von Kirchen und Klöstern (wie vorzugsweise von Cluny) bekunden sich in der Architektur bzw. schon im unmittelbaren Verhältnis des Kirchenbaus zu seiner baulichen Umgebung. Im Einzelfall kann sogar ein ganzes Ensemble von am Ort verteilten Bauten und Denkmalen persönliche wie herrschaftliche Ansprüche des Erbauers zum Ausdruck bringen, ebenso seinen kulturellen Beziehungshorizont oder seine erzieherischen Impulse. Dies alles strömte bald nach der Jahrtausendwende im architektonischen Schaffen und künstlerischen Stiftertum Bischof Bernwards zusammen, das er in seiner Metropole Hildesheim entfaltete: Dafür stehen sein Bau der Klosterkirche St. Michael wie auch die monumentalen Bronzegüsse der Türflügel am Westportal des Doms oder die mehr als dreieinhalb Meter hohe Säule im Domesinnern, aber auch im profanen Bereich die Befestigung, die er dem Ort gegeben hat. Ganz allgemein kann man von einer Neubau- bzw. Erneuerungswelle im abendländischen Kirchenbau um die Jahrtausendwende sprechen. Der burgundische Mönch Rodulf Glaber meinte gar einen Wettstreit seiner selbstbewußter werdenden Glaubensgenossen um immer bessere Bauwerke beobachten zu können.

In allerjüngster Zeit Gegenstand verstärkter Bemühungen in vielen Teilen Europas ist die Archäologie der Wehrbauten, das heißt der Burgen, Pfalzen und Adelssitze. Die heute durchweg nur noch als ergrabene Ruinen, als zusammengeklaubte Versatzstücke aus älteren Bauwerken oder einfach nur noch in der Geländestruktur (wie beispielsweise die Pfalz Grone bei Göttingen) nachweisbaren Pfalzen waren die königlichen Residenzen bzw. Stützpunkte königlicher Herrschaftspraxis. Gerade für die Ottonenzeit und damit noch für die Zeit um 1000 bietet die Pfalzenforschung wichtige Aufschlüsse zur Herrschafts-, mindestens ebensosehr aber auch zur Wirtschafts- und Verkehrsgeschichte: Man kann ihre räumlichen Aufnahmekapazitäten (und damit die Größe des mitreisenden herrscherlichen Gefolges) ebenso hochrechnen wie ihre Bewirtschaftungsformen.

Strukturen adeliger Herrschaft werden über den frühen Burgenbau erfaßbar, der sich besonders auf regionaler Ebene in West- und Mitteleuropa für die Zeit um 1000 in Festungen und »Motten« ausgestaltete, in kleineren Niederungsburgen als Sitzen von Adelsherrschaften. Die das romantische Liedgut durchziehenden, noch heute sich dem Betrachter weithin präsentierenden Höhenburgen wurden hingegen erst in Hoch- und Spätmittelalter angelegt und markieren eine neue Epoche adeliger Herrschaftsbildung.

Im vorliegenden Kontext sind auch die Ausgrabungen slawischer Burgwallsiedlungen im Ostseeraum zu nennen. Über siedlungsgeschichtliche Befunde hinaus wurden hier unter Beteiligung mehrerer Wissenschaftsdisziplinen auch wichtige Erkenntnisse über vielfältige historische Wechselwirkungen in einer Kontaktzone zwischen Skandinaviern, Slawen und Deutschen für die Zeit vom 9. bis zum 13. Jahrhundert gewonnen. Von eminenter Bedeutung für die Erforschung frühstädtischer Entwicklung, für siedlungs- und hausgeschichtliche Erkenntnisse im engeren Sinne, für wirtschafts- und sozialgeschichtliche Belange auf breitester Basis waren die schon in der ersten Hälfte des 20. Jahrhunderts begonnenen, nach dem Zweiten Weltkrieg neu durchgeführten Grabungen in Haithabu bei Schleswig.

Neueste Erkenntnisse auf dem Sektor der Siedlungs- und Wirtschaftsgeschichte erzielten montanarchäologische Grabungen, wie sie etwa in Deutschland zuletzt im Südwesten (im Breisgau bzw. bei Wiesloch in der Nähe Heidelbergs), aber auch in der mittelalterlichen Bergbauregion des Harzes mit hohem Ertrag veranstaltet worden sind. Dank der archäologischen Befunde lassen sich nunmehr auch die Hintergründe der ersten urkundlichen Bezeugung von Silberbergbau im südlichen Schwarzwald (1028) ausleuchten. Damit zeichnet sich ein neuartiges Bild nicht nur zur Wirtschaftsgeschichte der Region ab. Deutlich erkennbar wurde das Beziehungsgefüge von Silbergewinnung, der Einrichtung von Märkten und Münzstätten: Faktoren, die das Siedlungswesen des Einzelraumes in die wirtschaftliche Umbruchphase rund um die Jahrtausendwende stellen. Nicht zuletzt europaweite realienkundliche Funde haben zudem über das von der Archäologie beobachtete Phänomen der »Objektwanderung« wichtige Beobachtungen zur Erforschung von Kommunikation und Verkehr im Mittelalter erbracht.

Große Defizite weist demgegenüber, aber auch gegenüber der klassischen und frühchristlichen die byzantinische Archäologie auf. Sie beschränkt sich, vom Hauptdenkmälerbestand der Architekturgeschichte ausgehend, bis jetzt vorwiegend auf Einzelbauten. Immerhin liegen relevante Grabungsergebnisse zu Wohnhäusern und zur byzantinischen Alltagskultur vor, wenn auch die allgemeinen Ergebnisse der Siedlungsarchäologie noch unter großem Methodenvorbehalt stehen. Maßgebliche Erkenntnisse trugen archäologische Grabungen jedoch zur Rekonstruktion des byzantinischen Straßensystems bei. Ausmaß und Intensität von Handelsbeziehungen, aber auch Planung und Verlauf von Heerzügen lassen sich aufgrund dieser Befunde besser abschätzen.

Trotz der eindrucksvollen Erkenntnisse der Mittelalterarchitektur übersteigt deren Objektfundus gleichwohl nicht den der vielfältigen Ausformungen von Schriftkultur in Europa und Byzanz. Grundlegend anders verhält es sich für Mesoamerika, wo die Archäologie seit jeher den Hauptanteil zur Erkenntnis der vorspanischen Kulturen beiträgt. Freilich waren und sind hier die Auffindung von geeigneten Orten durch naturräumliche Hindernisse, insbesondere die Überwucherung durch die Vegetation, aber auch durch das Fehlen paralleler Schriftquellen erschwert. Demgegenüber steht der ungeheure Reichtum des erhobenen Materials, das heute alleine bei den Tonscherben an einzelnen Fundorten in die Zehntausende geht. Gerade diese Keramikfunde (meist aus Gräbern), genauer: ihre Klassifikation ermöglicht oft über die Bestimmung der Herkunft und Wanderung der Stücke Aufschlüsse über kulturelle Traditionen und Kontakte, über räumliche und gesellschaftliche Schichtungen, aber auch zu den Veränderungen, denen diese Verhältnisse ausgesetzt waren. Die Palette ist mit den Abstufungen von der bloßen Gebrauchs- zur Luxus- und Grabstättenkeramik äußerst reichhaltig. Mitunter noch heute große Leuchtkraft strahlen die mehrfarbigen Bemalungen der Tongefäße aus, die großes Geschick bei der Farbherstellung verraten (»Mayablau«, auch Indigo, Purpur usw.). Außerordentlich aufwendig gestaltete Schmuckstücke, die der Raffgier der spanischen Eroberer entgangen sind, veranschaulichen zudem die Anfänge der Goldverarbeitung in Mesoamerika (Abb. 28).

Zu den wichtigsten Objekten zählen ferner die Obsidiane, Fundstücke aus Vulkanglas, an denen sogar eine neue Datierungsmethode gewonnen werden konnte. Überhaupt treten die vielfach verfeinerten Methoden zur zeitlichen Bestimmung des Fundgutes an die Stelle eines relativen Datengerüsts, das mit der chronographisch-historiographischen Literatur in anderen Kulturen zur Verfügung steht. Die Möglichkeiten ›relativer‹ Chronologie leben alleine vom kulturwissenschaftlichen Vergleich der Fundstücke, während physikalische und chemische Hilfsmittel ›absolute‹ Datierungen in Aussicht stellen, vorzugsweise die Radiokarbon-Datierung (C^{14}-Methode) oder das Thermoluminiszenzverfahren, das durch Messung von Lichtenergie zur Feststellung des Brenndatums von Keramiken führen kann. Physika-

tebaulich ist speziell das Kernensemble der bedeutendsten Stadt Tollan (Tula) hervorzuheben mit seinem Zeremonialbezirk, bestehend aus Großer Pyramide und Großem Platz, an die nördlich die Palastanlagen sowie der von der »Schlangenmauer« eingefaßte Tempel des Morgensterngottes angrenzen; im Westen und Norden des Ensembles befinden sich jeweils große Plätze zur Austragung des rituellen Ballspiels.

Aus der islamischen Welt legen gewaltige Palastanlagen, Moscheen und Grabbauten Zeugnis ab von deren blühender Stadtkultur und ihrem auf Handel basierenden Reichtum. Während die herrscherlichen Bauten in Transoxanien, dem Westiran und dem Irak noch einer etwas älteren Zeitstufe angehören, schufen sich die Kalifendynastien der Fatimiden in Kairo (al-Azhar-Moschee, erbaut 970–972; al-Hakim-Moschee, 990–1013) und der Omaijaden in Córdoba prächtige Sakral- und Repräsentativbauten: vor allem die märchenhafte neue Residenz Madina al-zahira östlich Córdobas, die »glänzende Stadt«, ein Auftragswerk des Großkammerherrn und faktischen Regenten al-Mansur, das auch weit außerhalb der islamischen Reiche die Phantasien bewegte. Schon 1009 allerdings erstarb der Glanz der Kalifenresidenz in Zerstörung und Plünderung.

Als historische und sachliche Analogie zur Ergrabung des nordischen Haithabu kann man die Freilegung des Hafens von Siraf am Persischen Golf begreifen, eines Zentrums des Fernhandels im Indischen Ozean, das am Anfang des 11. Jahrhunderts einem großen Erdbeben zum Opfer gefallen war. Auch die reichen, für die islamischen Städte charakteristischen Kaufmannschaften haben bedeutende Bauwerke in Auftrag gegeben. Mit ihrem Wirken sind ebenso zahllose Luxusgüter in Verbindung zu bringen, die bis heute neben dem Handel auch die eigene gewerbliche Produktion, ferner den Lebensstandard der städtischen Oberschichten bezeugen.[20] Eine Synthese un-

28 Goldener Frosch. Dieser kleine Anhänger wurde im Heiligen Brunnen von Chichén Itzá geborgen, dürfte aber aus dem südlichen Zentralamerika in das Maya-Tiefland eingeführt worden sein.

lisch-optischer Hilfen bedient sich auch die zur archäologischen Spurensuche eingesetzte Prospektionstechnik. Neben magnetometrischen und seismographischen Auswertungen hat hierbei insbesondere die Photographie aus der Luft große Bedeutung gewonnen, mit der sich Bodenbeschaffenheiten, Straßen- und Kanalsysteme besser ausmachen lassen, dank Infrarotaufnahmen auch in Zonen dichter Vegetation. Siedlungsgrößen und -strukturen konnten dabei ebenso ermittelt werden wie die Ausmaße großer Kultanlagen, sogar im Wasser versunkene Hafenbauten (und damit wichtige Aussagen zum Seehandel) ließen sich auf diese Weise entdecken: so die Struktur des an einer Insel angelegten Hafens von Chichén Itzá (Isla Cerritos) (Abb. 29).

Unübersehbar – und daher heute längst als Touristenattraktion für alle Welt – präsentieren sich die gigantischen Bauten der präkolumbischen Kulturen Mesoamerikas: mit gewaltigen Pyramiden, Säulenhöfen, Terrassen und Treppen. Als neue architektonische Stilelemente treten gerade für unseren Betrachtungszeitraum mächtige Säulenhallen hervor, in der Großskulptur hingegen ein Opferstein, der als menschliche Figur ausgeformt und mit dem Namen Chac Mool versehen wurde. Städ-

[20] Dazu der Beitrag von Gerhard Hoffmann in Kap. IV dieses Bandes.

29 Das Luftbild zeigt die Insel Cerritos, im Hintergrund die nördliche Küste der Halbinsel Yucatán. Links der Insel zeichnen sich im seichten Wasser die Reste des alten Deiches ab.

terschiedlichster Kulturströme innerhalb der islamischen Welt läßt sich an den überreichen Ornamentgebilden der Holzschnitzerei und Intarsienarbeit ablesen, deren Erhaltung vom trockenen Klima Nordafrikas profitierte.

Wie in Europa, Byzanz oder China gehören zu den überlieferten Sachgütern der islamischen Welt auch reiche Münzvorkommen, deren Schätze man häufig in nichtislamischen Gebieten, so in Asien, dem Mittelmeer- oder dem Ostseeraum in großem Umfang geborgen hat. Ganz allgemein sei angemerkt, daß Münzen nicht nur Erkenntnisse zur Geld- und Handelsgeschichte liefern, sondern über ihre Bilder und ihre Beschriftung auch zur politischen Geschichte, etwa – was im Islam freilich ausfällt – über Herrscherporträts oder allegorische Darstellungen zur Herrschafts- und Staatssymbolik. Genauso und mitunter sogar noch in verschärfter Form gilt dies für Medaillen oder vorzüglich für Siegel, die in Europa an den von der königlichen Kanzlei ausgestellten Urkunden hingen (Abb. 30 a, b).

In Indien markieren die Tempelbauten des 10.-13. Jahrhunderts den Höhepunkt »mittelalterlicher« Hindukunst: so der Brihadishvara-Tempel in Tanjore (ca. 1000), der Rajarani- und der Lingaraja-Tempel in Bhubaneswar, aber auch der jainistische Vimala-Vasahi-Tempel von Mount Abu. Sie alle stehen für eine um 1000 einsetzende, bis ins 13. Jahrhundert reichende künstlerische Glanzzeit, werden aber noch sämtlich übertroffen durch den wohl um 1020 entstandenen Kandariya-Mahadeva-Tempel in Khajuraho mit seiner dem Berg Kailasa, dem heiligen Berg im Himalaya, nachempfundenen Silhouette. Ruft diese noch Assoziationen zur europäischen Kathedralbaukunst wach, so zerstreut den Eindruck bei näherem Zusehen sofort ihre Bauplastik mit den Darstellungen üppiger Erotik, verkörpert von physisch vollkommen wirkenden göttlichen Liebespaaren. Auch in Khajuraho indes stellt der heilige Stier das bevorzugte Motiv dar, in Gestalt des Nandi, einer Inkarnation Shivas.

Für Japan ist als vornehmstes Zeugnis der Architektur um 1000 die hölzerne Daigoji-Pagode in Uji unweit der alten Kaiserstadt Kyôto zu nennen, die einen Eindruck von der hochentwickelten Sensibilität der Zeitgenossen für Proportionen vermittelt. Im zeittypisch leuchtenden Rot bemalt, krönt sie eine ebenso kühn wie schwerelos wirkende Dachkonstruktion.

30 a, b Urkunden waren die wichtigsten Schriftstücke zur Dokumentation von Rechtsakten. Ihre herausragende Form fanden sie im feierlichen Diplom päpstlicher oder königlicher Aussteller, das nach festem Kanzleischema aufgebaut ist. Mit dem vorliegenden Stück bestätigte Kaiser Otto III. am 15. Mai 1000 in Aachen den Besitz der Würzburger Bischofskirche. Zur Bekräftigung wurde als Siegel eine Bleibulle des Kaisers angehängt (Abb. b). Eine besondere Rarität markiert der in Großbuchstaben in die Gitterschrift der ersten Zeile eingefügte Name *OTTO*, womit ein päpstlicher Brauch nachgeahmt wurde.

Festzuhalten bleibt, daß die Architektur Japans schon um 1000 auf eine ältere, dem Shintoismus geschuldete Eigentradition zurückblicken konnte, die sich, im Unterschied zu allen Bereichen etwa der bildenden Kunst, hierin vom Vorbild Chinas sichtlich abhob. Sie verweist auf einen eigenen Kulturkreis der südostasiatischen Inseln.

Die Baukunst Japans und Koreas bezog, bei allem Bemühen um eigenständigen Ausdruck, dennoch unverkennbare Anregungen aus China. Vornehmlich war dies der Fall bei der Anordnung ganzer Gebäudekomplexe, die axial um einen zentralen Mittelpunkt herum ausgerichtet sein sollten. Ihr gedankliches Fundament haben solche Anlagen in den chinesischen Vorstellungen von Ordnung und Harmonie im Universum, die klare Abstufungen und Zuordnungen vorsahen. Ihnen mußte bei der architektonischen Planung entsprochen, die Eignung des Geländes daraufhin untersucht werden, wofür man eigens Geomanten heranzog. Charakteristisch für die chinesische Architektur war die Bevorzugung von Holzbauten, obschon auch andere Materialien zur Verfügung standen und stetige Feuergefahr bestand. Doch wurde sie offenbar geringer eingeschätzt als die häufige Heimsuchung durch Erdbeben, was diese Bauweise erklären könnte. Allerdings sind auch Pagodenbauten aus Ziegelstein bekannt wie die zwischen 984 und 987 erbauten Zwillingspagoden von Suzhou (heutige Provinz Jiangsu). Insgesamt schätzt man die Zahl der imposanten, vielstöckigen Turmbauten aus der Zeit der Fünf Dynastien und der Song-Dynastie auf etwa sechzig. Die Pagode zu Dingzhou (Hubei) aus der ersten Hälfte des 11. Jahrhunderts zählt acht Stockwerke, die sie an Berühmtheit übertreffende, 989 zu Kaifeng errichtete soll in elf Geschossen 110 Meter hoch in den Himmel geragt haben; nach einer Brandzerstörung baute man sie 1037 um zwei Stockwerke, aber rund fünfzig Meter Höhenunterschied zurück. Seit 1049 erhebt sich über einem Heiligtum mit den sterblichen Überresten Buddhas die *Eiserne Pagode*, die auf ihren Platten eingeprägte Muster mit Motiven aus der buddhistischen Mythologie zeigt: Beleg dafür, daß Kaifeng im 11. Jahrhundert nicht nur politische Hauptstadt und Handelszentrum, sondern eben auch ein religiöser Mittelpunkt war.

Festzustellen ist, daß sich in diesen zum Teil noch heute begehbaren Turmbauten klar die Formensprache des Buddhismus kundgibt. Als ein Hauptcharakteristikum, das noch heute den unverwechselbaren ästhetischen Reiz der Pagoden ausmacht, können ihre konkav geschwungenen Dächer gelten: Nicht nur statisch, auch sinnbildlich sind sie die Krönungen dieser Bauwerke. Seltener bezeugt ist die Architektur der Song-Zeit im südlichen China; besondere Beachtung verdient hier die 1013 fertiggestellte große Halle des Tempels zum Schutz des Staates in Yuyao (Provinz Zhejiang). Hervorzuheben sind aber ganz allgemein die wertvollen Materialien und Bauplastiken auch der öffentlichen Bauwerke, wiederum ein zivilisatorischer Grundzug, der sich in den Kulturen des Jahres 1000 sonst kaum erweisen läßt.

Wichtige Zeugnisse des Ahnenkultes waren nicht nur in China die Gräber, doch wuchsen sie sich hier zu gewaltigen, skulpturenumsäumten und reich verzierten Monumenten aus, die den extravaganten Status des Begrabenen und seine repräsentativen Ansprüche bleibend demonstrierten. Gleichwohl sind Mausoleen auch aus der islamischen Welt bekannt, so der in goldbraunen Ziegeln gehaltene Grabbau des Samaniden Ismail in Buchara im heutigen Usbekistan (vgl. Abb. 25, Kap. IV), der wegen seiner auffallenden Formschönheit schon mit dem zoroastrischen Feuertempel, also einem Heiligtum der altiranischen Glaubenslehre, in Verbindung gebracht worden ist.

4. Welt und Mensch im Bild: Kunst und Kunsthandwerk
Bildquellen

Die Überlieferungskultur der ersten Jahrtausendwende offenbart sich nicht zuletzt in einem reichen Bestand an Sachzeugnissen, die auch aus »nichtschriftlichen« Kulturen in hoher Zahl und Dichte überliefert sind und selbst ohne Beschriftung vielfältige Informationen bereit halten (Abb. 31). Ganz allgemein können wir von der großen Gruppe der »Gegenstände« sprechen, wie sie meist bei archäologischen Grabungen gefunden oder von der Denkmalpflege gehütet werden, und von »Bildquellen«, die wir heute der Kunst und dem Kunsthandwerk zuordnen. Behauptet werden darf von vornherein, daß die Trennlinie zwischen solchen Kunstwerken bzw. kunsthandwerklichen Erzeugnissen auf der einen und Gegenständen des täglichen Gebrauchs auf der anderen Seite nicht immer scharf zu ziehen ist. Ein gutes Beispiel hierfür bieten Schachfiguren aus dem 10. bis 12. Jahrhundert, die in vielen Gegenden Europas gefunden worden sind. Über ihre aufwendige Gestaltung und Ornamentierung legen sie Ansprüche des Auftraggebers und Werkstattzusammenhänge offen oder lassen Handels- und Reisewege erkennen. Die figurale Ausgestaltung besonders der Spielsteine *König* und *Dame* (Königin) verrät etwas über Herrschaftsvorstellungen bzw. mindestens höfische Repräsentationsformen in Morgen- und Abendland. Zunächst aber einmal stehen sie ihrem Herstellungszweck nach für die Spielkultur an Höfen und in Burgen, wo man sie in Europa vorzugsweise fand, doch sind merkwürdigerweise nicht wenige Stücke hier auch in Kirchenschätzen überliefert. Die ältesten Schachfiguren, die man auf dem Gebiet des mittelalterlichen römisch-deutschen Reiches entdeckte, gehören just der Zeit um 1000 an und sollen, vermutlich im weiteren Zusammenhang der Heirat Ottos II. mit der byzantinischen Prinzessin Theophanu, von Konstantinopel in den Westen gelangt sein. Freilich sind aus Süditalien Stücke arabischer Herkunft bekannt, wie man denn in der islamischen Welt bereits seit Jahrhunderten mit diesem Spiel vertraut war. Ursprünglich stammte es aus Indien, doch hatten sich die Araber dessen Kenntnis über die islamische Expansion in Persien angeeignet und es fortan in alle Himmelsrichtungen weitergetragen.[21]

Sachzeugnisse sind oftmals später verändert worden, und diese Veränderungen müssen sorgfältig herausgearbeitet werden, will man genaue zeitliche Zuordnungen vornehmen und angemessene Aussagen erreichen. Dabei zählt für die Interpretation von Kunstwerken vor allem deren Stil. So kristallisierte sich im Japan der Heian-Zeit eine Emanzipation von der kontinentalasiatischen, namentlich der chinesischen Kunst durch die Ausbildung eines regionalen »Stils« heraus, der ein signifikantes Quellenmerkmal darstellt. Als markantester Ausdruck dieser Tendenz gelten die *Yamato-e*-Malereien, Gemälde der japanischen Schule, die sich bevorzugt den Stoffen eigener Geschichte und Literatur annehmen. Unter den Bildrollen dieses Genres ragen die Illustrationen zum poetischen Werk der Erzählungen vom Prinzen Genji hervor (s. oben S. 96), deren ältestes erhaltenes Exemplar allerdings erst dem 12. Jahrhundert entstammt. Doch der eigene Stil konzentrierte sich eben nicht nur auf diese Gattung. Ins Auge sticht vielmehr auch, daß selbst die Landschaftsmalerei sich um einen eigenen, typisch »japanischen« bildneri-

31 Dieser kleine, achteckige Elfenbeineimer diente in liturgischer Funktion als Weihwasserbehältnis. Seinen Rang als Kunstwerk wie als Geschichtsquelle gewinnt es mit den zahlreichen eingeschnitzten Figuren in den beiden Bildzonen. Zwischen den Säulen der oberen Reihe erkennt man Papst und Kaiser, in der unteren Reihe bewachen gerüstete Krieger die Himmelsstadt (Lothringen, um 1000).

[21] Vgl. dazu den Beitrag von Angela Schottenhammer in Kap. V.

schen Ausdruck bemühte, als dessen Hauptcharakteristikum immer wieder grün gemalte Berge in abgerundeten Formen begegnen (Abb. 32) – im bewußten Unterschied zu den hochaufragenden, majestätisch-schroffen Bergesriesen der songzeitlichen Landschaftsmalerei Chinas. Neben kriegerischen und politischen Stoffen (z. B. Lebensschicksale von »Staatsmännern«) überwiegen indes religiöse Sujets, die meist im Legendenumfeld bedeutender buddhistischer Tempel und der Shinto-Schreine wurzeln. Diese Bildwerke sind deshalb nicht nur ein Beleg für das Heranreifen einer eigenständigen japanischen Kunst, sondern auch und zuallererst Zeugnisse der Devotion und Erbauung, der religiösen Praxis.

Nimmt die Malerei auch den ersten Platz in der Kunst der Heian-Zeit ein, so haben noch heute die eleganten Kleinplastiken (meist aus bemaltem bzw. lackiertem Holz) eine vielbeachtete Plattform in den Museen und Sammlungen der ganzen Welt, ebenso die gold- und silberverzierten Lackkästchen, während sich die steinernen, monumentalen Rundplastiken nur am Entstehungsort bewundern lassen (etwa auf der südlichen Insel Kyûshû). Leider sind aber auch hier die bedeutendsten Stücke keine Hinterlassenschaften der Welt des Jahres 1000 mehr, sondern durchweg mindestens ein bis zwei Jahrhunderte jünger.

Über den eigenen kulturellen Horizont hinaus verweist die Kunst Japans auf eine große ostasiatische Gemeinsamkeit. Es handelt sich, ungeachtet der Würdigung auch religiöser Sujets, im Kern eben nicht um eine eigene religiöse Kunst: genausowenig, wie Konfuzianismus und Daoismus eine solche in China hervorgebracht hätten. Eine religiöse Ikonographie eignet nur dem aus Südasien vorgedrungenen Buddhismus. Abgesehen von dieser Ausnahme drängt sich insgesamt also der zentrale Befund auf, daß die Kunst Ostasiens prinzipiell in anderen Wirkungszusammenhängen verankert ist als im islamischen und christlichen, aber auch dem mesoamerikanischen Kulturraum. Im Unterschied zu diesen Kulturen lebte die Kunst Chinas, Japans oder Koreas weitgehend unabhängig vom religiösen Auftragswesen.

32 Diese »Senzui«-Darstellung, ein in sechs Abschnitte unterteilter Wandschirm, bietet ein eindrucksvolles Beispiel japanischer Landschaftsmalerei des 11. Jhs.

Gewann in Japan die Landschaftsmalerei einen eigenen, gegenüber dem chinesischen Vorbild gleichsam sich verselbständigenden Rang, so gründete sich der Kunstbeitrag der Koreaner zu Zeiten der Koryŏ-Dynastie (918-1392) auf die Keramik: In ihren schlichten Formen und ihrer berückenden Farbschönheit bildet die Seladon-Töpferei einen eigenen Höhepunkt dieses Kunstgewerbes. Die typisch grünlichen Glasuren stellen eine – allerdings nicht vor dem 12. Jahrhundert nachzuweisende – Weiterführung der besonders in den chinesischen Zentren Zhekjiang und Jiangxi entwickelten Töpferkunst dar, die sich unter der Bezeichnung *qing* aller Schattierungen von Blau nach Grün anzunehmen wußte. Ihre eigentümliche Farbwirkung gewannen sie dadurch, daß man die hellen Tonscherben mit einer leicht eintrübenden Glasur überzog (Abb. 33). Diese Spezialkeramiken wurden ursprünglich nur für das chinesische Kaiserhaus gefertigt. Den »erbsengrünen«, herrlich schimmernden Ton wußten aber bald die Koreaner am besten zu treffen und wurden später darin von den Japanern nachgeahmt. Immerhin ist die neue Dekorationstechnik der Arbeit »mit Kruste« rein koreanischen Ursprungs. Als geniale Töpfer gelten der kunsthistorischen Forschung auch die Khitan-Tataren, die im frühen 10. Jahrhundert nördlich von China das Liao-Reich gründeten.

Wie in China und Japan, so blühte auch in Korea das künstlerische Arbeiten mit Lack: Die vielfältigen, in ihren kostbarsten Stücken mit eingelegten Korallen- und Perlmuttmustern verzierten Kästchen bieten meist Vogel- und Blumendarstellungen, die nicht nur von hohen ästhetischen Ansprüchen, sondern auch von wacher Naturbeobachtung zeugen.

Hieran klärt sich ein Grundelement des ostasiatischen Kulturraumes, das vor allem der verfeinerten Malkunst der Song-Zeit in China ihr eigentümliches Gepräge verleiht und in den übrigen Kulturregionen der Welt vor tausend Jahren keine volle Entsprechung hat. In der Porträt-, Landschafts- wie Genremalerei überrascht der naturalistische Zug, der sich keineswegs in reiner Nachahmung verausgabt. Die reichhaltige, bisweilen höchst intime, zuweilen aber auch von munterer Geschäftigkeit zeugende Genremalerei bietet vielfältige Einblicke in den Wohn- und Arbeitsalltag, hält sogar humoristische Szenarien fest – eine Profanität, wie sie sich die christliche und islamische Kunst dieser Zeit überhaupt nicht gestatteten. In Europa etwa hielten Szenen des Alltagslebens erst im Spätmittelalter als Zutat und Beiwerk religiöser Malerei Einzug in die Kunst.

Dennoch strebten die Genremaler der Song-Zeit bei aller Detailtreue auch in der Personenschilderung offenbar nicht danach, Individuen abzubilden bzw. Individualität sichtbar werden zu lassen, sondern wollten einfach einen Typus schildern: den Menschen als Inhaber eines bestimmten Amtes oder eben schlicht in Verrichtung einer bestimmten Tätigkeit (Abb. 34). Dagegen scheinen die eindrucksvollen Naturdarstellungen von Anfang an auf meditative Wirkungen angelegt zu sein. Stets senkt sich der Blick in erhabene Berglandschaften, richtet sich auf steile Felsklüfte und hochaufragende, einsame Baumwipfel (Abb. 35). Werden, was nicht häufig vor-

33 Die olivgrüne Eisenglasur gilt als Qualitätsmerkmal der besten Seladon-Keramiken aus der Nördlichen Song-Zeit.

114 | II. DIE ÜBERLIEFERUNG

kommt, Menschen oder Tiere mitgemalt, so verschwinden sie in ihrer Winzigkeit fast vor den heroischen Bergesriesen wie etwa eine Karawane auf dem Seidengemälde Fan Kuans aus dem frühen 11. Jahrhundert, genannt »Reisende zwischen Strömen und Bergen«[22]. Man nimmt an, dies habe die Einordnung des Menschen in das kosmische Ordnungsgefüge der mächtigeren Natur zum Ausdruck bringen sollen – analog zur geistigen Rückbindung architektonischer Formen (s. oben S. 105). Im 10. Jahrhundert setzte ganz allgemein die Blütezeit der Landschaftsmalerei in China ein, die nach übereinstimmendem Fachurteil in der Nördlichen Song-Periode (960-1126) ihren absoluten Höhepunkt erreichte. Ihr eignete ein hoher Bewußtheitsgrad, nicht nur in bezug auf Naturstudium und Arbeitstechniken, sondern auch in der Kenntnis von Gesetzmäßigkeiten wie etwa Auflösung und Perspektive. Darüber liegen sogar theoretische Texte vor. Einer von ihnen, den noch im 11. Jahrhundert Shen Gua in seine »Pinselunterhaltungen am Traumbach« einflocht, bezeichnet als anzustrebende Malmethode die Devise: »Das Kleine im Großen betrachten«[23].

Wenn auch der Malerei in den andern Kulturen zumindest durch die Vielfalt ihrer Gattungsvarianten überlegen, so hat doch mit ihnen die chinesische Kunst der Zeit gleichwohl den eigentümlichen Verzicht auf Originalität gemein. Damit fehlt auch ihr ein zentraler Aspekt, den man heutzutage kulturübergreifend als ein Wesensmerkmal künstlerischer Arbeit ansieht und auch bei Einschätzung der Rolle des Künstlers in der Gesellschaft betont. Doch auch wenn gerade in China das Anlehnen an das überkommene Vorbild, die bewußte Einreihung in die bildnerische Tradition nach Form und Inhalt in allen Kunstgattungen vorherrschen und darin grundsätzlich dem gleichzeitigen abendländischen Befund entsprachen, läßt sich für die chinesische Gesellschaft (nicht erst) der Song-Zeit eine hohe Wertschätzung der Bildermaler erweisen. Sie gründete sich wohl auf den meditativen Kontext der Bilder, ihren ehrfurchtgebietenden Charakter und ihren Anreiz zu sichversenkender Schau, dem auch die Kostbarkeit des Materials (Seidenrollen!) und die privat-intime Verwahrung in eigenen, ihrerseits schon eleganten Behältnissen entsprachen.

So verwundert es nicht, wenn wir viele chinesische Künstler des 10./11. Jahrhunderts namentlich kennen: In der Zeit der ›Fünf Dynastien‹ taten sich als Landschaftsmaler besonders Fan Kuan, Guan Dong, Li Cheng, Juran und Dong Yüan hervor, als Maler buddhistischer Sujets Guanxiu; aus dem Reich der ›Nördlichen Song‹ wären noch für das 11. Jahrhundert insbesondere Guoxi oder Mi Fei zu nennen, desgleichen die vorzugsweise auf Bambus malenden Su Dongpo oder Wen Tong. Dagegen sind die Schöpfer selbst herausragender Wand- und besonders Buchmalereien aus dem Byzantinischen Reich oder Europa fast gänzlich anonym geblieben. Eine seltene Ausnahme bildet etwa der in der Malkunst und Elfenbeinschnitzerei gleichermaßen bewanderte St. Galler Mönch Tuotilo, ein angeblich auch noch brillanter Musiker[24]. Einige seiner Kunstwerke haben sich erhalten und sind ihm einwandfrei zuzuordnen.

Die zitierten Maler Chinas richteten sich bei der Auswahl des Materials und der bildnerischen Sujets nach dem jeweiligen Auftraggeber. Ihr gestalterischer Freiraum lag allein in der eigenwilligen Bewältigung des Auftrags, im souveränen Umgang mit dem vorgegebenen Motiv. Nur hierin unterschieden sich Konfektionsschaffen und ambitionierter Ausdruckswille. Im Unterschied zu den Gepflogenheiten Ostasiens aber entsprang der Auftrag in Byzanz und Europa fast immer frommer Erwartung und Andacht sowie den Ausgestaltungen religiöser Kultpraxis (Abb. 36), also den Erfordernissen des Gottesdienstes, der privaten Liturgie und der Stiftungen für das Seelenheil. Nähme man beispielsweise aus der reichen, höchst qualitätvollen byzantinischen Buchma-

---

[22] Abb. u. Kurzinterpretation bei Goepper, China, S. 405.
[23] Shen Gua, Pinselunterhaltungen, S. 109f. (Zitat S. 110).
[24] Vgl. Brüggemeier/Hoffmann, Menschen im Jahr 1000, S. 255.

34 Das frühe Beispiel songzeitlicher Genremalerei wird dem Künstler Zhao Yan zugeschrieben. Es entstand noch im ersten Viertel des 10. Jhs. und zeigt acht Edelleute beim Frühlingsausritt.

35 Charakteristisch für die Naturauffassung chinesischer Landschaftsmalerei der Songzeit ist dieses Bild »Buddhistischer Tempel in den Bergen«. Gemalt wurde es um 1050 im Stil des Li Cheng, eines herausragenden Künstlers aus dem Gebiet der ›Fünf Dynastien‹.

lerei des 10./11. Jahrhunderts (Abb. 37) die Illustrationen der biblischen Überlieferung (besonders des Psalters) und der Kirchenväter bzw. Theologen aus, so bliebe kaum etwas übrig. Für den christlichen Westen, wo ebenfalls die Buchmalerei blühte, steht es kaum anders. Hier wäre allerdings zu berücksichtigen, daß uns der größte Teil der erhaltenen Kunstwerke, besonders der Monumentalgemälde und der Plastiken (Abb. 38), aus Kirchen und Klöstern erhalten ist. Wir wissen wohl, daß zur Ausstattung von Pfalzen und (eher späterhin) Burgen bisweilen auch Künstler herangezogen worden sind, doch dazu besitzen wir leider meist nur beiläufige schriftliche Erwähnungen, nicht hingegen die Gemälde und Plastiken, die sich bisweilen möglicherweise auch profaner Stoffe annahmen. Immerhin haben sich umgekehrt schon für die Karolingerzeit sogar heidnisch-antike Bildmotive in Kirchenräumen nachweisen lassen!

Demgegenüber setzt der Überlieferungsbefund der islamischen Kunst einen starken Kontrapunkt. In der christlichen Welt des Jahres 1000 war das gemalte Bild kein Gegenstand der Kunst, sondern, wenigstens als Statue oder

36 Byzantinische Elfenbeintafel mit Darstellung der 40 Märtyrer von Sebaste (Konstantinopel, 10. Jh.). Die Bohrlöcher an den Rändern lassen darauf schließen, daß die Tafel einstmals den Einband einer liturgischen Handschrift deckte.

37 Der »Josua-Rotulus« schließt an die Tradition der frühchristlichen Bilderrolle an. Auf 15 Segmenten von zusammen mehr als 10 Metern Länge entfaltet er die im Buch Josua des Alten Testaments berichteten Geschehnisse. Die in Tempera und Gold auf Pergament gemalten Bilder (Konstantinopel, um 950) sind einzigartig in der erhaltenen Überlieferung. Das Thema hatte aber in der byzantinischen Reichsgeschichte des 10. Jhs. seinen besonderen Reiz, da man Josua als Prototyp einer militärischen Führergestalt ansah.

Ikone, ausschließlich der religiösen Verehrung. Insofern läßt sich gut die Meinung vertreten, der neuzeitlichen »Ära der Kunst« sei eine frühere »Ära des Bildes« (vor der Renaissance/Reformation) vorausgegangen.[25] Der Islam dagegen besaß keine religiöse Kunst: jedenfalls nicht in Gestalt bildlicher Darstellungen göttlichen Wesens oder von Menschen und Tieren in der Kultsphäre. Auf den Koran allerdings, der sich wie auch eine bekannte Entsprechung im Alten Testament nur gegen die Verfertigung von Götzenbildern wendet (5:90), konnte sich diese Ablehnung nicht stützen. Sie bezog sich vielmehr auf einige Überlieferungen von Aussprüchen und Handlungen Muhammads. Aus ihnen leitete sich das gesetzliche Verbot ab, die von Gott mit einer Seele ausgestatteten Wesen im Bilde wiederzugeben.

Diese Einschränkung sollte sich indes als sehr befruchtend erweisen, beförderte sie doch die dem Islam eigene Entwicklung ausgefeiltester, feinster Ornamenttechniken, in denen sich die künstlerische Phantasie ausleben konnte. »Die Arabeske« wurde somit zum dominanten Merkmal muslimischer Kunst, von der kalligraphischen Schrift (s. oben S. 66f.) der Koranverse an den Wandfliesen der Moscheen über architektonische Füllung von Türen und Nischen – beispielsweise auf prächtigem Goldbelag in der Kuppel vor dem *Mihrab*, der Gebetsnische der Großen Moschee von Córdoba (ca. 970) – bis zur Gefäßkeramik oder Seidenstickerei. Und sie fand bald auch außerhalb der islamischen Welt Verehrer und Nachahmer. In Spanien griff schließlich sogar die Architektur christlicher Kultbauten islamische Ornamenttechniken auf (sog. *Mudéjar*-Stil, beliebt auch im Kunstgewerbe). Dort konnte man sich auch auf eine spezielle Technik der Fliesenkeramik als Baudekoration stützen, »cuerda secca« genannte Fliesenmosaike, deren einzeln ausgesägte Platten man erst nach Farbauftrag und Brennung zusammenfügte. Die ältesten bekannten Stücke entstammen noch dem 11. Jahrhundert (Kalaa Beni Hamad in Algerien).

Im Grunde hat sich das Bilderverbot jedoch nur in der islamischen Sakralbaukunst rigoros ausgewirkt. Mosaiken, wie sie in hellenistischer Tradition noch die Omaijadenmoschee von Damaskus zu Anfang des 8. Jahrhunderts schmückten, gehörten bald der Vergangenheit an. Selbst in der Buchmalerei wurden erst seit dem beginnenden 13. Jahrhundert, insbesondere dann durch äußere

---

[25] Belting, Bild und Kult, S. 9.

einzelnen Sterne erscheinen rot markiert. Cepheus trägt eine hohe islamische Kappe mit Sternen, bei Sagittarius als Zentaur verrät die Gestaltung des Pferdekörpers und der fliegenden Enden des Schals vielleicht sogar chinesischen Einfluß. Die Jungfrau wurde nunmehr züchtig bekleidet und in tänzerischer Haltung gezeichnet (Abb. 39 a, b, c).

Zudem wirkten unterworfene Völker und Volksgruppen meist nichtmuslimischen Glaubens wie die Christen in Syrien und Ägypten am überkommenen Erbe weiter. Allem Anschein nach rührt das Eindringen figuraler Darstellungen in die Formensprache von Kunst und Kunstgewerbe im islamischen Raum maßgeblich aus diesem Traditionszusammenhang her. Menschen, in noch beduinischer Betrachtungsweise oft als Reiter abgebildet, Tiere, auch geflügelte Himmelswesen schmücken die fein gemusterten Stoffe persischer Woll- und Seidenweberei ebenso wie die Knüpfteppiche. Bei letzteren fiel dieser Verstoß gegen das Abbildungsverbot nicht ins Gewicht, da sie, im wahrsten Sinne des Wortes, ge- bzw. eben betreten werden durften. Anders stand es um Wand- und Buchmalerei, die, soweit für die Zeit um 1000 nachweisbar, mit ihrer Figuralausstattung wiederum auf das Konto von Christen, auch Manichäern gesetzt werden könnten. Sie zeugen, namentlich die Malereien in Herrschaftssitzen, von Repräsentationsbedürfnis und höfischer Kultur, wahrscheinlich ebenso wie manche Figuraldarstellung, die uns auf Elfenbeinkästchen des 10. Jahrhunderts vorzüglich aus Córdoba erhalten ist (Abb. 40). Insgesamt wird aber als leitender Grundsatz aller Formbildung islamischer Kunst – ganz gleich, ob in figuraler oder rein ornamentaler Darstellung – eine »Norm der dekorativen Einheit« erkennbar, die ihrerseits grundsätzlich nach Typisierung verlangte: Bilder von Menschen, Tieren oder Pflanzen hatten sich durchgängig dem geometrischen Muster, hatten sich Verlauf und Rhythmus von Kurven, Bändern und Ranken zu fügen. Theo-

38 Die »Pala d'oro« gehört zu den herausragenden Kultschätzen des Aachener Doms, der Krönungsstätte der deutschen Könige. Heute zieren die 17 Goldplatten den Hochaltar. Wohl in einer lothringischen Werkstatt für das Kaiserpaar Heinrich II. und Kunigunde gearbeitet, umschließt das Bildprogramm den in der mitteleuropäischen Kunst um 1000 nur selten abgebildeten Zyklus der Passion Christi.

Kultureinflüsse im Gefolge des Mongoleneinfalls, Abbildungen von Menschen, Tieren oder gar Engeln üblich und auf ein hohes Darstellungsniveau getrieben. Doch lassen sich auch schon für die Zeit um 1000 Beispiele erbringen, etwa über Handschriften aus dem fatimidischen Ägypten (heute im Museum für islamische Kunst in Kairo), die in dynamischer Bildsprache Menschen beim Handeln auf dem Markt wie auch bei Reiterspielen oder dem Stockfechten zeigen. Ohnehin unproblematisch waren anthropomorphe Darstellungen in wissenschaftlichen bzw. wissensvermittelnden Handschriften. Die älteste illustrierte Handschrift aus den islamischen Regionen ist denn auch ein *Buch der Darstellung der Fixsterne*, verfaßt um das Jahr 965 im Auftrag des Buyidenherrschers Adud al-Daula von dessen Lehrer Abd al-Rahman al-Sufi aus dem iranischen Raiy. Die exakte Kopie, die dessen Sohn im Jahr 1009 fertigte, veranschaulicht die Adaption antik-griechischer astronomischer Vorbilder, verbunden durchaus mit neuen Stilelementen: so haben die allegorisierenden Sternbilder orientalische Gesichtszüge, die

39 a, b, c Ein um 965 verfaßtes »Buch der Darstellung der Fixsterne« gilt als das älteste Zeugnis einer illustrierten Handschrift aus dem islamischen Raum. Erhalten ist es in einer Kopie des Jahres 1009, die sich einerseits noch auf Vorbilder antik-griechischer Astronomie stützt, zum anderen aber auch schon den personifizierten Himmelskörpern orientalische Züge verleiht. Besonders deutlich wird dies an den ausgewählten Beispielen des Cepheus mit seiner Kappe (Abb. a), dem Pferdeleib des als Zentaur abgebildeten Sagittarius (Abb. b) sowie der tanzenden Jungfrau (Abb. c).

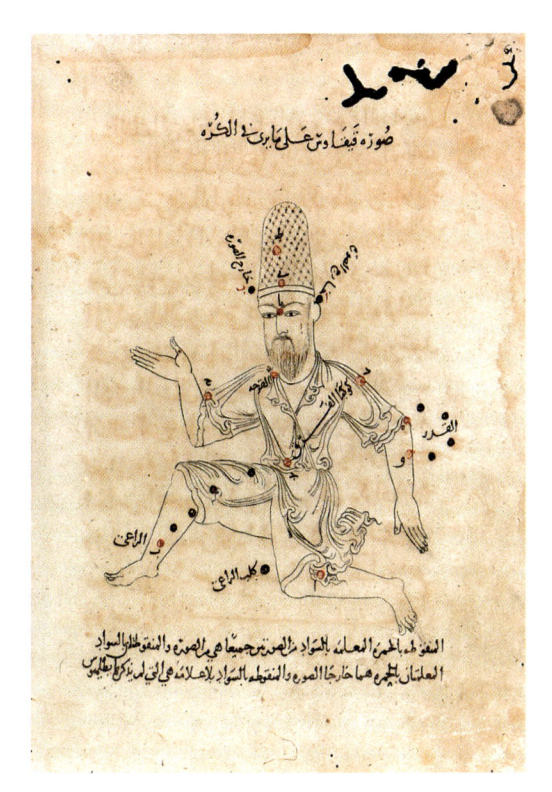

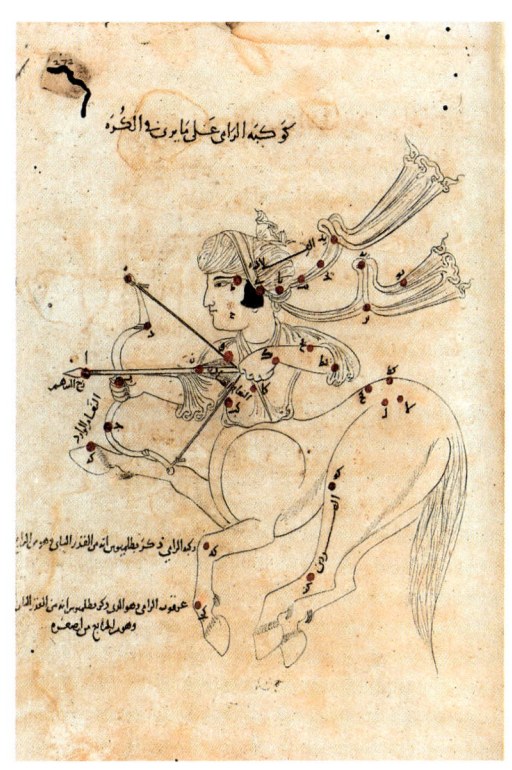

logische oder gar konkrete politische Zusammenhänge und Ansprüche, wie letztere in den Herrscherbildern der christlichen Welt, aber auch in der bildnerisch-plastischen Überlieferung Ostasiens und Mesoamerikas zutage treten (s. unten S. 120ff.), sind dagegen in der islamischen Kunst des Jahres 1000 nicht zu entdecken.

Sucht man in Werken der bildenden Kunst ausdrückliche Botschaften aus der politischen Vorstellungswelt, so trifft dieser abschlägige Bescheid auch für die buddhistischen Malereien und Skulpturen zu, deren Ikonographie die künstlerische Überlieferung des indischen Subkontinents und weitester Teile Südostasiens jener Zeit bestimmte, aber auch, wie zu sehen war, um 1000 noch im chinesischen Einflußbereich faßbar ist. Jenseits des gemeinsamen Fehlens politischer Botschaften allerdings unterscheidet eine eigene, geradezu überbordende Ikonographie diese Kunst streng von der islamischen, die damals immerhin schon den Nordwesten Indiens durchdrang. Götter und unzählige mythische Figuren bevölkern die indische Kunstwelt, nicht nur des Buddhismus, sondern auch des Jainismus sowie etwa der Kulte um Shiva, Shakti oder Vishnu. Auf die Erlebniswelt der Götter und Dämonen wurden sämtliche menschlichen Leidenschaften und Gemütszustände projiziert und in eigene, sich verfestigende Bildmodelle gegossen. Hier waltete also keine religiös motivierte Bilderscheu, sondern im Gegenteil ein verschwenderischer Darstellungsdrang. Er hat meisterhafte Menschen-, Tier- und Naturdarstellungen hervorgebracht, die jedoch einem sofort augenfälligen Idealisierungsbedürfnis unterliegen, das sich in den monumentalen Tempelplastiken ebenso ausspricht wie in den Kleinbronzen oder der Malerei auf Palmblättern (die nepalesische Malerei mit ihren meditativen Bildrollen hielt sich hingegen an Stoffunterlagen für ihre magischen Diagramme, die »Mandalas«). Im Grunde fällt diese Art der Typisierung noch viel einseitiger aus, zeigt sie den Menschen (als Gott) doch stets mit perfektem Körperbau und in jugendlicher Blüte, die schönen Frauengestalten in erotischer Symmetrie als üppige, verführerische Wesen, allesamt übrigens – wenn nicht nackt – in prachtvoller Kleidung mit herrlichem Schmuck. Es überwiegt somit ein märchenhafter Zug, der keine natur- und menschennachahmende Komposition sucht, sondern vielmehr eine Flucht aus dem Alltag und dem gesellschaftlichen Verkehr der Menschen befördern will. Insofern ist diese Kunst, der man mit ihren mythischen Entrückungen einen pessimistischen, eher lebensverneinenden – gleichwohl sinnenfreudigen – Hang unterstellen darf, ein wichtiger Indikator für den auf der Bevölkerung lastenden wirtschaftlich-sozialen Druck und die permanente militärische Bedrohung durch muslimische Einfälle.

Der Bilderreichtum dieser eskapistischen Repräsentationskunst ist schier erdrückend, folgte aber schon um 1000 klaren Darstellungskonventionen, über die sogar Handbücher vorlagen. An sie, an die gängigen Abbildungsmuster hielt sich der oft flüchtig, ja vielleicht im Akkord an seinen Götterstatuetten arbeitende Bildhauer (die in engerem Sinne kunstgewerbliche Überlieferung Indiens ist für unseren Zeitraum allerdings nur von unerheblichem Umfang). Aus dem Süden des Subkontinents stammen die nach wie vor in Indien selbst befindlichen Cola-Bronzen, beispielsweise die dem beginnenden 11. Jahr-

40 Nach einer Inschrift ist dieser filigrane Elfenbeinkasten 1004 im Auftrag des Kanzlers Abd al-Malik geschnitzt worden. Dieser war der Sohn al-Mansurs, des mächtigen Wesirs am Hofe des Kalifen von Córdoba. Die Deutung des Reliefdekors mit einer Herrscherszene ist bis heute umstritten, doch darf das Stück insgesamt als qualitativ herausragendes Werk der islamischen Elfenbeinschnitzerei Spaniens gelten.

41 Die Hauptfigur dieser detailreichen Kultstele aus dem 10. Jh. widmet sich dem meditierenden Asketen Gautama, der in der Erleuchtung zum Buddha wird. Durch den Löwenfries ist sein Thron als Sitz des machtvollen Herrschers ausgewiesen.

42 Tara genoß um 1000 den Rang der populärsten buddhistischen Göttin in Bihar und Bengalen. Ihr Sanskritname bedeutet Stern oder Erretterin, ihr Eingreifen verhieß Orientierung und Schutz. Die Geste ihrer rechten Hand deutet man als Gewährung eines Wunsches, das Gebilde in ihrer Linken als eine blaue Wasserlilie.

hundert angehörende Vrishabhavahanamurti-Gruppe aus Tiruvenkadu: Elegant, geradezu lässig steht hier der mit typischem Kopfschmuck ausgestattete Gott Shiva neben einer kleiner dargestellten, zierlichen Göttin (Devi). Die Gestaltungsunterschiede dieser Kunst liegen nicht in ihrer Motivik, sondern nur im Stil, der eigene regionale Ausprägungen erlebte (Abb. 41 und 42).

Was für die einzelnen Regionen Indiens sichtbar wird, gilt in größerem Betrachtungsrahmen auch für die buddhistischen Kulturen Südostasiens. Während etwa von früher Thai-Malerei kaum etwas erhalten blieb, zeugen Tempelberge wie Bronzestatuetten Kambodschas von Macht und Reichtum der Khmer-Herrscher seit dem 10. Jahrhundert, wahrscheinlich zugleich von der stärksten künstlerischen Tradition Südostasiens. Kennzeichnend sind der ornamentale Bauschmuck an Fassaden und Türstürzen der Tempel und die rhythmischen Bilderfriese. Doch auch Burma wird für die Zeit seit dem 11. Jahrhundert ein goldenes Zeitalter der Kunst attestiert, wenngleich hier die meisten Tempelbauten nicht mehr existieren und von den durchweg hölzernen Mönchsbehausungen keine mehr steht. Eine engere künstlerische Verbindung stiftete zwischen Ceylon und Indonesien der Hinayana-Buddhismus, dem sich schöne, in ihren bedeutendsten Exemplaren jedoch weit vor dem Jahr 1000 entstandene Wandmalereien verdanken. Ein eigenes, recht kurios anmutendes Darstellungselement javanischer Kunst ist der *Ganesha*, ein elefantenköpfiger Gott der Gelehrsamkeit (Abb. 43).

Die Symbolsprache des Buddhismus und seiner Mythologie stellte eine wichtige Verbindung zwischen Indien und Ostasien her. Alle Darstellungsweisen haben hier wie dort

123 | II. DIE ÜBERLIEFERUNG

ihre ikonographischen Entsprechungen, doch lassen sich auch exakte Vergleichstabellen der Typenbezeichnungen aufstellen: Der stets ohne Schmuck gestaltete Buddha des Sanskrit heißt im Chinesischen *Fo*, im Japanischen *Butsu*, die Bodhisattvas (*Pusa* bzw. *Bosatsu*) erscheinen stets mit kronenartigem Kopfputz und reichem Schmuck von Ketten und Armspangen usf. Jenseits der Götterinkarnationen bildeten sich in China aus der buddhistischen Ikonographie, aber auch in daoistischen Überlieferungszusammenhängen populäre Menschen- wie Tierfiguren heraus, die auf Glücksverheißungen oder Segenswünsche zielen. Der Reichtum der hier wuchernden Symbolsprache erscheint der bedeutungsgeladenen barocken Ikonographie Europas nicht unähnlich. Geschichte und Mythologie trennt diese süd- und ostasiatische Kunst jedoch nicht.

Wenigstens das hat sie mit der Bilderwelt der theokratischen Kultur Mesoamerikas gemein. Gerade diese erschließt sich grundsätzlich nur über das religiöse Weltbild, das allerdings »realhistorische« Ereignisse zu integrieren vermag. Dennoch sind durchaus genrehafte Figurengruppen, etwa in der Vasenmalerei, keineswegs unüblich, desgleichen auf Reliefdekorationen: Beides im übrigen Gattungen, die schon weit vor dem Jahr 1000 in der klassischen Maya-Periode bereits eine Hochblüte erlebt hatten. Aus dem mixtekischen Bereich sind auch Holzschnitzereien erhalten. Allerdings erreichte die Kultur dieses Volkes ihren Zenit erst gegen 1100 n. Chr. Seine besondere künstlerische Domäne fand es dann in der Herstellung wunderschöner Goldzierate, die noch Jahrhunderte später die Begehrlichkeit der spanischen Eroberer weckten. Zur Fertigung war die Kenntnis der Verschweißung auch feinster Bildelemente aus Gold und Silber vonnöten. Vor dem Aufkommen des Gusses hatte man das Gold geschmiedet und dann mit getriebenem Zierat versehen. Eigentlich dienten die Kriegerfiguren, die Adlerköpfe oder Schildkröten sogar als Ohr-, Lippen- oder Fingerschmuck. Sie stehen in ihrer Ausstattung einerseits für den sozialen Rang ihres Trägers, legen andererseits aber auch Bezüge zur Mythologie und kriegerischen Kultur frei. Die vielleicht reichste Ausstattung dieser Art gaben die Mixteken einem ihrer auf dem Monte Albán bestatteten Fürsten bei.

Nicht nur zur Schriftüberlieferung, sondern auch unter den bildhaften Überlieferungen Mesoamerikas dürften Steinreliefs den Löwenanteil beibringen. Sie bieten dem Betrachter figürliche und symbolische Darstellungen, die auf mythisches Geschehen verweisen, zum Teil auch in signifikanter regionaler Ausprägung. Beherrschende Motive sind die gefiederte Schlange, das Schädelgerüst *tzompantli* (auf dessen steinernem Sockel stand ein Holzgerüst, auf das man die skelettierten

43 Der tanzende Ganesha prägt viele Kultstelen Ostindiens und Südostasiens. Das drollige Mischwesen aus Mensch und Elefant gelangte erst spät aus dem Volksglauben in den hinduistischen Götterhimmel. Angebetet wurde es als Gott der Weisheit und Bildung.

Schädel der Geopferten steckte), die sich durch ihre Tragehaltung auszeichnenden Atlanten oder die stets rücklings liegenden Chac-Mool-Figuren mit seitlich gewendetem Gesicht, die auch als freistehende Opfersteine vor Tempeln erscheinen (wie in Chichén Itzá und Tollan).

Reiches Dekor findet sich in Palästen und Grabkammern der Maya-Städte im Nordwesten der Halbinsel Yucatan: die eigenwilligen Wandverkleidungen im ›Puuc-Stil‹, behauene, ähnlich Mosaiken zu Zacken- und Rautenmustern, Mäandern u. ä. m. zusammengefügte, plastisch hervortretende Steine. Noch größere Kunstfertigkeit äußert sich in plastischen Wandverzierungen aus Stuck. Sie scheinen in der künstlerischen Entwicklung die Brücke zu den Wandmalereien gebildet zu haben, die das ganze Kaleidoskop mythischer Ereignisse um Jaguar und Adler aufbieten, sich aber auch auf schlichte Ornamente (Blütenranken) beschränken konnten. Diese Wandmalereien haben merklich auf das Kunstschaffen der Tolteken weitergewirkt, bei denen man auch zur Einbeziehung des Alltags in die Malerei schritt und andererseits die Schilderung religiöser Riten, von Kämpfen und Siegesfeiern ein breites künstlerisches Darstellungsangebot herausforderte. Zu beachten ist, daß auch die Texte zu den religiösen Riten, das heißt Gebete und Zauberformeln, Schlüsselinformationen zur inneren Zusammensetzung der Gesellschaft bereithalten: Der erst vor einigen Jahrzehnten aufgetauchte *Codex Grolier* sowie die heute in Dresden, Madrid und Paris liegenden Maya-Codices der frühen ›nachklassischen Periode‹ (sämtlich nach 1000 entstanden) konservieren in ihrer Bilderschrift die einzelnen Rituale der sozialen Gruppen, jeweils eigens gestaltet für die Belange der Jäger, Bauern, Fischer, Imker, Kaufleute oder Weber.

Im gerade aufkeimenden mixtekischen Kulturbereich zeigen sich besonders enge thematische Verbindungen zwischen Wandmalereien und Bilderhandschriften. Deren Bilderfolgen wiederum unterrichten nicht nur über Riten und das Kalenderwesen[26], sondern verarbeiten in beträchtlicher Detailfülle historisches Geschehen, erzählen Geschichte bildlich, zum Teil ohne Schriftkommentar. So ruft der heute im Wiener Museum für Völkerkunde verwahrte, im 16. Jahrhundert durch zweisprachige Beschriftungen (spanisch-mixtekisch) seiner vorkolumbischen Bilderwelt bruchstückhaft erläuterte *Codex Becker I* Vorgänge mixtekischer Geschichte des 11. Jahrhunderts ab, kreisend vor allem um die Lebensgeschichte des Fürsten »8 Hirsch-Jaguarkralle«. Sogar unter Beifügung des Datums werden einerseits dramatische Kriegsereignisse, zum andern aber herausragende rituelle Akte wie Inthronisationen, Heiraten und Tempelfeste, auch Opferungen abgebildet. Nebenbei verraten die Bilder nicht wenig über die Architektur und prunkvolle Ausstattung der Kultbauten (z. B. einer Stufenpyramide)[27], verschmähen auch nicht die beiläufige Bebilderung von Alltagsverrichtungen, indem etwa »8 Hirsch« ein Gefäß mit schäumendem Inhalt, vermutlich gequirlter Kakao, in die Hand gedrückt wird. Schließlich vermitteln die Bildersequenzen wichtige Aufschlüsse über genealogische Verhältnisse, auf deren Memorierung und Präsentation die herrschenden Schichten – dies zweifellos eine beachtliche Parallele zu anderen Weltkulturen (China, Islam, Europa) – hohen Wert legten und die offenbar über große Zeiträume hinweg tradiert wurden, auch und gerade auf mündlichem Wege!

Des Kaisers Unnahbarkeit und der Kopf des Asketen

Die mixtekische Bilderhandschrift verdeutlicht, daß Bildzeugnisse auf ihre Weise ebenso Geschichte erzählen können wie berichtende und strukturierende Werke der Geschichtsschreibung. Der Objektcharakter

---

[26] Vgl. den Beitrag von Georg Berkemer in Kap. I.
[27] Vgl. Faksimile-Ausgabe der Codices Becker I/II, p. 12; Erl. ebd., S. 110 (bzw. S. 104 zu p. 3).

des Kunstwerks, seine Materialität, der sinnfällige Aufwand der Arbeitsgänge, die Auftragssituation oder die angestrebte Verwendung des Werkes umreißen seine soziale Funktion. Dabei muß sich der Quellenwert des Bildes nicht in seinen sozialgeschichtlichen Aussagen erschöpfen, sondern kann auch die historische Annäherung an Einzelpersonen befördern, an ihre Selbstwahrnehmung, an ihre Ansprüche wie ihr Repräsentationsstreben. Dies alles dokumentiert insbesondere der Bildtyp des Porträts, vor allem in seiner politischen bzw. theokratischen Ausprägung als Herrscherbild. Neben, bisweilen auch in Kombination mit dem religiösen Kultbild stellt es sich in mehreren, zum Teil auch in keinerlei Kontakt miteinander stehenden Kulturen des Jahres 1000 als dominanter Bildtyp heraus.

Man tut gut daran, diese Bilder, wenngleich sie einzelne Herrscher in Auftrag gaben, nicht einfach als autobiographische Zeugnisse zu verstehen. Um so weniger, als offensichtlich vor tausend Jahren nirgendwo auf der Welt bei Schaffung eines gemalten Porträts oder einer Porträtplastik die Absicht vorlag, einen ganz bestimmten Menschen in unverwechselbarer Gestalt als individuelle Person, in »der einmaligen Erscheinung« zu erfassen.[28] Für Europa (das gilt hier für Byzanz nicht minder) hat man dies etwa für den Zeitraum von der Spätantike jedenfalls bis ins 13. Jahrhundert hinein gänzlich ausschließen wollen und deshalb die Vorstellung eines porträtlosen Jahrtausends erweckt. Doch auch die erstaunlich naturalistische Kunst Chinas hat um 1000 nicht auf die Abbildung von Individualität gezielt. Gleichwohl ging es ihr bei der Personen-

44 Ankunft der Reliquien des hl. Chrysostomus vor der Apostelkirche in Konstantinopel. Das Motiv bildet nur eine von insgesamt 430 in Deckfarben auf Goldgrund gemalten Miniaturen, auf die sich der höchst exklusive Rang dieser byzantinischen Handschrift gründet. Sie enthält monatsweise angeordnete Heiligenlegenden und wurde für Kaiser Basileios II. zwischen 976 und 1025 angefertigt.

porträtierung dem äußeren Anschein nach um eine Lebensechtheit, wie sie die Kunst der anderen Zivilisationen damals offenbar nicht für nötig hielt. Handwerklich lag sie auch dort im Bereich des Möglichen, wie etwa die in Fortführung oder (gerade um 1000) Wiederaufnahme antiker Maltraditionen entstandenen subtilen Figurendarstellungen in illustrierten byzantinischen Psalterien oder Menologien (Handschriften mit nach Monaten geordneten Heiligenviten) beweisen (Abb. 44). Im Unterschied zum Eindruck der Maskenhaftigkeit oder auch feierlichen Strenge und Entrücktheit, der von der Darstellung europäischer Herrscher dieser Zeit ausgeht, charakterisiert das Personenbild der Song-Zeit gerade seine Naturnähe und Intimität. Dazu mögen die religiösen Traditionen des Buddhismus ebenso beigetragen haben wie die primär ethischen und säkular-staatsphilosophischen Traditionen des Konfuzianismus, der seinerzeit neu erstarkte. Die Eigenheiten buddhistischer Meditation und Naturbetrachtung scheinen eine unauflösbare Einheit zu bilden. Und die Absicht, göttliche Schönheit und Ebenmaß im menschlichen Maßstab, das heißt nach ›realistischem‹ Menschenantlitz zu formen, mag der entscheidende Antrieb gewesen sein. Er teilt sich in den Porträtplastiken der Lohans, der Asketen, am deutlichsten mit: in wunderschön geformten, meist glasierten Terrakotta-Köpfen. Doch abgebildet wurde in ihnen nicht ein Individuum, dessen äußere Züge man nur borgte, sondern der auf den Spuren Buddhas wandelnde Mönch (Abb. 45).

Eine noch stärkere, weil reine Diesseitsbezogenheit gibt sich im Herrscherbild zu erkennen, das von konfuzianischem Wertebewußtsein zeugt. Nachdrücklich teilt sie sich mit im Porträt des einstigen Generals und Thronusurpators Zhao Kuangyin, der im Werk eines anonymen Malers als Kaiser Taizu (960-976) in sitzender Position auf einem Bambusthron abgebildet ist (Abb. 46) – erhaben und würdevoll, aber doch vor allem Schlichtheit, Beschei-

45 Der Kopf eines »Lohan«, eines Asketen, vergegenwärtigt den Einfluß buddhistischer Kunst in China um 1000. Das naturalistisch wirkende Porträt, eine Skulptur aus glasierter Terrakotta, ist etwa lebensgroß.

denheit und Gemütsruhe ausstrahlend. Der Kaiser, wiewohl durch Militärputsch auf den Thron gelangt, wirkt ausnehmend friedfertig. Der ganze Habitus scheint seine bevorzugte Maxime wiederzugeben: »Besonderes Gewicht auf das Zivile legen und das Militärische gering gewichten«[29].

Das krasse Gegenteil tritt im Bilde Basileios' II. entgegen, der um die letzte Jahrtausendwende annähernd fünfzig Jahre dem byzantinischen Kaiserreich als Herrscher (976-1025) vorstand. Er war zwar gleichfalls bäuerlicher Abkunft, doch sein Herrscheramt rückte ihn in der eigenen Auffassung wie auch der seiner Untertanen in eine Mittelsphäre zwischen irdischer und himmlischer Region. Jedenfalls entsprach dies der Vorstellungswelt der mit

28 Keller, Entstehung des Bildnisses, S. 353.
29 Goepper, China, S. 93.

Feder oder Pinsel arbeitenden Propagandisten byzantinischen Herrschertums, wie aus dem Kaiserbild in einem zeitgenössischen Psalter sofort ersichtlich wird (Abb. 47). Von Ikonen seiner Heiligen umsäumt, wird der Kaiser von Engeln gekrönt und mit einem (Lang-)Zepter investiert; die Krone wiederum übernahm der Engel von Christus selbst, der sie aus dem Himmel (vom oberen Bildrand) herabgereicht hatte. Zu Füßen des auf einem Schilde stehenden Kaisers werfen sich huldigende Würdenträger der »Barbaren«, Angehörige der von Basileios unterworfenen Völker, in den Staub. Der in Gestalt des Triumphators in militärischer Rüstung und mit allen Herrschaftszeichen inmitten des Bildes dargestellte Kaiser ist ihren Blicken entrückt und in wesentlich größeren Körperproportionen abgebildet. Im Kern hat man hier alle Wesenselemente der byzantinischen Herrscherideologie und des Hofzeremoniells beisammen, sowohl was die grundlegenden symbolischen Anleihen des Kaisergedankens bei der politischen Theologie als auch was die Selbstwahrnehmung der Byzantiner gegenüber anderen Völkern anbelangt. Darüber hinaus macht sich hier vielleicht sogar noch ein kompensatorisches Selbstbewußtsein geltend, da Basileios nur auf eine wenig glorreiche Ahnenschaft zurückblicken konnte.

Gattungsbezogen zeigt dieses berühmte Kaiserbild im Marciana-Psalter mit dem Be-

46 Abgebildet ist Zhao Kuangyin (928-976), unter dem Namen Taizu Gründungskaiser der Song-Dynastie. 960 durch einen Militärputsch an die Macht gelangt, vertrat er als Regent eine deutliche Abkehr vom militärischen Primat bei der Verwaltung des Reiches.

47 Das Kaiserbild in der Psalterhandschrift Basileios' II. gleicht einer politischen Manifestation. In Demutshaltung haben sich acht Würdenträger protokollgerecht vor dem ihren Blicken entrückten Kaiser niedergeworfen, dessen himmlische Belehnung mit Krone und (Lang-)Zepter zwei Engel vornehmen. Die Triumphgestik des kriegerisch gerüsteten Monarchen mag auf seinen größten militärischen Erfolg verweisen, der ihm den Namen des »Bulgarentöters« eintrug. Auch seine ihn flankierenden Ikonen zeigen sämtlich Kriegerheilige.

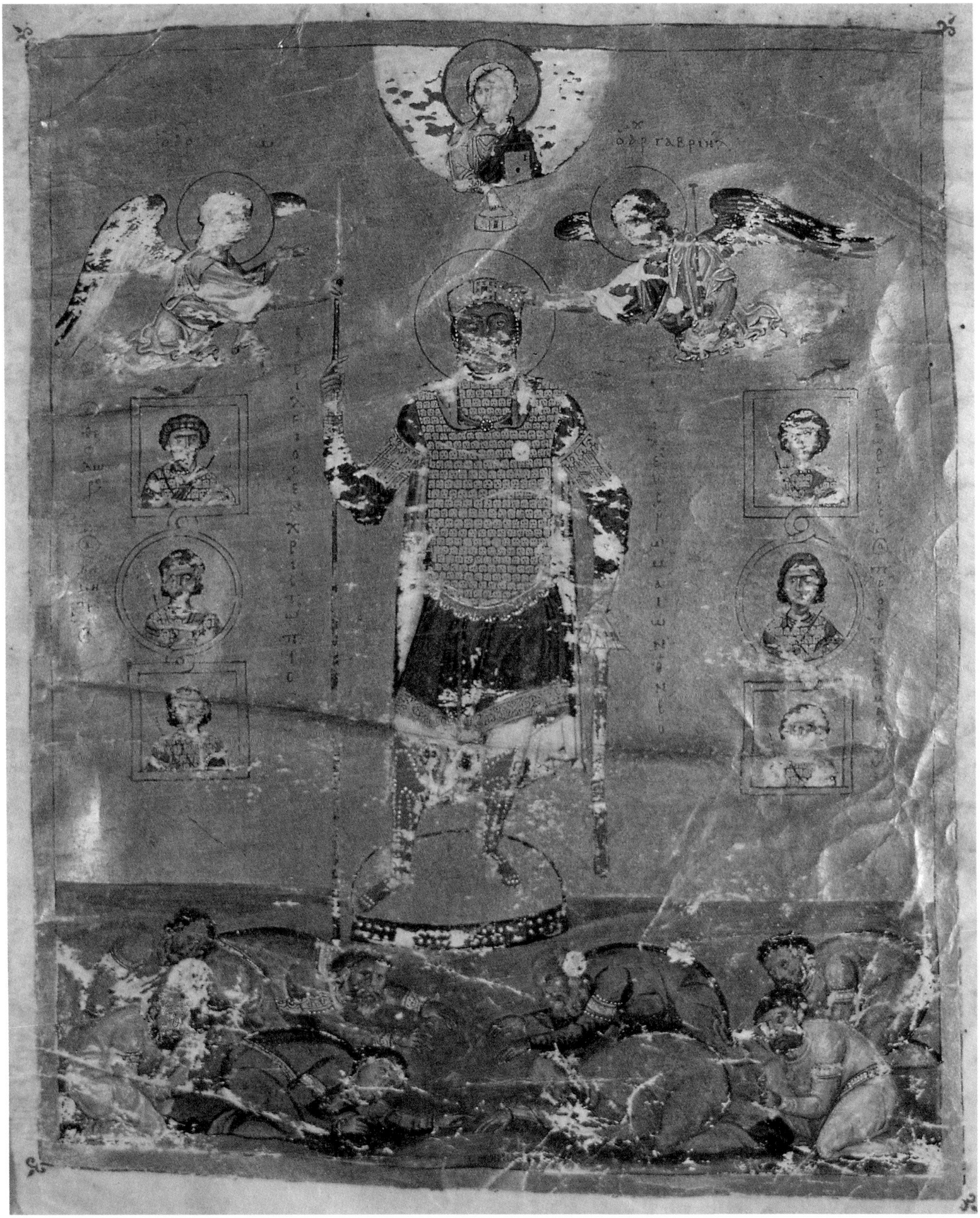

lehnungs- bzw. Huldigungsschema einen schon in altorientalischen Malereien aufscheinenden Bildtyp, in dem man dann auch einen der drei Haupttypen des mittelalterlichen Herrscherbildes erkennen kann. Mit ihm zuweilen auch vermischt sind die beiden anderen Typen, das Devotions- und das Trabantenbild. Letzteres kombiniert das Bild des Herrschers mit den Darstellungen der ihm Nahenden, ihm Gaben Bringenden, zumeist auch umringt von Wachen und Getreuen. Das zweifellos bekannteste Zeugnis dieses Typs findet sich in dem auf der Insel Reichenau gegen Ende des 10. Jahrhunderts entstandenen Evangeliar Ottos III. (Abb. 48 a, b), angefertigt wohl zum persönlichen Gebrauch des Kaisers. An gleichem Ort und für den gleichen Kaiser, genauer: für dessen Aachener Pfalzkapelle wurde ein anderes Evangelienbuch hergestellt, nach seinem Überbringer, dem gleichfalls abgebildeten und in der Widmungsinschrift erwähnten Mönch, auch »Liuthar-Evangeliar« genannt. In seiner äußersten Zuspitzung der Herrscherapotheose (Krönung des erhöht thronenden Otto durch die ausgestreckte Hand Gottes) reicht es besonders nahe an das Muster byzantinischer Herrscherbilder heran. Unter dem Einfluß von Ottos III. griechischer Mutter erfuhr es, wie eine Reihe anderer Kunstgattungen, im Abendland, besonders aber in Deutschland, verstärkte Beachtung und Nachahmung. Doch neben der beiläufigen Bezeugung dieses Kulturtransfers beleuchtet das Widmungsbild des Aachener Evangeliars in einer die parallele Schriftüberlieferung ergänzenden, sie vielleicht im Aussagegehalt überbietenden Weise das Verhältnis des deutschen Herrschers zu den jungen Königtümern Polens und Ungarns: Deren Monarchen werden augenscheinlich auf dem »Aachener« Bild vom Kaiser belehnt (Abb. 49 a, b). Nicht vergessen sei aber darüber, daß diese Handschrift wie alle anderen ihrer Art zuallererst liturgischen Zwecken diente. Auch ihre Widmungsminiatur verweist auf einen anderen, nicht in der »realhistorischen« Dimension aufgehenden Sinn. Die ursprüngliche Eigenart dieser Bilder beruht vielmehr darauf, daß mit ihnen

48 a, b Kurz vor der letzten Jahrtausendwende wurde dieses Evangeliar auf der Insel Reichenau für Kaiser Otto III. hergestellt. Auf dem Huldigungsbild präsentiert sich der thronende Monarch in vollem Herrscherornat und mit den Reichsinsignien, umgeben von weltlichen und geistlichen Würdenträgern. Es verweist auf den sakralen Charakter des Kaisertums, strahlt mit seiner Bildsprache aber zugleich den universalen Herrschaftsanspruch des jungen Otto aus. Auf dem linken Bildteil der Doppelseite (Abb. a) nahen sich gabenbringend die als Frauen personifizierten Reichsteile »Sclavinia«, »Germania« und »Gallia«, programmatisch angeführt von der «Roma».

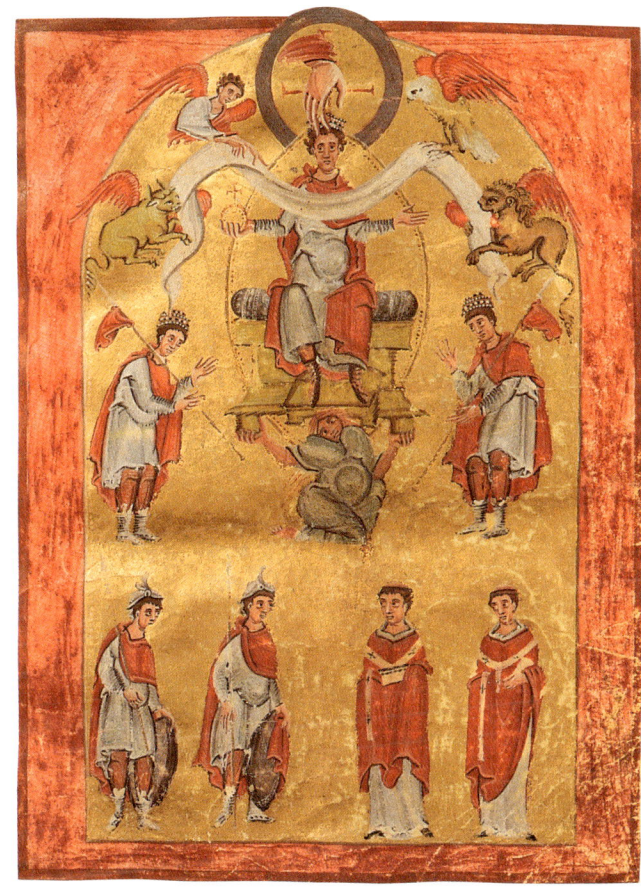

49 a, b »Der Giganten Größter steigt im Triumph zu den Sternen empor«: gemeint ist der im leuchtenden Glanz der goldenen Mandorla als Stellvertreter Gottes amtierende Kaiser Otto III. (Abb. b). Ihm bringen zwei selbst gekrönte Personen Huldigungen dar, wohl die Fürsten Polens und Ungarns. Der auf der linken Hälfte des doppelseitigen Widmungsbildes (Abb. a) erscheinende Mönch Liuthar überbringt das Evangeliar mit dem Wunsch, Gott möge das Herz des Kaisers durch dieses Buch kleiden.

30 Vgl. die Abbildung bei Euw, Malerschule, S. 252; dt. Übertragung: Jantzen, Ottonische Kunst, S. 84 Anm. 5.

das Unsichtbare symbolhaft sichtbar gemacht werden sollte. Ein um 1000 auf Betreiben der Äbtissin Hitda von Meschede (Westfalen) in Köln geschriebenes und bemaltes Evangeliar, ein herrliches Gesamtkunstwerk im Gefüge von Bild und Text, spricht es an einer Stelle selbst aus: »Diese sichtbare Darstellung verbildlicht jenes unsichtbare Wahre, dessen Glanz die Welt mit tausend Leuchten seiner verkündenden Rede durchdringt.«[30]

Das Widmungsbild des Aachener Evangeliars weist mehrere Sinnschichten auf. Bei aller Vielschichtigkeit und ideologischen Programmatik führt es aber deutlich die besonderen Vorzüge von Bildzeugnissen vor Augen: ihre Unmittelbarkeit, ihre äußerst konzentrierte, bündige Darstellung und damit ihre motivische Beschränkung auf dasjenige, was vom Künstler/Auftraggeber für unverzichtbar gehalten wurde. Somit kann der heutige Be-

trachter wertvolle Innenansichten des Selbstverständnisses historischer Personen und Personengruppen nachvollziehen und erfährt viel über ihre Legitimationsvorstellungen. Über das gemalte Bild hinaus trifft dies erst recht für andere, quasi ›offizielle‹ Bildzeugnisse zu, in denen sich die Herrschaftspraxis manifestiert: vor allem für Siegel- und Münzbilder, die zum Beispiel aus Europa und Byzanz für die Zeit um 1000 reichlich zu Gebote stehen (vgl. Abb. 30 b). In diesen Kontext gehören weiterhin alle Zeugnisse der Herrschafts- und Staatssymbolik, also Kronen – wie insbesondere die heute in Wien verwahrte Reichskrone (Abb. 50) – und andere Insignien, aber auch Gewänder des Herrscherornats und Reliquienbehältnisse aus Kron- bzw. Reichs- oder Klosterschätzen (Abb. 51). Sie alle weisen oft Bilder auf, die nicht nur Auskunft geben über Repräsentation und Ruhmsucht, sondern, wie die byzantinisch-ungarische »Monomachen«- oder die noch weit bedeutendere »Stephanskrone«, auch politisch-kulturelle Begegnungen und Symbiosen in den Blick stellen – hier das Ringen zwischen westlichem und östlichem Christentum um die ungarische Monarchie, das sich in Gestaltungsdetails unterschiedlicher kultureller Herkunft auf dem gleichen Objekt ausdrückt.

Vor diesem Horizont ist auch eines der eigenartigsten, erfreulicherweise gut erhaltenen Sachzeugnisse der Welt des Jahres 1000 einzureihen: der Sternenmantel Kaiser Heinrichs II., ein mit alten Goldstickereien übersäter blauer Seidendamast von annähernd drei Metern Durchmesser, der sich noch heute in Bamberg befindet, dessen Dom ihn der Kaiser geschenkt haben dürfte (Abb. 52). Seine filigranen Stickereien rufen nicht nur Zentralmotive christlicher Ikonographie ab, sondern umschließen auch die Sternzeichen der beiden Hemisphären. Himmel und Erde, Sonne und Mond, Christus und die Evangelisten, die Engel, Maria und Johannes der Täufer mitsamt anderen heiligen Gestalten bekräftigen auf

50 »Durch mich regieren die Könige«, verkündet die Inschrift auf dieser Emailplatte, eines von insgesamt vier Bildern auf der Reichskrone. Mit dieser Insignie wurden spätestens seit dem 11. Jh. bis zum Ende des Alten Reiches die deutschen Könige und Kaiser gekrönt. Das Bildprogramm mit dem von zwei Seraphim umgebenen Christus gemahnt an den Weltenrichter als »König der Könige«. Die anderen Bildplatten vergegenwärtigen alttestamentliche Könige. Sie stehen als Sinnbilder für die Gnadenerfahrung und die Tugenden des Herrschers.

51 Das Reliquiar barg ursprünglich das Evangelienbuch des Molaise, eines irischen Heiligen des 6. Jhs. Er hatte einst das Inselkloster Devenish in der Grafschaft Fermanagh gegründet. Einer seiner Nachfolger in der Abtswürde ließ 1001 das Reliquiar mit vergoldetem Silber überziehen. Eine irische Inschrift ruft zum Gebet für ihn, aber auch für den Goldschmied auf.

52 Der Sternenmantel Kaiser Heinrichs II. vereinigt Züge des Herrscherornats mit dem Gewand des Hohenpriesters als Symbol sakralen, weltumspannenden Kaisertums. Nach einer Inschrift am Saum geben die um 1020 in Regensburg aufgestickten Bilder eine »Beschreibung des gesamten Erdkreises«. Vermutlich schenkte Kaiser Heinrich das wertvolle Gewand noch bei Lebzeiten dem Bamberger Dom, seiner Gründung. Gestiftet hatte es ein hochgebildeter Südländer: Herzog Ismahel von Apulien, der 1018 nach einer militärischen Niederlage gegen die Byzantiner ins Reich Kaiser Heinrichs geflohen war und von diesem Asyl erhalten hatte. Fern der Heimat wurde der vornehme Flüchtling im Bamberger Dom beigesetzt.

dem wunderbaren Umhang, der dem Gewand auch eines Hohepriesters gleichkommt, den Herrschaftsanspruch des Inhabers höchster Macht auf Erden: als Ausdruck der exklusiven Beziehung zum Weltenherrscher Christus, als dessen irdischer Stellvertreter sich der Kaiser verstand. Gestiftet hat das Werk ein apulischer Fürst, der vor den Byzantinern Schutz bei Kaiser Heinrich II. suchte.

Nur am Rande sei noch angemerkt, daß die skizzierten Bildtypen nicht nur der Herrscherebene von Kaisern und Königen vorbehalten blieben, sondern um 1000 in Europa längst die Spitze der Aristokratie über die Buchmalerei erfaßten (Abb. 53; 54). In Byzanz schuf sich diese sogar einen aufwendigen eigenen, gattungsgebundenen Illustrationsstil (sog. Aristokratische Psalterhandschriften), dessen Zeugnisse des 10./11. Jahrhunderts auch ohne explizite Darstellung »historischer« Personen einen exklusiven Repräsentationscharakter tragen. Selbst in der Bildwelt Mesoamerikas wirkte die Typik des Herrscherbildes, finden sich doch schon in Steinreliefs der klassischen Maya-Kultur Huldigungsszenen.

Und doch behaupten sich, bei allen schematischen Korrespondenzen, allenthalben die eigenen kulturellen Chiffren auch im gemein-

133 | II. DIE ÜBERLIEFERUNG

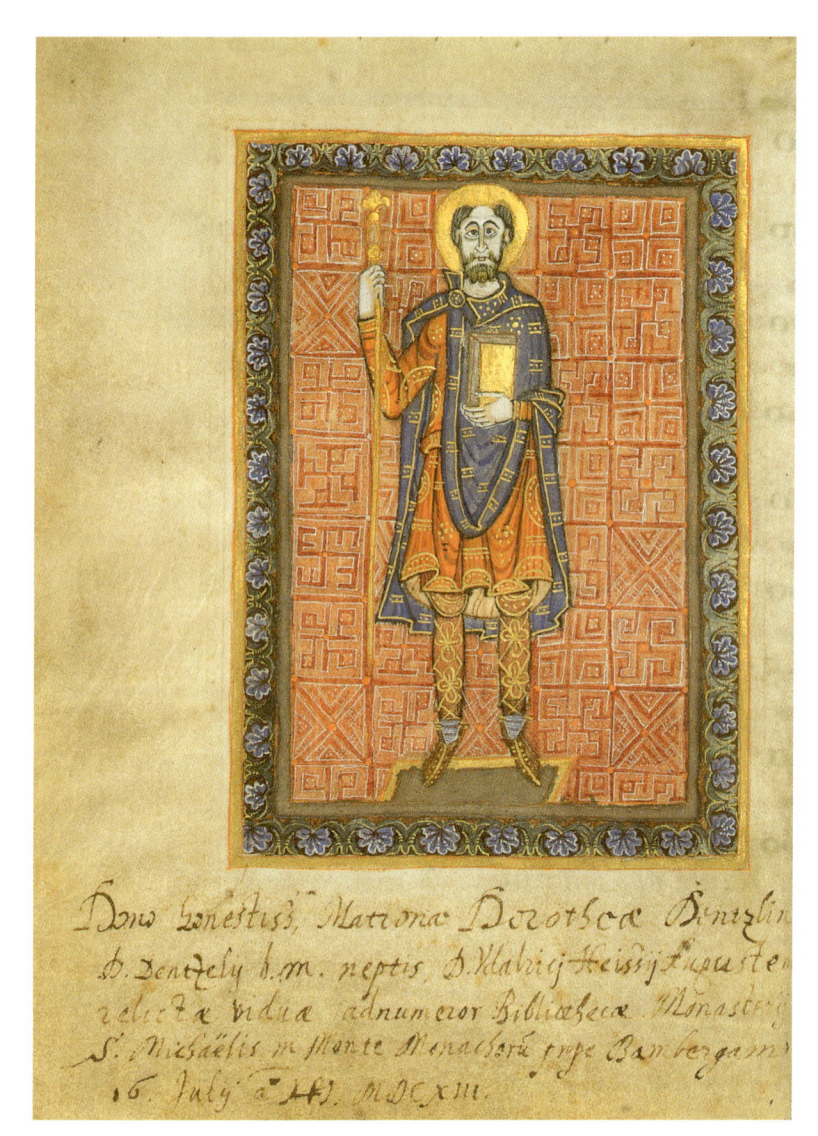

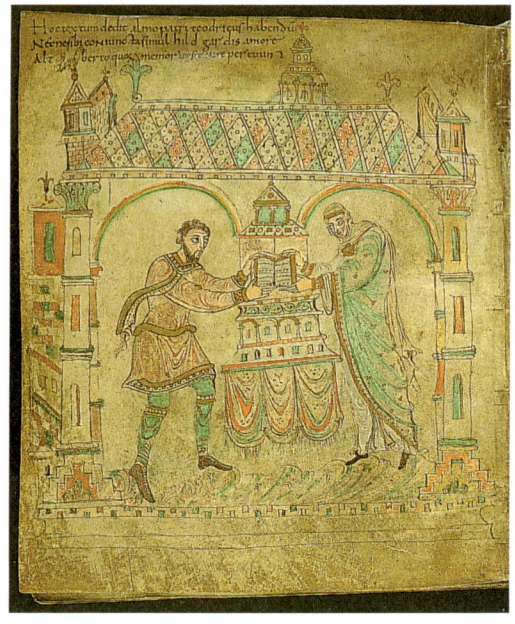

samen Sujet des Herrscherbildes, macht sich gerade im funktional Vergleichbaren die eigene Auffassung geltend, die Unverwechselbarkeit verbürgt. Vielleicht konkretisiert sich an solchen Beobachtungen Jacob Burckhardts Definitionsversuch, *Kultur* würden wir »die ganze Summe derjenigen Entwicklungen des Geistes« nennen, »welche spontan geschehen und keine universale oder Zwangsgeltung in Anspruch nehmen«[31]. Der Versuch einer Addition dieser Entwicklungen gelangt freilich nie über Teilsummen hinaus.

53 In einer Handschrift der Benediktsregel für das Regensburger Frauenstift Niedermünster findet sich das merkwürdige Porträt Herzog Heinrichs »des Zänkers« von Bayern, der dieses Regelbuch um 990 in Auftrag gegeben hatte. Er trägt es symbolisch mit seiner linken Hand, in Verkörperung seines weltlichen Amtes hält er den Herzogsstab in der Rechten. Besonders auffällig ist der Heinrich beigegebene runde Nimbus, eine äußerst seltene Bildzutat bei noch lebenden Personen.

54 Die Miniatur in einer Evangelienhandschrift aus dem niederländischen Egmond (um 975) dokumentiert die charakteristische Gattung des Stifterbildes, die keineswegs nur Monarchen vorbehalten war. Hier legen Graf Dietrich II. von Holland und seine Gemahlin Hildegard das gestiftete Buch auf den Altar.

[31] Weltgeschichtliche Betrachtungen, S. 276.

ANDREAS BROCKMANN
III. Agrarische Systeme

1. Voraussetzungen und Kenntnisse

1 Mannigfache Darstellungen in den verschiedenen Kulturen zeugen von den Bemühungen, sich das Wohlwollen der Götter zu sichern. Auf dieser Abbildung tanzt der Regengott Chac der Maya mit aufgerichteten Händen im Regen, der aus dunklen Wolken zur Erde fällt.

Säe ein Korn und ernte vier. So ließe sich die Produktivität eines durchschnittlichen deutschen Ackers in der Zeit der Jahrtausendwende umschreiben. Mehr als 5,5 dz Getreide ließen sich nur in Ausnahmefällen von einem ha Ackerland ernten.[1] Wie in anderen Regionen der Welt riskierte die Landbevölkerung den Einsatz ihres Saatgutes für einen Gewinn, der kalkulierbar gering und zusätzlich noch von äußeren Einflüssen ständig bedroht war. Naturkatastrophen, Kriege und Krankheiten konnte sie weder vorhersehen, noch abwenden. Am Nil brachte ein Saatkorn bis zum Zehnfachen als Ernteertrag und erreichte damit Spitzenergebnisse. Unübertroffen blieben die Erträge der chinesischen Äcker, die bis zu sechs Tonnen Reis pro ha bei zwei Ernten im Jahr abwarfen. Doch generell lagen die Erträge deutlich niedriger, die Sicherung der Nahrungsgrundlage war von zentraler Bedeutung und zugleich immer wieder gefährdet, nicht nur wegen der Abhängigkeit von der Natur. Vielmehr griffen zahlreiche Hände nach den Früchten dieser Arbeit. Die Abgaben an Staat und Grundbesitzer in den islamischen Regionen betrugen normalerweise 20 %, konnten sich aber bis auf 80 % belaufen. In Indien verlor man auf diese Weise gelegentlich die Hälfte der Ernte, und vergleichbare Zahlen galten für andere Regionen.

Dabei waren alle anderen Bereiche mittelbar und unmittelbar von der Landwirtschaft abhängig. Diese sicherte nicht nur die Ernährung, sondern legte auch die Grundlage für Handwerk und Gewerbe, die fast ausschließlich deren Produkte bearbeitete, wie etwa Leder, Wolle, Baumwolle, Flachs, Holz usw. Eine Ausnahme bildeten die Gewinnung und Verarbeitung von Steinen, die hauptsächlich als Baumaterialien eingesetzt wurden, speziellen Erden zur Produktion von Stuck und Keramik, Obsidian, aus dem in Mesoamerika nahezu alle Klingen geschlagen wurden, Salz, Edelsteinen und Metallen. Hinzu kamen Produkte der Fischerei und der Jagd. Verglichen mit den Er-

[1] Henning, Landwirtschaft, S. 74.

zeugnissen der Landwirtschaft besaßen diese jedoch einen nachgeordneten Stellenwert.

Saat- und Erntezeiten der Feldfrüchte bestimmten nicht nur den Rhythmus des Lebens auf dem Lande, sondern ebenso die Aktivitäten der Bevölkerung in den Städten und die Handlungen der Obrigkeiten. Und nicht zuletzt bildeten agrarische Systeme mit Steuern, Tributen und Abgaben eine Basis von dauerhafter politischer Herrschaft, die von einfachen Verbänden bis zu hochkomplexen Staaten reichte.

Angesichts dieser vielfachen Anforderungen hatten sich seit langem der Anbau spezieller Nahrungspflanzen und die Zucht bestimmter Nutztiere herauskristallisiert, um durch eine bessere Nutzung der Bodenkräfte die Erträge und nicht zuletzt die Einnahmen der Obrigkeiten zu erhöhen. Dies gelang nicht nur mit technischen Neuerungen, in deren Mittelpunkt eine verbesserte Versorgung der Pflanzen mit Wasser stand. Gerade hier war die Abhängigkeit von der Natur besonders groß, und so finden sich in nahezu allen Kulturen komplexe religiöse Rituale, die darauf zielten, Katastrophen abzuwenden und eine sichere Ernte einzubringen. Darstellungen verschiedenster Numina, wie die des Maya-Regengottes Chac, der unter dunklen Wolken mit aufgerichteten Händen im Regen tanzt, zeugen von den Versuchen, sich das Wohlwollen der Götter zu sichern (Abb. 1). Aber es finden sich auch Darstellungen von Menschen, die in den regenarmen Gebirgsregionen Malis nach dem lebensspendenden Himmelswasser flehen. Die Dogon, noch heute in diesem Teil Afrikas siedelnd, hinterließen solche Zeugnisse (Abb. 2).

Zusätzlich ließen sich Anbauflächen damals in den meisten Regionen fast beliebig ausdehnen. Die Böden waren zum größten Teil noch jungfräulich, die Besiedlung gering. So zählte Deutschland gerade 7 Einwohner pro km², nur 15 % der geeigneten Flächen wurden als Ackerland genutzt.[2] Vergleichbare Zahlen liegen für andere Regionen vor, wobei allerdings zu beachten ist, daß die Bearbeitung zu-

2 Auch Menschen flehten nach dem lebensspendenden Wasser. Dies zeigt eine Holzfigur der Dogon aus dem afrikanischen Mali, die aus dem 10.-13. Jh. stammt.

3 Auf dieser Abbildung sitzt der Maya-Regengott Chac auf einem trockenen Wasserloch, ein Symbol für die ausgeprägte Trockenheit, die zwischen November und April herrschte.

sprechende Zeugnisse. Unentbehrlich sind deshalb Beschreibungen von Reisenden, Händlern oder Verwaltungsbeamten, die neben archäologischen Befunden wichtige Mosaiksteine für ein Bild von der damaligen Situation liefern.

Alle hier vorgestellten Regionen – mit Ausnahme der südlich des Äquators liegenden Teile Afrikas – befinden sich in der nördlichen Erdhalbkugel, die meisten in gemäßigten Zonen. Zwischen ihnen bestanden rege Kontakte, wobei einzelne Pflanzen- oder Tierarten sich in sehr lang dauernden Prozessen über große Gebiete ausgebreitet hatten. Eine gezielte Einfuhr von landwirtschaftlichen Produkten und Technologien aus anderen Kontinenten hingegen hatte sich noch nicht herausgebildet, obwohl es in einzelnen Fällen zu gegenseitigen Beeinflussungen kam. Einen Sonderfall bildete Mesoamerika, das nicht nur räumlich von den anderen Kulturen und Kontinenten isoliert lag, sondern mit den Maya auch eine Hochkultur beheimatete, die im tropischen Regenwald entstand, ihre Blüte im Jahre 1000 aber schon überschritten hatte.

Die Wirtschaftsräume

Die konkrete Nutzung des Bodens hing entscheidend ab von den lokalen und regionalen Bedingungen, die – im Gegensatz zu heute – nur in engen Grenzen beeinflußt werden konnten. Entsprechend lassen sich mehrere große Wirtschaftsräume unterscheiden. Im tropischen Mesoamerika wurde das agrarische Jahr primär durch die Regen- und Trockenzeiten bestimmt. Nördliche Passatwinde in Verbindung mit der Erwärmung durch die Sonneneinstrahlung waren verantwortlich für die starken sommerlichen Regenfälle. An der östlichen und nördlichen Gebirgsabdachung fielen diese am stärksten, während die Westseite der östlichen Kordillere als regenarm bezeichnet werden kann. Die Trockenmonate zwischen November und April lieferten kaum Regen,

sätzlicher Flächen sehr aufwendig sein konnte. Das galt nicht zuletzt für das bereits dichtbesiedelte China, wo es allerdings unter der Song-Dynastie gelang, die landwirtschaftliche Nutzfläche auf 37 Millionen ha zu erweitern. Zusätzlich hatte man dort systematisch damit begonnen, das Saatgut den örtlichen Gegebenheiten anzupassen.

Obwohl die große Mehrheit der Bevölkerung um das Jahr 1000 auf dem Lande siedelte, ist auch heute noch weitgehend unklar, unter welchen Verhältnissen die Menschen dort lebten. Nicht einer von ihnen hinterließ ent-

[2] Bumiller, Menschen, S. 213; Henning, Landwirtschaft, S. 77.

symbolisch ausgedrückt durch die Abbildung des Regengottes Chac, diesmal auf einem trockenen Wasserspeicher sitzend (Abb. 3). Die folgende, im April oder Mai beginnende Regenzeit endete im Oktober. Juni und September brachten die höchsten Niederschläge. Die Küsten der Ostabdachung erlebten diese starken Regenfälle allerdings erst zwischen November und Januar.

Die Höhenlagen der entsprechenden Anbauflächen waren ein weiterer Einflußfaktor. Generell unterscheidet man in Mesoamerika fünf solcher Höhenstufen mit verschiedenen Klimaten. Die *tierra caliente,* das heiße Land, dessen Jahresmittel zwischen 24° C und 28° C liegt, trifft man bis zu 800 Meter über dem Meeresspiegel an. Alle Küstenregionen und ganz Yukatan sind davon geprägt. Die *tierra templada,* das gemäßigte Land, schließt die Regionen zwischen 800 und 1800 Meter über dem Meeresspiegel ein. Die Temperaturen schwanken dort zwischen 18° C und 24° C. Lediglich diese beiden Höhenstufen und zusätzlich noch die *tierra fría,* das kühle Land, sind landwirtschaftlich von Interesse. Bei Temperaturen zwischen 10° C und 18° C erstreckt dieses sich in Höhenlagen zwischen 1800 und 3200 Meter über dem Meeresspiegel. Die *tierra helada,* das frostige Land, reicht bis zur Baumgrenze und wird dort von der *tierra nevada,* dem schneeweißen Land, abgelöst, das etwa auf 5000 Metern über dem Meeresspiegel in ewiges Eis übergeht.

Die islamischen Regionen waren von Nordafrika bis nach Mittelasien von großen trockenen und halbtrockenen Steppen-, Halbwüsten- und Wüstenzonen mit geringer natürlicher Bewässerung geprägt. Nur ein Viertel des Gesamtgebiets wurde bewohnt, hier befanden sich Wälder, Äcker und ständige Weiden. Ackerbau und Viehzucht erforderten in diesen Regionen die intensive und extensive Nutzung von Oasen, Flußtälern, Küstenniederungen, Gebirgstälern, Berghängen, semiariden Steppen- und Hochlandzonen. Um diese Landschaftsräume nutzen zu können, entstanden nicht nur Oasen, sondern auch vielfältige Bewässerungssysteme. Eine klassische Oasenwirtschaft existierte beispielsweise im südlichen Iran, an der Straße von Hormuz, am nordiranischen Harhaz-Fluß im östlichen Iran und in Mittelasien. Mit dieser Wirtschaftsform konnte die Ernährung großer Städte wie Hamadan, Isfahan, Buchara, Samarkand und Medina gesichert werden.

Der Bewässerungsfeldbau erforderte große natürliche Wasserreserven, wie sie an der Lagune von Haman am Fuße des Hindukusch oder in Ägypten durch den Nil gegeben waren. Wie stark Ägypten und dessen Landwirtschaft vom Wasser des Nils abhingen, zeigt die Karte

4 Wie wichtig der Nil für die Bewässerung der Felder in Ägypten war, zeigt diese Karte aus dem 10. Jh. Wie bei muslimischen Geographen üblich, ist der Süden oben, der Norden hingegen unten auf der Karte eingezeichnet. Im Zentrum steht der Nil mit seinen wichtigsten Ortschaften und ihrem agrarischen Hinterland.

aus einem Werk von al-Istachri (10. Jahrhundert), die trotz ihrer offenbar für Lehrzwecke schematisierten Form nachdrücklich die überragende Bedeutung dieses Flusses vor Augen führt. In der typischen Form muslimischer Geographen setzte der Autor den Süden nach oben, den Norden nach unten. Am unteren Rand des Ausschnittes, also an der Mittelmeerküste, sind als Inseln die Städte Tinnis und Damiette sowie Alexandria markiert. Im Zentrum aber steht der Nil, an dessen Lauf so wichtige Ortschaften mit ihrem agrarischen Hinterland lagen wie al-Fustat (Alt-Kairo), Faiyum, Aschmunin und Assuan (Abb. 4).

Überaus fruchtbare Schwemmlandböden kultivierte man am Kaspischen Meer und am spanischen Guadalquivir. Der mittlere nordafrikanische Maghreb bildete einen Schwerpunkt des Ackerbaus. Regenfeldbau schließlich kennzeichnete den sogenannten »fruchtbaren Halbmond«, einen halbkreisförmigen Gürtel zwischen Syrien und Mesopotamien sowie dem Land am Tigris. Dort waren die Verhältnisse vergleichsweise günstig, so daß diese Region seit Jahrtausenden eine Wiege des Ackerbaus war und zu den ältesten Kulturregionen der Erde gehört.

Im trockenen Norden Chinas waren während der Song-Zeit Ackergebiete verlorengegangen, jedoch gab es in den Südprovinzen und im Westen Ersatz an fruchtbaren Böden, die teilweise noch jungfräulich waren und erst im Laufe der Zeit unter den Pflug genommen wurden. Das größte Problem in China war die Kontrolle der periodisch auftretenden Überschwemmungen und Dürren in den Gebieten um den Huanghe (Gelber Fluß) und im unteren Verlauf des Yangzi. Dort galt es, dem Überfluß an Wasser, der sich schädlich auf die Kultivierung des Bodens auswirkte, ebenso zu begegnen wie den immer wieder auftretenden Dürren. Dazu dienten überaus komplexe Bewässerungssysteme mit Schleusen und kilometerlangen Kanälen oder Terrassenfelder, deren Errichtung äußerst mühsam und nur mit großem Einsatz von menschlicher Arbeitskraft möglich war. Wichtigste landwirtschaftliche Produkte waren Reis, Weizen und Hirse. Die wärmeren Provinzen im Süden erlaubten allerdings auch den Anbau exotischer Früchte wie z. B. Orangen, die der Maler Zhao Ling-rang auf einem Fächerblatt darstellte (Abb. 5).

Die Hauptnahrungsmittel Indiens waren seit langer Zeit Reis, Weizen, Gerste und Hirsearten. Die geographische Verteilung der Anbauformen auf einzelne Regionen hat sich bis heute nicht sehr geändert, aber die Anbauflächen wurden kontinuierlich erweitert, Waldgebiete unter den Pflug genommen und die bewässerten Flächen vergrößert. Reis wuchs in der mittleren und östlichen Gangesebene, in Bengalen, entlang des Brahmaputra in Assam, in den großen Flußdelten der Ostküste, d. h. in Orissa, Andhra und Tamil Nadu, und an der Westküste in Kerala. Weizen und Gerste fand man im Nordwesten Indiens und in Pakistan, also am Indus, im Panjab und in der westli-

5 Orangenhain mit Vögeln, Fächerblatt aus der zweiten Hälfte des 11. Jh. Bei dem Maler handelt es sich wahrscheinlich um Zhao Ling-rang, dessen Werk in den Zeitraum zwischen 1070 und 1100 fällt.

chen Gangesebene. Die Hauptkulturen der trockenen Gebiete des Dekkan-Hochlandes und in Rajasthan waren Hirsearten. In Gebieten, wo die Wasserversorgung zwei Ernten zuließ, wurde in der Regenzeit meist zuerst Reis angebaut und die verbleibende Feuchtigkeit des Bodens dann zur zweiten Ernte, etwa für Hülsenfrüchte, genutzt. Abgeerntete Felder und Trockengebiete galten als bevorzugte Weidegebiete von Ziegen und Kühen.

In Europa herrschten um das Jahr 1000 erstaunlich günstige Witterungsbedingungen. Ausreichende Niederschläge und stabile Klimate garantierten weitgehend vorhersehbare Erträge. Die Bedingungen für den noch heiklen Saatweizen waren dadurch eigentlich günstig, doch dieser war nördlich der Alpen kaum anzutreffen. Die bedeutendsten Getreidearten waren vielmehr die robusteren Roggen, Gerste, Hafer und Dinkel, die Emmer und Einkorn allmählich ablösten. Die überwiegende Zahl der Anbauflächen befand sich westlich des Rheins. Auf der anderen Seite, wie auch in den meisten Regionen des Mittelmeers, dominierte noch der Wald.

Das Byzantinische Reich wiederum verfügte nur über wenige wirklich fruchtbare Anbauflächen, die auf Flußebenen beschränkt waren und teilweise, wie im Fall der ägäischen Deltagebiete, durch das Auftreten von Malaria nicht genutzt werden konnten. Nur Kleinasien mit seiner West- und Südküste, sowie der Westrand des Balkans und der Peloponnes sahen sich durch mediterranes Klima begünstigt. Ähnlich mild waren die Gebiete am Schwarzen Meer. Winterliche Kälte und Dürre im Sommer hingegen kennzeichneten das gesamte Zentrum der kleinasiatischen Halbinsel. Zentralanatolien litt unter noch extremeren Klimaschwankungen und war im wesentlichen eine Ödnis. Der nördliche Balkan darbte ebenfalls unter starken winterlichen Frösten, erlebte aber günstige Sommer, die von Dürren verschont blieben. Weidewirtschaft und intensiver Gartenbau in Kombination mit der Kultivierung verschiedener Getreidearten und Hülsenfrüchte bestimmte deshalb die byzantinische Landwirtschaft dieser Zeiten.

Auch viele Gebiete Afrikas profitierten von günstigeren klimatischen Verhältnissen, als sie heute anzutreffen sind. Ergiebigere und vor allem verläßlichere Niederschläge ermöglichten in einigen Regionen eine starke Zunahme der Bevölkerung und führten zu einer wachsenden Zahl an städtischen Siedlungen. Besonders bevorzugt sah sich das Niger-Binnendelta im heutigen Mali, wo wohlhabende Städte wie Timbuktu, Jenné, Dia und Méma diese Entwicklung bezeugten. Die jahreszeitliche Überflutung von September bis Dezember ließ eine große »Flußoase« entstehen. Die Basis der Ernährung gründete in der Ernte von wildem und kultiviertem westafrikanischem Reis, der Viehzucht und dem Fischfang. Das Ringen um die Fruchtbarkeit manifestierte sich nicht nur im landwirtschaftlichen Bereich. Selbstverständlich wollten auch die Menschen fruchtbar sein. Dieser dauerhafte Wunsch menschli-

6 Mutter mit Kind, Terrakottafigur aus dem Niger-Binnendelta in Mali, vermutlich aus dem 12. Jh. Die Tradition derartiger Figuren reicht weiter zurück.

Ernährung durch den Anbau verschiedener Arten von Kochbananen, die aus Südostasien stammten. Diese ergänzten den Anbau von Hirse, Zuckerrohr, Datteln und Kokosnüssen. Andere ethnische Gruppen hatten sich bereits fast ausschließlich auf die Zucht von Vieh, insbesondere von Rindern, spezialisiert.

Wissen über Landwirtschaft

Landwirtschaftliches Wissen wurde in den meisten Fällen ohne die Zuhilfenahme schriftlicher Aufzeichnungen innerhalb von Familien- und Siedlungsverbänden weitergegeben. Es beruhte auf Erfahrungen, die über große Zeiträume hinweg gewonnen waren. Einige wenige Teilbereiche dieses Erfahrungswissens fanden das Interesse schreibkundiger Gelehrter und sind uns auf diese Weise in sehr geringem Umfang noch heute zugänglich.

Mit Ausnahme von Afrika sind aus allen betrachteten Regionen Kalendersysteme überliefert, die auf die zu verrichtenden Tätigkeiten in der Landwirtschaft abgestimmt waren. Diese illustrierte man mit leicht verständlichen und nachvollziehbaren Abbildungen der anfallenden Arbeiten. Der berühmte astronomisch-liturgische Landwirtschaftskalender von Córdoba aus dem Jahre 961 vereinte Buchgelehrsamkeit mit den praktischen Erfahrungen, die auf großen Gütern und Gärten gesammelt waren. Große Teile des Dresdener Codex, einer Maya-Handschrift, sind ebenfalls als agrarischer Kalender anzusehen, der allerdings nur von wenigen Eingeweihten lesbar war. Beispielhaft deutet dort die Vereinigung der Mondgöttin mit dem Regengott auf symbolischer Ebene eine Verbindung an, die zu agrarischer Fruchtbarkeit führte (Abb. 7).

7 Die symbolische Vereinigung von Mondgöttin und Regengott, die auf diesem Ausschnitt aus einer Maya-Handschrift zu sehen ist, soll die agrarische Fruchtbarkeit ausdrücken, in diesem Fall die Maisernte.

cher Gemeinschaften fand seinen Ausdruck in einer Terrakottaplastik, die eine Mutter mit ihrem Kind darstellt (Abb. 6).

Ein vergleichbarer intensiver Bodenbau fand sich um den Tschadsee. Am Bergmassiv von Bandiagara, ebenfalls in Mali, begannen die Tellem die Ränder des dortigen Hochlandes zu kultivieren. In den Trockensavannen dominierte der Anbau von Hirse und der kleinkörnigen Getreidesorte Fonio. Etwas feuchtere Regionen zogen Sorghum vor. An der Guineaküste bildeten vor allem Yams und Kokosnüsse die Ernährungsgrundlage, ergänzt von Fisch und dem Fleisch wilder und domestizierter Tiere. Ost- und Zentralafrika schließlich erfuhren eine Erweiterung der

Die Gelehrten Indiens hatten genaue Systeme der Bodenklassifikation entwickelt und unterschieden diese nach ihrer Farbe in schwarze oder gelbrote, nach natürlichem Bewuchs in Grasland und Marsch, nach Art der Wasserversorgung in flußgespeiste und regen-

141 | III. AGRARISCHE SYSTEME

abhängige Böden. Ihre Ertragskraft wurde eingeteilt in fruchtbares Feld, unfruchtbares, wüstes oder versalzenes Land, Brachland zwischen bebautem Land, wasserloses Land, und hervorragendes Land. Klassifikationssysteme dieser Art hatten für die Bauern, die ihre Kenntnisse in der Praxis erwarben und über Generationen weitergaben, wohl kaum eine Rolle gespielt. Für die Steuerveranlagung und insbesondere für den Anbau auf großen Gütern waren sie aber nützlich.

Ausführliche Abhandlungen zur Landwirtschaft sind nur aus China und den islamischen Regionen überliefert; ansonsten finden sich lediglich vereinzelte Spuren, darunter ein Hinweis aus Mesoamerika, die Maya-Bewohner von Palenque hätten botanische Erkenntnisse auf Wandgemälden festgehalten. Vor allem in China hingegen besaß die agrarische Wissenschaft eine lange Tradition. Eine Abhandlung, die uns bis heute vollständig überliefert ist, stammt bereits aus dem Jahre 535, das *Buch über die wesentlichen Techniken der Landwirtschaft* von Jia Sixie. Der für uns wichtige Zeitraum wird in den Werken von Chen Fu aus dem Jahre 1149 und Wang Zhen aus dem Jahr 1313 vorgestellt. Beide tragen den Titel *Buch der Landwirtschaft*. Sie bezeugen nicht nur den Erfindungsreichtum der Bauern bei der Neugewinnung von Ackerland, sondern auch die Mühen, die mit dem ländlichen Leben verbunden waren. Die wichtigen Nutzpflanzen fanden in der botanischen Literatur der damaligen Zeit rege Beachtung, so in der Monographie über Tee von Cai Xiang (1012-1067) oder in der Abhandlung von Wang Zhen über die Verarbeitung der Faserpflanze Ramie. Selbst zu Zierpflanzen wie z. B. Strauchpäonien erschienen botanische Abhandlungen und gaben Hinweise zu deren Kultur.

Auch in den Bemühungen, das agrarische Wissen systematisch zu erweitern und es unter der Bevölkerung zu verbreiten, nahm China eine Sonderstellung ein. Bereits in den Jahren zwischen 982 und 984 startete ein staatliches Versuchsprogramm, das besonders befähigte Bauern zu Landwirtschaftsmeistern ernannte. Deren Aufgabe lag in der Weitergabe neuester Anbaumethoden und in der Organisation und Kontrolle von bäuerlichen Gemeinschaftsarbeiten, die damit verbunden waren. Für diese Leistungen bezogen sie ein staatliches Gehalt und waren von Steuern befreit. Die Kenntnisse und Handlungsmöglichkeiten nahmen dadurch zu, doch das Wissen um die große Abhängigkeit von der Natur blieb bestehen. Ein beeindruckender Beleg dafür ist Fan Kuans monumentales Bild »Reisende zwischen Strömen und Bergen«, das verschwindend kleine Abbildungen von Menschen in einer überwältigenden Naturkulisse zeigt (Abb. 8).

Die landwirtschaftliche Literatur der islamischen Regionen erreichte mit der *Nabatäischen Landwirtschaft* um 900 n.Chr. einen Höhepunkt. In diesem Werk griff Ibn Wahschiya altorientalisch-mesopotamische Erfahrungen auf und fügte in seine Darstellung griechisch-römische Elemente sowie magisch-alchimistische Bemerkungen ein, die auf das Zusammenspiel von landwirtschaftlicher Arbeit und magischen Praktiken der Bauern verwiesen. Der Wert dieser Abhandlung für die Praxis bleibt aber bis heute umstritten, da der Verfasser wohl vorrangig nachweisen wollte, daß die alten Babylonier auf landwirtschaftlichem Gebiet den Arabern weit überlegen gewesen waren. Nichtsdestoweniger fand dieses Buch in der naturkundlichen Literatur regen Anklang und wurde häufig zitiert. Auf dieses Vorbild und auf antike Schriften und Traktate aus Ägypten bauend, wurden seit Mitte des 10. Jahrhunderts in Andalus eine Reihe landwirtschaftlicher Werke verfaßt, deren Inhalte später im 12. und 13. Jahrhundert durch Ibn al-Awwam bewahrt blieben.

Eine Darstellung der Landwirtschaft aus der Sicht islamischer Gelehrter hat uns al-Mawardi (gest. 1058) hinterlassen und diese als einen Wirtschaftssektor beschrieben, der bei entsprechender Kultivierung sich selbst ver-

8 Das berühmte Seidengemälde von Fan Kuan »Reisende zwischen Strömen und Bergen« zeigt im unteren Bildteil verschwindend kleine Menschen vor einer überwältigenden Naturkulisse. Das Bild aus dem frühen 11. Jh. hat vermutlich die Einordnung des Menschen in das kosmische Ordnungsgefüge der mächtigeren Natur zum Ausdruck bringen sollen. Es ist zugleich ein Beleg für die damalige Blütezeit der chinesischen Landschaftsmalerei.

wies die Tierzucht lediglich den Nomaden zu. Hierbei vernachlässigt er allerdings, daß auch diese hohe Anforderungen stellte. So mußten die Weidegründe sorgfältig gepflegt werden und sehr genaue Kenntnisse über die Verfügbarkeit des knappen Wassers vorhanden sein, das eine Grundvoraussetzung nomadischer Wanderbewegungen bildete:

»Alsdann garantierte Er, der Erhabene, die Deckung der menschlichen Bedürfnisse und die Erlangung des ihnen Nützlichen auf zwei Arten; nämlich durch die Materie selbst und durch den Gewinn. Was nun die Materie anlangt, so resultiert diese aus der Kultivierung zweier, sich selbst vermehrender Objekte, d. h. aus dem Pflanzenbau und der Tierzucht. …

Die Leute sind betreffs der Frage, ob dem Anbau der Feldfrucht oder der Kultivierung der Obstbäume der Vorzug zu erteilen sei, uneins. … Nur soviel sei hier erwähnt, daß der Vorzug der Landwirtschaft darin erblickt werden könne, daß diese schnelleren und reichlicheren Nutzen gewährt; daß aber die Kultivierung von Obstbäumen deshalb den Vorzug verdiene, weil diese von selbst weiter dauerten und ununterbrochen Jahr für Jahr Früchte lieferten.

Um auf die zweite Betätigung, nämlich die Tierzucht, zu kommen, so ist diese die Angelegenheit der Wüstenbewohner und der in Zelten lebenden Nomaden. Denn da diese keinen festen Aufenthalt und Wohnsitz haben …, so sind sie auf einen mit ihnen gleichzeitig den Ort wechselnden Besitz angewiesen, dessen Wachstum mit der Änderung des Domizils nicht zum Stillstand kommt. Und deshalb kamen sie dazu, sich die Tiere zu halten, die sich bei Wanderungen von selbst versetzen, deren Fütterung sich durch das Weiden erübrigt und die außerdem als Reit- bzw. Milchtiere zu verwerten sind. … Und vom Propheten wird (diesbezüglich) folgender Ausspruch berichtet: ›Der beste Besitz ist eine (Kamel-)Stute mit reichlicher Nachkommenschaft und eine befruchtete Reihe von Palmenbäumen.‹«[3]

mehrende Objekte hervorbringe. Den ausgefeilten Gartenbau mit der Verschulung von Obstbäumen stufte er besonders hoch ein und

[3] Al-Māwardī, zitiert nach: Die Blütezeit, S. 78-79.

143 | III. AGRARISCHE SYSTEME

Neben derartigen eher praktischen Hinweisen finden sich in den Schriften islamischer Gelehrter grundsätzliche Ausführungen, die an heutige Diskussionen erinnern. So beschrieb al-Bīrūnī eine Konkurrenz der verschiedenen Arten untereinander und damit verbundene Grenzen des Wachstums. Die Natur schilderte er als regelnden Mechanismus und als Bewahrer dieser Grenzen. Dabei war sie für ihn keine unkontrollierte Kraft, sondern unterstand Allah, der sie lenkte und bei seinen Eingriffen von der Fürsorge gegenüber dem Menschen geleitet wurde. Bauern und Gärtner bemühten sich, bei der Verfolgung ihrer Ziele im Einklang mit der Natur zu arbeiten. Letztlich allerdings waren sie dieser ausgeliefert, nur die Kraft Allahs konnte eventuelle Schädigungen abwenden:

»Die Welt gedeiht durch den Ackerbau und die Fortpflanzung, und beides nimmt im Verlauf der Zeit immer mehr zu. Diese Zunahme ist also unbegrenzt, aber die Welt ist begrenzt. Immer dann, wenn einer bestimmten Art von Pflanzen oder Tieren die Möglichkeit gelassen wird, sich auf diese Weise zu vermehren, besetzt sie so viel Raum auf der Erde, wie sie nur immer zu ihrer Ausbreitung und Entfaltung findet. Denn jedes Individuum von ihr entsteht nicht und vergeht dann gleich wieder, sondern es erzeugt zuvor etwas, das ihm gleich ist, ja sogar mehrere solcher gleichen Individuen.

Der Bauer jätet sein Feld, er läßt darauf, was er braucht, und reißt das übrige heraus. So läßt auch der Gärtner die Zweige, die er als fruchtbringend erkannt hat, und beschneidet die anderen. Sogar die Bienen töten in ihrem Stock die Artgenossen, die nur fressen und nicht arbeiten. Ebenso verfährt die Natur, nur tut sie das ohne Unterscheidung, denn ihre Wirksamkeit ist immer ein und dieselbe. So vernichtet sie an den Bäumen die Blätter und die Früchte, sie hindert sie an der Funktion, die für sie vorgesehen ist, und beseitigt sie. So geschieht es auch mit dieser unserer Welt, wenn sie durch die Vermehrung dem Ruin geweiht oder nahe daran ist. Sie hat einen Lenker, und seine Fürsorge um das Ganze ist in jedem seiner Teile gegenwärtig. Denn er sendet ihr einen, der die Überzahl vermindert und dem Bösen den Nährboden entzieht.« [4]

Was immer die Menschen im Jahre 1000 über die Landwirtschaft wußten und welche Anstrengungen sie auch unternahmen, dies alles war eingebettet in einen religiös bestimmten Kosmos und letztlich ihrer Kontrolle entzogen. Den Ausschlag gab nicht menschliches Handeln, entscheidend war das Eingreifen der Götter, worüber zahlreiche Mythen berichteten. Diese waren in Mesoamerika von der Vorstellung durchzogen, daß im Laufe der Zeit verschiedene Welten existiert hätten. Jedes Mal war die bestehende Welt zerstört worden und in einem Akt der Schöpfung neu entstanden. Die Ausgestaltung des letzten Weltzeitalters brachte den Menschen in seiner heutigen Form hervor und sicherte gleichzeitig dessen Auskommen durch die Bereitstellung neuer Nahrungsmittel. Der Mais stand im Mittelpunkt der Schöpfung, und an seinem Auffinden beteiligten sich die Regengötter maßgeblich. Die Geschichte der Königreiche von Colhuacan und Mexiko schilderte anschaulich, wie die Menschen die vermeintliche Kontrolle über die Nahrungsmittel wieder verlieren konnten. Sie berichtet von Huemac, dem unglückseligen Herrscher von Tollan, der in seiner Verblendung den Zorn dieser Götter herausforderte.

»Und darauf spielte Huemac Ball auf dem Ballspielplatz. Er spielte Ball mit den Regengöttern. Da sprachen zu ihm die Regengötter: ›Um was spielen wir?‹ Da sagt Huemac: ›Um meine grünen Edelsteine, meine grünen Quetzalfedern.‹

Und wiederum sprachen die Regengötter zum Huemac: ›Dasselbe gewinnst du: unsere grünen Edelsteine, unsere Quetzalfedern‹ [für

[4] Zitiert nach: Al-Bīrūnī, Gärten der Wissenschaft, S. 226.

9 Der Maya-Regengott Chac öffnet auf dieser Abbildung mit dem in seiner linken Hand befindlichen Grabstock den Boden, während die rechte das Saatgut hineinstreut. Das Bild symbolisiert die Hilfe der Götter bei der Aussaat des Mais, den diese der Überlieferung zufolge für die Menschen nutzbar gemacht hatten.

die Götter waren dies Synonyme für den Mais]. Und da spielte er Ball, es gewann Huemac. Darauf gehen die Regengötter und holen das, was sie Huemac geben werden: nämlich den jungen Maiskolben. Das ist ihr grüner Edelstein, und ihre Quetzalfedern sind die grünen Maisblätter, in denen der junge Kolben steckt.

Aber er wollte das nicht, er sagte: ›Ist das etwa das, was ich gewonnen habe? Sind es etwa nicht grüne Edelsteine, sind es etwa nicht grüne Quetzalfedern, die ich gewonnen habe? Und zwar diese bringt herbei!‹

Und darauf sagten die Berggötter: ›Schon gut, gebt ihm die grünen Edelsteine, die grünen Quetzalfedern! Und nehmt fort unsere grünen Edelsteine, unsere grünen Quetzalfedern – den Mais!‹ Darauf nahmen die Regengötter ihre Gaben fort; darauf gingen sie, sie sagten: ›Es ist schon gut, von jetzt an verbergen wir unsere grünen Edelsteine – von jetzt an wird Not leiden der Tolteke, doch nur vier Jahre.‹«[5]

Huemac war der Vorgänger von Quetzalcoatl auf dem Thron von Tollan. Durch seine sexuellen Vergehen – er ließ sich dem Mythos zufolge mit weiblichen Dämonen ein – verspielte Huemac seine Priesterwürde, Quetzalcoatl wurde zum Oberpriester bestellt. Der Wettstreit mit den Regengöttern soll seine Überheblichkeit verdeutlichen. Als Priesterkönig den Ernährungsgrundlagen seines Volkes entrückt, verlor er im Ballspiel die Kontrolle über den Maisanbau durch seine Gier nach Luxusgütern. Er verursachte auf diese Weise eine mehrjährige Dürre, unter der die Bevölkerung Tollans drastisch zu leiden hatte. Eigentlich waren die Regengötter gutwillig. Sie hatten den Mais für die Menschen nutzbar gemacht und halfen ihnen bei dessen Anbau, wie es der Regengott Chac andeutet, indem er ein Feld bestellt (Abb. 9). Mit dem Grabstock in seiner linken Hand öffnet er den Boden für das Saatgut, das seine rechte fallen läßt. Jetzt jedoch legten sie ihre Arbeit nieder, hielten das Wasser zurück und lösten katastrophale Mißernten aus. Deren Auswirkungen hinterließen so tiefe Spuren, daß sie das Ende der Vorherrschaft der Tolteken einleiteten.

2. Zentrale landwirtschaftliche Produkte

Das Wirtschaftsleben der bedeutendsten Hochkulturen basierte zur Jahrtausendwende auf landwirtschaftlichen, das heißt, organischen Rohstoffen, die Jahr für Jahr nachwuchsen. Das galt nicht nur für die Landwirtschaft, wo diese Feststellung unmittelbar einleuchtet.

[5] Nach Lehmann, Königreiche, S. 375.

Es galt auch für fast alle Formen des Handwerks und Gewerbes, die direkt oder indirekt auf landwirtschaftliche Rohstoffe angewiesen waren: Baumwolle, Hanf oder Flachs, Stroh und vor allem Holz oder Bambus, die unmittelbar dem Boden entstammten, aber auch Wolle, Leder, Knochen und andere Produkte, die über die Tierzucht oder Formen der Weiterverarbeitung gewonnen wurden. Herausgegriffen sei die Herstellung von Textilien, die sich auf so unterschiedliche, jedoch allesamt organische Materialien stützte wie Faserpflanzen, Leder, Felle, Federn, Seidenfäden usw. Besonders groß war – abgesehen von trockenen Steppen- oder Wüstengebieten, wie sie etwa im islamischen Raum vorherrschten – die Bedeutung von Holz und Bambus, die als zentrale Ressourcen dieser Zeit bezeichnet werden können: sie stellten das Baumaterial für Häuser, Schiffe und Wagen, aus ihnen wurden viele Gegenstände des täglichen Gebrauchs ebenso hergestellt wie Werkzeuge in der Produktion, und sie waren eine wichtige Energiequelle.

Dieser Hinweis auf die enorme Bedeutung von nachwachsenden Rohstoffen unterstreicht noch einmal die große Abhängigkeit damaliger Gesellschaften von der Natur. Diese konnten auf Dauer nicht mehr nutzen als nachwuchs. Das hätte – etwa beim Holz – zu Kahlschlag oder bei den Tieren zu einem fatalen Rückgang der Bestände geführt. Noch konnten sie Nahrungsmittel über lange Zeiträume lagern, um Rücklagen zu bilden. Es gab allerdings lagerfähige Feldfrüchte wie Getreide, Bohnen oder Linsen, die gezielt angebaut wurden und eine Vorratshaltung ermöglichten, so daß – allerdings in bescheidenem Maße – Engpässe in der Ernährungssicherung überbrückt werden konnten. Auch gab es vielfältige Formen des Austausches und Handels, die ebenfalls einen Ausgleich schufen. Und schließlich sind die umfangreichen, lange zurückgehenden Bemühungen zu nennen, durch Verbesserung bekannter oder Nutzung neuer Früchte und Tiere die Erträge zu steigern.

Es gab in den einzelnen Kulturen und weltweit eine enorme Vielfalt an landwirtschaftlich genutzten Pflanzen und Tieren. Einige wenige sollen näher betrachtet werden: Getreide, Tee, das Zusammenwirken von Pflanze und Tier in der Seidenherstellung sowie bestimmte Nutztiere.

Getreide

Getreide stand schon seit Jahrtausenden im Mittelpunkt der Landwirtschaft. Im Nahen Osten hatte man gegen 8000 v. Chr. mit dem Anbau von Weizen begonnen, dem bald Einkornweizen und Emmerweizen folgten, deren Kultur aber erst 3000 Jahre später im Nordwesten Indiens nachweisbar ist. Der ergiebigere Saatweizen entwickelte sich um 3000 v. Chr. und gelangte wohl gleichzeitig mit der Gerste eintausend Jahre später nach China. Wiederum etwa eintausend Jahre später entstand in Nordafrika der Durumweizen, der noch heute im Mittelmeergebiet die Grundlage der Nudeln darstellt.

Südostasien gilt heute als eines der bedeutendsten Zentren für die Entstehung von Anbaumethoden. Die Heimat von Knollenpflanzen wie Yams und Taro, aber auch von Reis wird dort vermutet, wo sich Gartenbau schon um 10 000 v. Chr. etablierte. Für China läßt sich ein Anbau von Hirse bis zum Jahr 6000 v. Chr. zurückverfolgen. Mehr als ein Jahrtausend später folgte der Reis. In Mesoamerika wiederum baute man bereits 5000 v. Chr. Mais, Bohnen und Kürbisse an. Aber erst Hektarerträge von 500-800 kg Mais um 1300 v. Chr. ermöglichten es, die Bedürfnisse früher Stadtkulturen zu decken. Erste Kultivierungsversuche von Nahrungspflanzen reichen auch in Südamerika ins siebente Jahrtausend vor unserer Zeitrechnung zurück, setzten sich aber erst 3000 Jahre später, nachweislich mit dem Anbau der Kartoffel, durch.[6]

Im Mittelpunkt der traditionellen mesoamerikanischen Anbaufläche, der *milpa*, stand die Produktion von Mais und Bohnen. Dane-

[6] Wellhausen, Landwirtschaft, S. 76ff.; Plarre, Kulturpflanzen, S. 192ff., 206.

ben kultivierte man auf diesen Flächen noch Kürbisse, Chilipfeffer und sich meist selbst aussäende Nahrungsergänzungspflanzen wie Kräuter und Pilze. Mais und Bohne ergänzten sich nicht nur im Zusammenleben auf den Anbauflächen – Mais wurzelt flach, die Bohne tief, und die Halme des Maises dienen als Rankgerüst der Bohne –, sondern auch als Nahrungsmittel für den Menschen: Mais lieferte die Ballaststoffe, die Bohne pflanzliche Proteine, während der Chili den Speisen nicht nur Würze gab, sondern auch half, den Vitamin-C-Bedarf zu decken. Man kann davon ausgehen, daß diese Form des extensiven Anbaus um das Jahr 1000 von dem größten Teil der Landbevölkerung praktiziert wurde.

Von entscheidender Bedeutung allerdings war der Mais, was auch in zahlreichen Erzählungen deutlich wurde. Das folgende Beispiel handelt von den Schöpfungsgöttern, unter ihnen Quetzalcoatl, die sich vor der Erschaffung des fünften, noch heute gültigen Weltalters, Gedanken über die zukünftige Nahrung des Menschen machen:

«Wiederum sagten sie: ›Was werden sie essen, o ihr Götter? Nun mögen geboren werden die Lebensmittel, der Mais.‹

Aber da nahm die Ameise die Maiskörner aus dem Inneren des Lebensmittelberges. Und darauf trifft Quetzalcoatl die Ameise. Er sprach zu ihr: ›Woher hast du den Mais genommen? Sag es mir!‹ Aber sie will es ihm nicht sagen. Sehr dringend bat er sie. Darauf spricht sie zu ihm: ›Dort!‹ – Da geleitet die Ameise ihn; und da verwandelt sich Quetzalcoatl in eine schwarze Ameise. Da führt die rote Ameise ihn; da gehen sie hinein in das Innere des Lebensmittelberges. Darauf schleppen sie den Mais gemeinsam. Die rote Ameise, von der man sagt, sie war es, die den Quetzalcoatl führte. An den Ausgang des Berges legte sie den entkörnten Mais nieder.

Danach bringt Quetzalcoatl ihn nach Tamoanchan. Und da kauen ihn die Götter vor, dann legen sie ihn auf unsere Lippen. Davon sind wir kräftig geworden.

Und da sagen sie: ›Wie werden wir es mit dem Lebensmittelberg machen?‹ Und da ging es, es wollte ihn Quetzalcoatl auf dem Rücken tragen. Aber er vermochte nicht, ihn zu heben.

Und da befragte Oxomoco mit Maiskörnern das Los. Und da befragte ebenfalls das Los im Tonalamatl Cipactonal, die Frau des Oxomoco; denn eine Frau ist Cipactonal.

Und da sagten Oxomoco und Cipactonal: ›Nur Nanahuatl soll den Berg spalten!‹

Denn das hatten sie durch das Los bestimmt. Und nun erfolgt die Niederlassung der Regengötter: der grünen (blauen) Regengötter, der weißen Regengötter, der gelben Regengötter, der roten Regengötter, darauf spaltet Nanahuatl den Berg mit dem Blitz. Und nun erfolgt der Raub der Lebensmittel durch die Regengötter: Der weiße, der violette, der gelbe, der rote Mais; die Bohnen, … – alle Lebensmittel insgesamt wurden von den Regengöttern geraubt.»[7]

Der einfache Mais, der in Mesoamerika eine mehr als 7000 Jahre während Geschichte aufweist, ließ sich noch relativ leicht von der Schöpfungsgottheit Quetzalcoatl aus dem Nahrungsmittelberg rauben. Die Beschaffung der ergiebigeren Hybridformen dieser Pflanze, der Bohnen und weiterer Feldfrüchte bedurfte größerer Anstrengung. Dazu mußten den Mythen zufolge viele Götter zusammenarbeiten. Das Götterpaar des Wahrsagekalenders, Cipactonal und Oxomoco, markiert eine enge Verknüpfung von Zeitvorstellungen bei der Erklärung von agrarischen Zusammenhängen. Der Blitz, von Nanahuatl zum Wohle der Menschheit eingesetzt, und der Regen, vertreten durch verschiedene Regengötter, stehen exemplarisch für die Naturgewalten, die es zu zähmen galt, um eine sichere Ernte einbringen zu können. Erst das Zusammenwirken all dieser Mächte schuf die Grundlage für die Ernährung des Menschen, die aus mesoameri-

---

[7] Nach: Lehmann, Königreiche, S. 339.

kanischer Sicht bis heute noch fortbesteht. Die enorme Bedeutung des Regens bei diesem Akt der Schöpfung dokumentiert sich auch in der Person von Chac – dem Regengott der Maya –, der auf dem Himmelszeichen sitzend dargestellt wird und eine Glyphe für Mais in seiner linken Hand hält (Abb. 10).

In China entwickelte sich der Reis während der Song-Zeit zum Grundnahrungsmittel der Bevölkerung, nicht zuletzt, weil hier staatliche Eingriffe zu einer Steigerung des Ertrages führten. Die Vielfalt und Systematik dieser Eingriffe sowie die damit verbundenen Kenntnisse waren außerhalb Chinas unbekannt, eigentlich gar nicht vorstellbar, und sie beeindrucken noch heute. Dazu gehören die Entdeckung und Auslese neuer Reissorten, die gezielt eingesetzt wurden und zu einer enormen Ausweitung der Anbauflächen führten. Neue gegen Trockenheit unempfindliche und schnell wachsende Sorten wurden aus Südostasien eingeführt und ermöglichten den Anbau von Reis in zuvor ungeeigneten Regionen. Hinzu kam die Anwendung neuer Technologien im Bereich der Wasserwirtschaft. Dämme und Wasserpumpen erleichterten sowohl die Trockenlegung wie die Bewässerung von Feldern an den Ufern von Sümpfen und Seen. Zusätzlich förderte der allgegenwärtige Staat durch Steuererleichterungen die Anlage von Terrassen an Berghängen und dehnte so die möglichen Kulturflächen noch weiter aus. Bald wurden je nach Region die verschiedensten Reisarten angebaut. Es gab nasse, trockene, frühe, späte Sorten, die je nach ihren Eigenschaften in der Reisschale des Konsumenten landeten oder für die Herstellung von Reiskuchen oder Reisschnaps verwendet wurden. So benutzte man den Reis mit der klebrigsten Konsistenz vorzugsweise für die Herstellung von Reisschnaps.

Diese Ausweitung des Reisanbaus wirkte sich nicht nur auf das Angebot an Nahrungsmitteln aus, sondern veränderte auch in entscheidender Weise das ländliche Leben. Die Kultur dieser Pflanze erforderte auch nach dem Anlegen der Felder und der Steuerung der Bewässerung noch einen erheblichen Einsatz an menschlicher Arbeit. So wurden die Sämlinge in Frühbeeten vorgezogen, um die Erträge pro Samen zu maximieren; die Pflanzflächen bereitete man mit Pflügen und Eggen vor, die häufig von Wasserbüffeln gezogen wurden; Kompost und Viehmist wurden aufgetragen, danach erfolgte die anstrengende Arbeit des Umpflanzens der nun einmonatigen Reispflanzen in die Felder, bei der alle verfügbaren Kräfte mithelfen mußten. Jäten und ständige Kontrolle des Wasserstandes währten bis zur Trockenlegung der Felder und der sich anschließenden Ernte. Wasserzufluß, Wassertemperatur und Wasserhöhe waren in optimalen Einklang zu bringen. Bis zu drei Ernten konnten so unter günstigen Klimaten eingeholt werden, zwei waren Standard.

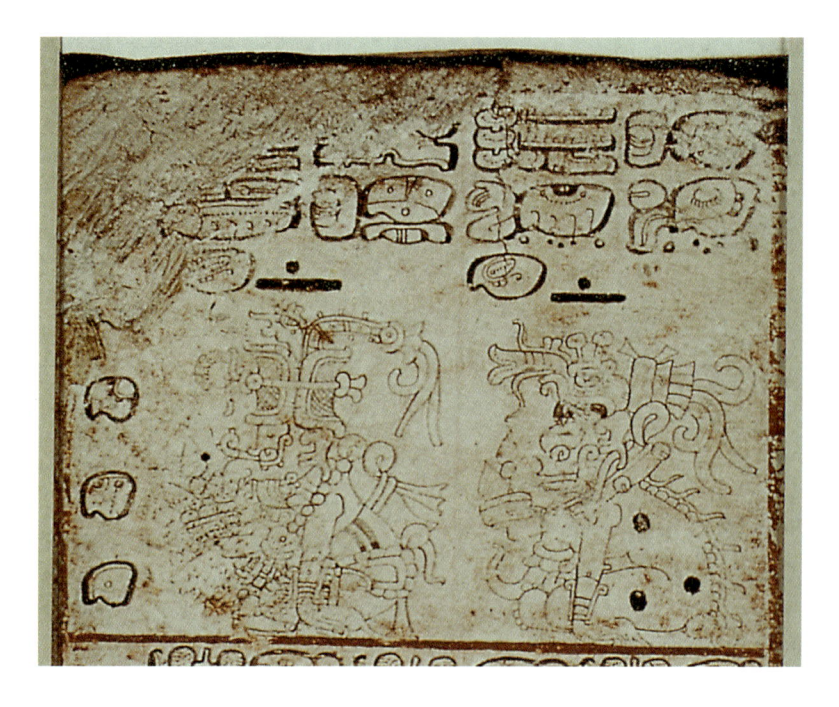

10 Die große Bedeutung ausreichenden Regens hat sich bei den Maya in zahlreichen Abbildungen des Regengottes Chac niedergeschlagen. Hier ist er sitzend dargestellt und hält die Glyphe für Mais in seiner linken Hand.

Getränke

[8] Behre, Ernährung im Mittelalter, S. 85.

Das bei weitem wichtigste Getränk war Wasser, das aus Flüssen, Seen, Brunnen, Quellen usw. gewonnen wurde. Sein Verbrauch, vor allem die Aufbewahrung konnten aufgrund mangelnder Hygiene zu einer Gefährdung der Gesundheit führen. Bei dem Gebrauch von Wasser war also eine gewisse Vorsicht geboten, doch ließ es sich generell ohne größere Probleme trinken. Die Gewässer waren nicht im heutigen Sinne verschmutzt, während natürlich vorkommende Belastungen – etwa durch Fäulnis – leicht zu schmecken bzw. zu riechen waren. Dennoch wird in den Gefahren, die mit dem Trinken von Wasser verbunden waren, einer der Gründe für den relativ hohen Konsum an Dünnbier nördlich der Alpen gesehen, welches den Met verdrängt hatte und aus allen gängigen Getreidesorten gebraut wurde. Auch der Gagel, dem das Bier in vielen Regionen seine Haltbarkeit verdankte, hatte starke Nebenwirkungen, die zur Erblindung führen konnten. Hopfen erlangte daher als ungefährlicher Konservierer eine neue Bedeutung, und Bier blieb – wegen der geringen Menge an Zutaten und seiner guten Haltbarkeit – für die kommenden Jahrhunderte eines der gesündesten Nahrungsmittel.[8]

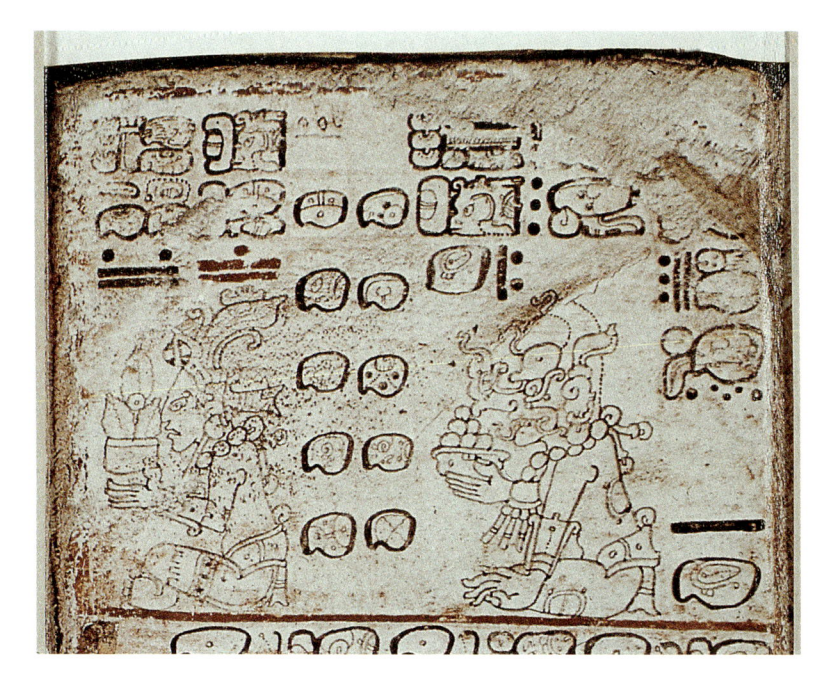

Daneben dürften Wein, Pozol, Balché, Reisschnaps, Pulque, Milch, Rinderblut mit Milch, Palmwein, Kakao und andere, jedes innerhalb seines kulturellen Kontextes, die beliebtesten Getränke dieser Epoche gewesen sein. In Mesoamerika war der Genuß von Kakao hochgestellten Persönlichkeiten vorbehalten. Entsprechend findet man Darstellungen, die diese Sitte auch in die Welt der Götter übertragen. So sitzt Regengott Chac links vom Totengott, dessen Kopf skelettiert wiedergegeben ist. Beide halten eine Schale mit den hochgeschätzten Kakaofrüchten in ihrer rechten Hand (Abb. 11).

Besonders zu erwähnen ist der Tee, der zu dieser Zeit seinen Siegeszug als allgemein zugängliches Genußmittel begann, zuerst in China und dann weltweit. Tee als Getränk hatte bereits im 3. Jahrhundert in China eine zunehmende Verbreitung gefunden, jedoch wurden die Teeblätter zunächst noch in Salzwasser gekocht. In der Song-Zeit nun erwies sich Teetrinken als immer populärer und wurde nicht mehr als reiner Luxus angesehen. Der Teeanbau gewann entsprechend eine zunehmende Bedeutung. Von einem Beamten namens Cai Xiang (1012-1067) besitzen wir sogar eine Monographie dieser Pflanze, die den alltäglichen Genuß des Teetrinkens beschreibt. Der Teeanbau konzentrierte sich hauptsächlich auf die westlichen und südwestlichen Landesteile Sichuan und Shanxi, aber auch auf die südostchinesischen Provinzen Zhejiang und Fujian.

Weil der Tee zu einem gefragten Produkt nicht nur des gehobenen Konsums wurde, erhob der Staat bald eine Steuer auf seinen Verkauf und monopolisierte dessen Handel. Hierfür etablierten sich an verschiedenen Orten staatliche Ämter, die den Tee aufkauften. Im Südosten des Reiches entstanden in den Zentren der Teeanbaugebiete zur besseren Kontrolle zusätzlich eigene Behörden, die soge-

11 Abgebildet ist links der Regengott Chac, rechts der Totengott, dessen Kopf skelettiert dargestellt ist. Beide halten eine Schale mit Kakaofrüchten in der rechten Hand, deren Genuß in Mesoamerika hochgestellten Personen vorbehalten war.

nannten Dreizehn Bergzollstellen. Darüber hinaus wurde den Teeproduzenten ein jährliches Produktionssoll auferlegt. Außer in Sichuan und Guangnan galt das Teemonopol im gesamten Reich bereits zu Beginn der Song-Dynastie. Ein Erlaß aus dem Jahre 991 besagte, daß Kaufleute, die den Tee direkt von den Produzenten erwarben, durch öffentlichen Aushang bekannt gemacht und vom weiteren Kauf von den staatlichen Stellen ausgeschlossen würden.[9]

Das Teetrinken war bald so weit verbreitet, daß es für die Bevölkerung den gleichen Stellenwert einnahm wie Salz: »Die Bevölkerung kann nicht einen Tag ohne Tee leben, denn ist jemand einen Tag ohne Tee, dann wird er krank.«[10] Entsprechend ertragreich war das Teemonopol für den Staat. Unter Mingzong, dem zweiten Kaiser der Späteren Tang-Dynastie (923-934), wurden den Kaufleuten sogar so hohe Steuern auferlegt, daß der Handel vorübergehend zum Stillstand kam. Ohnehin blieben die hochwertigsten Blätter dieser Pflanze ein Luxusartikel der oberen Schichten. 100 Gramm des besten »Drachen-Phönix-Tees« entsprachen einem Wert von ca. 12,5 Gramm Gold.[11]

Die Kenntnis von diesem Genußmittel war um das Jahr 1000 schon weit nach Westen gedrungen. Allerdings begegnete der muslimische Universalgelehrte al-Bīrūnī dem Tee noch mit einer Skepsis, die vermuten läßt, daß er ihn nie selbst gekostet hat:

»Der Geschmack sei süß und etwas säuerlich, jedoch verschwinde dieser saure Beigeschmack beim Kochen. Man nimmt sie als Getränk zu sich, und es heißt, daß man sie mit heißem Wasser trinkt. Sie behaupten, daß das Teetrinken bei ihnen die Galle im Bauch beseitigt und das Blut reinigt. Einer, der bis zum Anbaugebiet dieser Pflanze in China gelangt ist, berichtet folgendes: ›Die Residenz ihres Königs ist in der Stadt Yangdschou, und in dieser Stadt fließt ein großer Fluß, ähnlich wie der Tigris in Bagdad. Zu beiden Seiten dieses Flusses sind Häuser von Weinhändlern und Niederlassungen und Lokale, wo sie den Tee trinken, so wie man in Indien in den Kneipen heimlich Hanf raucht. Die Steuer von diesen Lokalen fließt in die Kasse des Königs. Kauf und Verkauf des Tees sind dem gewöhnlichen Volk untersagt, weil sie ein ausschließliches Vorrecht des Königs sind. Wer Salz oder Tee ohne Erlaubnis des Königs kauft oder verkauft, wird wie ein Räuber abgeurteilt. Die Räuber aber pflegen sie zu töten und ihr Fleisch aufzuessen. Die Einkünfte von den erwähnten Lokalen gehören allein dem König, wie auch die Einnahmen aus den Gold- und Silberminen. Einer ihrer Autoren sagt in seinem Arzneimittelverzeichnis, daß der Tee eine Pflanzenart ist, deren Heimat in China liegt. Man preßt ihn hier in die Form von runden Fladen, dann transportiert man ihn ins Ausland.‹«[12]

Textilien

Aus den Samenhaaren des Malvengewächses Baumwolle gewann man schon um das Jahr 1000 wertvolle Stoffe. Die vier für die heutige Produktion bedeutendsten Arten stammen ursprünglich aus den Savannen des südlichen Afrika, aus Amerika und aus Indien, von wo Tuche verschiedenster Qualität als Fertigwaren in großem Umfang ausgeführt wurden, darunter auch nach Südostasien. Seit dem 7. und 8. Jahrhundert hatte der Anbau dieser Pflanze vom südlichen Mesopotamien aus einen Siegeszug durch nahezu alle islamischen Regionen angetreten. In den obermesopotamischen Gebieten zwischen dem Euphrat-Knie und dem Tigris verdrängte Baumwolle nach und nach den Flachs. Auch in den nordsyrisch-kilikischen Regionen, im Jordan-Graben und in der Oase von Damaskus dehnten sich große Baumwollfelder aus. Schließlich erreichte die Kultur der Baumwolle Nordafrika und Spanien sowie die Umgebung des sizilianischen Palermo. Nur Ägypten blieb noch im

[9] Shen Gua (1031-1095), *Mengxi bitan (Pinselaufzeichnungen am Traumbach)*, j. 12, 4a.
[10] Yang Shiqi (1365-1126) *Lidai mingchen zouyi (Throneingaben berühmter Staatsmänner der Geschichte)*, j. 14b-16a.
[11] Kuhn, Song-Dynastie, S. 160.
[12] Zitiert nach: Al-Bīrūnī, Gärten der Wissenschaft, S. 232.

12 In China war für die große Mehrheit der Bevölkerung Hanf der wichtigste Rohstoff, um Bekleidung herzustellen. Die Aufbereitung von Hanffasern war sehr arbeitsaufwendig, wie das Bild von Liu Song-nian (ca. 1150-nach 1225) zeigt.

nutzten – neben Fellen, Agavenfasern und Federn – Baumwolle zur Herstellung von Kleidungsstücken. Bei ihnen lieferte die Koschenillelaus, die auf Opuntien-Kakteen lebt, das gewünschte Scharlachrot.

Im Europa nördlich der Alpen wurden lediglich die Fasern von Flachs und Hanf zu Textilien weiter gesponnen. Verarbeitet wurden sie in den bäuerlichen Haushalten wie auch in Herrenhöfen, doch die wirtschaftliche Bedeutung blieb gering. Allerdings fallen in diesen Zeitraum, ausgehend von der häuslichen Produktion, die Anfänge einer Textilwirtschaft, die von den Feudalherren nach und nach intensiviert wurde. Auch der Anbau von Pflanzen zum Färben war relativ unbedeutend und konzentrierte sich auf Krapp und Waid für die Farben Rot und Blau. Wildpflanzen wie Flechten, Baumrinde und Ginster, die nicht eigens angebaut werden mußten, setzte man hingegen häufiger ein.[13] Flachs, verwoben zu Leinen, und Wolle dominierten die Textilherstellung auf dem Lande.

Auch in China gab es im Jahre 1000 bereits eine Baumwollproduktion, jedoch dürften Kultivierung und Weiterverarbeitung zu Textilien eine untergeordnete Rolle gespielt haben. Vielmehr lieferten Länder wie das heutige Indien die benötigten Stoffe. Die Kleidung des durchschnittlichen Haushaltes beruhte auf dem Anbau und der Weiterverarbeitung von Hanf und Ramie, deren Bastfaserstoffe die Grundlage für die Kleidung der großen Mehrheit der Bevölkerung bildeten. Der Ertrag dieser Kulturpflanzen war zwar außerordentlich hoch, leider aber auch der Aufwand, sie in webbare Fäden umzuwandeln, wie ein Bild des Malers Liu Song-nian (ca. 1150-nach 1225) veranschaulicht (Abb. 12).

Jahre 1000 gegenüber diesem Triumphzug resistent. Dort dominierte auf den geeigneten Flächen am Nil und im Nildelta weiterhin der Flachsanbau.

Für verschiedene Textilgewerbe notwendige Farbstoffe waren ebenfalls bereits in vorislamischer Zeit aus Indien in das südliche Mesopotamien gelangt. Von dort verbreitete sich der Anbau von Indigo zum Blaufärben nach Westen; Rot- oder Brasiliettoholz zur Rotfärbung, ebenfalls aus Indien, war in Konkurrenz zum Farbstoff des Weibchens der Kermesschildläuse getreten, die im April und Mai von Eichen abgekratzt wurden und schon im klassischen Altertum ein hochbegehrtes Purpur erzeugten. Auch die Bewohner Mesoamerikas

Die aus dieser Pflanze gewonnenen Textilfasern besaßen eine sehr gute Zugfestigkeit und glänzten fast so wie Seide. Das Gewebe widerstand Feuchtigkeit und anderen klimatischen Unbillen. Darüber hinaus verarbeitete man noch den Bohnenkriecher Kuzu und die

[13] Henning, Landwirtschaft, S. 80f.

sogenannten Bananenfasern, die »chinesische« Jute und die wirkliche Jute zu Kleidungsstücken. Wegen ihrer kühlenden Eigenschaften eigneten sich die Textilien aus Bananenfasern auch als Sommerstoff. Die wichtigsten Anbaugebiete für diese Kulturpflanzen lagen in den Provinzen von Sichuan, Jiangnandong, Guangnanxi, Hedong, Hebeidong und Hebeixi.

Herstellung und Verarbeitung von Seide erreichten in den islamischen Regionen, Indien und Byzanz beachtliche Resultate, dennoch ist der chinesischen Seide eine Sonderstellung unter den Textilien einzuräumen, die eine nähere Betrachtung erfordert. Ihre Produktion und Besteuerung stellten eines der wichtigsten Anliegen der Song-Kaiser dar. Denn Seide besaß nicht allein einen hohen Gebrauchswert für die Bedürfnisse des Hofes und seiner höheren Beamten. Sie nahm zudem in der ökonomischen Entwicklung um das Jahr 1000 auch deshalb eine besondere Rolle ein, da sie als allgemeines Äquivalent diente, also als Maßstab, der den Wert anderer Waren auszudrücken vermochte. Einfache Steuerseide produzierte fast jeder Haushalt. Und schließlich war sie ein wichtiges Handelsprodukt, das über die Seidenstraße bis nach Europa gelangte. Angesichts dieser verschiedenen Funktionen ist verständlich, daß die Qualitätskontrolle wichtig war. Für private und staatliche Seidenwebereien bestanden deshalb Vorschriften über Länge, Stoffbreite und das Gewicht eines Seidenballens. Generell unterschied man zwischen hochwertiger Seide und einfacher Steuerseide.

Die Grundlage für die Seidenproduktion lag in der Landwirtschaft, da sich der Seidenspinner in seiner Larvenform von den Blättern des Maulbeerbaumes ernährt, der von den Bauern kultiviert werden mußte. Entsprechende kaiserliche Dekrete – etwa von 956 – verpflichteten die Landbevölkerung zum Anbau von Maulbeerbäumen. Der Erlaß nahm eine Klassifikation der Haushalte in fünf Kategorien vor und bestimmte für jede Gruppe peinlichst genau, wie viele dieser Bäume anzubauen waren. Auch wurden die Personen öffentlich mit Strafen bedroht, die im Winter ihre Maulbeerbäume abholzten, um Schutz vor Kälte durch das Verheizen des Holzes zu finden.

Die höchste technische Schwierigkeit bei der Seidenproduktion lag in der Haspelei, d. h. der Abwicklung des Seidenfadens, mit dem sich die Raupe zum Kokon umspinnt. Diesen Faden zu erfassen, ihn möglichst ohne Zerreißen zu einem einheitlichen Spinnfaden zu haspeln, das war das entscheidende Qualitätskriterium für die später daraus zu webenden Stoffe. Einfachere Verfahren, wie sie normalen Familien zur Verfügung standen, lieferten nur Steuerseide. Weiterhin spielte auch die Qualität der Blätter des Maulbeerbaums, von denen sich die Seidenspinner ernährten, eine wesentliche Rolle. Die bäuerlichen Haushalte organisierten die Zucht und Pflege der Bäume sowie der Seidenraupen im Rahmen der häuslichen Arbeitsteilung. In der Regel kümmerten sich die Frauen um die Seidenraupen bis zu deren Verpuppung. Über die weitere Bearbeitung der Kokons entschied dann die finanziellen Möglichkeiten der Haushalte, da die weitergehenden technischen Mittel zur Haspelei des Seidenfadens große Geldmengen erforderten.

Tierhaltung

Während die Bewohner Mesoamerikas wahrscheinlich lediglich Bienen züchteten und ihren Bedarf an tierischen Produkten über Jagd und Fischfang abdeckten, war man in den anderen Teilen der Welt seit längerem dazu übergegangen, Nutztiere zu halten. Der amerikanische Kontinent nimmt insofern eine Sonderstellung ein, da sich dort bis heute kaum eine eigenständige Domestikation von Haustieren nachweisen läßt. Truthahn, Meerschweinchen, Llama und Alpaka wurden zwar gehalten, unklar bleibt aber noch in welchem Umfang. Für andere Arten war zu dieser Zeit die Karriere als Haustier bereits beendet. Beispielhaft hierfür steht die Mast die Siebenschläfers, der reichen Römern noch als Delikatesse gegolten hatte, aber mit Beginn des Mittelalters vom Speiseplan verschwand. Auch das Perlhuhn geriet in Vergessenheit und wurde erst von den Afrika bereisenden Portugiesen neu nach Europa eingeführt.

Wieder andere Arten erlebten gerade die ersten Schritte des Wandels zum Nutz- und Haustier. So begannen die Chinesen zur Song-Zeit damit, Goldfische zu züchten, eine Sitte, die von dort zunächst nach Japan gelangte. Aber auch das Kaninchen, das sich heute auf allen Kontinenten findet, war noch nicht völlig an das häusliche Leben angepaßt. In Europa hielt man es in eigens eingezäunten Gärten oder auf Inseln in Binnengewässern, um die Tiere bei Bedarf leicht fangen oder jagen zu können. Ihre abschließende Domestizierung soll durch Mönche erfolgt sein, die in ständiger Suche nach geeigneter Nahrung für die Fastenzeiten lebten. Ungeborene und frisch geborene Kaninchen wurden von ihnen nicht als Fleisch angesehen und unter der Bezeichnung *laurices* verspeist. Ein ähnliches Schicksal hatte der Biber, der damals in Europa schon weitgehend ausgerottet war, gerade hinter sich. Auch er galt nicht als Fleisch, sondern aufgrund seiner aquatischen Lebensweise als Fisch und folglich als geeignetes Mahl zur Fastenzeit. Die europäische Fischzucht stützte sich auf römische Erfahrungen. Ob diese im frühen Mittelalter aber umgesetzt wurden, ist umstritten. Der Karpfen, der die deutlichsten Spuren einer frühen Domestikation aufweist, könnte bereits um die Jahrtausendwende in Europa und in China in Teichen gehalten worden sein.[14]

Die bedeutendsten Nutztiere standen allerdings schon lange in engem Kontakt mit den Menschen. In verschiedenen Varianten, die aus europäischen und asiatischen Vorfahren hervorgingen, war das Schwein in der Alten Welt als Fleischlieferant verbreitet. Die Zentren seiner Domestikation lagen in Europa und China. Pferd und Rind blickten schon auf 4000 Jahre Koexistenz mit dem Menschen zurück. Annähernd doppelt so alt waren die Erfahrungen mit der Zucht von Ziegen und Schafen. Aus den nubischen Halbwüsten des afrikanischen Kontinents gelangten Esel in den mediterranen Raum und trugen in späterer Zeit zur Schöpfung der hochbegehrten Maultiere bei. Das einhöckrige Dromedar trat seinen Dienst in seinem natürlichen Lebensraum von Nordafrika bis zum Kaspischen Meer und von Arabien bis Nordwest-Indien wohl schon 2800 v. Chr. an. Unter islamischem Einfluß gelangte es 1019 nach Spanien und 40 Jahre später nach Sizilien.[15] Für das zweihöckrige Kamel, das vom Kaspischen Meer bis zur Mandschurei verbreitet war, können wir den Beginn seiner Domestikation bisher noch nicht angeben, doch um das Jahr 1000 arbeitete es bereits geraume Zeit für den Menschen. Die heute so begehrten Hühner stammen aus Nordindien und verteilten sich von dort über die Alte Welt, gelangten aber wahrscheinlich erst gegen 600 v. Chr. über die Alpen. Die Heimat der Gans ist Zentraleuropa und Asien, während die Ente in Mesopotamien und China die Anfänge ihrer Domestikation erfuhr. Eine anschauliche Darstellung der Tierhaltung findet sich exemplarisch für den byzantinischen Raum in der im 11. Jahrhundert hergestellten Handschrift mit Predigten des griechischen Kirchenvaters Gregor von Nazianz (Abb. 13). Im einzelnen gab es in der Verbreitung der Nutz- und Haustiere also große Unterschiede, doch im Bereich der Verwertung galt überall, daß nahezu alle Teile verzehrt oder anderweitig genutzt wurden. Felle, Knochen, Hörner, Sehnen, Eingeweide usw. bildeten wichtige Grundlagen für zahlreiche andere Nutzungen und Weiterverarbeitungen.

Im Europa nördlich der Alpen stellten die großen Waldflächen die Weiden der Schweine dar, die dort mit Eicheln regelrecht gemästet

---

[14] Zeuner, History of domesticated animals, S. 412f., 415f., 480ff.
[15] Ebd., S. 358.

wurden. Weitere Haustiere waren Rinder, Schafe, Ziegen und Pferde. Die damalige Bedeutung des Federviehs ist noch weitgehend unklar. Vereinzelte Untersuchungen zum Fleischkonsum der ländlichen Bevölkerung zeigen, daß Rind und Schwein die bedeutendsten Lieferanten für tierisches Eiweiß waren. Schaf und Ziege kam eine ähnliche Bedeutung wie dem gejagten Wild zu. Die Schlachtgewichte lagen allerdings weit unter heutigem Standard. Rinder und Ochsen brachten höchstens 100 kg auf die Waage, Schweine knappe 40 kg. Auch die Milchleistung einer Kuh mit ca. 250 Litern pro Jahr war nicht überwältigend. Bemerkenswert ist aber, daß der Fleischkonsum mit ca. 100 kg pro Person und Jahr relativ hoch ausfiel.[16] Noch weiter im Norden, bis hin in die eisigen Steppen Sibiriens, versorgte das Rentier den Menschen mit Fleisch und Fellen und übernahm auch die Aufgabe eines Zug- und Reittieres.

In Indien hatte die Haltung von Tieren je nach Ort und Bodenbeschaffenheit unterschiedliche Bedeutung. Für die Bauern waren Zugochsen die wichtigsten Arbeitstiere. Rindfleisch konnte allerdings nur von Nichthindus oder von Kastenlosen, die auch die Kuhhäute zu Leder verarbeiteten, gegessen werden. Ohnehin waren zur Milchproduktion in vielen Teilen Indiens die dort beheimateten Wasserbüffel wichtiger als Kühe. Ihre Verbreitung als Haustier erstreckte sich bereits von China bis Italien. Eine große Rolle als Fleischlieferanten spielten Ziegen, Hühner und Schweine. In den trockenen Hochländern stellte Ziegen- und Schafzucht die wichtigste Erwerbsquelle wandernder Hirten dar. In den Wüsten Rajasthans kam die Dromedarhaltung dazu. Esel als Tragtiere waren allgemein bekannt, Pferde waren dagegen selten, da es nur im Nordwesten Kenntnisse über die Zucht dieser Tiere gab.

13 Abbildungen aus dem Alltagsleben sind eine große Ausnahme. Hier finden sich Darstellungen der Tierhaltung aus dem byzantinischen Raum. Sie sind enthalten in einer im 11. Jh. hergestellten Handschrift mit Predigten des griechischen Kirchenvaters Gregor von Nazianz.

[16] Henning, Landwirtschaft, S. 86f.

Auch die indischen Elefanten dürften keine große Rolle im Alltagsleben gespielt haben. Sie besaßen eine gewisse Bedeutung als Kampfelefanten, vor allem jedoch als Arbeitskraft und Repräsentationsobjekt im staatlichen Besitz. Ihre afrikanischen Verwandten waren zwar noch unter den Römern ins Feld gezogen, dann aber in Vergessenheit geraten.

In den islamischen Regionen lag Viehzucht als Quelle für Nahrung, Rohstoffe und als Transportmittel vorrangig in den Händen von Nomaden, die in den Trockensteppen und Halbwüsten Mittelasiens, des Iran, des »Fruchtbaren Halbmondes« und der Arabischen Halbinsel sowie in Nordafrika am Rande der Sahara beheimatet waren. Nomadische Viehzucht prägte überall dort die Wirtschaft, wo der Boden sonst keine Kultivierung erlaubte, und dehnte sich auch auf jene Nutzflächen aus, wo seßhafter Ackerbau aus ökologischen, wirtschaftlichen oder politisch-militärischen Gründen aufgegeben worden war. Türkische, iranische, kurdische, arabische und berberische Stammesgruppen zogen mit ihren Herden von Weide zu Weide. In iranischen, kurdischen, nordafrikanischen und spanischen Gebirgsgegenden lebten viele Gruppen mit festem Quartier im Winter und einer Weidewanderung im Sommer.

Die Beduinen – Nomaden im Norden und Zentrum der Arabischen Halbinsel, im nordöstlichen Syrien und westlichen Irak – konnten fast vollständig vom Dromedar leben. Es lieferte Milch und für festliche Anlässe Fleisch; außerdem Haar für Zelte und Mäntel, Leder für Sättel und Gürtel und getrockneten Mist als Brennstoff. Selbst sein Urin fand für medizinische und kosmetische Zwecke Verwendung. Turkstämme Mittelasiens züchteten das zweihöckrige baktrische Kamel, das Trampeltier. Im 10. Jahrhundert hatte die Kamelzucht von diesen Zentren aus vor allem in Iran, Mesopotamien und in den Oasen der westlichen Sahara festen Fuß gefaßt.[17]

In der Pferdezucht gewannen seit dem 8. Jahrhundert verschiedene Rassen aus den mittelasiatischen Steppen, aus iranischen Halbtrockenzonen und aus den südtunesischen Hochebenen am Rand der Sahara gegenüber der schnellen, temperamentvollen Rasse aus dem zentralarabischen Hochland des Nadschd an Bedeutung. Innerhalb der islamischen Regionen verbreiteten sich die verschiedenen Pferderassen nach Ägypten, Spanien und Sizilien. Über diese Grenzen hinaus waren sie nach Nordchina, in die ost- und mitteleuropäischen Steppen und nach Indien gelangt. Die ständige Verbesserung der Pferdezucht und ein wachsender militärischer und zeremonieller Bedarf hatten im 10. Jahrhundert dazu geführt, daß jede islamische Herrscherdynastie bei ihren Garnisonen staatliche Weiden auf bewässerten Wiesen angelegt hatte. Damit verbunden war der Anbau von Luzerne zur Fütterung. Trotzdem war die nunmehr vergleichsweise bescheidene Pferdezucht der arabischen Beduinen und anderer Nomaden weiterhin der Stolz jedes Stammes.

Hauptsächlicher Teil nomadischer Viehhaltung aber blieben große Schaf- und Ziegenherden für Wolle, Felle, Milch und Fleisch. Außerdem wurden Esel, Maultiere und Hühner gehalten. Vor allem in den Bergzonen des Iran und an der kleinasiatischen Grenze sowie in den Hochebenen Nordafrikas waren (halb-)nomadische Stämme auf die Schaf- und Ziegenzucht spezialisiert. Von Nordafrika war mit den Berbern die Schafhaltung in die Gebirgszonen Spaniens gelangt, wo sie mit festen Quartieren in der winterlichen Regenzeit und einem Zug auf die besten Sommerweiden praktiziert wurde. Tierfraß an Baumschößlingen und Brandrodungen für neue Weiden hatten allerdings zusammen mit einem ständigen und immensen Bedarf an Bau-, Schiffs- und Brennholz zur Folge, daß die ohnehin geringen Waldbestände in den islamischen Regionen kontinuierlich abnahmen.

[17] Bulliet, Camel, S. 57ff.

Bei den seßhaften Ackerbauern blieb die Tierzucht weitgehend auf den häuslichen Bedarf beschränkt. Schafe, Ziegen und Federvieh sorgten für Nahrung und Kleidung. Esel, Maultiere und Ochsen wurden für den Transport und den Betrieb von Bewässerungsanlagen gehalten. Eine Rinderzucht von erwähnenswertem Umfang war klimatisch nur auf den atlantischen Ebenen Marokkos, an einigen Stellen des algerischen Küstenatlas und in Spanien möglich. Zigeuner, ursprünglich aus dem Industal stammend, hatten im 9. Jahrhundert vom irakischen Süden in das nordsyrisch-kilikische Gebiet weichen müssen, wo sie seitdem ihre Wasserbüffel in den Sümpfen des Orontes-Flusses aufzogen.[18]

Als weltweit engster Begleiter des Menschen hatte sich schon sehr früh von Australien bis Amerika der Hund etabliert. Seine Aufgaben waren vielfältig. Er diente als Wächter, Hüter der Herden, Jagdbegleiter, Statussymbol und wurde auch gelegentlich gegessen oder geopfert. Ähnliches, allerdings mit anderen Formen der Nutzung, ließe sich über die Biene berichten. Die Katze, heute als Haustier weit verbreitet und schon 2000 v. Chr. in Indien und wahrscheinlich auch in Ägypten gezüchtet, war erst mit den Römern nach Nordeuropa gelangt. Um die Jahrtausendwende war es noch schlecht um ihren Ruf bestellt, da man sie als Haustier von Hexen ansah. Ihre heutige Beliebtheit erlangte sie erst wesentlich später. Der Falkenjagd schließlich frönten ausschließlich hochgestellte Personen, eine Beschäftigung, die in Europa zu dieser Zeit an Verbreitung gewann. Andere Vögel, hauptsächlich der Kormoran und in geringem Umfang auch der Pelikan, fischten für ihre Eigentümer. Von Japan ausgehend erlangte der Kormoran in China als Nutztier eine große Beliebtheit, die erst im 17. Jahrhundert von europäischen Königshöfen geteilt wurde.

3. Ertragssteigerungen in der Landwirtschaft

Wie aber konnte die Bevölkerung versorgt werden? Die verschiedenen, in der Landwirtschaft zu verrichtenden Tätigkeiten waren vom Jahreslauf vorgegeben. Freischlagen, Roden, Säen, Jäten und Ernten folgten einander unausweichlich, wobei die ersten beiden Tätigkeiten am anstrengendsten waren und damals eine große Rolle spielten, weil vielerorts noch genügend ungenutzte Fläche vorhanden war. In den wärmeren Regionen, wo die Böden eine vergleichsweise dünne Humusschicht trugen, dominierte noch lange Zeit der flächenintensive Schwendbau. Um die Böden nicht auszuschwemmen, schlug man die Flächen nur vom Bewuchs frei und verzichtete auf die sonst übliche Rodung, also das Entfernen der Wurzelstümpfe. Die getrockneten Pflanzenreste wurden auf den Flächen verbrannt und versorgten den Boden über ihre Asche mit Dünger.

Neben dieser Vergrößerung der Anbauflächen durch Urbarmachung gewannen andere Verfahren immer mehr an Bedeutung, indem etwa bis dahin nicht nutzbares Land in landwirtschaftliche Flächen umgewandelt wurde. Auch setzten sich intensivere Anbauformen durch, darunter vor allem eine konstantere Versorgung der Pflanzen mit Wasser, um höhere Erträge zu erzielen. Nur auf diese Weise ließ sich die starke Abhängigkeit von den unregelmäßigen Regenfällen brechen. Und nur so gelang es, trockene Böden zu erschließen oder sogar mehrere Ernten im Jahr zu realisieren. Weniger verbreitet, wahrscheinlich auf China begrenzt, waren Bemühungen, systematisch das Saatgut zu kontrollieren oder gar neue, angepaßte Arten einzuführen.

Da die unterschiedlichen Lagen der Anbauflächen die verschiedenen Versuche der Ertragssteigerung maßgeblich beeinflußten, lohnt es sich, beispielhaft einen Blick auf Chi-

[18] Planhol, Grundlagen, S. 105ff.

14 Das Pflanzen von Reis war harte Handarbeit, hier dargestellt auf der Kopie eines chinesischen Tischrollbildes aus dem 12. Jh.

na, Mesoamerika und die islamischen Regionen zu werfen. Weitere, eher technologische Entwicklungen werden daran anschließend vorgestellt.

China

Zur Song-Zeit unterschied man zwischen Trocken- und Naßfeldern. Erstere herrschten in der nordchinesischen Ebene vor. Sie waren rechteckig angelegt, mit einer durchschnittlichen Fläche von ca. 30-40 Ar. Die fruchtbaren Lößböden im Norden mußten allerdings terrassiert werden, um der durch kräftige Regenfälle verursachten Bodenerosion entgegenzuwirken.

Weiter im Süden, entlang der großen Ströme, war Deichbau entscheidend für die Kultivierung des Ackerlandes. Einerseits fand man dort ein schier unendlich großes Reservoir an Wasser vor, andererseits aber litt das wertvolle Ackerland unter periodisch auftretenden Überschwemmungen. Die Fluten mußten eingedämmt und zugleich zu anderen Zeiten die Möglichkeit einer exakt steuerbaren Bewässerung gegeben sein. Dort wie auch noch weiter im Süden dominierten Naßfelder.

Wie intensiv diese Bewirtschaftung ausfiel, veranschaulicht ein Tischrollbild, dessen Vorlage aus dem 12. Jahrhundert stammt und Bestandteil einer Serie von Illustrationen war, die fortschrittliche Agrartechniken darstellen und weitervermitteln sollten. Drei Männer tragen Reispflanzen, die an anderer Stelle bereits vorgezogen wurden, zum Feld, wo vier weitere, im Wasser stehende Männer, diese in den vorbereiteten Boden stecken (Abb. 14). Für den Einsatz technischer Hilfsmittel stand den ländlichen Haushalten kaum Kapital zur Verfügung. Die Bewässerung der Naßfelder regelten entweder schon lange benutzte Kanalsysteme, oder die Bauern leiteten das Wasser aus Flußläufen, Seen oder Bächen auf die entsprechenden Flächen.

Zur Kultivierung von Schwemmland, Sümpfen und Marschen nutzte man eingedämmte Felder. Ringdeiche von unterschiedlichem Umfang schützten das urbar gemachte Land, wobei diese Einfriedungen mehrere 100 ha umfassen konnten. Entscheidend für die Aufschüttung der Dämme war auch hier in erster Linie die wirtschaftliche Potenz der Haushalte, da solche Arbeiten hohe Kosten verursachten. Wollten die Bauern jedoch hauptsächlich Reis produzieren, so genügte ein Damm geringerer Höhe. Nach der Überschwemmung des Bodens wurde das Wasser in der Einfriedung gehalten und zum Reisanbau genutzt. Zudem ließ sich das Feld nach der Reisernte für die Kultivierung anderer Pflanzen nutzen (Abb. 15).

Schwimmende Felder auf den Flüssen, auch Holzrahmenfelder genannt, stellten eine Besonderheit in der Kultivierung des Bodens dar, da diese die Wurzeln der Pflanzen kontinuierlich mit Wasser versorgten. In ein Geflecht von Sträuchern, Stroh und Zweigen, das sich in einem Rahmen befand, fügte man ein Gemisch von Schlamm, Erde und Wasserpflanzen, auf dem dann Reis gepflanzt wurde. Diese Felder schwammen auf der Oberfläche und paßten sich den wechselnden Wasserständen an. Ein weiterer Vorteil dieser Anbauweise bestand darin, daß sie recht sichere und berechenbare Erträge lieferte. Sie erreichten zum Teil beachtliche Ausmaße und konnten mehrere Familien mit ihren Wohnhäusern tragen (Abb. 16). Eine Sonderform stellten die schwimmenden Schlammfelder dar, die lediglich mit dem fruchtbaren Schlamm der Flüsse bestrichen wurden, an deren Ufern sie festgezurrt waren. Diese Art der Bewirtschaftung betrieb man hauptsächlich in den Mündungsgebieten der großen Ströme sowie an den Küsten und erzielte im Vergleich mit herkömmlichen Anbauflächen bis zu zehnfache Erträge. Weil dort das Wasser aber einen hohen Salzgehalt aufwies, war auch der aufgetragene Schlamm zunächst zu salzhaltig. Auf diesen »Feldern« mußte deshalb erst eine Zwischenkultur angelegt werden, die dem aufgestrichenen Boden das Salz entzog.[19]

Ein weiteres Verfahren bestand darin, auf Sandbänken in Flüssen, aber auch an den Flußufern selbst, Flächen abzugrenzen und mit Schilfgeflecht einzufrieden. An den großen Strömen gelang es auf diese Weise, ganze Landzungen urbar zu machen. Da diese Sandfelder auch entlang des Yangzi angelegt wurden, nannte sie Wang Zhen »Felder, die in den Yangzi fallen«. Die hohe Feuchtigkeit des Bodens gewährleistete in der Regel bis zur Ernte eine kontinuierliche Versorgung der Pflanzen mit Wasser und Nährstoffen. Allerdings waren diese Felder meist nur von kurzer Lebensdauer (Abb. 17).

Die Urbarmachung von Berghängen ist seit der zweiten Hälfte des 10. Jahrhunderts vornehmlich für den Süden Chinas verbürgt, wo die Bevölkerungszunahme die Erschließung neuer Flächen und somit eine Terrassierung des Bodens notwendig machte. Die Provinz Fujian, mit einem sich unweit der Küste von Norden nach Süden erstreckenden Bergzug, ist ein gutes Beispiel hierfür. Entweder wurden die Terrassen aus dem Berghang mühsam herausgeschlagen oder durch Auftragen von fruchtbarem Mutterboden am Hang angelegt. Die Erträge dieser Felder waren entscheidend von den Niederschlägen abhängig und gaben damit auch die Art der Bepflanzung vor. Bei entsprechend hohen Niederschlägen ließ sich Reis anbauen, sonst nur anderes Getreide.

Verbesserungen in der Produktivität der Landwirtschaft ergaben sich allerdings nicht allein aus dem Versuch, die Wasserversorgung der Felder zu optimieren. So führte auch der Anbau von widerstandsfähigen Reissorten dazu, daß Ackerbauflächen in trockeneren Gebieten des Reiches für den Reisanbau genutzt werden konnten und halfen, die Erträge zu steigern. Kaiser Zhenzong befahl im Jahr 1012, den aus Annam stammenden Champa-Reis auf Äckern an den großen Strömen anzubauen. Die zuständigen Beamten setzten diese Anordnung vor Ort um, so daß diese früh reifende und gegen Trockenheit weitgehend

[19] Kuhn, Song-Dynastie, S. 44-46.

15 Abgebildet sind eingedämmte Felder, die mit einem Ringdeich umgeben sind. Zu sehen sind Bewässerungsgräben, Abflußkanäle sowie Häuser und Bäume auf den Deichen.

16 Abgebildet sind eingedeichte Sandfelder umgeben von hohen Schilf- und Riedgräsern. Derartige Felder wurden auf Flußufern, Sandbänken und Landzungen in Flüssen angelegt. Sie erbrachten hohe Erträge, besaßen aber nur eine kurze Lebensdauer.

17 Eine Besonderheit der chinesischen Landwirtschaft waren die »schwimmenden Felder«, die in Holzrahmen gefaßt waren und auf Flüssen schwammen. Sie waren besonders ertragreich.

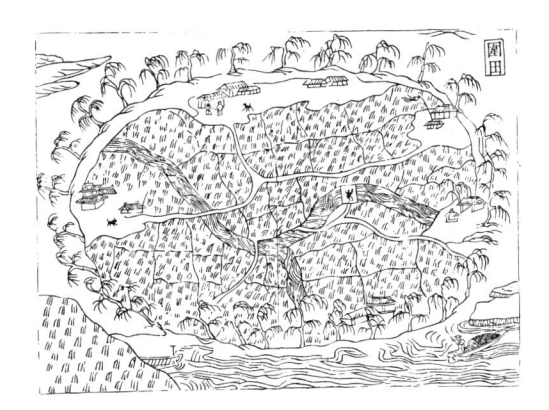

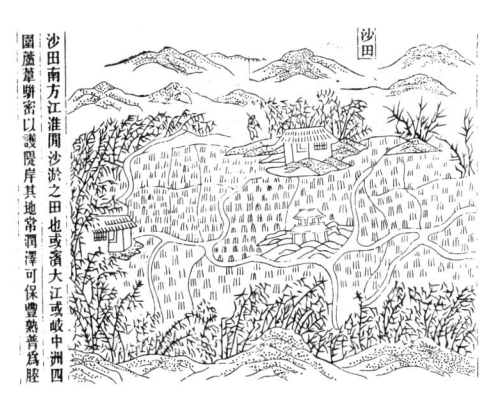

20 Nichols et al., Watering the fields.
21 Turner II, Agrotechnologies, S. 36f.

Wassermanagement in Mesoamerika

Die frühe Metropole Teotihuacan zeigt, daß in Mesoamerika schon um 200 n. Chr. Erfahrungen mit der Nahrungsmittelversorgung einer Großstadt vorhanden waren. Da das zentralmexikanische Hochland eher an Wassermangel litt, standen dort Bewässerungsmethoden im Zentrum der Intensivierungsmaßnahmen der Landwirtschaft. Die Tolteken konnten also auf schon entwickelte Verfahren zurückgreifen, um sich mit Lebensmitteln einzudecken. Zu beachten ist allerdings, daß diese Städte größtenteils reine Empfänger innerhalb komplexer Tributsysteme waren. Aus diesem Grunde produzierten sie nur einen kleinen Teil der benötigten Nahrungsmittel selbst. Alles andere lieferten die schwächeren Nachbarn. So ist es nicht weiter verwunderlich, wenn gerade in unmittelbarer Nähe der Zentren keine größeren Anbauflächen archäologisch nachweisbar sind.

Am besten dokumentiert sind Systeme, die Überschwemmungsgebiete nutzten. Diese Form der Bewässerung setzte voraus, daß Wasser von Barrancas, tief eingeschnittenen Flußläufen mit temporären Hochwässern, gehalten und verteilt wurde. Dämme, Wälle und in sehr geringem Umfang auch Terrassen erfüllten diese Aufgaben. Diese so aufgewerteten Böden waren normalerweise in ihrer Ausdehnung sehr begrenzt. Die permanente Bewässerung, die höchstwahrscheinlich ebenfalls um die Jahrtausendwende zum Tragen kam, ist leider archäologisch kaum nachweisbar und noch schwieriger zu datieren. Für die Metropole Teotihuacan ist die erstgenannte Form der Bewässerung belegt, da man Reste der zugehörigen Kanäle fand.[20] Der zweite Typus scheint aber auch in der Nähe von Städten – unter allen Vorbehalten – in Gebrauch gewesen zu sein.[21]

Daneben bedienten sich die Tolteken wahrscheinlich schon sogenannter *chinampas*, »ein in Mesoamerika in verschiedenen Ab-

resistente Art sich im Laufe der Zeit auch in anderen Provinzen als bevorzugte Anbauorte durchsetzte.

wandlungen angewandtes Verfahren der Landgewinnung in flachen, meist ufernahen Teilen von Binnenseen und in versumpften Talauen. Sie bestehen aus langen, relativ schmalen, parallel verlaufenden Beeten, die von Kanälen umrahmt sind. Die Beete sind aus dem Erdreich aufgeschüttet, das aus den begleitenden Kanälen ausgehoben wurde. Zur Befestigung sind ihre Ränder meist mit Bäumen bepflanzt. Chinampas gewährleisten einen Anbau mit gleichmäßiger, während des ganzen Jahres gesicherter Feuchtigkeitszufuhr, der unvergleichlich hohe Erträge bringt.«[22] Noch heute existieren Reste dieses Systems von Anbauflächen, die zu einer Touristenattraktion in Xochimilco – in unmittelbarer Nähe von Mexiko-Stadt gelegen – geworden sind. Fälschlicherweise werden sie noch immer als ‹schwimmende Gärten› bezeichnet. Der Niedergang der nördlichen Metropolen Teotihuacan und Tollan führte zu einem archäologisch nachweisbaren Bevölkerungszuwachs an den südlich gelegenen Seen. Man geht davon aus, daß die Möglichkeit zur Anlage von *chinampas* es erlaubte, größere Gruppen aus den nördlichen Städten hier anzusiedeln.

Der Aspekt der Landgewinnung kam jedoch nur in den Randgebieten der städtischen Zentren zum Tragen, die sich im Seengebiet des zentralen Hochlandes befanden. Wichtiger war die enorme Ertragssteigerung, die durch bis zu drei Maisernten im Jahr realisiert wurde. Auch andere Nahrungspflanzen wie Gemüse und Fruchtbäume ließen sich mit großem Erfolg kultivieren. Erreicht wurde diese Produktionssteigerung zum einen durch die permanente Pflege der *chinampas*, zum anderen durch eine ununterbrochene Nährstoffzufuhr für die Pflanzen. Denn die Kanäle wurden ständig gesäubert, und bei diesen Maßnahmen geriet der düngerhaltige Seegrund auf die Felder.

Schätzungen zur städtischen Bevölkerung der Maya-Zentren sind in den letzten Jahrzehnten zu zunehmend höheren Zahlen gekommen. Ausschlaggebend hierfür sind neue Ideen und Entdeckungen in bezug auf damalige Agrartechnologien. Nimmt man Tikal als Beispiel, so lagen die ersten Bevölkerungsschätzungen im Bereich von 10 000 Einwohnern.[23] Neuere Untersuchungen führten schnell zu einer angenommenen Bevölkerung von 100 000.[24] Der bedeutendste Faktor, der zu den anfänglich niedrigen Einschätzungen führte, lag in der Annahme begründet, die extensive Milpa sei die gebräuchlichste Form der Kultivierung gewesen. Mit ihr hätten nur ca. 77 Personen pro km^2 ernährt werden können. Kartierungen und neuere Erschließungen des Geländes zeigten aber, daß die tatsächliche Besiedlung und damit die Bevölkerungszahl viel größer war. Die ursprünglichen, niedrigen Schätzungen wurden dadurch immer unrealistischer. Die Bevölkerung siedelte bedeutend dichter als zuvor angenommen und erreichte 100 bis 700 Personen pro km^2, wobei der hohe Wert nur in der direkten Umgebung der Zentren angenommen werden kann.[25] Allerdings stand kaum gut drainiertes Land für die Anbauflächen zur Verfügung. Die Siedlungen beanspruchten erhöhte Lagen, die im Jahreslauf nicht überflutet wurden. Die Landbevölkerung sah sich also genötigt, mehr und mehr in den sogenannten *bajos*, flachen, sumpfigen Karstbecken, und an anderen zunächst nicht günstigen Standorten Nahrungsmittelüberschüsse zu produzieren.

Ausgehend von der Annahme, die Maya hätten eine Methode der Intensivierung des Anbaus von Feldfrüchten entwickelt, die den zentralmexikanischen *chinampas* ähnlich war, begann man intensiv nach solchen Flächen zu suchen. Mit Hilfe von Satelliten gestützten Fernerkundungen wurden Turner und Harrison zu Beginn der achtziger Jahre in Belize fündig. Sie entdeckten erhöhte Felder im Pulltrouser Sumpf, ein sicherer Hinweis auf intensive Formen der Landwirtschaft (Abb. 18). Erst der zusätzliche Einsatz von Luftbildern erlaubte es, diese Anbauflächen genauer zu orten. Das Sumpfgebiet hat eine Ausdehnung

[22] Haberland/Prem, Geschichte der mesoamerikanischen Kulturen, S. 108.
[23] W. Coe, Early cultures.
[24] Haviland, Population estimate for Tikal.
[25] Rice/Puleston, Ancient Maya.

18 Satellitenbilder haben sich als wichtiges neues Handwerkszeug für Archäologen erwiesen. Mit deren Hilfe konnte Anfang der 1980er Jahre in Belize die Existenz höher gelegener Felder entdeckt und dadurch nachgewiesen werden, daß die Mayas eine Methode zur Intensivierung des Anbaus von Feldfrüchten entwickelt hatten. Zu sehen ist hier der Pulltrouser Sumpf.

26 Harrison, Maya subsistance, S. 105ff.

von ca. 8,5 km², wovon 668 ha mit Unterstützung der Luftbilder ausgewertet wurden. Da auf diesen intensiven Anbauflächen zwei Ernten pro Jahr eingefahren werden konnten, geht man mittlerweile davon aus, daß durch die Kultivierung des Sumpfes Nahrungsmittel für 5200 Personen produziert werden konnten, so daß die Bevölkerungszahl vermutlich bedeutend höher lag, als früher geschätzt wurde.

Parallel dazu fanden Siedlungsuntersuchungen statt, die folgendes Bild ergaben: Viele Haushalte waren in der Lage, Handelsgüter herzustellen und ihre Häuser auf höher gelegenen Plattformen zu errichten. Auch eine soziale Stratifikation ließ sich nachweisen. Es gibt allerdings keinen Hinweis auf Eliten, wie wir sie aus den größeren Zentren kennen. Eine aktuelle Schätzung der Bevölkerung geht von ca. 5 Individuen pro Haushalt aus und kommt für das Sumpfgebiet zu einer maximalen Einwohnerzahl von 1500 Personen im ausgehenden Klassikum. So konnten tatsächlich 3700 Personen zusätzlich ernährt und damit Nahrungsmittel für größere Zentren bereitgestellt werden.²⁶

Hierdurch wird klar, daß die Produktion von Überschüssen trotz zunächst widriger Bodenbedingungen durchaus kein Problem war. Doch stellte diese Nutzung der Sümpfe – der größte namens Bajo Morocoy liegt im mexikanischen Quintana Roo und wurde auf ähnliche Weise genutzt – nicht die einzige Methode zur Intensivierung der Landwirtschaft dar.

Drainagemaßnahmen konnten ein vergleichbares Ergebnis herbeiführen. Derartige Systeme wurden häufig in Kombination mit Wasserrückhaltedämmen in Überschwemmungsgebieten der Flüsse und den Sumpfzonen genutzt, sofern diese von saisonalen Überflutungen betroffen waren. Die drainierten Felder verhinderten höchstwahrscheinlich die Überschwemmungen nicht vollständig, sondern nutzten vielmehr deren Vorteile. Unerwünschte Pflanzen wurden ebenso wie aufkommende Insektenplagen größtenteils durch die Überschwemmung zerstört, und nährstoffreiche Sedimente hatten die Möglichkeit, die später kultivierten Nutzpflanzen zu düngen. Die Funktion der Drainagekanäle bestand wahrscheinlich hauptsächlich darin, die Nutzungszeiten dieser Anbauflächen zu verlängern.

Seit den zwanziger Jahren wird sporadisch von der Existenz terrassierter Anbauflächen im Mayagebiet berichtet. Dort fanden sich nur dünne Humusschichten, die es in Verbindung mit dem hügeligen Terrain anscheinend erforderten, das Gebiet zu terrassieren. Neuere Untersuchungen, gestützt auf spezielle Geoinformationssysteme, lieferten jüngst erstmals systematisch Material aus dem Gebiet des oberen Belize-Flusses, um dieses Problem zu beleuchten. Eine Terrassierung von Anbauflächen wurde meist dort für erforderlich gehalten, wo dichtbesiedelte Regionen sich in höheren Lagen befanden, so daß wirksame Intensivierungsmaßnahmen erforderlich erschienen. Die Befunde zeigen aber, daß alle bisher entdeckten Anbauterrassen dazu dienten, die bereits genutzten besten Böden noch intensiver zu bewirtschaften und zu pflegen. Die Gewinnung von Neuland in Form marginaler Flächen in Hanglagen spielte dabei kaum eine Rolle. Dadurch wird klar, daß diese Form der Landnutzung zwar zur Intensivierung der Produktion beigetragen hat, allerdings nicht in der zunächst erwarteten Weise.

Wasser für die islamischen Regionen

Die Effektivität der Landwirtschaft hing im Orient seit alters her in hohem Maße von der Bewässerung ab. Die weitere Verbreitung von tropischen und subtropischen Kulturen und die beträchtlichen Erfordernisse bei der Versorgung großer und wachsender Städte hatten im 10. Jahrhundert den Aktionsradius traditioneller Bewässerungstechniken erheblich vergrößert. So war das genaue Wissen um den Wasserstand des Nils für das agrarische Leben in Ägypten hochwichtig, diente es doch der Vorausschau auf künftige Ernten oder Hungersnöte sowie zur Festlegung von Abgaben und Steuern. Ein Bau zur Messung des Nilpegels bei Kairo, das Nilometer, existiert seit den Jahren 861/862 (Abb. 19).

Es bestanden jedoch auch weitere latente Gefahren für die Landwirtschaft. Regional und zeitlich verschieden traten immer wieder Erosion und Versalzung des Bodens sowie Verlagerungen und Versumpfungen von Flußläufen auf. Der Erhalt von komplexen Bewässerungssystemen wurde zudem des öfteren durch eine verschärfte Ausbeutung der Bauern und die Folgen kriegerischer Auseinandersetzungen gefährdet.

Wasser aus Brunnen, Quellen, Bächen und Wadis – nach Regengüssen gefüllte Flußbetten – wurde ausgiebig genutzt, zum Teil mit Hilfe kleinerer Dämme. Solche Ablenkungsdämme bestanden meist nur aus Erde, wiesen aber manchmal einen Kern aus gestampftem Lehm auf. Größere und kleinere Bewässerungskanäle mit Dämmen befanden sich zudem an Flüssen, die zum Teil eine unterschiedlich starke Wasserführung hatten. Erhebliche Ausmaße erreichte ein Damm, den der Buyidenfürst Adud al-Daula im Jahre 960 am Kur-Fluß im

19 Das genaue Wissen um den Wasserstand des Nils war entscheidend für die ägyptische Landwirtschaft. Zur Messung des Nilpegels existierte bei Kairo seit 861/862 das hier abgebildete Nilometer. Die Grundfläche des Schachtes, der auf drei verschiedenen Ebenen mit dem Nil verbunden war, beträgt 6,2 Quadratmeter. In seiner Mitte steht eine achteckige Säule mit Maßeinheiten zur Bestimmung des Pegels.

20 Um das zwischenzeitlich in den Wadis geführte Wasser zu speichern, wurden teilweise sehr aufwendige Anlagen errichtet. Abgebildet ist das als »Bassin von Aghlabiden« bekannte Sammelbecken mit einem Durchmesser von 130 m, das 862/863 in der Nähe des tunesischen Kairuan errichtet wurde.

West-Iran anlegen ließ. Zwischen den Städten Schiraz und Istachr wurde dieser Fluß durch einen Damm mit Bleifundamenten gestaut. Dadurch entstand ein neuer See, auf dessen beiden Seiten je zehn Wasserräder errichtet wurden, unter denen jeweils eine Mühle lag. Das Wasser des Sees wurde in Kanäle geleitet, die 300 Dörfer und die neue Stadt Band-i Amir versorgt haben sollen. Besonders verzweigt war das Kanalnetz für Bewässerung, Drainage und Bodenverbesserung am Tigris südlich von Bagdad und um das südirakische Basra. Östlich von Bagdad gab es an dessen Nebenflüssen Adhaim und Diyala ein System von Röhren, das auch der Wasserversorgung der Metropole diente. Die westlich Bagdads gelegenen Kanäle zwischen Euphrat und Tigris wurden seit 927 mehrfach zerstört, die Schäden erst unter den Buyiden seit 945 zum Teil behoben.

Am ägyptischen Nil waren stufenförmige Bassins die Grundlage der Bewässerung. Diese Bassins füllten sich beim Hochpegel, und der Nilschlamm lagerte sich auf ihrem Boden ab. Nach Rückgang des Flußpegels wurde das Wasser zum Fluß zurückgeleitet, der mit Nilschlamm gedüngte Boden konnte bebaut werden. Außerdem versorgten vom Nil ausgehende Kanäle die in einer Senke gelegene Oase Faiyum.

Weite Verbreitung fand ein aus dem vorislamischen Iran stammendes System der Nutzung von Grundwasser, das vor allem im Norden an den Hängen des Elburs-Gebirges und im Osten am Hindukusch praktiziert wurde. Dabei führte man unterirdische Tunnel mit minimalem Gefälle von der wasserführenden Schicht eines flachen Hanges bis zu dem Punkt, wo das Wasser benötigt wurde. Die Röhren konnten kurz oder bis 16 km lang sein, die Grabungen zu den Mutterschichten 7-100 m tief. Alle 20-140 m wurden Schächte zur Ventilation und als Mittel zur Erdaushublagerung angelegt. Solche unterirdischen Tunnelsysteme bewahrten sauberes Wasser und verhinderten dessen Verdunstung weit besser als Zisternen, Seen und offene Kanäle. Mit unterirdischen Kanälen wurden in iranischen Oasen auch die Gärten und Felder um die großen Städte bewässert. Außerdem hatte sich das System unterirdischer Bewässerung beim Baumwollanbau z. B. in der nordmesopotamischen Dschazira, vor allem aber nach Nordafrika und Spanien verbreitet. Zugleich existierten jedoch offene Kanäle in großer Zahl in Choresmien, im Ferghana-Tal, in den Gebirgsgegenden des iranischen Südwestens und in Kirman. Ein Bericht aus dem chorasanischen Merv im 10. Jahrhundert beschreibt, daß der Überwacher eines oberirdischen Kanalsystems am Flusse Murghab mehr Autorität als der Präfekt der Stadt genoß, denn er überwachte 10 000 Arbeiter mit jeweils spezifischen Aufgaben.

Die Speicherung des Wassers eines Wadis ist bis heute in einer Anlage bewahrt, die im Jahre 862/863 einen Kilometer vor dem tunesischen Kairuan errichtet wurde. Diesem, unter dem Namen »Bassin der Aghlabiden« bekannten Sammelbecken mit einem Durchmesser von 130 m, war ein kleineres Klärbecken vorgeschaltet (Abb. 20). Dort speiste das Wadi Mardsch al-Lil in Zeiten der Wasserführung zwei Zisternen, von denen die kleine-

163 | III. AGRARISCHE SYSTEME

re mit 37,4 m Durchmesser zum Absetzen des Schlammes diente und durch einen runden Verbindungskanal an der Mauer mit einer großen Zisterne von 130 m Durchmesser und 8 m Tiefe verbunden war.[27]

Geräte

Weltweit beruhte die Landwirtschaft auf einfachen, meist aus Holz gefertigten Geräten. Eisen und andere Metalle waren selten und kostspielig, so daß allein deshalb ihre Verwendung – etwa bei Pflügen – beschränkt blieb. Auch war menschliche Arbeitskraft bei weitem vorherrschend, sei es beim Roden, Pflügen, Säen, Jäten, der Ernte oder dem Dreschen, der Anlage von Kanälen, Gräben und Dämmen oder auch dem Schöpfen und Transport von Wasser. Daneben kamen aber vermehrt mechanisierte Verfahren sowie Zugtiere zum Einsatz, allerdings kaum in Mesoamerika und Afrika, wo die Landwirtschaft offensichtlich auf einfache, angepaßte Technologien beschränkt blieb.

Das verbreiteste Hilfsmittel zur Bewässerung der Felder dürfte in China der Schwungeimer gewesen sein. Er war geformt wie ein runder Eimer mit Seilen an beiden Seiten, mit deren Hilfe zwei Personen den mit Wasser gefüllten Behälter schwungvoll in ein Reisfeld schütten konnten (Abb. 21). Wang Zhen berichtete über die Einführung von Maschinen in der Landwirtschaft, sowohl bei der Bewässerung als auch zum Mahlen von Körnern oder zum Auspressen von Öl aus Pflanzen. Für deren Antrieb diente vorwiegend fließendes Wasser, das auf hölzerne Räder umgeleitet wurde. Diese Wasserräder besaßen in ihrer Mitte eine Achse, die deren Bewegung über hölzerne Zahnräder auf andere Teile übertrug. Auf diese Weise ließen sich komplexe Arbeiten wie das Mahlen von Getreide oder Enthülsen von Körnern durchführen. Angesichts des Interesses an diesen Fortschritten in der Produktivität der Landwirtschaft richtete der Song-Staat sogar eine »Wassermühlenabteilung« ein, die dem Amt für Landwirtschaft zugeordnet war. Ihre Aufgabe lag darin, an geeigneten Orten solche Mühlen zu bauen und zu betreiben. Allerdings war der finanzielle Aufwand zum Kauf dieser Maschinen erheblich. Kleine bäuerliche Haushalte, für die der Bau einer eigenen Mühle zu kostspielig war, konnten diese statt dessen gegen ein Entgelt nutzen. Die Erfindung der wasserbetriebenen Mühle wird einem gewissen Du You, der im 3. Jahrhundert lebte, zugeschrieben. Möglicherweise aber ist sie sogar noch älter.

Auch in islamischen Gebieten besaßen Instrumente und Gerätschaften zur Verteilung des Wassers aus Flüssen und Kanälen eine lange Tradition. Wasserschöpfwerke und Wasserräder, die von Menschen, aber auch von Kamelen oder anderen Tieren bewegt wurden, hatten Behälter aus Holz oder Ton und wurden durch horizontale Räder angetrieben. Größere Wasserräder, die *norias* (die »Grunzende«, wegen ihres knarrenden Geräusches), standen an Flüssen und rotierten durch die Kraft des fließenden Wassers. Noch heute ist am Orontes im syrischen Hama die mittelalterliche *noria* eine Touristenattraktion. Zwei hölzerne

21 Auch das Bewässern der Felder war vielfach anstrengende Arbeit. In China war das wichtigste Hilfsmittel dazu der sog. Schwungeimer, der hier abgebildet ist.

[27] Hassan/Hill, Islamic technology, S. 86f.

22 Mit einem Durchmesser von 20 Metern ist dieses mittelalterliche Wasserrad im syrischen Hama ein Beispiel für die Größe, die derartige Anlagen im islamischen Raum erreichen konnten. Es versorgte nicht nur die Stadt, sondern auch die umliegenden Felder und Gärten mit Wasser.

Wasserräder, das größere mit einem Durchmesser von 20 Metern, sind mit ihren Achsen an der Mole am Fluß befestigt. Starke Balken verbinden die Achsen mit dem Rand der Räder, deren größeres in 120 Fächern Schaufeln trägt. Das Wasser des Flusses füllt beständig die eingetauchten Fächer, wird dadurch bis zur höchsten Stelle des Rades transportiert und ergießt sich dann in einen Behälter, der mit einem Aquädukt verbunden ist (Abb. 22). Über diese Wasserleitung wurde nicht nur die Stadt mit versorgt, sondern zugleich auch deren Felder und Gärten. Derartige Räder gab es auch am südirakischen Tigris, am Nil, am syrischen Euphrat und an den Flüssen Spaniens.

Einfachere Hebebäume mit Schöpfeimer und Gegengewicht blieben ebenso wie die Archimedische Schraube zur Höherleitung von Wasser seit uralten Zeiten in Gebrauch. Die Archimedische Schraube, auch ägyptische Schraube oder Wasserschnecke genannt, war in Ägypten ein seit alters genutztes, einfaches und wirkungsvolles Gerät zum Transport des Wassers von Bassins in höher gelegene Kanäle. Sie besteht aus einer Röhre, in der eine Schnecke angebracht ist. Mit einer Kurbel wird die Schraube von Hand bewegt, und durch die Rotation gelangt das Wasser auf ein höheres Niveau (Abb. 23).

Da Eisen knapp und die Schicht des fruchtbaren Bodens sehr flach war, blieb der alte mediterrane Holzpflug, der von Ochsen und Büffeln gezogen wurde, das wichtigste Gerät zur Bearbeitung des Bodens. Dieser Pflug hatte sich über Generationen bewährt und war den Verhältnissen angepaßt. Nach dem Pflügen dienten Eggen dazu, die Schollen zu brechen und zu glätten. Einfache Eggen bestanden aus Holzbalken, an denen spitze Zähne zur Zerkleinerung der aufgeworfenen Schollen befestigt waren. Eine Konstruktion aus Seilen und Gestängen verband die Egge mit zwei Zugochsen. Größere Eggen waren meist mit Steinbrocken beschwert, sie verschlossen die Furchen und bedeckten die Saat.

Bei der Getreideernte wurden Sicheln genutzt. Zum Dreschen war es üblich, einen Dreschschlitten einzusetzen. Dessen einfachste Form war ein mit Steinen bestücktes schweres Brett, das Arbeitstiere über den ebenen Dreschboden zogen. Ein größeres Dreschgerät bestand aus zwei Balken, die durch zwei Querbalken verbunden waren. Unter den Balken waren Scheibenräder mit Zähnen angebracht. Auf diesem karrenähnlichen Gerät saß der Bauer und trieb die Arbeitstiere über das Getreide. Mit einer Gabel erfolgte dann das Worfeln, die Getreidereinigung nach dem Dreschen.[28]

In Europa paßte man zunächst römische Geräte an die Bedingungen nördlich der Alpen an. Davon zeugt das enzyklopädische Traktat *De rerum naturis* (»Über die natürlichen Beschaffenheiten der Dinge«), das noch vor der Mitte des 9. Jahrhunderts vom hochgelehrten Abt und nachmaligen Mainzer Bischof Hrabanus Maurus verfaßt wurde. Er erstellte zu didaktischen Zwecken eine griffige Aufbereitung antiker und frühmittelalterlicher Wissenstraditionen in 32 Büchern. Aber erst im frühen 11. Jahrhundert erfolgte eine

[28] Ebd., S. 208–212.

anschauliche Bebilderung des Hrabanischen Werkes, veranlaßt durch den Abt Theobald von Montecassino (1022-1035). Im Buch XIX veranschaulichen die dazu entworfenen Illustrationen die einschlägigen Arbeitstechniken und Geräte der Zeit im mediterranen Landschaftsraum (Abb. 24).

Schon im 7. Jahrhundert erfolgte eine bedeutsame technologische Revolution mit der Entwicklung des Wende- oder Beetpfluges. Dank seiner Hilfe konnten die feuchten, schweren Böden intensiver genutzt werden. Allerdings war um die Jahrtausendwende der Wühl- bzw. Hakenpflug noch am weitesten verbreitet. Mit ihm wurde der Boden durch zweifaches Pflügen belüftet. Zunächst arbeitete man in eine Richtung und riß danach den Boden im rechten Winkel dazu erneut auf. Bedingt durch diese Arbeitsweise entstanden rechteckige, fast quadratische Äcker. Erst der Einsatz des schweren Hakenpfluges ermöglichte durch sein größeres Gewicht ein paralleles Pflügen, da nur noch ein Arbeitsgang nötig war. Der Wendepflug wendete zusätzlich die aufgeworfene Scholle und optimierte die Durchlüftung des Bodens weiter. Dem Übergang zu schwereren Pflügen ging die Entwicklung eines leichten Zuggeschirrs voraus, das es ermöglichte, statt Ochsen nun die viel wendigeren Pferde auf den Feldern einzusetzen. Der Wechsel zu den produktiveren Pflugtechniken veränderte das Aussehen der Äcker, die nun lang ausgedehnt wurden.

Die Bedeutung dieses technologischen Wandels darf aber um die Jahrtausendwende nicht zu hoch angesetzt werden. Das Lockern des Bodens dürfte in den meisten Fällen noch mit einem einfachen Haken durchgeführt worden sein. Auch die ersten Pflüge griffen nicht tiefer als 10-11 cm in die Krume. Außerdem saß bei den frühen Getreidesorten das Korn sehr locker am Halm. Die Sense, deren Gebrauch durchaus vertraut war, kam bei der Getreideernte deshalb nicht zum Einsatz, da sonst zu viele Körner zu Boden gefallen wären.

Handsicheln mähten unter diesen Bedingungen viel effektiver. Zunächst trat noch das Vieh das Korn aus den Ähren. Später schlug man es mit einfachen Stöcken los. Mörserähnliche Handmühlen zerkleinerten das Getreide. Mühlen, die von einem Pferd angetrieben wurden, gab es nur im Mittelmeerraum. Die Wassermühle, die an jedem Fließgewässer eingesetzt werden konnte, begann nördlich der Alpen ihren Siegeszug anzutreten, und der Müller kann dort als der erste Handwerker angesehen werden, dessen Spezialisierung aus der Landwirtschaft herauswuchs.

4. Die Landbevölkerung

Die Landwirtschaft war im Jahre 1000 weltweit nicht nur deshalb so wichtig, weil sie die Nahrungsgrundlage sicherte. Aus ihr, und damit von der Landbevölkerung, stammte vielmehr auch die große Mehrzahl der Abgaben und Steuern für die – ganz unterschiedlich verfaßten – Obrigkeiten, seien es große Grundbesitzer, Stammesführer, religiöse Gemeinschaften, Fürsten, Könige oder so komplexe Staaten, wie sie sich etwa in China her-

23 Die Archimedische Schraube ist ein besonders einfaches und wirksames Gerät, um Wasser in die Höhe zu befördern.

24 Die Abbildung zeigt landwirtschaftliche Arbeitstechniken und -geräte aus dem Gebiet des Mittelmeers. Die Abbildung stammt aus dem frühen 11. Jh.

ausgebildet hatten. Das Verhältnis zu diesen Obrigkeiten war von entscheidender Bedeutung für die Landbevölkerung, zumal ihre dauerhafte Siedlungsweise, zu der sie weltweit tendierte, den Zugriff der Obrigkeit auf die Bevölkerung selbst sowie auf deren Erzeugnisse vereinfachte. In China spürte man dies am deutlichsten. Im wenig besiedelten Indien und Europa konnte man sich teilweise durch einen Wechsel des Wohnortes übermäßiger Willkür der Obrigkeit entziehen. Die islamischen Regionen sind das beste Beispiel dafür, daß die Machthaber große Schwierigkeiten hatten, Steuern von den nomadisierenden Viehzüchtern einzutreiben. Dies geschah wohl eher sporadisch. Allerdings konnte die Bevölkerung nicht frei zwischen Seßhaftigkeit und Nomadentum wählen, da diese Lebensformen vor allem an ethnische Zugehörigkeiten gebunden waren.

Zu betonen ist auch, daß die »Landbevölkerung« keine einheitliche Gruppierung war. Vielmehr bestanden zwischen den verschiedenen Kulturen und auch innerhalb derselben erhebliche Unterschiede bezogen auf die persönliche Freiheit bzw. Abhängigkeit, den allgemeinen rechtlichen Status, Formen des Besitzes oder die materielle Lage. Die Unterschiede waren so groß und vielgestaltig, daß eine umfassende Darstellung oder gar ein Vergleich nicht möglich sind. Generell kann allerdings festgehalten werden, daß die Gruppe unabhängiger, über eigenen Besitz verfügender und materiell abgesicherter Bauern jeweils nur eine kleine Minderheit bildete, teilweise auch gar nicht existierte. Auch läßt sich verallgemeinernd feststellen, daß die Landbevölkerung – trotz ihrer großen Bedeutung – durchweg ein geringes Ansehen besaß, wenn nicht sogar verachtet wurde. Vereinzelt – etwa in China oder dem islamischen Raum – finden sich Quellen mit einer positiveren Einstellung, doch deren Aussagen blieben ohne weitere praktische Konsequenz. Autoren aus städtischem Milieu bezeichneten gar die Bewohner des Landes als ungebildete und grobe »Pflüger« oder »Wildesel«. So sah der Philosoph al-Farabi (gest. 950) kleinere Orte und Dörfer als unvollkommene Gebilde an, deren hauptsächlicher Zweck darin bestehe, den Städten zu dienen.

Zhuhu und Kehu in China

Der Begriff *zhuhu* bezeichnete in China die kleine Gruppe der Bauern, die auf gepachtetem Staatsland selbst wirtschaften konnten. Über dieses Land verfügten sie durch Kauf und Verkauf, aber auch durch Verpachtung und Vererbung. Sie waren im Steuer- und Dienstleistungsregister eingetragen, und die Größe ihres Besitzes diente als Grundlage für die Höhe ihrer abzutretenden Leistungen. Berechnungen über die damalige Landverteilung ergeben eine durchschnittliche landwirtschaftliche Nutzungsfläche von etwa 30 *mu* (knapp 2 ha) pro *zhuhu*-Haushalt, der im Mittel 2,35 Arbeitskräfte beinhaltete.[29] Der Großgrundbesitz dürfte über weniger als 30 % des bearbeiteten Bodens verfügt haben.

Daneben gab es die weitaus größere Gruppe der *kehu*, die keinen rechtlichen Anspruch auf Grund und Boden besaßen, allerdings Land von den gerade genannten *zhuhu*, den kaiserlichen Domänenverwaltungen oder grundbesitzenden Beamten pachten konnten. Die ökonomische Lage dieser *kehu* war sehr prekär. Sie sind überwiegend als Tagelöhner anzusehen, die nahezu vollständig von den Interessen der Grundbesitzer abhängig waren. Der Staat verzichtete auf eine direkte Besteuerung dieser Bevölkerungsgruppe und bot ihr die Möglichkeit, durch die Urbarmachung noch unbearbeiteten Bodens Grundbesitz zu erwerben. Auf diese Weise wurden die *kehu* im Idealfall zu *zhuhu* und damit abgabenpflichtig.

Wie mag nun das Leben einer normalen Bauernfamilie ausgesehen haben? Bedenken wir, daß die meisten Haushalte der selbst wirtschaftenden Bauern den beiden untersten Steuerkategorien vier (Landbesitz von ca. 1,3 bis 6,5 ha) und fünf (ca. 0,2 bis 1,3 ha) angehörten, so fällt der Schluß nicht schwer, daß ihre Erträge gerade einmal für ein sehr bescheidenes Leben reichten und sie in ständiger Angst vor möglichen Mißernten oder Naturkatastrophen lebten. In den bäuerlichen Arbeitstag integrierte sich die ganze Familie bis hin zu den Kindern. Während die Frauen je nach Saison mit der Herstellung der Textilien für die Steuerabgaben und den eigenen Bedarf beschäftigt waren, mußten sich die männlichen Mitglieder der Familie von früh morgens bis abends um die Bestellung der Felder kümmern.

Welche Pflanzen zu welchen Zeiten des Jahres gesät und gepflanzt werden sollten, welches die beste Tageszeit, Temperatur etc. darstellte, darüber waren seit alters Erfahrungen gesammelt worden, die von Generation zu Generation weitergegeben und auch in Kalendern schriftlich festgehalten wurden – wobei letzteres den Bauern wenig genützt haben wird, da sie in der Regel mit Ausnahme weniger Schriftzeichen weder lesen noch schreiben konnten. Hält man sich den Aufwand und die nötige Übung vor Augen, »nur« ungefähr 1000 bis 2000 Zeichen zu erlernen und dauerhaft zu beherrschen, wird es kaum verwundern, daß die Bauern dafür weder Zeit noch Geld besaßen. Reichere Bauernfamilien konnten sich andererseits durchaus einen Lehrer für ihre Söhne leisten.

Die Teile der Ernte, die nach Abzug der Steuern noch zur Verfügung standen, dienten meist dazu, den Eigenbedarf der Bauern zu decken. Eventuelle Überschüsse wurden auf dem Markt verkauft. Diesen konnten die Bauern entweder selbst aufsuchen oder statt dessen ihre Produkte an Zwischenhändler verkaufen. Für den normalen Haushalt, der weder entsprechende Lagerkapazitäten besaß noch

[29] Lewin, Song-Dynastie, S. 48ff.

einen günstigen Marktpreis abwarten konnte, ergaben sich keine großen Erlöse. Nur für Großgrundbesitzer und Kaufleute, die über die entsprechenden Mittel verfügten, wurden die agrarischen Produkte zur Grundlage eigener spekulativer Geschäftstätigkeit. Ein Großteil der Gewinne konnte allein durch das Ausnutzen regionaler Preisunterschiede erzielt werden. Da ein Bauer es sich in der Regel nicht leisten konnte, zum Verkauf seiner Erzeugnisse in andere Bezirke oder Provinzen zu reisen, kam diesen Zwischenhändlern eine große Bedeutung zu.

Die Song-Herrscher verlagerten das Einziehen der Steuern und Abgaben in das Dorf selbst. Die dafür verantwortliche Person sollte aus der ersten Kategorie der *zhuhu*, d. h. den reichsten Bauern, rekrutiert werden und die Aufgaben eines Dorfvorstehers einnehmen. Für das Steuer- und Abgabenaufkommen war nun diese Person allein verantwortlich, so daß auf diese Weise das Zugriffssystem des Staates auf die ländlichen Haushalte in die Dorfgemeinschaft selbst implantiert wurde und eine neue soziale Schichtung entstand. Denn wer dazu verpflichtet wurde, die Steuern von seinen Nachbarn in der dörflichen Gemeinde einzukassieren, machte sich vielfach unbeliebt, zumal er sein Amt schon deshalb mit Nachdruck ausüben mußte, da gegenüber der Obrigkeit eine persönliche Haftung bestand.

Aber die Steuereintreibung war nur eine Seite dieses undankbaren Geschäftes. Schließlich mußten die Abgaben – größtenteils Naturalien oder Produkte der bäuerlichen Hausarbeit – aus den Regionen in die Hauptstadt zu den entsprechenden staatlichen Behörden geschafft werden. Eine zeitgenössische Seidenmalerei verdeutlicht die Anlieferung von Steuergetreide an einer Mühle, deren Lage an einer Wasserstraße den Transport erleichterte (Abb. 25). Die dazu Verpflichteten hafteten gleichfalls mit ihrem Vermögen für beschädigte Produkte oder gar verlorengegangene, sei es durch Unfall oder Räuberei auf dem Weg in die Stadt. Es ist daher nachvollziehbar, daß die Haushalte mit allen Mitteln versuchten, sich diesen Belastungen weitgehend zu entziehen.

Byzantinische Bauern

Die byzantinischen Dörfer waren geprägt durch den Zusammenschluß mehrerer, relativ kleiner und unabhängiger Familienbetriebe. Maximal drei Generationen lebten gemeinsam in einer Hofgemeinschaft. Vieh und Vorräte wurden von den einfachen Wohnhäusern getrennt untergebracht. Meist in unmittelbarer Nähe befanden sich intensiv bewirtschaftete Gärten, weiter entfernt die Äcker und an diese Flächen angrenzend die Weiden, die der Dorfgemeinschaft anteilig zur Verfügung standen. Die Grundausstattung eines Hofes an Produktionsmitteln bestand aus einem Ochsengespann, einem Pflug, Erntegeräten, Saatgut und etwas Geld, um die Geräte instand zu halten und Steuern bzw. zusätzlich die Pacht zahlen zu können. War dieser Betrieb ausgewogen, so konnte durch den Verkauf eines Teils der Ernte der Kapitalbedarf gedeckt und durch den Konsum der restlichen Erträge der Lebensunterhalt gesichert werden.

Die Dörfer bestanden aus einer Konglomeration dieser von Gärten umgebenen Gehöfte. Sie verfügten über Dreschplatz und Kirche und boten durch ihr soziales Gefüge die Möglichkeiten gemeinsamer wirtschaftlicher Aktivitäten. So wurden Wasser, Mühle und spezielle Gerätschaften gemeinsam genutzt bzw. untereinander verliehen und die Weide der Tiere gemeinschaftlich organisiert. Auch rechtlich stellte das Dorf eine Einheit dar, die sich in Streitfällen von entsandten Delegierten vertreten ließ. Innerhalb dieser ländlichen Siedlungen bestand die Tendenz, daß sich wohlhabendere Bauern aus den kleinen Zentren zurückzogen und es vorzogen, innerhalb ihres Besitzes zu wohnen. Die größeren von ihnen gingen dazu über, einen Bauern ohne eigenes Land, einen Paroiken, zur Bewirtschaftung einzustellen. Allein siedelten aber auch ärmere Familien, die weder Haus noch Garten im Dorfzentrum besaßen.

Diese gemeinschaftliche Praxis wurde getrübt durch die Steuererhebung. Das individuelle Eigentum stellte die Grundlage der Abgaben dar, doch bei Zahlungsunfähigkeit des Einzelnen trat die Gemeinschaft in den Vordergrund, indem die fällige Summe unter den Nachbarn aufgeteilt wurde, verbunden mit dem Recht zur Bewirtschaftung des betreffenden Grundstückes. Mußte dieses verkauft werden, so besaßen die Mitglieder der Dorfgemeinschaft ein Vorkaufsrecht. Für den Staat war dieses ein überaus vorteilhaftes Verfahren, da er das Risiko der Steuereintreibung einseitig auf die Dorfgemeinschaft abgewälzt hatte.[30]

Nördliches Landleben

Nördlich der Alpen begannen dörfliche Siedlungen um das Jahr 1000 erst an Bedeutung zu gewinnen. Vorherrschend waren noch Gehöftgruppen. Dabei scharten sich soziale und wirtschaftliche Beziehungsgeflechte um Herrenhöfe, die in dieser Zeit in mehrere Bauernhöfe aufgeteilt wurden. Jeder Hof war mit Leibeigenen besetzt, die zuvor auf dem Herrenhof gedient hatten. Diese bearbeiteten und verwalteten die zugehörigen Ländereien eigenständig, was zu einer gesteigerten Produktivität der Anbauflächen führte. Die neuen Bauern zahlten Abgaben und leisteten Fronarbeit an zentralen Fronhöfen, die von *villici* oder Meiern geleitet wurden. Diese wiederum führten die gesammelten Abgaben dem Ober- oder Herrenhof zu. Der Grund-

25 Zum Mahlen des Getreides waren in China teilweise sehr aufwendige Wassermühlen gebaut worden, wie diese zeitgenössische Seidenmalerei eines unbekannten Künstlers zeigt. Das Getreide wurde durch Träger, Karren und Schiffe angeliefert, die in diesem Falle Steuergetreide transportieren.

[30] Ducellier, Byzanz, S. 218-230.

herr erzielte auf diese Weise nicht nur höhere Erträge, sondern minimierte auch seinen eigenen Aufwand.

Nur ein geringer Teil der Bauern bearbeitete eigenes Land, doch zugleich setzten sich Formen einer weitgehend selbständigen Bewirtschaftung des Bodens durch. Die zu leistenden Abgaben bezogen sich auf Haushalte und deren Mitglieder, bestimmte Arbeitsgeräte, Ackeranteile und den Bestand an Vieh. Zusätzlich verlangten die Grundherren Abgaben, die sich auf bestimmte Lebensabschnitte der Bevölkerung bezogen und etwa beim Tod bzw. dem Erbfall fällig wurden.

Die Bewohner der Höfe bildeten eine *familia,* zu der auch Dienstleute, Knechte, Mägde und gelegentlich auch Lehnsleute, Abhängige und Hörige zählten. Die Führung dieser sozialen Einheit lag in den Händen der dominierenden Kernfamilie, bestehend aus einem Ehepaar und dessen gemeinsamen Kindern. Der zugehörige Familienvater leitete den gesamten Hof. Abweichend vom antiken *pater familias* besaß er allerdings nicht mehr das Recht zur willkürlichen Tötung von Hausangehörigen.

Ländliches Leben in den islamischen Gebieten

Auch in den islamischen Gebieten sind in der Landwirtschaft Bauern, bäuerliche Teilpächter, landlose Bauern und Landarbeiter zu unterscheiden. Private Grundbesitzer und Landadlige, die auf ihrem meist verpachteten Boden lebten, stellten nur einen geringen Teil der ländlichen Bevölkerung. Vor allem in Iran fungierten kleine Landadlige noch als Dorfoberhäupter mit einigen Befugnissen. Vielfach allerdings lebten die Grundbesitzer in den Städten. In diesen Fällen vertrat ein Beauftragter mit eigenen Helfern ihre Interessen gegenüber den Bauern.

Bäuerliche Pächter bearbeiteten den Boden auf der Grundlage von Pachtverträgen, die sich im einzelnen sehr voneinander unterschieden, von muslimischen Juristen jedoch auf einige Grundformen zurückgeführt wurden. Die verbreitetste Form war die Teilpacht. Dabei wurden das Einbringen von Boden, Saatgut, Arbeitsvieh, Geräten und Arbeitskraft mit je einem Fünftel der Ernte abgegolten. Konnte ein bäuerlicher Pächter – wie zumeist – nur seine Arbeitskraft stellen, mußte er sich mit einem Fünftel der Ernte begnügen. Bei einer solchen Ernte-Teilpacht im Iran wurde der Boden periodisch, teils durch Los umverteilt, die Sommerernte oft vorhergeschätzt und deren Anteil für den Grundherren bar bezahlt. Der Anreiz für die Bauern blieb gering, weil sie sich für diese Vorauszahlung meist verschulden mußten und ohnehin nur ein Fünftel der Ernte behielten. Im Falle eines Bewässerungsvertrages stellte der Besitzer die Bewässerungstechnik und zuweilen die Arbeitstiere. Hier konnte der Pächter im Idealfall die Hälfte der Ernte behalten, weil seine Tätigkeit als besonders verantwortungsvoll galt. Ein großer Teil der Bauern arbeitete jedoch nach wie vor auf dem Grund und Boden, der sich in der Hand des Staates oder privater Besitzer befand und mit der staatlichen Bodensteuer in einer Höhe bis etwa zur Hälfte des Ertrages belegt war.

An sozial-religiösen Bewegungen beteiligten sich Bauern nur in bescheidenem Maße. Allerdings stellten bäuerlich-seßhafte Kutama-Berber im östlichen Maghreb zunächst die Basis für die erfolgreiche ismailitische Bewegung, die Anfang des 10. Jahrhunderts die Kalifendynastie der Fatimiden in Nordafrika an die Macht brachte. Und eine gewisse Anziehungskraft boten die schiitisch-ismailitischen Qarmaten im südlichen Irak und im Osten der Arabischen Halbinsel, die seit Ende des 9. Jahrhunderts ein eigenes Staatswesen besaßen.

Dörfer und Kasten in Indien

Die Dörfer Indiens bestanden aus Gruppen von Häusern oder Hütten, deren Anordnung durch Zugehörigkeit zu Kasten und Zugang zu

Brunnen, Markt, Tempel usw. bestimmt waren. Man baute Flechtwände mit Lehmbewurf oder Ziegelmauern und deckte diese je nach Vermögen mit Stroh oder Ziegeln. Größere Orte hatten mehrere Brunnen, die den Quartieren der einzelnen sozialen Gruppen gehörten. Die Dörfer umgaben meist Hecken als Viehzaun und Schutz vor Dieben.

In den meisten Siedlungen gehörte die Mehrheit der Bauern zu einer der regional dominierenden Landbesitzerkasten. Dies waren von Region zu Region unterschiedliche Gruppen, die traditionelles Besitzrecht beanspruchten und es im Notfall auch zu verteidigen wußten. Heiraten fanden außerhalb des Dorfes, aber innerhalb der Kaste statt. Diese Landbesitzer dominierten auf politischer Ebene und unterhielten enge Netzwerke von verwandtschaftlichen Beziehungen. Meist war das fruchtbare Land einzelnen Großfamilien zugeordnet, die es gemeinsam bebauten. Oft wurde der Hof im Erbfall nicht aufgeteilt, sondern eine Gruppe von Brüdern bewirtschaftete ihn gemeinsam weiter.

Anstelle der traditionellen Bauern konnten Funktionsträger von Königen, die ihre Entlohnung durch Landvergabe bezogen hatten, die dominierende Position übernehmen. Vor allem Kriegern und Beamten wurde Land zugewiesen, das dann Pächter oder Landarbeiter bebauten. In anderen Fällen erhielten sie die Steuern eines oder mehrerer Dörfer zugesprochen. Wenn man den Quellen glauben kann, dürften diese Landzuweisungen selten mit Konflikten einhergegangen sein. Land gab es reichlich, und wenn nicht gerade ein Krieg zur Vertreibung von Anhängern der anderen Seite führte, waren Landkauf, Abgabe von Staatsland und Neusiedlung die bevorzugte Methode der Landvergabe. Auch gab es Fälle, in denen die traditionellen Bauern über Jahrhunderte die loyalsten Soldaten des Königs waren und entsprechend gefördert wurden.

Wenn ganze Dörfer als Stiftung an Brahmanen verschenkt wurden, blieben die Bewohner an Ort und Stelle, hatten aber Abgaben und Dienste nicht länger dem Staat, sondern fortan den neuen Herren zu leisten. Offiziere, Truppen und alle, deren Unterhalt vom König abhing, durften diese Gebiete dann nicht mehr betreten. Dafür versprachen sich die Stifter und auch der König eine Erhöhung ihrer religiösen Opfer. Denn der Stifter erhöhte sein Ansehen durch seine Gabe und ein Sechstel des von den Brahmanen erzeugten religiösen Verdienstes wurde im übertragenen Sinne als »Steuer« auf dem Stiftungskonto des Königs verbucht. Da solche Schenkungen mit dem Anfertigen von Kupfertafeln verbunden waren, ist man über diese Art der Landvergabe gut informiert, während die Vergabe an weltliche Funktionsträger überwiegend in den dynastischen Archiven erwähnt wurden, die leider nicht mehr erhalten sind, so daß deren Namen in Vergessenheit gerieten. Eine Ausnahme bilden diejenigen Personen, die direkt am Prozeß der religiösen Landschenkungen beteiligt waren: Schreiber, Kupferschmiede und Landvermesser, die aufgrund ihrer Leistungen bei der Eigentumsübertragung oft mit kleinen Grundstücken als Teilhaber an dem vergebenen Land schriftlich auf den Kupfertafeln Erwähnung fanden.

Wichtig für die landwirtschaftliche Entwicklung war die Vergabe von Titeln auf steuerfreies Land, sogenannten *agraharas*, an Brahmanen. Vorzugsweise erfolgten diese Landschenkungen in neuen Siedlungsgebieten. Dabei handelte es sich um noch nicht erschlossenes Land, auf dem die Beschenkten erst durch Rodung, Straßenbau und Bewässerung einen Ertrag erzielen konnten, so daß diese Landvergabe als eine Art Entwicklungsmaßnahme betrachtet werden kann. Großkönige verfügten solche Schenkungen an ihre Getreuen gerne in den Gebieten ihrer renitenten lokalen Kleinkönige und Fürsten, die nach wie vor Souveräne mit eigenem Hofstaat in ihren Territorien darstellten. Diese Herrscher konnten sich gegen die frommen Stiftungen des Oberherrn, womöglich noch verbunden mit einem großen Tempel, ohne Gesichtsverlust schlecht zur Wehr setzen und mußten diese Inseln fremder Loyalität dulden. Ein weiterer Effekt dieses Vorgehens bestand darin, daß in diesen noch unerschlossenen Gebieten des kulturellen Hinterlandes eine hinduistische Kultur entstand. Dadurch wurden neue Gruppen aus der bereits ansässigen Bevölkerung in die brahmanischen Religionen integriert und zugleich dem Staat neue Steuerzahler und Arbeitskräfte zugeführt.

Die Dörfer hatten neben den Bauern, den religiös oder politisch engagierten Grundbesitzern, den Pächtern und landlosen Arbeitern auch andere Bewohner, darunter Hirten, die sich um das Vieh der Bauern kümmerten, Töpfer, Schmiede und Zimmerleute, Brunnenbauer, Schreiber, Astrologen, Nachtwächter, nichtbrahmanische Priester, Ärzte, Barbiere, Palmweinzapfer, Ölpresser usw. Die Dorfgemeinschaft war also vielfach ein komplexes und arbeitsteiliges Gebilde, das diese Gruppen mit einem Anteil an der Ernte oder der Zuteilung von Land entlohnte.

5. Der politische Rahmen

Ähnlich vielfältig wie die persönlichen Abhängigkeitsverhältnisse waren die politischen Rahmenbedingungen. Diese reichten von einfachen Stammesverbänden bis hin zu hoch komplexen Staaten. Für Afrika lassen sich auch in diesem Fall derzeit nur sehr pauschale Aussagen treffen. Wir wissen, daß es an verschiedenen Stellen große staatliche Gemeinschaften gab, die über entsprechende Formen der Herrschaftsausübung und Infrastruktur verfügt haben müssen. Über deren jeweilige Ausprägung können wir jedoch keine näheren Angaben machen.

Mesoamerika bestand in diesen Zeiten aus vielen kleinen Stadtstaaten, sogenannten *señoríos*, deren Autorität selten über die sie unmittelbar umgebende Region hinausging. Nur die beiden Metropolen Tollan und Chichén Itzá hoben sich von den anderen politischen Gebilden durch ihre Größe und ihren weitergehenden Einfluß auf Mesoamerika ab. Tributverpflichtungen banden die Landbevölkerung an die Städte, die in gewissem Rahmen Schutz und religiöse Dienstleistungen an diese zurückfließen ließen. Tribute verbanden auch die Städte untereinander und ließen fragile, ständig wechselnde Netzwerke entstehen, in deren Zentrum sich die beiden oben genannten Metropolen befanden.

So unterschiedlich die Formen der politischen Herrschaft auch ausfielen, eines hatten alle gemein. Alle Systeme partizipierten primär an den agrarisch erwirtschafteten Produkten und versuchten, ihre Einnahmen zu erhöhen. Erfolgte dies allein zu Lasten der Landbevölkerung, so stiegen die entsprechenden Abgaben in exorbitante Höhen, die von der agrarisch produktiven Bevölkerung nicht mehr tragbar waren. In der Folge zeigte sich ein wirtschaftlicher Niedergang der gesamten Gesellschaft. Langfristig geschickter war es also, diese Belastungen auf einem erträglichen Maß zu halten. Allerdings hatten die Obrigkeiten auch Gegenleistungen zu erbringen. Sie schützten die Landbevölkerung vor willkürlichen Zugriffen, sorgten in gewissem Rahmen für einen angemessenen Handel mit agrarischen Produkten und stellten, allerdings nur in Ausnahmefällen, Katastrophenhilfe zur Verfügung.

Der chinesische Zentralstaat

Die unterschiedlichen Boden- und Klimaverhältnisse innerhalb des Staatsgebietes der Song um das Jahr 1000 bedingten eine differenzierte Nutzung der Böden. Grob betrachtet läßt sich für das damalige China in dieser Hinsicht eine Einteilung in den trockenen Norden und den wasserreichen Süden vornehmen. Insgesamt brachte die Landwirtschaft genügend Erträge hervor, um im Regelfall die Versorgung der Bevölkerung zu sichern. Naturkatastrophen wie Dürren oder Überschwemmungen versuchte man durch entsprechende Vorratshaltung in Speichern zu begegnen. Auch der Mangel an kultivierbaren Böden stellte damals nicht das eigentliche Problem dar. Vielmehr bedrohte der fast schon maßlose Zugriff des Staates auf die landwirtschaftlichen Erträge die Ernährungssicherheit der Bevölkerung in viel größerem Maße. Es ist deshalb auch nicht verwunderlich, daß Maßnahmen zur Steigerung der agrarischen Produktivität vom Staat ausgingen.

Zur Song-Zeit wurden die schon während der Tang-Dynastie spürbaren Aktivitäten im Bereich des Schutzes bestimmter Naturräume noch verstärkt. Der Zusammenhang zwischen einer Zunahme der Bodenerosion und dem Abholzen der Hügelkuppen war bekannt. Shen Gua (1031-1095) legte in seinen *Pinselaufzeichnungen am Traumbach* die Bedeutung des Wassers für die Erosion schriftlich dar und betonte ausdrücklich, wie wichtig ein Bewuchs der Flußufer durch Bäume und Bambus war, um eine Ausschwemmung der Böden zu verhindern. Entsprechend resultierten Erlasse zum Schutz der betroffenen Vegetationen, insbesondere Abholzungsverbote der Bergwälder. Diese wurden allerdings nicht immer eingehalten, da schon die staatlichen Interessen einander widersprachen. So wurde nicht nur ein Schutz der Bergwälder angeordnet, sondern zugleich deren Abholzung betrieben, um die saisonal und projektbezogen große Nachfrage nach Bauhölzern zu befriedigen.

Der erste Song-Kaiser, Taizu, ließ bereits im Jahr 976 ein Register aller Haushalte mit der Größe ihrer landwirtschaftlichen Flächen erstellen, obwohl das Reich zum damaligen Zeitpunkt innerlich noch gar nicht gefestigt war. Doch die Höhe seiner zukünftigen Steuereinnahmen beschäftigte den Kaiser schon zu diesem Zeitpunkt. Vornehmste Aufgabe der ersten Song-Herrscher blieb der Aufbau einer neuen Verwaltung, die nicht mehr wie zuvor von Adeligen beherrscht wurde. Gebildete Bürokraten nahmen ihre Plätze ein und halfen das Reich von innen zu erschließen. Zu Ende der Regierungsdevise *kaibao* (968-975), also ungefähr zur Zeit der endgültigen Reichseinigung, wurden 19 190 080 ha an Bodenfläche registriert, im Jahre 996 waren es bereits 20 314 131,5 ha. In einer späteren Statistik aus dem Jahr 1021 sind die Anzahl der Haushalte sowie der Umfang des bearbeiteten und steuerlich registrierten Bodens festgehalten. Danach zählte man ca. 20 Millionen Arbeitskräfte in der Landwirtschaft, die eine Fläche von ca. 34 109 298 ha bewirtschafteten (die damalige Zählweise betrachtete als Arbeitskräfte ausschließlich Männer im Alter zwischen 20 und 60 Jahren). Dazu kamen noch die steuerfreien Ländereien der Klöster (ca. 227 500 ha), Paläste, Domänen und Gärten der kaiserlichen Familie (ca. 24 050 ha) sowie Schenkungen von Grundbesitz an Beamte. Schätzungen der Größe dieser Ländereien belaufen sich auf insgesamt ca. 292 500 ha, so daß von einer landwirtschaftlichen Nutzfläche von 37 050 000 ha ausgegangen werden kann.[31] Diese gewaltige Ausweitung gegenüber der Erhebung aus dem Jahre 975 ist nicht allein durch den vermehrten und gezielten Einsatz von Arbeitskräften in der Landwirtschaft zu erklären. Hinzu kam auch die Rückeroberung von Territorien, wodurch der Bestand an nutzbarem Ackerland erheblich ausgeweitet wurde. Zu guter Letzt ist allerdings damit zu rechnen, daß die ersten statistischen Erhebungen wegen innerer Wirren noch unvollständig waren und sich aus diesem Grund erst später die wahre Größe des Reiches für die kaiserliche Dynastie erschloß.

Neue Tendenzen zur Feudalisierung in Byzanz

Seit dem 6. Jahrhundert hatte der Großgrundbesitz in Byzanz kontinuierlich abgenommen.

[31] Kuhn, Song-Dynastie, S. 129.

Freibauern und Stratioten, deren Güter an den Militärdienst gebunden waren, stellten mehr und mehr den Kern der landwirtschaftlich produktiven Gesellschaft dar. Doch mit der äußeren Festigung des Reiches um die Jahrtausendwende kamen die alten Kräfte des grundbesitzenden Adels, die *dynatoi*, wieder in Gnade und begannen mit staatlicher Unterstützung, die erstarkten Freibauern erneut in die Abhängigkeit zu führen. Letztendlich leitete diese Entwicklung den späteren Untergang von Byzanz ein.

Schon im 9. Jahrhundert zeigte sich eine Tendenz zu einer erneuten Polarisierung des Grundbesitzes in Händen von nur wenigen Familien. Eingeleitet durch eine Verschärfung der Steuerbelastungen wurden an der Grenze der Wirtschaftlichkeit arbeitende Kleinbetriebe zum Verkauf gezwungen. Ebenfalls finanziell geschwächt, konnten Dorfmitglieder die so frei gewordenen Parzellen nicht mehr erwerben. Das Land fiel in die Hände reicher Fremder, eine Steigerung der Produktivität wurde nicht erreicht. Der Großgrundbesitz, der von jeher eine Tendenz zu eher extensiver Weidewirtschaft aufwies, führte in den meisten Fällen zu starken Produktivitätseinbußen. Andere zahlungsunfähige Dörfler unternahmen gar nicht erst den Versuch, ihr Land zu verkaufen, sondern wanderten einfach ab. Die verarmte Dorfgemeinschaft stand in diesen Fällen vor einem neuen Schuldenberg.

Da diesen Steuererhöhungen nicht mit einem Wachsen der Erträge begegnet werden konnte, führte der weiter steigende Staatskonsum mittelfristig zum inneren Verfall des Reiches. Keine kaiserliche Gegenmaßnahme vermochte diesen Prozeß zu stoppen. Kaiser Basileios II. versuchte die Wohlhabenden in die Pflicht zu nehmen. Ihnen oblag von nun an die Übernahme der Steuern der Armen, ohne selbst in den Genuß des Vorkaufsrechtes ihrer Parzellen zu kommen. Auf der anderen Seite begann der Staat mit Beschlagnahmungen von Land, das selbstverständlich wieder genutzt werden mußte. Die Ansiedlung von Paroiken, landlosen Bauern, auf diesen Landstrichen sollte der kaiserlichen Kasse Pacht und Steuern bescheren. Diese Staatsbetriebe erwirtschafteten aber häufig nicht schnell genug das so dringend benötigte Geld. Also konnte nur ein Verkauf des zuvor beschlagnahmten Landes kurzfristig zu finanziellen Mitteln führen. Die Käufer waren die ohnehin schon Vermögenden. Diese neue Feudalisierung, eingeleitet durch staatliche Eingriffe, führte seit der Jahrtausendwende zu einer Schwächung der gesellschaftlichen Entwicklung von Byzanz und stellte den nach außen so erfolgreichen ›Bulgarentöter‹ Basileios II. vor unlösbare Probleme.[32]

Die europäische Grundherrschaft

Aus dem Feudalsystem, das sich seit dem Frühmittelalter herausbildete, leitete sich die Grundkonstellation des Lehenswesens ab. Der überwiegende Teil der Bevölkerung rekrutierte sich aus halb- und unfreien Bauern, landlosen Dienstleuten, Knechten und Mägden und einem Teil der Unfreien, die ein Sklavendasein fristeten. Die dünne Mittelschicht bildeten freie Bauern, Handwerker, Kaufleute und niedere Landgeistliche. Höchstens fünf Prozent der Einwohner zählte zur Oberschicht aus Adeligen, freien Grundherren und hohen Geistlichen.[33]

Die Verbreitung dieser Grundherrschaft erfolgte nicht in einem räumlich-zeitlichen Kontinuum, obwohl sie von der zentralen Region des fränkischen Reiches ausging, vom Königtum vorangetrieben und durch geistlichen und weltlichen Adel unterstützt wurde. Abgelöst hat sie die reine Abgabenwirtschaft, den Sklavenbetrieb nach römischem Vorbild, ohne diesen allerdings komplett auszulöschen. Östlich des Rheins spürte man im 10. Jahrhundert noch ein deutliches Übergewicht der Unfreien, die teilweise als Sklaven bis in die arabische Welt verkauft wurden – ein Hinweis

[32] Ducellier, Byzanz, S. 218-230.
[33] Bumiller, Menschen, S. 213-215.

darauf, daß dort länger an alten Strukturen festgehalten wurde.

Der rechtliche Rahmen, in dem die ländliche Bevölkerung zwischen 9. und 13. Jahrhundert lebte, war im wesentlichen gekennzeichnet durch drei verschiedene Eigentumsverhältnisse am Boden. Zum einen bewirtschafteten freie Bauern ihr Eigentum. Daneben existierten kleine Grundherrschaften, die von ihren Eigentümern mit einer geringen Anzahl von Hörigen betrieben wurden. Der größte Teil der Menschen sah sich allerdings eingebettet in eine Struktur, die unter dem Namen Villikationssystem bekannt ist. Große Grundherrschaften in Händen des weltlichen und geistlichen Adels gingen dazu über, die Bewirtschaftung ihrer Ländereien zu dezentralisieren. Ehemals am Herrenhof beschäftigte Leibeigene bekamen Höfe zugewiesen, die sie eigenständig zu bewirtschaften hatten. Als Gegenleistung mußten diese Meier oder *Villici* Abgaben erbringen, die aus selbst erwirtschafteten Gütern und Frondiensten bestanden, die während der Pflug- und Erntezeiten auf dem Herrenhof zu leisten waren. Für den Adel war dieses Villikationssystem eines der wichtigsten Instrumente, um seine begünstigte Position zu festigen und zu erweitern, denn aus dieser direkten Bewirtschaftung des Landes resultierten höhere Erträge als aus den zuvor unfreiwillig geleisteten Frondiensten. Dieses neue System erwies sich für beide Seiten – Herren und Bauern – als einträglicher.

Über die Einkünfte der weltlichen Villikationen ist heute kaum etwas bekannt. Die geistlichen Herren, deren Besitztümer meist an Klöster gebunden waren, hielten die an sie zu entrichtenden Abgaben allerdings häufig minutiös fest, und diese Daten sind zum Teil noch heute einsehbar. Das erleichtert uns aber nicht unbedingt den Zugriff auf damalige Realitäten, denn allein schon die Mengenangaben sind nur mit Mühe zu entschlüsseln. Währungen und Maßangaben wie *mansus,* ein Ackermaß, oder *Scheffel,* ein Hohlmaß, bezeichneten je nach Region ganz andere Größen, die etwa bei Scheffel zwischen 30 und 300 Liter schwankten. Dennoch sind die Registereintragungen sehr aufschlußreich, indem sie etwa zeigen, daß neben vereinzelten monetären Zahlungen die Abgaben aus Naturalien deutlich dominierten. Diese umfaßten ein großes Spektrum, zu dem neben primär agrarischen Produkten auch Tuchballen und Fisch gehörten.

Die Mönche waren aber nicht nur die besten Buchhalter dieser Zeit, sie trugen auch erheblich zu den allmählich wachsenden Erträgen der Landwirtschaft bei. Vor allem geschah dies durch ihre Gärten, die gewissermaßen Experimentierfelder darstellten, von denen die Früchte langsam, aber stetig in das bäuerliche Umfeld diffundierten. Verschiedene Gemüsearten pflanzte man im *hortus,* während der *herbolarius* Gewürz- und Heilkräutern vorbehalten war. Die Friedhöfe der Klöster wiederum dienten meist als Baumgärten, in denen neben Beerensträuchern zum Teil schon veredeltes Stein- und Kernobst anzutreffen war, das auch zu Trockenfrüchten weiter verarbeitet wurde. Die dort vorhandene Artenvielfalt der Pflanzen übertraf die des Umlandes bei weitem.[34]

Die Aushöhlung des Eigentums des islamischen Staates

Seit dem 7./8. Jahrhundert dominierten in den islamischen Regionen Rechtsvorstellungen von einem staatlichen Obereigentum über allen Grund und Boden, begründet mit dem Wohle damaliger und zukünftiger Generationen der muslimischen Gemeinschaft. Jedoch hatten sich in der Praxis am Ende des 10. Jahrhunderts verschiedene Besitz- und Nutzungsformen am Boden und den bäuerlichen Abgaben herausgebildet, die das staatliche Obereigentum aushöhlten und nur noch nominell fortexistieren ließen. Kalifen und nicht wenige muslimische Aristokraten, Notabeln, reiche Städter sowie Landadlige verfügten

[34] Janssen, Mittelalterliche Gartenkultur. S. 226-230.

über privaten Familienbesitz, selbst einige Bauern hatten diesen bewahrt. Wesire und andere hohe Beamte erwarben in der ersten Hälfte des 10. Jahrhunderts im irakischen Süden und in Ägypten Boden, der jährlich mehrere 100 000 Dinar Gewinn brachte. Solche Summen überstiegen selbst das Jahresgehalt eines Wesirs in Bagdad von ca. 72 000 Dinar erheblich und erreichten im Vergleich mit dem Jahreseinkommen eines qualifizierten Handwerkers in Höhe von ca. 24 Dinar nahezu unermeßliche Dimensionen. Die Kalifen- und Herrscherhöfe übertrugen Teile des Staatslandes als vererbbares Eigentum an verbündete Stammesaristokraten sowie an hohe zivile und militärische Beamte. Die Besitzer all dieser Güter ließen den Boden oft von bäuerlichen Pächtern bearbeiten und hatten als staatliche Almosen- oder Vermögenssteuer einen »Zehnten« von der Ernte abzuführen.

Eine religiös verdienstvolle, dauerhafte Stiftung solchen »Zehnt-Bodens« zum Nutzen von Nachkommen, Armen und Bedürftigen sollte das Land dem Zugriff des Staates entziehen und zugleich Erbteilungen verhindern. Nichtsdestoweniger suchten die Herrscher sich dieser Territorien zu bemächtigen. So erzwangen Kalifen von Bagdad mit Zustimmung von Rechtsgelehrten in den ersten Jahrzehnten des 10. Jahrhunderts gelegentlich den Verkauf solcher Stiftungen zugunsten der Staatskasse. Und in Ägypten zog die neue fatimidische Verwaltung im Jahre 974 das Vermögen religiöser Stiftungen ein und verpachtete Steuereinnahmen aus diesen für jährlich 1 500 000 Dirhem, was etwa 100 000 Dinar entsprach.

Der größte Teil des Bodens war jedoch nicht solches privates »Zehnt«-Land, sondern blieb staatliches Eigentum, auf dem Steuerbeauftragte von allen Bauern die Bodensteuer eintrieben. Bei dieser Bodensteuer dominierte seit dem 8. Jahrhundert als Berechnungsgrundlage die »Teilung« der Ernte zwischen dem Bodensteuer-Empfänger und dem Bauern. In der iranischen Provinz Fars soll die Bodensteuer im 10. Jahrhundert gewöhnlich zwei Fünftel der Ernte ausgemacht haben. Für die irakischen und obermesopotamischen Regionen sind gelegentliche Angaben von einem Drittel bis drei Fünftel überliefert. Dabei variierte das Verhältnis von Naturalabgaben und Geldleistungen in Abhängigkeit von der Verderblichkeit der Produkte, der Entfernung zum städtischen Markt und den Transportgefahren.

Zuviel Land, wenig Steuern

Zur Rechtsform des Landbesitzes gab es in Indien unterschiedliche Vorstellungen. Greifbar wird dieser Punkt nur durch die normative Literatur der Rechtstexte, die leider keine eindeutige Meinung vertreten, und durch die zahlreichen Erwähnungen auf Inschriften, die Details der Steuerveranlagung behandeln. Beide Textgruppen sind aber aus der Sicht der Obrigkeit geschrieben und weisen somit eine gewisse Einseitigkeit auf. Es galt zunächst, daß derjenige, der Land urbar machte, dieses auch bebauen und besiedeln durfte. Dafür mußten Abgaben an den Staat geleistet werden. Wichtiger allerdings war der Besitz von hochwertigem Land, also Land, das nicht mehr gerodet werden mußte und für das ein Zugang zu Wasser und das Recht auf Bewässerung bestand. Solches Land war sehr begehrt, denn es konnte mehr Menschen als nur die dort lebenden Bauern ernähren. Daher interessierten sich die Herrscher dafür, dieses Land möglichst weit auszudehnen und von Zuwanderern besiedeln zu lassen. Eine derartige Ausdehnung des Territoriums ließ sich aber nur durch arbeitsteilige Zusammenarbeit, wie sie in einem Dorf gegeben war, realisieren.

Ein radikaler Schnitt erfolgte, wenn Land an religiöse Institutionen oder Brahmanen als deren Eigentum übergeben wurde. Kupfertafeln bezeugen noch heute derartige Schenkungen. In diesen Fällen mußten die anderen Berechtigten entschädigt und eine Zustimmung des Königs eingeholt werden. Die Inschriften sind auch oft mit den Eulogien des jeweiligen Königs versehen, also eine Art quasi-offizielles Dokument. Warum genau Vertreter des Herrschers anwesend sein mußten, läßt sich aufgrund der zeitgenössischen Quellen nicht wirklich sagen. Man kann aber aus späteren Angaben schließen, daß dies erfolgte, weil durch Schenkungen an religiöse Institutionen eine Art »Steuerflucht« stattfand und der Herrscher Einnahmen verlor.

Die Dorfgemeinschaft war als Kollektiv für die Steuerzahlung zuständig. Die Steuerlisten der Bauern führten professionelle Schreiber und die Dorfvorsteher, deren Amt erblich war und die der dominierenden Kaste der Landbesitzer angehörten. Die Steuern wurden nicht als eine fixe Rente für das Land eingezogen. Statt dessen bestimmte die Erntemenge die Höhe des tatsächlichen Steuerbetrags. Den Rechtstexten zufolge sollte ein Sechstel der Ernte dem König gehören, der dafür Schutz vor Übergriffen von außen und Ungerechtigkeiten durch die Mächtigen zu leisten hatte und als oberste Rechtsinstanz auftrat. In der Realität konnten die Abgaben aber wesentlich höher sein. Neben den Steuern vom Ernteertrag hatten die Dörfer in Kollektivverantwortung auch für den Bau und die Instandhaltung von Straßen, Brücken und Staudämmen auf ihrer Gemarkung zu sorgen und in Krisenzeiten mußten Bauern Wehrdienst leisten. Sie wurden bevorzugt als Infanteristen oder Irreguläre, d.h. als Soldaten ohne militärische Ausbildung eingesetzt.

Die Herrscher besaßen die Möglichkeit, die Einnahmen durch Erhöhungen von Steuer und Arbeitsleistung zu vergrößern. Das konnte zu Unmut führen und hatte nicht zuletzt eine verwaltungstechnische Grenze. Da Indien um 1000 stark an Bevölkerungsmangel litt, ein Zustand, der sich erst im 19. Jahrhundert änderte, lag immer genug fruchtbares Land brach. Es war deshalb ohne weiteres möglich, das bisherige Gebiet zu verlassen, sich dadurch dem Zugriff des Königs zu entziehen und bei einem benachbarten König zu siedeln, der über die neuen Arbeitskräfte und Steuerzahler froh war. So trat in dieser Zeit eine Balance zwischen den Begehrlichkeiten des Staates und der Zahlungsfähigkeit ländlicher Steuerzahler ein, was die Abgaben meist unter 50 % hielt.

Die Verwaltung der verschiedenen Königreiche war pyramidenförmig aufgeteilt und besaß bei kleinen Staaten drei, bei großen fünf Verwaltungsebenen. Nicht immer waren Prinzen oder hohe Beamte die Vorsteher von Provinzen und Distrikten. Manchmal wurden auch die Nachkommen besiegter Nachbarn oder Aufsteiger aus der lokalen Nobilität als Verwalter neu gebildeter Verwaltungseinheiten eingesetzt. In der Praxis bedeutete das oft, daß im Krieg unterlegene Herrscher weiterregieren durften, wenn sie die Oberherrschaft des Siegers symbolisch anerkannten und Tribut abführten. »Wenn ein König den Nachbarstaat unterwirft, setzt er über ihn einen Mann ein, der zur Familie des geschlagenen Prinzen gehört und der die Regierung im Namen des Eroberers weiterführt. Die Einwohner würden es anders nicht leiden.«[35]

Zur Steuerveranlagung wurden gelegentlich Landvermessungen durchgeführt. Die folgenreichste in unserem Zeitrahmen ist die von Cola Rajarja I. im Jahr 1000 begonnene Aufnahme des Landes. Sie schuf die Grundlage für die Eintreibung der Mittel, die für die großen Kriege der Cola im 11. Jahrhundert erforderlich waren, und sie erlaubte die Errichtung des großen Reichstempels, des Rajarajesvara in Tanjavur. Mit ihr kann man auch den Anfang der neuen, im Zentrum stärker gestrafften Art der Staatsführung datieren, welche in den indischen Staaten in den folgenden Jahrhunderten Elemente stärkerer Zentralisierung und Militarisierung etablierte.

[35] So berichtete der aus dem Vorderen Orient stammende Zeitzeuge »Merchant Sulaiman« in seinem Sasilat-ut Tawārīkh, Übersetzung veröffentlicht in Exzerpten in H. M. Elliot und J. Dowson, The History of India, Bd. 1, S. 7.

26 Der Patron des kommenden Jahres, ein sogenannter *bacab*, kündigte bevorstehende Entwicklungen und Ereignisse an. In diesem Fall ist er als Opossum abgebildet und trägt auf seinem Rücken einen Jaguar, was symbolisch das Nahen kriegerischer Auseinandersetzungen ausdrückt. (Vergleiche Kapitel I, Abb. 10. Dort trägt der Bacab den Maisgott als Symbol für ein gutes Jahr.)

6. Ausblick

Die agrarischen Systeme der Jahrtausendwende waren im Grunde genommen äußerst stabil. Es kam zwar immer wieder zu Mißernten und Versorgungskrisen, doch diese waren gewissermaßen Bestandteil der verschiedenen Systeme. Sie gehörten zur Normalität, die durch starke Schwankungen geprägt war, und bedeuteten keine grundsätzliche Gefährdung. Vereinfacht ausgedrückt ließe sich formulieren, daß die agrarischen Systeme und die damaligen Gesellschaften gerade deshalb so stabil waren, weil sie gelernt hatten, mit Krisen zu leben.

Gleichwohl bedeuteten Mißernten und vor allem Naturkatastrophen harte Schicksalsschläge, ohne daß wir Näheres darüber wissen, in welchem Maße die damalige Bevölkerung diese zu erleiden hatte. Lediglich chinesische Verwaltungsbeamte hinterließen Angaben, die Einblicke in diese Ereignisse erlauben. So liegen aus Ost-Zejiang Berichte über insgesamt 88 Hilfeleistungen des Staates während der gesamten Song-Zeit vor. In diesen 318 Jahren erlitt die Bevölkerung dieses Gebietes 38 Hungerkatastrophen, 54 Überschwemmungen und 37 Dürren.[36]

Von einer die Lebensgrundlagen bedrohenden Ausbeutung der natürlichen Ressourcen konnte eigentlich noch keine Rede sein. Und dennoch war dieser Fall kurz vor dem Übergang ins neue Millennium vermutlich in Mesoamerika aufgetreten. Obwohl die Maya bestens für ein Fortbestehen ihrer Stadtkulturen im Petén gesorgt hatten, kam es beginnend im 8. Jahrhundert zu einem rapiden Zerfall fast des kompletten Systems. Dieser Niedergang wurde von kriegerischen Einfällen aus Tabasco unterstützt, aber wahrscheinlich handelte es sich um eine Verkettung verschiedener

[36] Goepper, Das alte China, S. 152.

27 Das 1047 im christlichen Spanien entstandene Bild sollte die bevorstehende Apokalypse darstellen und wählte dazu das Bild der Weinlese und Kornernte, das den Zorn Gottes symbolisiert. Dargestellt sind nicht nur damalige Arbeitstechniken, sondern auch ein massives Stadttor, dessen Architektur maurische Einflüsse erkennen läßt.

Umstände. Diese nahenden Konflikte hätten die Maya wie folgt schriftlich fixieren können: Der Patron des heraufziehenden Jahres, ein sogenannter *bacab*, in Gestalt eines Opossums trägt auf seinem Rücken ein Bündel mit einem Jaguar. Dieses Raubtier kündigt in diesem Zusammenhang symbolisch kriegerische Auseinandersetzungen an (Abb. 26). Die Überbeanspruchung der Umwelt scheint aber aus heutiger Sicht eine der stärksten Einflußgrößen für diesen Zusammenbruch gewesen zu sein. Das System kollabierte höchstwahrscheinlich durch den ständigen Bevölkerungszuwachs in einer Zeit, als die Zerstörung der Böden schon nicht mehr umkehrbar war. Dafür gibt es mehrere Hinweise. So weisen Pollenanalysen nach, daß der Regenwald bereits zu Beginn der Blüte dieser Hochkultur stark gelichtet worden war. Außerdem wurden die Nährstoffe des Bodens im zentralen Petén in die Seen gespült und sind dort in den Sedimenten nachgewiesen worden, sie wurden also den Böden entzogen. Auch falsche Agrartechnologien, eventuell durch zu langes Beharren auf der flächenintensiven Schwendwirtschaft, führten zu einer Überbeanspruchung der Umwelt.

Städte am Rande des Gebietes hatten eine gewisse Chance, diese Katastrophe zu überleben, da sie als »Grenzposten« ihre Wirtschaft durch Handelsbeziehungen nach außen ständig geöffnet hielten. Das Überdauern der Stadt Lamanai in Belize scheint diese Hypothese zu stärken. Dieser Ort muß im 10. und 11. Jahrhundert über eine solide ökonomische Basis verfügt haben. Darauf verweisen archäobotanische Studien, die eine Weiterführung des Maisanbaus während dieser Epoche dokumentieren. Analysen von Spurenelementen und stabilen Isotopen bei Skeletten zeigen, daß Mais im 10. und 11. Jahrhundert wieder ein Hauptnahrungsmittel war, nachdem er im 9. Jahrhundert etwas an Bedeutung verloren hatte.[37] Diese Daten sagen aber nichts über die Qualität der Ernährung, da Mais auch seine zentrale Rolle im Nahrungsspektrum eingenommen haben kann, weil andere Produkte selten wurden. Allerdings scheint – nach den Funden zu urteilen – die pflanzliche und tierische Eiweißaufnahme ausreichend gewesen zu sein. Dazu mögen auch die Fische und Schildkröten des Sees beigetragen haben, der vor den Türen der Stadt lag. Die Untersuchungen des Skelettmaterials weisen auf eine grundsätzlich gesunde Bevölkerung hin. Es steht außer Frage, daß die Bevölkerung Möglichkeiten gefunden hatte, die Ernährung der Stadt sicherzustellen.

Während sich in Mesoamerika eine wirkliche Katastrophe ereignet hatte, so erwarteten in Europa kleine Gruppen die Apokalypse. Die Hauptinspirationsquelle für diese Vorstellungen beruhte auf dem rätselhaft visionären Text der Offenbarung des Johannes. Er regte auch zu vielerlei phantasievollen Bildschöpfungen an. Wie selbstverständlich griffen diese Darstellungen auch agrarische Motive auf. Eine eigene Traditionslinie gründete sich in Spanien auf den Apokalypsen-Kommentar des Beatus von Liébana aus dem 8. Jahrhundert. In ihr steht auch noch der 1047 zu León in einer für den König arbeitenden Schreibstube entstandene Codex, den ein gewisser Facundus geschrieben hat. Das Bild mit der Kornernte und Weinlese stellt die damals üblichen Arbeitstechniken dar, veranschaulicht aber auch symbolisch den Zorn Gottes, heißt es doch in der Offenbarung (14,15): »Laß deine Sichel schneiden, und bring die Ernte ein! Die Stunde für die Ernte ist gekommen, die Erde ist reif!«. Unten links ragt ein mächtiges Stadttor in das Bild hinein: Es trennt nicht nur die Stadt von ihrem agrarischen Umland, sondern deutet mit seinen maurischen Formen auch auf die im christlichen Teil Spaniens dieser Zeit feststellbare kulturelle Annäherung an die Welt des Islam (Abb. 27).

Zu einer wirklichen Annäherung der »Welten« führte allerdings erst das Zeitalter der Entdeckungen, das spektakulär mit der Eingliederung von Amerika eingeleitet wurde. Nutzpflanzen und Tiere verbreiteten sich nun in vorher nicht gekannter Weise aus ihren Ursprungsregionen über die Erde und begannen, dieser nach und nach ein neues Gesicht zu geben.

[37] White, Paleodiet, S. 153, Figure 15.

Gerhard Hoffmann
IV. Städte

1. Einleitung

Gemessen allein an der Zahl ihrer Bewohner, könnten Städte um das Jahr 1000 als zweitrangig gelten. Weltweit lebten damals über 90 Prozent aller Menschen auf dem Lande, viele von ihnen betraten niemals in ihrem Leben eine Stadt. Trotzdem nahmen städtische Siedlungen in diesen Zeiten einen wichtigen Platz als wirtschaftliche, politische, religiöse und kulturelle Zentren ein. Städte oder Siedlungen städtischen Charakters existierten in allen Kulturregionen der Welt. Teilweise konnten sie auf eine lange Tradition zurückblicken, andere waren jüngeren Datums, denn vor allem in großen Teilen Europas und Indiens hatte es zwischen Altertum und Mittelalter einen tiefen Einbruch gegeben. Antike Großreiche waren zerfallen, und unsichere Zeiten mit Völkerwanderungen und Einfällen von »Barbaren« hatten gerade für Städte verheerende Folgen gehabt. Just an der Wende zum 11. Jahrhundert zeigten sich aber auch in diesen Gebieten neue Trends zur Urbanisierung. Katastrophale Einbrüche blieben in den kommenden Jahrhunderten Ausnahmen, und bis in die Gegenwart kamen immer neue Städte hinzu, so daß heute in ihnen etwa die Hälfte der Menschheit lebt.

Es gab für städtische Siedlungen in den verschiedenen Kulturregionen an der Wende zum 11. Jahrhundert vielfältigste Bezeichnungen, die oft nur summarisch einem Begriff der »Stadt« zuzuordnen sind. Ostasien und die islamischen Gebiete stellten zweifellos die städtereichsten Zonen der damaligen Welt dar. Und gerade hier waren nur wenige terminologische Unterscheidungen üblich. Im Chinesischen existierten *dushi*, Großstädte, *zhou*, Bezirksstädte, und *shi*, kleine Marktstädte. Arabische Autoren differenzierten im allgemeinen zwischen *misr*, Hauptstadt, *qasaba*, befestigte Provinzhauptstadt, und *madina*, Provinzstadt.

In West- und Mitteleuropa lebten um das Jahr 1000 zahlreiche lateinische Begriffe für Städte oder deren unmittelbare Vorformen fort, beispielsweise *urbs*, Stadt; *civitas* (griech. *metropolis*), Bischofssitz, urspr. ummauerte Siedlung; *castrum* (griech. *kastron*), Herrschaftszentrum, auch nur Festung, ursprünglich Kastell; *suburbium* (Kaufmanns-) Niederlassung zu Füßen einer Burg, ursprüngl. Vorstadt; *oppidum, vicus*, städtischer Handelsplatz, ursprüngl. Dorf, Stadtteil; *portus*, Fluß-, Hafenstadt, auch Regionalzentrum. Der deutsche Begriff *Stadt* entwickelte sich erst während des 11. Jahrhunderts, als das mittelhochdeutsche *stat*, Ort, Stelle, das ebenfalls mittelhochdeutsche *burc*, Burg, Schloß, Stadt zu ersetzen begann. Jahrhundertelang wurde aber auch danach im Deutschen noch nicht strikt zwischen *Stadt* und *Stätte* unterschieden (Abb. 1).

Auf dem indischen Subkontinent markierten zahlreiche Sanskrit-Bezeichnungen die Fortexistenz altindischer Traditionen, so *rajadhani*, Königsresidenz; *pura* und *durga*, Festung(sstadt); *pattana*, Handelsstadt; *sazyaniya*, Küsten-, Hafenstadt, oder *sthaniya*, Kreishauptstadt. Für urbane Zentren im zeitgenössischen Mesoamerika wie im subsaharischen Afrika sind dagegen keine gesonderten Termini überliefert.

Diese Vielfalt der Namen spiegelt auch die erheblichen Unterschiede wider, die zwischen städtischen Siedlungen bestanden. Zugleich

1 Eine mit Türmen und Mauern rundum befestigte Stadt aus dem Codex Casinensis (frühes 11. Jh.) zeigt auch öffentliche Gebäude und eine Gruppierung von Menschen oberhalb der Stadtmauer. Die Miniatur vermittelt damit eine Idee von der »Stadt« als einem eigenen Siedlungsraum.

besaßen jedoch zumindest die größeren Städte dieser Zeit zwei grundsätzlich gemeinsame Wesenszüge. Zum einen beherbergten sie vorwiegend Menschen, die nur noch geringe oder keine Verbindung zur Landwirtschaft hatten und sich zunehmend arbeitsteilig organisierten. Zum anderen strahlten diese Städte auf ihr Umland aus, häufig hatten in ihnen staatliche Obrigkeiten und Verwaltung, Repräsentanten von Religion und Bildung ihren Sitz.

Umgekehrt bedurften alle städtischen Siedlungen eines Umlands, in dem agrarische Produzenten Nahrungsmittel und gewerbliche Rohstoffe produzierten, die in die Städte gelangten. Das mag selbstverständlich klingen, doch die Versorgung von Städten warf große Probleme auf. Entscheidend für deren Lösung waren gute Verkehrsverbindungen, also in erster Linie Flüsse, Kanäle und andere Wasserwege sowie Straßen, Wege und Pfade, um Transporte in und aus dem agrarischen Umfeld und zu den Handelspartnern zu gewährleisten. Schon in normalen Zeiten bereitete dies große Mühen, die noch erheblich zunahmen, wenn militärische Auseinandersetzungen stattfanden oder Naturkatastrophen eintraten, womöglich begleitet von städtischen Hungersnöten und Epidemien.

Viele Stadtbewohner erwarben in dem behandelten Zeitraum die Mittel für ihren Lebensunterhalt durch Handel und Handwerk, andere als Beschäftigte staatlicher oder städtischer Ämter, im Militär, den Religionsgemeinschaften, bei einer Vielzahl kultureller Aufgaben oder durch besondere berufliche Kenntnisse wie etwa als Ärzte. Gerade die großen Städte waren sozial und ökonomisch weit ausdifferenziert, mit einer meist kleinen Elite an der Spitze ihrer Hierarchie. Dabei besaßen die Mächtigen und Begüterten nicht nur politisch und gesellschaftlich erhebliche Bedeutung. Sie waren für die Städte auch deshalb wichtig, weil ihre Konsumbedürfnisse und die Betonung ihres sozialen Prestiges eine äußerst wirksame Nachfrage stimulierten. Diese Elite belebte dadurch Handwerk und Handel und konnte als Mäzene wichtige kulturelle Entwicklungen befördern.

All das darf uns allerdings nicht vergessen lassen, daß selbst solche städtische Zentren wie etwa das mesoamerikanische Tollan, die Kalifenresidenzen Bagdad, Córdoba und Kairo, die südindische Zentraltempelstadt Tanjavur, die chinesische Reichshauptstadt Kaifeng, das byzantinische Konstantinopel oder die italienische Königsstadt Pavia noch immer weit entfernt von jenen differenzierten urbanen Strukturen blieben, die wir aus späteren Jahrhunderten kennen.

2. Größenordnungen

Unsere Quellen berichten vorwiegend über große Städte. Darüber ist jedoch nicht zu vernachlässigen, daß die übergroße Mehrheit aller Städte auf der Erde nur selten 5000 Einwohner erreichte. Solche kleinen städtischen Siedlungen blieben auf das engste mit ihrem agrarischen Umland verbunden. Landwirtschaftliche Tätigkeiten, einfaches Gewerbe und lokal begrenzter Handel und Tausch prägten ihr Leben.

Um so beeindruckender sind deshalb die folgenden Schätzungen und Hochrechnungen zu Großstädten in verschiedenen Kulturregionen. Das gilt um so mehr, wenn wir berücksichtigen, daß die Weltbevölkerung damals nur 200 bis 300 Millionen Menschen umfaßte. Für die Flächenberechnungen mag man sich vor Augen führen, daß das Zentrum von New York, Manhattan, heute etwa 57 Quadratkilometer umfaßt.

Die größten Städte um das Jahr 1000 befanden sich in China, Japan, den islamischen Regionen und im Byzantinischen Reich. Bereits am Anfang des 10. Jahrhunderts gab es im China der Tang-Zeit über 20 Städte mit mehr als 100 000 Einwohnern. In Kaifeng, seit dem Jahre 960 die Hauptstadt der neuen Nördlichen Song-Dynastie, wohnten etwa 500 000 Menschen auf einer Fläche von 45 bis 49 Quadratkilometern. In der Gegenwart hat Kaifeng als Provinzstadt 600 000 Einwohner. Große Hafenstädte wie Guangzhou (Kanton), Hangzhou und Quanzhou an der südostchinesischen Küste profitierten von internationalen Handelskontakten. Quanzhou näherte sich im 11. Jahrhundert der Zahl von 500 000 Bewohnern. In Japan dürfte die kaiserliche Hauptstadt Heiankyô (Kyôto), die »Stadt des Friedens und der Ruhe« und ein Hort von Buddhismus, Dichtung und Musik, im 10. Jahrhundert unter der Fujiwara-Dynastie etwa 100 000 Einwohner auf einer Fläche von 27 Quadratkilometern beherbergt haben.

In den islamischen Regionen lebten in den Metropolen der drei miteinander konkurrierenden Kalifate, also im Bagdad der Abbasiden, im Groß-Kairo der Fatimiden und im Córdoba der andalusischen Omaijaden, jeweils 300 000 oder mehr Einwohner. Für Groß-Bagdad mit all seinen Vororten ist eine Fläche von 70 Quadratkilometern veranschlagt worden. Als realistisch gelten zudem Angaben von über 100 000 Einwohnern für Städte wie Buchara und Samarkand in Mittelasien, das ostiranische Nischapur, Basra und Kufa im Irak, das tunesische Kairouan, Fez in Marokko, Sevilla in Spanien und das sizilianische Palermo.

Mit weitem Abstand war das byzantinische Konstantinopel die größte Stadt der europäisch-christlichen Regionen. Gängige Schätzungen lauten auf 500 000 Bewohner. Flächenangaben von 12 Quadratkilometern beziehen sich offenbar nur auf den Kern der Stadt seit dem 5. Jahrhundert. Demgegenüber war die Einwohnerzahl von Rom mit seinen zahlreichen verfallenen Gebäuden schon im Jahre 930 unter 50 000 gesunken, eine Reihe oberitalienischer Städte wie Pavia, Mailand und Venedig bot jeweils bis zu 20 000 Menschen Raum. In der befestigten *cité* von Paris auf der Seine-Insel lebten demgegenüber Ende des 10. Jahrhunderts gerade einmal 2000 Menschen. London soll um das Jahr 1066 erst 12 000 Einwohner gehabt haben, und Regensburg als eine der volkreichsten deutschen Städte war noch bis zum 14. Jahrhundert lediglich von 15 000 Menschen bewohnt. Ebenfalls bescheiden nahmen sich die Flächen von Köln mit 1,2 Quadratkilometern oder Mainz mit 1 Quadratkilometer aus.

Ansätze einer neuen Urbanisierung zeigten sich allerdings im westlichen und mittleren Europa. Die hier im Unterschied zu Oberitalien nach dem Niedergang des Römischen Reiches stark geschrumpften urbanen Zentren gewannen nunmehr mit der Herausbildung neuer Königtümer und fürstlicher Herrschaftsgebiete allmählich an Bedeutung. Diese Stadtentwicklung profitierte von der Tatsache, daß Herrscher in ihren Auseinandersetzungen mit dem grundherrlichen Adel des öfteren die Unterstützung von Bischöfen suchten. Bischofssitze in Zentren mit günstiger Verkehrslage wie die rheinischen Köln und Mainz erhielten Rechte über städtische Gerichtsbezirke und wurden mit Markt-, Münz- und Zollprivilegien ausgestattet. Solchermaßen privilegiert, zogen diese Orte Gewerbetreibende aus dem Umland an.

An die Seite von Bischofsstädten traten im ottonischen Reich am Beginn des 11. Jahrhunderts einige Königspfalzen. Ursprünglich handelte es sich hierbei nur um zeitweilige Aufenthaltsorte in ländlicher Umgebung. Da die Herrscher aus Versorgungs- und Prestigegründen umherzogen und keine feste Residenz besaßen, waren sie auf derartige Pfalzen angewiesen. Einige von ihnen wie Quedlinburg und Magdeburg, das seit 965 auch Sitz eines Erzbischofs war, nahmen jetzt mehr und mehr die Gestalt herrschaftlich-städtischer Zentren an. Zu solchen Zentren hatten sich auch andere europäische Bistümer, Pfalzen und Herrschersitze wie Krakau und Prag, Orléans und Paris entwickelt.

Auf dem indischen Subkontinent und in Südostasien hatte – ähnlich wie in weiten Teilen Europas – seit Ende des 5. Jahrhunderts ein Verfall des städtischen Lebens stattgefunden. Dieser war so gravierend, daß Zeitgenossen auch übernatürliche Erklärungen bemühten. Die Legende über einen mythischen Weisen des heiligen nordindischen Varanasi (Benares) hielt z. B. fest, daß dieser einmal für sechs Monate hungern mußte, weil keine Almosen mehr an Brahmanen gegeben wurden. Wütend durch seinen großen Hunger, habe er deshalb beschlossen, die Stadt und ihre Bewohner zu verfluchen und sie dadurch zu ruinieren.

Vieles spricht dafür, daß an der Wende zum 11. Jahrhundert auf dem indischen Subkontinent ein Aufschwung neuer städtischer Entwicklung stattfand. Dazu trugen höhere landwirtschaftliche Erträge bei, die Erschließung neuer Schwemmlandgebiete in Bengalen und Orissa, von Flußdelten in Andhra und Tamil Nadu und nicht zuletzt eine hinduistisch geprägte »Tempelurbanisierung« wie diejenige von Bhubaneswar in Orissa oder Kalinganagara in Andhra Pradesh.

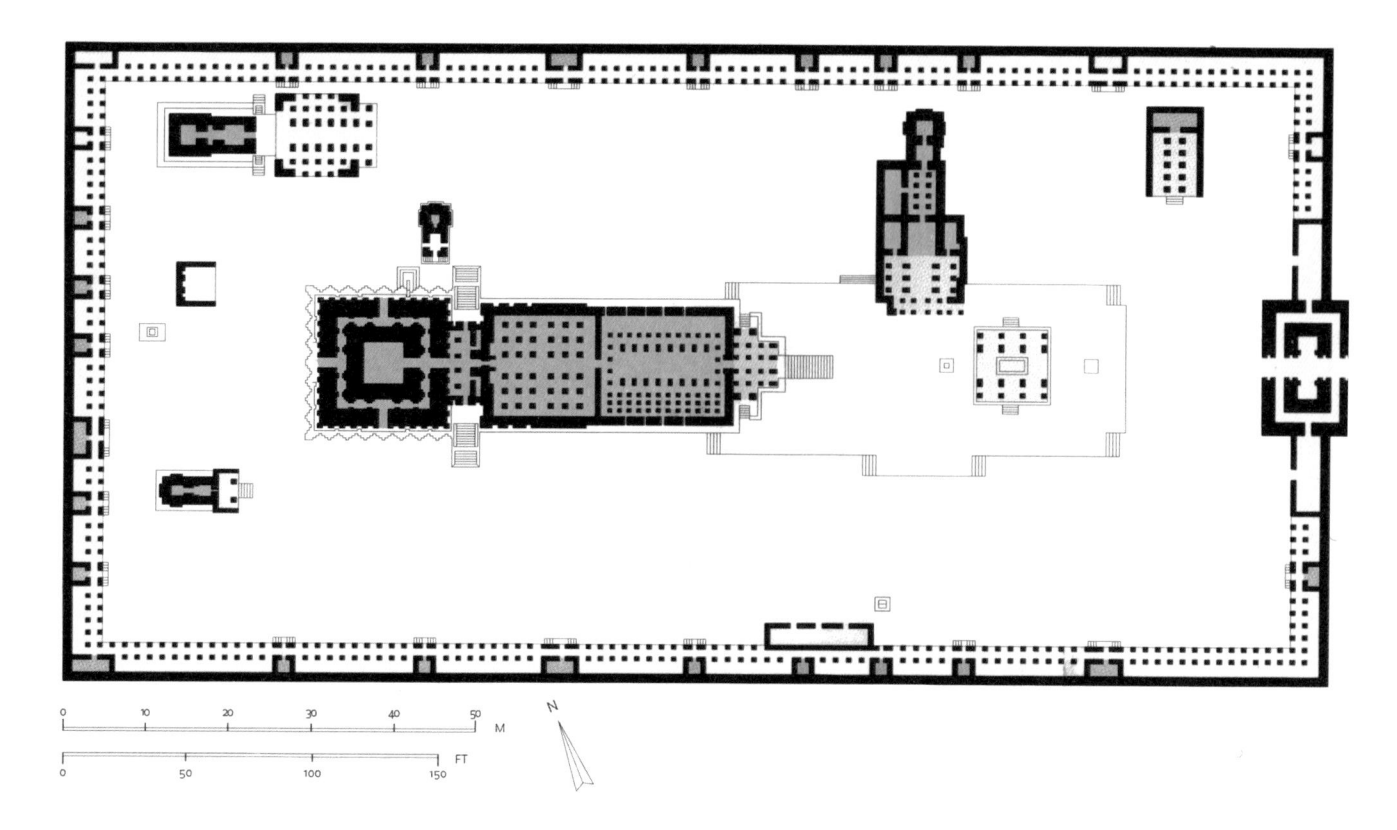

Der mit solchen Tempelbauten wachsende Verwaltungsaufwand beförderte sicher eine städtische Verdichtung. Das nördliche und mittlere Indien erlebte gleichzeitig den Übergang von wechselnden zu ständigen Herrschaftszentren in Gestalt von Königs- und Tempelstädten. So richtete die Dynastie der Calukyas von Kalyani im Hochlandgebiet des Dekkan ihre dauerhafte Hauptstadt ein. Wegen militärischer Notwendigkeiten und aus Gründen symbolischer Demonstration ihrer Macht verlegten im 11. Jahrhundert die Herrscher des neuen Großreiches der Colas im südindischen Tamil Nadu ihre Hauptstadt Tanjavur nach Gangaikondacolapuram, der »Stadt des Cola, der die Ganga besiegte«. Die Anlage des zentralen Brhadishvara-(Shiva-)Tempels in Tanjavur vom Anfang des 11. Jahrhunderts (Abb. 2) läßt

wichtige Bestandteile hinduistischer Tempelkomplexe dieser Zeit erkennen. Sie waren von einer äußeren Befestigung und einer Innenmauer umgeben. Zwei Tortürme im Südosten ermöglichten den Zugang zum Platz. Auf einer Hauptachse lagen von Südost nach Nordwest die verschiedenen Teile des Hauptbaus. Dieser umfaßte eine Kulthalle *(caitya)*, basilikaähnlich mit einem Langhaus und niedrigen Seitenschiffen, eine Versammlungshalle *(mandapa)* und schließlich den eigentlichen Tempel mit dem Heiligtum *(stupa,* Reliquiendenkmal), über dem sich eine dreizehnstufige Turmpyramide von 58 m Höhe erhob.

In Mesoamerika hatte das Ende des Maya-Klassikums im 9. Jahrhundert allgemein zu einem Rückgang an Urbanität geführt. Nur wenige Städte wie z. B. Lamanai im heutigen Belize überlebten diesen Verfall, weil sie verstärkt den Fernhandel nutzen konnten. In Zentralmexiko entstanden seit Ende des 9. Jahrhunderts neue städtische Zentren, wobei Tollan mehr und mehr an Bedeutung gewann.

2 Der Plan der zentralen Brhadishvara-(Shiva-)Tempelanlage in Tanjavur, Madras, vom Anfang des 11. Jh. läßt bei einer Gesamtfläche von 150 x 73 m in Gestalt von Befestigung, Innenmauer, Tortürmen, Kulthalle, Versammlungshalle und Heiligtum mit seiner 58 m hohen Turmpyramide die wichtigsten Bestandteile hinduistischer Tempelkomplexe erkennen.

3 Ein Plan des Zeremonialbezirkes von Tollan, Hidalgo, mit einer Gesamtfläche von über 100 000 Quadratmetern demonstriert typische Elemente toltekischer Stadtarchitektur wie Große Pyramide, Tempel des Morgensterngottes, Paläste mit Säulenhallen, Ballspielplätze und Schädelgerüsthaus.

4a Entgegen früherer Annahmen gab es eine eigenständige afrikanische Urbanisierung, wie Ausgrabungen im Niger-Binnendelta und an der westafrikanischen Guineaküste beweisen. Abgebildet ist der Plan der Stadt Jenné (Niger).

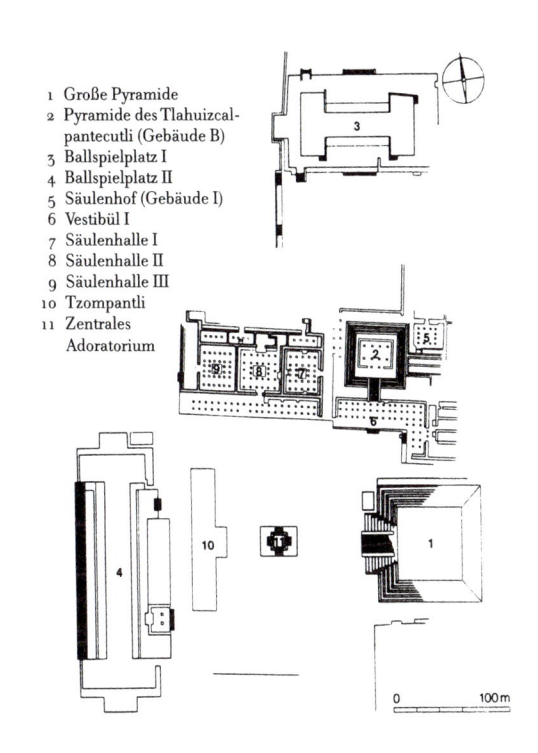

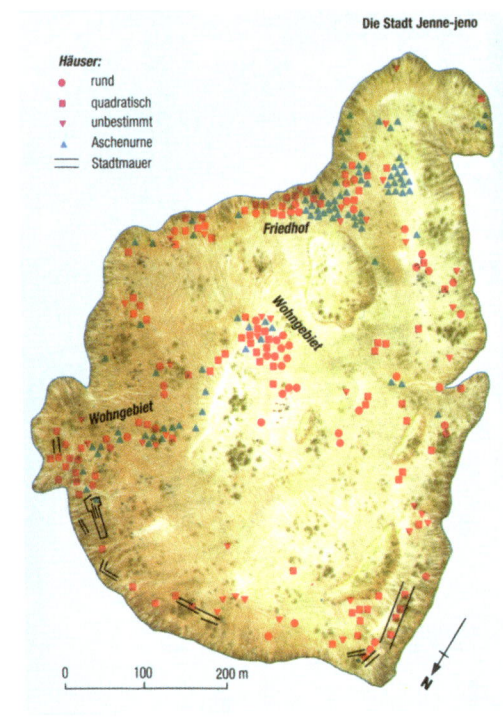

1 Große Pyramide
2 Pyramide des Tlahuizcalpantecutli (Gebäude B)
3 Ballspielplatz I
4 Ballspielplatz II
5 Säulenhof (Gebäude I)
6 Vestibül I
7 Säulenhalle I
8 Säulenhalle II
9 Säulenhalle III
10 Tzompantli
11 Zentrales Adoratorium

Und mit Ankunft der Maya-Gruppe der Itzá im 10. Jahrhundert erfuhr Chichén Itzá auf der Halbinsel Yucatán einen Aufschwung und dehnte sich auf 4,5 Quadratkilometer aus. Schwierig bleiben allerdings auch hier verläßliche Schätzungen. Die archäologisch erschlossene Hauptstadt der Tolteken, Tollan, soll in ihrer Blüte um das Jahr 1000 etwa 60 000 Einwohner auf 11 Quadratkilometern beherbergt haben. Zusammen mit etwa 115 Dörfern in ihrem direkten Einflußbereich mögen in der Region dieses Stadtstaates 120 000 Einwohner gelebt haben. Der Plan des Zeremonialbezirkes von Tollan, der eine Fläche von über 100 000 Quadratmetern umfaßte, läßt typische Elemente toltekischer Stadtgestaltung erkennen (Abb. 3). Dazu gehörten die Große Pyramide, der Tempel des Morgensterngottes, Palastanlagen mit toltekischen Säulenhallen, Ballspielplätze mit einem Schädelgerüsthaus *(tzompmantli)* und ein zentraler Platz für jene kultischen Zeremonien, an denen auch das einfache Volk teilnahm.

Die großen Städte Afrikas wurden lange Zeit nicht als einheimisch betrachtet, sondern als fremdes Element und Ergebnis arabischer Einflüsse. Die frühesten westafrikanischen Städte seien erst im 9. Jahrhundert im Gefolge des Transsahara-Handels entstanden. Exemplarisch zeigen jedoch Ausgrabungen im westafrikanischen Niger-Binnendelta eine eigenständige afrikanische Urbanisierung, die mehr als 1600 Jahre zurückreicht. Die dort gelegene Stadt Jenné soll etwa 27 000 Einwohner gehabt und sich auf 0,5 Quadratkilometern ausgedehnt haben. In einem 4-Kilometer-Radius um diese Stadt lebten möglicherweise 50 000 Bewohner in 69 Ortschaften. In Jenné sind unterschiedliche Typen an runden und quadratischen Häusern, ein Friedhof und Ascheurnen sowie Reste der Stadtmauer ans Licht gebracht worden (Abb. 4). Auch an der westafrikanischen Guineaküste stießen Archäologen auf mehrere städtische Zentren.

4 b,c Neben unterschiedlichen Typen von runden (4b) und quadratischen (4c) Häusern wurden bei Ausgrabungen in Jenné (Niger) ein Friedhof, Ascheurnen sowie Überreste einer Stadtmauer aus dem 11. Jh. zutage gebracht.

3. Das Bild der Stadt

Charakteristisch für das Stadtbild waren nahezu überall Mauern, Wälle, Türme und andere Befestigungen. Diese versprachen Schutz und ein befriedetes Gebiet, letztlich auch eine wichtige Voraussetzung für Handel und Gewerbe. Städtische Zentren umfaßten zumeist Paläste, Schlösser oder Burgen, in denen die Obrigkeiten residierten, umgeben von Gebäuden der Verwaltung und den Vierteln der Aristokraten und Begüterten. Im Zentrum oder mit ihm fest verbunden lagen die bedeutendsten Bauten für Religionen und Kulte.

Eine Mauer umgibt den großen Hof des Tempelkomplexes von Bhubaneswar aus dem Jahre 1000 (Abb. 5), von dessen ehemals angeblich 7000 Gebäuden heute noch 500 erhalten sind. Zahlreiche kleinere Schreine stehen neben dem großen Lingaraja-Tempel aus warmem, gelblichem Sandstein, in dem Shiva als »Herr der drei Welten« verehrt wird. Bei den Hauptbauten, dem Heiligtum mit großem Turmüberbau und links davon die Haupt- oder Versammlungshalle, gehen – für die Hindu-Architektur typisch – kleinere Türme organisch in größere über, bis sie ihren Abschluß in dem großen Turm erreichen. Die Zwillingspagoden des Lohan-Tempels im südostchinesischen Suzhou, die zwischen 984 und 987 errichtet wurden (Abb. 6), zeigen, wie chinesische Architekten fremde, hier buddhistische, Einflüsse aufnahmen und modifizierten. Beide Pagoden haben den allgemein verbreiteten achteckigen Grundriß und eine Höhe von sieben Geschossen. Für China typische geschwungene Dächer mit nur geringer Verjüngung nach oben werden von einem Mast mit mehreren Ringen gekrönt. Glöckchen an den Dachspitzen sollten durch ihr Läuten die buddhistische Lehre in alle Richtungen tragen.

Aus der zweiten Hälfte des 10. Jahrhunderts stammen die ältesten Teile der Kirche S. Pietro im süditalienischen Otranto (Abb. 7). Nicht nur deren Architektur hat griechisches Gepräge, auch die ältesten Ausmalungen des Innenraumes sind in byzantinischem Stil gemalt und beschriftet (vgl. Abb. 57). Die Große Moschee im tunesischen Kairouan hat seit dem Jahre 836 ein klassisches quadratisches Minarett (Abb. 8). Es liegt gegenüber dem Gebetssaal. Dieser Turm des Rufes zum Gebet ist über den großen Innenhof der Moschee zu erreichen. Im Hof wurden die rituellen Waschungen vor dem Gebet verrichtet. Die für Moscheen typischen offenen Bogengänge an den Seiten des Hofes mit Säulen und Arkaden stammen wahrscheinlich aus verschiedenen Bauphasen zwischen dem 9. und 13. Jahrhundert.

Der Hauptmarkt bei den großen Verkehrsknotenpunkten nahm in den Städten ebenfalls einen prominenten Platz ein, während die Handwerkergassen und die Wohnquartiere mit den Hütten und Katen einfacher Be-

5 Von den ehemals 7000 Gebäuden des Lingaraja-Tempel in Bhubaneswar, Orissa, gebaut um das Jahr 1000, sind heute noch 500 erhalten. In dem großen Tempel aus gelblichem Sandstein (Länge 88 m, Höhe 54 m) mit einem Turmüberbau über dem Heiligtum wird Shiva als »Herr der drei Welten« verehrt. Typisch für die Hindu-Architektur gehen kleinere Türme organisch in größere über und erreichen ihren Abschluß in dem großen Turm des Heiligtums.

wohner sich oft bis zu den Stadträndern erstreckten.

Seit Ende des 4. Jahrhunderts n. Chr. besaß Konstantinopel einen doppelten Ring zweier Stadtmauern mit 394 Türmen. Die byzantinische Metropole war die stärkste Festung des Mittelmeerraumes und hielt zahlreichen Belagerungen durch Araber, Rus und Bulgaren stand. Auf einem Stadtplan von Konstantinopel (Abb. 9) fällt eine Vielzahl von Märkten und öffentlichen Plätzen (Foren), von Kirchen, Klöstern und Zisternen ins Auge. Gleichzeitig zeigen mehrere Häfen die enge Verbindung der Stadt mit dem Fernhandel. Der Kaiserpalast bildete ein ganzes Stadtviertel von etwa 400 000 Quadratmetern Grundfläche. In mehreren Terrassen fiel das Gelände vom Palast zum Meer hin ab. Ohne eine erkennbare innere Ordnung umfaßte dieser Bezirk Paläste zur Repräsentation und zum Wohnen, ferner Kirchen, Kapellen, Kasernen, Werkstätten, Garten- und Lusthäuser, Parkanlagen und Spielplätze. Mit einem eigenen Gebäude grenzte der Kaiserpalast unmittelbar an die Stätte der Wagenrennen, das Hippodrom. Hier konnte die Kaiserfamilie von einer privaten offenen Loge aus die Rennen verfolgen. Die Kampfbahn des

6 Die Zwillingspagoden des Lohan-Tempels im südchinesischen Suzhou, Jiangsu, gebaut im Jahre 982, haben den allgemein verbreiteten achteckigen Grundriß und sind siebengeschossig. Chinesische Architekten modifizierten hier buddhistische Elemente, sichtbar an den für China typischen geschwungenen Dächern mit nur geringer Verjüngung nach oben, die an der Spitze einen Mast mit mehreren Ringen haben.

7 Die kleine Kreuzkuppelkirche S. Pietro in Otranto, Apulien, aus dem späten 10. Jh. zählt zu den wenigen Relikten mittelbyzantinischer Baukunst in Süditalien. Sie steht noch heute in einem klaren Beziehungsgefüge zu den umliegenden Profanbauten im Zentrum der Stadt.

8 Das klassische quadratische Minarett der Großen Moschee von Kairuan, Tunesien, stammt aus dem Jahre 836, hat eine Basis von 10 Quadratmetern und ist ca. 35 m hoch. Dem Minarett gegenüber liegt der Gebetssaal, zu erreichen über den Innenhof der Moschee. Dieser für alle Moscheen typische Innenhof mit Vorrichtungen für rituelle Waschungen vor dem Gebet besitzt hier Ausmaße von ca. 70 x 40 m.

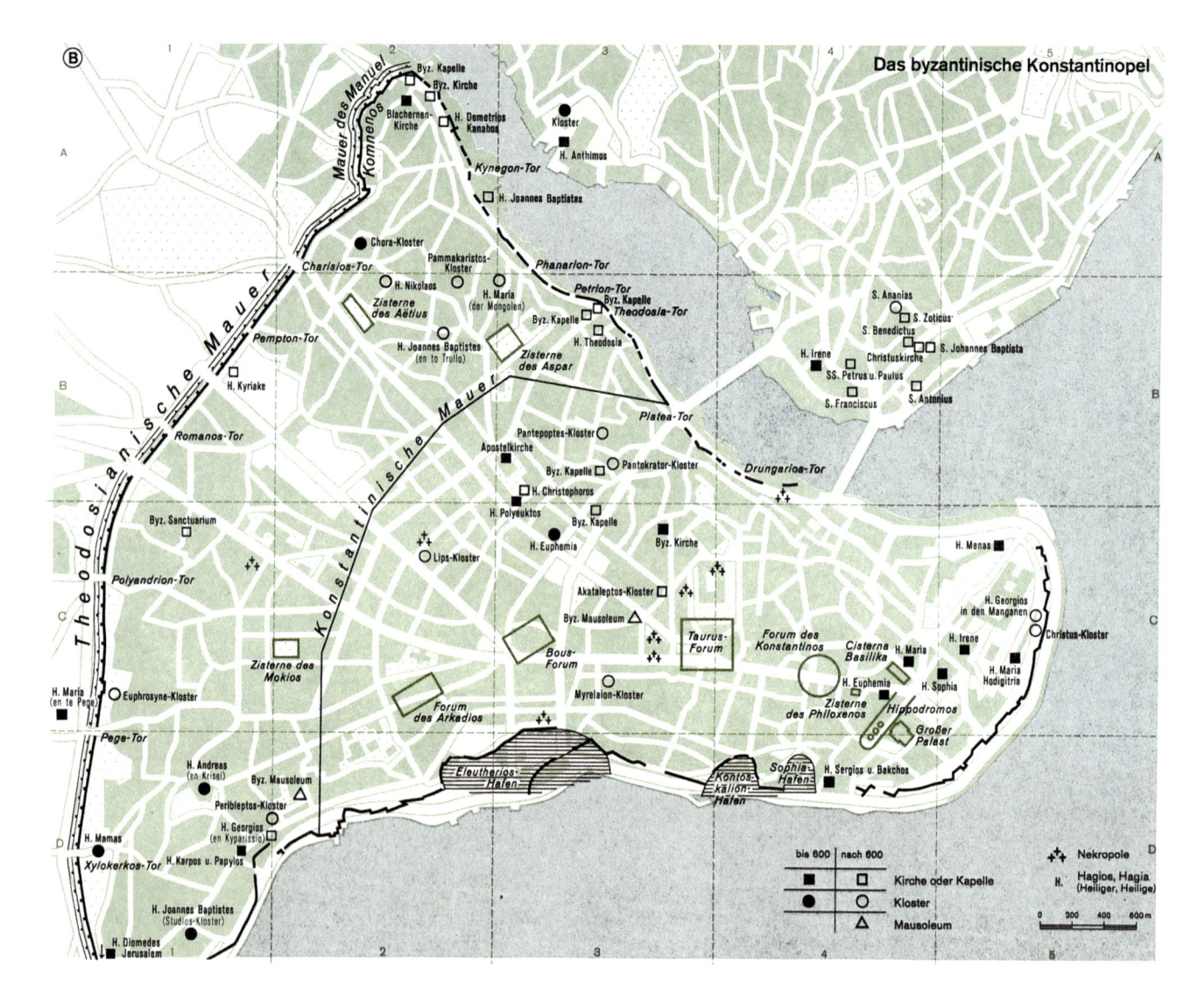

Hippodroms war von 30 ansteigenden Sitzreihen umgeben. In den Gewölben unter den Sitzen befindet sich bis heute eine Zisterne. Säulenreihen um die Arena demonstrierten den hohen Stand byzantinischen Steinmetzhandwerks. Die Bischofs-, Hof- und Staatskirche Hagia Sophia lag ebenfalls in unmittelbarer Nähe zum Kaiserpalast. Sie war bereits im Jahre 360 n. Chr. von Kaiser Konstantin vollendet worden. Nach schweren Erdbeben wurde sie zwischen 986 und 994 restauriert und schließlich mit Strebepfeilern versehen, welche die Kuppel künftig vor Einsturz bewahren sollten. Die mächtigen alten Stadtmauern der Stadt ergänzte Kaiser Manuel Komnenos im 12. Jahrhundert durch eine nach ihm benannte Mauer.

Im chinesischen Kaifeng wurde Mitte des 10. Jahrhunderts die umwallte alte Stadt um eine »neue« Stadt mit äußerer Mauer erweitert. Weil sich der Staat stärker auf den Handel als Einnahmequelle orientierte, gewannen nunmehr Marktplätze deutlich an Raum. Sie drängten im Stadtbild mehr und mehr die frühere militärisch-imperiale Pracht zurück, wie sie mit einem gewaltigen Kaiserpalast, mit Militär- und Repräsentativbauten noch bis zum Ende des 9. Jahrhunderts die tangzeitliche Metropole Chang'an dominiert hatte. Entsprechend der strikten Marktordnungen waren in Kaifeng die Bereiche von Handwerk und Handel in jeweils einem Viertel konzentriert. Geschäfte und Werkstätten gleicher

9 Bei diesem Stadtplan des mittelalterlichen byzantinischen Konstantinopel sind die umfangreichen Befestigungsanlagen, der Kaiserpalast als eigenes Stadtviertel von etwa 400 000 Quadratmetern, das Hippodrom, die Hagia Sophia und die Fülle von Märkten, Foren, Kirchen, Klöstern und Zisternen besonders bemerkenswert. Die drei Häfen der Stadt zeigen außerdem die enge Verbindung Konstantinopels mit dem Fernhandel.

Branchen befanden sich in derselben Straße. Aus der Bezeichnung hierfür ging später der chinesische Begriff für »Gilde« hervor. Der zusätzlich befestigte kaiserliche Palast von Kaifeng erstreckte sich über 47 Hektar.

Diese Ausmaße wurden im japanischen Kyôto noch übertroffen: Die kaiserlichen Residenzen und Paläste innerhalb einer »eingezäunten Stadt« umfaßten 191 Hektar Fläche. 14 Tore gewährten Einlaß in diesen Bezirk, der ebenso wie die Palastbezirke anderer Städte durch weit ausgedehnte Gartenanlagen aufgelockert wurde. Der Schwerpunkt städtischer Bauten von Kyôto lag im Osten, weil in traditionellbuddhistischer Auffassung das Gesicht einer Stadt sich dorthin zu richten hatte. Außerhalb der »eingezäunten Stadt« befanden sich an symmetrisch angelegten, breiten Straßen weitere kaiserliche Paläste, Häuser einflußreicher Familien sowie Schreine und buddhistische Tempel, Amtsgebäude und die Universität. Mit kleineren quadratisch angeordneten Straßen und Gassen schlossen sich ihnen die Wohnviertel der Untertanen an. Die gesamte Stadt war von einem Wallgraben umgeben. Der relativ bescheidene Handel konzentrierte sich auf einen östlichen und einen westlichen Markt der Stadt nach chinesischem Vorbild.

In den größeren Städten islamischer Regionen beherrschte eine Dreiheit von Palast, großer Moschee und Hauptmarkt das Zentrum. Darüber hinaus zeichneten sich städtische Siedlungen in den Grenzbezirken zu nichtislamischen Gebieten durch spezielle Forts *(ribats)* für halb religiöse, halb kriegerische Gemeinschaften von Muslimen aus. So entstand gegen Ende des 8. Jahrhunderts in der tunesischen Hafenstadt Sousse eine solche Festung gegen einen möglichen byzantinischen Angriff, die im 9. Jahrhundert verstärkt wurde. Ihr höchster Eckturm (Abb. 10) aus Bruchsteinen diente zugleich als Wachtturm und als Minarett für den Gebetsruf. Die Zinnen der Mauer sind mit Pfeilschlitzen ausgestattet, eine zweite Reihe am inneren Rand sollte die Verteidigung des Daches selbst in dem Falle ermöglichen, daß die Tore gestürmt waren.

Die Gewerbe auf dem Markt waren in ihrer Lage zur großen Moschee hierarchisch gegliedert. Buchhändler, Feintextilgewerbe und Juweliere nahmen die besten Plätze ein. Geruchsintensive Zweige wie Fleischer, Gerber und Färber befanden sich in der Nähe des Stadtrandes. Die zentrale Position der großen Moscheen läßt sich noch heute bei der berühmten Großen Moschee von Córdoba und der al-Azhar-Moschee im fatimidischen Kairo erkennen. Die in den Jahren 970 bis 972 gebaute al-Azhar-Moschee in Kairo, der neuen Hauptstadt der Fatimiden, entwickelte sich in den folgenden Zeiten zur theologischen Lehrstätte und ist bis heute eine berühmte islamische Universität. Ein Blick auf den Innenhof (Abb. 11) läßt noch immer fatimidische Bauteile aus der Ursprungszeit erkennen: von Spitzbogen begrenzte Arkaden, Spitzbogennischen und Rondelle mit Verzierungen aus Blütenmustern und arabischer Kufi-Schrift. Die imposanten, schlanken Minarette stammen allerdings aus späteren Jahrhunderten. In den Moscheen trafen sich Muslime nicht nur zum gemeinschaftlichen Gebet, sondern diese stellten zugleich wichtige Bildungsstätten und Orte umfänglicher sozialer Kommunikation dar.

Von den wenigen, oft alten und großen Hauptstraßen abzweigend, entfaltete sich in den separierten Wohnquartieren der städtischen Untertanen ein Labyrinth von engen Wegen und Sackgassen. Schutz von Privatsphäre und Geschlechtertrennung bestimmten hier wohl seit altorientalischen Zeiten das Prinzip von zurückweisenden Außenmauern und freundlichen Innenhöfen. In dem Maße, wie in großen islamischen Städten die Stadtviertel wuchsen, bildeten sich um deren kleinere Moscheen dezentrale Wirtschaftskomplexe heraus. Waren Städte nicht völlig mit

10 Die städtischen Siedlungen in den Grenzgebieten zu nichtislamischen Territorien, wie hier in der tunesischen Hafenstadt Sousse, zeichneten sich durch spezielle Forts, den sog. Ribats, die sowohl religiösen als auch militärischen Aufgaben gewidmet waren, aus. Zu sehen ist hier der höchste Eckturm des im 8 Jh. erbauten und im 9. Jh. verstärkten Ribat. Dieser Turm mit einer Höhe von 15,40 m diente sowohl als Wachturm, als auch als Minarett für den Gebetsruf. Die Zinnen der Mauern erreichten eine Höhe von 8,50 m.

Mauern umgeben, gingen sie fließend in Vorstädte mit Warenlagern, Umschlagplätzen, Rasthäusern des Fernhandels, Lebensmittelmärkten, Werkstätten und Friedhöfen über.

Für ihre Paläste wendeten muslimische Herrscher Unsummen auf. Das »Baum-Palais« des Kalifen al-Muqtadir in Bagdad bot den Zeitgenossen in der ersten Hälfte des 10. Jahrhunderts beispielsweise ein Bild von grenzenlosem Luxus, den noch ein späterer Geograph festhielt: »Benannt wurde es nach einem Baum aus Gold und Silber, der dort inmitten eines großen runden Teiches vor der offenen Halle des Gebäudes zwischen natürlichen Gartenbäumen stand. Aus Gold und Silber hatte er achtzehn Äste, von denen jeder wieder viele Zweige besaß, die von verschiedenen Juwelen in Gestalt von Früchten gekrönt waren. Auf den Ästen saßen verschiedene Vögel aus Gold und Silber. Wenn der Wind durch den Baum wehte, ließ er ein wunderbares Pfeifen und Rauschen erklingen.«[1]

[1] Der Geograph Yāqūt [gest. 1229], zitiert nach: Jaqut's Geographisches Wörterbuch, Bd. 2, S. 421; Übers. H. Preißler.

Das in den Jahren 762 bis 766 ursprünglich als Rundstadt und Festung errichtete Bagdad, Metropole der Kalifendynastie der Abbasiden, war am West- und Ostufer des Tigris um zahlreiche neue Viertel erweitert worden. Die Stadt durchlebte zwar im 10. Jahrhundert politisch und wirtschaftlich turbulente Zeiten, doch auf der Ostseite des Tigris glänzten nach wie vor Paläste der Kalifen. Heute sind allerdings aus diesem Bagdad von der Wende zum 11. Jahrhundert kaum noch Spuren geblieben. Auf einer Zeichnung nach alten Überlieferungen (Abb. 12) ist der Kalifen-Bezirk auf der Ostseite des Tigris mit den Palästen der Kalifenfamilie, der Moschee, Bauten für die Verwaltung und die Elite zu sehen. Hinter einer inneren Mauer lagen separierte Quartiere von Untertanen, die wiederum von einer Außenmauer umgeben waren. Straßen von außen führten durch verschließbare Tore in beiden Mauern. Auch die in Bagdad tatsächlich herrschenden buyidischen Emire besaßen einen prächtigen Komplex, das »Haus der königlichen Macht«.

In Ägypten ließen die Fatimiden als neue, schiitische Kalifendynastie seit dem Jahre 969 die Stadt Kairo (»die Siegreiche«) zunächst als Palast-, Religions-, Militär- und Verwaltungszentrum errichten. Diese Stadt verschmolz bald mit den älteren ägyptischen Hauptstädten in ihrem Umkreis, dem vorislamischen Babylon und den islamischen al-Fustat, al-Askar und al-Qata'i zur neuen, großen Metropole. Glanzvolle neue Residenzbezirke schmückten

11 Die neue Kalifendynastie der Fatimiden ließ in den Jahren 970 bis 972 in ihrer Hauptstadt Kairo die berühmte al-Azhar-Moschee, Gebetsstätte und spätere Universität, errichten. Während die Minarette aus späteren Bauphasen stammen, kann man noch heute eine Vielzahl typisch fatimidischer Architekturelemente wie die von Spitzbögen begrenzten Arkaden oder die Spitzbogennischen und Rondelle mit Verzierungen aus Blütenmustern erkennen. Der Innenhof hat eine Gesamtfläche von ca. 70 × 60 m.

seit dem Jahre 936 in Gestalt der Madinat al-Zahra und seit 978 der Madinat al-Zahira auch die Metropole des islamischen Spanien, Córdoba. Der Stadtplan von Córdoba um das Jahr 1000 (Abb. 13) vermittelt nicht nur einen Eindruck von der beträchtlichen Ausdehnung dieser Stadt und der Lage ihrer neuen Residenzbezirke, sondern läßt zugleich erkennen, daß ein großer Teil des bewohnten Gebietes von häuslichen Gärten durchsetzt war, die neben den vielen großen Gartenanlagen *(munyas)* der Paläste existierten. Der rasche Verfall der Kalifenmacht in Spanien ließ jedoch bereits in den ersten Jahrzehnten des 11. Jahrhunderts diese Pracht vergehen.

Über das Ziel islamischer Pilgerfahrt, die Stadt Mekka mit ihrer großen Moschee, berichtete ein berühmter arabischer Reisender am Ende des 10. Jahrhunderts, daß die Häuser aus schwarzen und weißen Steinen, gebrannten Ziegeln und Teakholz gebaut gewesen seien. »Die Wände der Bogengänge (der Moschee) sind außen mit Mosaik verkleidet. Dazu hat man Handwerker aus Syrien und Ägypten geholt. Ihre Namen sind ja noch auf den Wänden zu sehen.« [2]

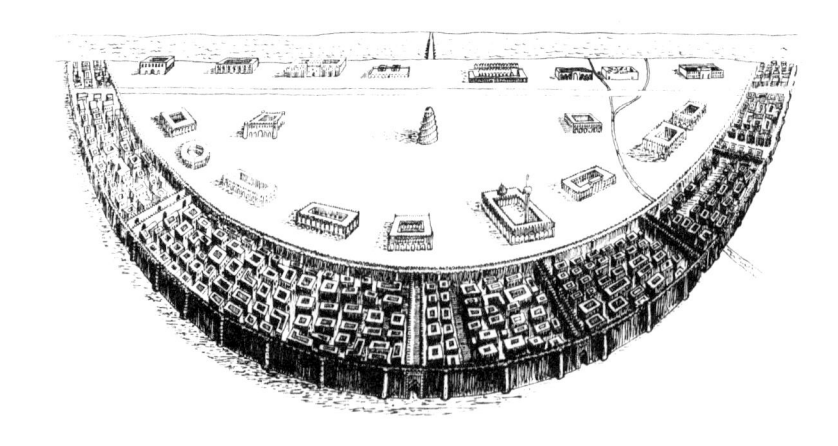

Klassisch-hinduistische Stadtplanung auf dem indischen Subkontinent zeichnete sich vor allem dadurch aus, daß die Stadtanlage eine Trennung der verschiedenen sozialen Stände verdeutlichte. Das Zentrum diente den Sakralbauten und den Wohnstätten der Brahmanen. Bei den Tempelbauten, die seit Mitte des 10. Jahrhunderts im zentralindischen Khajuraho errichtet wurden, stehen die Tempel auf Sockeln, die als natürliche Abgrenzung die sonst übliche Umfriedung überflüssig machten (Abb. 14). Der linke, Mantanageshvara-Tempel war Shiva geweiht, die Fahne auf der Spitze symbolisiert die Anwesenheit des Got-

12 Ein aus alten Quellen rekonstruiertes Bild des Kalifen-Bezirkes von Bagdad am Ende des 10. Jh. veranschaulicht das Verhältnis zwischen Kalifenpalästen, Großer Moschee, Verwaltungsbauten und den durch eine Mauer separierten Quartieren der Untertanen, die wiederum von einer Außenmauer umgeben sind.

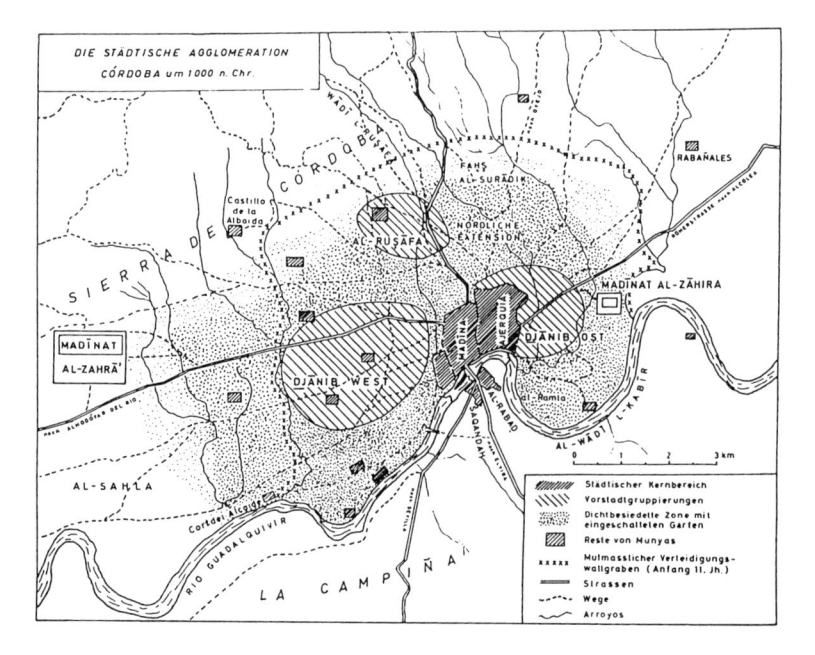

13 Der Stadtplan von Córdoba um das Jahr 1000 läßt die beträchtliche Ausdehnung dieser Kalifenresidenz und die Verbindungen zwischen alter Stadt und ihren neuen Residenzbezirken erkennen. Bemerkenswert sind auch die Gartenanlagen bei den Palästen und die Vielzahl von Gärten bei privaten Häusern.

[2] Der Geograph und Reisende al-Muqaddasī [gest. nach 1000], zitiert nach: Altarabische Prosa, S. 181.

14 Bei den Tempelbauten in Khajuraho, Madya Pradesh, errichtet seit Mitte des 10. Jh., war der linke Mantanageshvara-Tempel dem Shiva geweiht. Die Fahne auf der Spitze markiert die Anwesenheit des Gottes. Der rechte Laksmana-Tempel mit einer Länge von 26 m und einer Breite von 13,50 m aus dem Jahre 954 trägt seinen Namen von einem Bruder des Rama, der siebenten Inkarnation des Gottes Vishnu.

15 Auf dem unvollendet gebliebenen Tempelberg Prasat Ta Kev in Angkor vom Ende des 10., Anfang des 11. Jh. steht eine fünfstufige Pyramide, deren Basis 100 x 120 m umfaßt. Vor den steilen Treppenaufgängen dieses Vorläufers der späteren Tempel von Angkor Vat befanden sich große Eingangspavillons.

tes. Der größere, rechte Laksmana-Tempel wurde im Jahre 954 geweiht. Laksmana galt als der Bruder des Rama, der siebenten Inkarnation des indischen Gottes Vishnu. Der Palast des Herrschers oder Gouverneurs sollte neben dem brahmanischen Zentrum im Quartier der Krieger und des Adels angesiedelt sein. Die Märkte lagen weiter vom Zentrum entfernt zwischen den Wohnvierteln der Händler und den Stadtmauern. Außerhalb dieser Mauern lebten Asketen und niederste Stände. Nordindische heilige Städte besaßen viele einzelne Tempel und rituelle Badeplätze. In den südindischen Hauptstädten bildete der Großtempel der zentralen Gottheit zugleich die Mitte der gesamten Stadtanlage.

In idealer Form fanden hinduistische Normen jedoch außerhalb Indiens beim Bau zahlloser Tempel in Thailand und Kambodscha ihre Umsetzung. Zehntausende Arbeitsverpflichtete mit Tausenden Elefanten errichteten seit der Wende zum 11. Jahrhundert die Hauptstadt der Khmer, Angkor, mit ihrer hinduistischen Tempel- und Palastanlage. Hier bildete der Prasat, ein Turm für die wichtigste Gottheit, das Zentrum des unvollendet gebliebenen Tempelberges Ta Kev (Abb. 15). Dort erhoben sich auf einer fünfstufigen mit Sandstein verkleideten Pyramide fünf Göttertürme, ebenfalls aus Sandstein. Vor den steilen Treppenaufgängen lagen große Eingangspavillons. Die Anlage kann als Vorstufe der später in Angkor Vat gebauten Tempel angesehen werden. Auf solchen Tempelbergen der Khmer standen zugleich auch andere Bauten für Kult- und Ritualgegenstände, dazu Wohngebäude für Priester, Tänzer und Tänzerinnen.

Bereits im Jahre 952 war ein erster Stausee zur rituellen Reinigung der Gläubigen angelegt worden. Noch am Ende des 13. Jahrhunderts hielt ein chinesischer Gesandter in Angkor die Legenden um den Phimeanakas fest, jenen Tempel vom Anfang des 11. Jahrhunderts, der zum Teil des Palastes von Angkor Thom geworden war: »Aus dem Palast erhebt sich ein goldener Turm, zu dessen Spitze der Herrscher des Nachts hinaufsteigt, um zu schlafen. Es ist allgemeiner Glaube, daß in dem Turm ein Geist wohnt, geformt wie eine Schlange mit neun Köpfen, welcher der Herr des ganzen Königreiches ist. Jede Nacht erscheint dieser Geist in Gestalt einer Frau, mit der der Herrscher sich vereint. ... Sollte der Geist auch nur eine Nacht nicht erscheinen, ist dies ein Zeichen, daß der Tod des Königs bevorsteht«[3] (Abb. 16).

Kleinere Tempel konnten Stiftungen von Privatpersonen sein. So stiftete im Jahre 967 ein Brahmane königlicher Abstammung das Shiva-Heiligtum von Bantay Srei bei Angkor (Abb. 17). Es wird von einer inneren Umfassungsmauer, an die sich Wassergräben anschließen, umgeben. Aus hellrotem Sandstein ist der östliche Torpavillon einer zweiten Umfassungsmauer gebaut. Dieser Pavillon mit seinen dekorativen Dreiecksgiebeln, dazu die mit ornamentalem Laubwerk geschmückten Giebelfelder über den Eingängen, gilt bis heute als ein Hauptwerk der Khmer-Kunst am Ende des 10. Jahrhunderts.

16 Der Phimeanakas-Tempel in Angkor wurde zwischen 968 und 1001 gebaut. Um ihn rankte manche Legende. So sollte dort ein Geist wohnen, der, geformt wie eine Schlange mit neun Köpfen, Herr über das gesamte Königreich sei. Die Pyramide hat eine Basis von 35 x 28 m.

[3] Zhou Daguan, zitiert nach: Schellinger/Salkin, Illustrated Encyclopaedia, Bd. 1, S. 32.

17 Das Shiva-Heiligtum von Bantay Srei bei Angkor war eine private Stiftung aus dem Jahre 967. Der östliche Torpavillon aus hellrotem Sandstein stellt mit seinen dekorativ-ornamentalen Elementen bis heute einen Höhepunkt der Khmer-Kunst am Ende des 10. Jh. dar.

Die Blüte der Hauptstadt Pagan in Myanmar/Burma unmittelbar nach dem Jahr 1000 wurzelte in militärischen Erfolgen ihrer Könige. Nach der Eroberung Niederburmas hatten diese die dortigen Städte ausgeraubt, deren Einwohner versklavt und sie beim Bau hinduistischer Heiligtümer in Pagan eingesetzt. Auf Sri Lanka/Ceylon fand dagegen die 1400-jährige Geschichte der Hauptstadt Anuradhapara als buddhistisches Zentrum zunächst ein Ende, als die Colas sie 993 zerstörten. Eine monumentale Figur des sterbenden Buddha (Abb. 18), aus einem einzigen Steinblock gemeißelt, und traditionell auf der rechten Seite liegend, stammt aus der neuen Hauptstadt Sri Lankas im 11. Jahrhundert, Polonnaruva.

Auch in Mesoamerika wurden städtische Zentren wie Tollan, Chichén Itzá, El Tajín und Cholula durch Zeremonial- und Palastbezirke mit Ritual- und Verwaltungsbauten geprägt. Deutlich nahmen Befestigungsanlagen zu, welche die Städte vom Umland abgrenzten. Tempelpyramiden dienten als Kultstätten, nur in Ausnahmefällen als Gräber. Wegen der ständigen Überschwemmungsgefahr folgten sie in ihrer architektonischen Gestalt den üblichen Formen des Baus von Häusern auf erhöhten Plattformen. Die bei den Tempeln auffallenden mehreren Plattformen resultierten daraus, daß wegen der zunehmenden Drucklast Absätze zwischen diesen eingerichtet werden mußten. Auf der letzten Plattform stand jeweils ein Haus für Kulthandlungen, welches aber häufig wegen seines vergänglichen Baumaterials nicht erhalten geblieben ist.

Ein Blick von der Seitenwand des Ballspielplatzes von Chichén Itzá auf die Hauptpyramide der Stadt läßt die zentrale Position dieses später als El Castillo bezeichneten Baus erkennen (Abb. 19). Die Pyramide ist in neun Stufen angelegt. An den steilen Treppenläufen zu den Tempeleingängen sind Skulpturen von Köpfen gefiederter Schlangen angebracht, den Symbolen des dominierenden Kultes dieser Zeit. Eine gefiederte Schlange krönt auch die mit zahlreichen Reliefs versehene Seitenwand des Ballspielplatzes. Der Haupteingang des Tempels auf dem Plateau der Pyramide war ebenfalls mit solchen Schlangen geschmückt. Solche Tempel-Pyramiden wurden in unregelmäßigen Abständen, beispielsweise anläßlich eines Herrscherwechsels, ausgebessert, mit neuem Stuck und gelegentlich mit einer weiteren Plattform versehen.

18 Diese Monumentalfigur eines sterbenden Buddha aus Polonnaruva, Sri Lanka, vom frühen 11. Jh. wurde aus einem einzigen Steinblock gemeißelt.

In Tollan befand sich die große Pyramide um das Jahr 1000 im Osten eines zeremoniellen Hauptplatzes, in dessen Westen hinter dem »Schädelgerüsthaus« mit den Schädeln kultisch Geopferter der Platz für einen Ballspielkult lag. Die Pyramide mit dem Tempel des Morgensterngottes hatte in der Höhe von 10 m eine Plattform (Abb. 20). Das Dach wurde von Pfeilern mit Kriegerdarstellungen und vier »Atlanten«-Figuren getragen. Vorgelagert war eine von mehreren Säulenhallen der Stadt, bestehend aus drei Reihen von je 14 Pfeilern mit hölzernem Kern, ummantelt von Bruchsteinmauerwerk. Insbesondere diese toltekischen Hallen stellten ein Novum mesoamerikanischer Architektur dar. Reliefs an den Säulen legen den Schluß nahe, daß in solchen Hallen Krieger die kultischen Zeremonien verfolgten, während das einfache Volk sich auf dem großen offenen Platz von Tollan versammelte. Abseits von Tempeln und Palästen erstreckten sich Häuser der städtischen Untertanen aus Holz oder Flechtwerk mit Lehmbewurf über eine beträchtliche Fläche.

Im subsaharischen Afrika sind die Überreste von 16 000 km langen Wällen im heutigen Ibo-Gebiet des südlichen Nigeria bemerkenswert. Wie die Stadtmauern um die Städte des Niger-Binnendeltas dürften sie sowohl zum Schutz vor Überschwemmungen als auch zur Kontrolle des Zuganges zu profitablen städtischen Märkten gedient haben. Erwähnenswert ist auch das ebenfalls im Nigerdelta gelegene Königreich von Benin (Abb. 21).

Andere Siedlungen waren als große Zeltstädte oder wie Kanem in der Tschadsee-Region unter Verwendung von Gras gebaut. Die Königsstadt des alten westafrikanischen Reiches Ghana ist bis heute nicht gefunden. Sie

19 Ein Blick auf die Hauptpyramide von Chichén Itzá, Yucatan, läßt die zentrale Position dieses später als »El Castillo« bezeichneten Baus erkennen. An den Treppen zu den Tempeleingängen befinden sich Skulpturen der Köpfe von gefiederten Schlangen. Als verbreitetes Kultsymbol schmückt eine solche Schlange auch die im Vordergund befindliche Seitenwand des großen Ballspielplatzes. Die Pyramide hat eine Höhe von 30 m und eine Seitenlänge von 55 m.

20 Dem Tempel des Morgensterngottes in Tollan, Hidalgo, war eine Säulenhalle vorgelagert. Solche toltekischen Hallen aus Pfeilern mit einem hölzernen Kern und einem Mantel aus Bruchsteinwerk markierten eine wesentliche Neuerung in der mesoamerikanischen Architektur. Während die Krieger die Zeremonien in den Hallen verfolgten, versammelte sich das einfache Volk auf dem großen Platz vor dem Tempel.

21 Es bleibt noch umstritten, ob es sich bei dieser in Gelbguß gearbeiteten Metallfigur aus Benin um einen Priester, Boten oder Hofbeamten handelt.

22 Die sogenannte Bernwardmauer wurde vom Bischof Bernward in Hildesheim um das Jahr 1000 errichtet. Mit einer Höhe von ca. 6 m und einer Breite der Fundamente zwischen 2,0 und 2,5 m erstreckte sich die Mauer über 850 m und besaß zwei Tore, durch welche die Fernstraße zwischen dem Rheinland und dem Harz sowie Magdeburg lief.

soll um das Jahr 1000 bereits in eine Stadt des Königs und eine Stadt der Händler zweigeteilt gewesen sein und wie einige andere subsaharische Städte einfache Moscheen besessen haben. Große Lücken bestehen gleichfalls bei der Erforschung anderer Zentren afrikanischer Urbanisierung etwa im Gebiet des Unteren Kongo oder in der Region um den Viktoria-See. Die Hauptstadt des Reiches Kongo, die europäische Reisende im 16. Jahrhundert als riesig schilderten, ist ebenfalls noch nicht lokalisiert worden.

Hinsichtlich weiter Teile des nordalpinen Europas bleiben unsere Kenntnisse zu städtischen Siedlungen dieser Zeit bis heute zum Teil vage. Denn oftmals ist nicht eindeutig festzustellen, ob es sich bei den zahlreichen mit Wall und Gräben befestigten Siedlungsplätzen um Fluchtburgen, frühstädtische Dauersiedlungen oder Adelssitze mit Gewerbebezirken handelte. Anders war es in einigen Bischofssitzen, wo sich an der Wende zum 11. Jahrhundert bereits die enge Verbindung zwischen Königsmacht und Bischöfen niederschlug, die für viele Städte in der Folgezeit prägend sein sollte. Auch als Bauherren von Befestigungsanlagen machten sich Bischöfe einen Namen. So existieren in Hildesheim aus der Zeit um das Jahr 1000 Reste einer Mauer um den Domhügel (Abb. 22), die sogenannte Bernwardmauer. Durch deren zwei Tore verlief eine Fernstraße zwischen dem Rheinland und dem Harz sowie Magdeburg. Bauleute vermauerten hier große Sand- und Kalksteinquader mit fettem Kalkmörtel.

In Worms konnte der mit Kaiser Heinrich II. verbundene Bischof Burchard über den befestigten Haupthof eines herzoglichen Grundherren in der Stadt triumphieren. Als Bischof Burchard im Jahre 1000 in das verwüstete Worms kam, die Stadtmauern wieder aufbaute und ins Umland geflohene Städter zur Umkehr bewegte, besaßen Herzog Otto und sein Sohn Konrad in der Stadt eine stark befestigte Burg, die Räubern und Opponenten des Bischofs als Unterschlupf diente. Bischof Burchard klagte nun beim Bayernherzog Heinrich, dessen Wahl zum Kaiser er unterstützt hatte, mit Erfolg »die Freiheit der Stadt«, d. h. die bischöfliche Stadtherrschaft, ein: »An demselben Tag also, da der Herzog aus der Burg auszog, drang der Bischof mit zahlreichem Gefolge in das Haus vor den Augen des Herzogs ein, und mit gieriger Hand zerstörte er es radikal bis auf die Grundmauern. Hernach aber errichtete er aus demselben Bauholz und denselben Steinen eine Klosterkirche mit Kreuzgang zu Ehren des heiligen Paulus, die er mit der Inschrift ›eine Kirche wegen der Stadtfreiheit‹ bezeichnete.«[4]

4. Städte in ihrem Umland

Für alle größeren städtischen Siedlungen, gleich ob sie in zentralisierten Staaten, königlichen Reichen oder fürstlichen und grundherrschaftlich organisierten Territorien lagen, hatten die Beziehungen zu ihrem agrarischen Umland lebenswichtige Bedeutung. Das betraf sowohl die Versorgung mit Nahrungsmitteln und Rohstoffen als auch den Zufluß von Steuern und Abgaben. Dort, wo die staatliche Obrigkeit vor allem von Städten aus agierte, war das Gefälle zwischen Stadt und Land besonders ausgeprägt. Das Verhältnis der Städte zum flachen Land besaß in diesen Reichen stark »ausbeuterischen« Charakter, weil Agrarprodukte zumeist in Form von Natural- und Zinsabgaben, als Bodensteuer oder Pachtabführungen in die Städte gelangten und damit die bäuerlichen Produzenten aus der Vermarktung der Abgaben keinen Nutzen ziehen konnten. Allerdings wurde bereits in den islamischen Regionen, in China, Japan und Indien ein Teil der agrarischen Abführungen in größerem Umfange staatlich oder privat vermarktet.

Vor allem in den städtereichsten Regionen Chinas und der islamischen Gebiete sowie in Konstantinopel hatten die herrschenden Eliten ihren Wohnsitz in den Städten. Trotzdem blieb hier ebenso wie in den anderen europäischen, indischen oder zentralamerikanischen Regionen aristokratische Macht und Wirtschaftskraft weiterhin an Grundeigentum und die Verfügung über dessen Erträge gebunden. Ein Großteil der Naturalabgaben diente nach wie vor direkt dem aristokratischen Konsum.

Städte waren zur Sicherung der Versorgung ihrer Bewohner oft von ausgedehnten Ackerlandgürteln umgeben oder in Flußtälern bzw. am Meer gelegen. Bei den schwierigen und oft unsicheren Landverbindungen erwies sich die ständige Versorgung von großen Städten auf dem Wasserwege als vorrangig. Bereits im 7. Jahrhundert hatten Millionen von Zwangsarbeitern in China den Bian-Kanal ausgehoben, der an der Wende zum 11. Jahrhundert mit einer Länge von ca. 400 km für den Transport nach Kaifeng die Lebensader der chinesischen Metropole darstellte. Auch Städte wie Bagdad, Mosul, Basra, Kairo, Konstantinopel, Córdoba, Regensburg, Köln, Gent, London, Paris verdankten ihre exponierte Stellung nicht zuletzt der Lage an schiffbaren Fluß- und Kanalverbindungen oder am Meer.

Die schematisierte Karte des mittleren und nördlichen Mesopotamien, der Dschazira (Abb. 23), aus einem Werk des Geographen al-Istachri (10. Jahrhundert) verzeichnet die enge Verbindung von Wasserläufen mit städtischen Siedlungen. Wie bei arabischen Geographen üblich, liegt der Süden oben, der Norden unten. Links ist der Tigris mit seinen Nebenflüssen zu erkennen, zu seinen beiden Seiten im oberen Drittel die Ost- und die Westseite der Kalifenmetropole Bagdad. Ein Halbkreis am Tigris in der unteren Hälfte markiert die Stadt Mosul. Auf der rechten Seite der Karte sind der Euphrat mit seinen Nebenflüssen und in der Gegend von Bagdad die wichtigen schiffbaren Kanäle zwischen Euphrat und Tigris eingetragen. Auch an all diesen Gewässern lagen zahlreiche Ortschaften.

[4] Vita Burchardi episcopi c.6-9, MGH SS 4, S.837 [Anfang des 11. Jh.], zitiert nach: Leben im Mittelalter, S. 197.

23 Diese schematisierte Karte des mittleren und nördlichen Mesopotamien, der Dschazira, aus dem »Buch der Wege und Länder« von al-Istachri (10. Jh.) zeigt die enge Verbindung von Wasserläufen und städtischen Siedlungen. Wie bei arabischen Karten üblich, sind Norden und Süden vertauscht. Links sind der Tigris und rechts der Euphrat mit seinen Nebenflüssen sowie die schiffbaren Kanäle zwischen den beiden Flüssen dargestellt. Im oberen Drittel der Karte ist an den beiden Seiten des Tigris die Kalifenmetropole Bagdad markiert.

Gleichzeitig konnten sich Städte aus umliegenden fruchtbaren Ackerlandgürteln versorgen, wie die Oasenstädte Samarkand, Buchara, Nischapur, Tus, Damaskus, die zahlreichen von Gärten umgebenen Städte des islamischen Spaniens oder die von ausgedehnten Reisfeldern flankierte Hauptstadt von Sri Lanka, Anuradhapura. Das gleiche traf auf mesoamerikanische Städte zu, und ertragreiche Ländereien lagen auch um das chinesische Kaifeng. Die Hauptstadt des subsaharischen Niger-Binnendeltas Jenné lag am Rand von fruchtbaren Reisanbaugebieten, besaß landwirtschaftliches Hinterland für Viehweiden und hatte darüber hinaus Zugang zu Fischfanggewässern.
Die Situation der Städte blieb allerdings insofern immer prekär, als Naturkatastrophen, Mißernten, Nahrungsmittelspekulationen und permanente militärische Fehden im Umlande diese Siedlungen wegen ihrer relativ hohen Bevölkerungskonzentration besonders empfindlich trafen. Deshalb fanden Herrscher, die sich um die Bewahrung der agrarischen Nutzfläche kümmerten, wie der Buyiden-Emir Adud al-Daula (reg. 949-983) in Schiraz und Bagdad, hohes Lob: »Als Adud al-Daula in Bagdad einzog, hatte sich in der Stadt und im fruchtbaren Umland des Sawad Verödung breitgemacht, denn die Flußdämme waren gebrochen. Er kam über die Leute und griff sich 800 Mann unter ihnen. Dann ließ er den Damm von Sahliya und den Judendamm schließen. Den Reichen befahl er, ihre Kaimauern wiederaufzubauen und an jeder verödeten Stelle, die keinen Besitzer mehr hatte, Pflanzen anzubauen. Er selbst pflanzte den Zahir-Garten an, wo vorher der Palast von Abu Ali Ibn Muqla gestanden hatte, der aber zu einem Ruinenhügel geworden war.«[5]

In den kleineren städtischen Siedlungen existierten weltweit agrarische, gewerbliche und händlerische Tätigkeiten nebeneinander (Abb. 24). Überall hatten auf freien städtischen Flächen Kräuter- und Gemüsegärten, Klein- und teils sogar Großtierhaltung ihren Platz. Weil sich auf dem indischen Subkontinent die neuen hinduistischen Tempelstädte überregionaler und überdynastischer Bedeutung im wesentlichen auf kultische Dienstleistungen konzentrierten, besaßen ihre Kontakte zum flachen Land besonderen Wert. Große Scharen ländlicher Pilger trugen mit ihren Stiftungen und Geschenken zu einem erheblichen Teil des städtischen Unterhalts bei.

5. Staatliche Autoritäten und Stadt

Hauptsächliche Charakteristika großer Städte waren an der Wende zum 11. Jahrhundert die Präsenz staatlicher und religiöser Obrigkeit in

24 Eine Miniatur aus dem Codex Casinensis (frühes 11. Jh.) demonstriert einfache Formen lokalen städtischen Handels.

ihren Mauern sowie eine beträchtliche Entfaltung von Handwerk und Handel. Jedoch zeigte sich in den verschiedenen Kulturregionen, daß die Beziehungen zwischen staatlichen Autoritäten und städtischer Wirtschaft erhebliche Unterschiede aufweisen. Die jeweilige Ausprägung dieser Beziehungen beeinflußte das Verhältnis zwischen Herrschern und Untertanen, die Verbindungen zwischen Städten und damit letztlich auch die Entwicklung von Religion, Bildung und Kultur.

Vor allem in den zentralisierten Staaten lenkten, wie bereits erwähnt, die politischen Autoritäten ländliche Abgaben und Steuern in die Städte, in denen die »Eliten« zumeist selbst ihren Wohnsitz nahmen. Staatliche Politik und Ämter bestimmten dort weitgehend die Administration und die städtischen wirtschaftlichen Rahmenbedingungen. Allerdings schloß beispielsweise in den Städten des subsaharischen Niger-Binnendeltas ein kooperatives Miteinander unterschiedlicher Bevölkerungsgruppen starken Widerstand gegen jegliche Bemühungen zentralisierter Kontrolle ein.

Am stärksten ausgeprägt war die staatliche Einflußnahme offenbar in China. In allen chinesischen Provinzen fungierten Städte als Verwaltungssitze kaiserlicher Regierungsbeamter. Hierher wurden die staatlichen Steuereinnahmen gebracht, und zwar seit der Tang-Zeit als einfache, ungemusterte »Steuerseide«, dazu Getreide, in der Song-Zeit jedoch schon zunehmend Geldmünzen. Die Sicherung dieser Steuerleistungen beruhte jetzt auf stabilen Transportmöglichkeiten zwischen den weit voneinander entfernten Reichsgebieten, auf schlagkräftiger militärischer Kontrolle und einer weitgehend effizienten Bürokratie in den

[5] Der Gelehrte und Prediger Ibn al-Ǧauzī [gest. 1201], zitiert nach: Die Blütezeit der islamischen Welt, S. 64.

25 Das rekonstruierte Mausoleum des Samaniden-Emirs Isma'il in Buchara vom Anfang des 10. Jh. läßt in seiner Ziegelbauweise und dem Rastermuster der Fassaden orientalisch-bauhandwerkliche Traditionen erkennen, die aus vorislamischen Zeiten bis in das 17. Jh. reichten.

städtischen Zentren. Einem besonderen Amt für den Aufkauf von Waren beim Kaiserlichen Schatzamt in der Hauptstadt Kaifeng oblag es, Produkte zu staatlich fixierten Preisen zu erwerben und damit die städtische Versorgung stabil zu halten. Damit verlagerten sich die ländlichen Märkte kontinuierlich in die größeren Städte.

In die japanische Hauptstadt Kyôto gelangten die bäuerlichen Steuern und Abgaben aus den Grundbesitzungen der Fujiwara-Dynastie in Naturalform. Warencharakter nahmen hier agrarische Produkte kaum an. Noch deutlicher war die staatliche Zentralisierung von Macht und Reichtum in der koreanischen Hauptstadt Kaesŏng. Nicht nur die agrarischen Steuern, sondern auch die Abgaben von Bauern an die in der Hauptstadt residierenden Bodenbesitzer wurden hier konzentriert und vertieften den wirtschaftlichen Abstand zwischen Hauptstadt und ländlichen Gebieten.

Zwar erlebten die islamischen Regionen von Mittelasien bis Spanien im 10. Jahrhundert die endgültige Auflösung der politisch-staatlichen Kontrolle seitens der Abbasidenkalifen von Bagdad, bei der Herausbildung zahlreicher, de facto unabhängiger Territorialstaaten blieben jedoch staatliche Funktionen in vielen großen Städten bewahrt. Regionale Hauptstädte als Sitze von Emiren, ihres Militärs und ihrer Administration oder Provinzstädte mit Verwaltungsämtern für das Hinterland führten nunmehr die Traditionen zentraler Kontrolle fort. Solche regionale Herrschermacht spiegelte sich nicht zuletzt in Monumenten der Architektur wider. Schon zu Beginn des 10. Jahrhunderts ist in Buchara das Mausoleum des Samaniden-Emirs Isma'il gebaut worden (Abb. 25). Die dort angewandte Ziegelbauweise entspricht orientalischen Traditionen aus vorislamischen Zeiten, in späteren Jahrhunderten griffen indische Moghulherrscher sie auf. Vor allem die Rastermuster der Fassaden, die mit verschiedensten Kombinationen von ornamental verbundenen Ziegeln eindrucksvolle Hell-Dunkel-Wirkungen schaffen, zeugen von einer hohen Kunstfertigkeit der Bauhandwerker.

In die Staatskassen der islamischen Hauptstädte floß in Natural- und Geldform die Bodensteuer agrarischer Produzenten der jeweiligen Gebiete. Dazu kamen bäuerliche Abgaben und Pachtleistungen für die zumeist in den Städten lebenden großen privaten Grundbesitzer. Nichtmuslime, vor allem also Christen und Juden, hatten die Kopfsteuer, Muslime eine »Almosen-«, de facto Vermögenssteuer zu zahlen. Zusammen mit Wege- und Handelszöllen sowie Tributen und Pauschalabgaben abhängiger Gebiete verfügte somit die staatliche Obrigkeit in den großen Städten in der Regel über beträchtliche Einkünfte. Diese wurden allerdings von einem aufgeblähten bürokratischen Apparat, von dem Luxuskonsum an den Höfen und von einem immer geldhungrigen Söldner-Militär weitestgehend verschlungen.

Zentralisierte staatliche und städtische Aufgaben sowie ein zunehmender Steuerfluß in die Metropole wirkten sich im byzantinischen Konstantinopel stark auf das gesamte städtische Leben aus. Eine neue Verwaltungsstruktur seit dem 9. Jahrhundert, die Gliederung nach großen Militärbezirken, »Themen« (von *thema*, größere militärische Einheit), hatte zur Folge, daß das Gros der ländlichen Steuereinnahmen in der Hauptstadt konzentriert wurde. Damit konnte hier das überaus luxuriöse kaiserliche Hofleben ebenso gesichert werden wie die Existenz einer aufgeblähten, staatlich-kaiserlichen Bürokratie mit Zehntausenden von Beamten.

Wenngleich davon auszugehen ist, daß in mesoamerikanischen Städten ein Teil der Bevölkerung selbst noch agrarischen Tätigkeiten nachging, wurden städtische Zentren vor allem durch Tribute und Abgaben schwächerer Nachbarstädte und unterworfener Völker versorgt. Die mesoamerikanischen Gebiete dieser Zeit waren stadtstaatlich organisiert. An der Spitze einer Tributpyramide von Abgaben entsprechend eines hierarchisch-militärisch abgestuften Einflusses von Städten und Regionen standen Städte wie Tollan und Chichén Itzá. In der Tradition der Maya-Zeit bei den Tolteken fortwirkend, versorgten solche Tribute die Einwohner der städtischen Zentren, die sich nicht zuletzt deshalb an den umfangreichen, häufigen und zeitlich aufwendigen rituellen Festen beteiligen konnten.

Viele archäologisch erschlossene Monumente künden noch heute von diesen Zeremonien. Als Trägerfiguren für Altäre und Dächer fungierten in Mesoamerika zu dieser Zeit sogenannte »Atlanten«. Ein Atlant aus Chichén Itzá mit Resten einer ursprünglichen Bemalung in Rot (Abb. 26) zeigt menschliche Gesichter in den großen Ohrenscheiben. Kettenschmuck an Hals und Handgelenken, Baumwollbänder an den Beinen und der Kopfputz in Form eines Helms, wahrscheinlich aus Baumwolle und Federn, lassen eine kultische Funktion dieser Figur aus dem Jaguartempel der Stadt annehmen. Solche Atlanten wurden in toltekischer Zeit als vollplastische Figuren gehauen, die nicht mehr fest mit den darüberliegenden Platten verbunden waren.

Durch vielfältige Methoden versuchten die politischen Mächte, Einfluß auf das städtische Marktgeschehen zu nehmen. Mit Handelsmonopolen auf wichtige Waren zog der chinesische Staat einen Großteil des Handelserlöses an sich. Salz-, Eisen- und Überseehandelsmonopole dienten diesem Zwecke ebenso wie Monopolaufkaufsämter für Tee und Alkohol. Wichtig für den Einfluß des Staates auf die Wirtschaftstätigkeit war auch die Entwicklung im Geldwesen. Das staatliche Münzamt ließ gerade in der Zeit um 1000 bisher unbekannte

26 Ein Beispiel der berühmten Trägerfiguren für Altäre und Dächer in Mesoamerika ist dieser Atlant aus Chichén Itzá, Yucatan. Die Figur stammt aus dem Jaguartempel der Stadt. Ihr reicher Schmuck und Putz verweisen auf eine kultische Funktion des Atlanten.

Mengen Kupfer zu Münzen gießen. Es gelang, eine einheitliche nationale Währung zu festigen, was der Geldwirtschaft weitere Impulse verlieh. Auch auf diesem Gebiet erwies sich China um ein weiteres Mal als »modernste« Kultur der Epoche um 1000. Nicht immer war staatlichen Regulierungsbemühungen dauerhafter Erfolg beschieden. Im China der Tang-Zeit hatte es ein striktes Marktregiment gegeben, in dem die Preise vollständig von einem staatlichen Marktdirektor überwacht wurden. Städtische Händler begannen jedoch zusehends, zu niedrigen Preisen die Ernteerträge von Bauern aufzukaufen.

Staatliche Eingriffe konnten sehr wohl auch segensreiche Wirkung haben, wie eine Neuerung aus der Regierungsperiode des chinesischen Song-Kaisers Taizong (reg. 976-997) zeigt. Ma Yuanfeng als Verwaltungsassistent einer »Drei-Ämter-Finanzkommission« unterbreitete den Vorschlag, im Frühjahr, wenn das Volk zwischen den Ernten Hunger litt, aus der Staatskasse Darlehen gegen die Verpflichtung zu geben, daß die Bevölkerung im Sommer oder Herbst den Gegenwert in Seidenstoffen an die Regierung zurückzahlte. Man nannte das auch *yumai*, Kauf von Seidenstoff auf Vorschuß.[6] Der Staat erhielt dadurch die benötigten Seidenstoffe minderer Qualität für die Armee und die Beamtenbesoldung. Diese Neuerung scheint in der Tendenz einige, hier vom Staat gelenkte Elemente des späteren europäischen privaten Verlagswesens vorweggenommen zu haben, endete allerdings im 12. Jahrhundert wegen seines Mißbrauchs durch lokale Beamte.

Stabilität der Versorgung blieb also in China eine Aufgabe staatlicher Verwaltung. Dafür bestand eine besondere Behörde beim Kaiserlichen Schatzamt in Kaifeng, die Speicher unterhielt und Preisregulierungen durchsetzen sollte. Auch importierte Güter unterlagen in chinesischen Städten starker staatlicher Kontrolle. Seit 976 wurde in der Hauptstadt ein Monopolaustauschbüro etabliert, das dafür zu sorgen hatte, daß »Kräuter, Gewürze, Heilmittel und wertvolle Produkte, die über die Häfen von Kanton, Jiaozhi, Quanzhou und Mingzhou (nach China verschifft worden waren), nicht privat gehandelt werden, wenn sie nicht den offiziellen Speichern entnommen waren«[7].

In den Hauptstädten islamischer Staaten war eine gewisse Zweiteilung zwischen staatlichen und städtischen Aufgaben zu beobachten, die allerdings – bis auf wenige Zeiten des politischen Chaos – letztlich von den staatlichen Obrigkeiten dominiert blieb. Die Kalifen und Fürsten unterhielten in den großen Städten ihre Höfe, das Söldner-Militär und eine Reihe von Behörden *(diwan)* der zentralen Verwaltung. Zahl und Aufgaben dieser Behörden schwankten, signifikant waren immer diejenigen für die Armee, die Bodensteuer und die Staatskorrespondenz. Es kann als symptomatisch für eine vorrangig militärisch ausgerichtete Dynastie gelten, daß die iranischen Buyiden in Bagdad seit 945 nur noch eine zivile Behörde der Finanzen behielten und alle anderen Ämter der zivilen Kontrolle entzogen.

Nahtstellen zwischen staatlichen Autoritäten und städtischer Gesellschaft boten Gerichtsbarkeit, Marktaufsicht und Polizei. Im Islam existierte kein gesondertes städtisches Recht, und der Richter, Kadi, hatte für alle Muslime gleichermaßen zu entscheiden, er besaß einen gewissen Spielraum gegenüber der Staatsgewalt. Zwar vom Herrscher ernannt, waren die Richter aus dem Kreise von Religions- und Rechtsgelehrten an die juristischen Normen ihrer jeweiligen Rechtsschulen gebunden. Nicht selten lehnten Kadis aus religiösen Gründen ein staatliches Gehalt ab. Ihre Kompetenz blieb allerdings vorwiegend auf Fälle von Zivil- und Familienrecht beschränkt. Wichtige Entscheidungen der Steuer- und Finanzpolitik traf der Herrscher, der zugleich eine Art Appellationsgerichtsbarkeit kontrollierte. Jüdische und christliche Gemeinschaf-

---

[6] Der Gelehrte Fan Zhen [gest. 1087] in: Lewin, Gewerbe, S. 21.
[7] Dokumentensammlung von Xu Song [1781-1848] zur Song-Zeit, Song huiyao jigao 44/1b.

ten in den Städten besaßen eine innere rechtliche Autonomie. Wenn in einen Streit aber ein Muslim involviert war, mußte der Fall vor den Kadi.

Gleichermaßen staatlichen wie städtischen Charakter trug die Funktion des Marktaufsehers. Byzantinische Traditionen in islamischem Gewande fortführend, war dieser Staatsbeauftragte nicht nur für die Kontrolle eines ordnungsgemäßen Geschäftsverlaufes auf den Märkten verantwortlich, sondern hatte gleichzeitig die Bewahrung öffentlicher Moral und islamischer Sitten zur Aufgabe. Sein Spielraum hing in höherem Maße als der des Kadis von der jeweiligen Stärke staatlicher Autorität in den Städten ab. Wohnquartiere konnten eine gewisse Organisationsform städtischer Untertanen darstellen. Ihre Anführer, Scheichs, waren hier für die Ordnung und des öfteren für die Einziehung der Steuern verantwortlich. Zusammen mit anderen Notabeln, Religions- und Rechtsgelehrten, gelegentlich sogar einem zivilen Repräsentanten der gesamten Stadt, suchten sie zwischen Untertanen und Obrigkeit zu vermitteln.

Als Bindeglied zwischen staatlicher und städtischer Organisation fungierte in Konstantinopel ein vom Staat bestallter Stadtpräfekt, *Eparch*, welcher wichtige Aufgaben bei der Organisation von Handwerk und Handel ausübte. Gleichzeitig nahm dieser Eparch mit einem umfangreichen Stab von Mitarbeitern richterliche Aufgaben wahr, ihm unterstand der gesamte Polizeiapparat der Metropole, was letztlich auch seine Kontrollmöglichkeiten über Wirtschaft und Handel verstärkte. Eine staatliche Handels- und Warensteuer von 10 Prozent wurde an allen byzantinischen Handelsplätzen erhoben.

In Europa außerhalb von Byzanz begannen sich an der Wende zum 11. Jahrhundert Staaten erst herauszubilden. Die Amtsträger der Kirche nahmen in den Bischofsstädten politische, juristische und administrative Aufgaben weltlicher Herrschaft wahr. Markt-, Münz- und Zollrechte wurden ihnen übertragen, im Jahre 967 erhielt beispielsweise der Bischof von Dijon von König Lothar solche Rechte. Zollprivilegien verlangten überall den Schutz auswärtiger Händler. Nur selten konnte sich dabei der Königshof einschalten, wie in Pavia, wo Händler von jenseits der Alpen im 10. Jahrhundert an diesen ein Zehntel des Warenwertes als Zoll zu zahlen hatten.

Ansätze einer stärker eigenständigen städtischen Verwaltung waren allerdings bereits in solchen oberitalienischen Städten wie Genua, Mailand und Venedig zu konstatieren. Und selbst für Städte nördlich der Alpen sind steuerliche Erleichterungen durch den Stadtherren für Kaufleute belegt. Beispielsweise erhielten Kaufleute, die aus Groß-Jena im Jahre 1033

27 a, b, c Einen Ausschnitt aus dem Handwerksspektrum frühstädtischer europäischer Siedlungen bieten Miniaturen, die der Abt Theobald des berühmten Klosters von Montecassino im frühen 11. Jh. anfertigen ließ. Ein Metzger (linke Seite) schlachtet ein Zicklein, Zimmerleute und Schmiede sind bei der Arbeit. Die rechte Szene zeigt Weberinnen in einem Frauengemach.

[8] MGH DD. K. II Nr. 194, Elenchus 1, S. 63 Nr. 36, zitiert nach: Leben im Mittelalter, S. 189.

nach Naumburg übergesiedelt waren, bischöfliche Privilegien. Diese beinhalteten den völligen Verzicht auf jede Zinspflicht sowie die Freizügigkeit ihres Besitzes. Bischof Kadolah erklärte, daß er »den Kaufleuten von (Groß-) Jena wegen der freiwilligen Zusage, das Ihre zu verlassen und hierher zu ziehen, dies als Gabe bewilligt habe, daß jeder die Zäune mit Grundstücken, die er bewohnt, zu ewigem Recht zinsfrei besitzen und die Erlaubnis haben soll, damit (wenn er etwa abzieht) zu machen, was er will«[8].

6. Handwerk und Handwerker

Intensive wirtschaftliche Aktivitäten prägten das Leben vor allem in jenen Städten, wo sich ausgedehnte überregionale Handelsbeziehungen mit zahlreichen spezialisierten Handwerken verbanden. Der Markt solcher Städte stand unter dem Einfluß von Eliten und Begüterten, für die Repräsentation und Prestigekonsum auch eine soziale Notwendigkeit darstellten. Ebenfalls stimulierend wirkte die Bautätigkeit religiöser und staatlicher Autoritäten. Dabei ist jedoch wiederum nicht aus dem Auge zu verlieren, daß überall auf der Welt zur gleichen Zeit auf dem Lande und in den kleineren städtischen Siedlungen ein einfaches und wenig spezialisiertes Handwerk fortbestand.

Im frühen 11. Jahrhundert veranlaßte der Abt Theobald des berühmten Klosters von Montecassino die Bebilderung des enzyklopädischen Traktates aus dem 9. Jahrhundert »Über die natürliche Beschaffenheit der Dinge« aus der Feder des Mainzer Bischofs Hrabanus Maurus. Nunmehr bot diese Aufbereitung antiker und frühmittelalterlicher Wissenstradition auch anschauliche Illustrationen zum städtischen Handwerk um das Jahr 1000 (Abb. 27, vgl. auch Abb. 1 und 24).

Städtisches Handwerk konnte staatlich oder privat organisiert sein, viele größere Städte kannten ein Nebeneinander beider Formen. In chinesischen Städten wurden Handwerker durch Arbeitsverpflichtungen vom Staat gegen Lohn beschäftigt. Eine große Zahl von Tagelöhnern für Bau- und Reparaturarbeiten boten in Kaifeng jeden Morgen auf Märkten und Brücken ihre Dienste an. Die Herstellung all dessen, was der Versorgung des kaiserlichen Hofes diente, stand unter strenger staatlicher Aufsicht. Diese erstreckte sich gleichermaßen auf private Unternehmen des Metallgewerbes, die im Rahmen des staatlichen Monopols Aufträge erhielten.

Die Entwicklung eines Luxuskonsums verlief nicht gleichförmig, sondern war, damals wie heute, Moden und Konjunkturen unterworfen. In China etwa hatte die Neubelebung neokonfuzianischer Ideale, die sich gegen Zurschaustellung von Gold und Silber richteten, negative Auswirkungen für die privaten Werkstätten der Gold- und Silberschmiede. Nunmehr fanden Keramik und Porzellan stärkere Verbreitung. Zahlreiche Handwerker fertigten Keramikschalen aus Ton und nutzten die gleichmäßige Oberfläche als Untergrund für eine farblose Glasur. Auf diesem Untergrund schufen sie zart graugrün glasiertes Steinzeug mit feiner, stilisierter Blumen- und Rankengravur, das »Nördliche Seladon« (Abb. 28). Die Seladon-Waren in der koreanischen Metropole Kaesŏng weisen sogar eine höhere Qualität als ihre chinesischen Vorbilder auf.

Seit Kupfer sich als Zahlungsäquivalent ausbreitete, obwohl für größere Summen und im Fernhandel auch Silber und teilweise Gold verwendet wurde, sahen sich die Song-Kaiser des öfteren zu Edikten gegen die private Fertigung von Gold-, Silber- und Kupfergegenständen und zu Ablieferungsverpflichtungen von Klöstern, Tempeln und der Bevölkerung an die Behörden veranlaßt. Dennoch blieb den Damen der Oberschicht feinster Gold- und Silberschmuck erhalten. Großes Geschick offenbarten ebenfalls kunsthandwerkliche Lackarbeiten aus kleineren privaten Werkstätten. Hier perfektionierten Meister Dekortechniken mit Einritzung von Bildern, z. T. mit Blattgold, in die meist schwarzen oder roten Lackoberflächen. Aus dem Saft des Lackbaums gewonnen, diente der Lack mit seiner außergewöhnlichen Haltbarkeit zugleich für die Fertigung von Küchenutensilien, Möbeln, Wandschirmen, Hauben, Schuhen und Waffenzubehör.

Im chinesischen Keramikgewerbe fertigten Handwerker vor allem in den Städten der südöstlichen Küstenprovinzen dekoriertes Porzellan auch für den Export. Zeitgenössische chinesische Quellen unterschieden schon zwischen Arbeitern, Handwerkern, Tonarbeitern und Töpfermeistern. Am bekanntesten

28 Zart graugrüne Glasur mit fein stilisierter Blumen- und Rankengravur war Kennzeichen der »Nördlichen Seladon«-Keramik. Diese Keramikschale stammt wohl aus dem 11./12. Jh., hat einen Durchmesser von 11 cm und war Ausdruck einer Neubelebung neokonfuzianischer Ideale.

29 Feinstes lichtdurchlässiges Porzellan war das Produkt spezialisierten chinesischen Handwerks. Leicht grünlichblau glasiert, stellt diese Nackenstütze eine Grabbeigabe aus dem Jahr 943 dar. Nur 13,6 cm hoch und 22,9 cm lang läßt sie zugleich einige Elemente des chinesischen Ahnenkultes erkennen.

30 Wie feinste Seidenwirkereien von chinesischen Künstlern mit Tusche und Farben bemalt wurden, zeigt dieses Seidenbanner des 10. Jh. aus Dunhuang. Interessant ist hier auch die frühe Darstellung einer Feuerlanze und einer flammenden Granate, mit denen Dämonen versuchen, den meditierenden Buddha zu stören.

waren Porzellan-Brennereien in Zhejiang, Dingzhou und Guangzhou. Das Brennen von Porzellan mit Temperaturen über 1200 Grad aus besonders reinem Kaolin, das dadurch verglast, lichtdurchlässig und wasserdicht wird, hatte in China bereits eine jahrhundertelange Tradition. Eine Nackenstütze (Abb. 29) aus einem Grab von der Mitte des 10. Jahrhunderts zeigt eine leicht grünlichblaue Glasur und ruht auf dem Fundament in Form eines Ahnentempels. Die männliche Figur vor dem halbgeöffneten linken Türflügel ist vielleicht die Person, die den Ahnen Opfer bringt.

Handwerklicher Boots- und Schiffsbau für einen immer mehr privat organisierten Wassertransport war die Basis eines großen Netzes von »Bootshaushalten«. Um das Jahr 997 sollen in China etwa 3300 Schiffe und Boote verschiedenster Typen allein für den Getreidetransport gebaut worden sein. Transportarbeiter auf Hunderten von Lastkähnen versorgten täglich Kaifeng mit Lebensmitteln, Baumaterial, Textilien, Porzellan, Salz und Luxuswaren.

Exemplarisch für Luxusbedürfnisse und -konsum der chinesischen Aristokraten und Begüterten blieb die Fertigung wertvoller, vielfarbiger Seidengewebe in kaiserlichen Manufakturen und in privaten Gewerbestätten. In der Schrift »Sammlung von Hühnerrippen« hieß es dazu: »Die Seide ist naturfarben. Man bindet die Kettfäden an den kurzen Zähnen des Holzrahmens (des Webstuhls) fest. Je nach Belieben wird mit kleinen Webschiffchen ein Muster von Blumen, Pflanzen, Tieren und Vögeln gewebt. Bevor man die Schußfäden einträgt, muß zuerst, entsprechend der jeweiligen Farbe, deren Ort im Gewebe bestimmt werden; dann nimmt man die verschieden gefärbten Seidenfäden (des Schusses) und verbindet sie mit den Kettfäden. Diese Verbindung bewirkt das Muster. (Die Muster) erscheinen, als seien sie nicht miteinander verbunden. Hält man das Gewebe gegen das

213 | IV. STÄDTE

Licht, kommt es einem wie geschnitzt vor. Daher (rührt) die Bezeichnung *kesi*, ›geschnitzte Seide‹. Für ein Stück Oberbekleidung einer Dame benötigt ein Weber beispielsweise ein Jahr bis zur Fertigstellung.«[9] Hochfeine Seidenwirkereien fanden auch als Grundlage von mit Tusche und Farben bemalten Bildrollen Verwendung. An einem Seidenbanner aus dem 10. Jahrhundert (Abb. 30) ist zugleich die frühe Darstellung einer Feuerlanze und einer flammenden Granate bemerkenswert, womit Dämonen versuchen, den meditierenden Buddha zu stören.

In mesoamerikanischen Städten nahmen bei den umfangreichen Bautätigkeiten Holzhandwerker, Steinschneider und Steinmetze einen wichtigen Platz ein. Insbesondere gewann aber die handwerkliche Bearbeitung des vulkanischen Glases Obsidian für Schneidewerkzeuge und Waffen erheblich an Umfang. Die Handwerker nutzten dazu ihre Wohnungen. Tollan kontrollierte an der Wende zum 11. Jahrhundert die große Obsidianmine von Pachuca und dominierte den zentralmexikanischen Obsidianhandel im Austausch gegen Luxuskeramik und Türkise. In dieser Stadt soll bereits ein großer Teil der Bevölkerung von der Obsidianverarbeitung gelebt haben. In geringerem Umfang haben wohl an den Höfen hochspezialisierte Handwerker gewirkt, die Luxuskeramik (Abb. 31) und Figuren für die Ausschmückung der Tempel fertigten. Dabei war für diese Zeiten die vielfältige Darstellung von gefiederten Schlangen charakteristisch. Der Kopf einer solchen Schlange (Abb. 32) von der Venus-Plattform des Großen Platzes von Chichén Itzá gehörte offenbar zu zwei Friesen, die stark bemalt den Rand einer Plattform schmückten. Außerdem stellten Federwerker bei Hofe die prächtigen Gewänder des Adels aus Vogelfedern her.

Konstantinopel beherbergte etwa 90 Handwerksberufe, Ausdruck seiner hochspezialisierten Stadtkultur. Private Handwerker besaßen zumeist kleine Werkstätten, in denen sie mit zeitweilig eingestellten Lohnarbeitern ihre Waren fertigten. Dagegen versorgten die größeren, staatlichen Manufakturen vor allem den kaiserlichen Hof, das Heer, die Kirche und einen großen Teil der Beamten. Vom großen Geschick der Kunsthandwerker zeugen bis heute Mosaike aus der Zeit um das Jahr 1000, so das berühmte Widmungsbild der Hagia Sophia (Abb. 33). In ehrfurchtsvoller Haltung bringen die byzantinischen Kaiser Konstantin und Justinian der als Beschützerin Konstantinopels thronenden Jungfrau Maria Modelle dar, Konstantin eines der Stadt mit den von ihm angelegten Befestigungsmauern, Justinian die Hagia Sophia mit ihrem charakteristischen Kuppelbau.

31 Luxuskeramik wie diese Statue stammt aus Chinkultic, Chiapas, Mexiko, die als Behälter diente; sie wurde von hochspezialisierten Handwerkern hergestellt.

32 Der Kopf einer gefiederten Schlange von der Venus-Plattform des Großen Platzes von Chichén Itzá, Yucatan belegt spezialisierte Steinmetzarbeit für kultische Symbole. Die gefiederte Schlange hatte eine Gesamtlänge von 89 cm, der abgebildete Kopf ist 39 cm hoch und 25 cm breit.

[9] Der Gelehrte Zhuang Cho [gest. 1150], zitiert nach: Kuhn, Song-Dynastie, S. 384.

33 Die Kaiser Konstantin (rechts) und Justinian (links) bringen in ehrfurchtsvoller Haltung auf diesem Mosaik in der Hagia Sophia, Istanbul, der Gottesmutter als Patronin die Modelle der Stadt Konstantinopel und der Sophienkirche dar. Dieses Widmungsbild wurde um 1000 gefertigt und belegt das besondere Geschick der Kunsthandwerker.

Größere Manufakturen existierten zur Fertigung aller Arten von Textilien, dazu von Glas, Keramik, Werkzeugen, Lampen, Leder, Parfümen und anderen Luxusgütern. Besonders für den Hof und die Kirche wurden Gold- und Emailarbeiten gefertigt. Ein kostbares Zeugnis dafür aus den Jahren 964/965 befindet sich heute im Domschatz von Limburg an der Lahn. Die aus Gold mit Zellenschmelzemail und Edelsteinen gearbeitete Lade eines Kreuzreliquiars, Staurothek (Abb. 34), soll Partikel des Kreuzes von Jesus umschließen. Mit seinen figürlichen und ornamentalen Emailbildern gelangte dieses Reliquiar als Trophäe eines deutschen Kreuzfahrers nach der Einnahme der byzantinischen Metropole im Jahre 1204 in den europäischen Westen.

Um das Jahr 1000 gab es offenbar allein in Konstantinopel Handwerksorganisationen, die als Vorläufer der späteren Zünfte gelten können. Nach Informationen des zeitgenössischen Eparchen-(Stadtpräfekten-)Buches existierten in der Stadt etwa 20 vom Staat organisierte und kontrollierte Zünfte, die sich in bestimmten Stadtvierteln konzentrierten. Das betraf Handwerker wie Juweliere, Seidenzwirner, Purpurfärber, Seidenweber, Kerzendreher, Lederhersteller und Fleischer ebenso wie Notare, Geldwechsler und Bankiers, Händler mit Seide, Leinwand, Salben, Spezereien, Fischen oder Vieh. Auch Bauhandwerker wie Marmorarbeiter, Stukkateure, Tischler, Maler und Schlosser fanden Erwähnung. Hier kontrollierte der Staat die Korporationen der Handwerker und Händler, setzte Vorsteher ein, erlegte Arbeitsleistungen auf und überwachte die Preise. Die überlieferte Form des erwähnten Eparchen-Buches mit seinen Regeln für solche Verbände läßt allerdings keine Schlüsse auf solche staatswichtigen Gewerbe wie Metall-, Waffenhandwerk und Schiffsbau zu.

Zu Handwerk und Handel in Konstantinopel seit der Wende vom 9. zum 10. Jahrhundert hieß es im Eparchen-Buch, daß die Vorsteher der Fischhändler-Innung »sich jeden Morgen in die Stadtpräfektur (begeben sollten) und melden, wie viele Thunfische in der Nacht gefangen worden sind. Der Präfekt bestimmt den Preis, zu dem sie den Stadtbewohnern verkauft werden. Wer dagegen handelt, wird ausgepeitscht, geschoren und aus der Innung gestoßen«. Bei den Fleischern wurde eine Bevorzugung des Handwerks gegenüber dem Handel deutlich: »Den Metzgern ist es nicht gestattet, in Nikomedeia oder anderen Städten auf die Händler zu warten, die von auswärts kommen, um ihre Schafherden zu verkaufen; sie sollen ihnen vielmehr bis über den Sangarios hinaus entgegenreisen, damit das Fleisch billiger zu stehen kommt. Der Gewinn soll den Schlächtern, nicht den Kaufleuten zugute kommen.«[10]

Handwerk und Gewerbe in städtischen Siedlungen des nordalpinen Europas bestanden am Ende des 10. Jahrhunderts zumeist aus kleinen Familienbetrieben, wo Eheleute, Kinder und zuweilen Gesinde in den Werkstätten der Wohnhäuser die Waren produzierten, die

[10] Zitiert nach: Leben in Byzanz, S. 113-115.

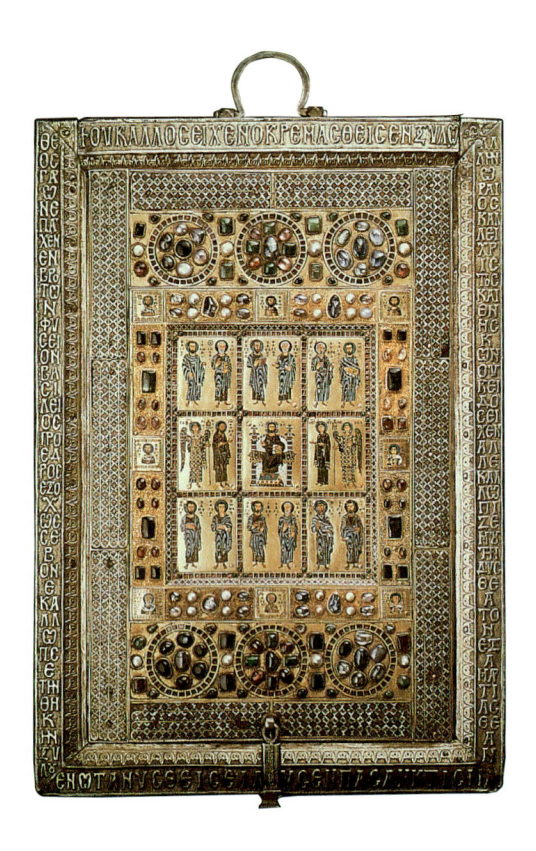

34 a, b Ein byzantinisches Reliquienbehältnis mit einem Splitter vom »wahren« Kreuz Christi enthält heute der Domschatz von Limburg. Im Jahre 964/965 aus vergoldetem Silber, Schmelzemail und Edelsteinen gefertigt, bietet es nicht nur ein theologisches Bildprogramm, sondern unterstreicht auch den hohen Rang byzantinischer Metallkunst.

sie in einem Laden an der Straßenseite verkauften. Bäcker, Fleischer, Goldschmiede, Kürschner, Schneider und Schuster waren dabei von ihren Nachbarn mehr geschätzt als etwa Schmiede mit ihrem Krach und Feuer oder Gerber mit dem gewerbetypischen Gestank. Im Zentrum der Königsherrschaft in Italien, Pavia, existierten bereits Handwerkerverbände für einige Berufe, die an byzantinische Parallelen erinnerten.

In großen Städten der islamischen Regionen unterlagen einige wichtige Handwerksprodukte einem staatlichen Monopol und wurden in dessen Werkstätten gefertigt. Das betraf vor allem die Waffenproduktion, den Schiffsbau, die Münzprägung und die Fertigung edler Stoffe, die als Luxus- und Ehrengewänder gleichzeitig eine Art Verdienstorden darstellten. Die übergroße Mehrheit städtischer Handwerker arbeitete jedoch in kleinen, privaten Werkstätten, bildete Lehrlinge aus und beschäftigte zum Teil Lohnarbeiter. Eine zunftartige Organisation bestand nicht, Handwerker traten oft zugleich als Kleinhändler ihrer Produkte auf. Einzelne islamische Städte hatten durch spezielles Rohstoffaufkommen und lange gewerbliche Traditionen ein besonderes Prestige für bestimmte Produkte des luxuriösen Konsums erworben. Seidenstoffe aus Bagdad, Damaskus und Gaza waren ebenso hochgeschätzte Waren wie feinste Baumwolltextilien aus Aleppo, aus Städten des südwestiranischen Chuzistans, des islamischen Andalus oder Siziliens. Im chorasanischen Nischapur fertigten Handwerker begehrte Textilien aus Baumwolle, Seide, Wolle und Leinen. Luxuriöse Brokatstoffe stammten aus Herrschersitzen wie Samarkand, Raiy, Bagdad, Kairo, Kairouan, Córdoba und Palermo.

In den ägyptischen Mittelmeerstädten Tinnis, Alexandria und Dabiq wurde ebenso wie in andalusischen Städten Leinen mit Seiden- und Goldfäden verfeinert. Kunstvolle Keramikarbeiten in Lüstertechnik kamen aus dem iranischen Raiy, aus ägyptischen Städten, aus der Madinat al-Zahra von Córdoba und aus dem fatimidischen Nordafrika (Abb. 35).

35 Diese Schale mit Reiter in Lüstertechnik stammt aus einem fatimidischen Palast bei Kairouan, Tunesien, und wurde im 10./11. Jh. gefertigt.

Damaszener Handwerker verarbeiteten indischen Stahl zu den bekannten Damaszener Klingen. Die Anfertigung von Gebrauchs- und Luxusgläsern hoher Qualität wurde in zahlreichen ägyptischen, syrisch-palästinensischen, irakischen und andalusischen Städten betrieben. Die Herstellung von Papier hatte sich seit der Übernahme chinesischer Kenntnisse im 8. Jahrhundert rasch von Osten nach Westen verbreitet. Im 10. Jahrhundert beteiligten sich daran Städte der syrisch-palästinensischen Region, in Kairo verdrängte nunmehr das Papier den ägyptischen Papyrus. Ebenso wie das marokkanische Fez hatte das Papiergewerbe das andalusische Jativa (Satiba) erreicht.

Aristokratische Familien im japanischen Kyôto gründeten private Werkstätten vor allem mit Metall- und Bauhandwerkern zur Ausgestaltung von Palästen und Tempeln. Staatlich blieben jedoch wohl weiterhin die Werkstätten für den Bau von Hochseeschiffen für Fahrten nach China und Korea. Generell hatten städtisches Handwerk und Handel in Japan im Vergleich etwa zu China einen bescheidenen Umfang, zumal in dieser Zeit auf dem Lande Adel, Grundherren und Tempel zunehmend darangingen, selbst abhängige Handwerker zu beschäftigen. Dagegen erwuchsen im südindischen Großreich der Colas mit ihrer Hauptstadt Tanjavur aus dem dortigen Großtempel beträchtliche wirtschaftliche Impulse. Dieser Tempel wirkte mit Mitteln aus Pilgerstiftungen als Arbeitgeber des Baugewerbes und für Herbergen, als Warenkäufer, Kunstmäzen und sogar als Bank. Inschriften aus dem Jahre 1022 bestätigen, daß der Tempel an eine Brahmanensiedlung Geld gegen Zinsen verliehen hatte.[11]

7. Handel und Wandel

Typisch für die meisten Städte an der Wende zum 11. Jahrhundert war eine enge und untrennbare Verflechtung von Handwerk und lokalem Handel. Viele Handwerker verkauften die einfachen Waren des täglichen Bedarfs direkt auf dem städtischen Markt und mußten von dem dabei erzielten, meist bescheidenen Gewinn ihr Leben fristen.

Im chinesischen Kaifeng zogen Händler und Hausierer durch die Straßen und boten Lebensmittel, Kleidung und einfachen Schmuck vor Wohnhäusern und staatlichen Gebäuden feil. Auf dauerhaften Märkten an den größeren Straßen trafen sich ständig Leute zu Kauf und Verkauf von Kleidung, Lebensmitteln, Büchern und Schmuck. Im japanischen Kyôto hatten kleine offizielle Märkte lange Zeit dem herrschenden Adel und religiösen Einrichtungen in Tempeln und Schreinen dazu gedient, einen Teil ihrer Natural-Steuereinnahmen zu verkaufen oder einzutauschen. Das änderte sich im 10. Jahrhundert, als zentrale Kontrollen abnahmen. Ein größeres Marktviertel entstand, dem sich bald stabile Ladenreihen anschlossen. Im Jahre 928 waren auf dem »Ostmarkt« schon 51, auf dem »Westmarkt« 33 Artikel zugelassen. Mehr und mehr stammten diese Waren aus privater Fertigung, weil nunmehr Handwerkerfamilien neben ihrer Arbeit für das staatliche Gewerbe zunehmend individuell für den Markt produzieren konnten. Zugleich brachte die Ausbreitung indivi-

[11] Inschriften Thanjavur Taluk Nr. 2699-2711, in: Mahalingam, Topographical List, S. 613-616.

dueller Handelstätigkeit in japanischen Verkehrsknotenpunkten, Häfen und Wallfahrtsorten nicht nur zusätzliche Waren in die Hauptstadt, sondern veranlaßte dort Familien des Hofadels sowie Tempel, unter Umgehung offizieller Märkte privat Handel zu treiben.

Daß einzelne Gewerbe in der Regel in eine soziale Hierarchie eingebunden waren, schildert ein muslimischer Rechtsgelehrter aus Bagdad, wo »auf dem Markt von al-Karch (auf der Westseite des Tigris) und auch in Bab at-Taq (auf der Ostseite) sich nicht Händler von Wohlgerüchen mit Verkäufern von Sachen, die übel riechen, Händler neuer Waren mit Trödelhändlern (vermischen). Die Angesehenen haben ihre Straßen. In der Safran-Straße in al-Karch wohnen keine Handwerker, sondern nur Stoff- und Parfümhändler, in der Sulaiman-Straße in ar-Rusafa nur Richter, beamtete Zeugen und Großkaufleute.«[12] Diese Äußerung läßt erkennen, daß in den größten Städten Waren des Fernhandels und des hochspezialisierten Luxushandwerks von solchen des einfachen Handwerks und lokalen Handels deutlich getrennt waren.

Die herausragende Stellung des städtischen Fernhandels markierte in Kaifeng eine Prachtstraße im Osten der Stadt, der «Habichtladen». Hier handelten Fernkaufleute nicht nur mit Falken, sondern auch mit Luxusgegenständen wie Perlen, Seidenballen, duftenden Kräutern, Gold und Silber. Eine Straße im Norden der chinesischen Metropole war dagegen Buden von Ärzten und Apothekern vorbehalten, wo Medizin neben Parfums, Blumen, Wein und Wohlgerüchen verkauft wurde.[13]

Aus späteren aztekischen Praktiken ist geschlußfolgert worden, daß einige mesoamerikanische Städte, darunter Tollan und Chichén Itzá, wirtschaftliche Aktivitäten als Markt- und Handelsstädte entwickelt haben, die Menschen aus den verschiedensten Provinzen anzogen. Bedarfsgüter der Elite wurden hier zu festen Preisen gehandelt. Möglicherweise entsprach solch toltekischer Handel dem, was wir aus aztekischen Zeiten kennen, d. h. er wurde nur auf Märkten, nicht in Läden oder auf Straßen praktiziert. Teile der Waren erhielt der lokale Patronatsgott als Weihegabe, Marktzins war an eine adlige Marktaufsicht zu entrichten. Als »Geld« dienten kleine weiße Baumwolltücher und mit Gold gefüllte Federkiele. Im Sinne von »Kleingeld« fanden Kakaobohnen Verwendung. Vermutlich fanden die Märkte in einem Rhythmus von fünf Tagen statt. In den Küstenhäfen dürften einheimische Händler die angelandeten Güter wie Kleidung, Schmuck, Werkzeuge, Kakao für die Elite, Salz, Mais, Obsidianprodukte und Edelsteine erworben haben, um diese anschließend in den Binnenregionen zu vertreiben.

Entgegen lange verbreiteter Ansichten, daß subsaharische Städte im Niger-Binnendelta wie Gao, Jenné oder Timbuktu nur als Endpunkte transsaharischer Fernhandelsstraßen bedeutsam und damit »Fremdelemente« waren, nehmen neuere Forschungen an, daß deren geographisch günstige Lage sie zu Wirtschafts- und Handelsknotenpunkten verschiedener Zonen wachsen ließen. Der Niger als schiffbare Nord-Süd-Achse, die Landverbindungen zu Kanem am Tschad-See, die Möglichkeiten des Handels von agrarischen und gewerblichen Produkten mit Bewohnern der angrenzenden Sahara- und Trockensavannenregionen ließen diese und andere städtische Zentren nicht nur zu wichtigen Knotenpunkten des regionalen Handels werden, sondern förderten zugleich die Spezialisierung ihrer Handwerker, insbesondere von Töpfern, Schmieden mit spezialisierter Metallverarbeitung und Webern. Eine weibliche Terrakottafigur mit gefalteten Händen aus Jenné (Abb. 36) beeindruckt in ihrer kunsthandwerklichen Präzision.

[12] Der Rechtsgelehrte Ibn 'Aqīl [gest. 1119] bei Ibn al-Ǧauzī (?), zitiert nach: Die Blütezeit der islamischen Welt, S. 43.

[13] Der Gelehrte Meng Yuanlao [schrieb in der 1. Hälfte des 12. Jh.], in: Lewin, Gewerbe, S. 56 f.

36 Die subsaharischen Städte im Niger-Binnendelta profitierten von ihrer geographisch günstigen Lage und wurden Wirtschafts- und Handelsknotenpunkte. Dies förderte u. a. die Präzision und Spezialisierung ihrer Handwerker, wie an dieser weiblichen Terrakottafigur mit gefalteten Händen aus Jenné gut zu erkennen ist.

Theoretisch nahmen Händler innerhalb der hinduistischen Statuspyramide zwischen Brahmanen/Kriegeradel und unreinen Berufen wie Lederarbeiter, Straßenkehrer, Latrinenputzer und Rattenfänger einen mittleren Platz ein. Jedoch schuf in Indien und Südostasien der anhaltende Handelszufluß von Edelmetall in die antiken Hafenstädte der Westküste wie Somnath, Sopara (Sopra), Gova (Goa), Saymur (Bombay) beträchtliche wirtschaftliche Möglichkeiten. Vielleicht haben reiche Kaufleute auch zum Bau eines fürstlichen Hoftempels in der nordindischen Stadt Gwalior, des »Tempels des Ölhändlers« (Teli-ka-Mandir) von der Mitte des 11. Jahrhunderts mit Stiftungen beigetragen (Abb. 37). Der Rückgriff auf ältere Bautraditionen bei der Anlage der Sonnenfenster beider Giebelfelder und die ungewöhnliche Anlehnung an die Form südindischer Tonnendächer verleihen diesem Tempel bis heute einen besonderen Reiz.

Händlergilden mit internationaler und lokaler Teilhaberschaft nutzten in verschiedenen Regionen Indiens die wirtschaftlichen Möglichkeiten. Aus Kompilationen der «Puranen» um das Jahr 1000 geht hervor, daß in großen Häfen der indischen Westküste Kaufleute eng mit königlichen Beamten, Polizei und Militär zusammenarbeiteten. Zwar dürften die königlichen Beamten die Oberaufsicht über Zölle und Abgaben der Händlergilden ausgeübt haben, diese übernahmen aber mittels ständisch organisierter Baugewerbe öffentliche Baumaßnahmen, finanzierten Tempel und betrieben die Vermarktung staatlicher Naturalsteuern. Diese Kaufleute genossen eine weitgehende Selbstverwaltung, in kleineren Städten bezahlten sie wohl selbst Militär und Polizei und stellten die lokale Autorität dar. Möglicherweise stifteten große Kaufleute auch einige Säulen des Vimala-Tempels am Berg Abu (Abb. 38). Diese Marmorsäulen sind wohl auch deshalb mit einem höchstfiligranen Dekor versehen, weil die Steinmetze wahrscheinlich entsprechend der Menge des anfallenden Marmorstaubes entlohnt wurden.

Seit Mitte des 8. Jahrhunderts hatten ihre wirtschaftlichen Aktivitäten in der Stadt Aihole auf dem zentralen Dekkan-Plateau eine Gruppe von 500 brahmanischen Händlern an die Spitze dieser «erlauchten Stadt» getragen. Ihr gildenartiger Verband schloß sich mit lokalen Kaufleuten zusammen und trat um das Jahr 1000 im südlichen Indien verstärkt dort auf, wo die Armeen der Colas siegreiche Feldzüge durchgeführt hatten. Diese Kaufmannsgilde stellte in dem neuen, expandierenden Cola-Reich eine wichtige wirtschaftliche Säule dar, und ihr Einfluß wuchs weiter, als dieses Reich nach der Eroberung von Ceylon und Mittelindien den größten Teil des Seehandels kontrollierte.

Ähnlich den Handwerkern waren in den großen islamischen Städten die Kaufleute, Händler und Finanziers vorrangig individuell tätig. Fern- und Großhändler brachten ihre Güter zu den Umschlagplätzen am Stadtrand oder in die Warenhäuser des Zentrums. Dort übernahmen Makler die Waren und versteigerten sie an Detail- und Kleinhändler. Stapelhändler zogen mit Großlagern für Alltagsgüter

37 Durch ihre wirtschaftliche Macht haben wahrscheinlich reiche Kaufleute und Händler durch Stiftungen zum Bau von Tempeln beigetragen. Der »Tempel des Ölhändlers« (Teli-ka-Mandir) in Gwalior, Madhya Pradesh, aus der Mitte des 11. Jh. ist ein solches Beispiel. Bemerkenswert ist sowohl das Fortwirken älterer Bautraditionen bei den Sonnenfenstern als auch die Verwendung südindischer Dachformen. Der Tempel ist 18 m lang, 13,50 m breit und 24 m hoch.

erhebliche Gewinne aus Ernte- und Konjunkturschwankungen. Dabei traf allerdings der gewinnbedachte kaufmännische Sinn dieser wichtigen städtischen Schicht des öfteren auf einen räuberischen Zugriff der Staatsgewalt. Kaufleute und Bankiers sahen sich ebenso wie begüterte Bürokraten häufig von Konfiskationen bedroht. Allein zwischen den Jahren 923 und 944 sollen in den irakischen und ägyptischen Regionen aus dem Vermögen von Einzelpersonen mehrfach Summen zwischen 90 000 und 7 Millionen Dinar (in einem Wert von etwa 378 kg bis 29 400 kg Gold) auch mit Foltern erpreßt worden sein.[14] Es kann deshalb nicht verwundern, wenn in einer Anekdote ein »edler Räuber« die Plünderung eines Kaufmanns mit der erpresserischen Politik der Herrschenden gegenüber Begüterten begrün-

[14] Nach verschiedenen Quellen: Ashtor, Social and Economic History, S. 142 f.

noch weniger fehlt daran, daß jemand sein Vermögen ein Jahr lang zu Eigentum gehabt hat, so daß er dann zur Zahlung der Zakat verpflichtet wäre; nun wendet der Eigentümer einen Kniff an und schenkt es seinem kleinen Sohn, fordert es dann aber zurück: dann braucht er die Zakat nicht zu zahlen, und ebenso steht es, wenn er es seinem erwachsenen Sohn schenkt, sei es, daß er das zum ersten Mal tut oder ebenso nach jedem Jahr verfährt.«[16]

Fernkaufleute gehörten oftmals zu den Finanziers in den Städten und traten als Geldverleiher auf. Dabei hatten sie sich in christlichen wie in islamischen Regionen mit religiös begründeten Verboten der Zinsnahme für Geldkapital auseinanderzusetzen. Solcherart Bedenken waren in China fremd, wo sich der Staat ebenso wie private Geldverleiher an Bargeldmangel und Kreditbedürfnissen kleiner Leute bereicherten. Staatliche Zinsnahmen bis zu 30 Prozent des Kapitals sowie private Darlehen mit bis zu 100 Prozent Zinsen mögen dabei durchaus gebräuchlich gewesen sein. In den Hafenstädten der westindischen Küste betätigten sich Kaufmannsgilden als Geldgeber für die Könige, indem sie vom Hof die eingehenden Naturalsteuern aufkauften und mit Gewinn weitervertrieben. Muslimische Kaufleute mußten sich als Finanziers in ihrer Wirtschaftspraxis mit dem koranischen Verbot der (Wucher-)Zinsnahme auseinandersetzen, das vor allem von puritanischen Rechtsgelehrten verfochten wurde. Liberalere Gelehrte lieferten ihnen aber schon seit dem 9. Jahrhundert Rechtskniffe, die finanzielle Transaktionen juristisch ermöglichten. Dabei spielten Scheinverkäufe zur Kreditgewährung auf lange Zeit eine wichtige Rolle.[17]

Daß auch Finanziers in Konstantinopel durchaus nicht immer hohen moralischen Ansprüchen entsprachen, geht aus der folgenden Festlegung im Eparchenbuch hervor: »Soll ein Bankier gewählt werden, dann muß er ehrenhafte und verläßliche Zeugen beibringen, die

38 Die von Kaufleuten und Händlern gestifteten Marmorsäulen am Vimala-Tempel vom Berg Abu, Rajasthan, aus dem frühen 11. Jh. bestechen durch ihr höchstfiligranes Dekor.

[15] Der Richter und Literat al-Tanūḥī [gest. 994], zitiert nach: At-Tanukhi, Ende gut, S. 276 f.
[16] Der Rechtsgelehrte al-Qazwīnī [gest. 1048], zitiert nach: Schacht, al-Qazwīnī, S. 13 (arab. S. 5).
[17] Der Rechtsgelehrte aš-Šaibānī [gest. 874], in: Schacht, aš-Šaibānī, S. 47 f. (arab. S. 7 f.)

dete. Sultan und Wesir, so das Argument des Räubers, preßten die Wohlhabenden aus, »und sie kommen nicht mehr aus seinem Gefängnis heraus, solange Anzeichen bestehen, daß sie noch etwas besitzen, das über Almosen hinausgeht. ... Ich habe vernommen, daß sie auch Besitzurkunden von Dörfern und Grundstücken an sich bringen, und das wirkt sich auf Frauen und Kinder aus! Vergleiche uns mit Leuten wie sie!«[15]

Auch auf reiche Fernkaufleute zielte sicher der Ratschlag eines Rechtsgelehrten ab, wie die Zahlung der alljährlichen, staatlich-islamischen »Almosen-«, de facto Vermögenssteuer (zakat) zu vermeiden sei. Al-Qazwini riet zu dem folgendem Trick: »Gesetzt, ein Tag oder

sich dafür verbürgen, daß er nicht gegen die Vorschriften verstoßen wird: er darf an keinem Goldstück oder *Miliarison* (Silbermünze, 1/12 eines Goldstückes, *Nomisma*) schaben oder es beschneiden oder sonstwie fälschen. Wenn er zeitweise anderweitig beschäftigt ist, darf er nicht seinen Sklaven an seine Stelle setzen, um die Geschäfte abzuwickeln, damit nichts falsch gemacht wird. Handelt einer dagegen, soll ihm zur Strafe die Hand abgehauen werden.«[18]

8. Stimmen zur Arbeit

Handelsgeschick und Arbeitseifer waren in den aristokratisch dominierten Gesellschaften des Jahres 1000 keine allgemein geschätzten Tugenden. Die Arbeit mit den Händen galt in der Elite als niedrig und schmutzig. Händler dagegen standen vor allem bei nicht wenigen Moralpredigern in dem Verdacht, Betrüger zu sein.

In Indien attackierten Schriften des antibrahmanischen, streng asketischen Jainismus das mit den Städten verbundene Geldverdienen als eine Quelle des Verdammenswerten. Einige muslimische Mystiker verurteilten alle Aktivitäten, die auf wirtschaftlichen Gewinn abzielten. Sie gefährdeten ihrer Ansicht nach das Verhältnis zwischen Gott und den Menschen. Vor allem in Bagdad bekannten sie sich als Antwort auf das luxuriöse Leben der oberen Kreise zum totalen Vertrauen auf Gottes Zuwendung. Sie rieten ihren Anhängern, jegliche wirtschaftliche Tätigkeit zu unterlassen. Gott allein solle man es überlassen, Nahrung, Obdach und Kleidung zu gewähren, die er gerecht unter den Gläubigen verteile.

Bei einem solchen weitverbreiteten Zeitgeist sind die wenigen überlieferten positiven Würdigungen der Arbeit um so bemerkenswerter. In Bagdad deklarierten die puritanischen Hanbaliten scharfen Widerstand gegen asketisch-ablehnende Auffassungen von Arbeit. In einem ihrer Traktate aus der Mitte des 10. Jahrhunderts mit dem bezeichnenden Titel »Die Anspornung zu Handel, Gewerbe und Arbeit und die Ablehnung desjenigen, der zur (gottvertrauenden) Passivität beim Unterlassen der Arbeit aufruft«, hieß es z. B.: »Leute, die zu Hause bleiben und darauf warten, daß Gott sie mit Nahrung versorgt, sind verachtungswürdig; der Prophet hat sich nicht in dieser Art verhalten. … Es ist besser, in einem fernen Land zu sterben, als Kapital aus dem Verkehr zu ziehen. … Du sollst die Arbeit lieben, und die Arbeit wird dich ebenfalls lieben. … Es ist besser, wenn du Holz hackst und dieses auf dem Markt verkaufst, als um Almosen zu betteln.«[19]

Die philosophische Enzyklopädie der »Lauteren Brüder« aus Basra widmete im 10. Jahrhundert der Arbeit ein ganzes Kapitel. Die Arbeit galt diesen Gelehrten deshalb als heilig, weil ein Handwerker wie Gott neue Formen aus formlosem Rohmaterial schaffe und in diesem Prozeß Intelligenz und Überlegung nutze. Bei den »Lauteren Brüdern« standen Landwirtschaft, Weben und Hausbau an der Spitze einer Hierarchie von Berufen, wenn als Kriterien die Materialien und Werkzeuge, die beanspruchten Körperteile und das öffentliche Bedürfnis zu nehmen waren. Ging es um die Würde von Berufen, priesen die »Lauteren Brüder« solche geringgeschätzten Gewerbe wie Gossenreiniger, Barbiere und Angestellte öffentlicher Bäder, weil die Gesellschaft daran den höchsten Bedarf habe. Handarbeit stellte für diese Philosophen selbst im Vergleich mit kommerziellen Aktivitäten den Gipfel menschlicher Tätigkeiten dar.[20] Auch im Christentum konnte die demütige, manuelle Arbeit als gottgefälliges Werk angesehen werden. In diesem Sinne verschrieben sich die Benediktinermönche dem »Ora et labora« – Bete und arbeite!

All diese sicher nachvollziehbaren Argumente entsprachen jedoch in keiner Weise dem tatsächlichen sozialen Prestige agrarischer, gewerblicher, händlerischer und administrativer Arbeiten jener Zeiten.

[18] Zitiert nach: Leben in Byzanz, S. 111 f.
[19] al-Ḥatt ʿalā-l-tiǧāra …, zitiert nach: Shatzmiller, Labour, S. 378.
[20] Shatzmiller, Labour, S. 379 f.

9. Ethnische Verhältnisse

In vielen größeren Städten lebten an der Wende zum 11. Jahrhundert Menschen aus unterschiedlichen Völkern und Ethnien. Es war dies das Ergebnis von Fern- und Sklavenhandel, kriegerischen Auseinandersetzungen, Bildungs- und Pilgerreisen sowie von Migrationen. Zwar gab es für diese verschiedenen Menschengruppen beispielsweise auf dem städtischen Markt und innerhalb ihrer jeweiligen religiösen Gemeinschaften einige Gemeinsamkeiten, typisch blieb jedoch ein Nebeneinanderleben.

In chinesischen Hafenstädten, im fatimidischen Kairo und in Konstantinopel bestanden an der Wende zum 11. Jahrhundert Niederlassungen und besondere Quartiere für fremde Fernhändler. Kaufleute aus dem italienischen Amalfi besaßen seit 996 in Kairo ein eigenes Kontor. Arabische, bulgarische, russische und italienische Fernhändler waren in bestimmten Vierteln Konstantinopels konzentriert. Außerdem begaben sich Ströme von Zuwanderern aus verfallenen oder an Gegner verlorenen Provinzstädten in die Metropole des Byzantinischen Reiches und vergrößerten somit deren ethnische Heterogenität.

Mesoamerikanische und indische Städte beherbergten gleichfalls verschiedene Ethnien, wobei in beiden Regionen offenbar ein fließender Übergang zwischen Ethnien, Handwerkergruppen und Ständen existierte. Der Stand der Fischer in indischen Städten stammte beispielsweise zumeist aus einer anderen Volksgruppe. Vor allem in Städten des südwestlichen Kerala wohnten Juden ebenso wie die hinduistischen Stände in eigenen Quartieren, keinen Gettos. Sie unterhielten Verwandtschaftsbeziehungen bis in den Vorderen Orient.

Angehörige nichtislamischer Religionen lebten in zahlreichen orientalischen Städten. Nach islamischem Recht besaßen sie gegen Zahlung einer speziellen Kopfsteuer als »Schutzbefohlene« innergemeindliche Freiräume. Große christliche und jüdische Gemeinschaften bestanden im islamischen Spanien ebenso wie in Bagdad und Kairo, in Damaskus und Jerusalem. Als Handwerker und Kaufleute, Bankiers, Gelehrte und Ärzte nahmen sie rege am wirtschaftlichen und kulturellen Leben teil. Am stärksten ausgeprägt zeigte sich die ethnisch-religiöse Differenzierung wohl in andalusischen Städten. Hier wohnten nebeneinander arabische und berberische Muslime, iberische Christen und Juden, dazu christliche, kulturell aber arabisierte Spanier *(Mozaraber)* und Neumuslime spanischer Herkunft *(Muladíes)*.

Sklaven bereicherten erheblich das ethnische Mosaik vieler großer Städte. Gehandelt oder im Kriege gefangen, arbeiteten sie in erster Linie im Hof- und Hausdienst. In großen Hafenstädten ebenso wie in den Palästen der chinesischen Kaiser und der Reichen wirkten Sklaven vor allem mittelasiatischer, gelegentlich afrikanischer Herkunft als Hausdiener und Konkubinen. In Konstantinopel fanden vorrangig slawische Sklaven vielfältige Verwendung, und zwar am Kaiserhof, seinen Werkstätten der Goldschmiede und Seidenweber sowie in den Haushalten der Begüterten. Neben der byzantinischen Metropole als Zentrum des Sklavenhandels wurden slawische Sklaven noch Ende des 10. Jahrhunderts auf den großen europäischen Märkten von Mainz, Verdun – zugleich eine große Kastrationsstätte für Eunuchen – und Rouen vor allem in die islamischen Regionen verkauft. Venezianer unternahmen zu diesem Zweck regelrechte Sklavenjagden in Istrien und an der dalmatinischen Küste.

Die Situation der zahlreichen Sklaven in den islamischen Städten, zumeist Turkstämmige aus Mittelasien, Slawen aus Europa und Afrikaner aus dem subsaharischen Afrika, war höchst unterschiedlich. In ihrer übergroßen Mehrheit blieben sie rechtlos und wirkten vor allem im Haus- und Palastdienst, wenngleich im Islam ihre Freilassung als religiös verdienstlich galt. Doch es gab auch Möglichkeiten des sozialen Aufstieges. Einige Sklaven von Kaufleuten konnten relativ selbständig wirtschaften, und berühmte Sklavensängerinnen sowie Sklavinnen aus verschiedenen Völkerschaften als Konkubinen erreichten bei den Hof- und Haremsintrigen nicht selten erheblichen Einfluß. Wurde die Konkubine eines freien Muslims Mutter eines Sohnes, erlangte sie schließlich selbst die Freiheit. Am augenfälligsten waren jedoch die Chancen für Sklaven-Söldner im Militär. Als Freigelassene erreichten nicht wenige Militärführer aus ihren Reihen hohe militärische Ränge und politischen Einfluß, Ende des 10. Jahrhunderts manifest in dem Aufstieg der turkstämmigen Ghaznawiden im afghanischen Ghazna.

10. Städter und Probleme der Macht

Auch die größten und wirtschaftlich reichsten Städte kannten an der Wende zum 11. Jahrhundert weder politische Eigenständigkeit noch ein spezielles, städtisches Recht. Dennoch berichten unsere Quellen von einigen bemerkenswerten politischen Aktivitäten städtischer Bevölkerung. Diese waren nach modernen Maßstäben weitestgehend informeller Natur und hatten selten gesamtstädtische Interessen zur Grundlage. Vielmehr brachten städtische Gruppen darin ihr wachsendes Selbstbewußtsein zum Ausdruck, worin die herrschenden Eliten freilich oftmals einen Bruch der gottgewollten Regeln sahen.

Städtische Notabeln, vor allem Kaufleute und Gelehrte, warfen gelegentlich ihr soziales Prestige in die Waagschale, um eigene Interessen zu befördern. Im westlichen Europa gab es vor allem im Niederrheingebiet Städte, die einen ausgedehnten Handel mit England betrieben. Ihre Kaufleute schlossen sich in Gildenvereinigungen zusammen, die der Regelung eigener Angelegenheiten dienten. Kaufleute des holländischen Tiel (Waal) nutzten ihre Fernhandelspositionen zum kaum verhohlenen Druck auf den König. Wie es im kritischen Traktat eines Mönches der Diözese Utrecht hieß, »appellierten (sie) häufig an den König, er solle sie so, wie von königlicher Gunst zu erwarten wäre, vor solchen Rechtswidrigkeiten (durch gräfliche Raubritter) beschützen. Wenn er das nicht täte, könnten weder sie zum Handeltreiben nach der Insel (Britannien) gelangen noch die Britannier zu ihnen kommen, und deswegen könnten die Zölle dem Könige nicht in der Fülle, wie es sich gehörte, zukommen.«[21]

Die Kaufleute des italienischen Cremona versuchten im Jahre 924 den am Po gelegenen Hafen an eine andere Stelle zu verlegen. Ziel dessen war, bestimmte Abgaben an den Bischof zu umgehen. Im Jahre 1030 gelang es den Einwohnern sogar, zeitweilig den Bischof zu vertreiben. In Mailand fand im Jahre 979 eine Erhebung gegen den Erzbischof statt, und in Pavia rissen die Bewohner im Jahre 1024 nach dem Tode Kaiser Heinrichs II. »mit frechem Beginnen die Mauern der Königspfalz nieder und zerstörten den Palast vollständig bis auf die letzten Grundmauern, damit in Zukunft kein König mehr auf den Gedanken kommen könne, in ihrer Stadt eine Pfalz zu errichten«[22]. Die Aufrührer mußten sich aber schließlich dem König beugen.

Wirtschaftliche Schwierigkeiten, politische Turbulenzen, Hungersnöte und andere Krisen, das waren meist die Anlässe für politische Aktivitäten, die etablierte Strukturen gefährdeten. So ergriffen städtische Notabeln von al-Fustat/Alt-Kairo in den chaotischen Zeiten von 962 bis 967 die Initiative, indem sie die neuen Fatimidenkalifen aus dem tunesischen Mahdiya aufforderten, Ägypten einzunehmen. Die Fatimiden nutzten diese Gelegenheit und brachten mit ihren Truppen auch Kamelladungen voller Gold und Lebensmittel. Nach dem Sieg traf der Fatimidenkalif al-Mu'izz im

[21] Albert von Metz [gest. nach 1021/1025], zitiert nach: Leben im Mittelalter, S. 188 f.
[22] Der Dichter und Geschichtsschreiber Wipo [Anfang des 11. Jh.], zitiert nach: Menschen im Jahr 1000, S. 71.

Mai 973 in Alexandria mit Rechtsgelehrten, religiösen Würdenträgern und Großkaufleuten aus Kairo zusammen und schenkte ihnen Reittiere und Ehrengewänder. Wenig später begleiteten sie den Kalifen der neuen, schiitischen Dynastie beim Einzug in seine seit 969 errichtete Residenzstadt Kairo.

Eine besondere Form der Widersetzlichkeit von Unterschichten in Städten des islamischen Ostens im 10. Jahrhundert bestand darin, daß junge Stadtbewohner in die Polizei und ihre Hilfskräfte eintraten und damit polizeiliche Aktivitäten gelegentlich paralysieren konnten. Im syrischen Raum entstanden zur gleichen Zeit sogar eigenständige Milizen »junger Leute«, die die Schwäche der staatlichen Organe ausnutzten. Manchmal gelang es diesen Trupps, sich an die Spitze der Städte zu stellen, wie es für die Jahre von 978 bis 983 unter einem Qassam in Damaskus gegen die ägyptischen Fatimidenkalifen überliefert ist. In den östlichen islamischen Regionen gingen »Vagabunden« und »junge Burschen« bewaffnet vor, attackierten und plünderten reiche Notabeln, wie beispielsweise im Bagdad der Jahre 945 und 972 bis 975.

Solcherart gegen staatliche Obrigkeiten gerichtete Aktionen städtischer Untertanen fanden jedoch bei muslimischen Theologen kein Verständnis. Sie sahen darin vor allem eine Gefahr für das Ideal einer einheitlichen islamischen Gemeinschaft. Sogar die im allgemeinen obrigkeitskritische Rechtsschule der Hanbaliten verurteilte Aufruhr und Bürgerkrieg. In einem verbreiteten Glaubensbekenntnis, der »Kleinen Erläuterung«, hieß es am Ende des 10. Jahrhunderts, daß »man vom Bürgerkrieg Abstand nehmen und sich seiner enthalten und nicht mit dem Schwert gegen die Imame (hier für Herrscher) aufstehen (soll), auch wenn sie ungerecht sind.« Nur »wenn es zum Ungehorsam gegenüber Gott dem Allmächtigen kommt, darf kein Geschöpf gehorsam sein«[23]. Weil aber gemeinhin als einziger Grund für den Ungehorsam gegen Gott der offene Abfall vom Islam galt, blieb selbst deutlich gewalttätig-autokratischen Herrschern dieser Vorwurf seitens der Gelehrten erspart.

11. Stadtleben zwischen Luxus und Gefahren

Wehmütig erinnerte sich in der Mitte des 13. Jahrhunderts ein byzantinischer Philosoph und Prediger an jene Zeiten, da Konstantinopel »die Königin der Städte, das Auge der Welt, das irdische Paradies«[24] gewesen sei. Ähnlich hohes Lob erfuhren andere städtische Zentren, die an der Wende zum 11. Jahrhundert oft als Symbol von Macht und raffiniertem Reichtum, von Konsum und Kommunikation, von Religion und Kunst galten. Doch die bewundernden Zeitgenossen vernachlässigten dabei nicht selten das harte und dürftige Leben der Mehrheit städtischer Bewohner. Diese lebten in einfachsten Behausungen und unter bescheidenen hygienischen Verhältnissen. Gewalt, Not, Hunger und Krankheit waren ihre ständigen Begleiter.

Nach den Worten eines berühmten arabischen Reisenden aus dem Jahre 988 war die Hauptstadt Ägyptens, Alt-Kairo, prächtiger als Bagdad und der Stolz des Islams. »Es gibt keine Metropole, die volkreicher ist; in ihr leben viele große und angesehene Männer. Sie hat staunenswerte Waren und Spezialitäten, schöne Märkte und Läden, ganz zu schweigen von den Bädern.« Wie anders sah es in den Vierteln einfacher Untertanen aus: »Die Absteigequartiere (sind) eng, es gibt viele Flöhe, die Häuser sind schmutzig und drangvoll eng, es gibt wenig Früchte, trübes Wasser, schmutzige Brunnen, unsaubere Wohnstätten, stinkende Wanzen, chronische Krätze, teures Fleisch, viele Hunde, gräßliche Flüche und wilde Sitten. Die Stadt lebt immer in der Furcht vor Dürre, vor dem Rückgang des Flusses (des Nils), vor plötzlicher Vertreibung und überraschender Heimsuchung.«[25]

[23] Der Gelehrte Ibn Baṭṭa al-ʿUqbarī [gest. 997], zitiert nach: Die Blütezeit der islamischen Welt, S. 93 f.
[24] Manuel Holobos, als Mönch Maximos genannt, zitiert nach: Leben in Byzanz, S. 90.
[25] al-Muqaddasī, zitiert nach: Altarabische Prosa, S. 188, 190 f.

Selbst wenn sich die Informationen unserer Quellen zumeist auf das Leben in den großen Städten beschränken und die Gewohnheiten der Mächtigen, Reichen und Gebildeten in den Mittelpunkt stellen, werfen sie bemerkenswerte Schlaglichter auf eine allgemeine urbane Vitalität. Je stärker wirtschaftliche, politische und kulturell-religiöse Tätigkeiten in Städten konzentriert waren, desto weiter klafften die Unterschiede, die sich zwischen den Lebensverhältnissen der Eliten und denen der großen Masse auftaten. In der ersten Hälfte des 10. Jahrhunderts hatte ein Wesir in Bagdad vermutlich ein bares Gehalt zwischen 5000 und 7000 Dinar, in Alt-Kairo 3000 Dinar im Monat. Am unteren Ende der Berufsskala verdienten ein qualifizierter Handwerker in Bagdad und Altkairo zwei Dinar, ein ungelernter Tagelöhner eineinhalb Dinar in Bagdad und einen Dinar in Altkairo. Zur gleichen Zeit erhielt aber ein Fußgardist in Bagdad pro Jahr einen Sold, der doppelt so hoch wie die Einkünfte eines qualifizierten Handwerkers war, ein Reitergardist sogar das Vier- bis Sechsfache[26] – deutliches Zeichen für den Status des Militärs in diesen Städten.

Bemerkenswert war die soziale Stellung muslimischer Religions- und Rechtsgelehrter. Deren Aufgeschlossenheit gegenüber praktischer Erwerbstätigkeit war letztlich ein Ausdruck für ihre Situation, sie mußten selbst für ihre Einkünfte sorgen. In der muslimischen Gemeinschaft existierte keine kirchliche Struktur. Es gab keine Kirche, die Prediger und Theologen versorgt hätte. Die rituellen Gebete konnten von jedem frommen Muslim geleitet werden, das gemeinschaftliche Freitagsgebet mit einer Predigt lag in den Händen von privaten Religions- und Rechtsgelehrten. Außer Richtern erhielten nur wenige Theologen und Traditionsgelehrte staatliche Einkünfte. Auch deshalb blieben muslimische Gelehrte eng mit dem Wirtschaftsleben verbunden. Aus einer Analyse ihrer Namen ist gefolgert worden, daß im 10. Jahrhundert die große Mehrheit dieser Männer am Handel beteiligt war, einem Gewerbe nachging oder daß sie zumindest aus solchen Familien stammte.

In islamischen Städten waren die weitläufigen Paläste und Villen der Herrschenden, ihres Anhanges und der städtischen Oberschicht mit kostbaren Wand- und Deckenverzierungen, Teppichen, Leuchtern, Sitz- und Ruhegelegenheiten ausgestattet. Raffinierte Kühleinrichtungen mit wassergetränkten Filzmatten unter der Decke sorgten für angenehme Luft. Edle Tafelgeräte aus Silber und Gold sind vor allem aus Iran erhalten. Eine teilvergoldete Silberplatte (Abb. 39) enthält geometrische und figürliche Gravuren mit Blatt- und Vogelmotiven, letzteres ein Hinweis auf das Fortwirken vorislamischer Traditionen. Auf der goldenen Kanne aus dem Schatz eines Buyiden-Emirs (Abb. 40) sind als Medaillons und Bänder verschiedene Ornamente herausgetrieben, darunter Blütenkelche, Ranken, Vögel und Fabelwesen. Auch den Henkel schmückt ein

39 Bei dieser im Iran (9.-10. Jh.) gefertigten teilvergoldeten Platte aus Silber kommen in Blatt- und Vogelmotiven auch vorislamische Traditionen zum Tragen.

[26] Nach verschiedenen Quellen: Ashtor, Social and Economic History, S. 154.

40 Die feinen Ornamente dieser um das Jahr 970 im Iran gefertigten, 16 cm hohen Kanne aus Gold enthalten Blütenkelche, Ranken, Vögel und Fabelwesen. Der Text am Rand der Kanne beschwört Segen für ihren Besitzer, einen Buyiden-Emir.

Tierkopf. Der Text am Rand der Kanne beschwört Segen für den namentlich genannten Besitzer.

Kunstvoll gestaltete Gärten mit Teichen, Menagerien und besondere Bahnen für das aristokratische Polospiel zu Pferde konnten innerhalb der mit Mauern abgeschirmten Palast- und Villengrundstücke liegen. Das einfache Volk war auf enge, ebenerdige Lehmhütten angewiesen, zu deren Einrichtung simple Matten und Tonkrüge für gekühltes Wasser gehörten. Wohnungslose nächtigten oft in Moscheen.

Die Kleidung der städtischen »Elite« bestand aus feinsten, nicht selten gold- und silberdurchwirkten Seiden-, Leinen und Baumwollgeweben. Edelsteine und Perlen gehörten nicht nur zum reichhaltigen Schmuck vornehmer Damen, sondern zierten zuweilen sogar deren Schuhwerk. Die Gewänder einfacher Stadtbewohner waren meist aus schlichter Baumwolle oder Wolle gefertigt, nur gelegentlich dienten ihnen Sandalen als Schuhe. Für die vornehme städtische Welt hatte der Autor eines muslimischen Anstandsbuches Farbnuancen der Kleidung parat. Damen trügen »nur solche Kleider, die naturfarben, für bestimmte Zwecke gefärbt oder in der Farbe verändert sind, und zwar durch bestimmte Arten von Moschus-, Sandel-, Ambra- oder Narde-Farben. … Denn das Tragen von weißen Stoffen gehört bei den Leuten von Eleganz zur Mode der Männer. Die Frauen tragen auch keine gelben, schwarzen, grünen, rosafarbenen oder roten Kleider, es sei denn, die Stoffe sind von Natur aus gelb, blau, grün, rosafarben oder rot.«[27]

Kulinarische Genüsse aus Hammel- und Hühnerfleisch, dazu oft von weit her eingeführte Gemüse, Früchte und Gewürze kitzelten die Gaumen der Reichen. Für den frugaleintönigen Verzehr der Untertanen blieben Weizen- und Gerstenbrot, Datteln und einfachstes Gemüse die Regel. In fischreichen Gebieten konnten kleine, billige Fische den Speiseplan bereichern, der Verzehr von Fleisch beschränkte sich allgemein auf Festtage. In dem genannten muslimischen Anstandsbuch hieß es, daß feine Männer »nur klare Weine der edelsten Sorten (tranken), so den Sonnenwein, den Rosenwein, den Honigwein, den gekochten Feigenwein, den ›Goldenen‹ und den ›Ausgewogenen‹. Weine, die wegen ihres Bodensatzes unedel oder getrübt sind, werden nicht angerührt. Man trinkt nur Weine, deren Farbe klar und hell ist. Deshalb meidet man auch den berauschenden Mashuri aus Dattelsirup. Denn er ist ein Getränk der einfachen Leute und des Gesindes, er wird von Dienern und Gefolgsleuten getrunken. Zum Wein ißt man gesalzene und kandierte Nüsse, Mandeln, Pistazien und dergleichen, verpönt dabei aber sind gewöhnliche Dinge wie Puffbohnen oder Eicheln, unreife und geröstete Datteln. … Beim Trinken verwendet man Gefäße aus edelsten Formen und Pokale aus reinstem und klarstem Glas.«[28]

[27] Der Literat und Grammatiker Ibn al-Waššā' [gest. 936], zitiert nach: Ibn al-Waššā', Buch des buntbestickten Kleides, Bd. 2, S. 73.

[28] Zitiert nach: Ibn al-Waššā', Buch des buntbestickten Kleides, Bd. 2, S. 83 f.

Die Idealgestalt chinesischer städtischer Damen war ein graziles Wesen mit einem fülligen Gesicht, das mehr durch die Landschaft schwebte als ging – so zeigen es jedenfalls gemalte Darstellungen. Diesem Ideal diente die nunmehr weitverbreitete Praxis des Fußbindens, die chinesischen Damen kleine und zierliche Füße bescheren sollte. Die Praxis mag im 10. Jahrhundert, wahrscheinlich aber schon früher, als ein weibliches Kriterium für die Zugehörigkeit zur chinesischen Elite aufgekommen sein. Eine Seidenrolle von der zweiten Hälfte des 10. Jahrhunderts (Abb. 41) enthält Szenen aus den Frauengemächern am Hofe des Li Yü, bis 975 letzter Herrscher der Südlichen Tang. Von besonderem Interesse sind hier typische Kostüme, Frisuren und Einrichtungsutensilien.

Fein bearbeitetes Gold, Silber und Bronze fanden als vergoldete Kämme, Silberhaarnadeln und Bronzespiegel Verwendung in der Oberschicht. Die zahlreichen Beamtengelehrten trugen in offizieller Funktion einen mit Seidenwatte oder Seidenstoff gefütterten Halbrock, Seidenschuhe und eine angemessene Kopfbedeckung. Nach Meng Yuanlao gab es feste Regeln für hunderterlei verschiedene Kleidung von Gelehrten, Bauern, Handwerkern und Kaufleuten. »Verkäufer von Medizin und Horoskopen tragen Kappen nach Art der Gelehrten sowie Gürtel. ... Die Weihrauchverkäufer tragen in ihren Geschäften Beamtenkappen, die hinten offen sind. Pfandleiher tragen lange schwarze Mäntel, Gürtel aus Horn und keinerlei Kopfbedeckung.«[29]

Zu verschiedenen Tageszeiten wurden auf den Märkten von Kaifeng unterschiedliche Lebensmittel angeboten. Am frühen Morgen gab

41 a, b Chinesische Damen in Frauengemächern vom Palast des letzten Herrschers der Südlichen Tang, Li Yü (reg. bis 975). Dieser Ausschnitt mit Alltagsszenen aus einer Seidenrolle ist eine Kopie vom Anfang des 12. Jh., die nach Zhou Wenju (wirkte ca. 940-975) gemalt wurde. Besonders zu beachten sind hier die typischen Kostüme, Frisuren und Einrichtungsgegenstände der damaligen Zeit.

[29] Meng Yuanlao, zitiert nach: Lewin, Gewerbe, S. 55.

42 Typische Song-Architektur kommt in der Shengmu-Halle des 1023-1031 gebauten Jin-Ahnentempels bei Taiyuan, Shanxi, zum Ausdruck. Durch Balken verbundene Säulenreihen, eine geräumige Säulenhalle an der Vorderfront und die kreuzförmige Vierwegebrücke vor der Halle bilden harmonische Proportionen und entsprachen dem traditionellen Ahnenkult seiner Zeit.

es Schafsköpfe, Innereien, Hasen und Wild, Tauben, Krebse und Muscheln. Am Nachmittag priesen die Imbißstände Honig, Dattelklöße, Reisbälle, kandierte Früchte und mit Honig überzogene Figuren an.

Die Armen von Kaifeng bauten »sich in den hinteren Gassen oder auf freien Stellen (primitive) Unterkünfte und wohnen in den Hinterräumen zusammen. Man nennt sie *yuanzi* (Hofbewohner). … Sie verkaufen täglich Feuerholz und Holz für Drucker sowie Gebäck.«[30] Für die Masse der verstorbenen Untertanen, für Arme und anonyme Opfer von Kriegen und Naturkatastrophen ließ der chinesische Staat vor den Toren von Kaifeng erstmals in der Song-Zeit »Wohltätigkeitsfriedhöfe« anlegen. Wenn Angehörige nachgewiesen hatten, daß sie – trotz Bettelns – bedürftig blieben, sollten staatliche Behörden die Bestattungskosten übernehmen. Der Staat bezahlte buddhistische und daoistische Mönche, Amtsgehilfen und Wächter für diese Wohltätigkeitsfriedhöfe. Selbst auf den Ruhestätten der Armen gab es keine Gleichbehandlung:

»Höhergestellte« wurden von »Gemeinen«, Männer von Frauen getrennt bestattet.

Gleichzeitig wirkte aber in der Song-Zeit der traditionelle Ahnenkult fort. Dieser Kult wurzelte im Glauben an die Unvergänglichkeit der menschlichen Seele. Sie existiere nach dem körperlichen Tode weiter und übe Einfluß auf die Nachkommen im Diesseits aus. Nunmehr war es aber nur der Oberschicht in bewußter Abgrenzung vom Volk gestattet, dem Ahnenkult in offizieller Form nachzugehen. Allein die Elite durfte Ahnenhallen und -tempel zur Verehrung der verstorbenen Vorfahren errichten. Bis heute ist der Jin-Ahnentempel am Fuße eines Berges bei der nordchinesischen Stadt Taiyuan erhalten. Seine Shengmu-Halle (Abb. 42) repräsentiert den Stil der Song-Architektur. Eine innere und eine äußere Säulenreihe sind durch Balken verbunden, auf denen die oberen Traufen lagern. Außenwand und Fenster liegen an der inneren Säulenreihe, so daß an der Vorderfont eine geräumige Säulenhalle entsteht. Die kreuzförmige Vierwegebrücke, auch »fliegende Brücke« genannt,

[30] Ebd.

überspannt die Quelle des Flusses Jin, der gleichzeitig als Fischteich diente.

Luxuriös zu leben in mesoamerikanischen Städten hieß, Kakao zu trinken. Denn Kakaobohnen waren so wertvoll, daß sie nur der Aristokratie zum Getränk dienten. Der Genuß von Drogen blieb dagegen bestimmten Priestergruppen vorbehalten. Der Adel schmückte seine Mäntel mit den äußerst prächtigen Federn des Quetzalvogels. Zwar kennen wir einige Statussymbole in der Kleidung sowie in den Schmuck-, Ohr-, Nasen- und Lippenpflöcken aus Gold und Bergkristall erst aus der viel späteren Aztekenzeit, doch scheint es möglich, daß sie aus toltekischen Traditionen hervorgingen. Ein »Bannerträger« aus Chichén Itzá (Abb. 43) hat jedenfalls große Löcher in den Ohren, die auf solchen Schmuck schließen las-

sen. Darüber hinaus demonstriert diese ursprünglich bemalte Skulptur aus Kalkstein zeittypische Bekleidungs- und Schmuckelemente wie Lendenschurz, Fußspangen und geknotete Sandalen. Die Öffnungen in den geballten Händen deuten darauf hin, daß solche Figuren Stangen oder Stäbe mit Papierfahnen für Zeremonien hielten.

Nördlich der Alpen besserte sich im 9./10. Jahrhundert allmählich die Ernährungssituation in den europäischen Städten. Die Folge davon war, daß sich soziale Abstufungen nicht mehr vorrangig in den Mengen, sondern in der Qualität der konsumierten Lebensmittel äußerten. Die Ernährung unterer Schichten richtete sich mehr und mehr auf pflanzliche Produkte wie Getreide, Hülsenfrüchte und Gemüse aus. Fleisch, vor allem Wildbret, und Viehprodukte entwickelten sich dagegen zu Statussymbolen von Adel und Oberschicht. Doch Essen hatte auch eine soziale, manchmal gar politische Funktion. Ein gemeinsames Mahl sollte die Bande der Loyalität unter den Beteiligten fördern. Beim Krönungsmahl von Otto I. im Jahre 936 in Aachen hatten Herzöge Tischdienste geleistet und damit ihrem Treueverhältnis zum König symbolisch Ausdruck verliehen.

Der Eßkultur am byzantinischen Kaiserhof eiferten in Konstantinopel Adel, Beamte und Großgrundbesitzer nach. Feines Brot war ebenso Zeichen sozialen Prestiges wie importierte indische Gewürze, spezielle Fischsaucen, Jungtierfleisch, Wachteln, Stör und Kaviar, Hummer und Austern. Das einfache Stadtvolk hatte sich mit Brot, Gemüse und Früchten, dazu Fisch, Eier und nur relativ wenig Fleisch zu begnügen. Minderwertiges Brot verzehrten die Ärmeren mit einer Brühe aus Gemüse, Wasser und Öl. Saurer, essigartiger Wein war ebenso wie ein mit Wasser verdünnter Essig Volksgetränk. Als Trinkgefäße feiner Leute galten Wasserkaraffe und verschiedene andere Behältnisse wie Becher, Elfenbeinpokal, Trinkschale, Trinkhorn, Fingerbecher oder Efeukrug. Weinsorten wie der Faleriner machten

43 Ein »Bannerträger« aus Chichén Itzá, Yucatan, hat wahrscheinlich für Goldschmuck große Löcher in den Ohren. Diese 94 cm hohe und 62 cm tiefe Kalksteinskuptur ist mit zeittypischen Bekleidungs- und Schmuckelementen wie Lendenschurz, Fußspangen und Sandalen versehen. Bei Zeremonien trug dieser »Bannerträger« wohl Papierfahnen in seinen geballten Händen.

angeblich den Kopf schwer, wohingegen der Chios als Hochgenuß befeuere.[31]

Der krasse Gegensatz von solchem Luxus zum städtischen Elend war manchen Intellektuellen Anlaß, das Leben der Reichen zu kritisieren. Der chinesische Dichter Mei Yaochen wählte Anfang des 11. Jahrhunderts folgenden symbolischen Ausdruck: die Angriffe eines Moskitoschwarmes auf die »von Hunger Abgemagerten«, während die Reichen sich in ihren Palästen mit Seidenvorhängen vor den lästigen Insekten schützten.[32] Puritanische islamische Gelehrte sahen sich ebenfalls zur Kritik herausgefordert. In Bagdad hatten schon seit dem 8. Jahrhundert vor allem die Prediger der puritanischen hanbalitisch-sunnitischen Schule Luxus und »unislamische Sitten« scharf attackiert. Mit religiösen Polemiken gegen Verschwendung und die Verletzung des koranischen Weinverbotes gewannen sie viele städtische Untertanen für sich. Des öfteren kam es zu handgreiflichen Aktionen gegen Weingenuß oder Erregung öffentlicher Ärgernisse, wenn etwa Männer mit nicht zur Familie gehörenden Frauen oder Knaben auf der Straße gesichtet wurden. Ein Hanbalit namens al-Barbahari betätigte sich mit einigen Anhängern bis zu seinem Tod im Jahre 941 in Bagdad mehrfach als handgreiflicher Sittenwächter im Kampf gegen eine derartige »Verwilderung«.

Die oberen muslimischen städtischen Kreise, politische und militärische Eliten, begüterte Bürokraten, Intellektuelle, Kaufleute und Bankiers, zeigten sich allerdings von solchen Protesten nur wenig beeindruckt. Bedrohlicher als diese Aktivitäten waren für sie die täglich möglichen jähen Schicksalswendungen. Nicht wenige von ihnen traten in der Hoffnung auf soziales Prestige und ein prächtiges Leben in die unmittelbare Umgebung des Herrschers, seines Hofstaates und Harems ein und begaben sich damit sehenden Auges in beträchtliche Gefahren für Eigentum, Leib und Leben. Denn sie wußten nur allzugut, daß der immer geldhungrige Staat ihr Vermögen zur Auffüllung seiner Schatullen erpressen konnte.

Die klassischen Geißeln wie Mißernten und Hungersnöte, Seuchen oder Kriege trafen um das Jahr 1000 die Menschen in Land und Stadt. In den Städten mit ihrer eng zusammenlebenden Bevölkerung gab es außerdem einige Bedürfnisse und Sorgen, die trotz aller sozialen Differenzen die gesamte Einwohnerschaft betrafen. Dazu gehörte die Versorgung mit Lebensmitteln und Wasser ebenso wie die Beseitigung von Unrat und Fäkalien. Um das Jahr 1000 waren befriedigende Lösungen dieser permanenten Probleme von Ballungszentren noch sehr selten. So waren die Straßen des islamischen Córdoba schon seit Mitte des 10. Jahrhunderts gepflastert und wurden regelmäßig mit Ochsenkarren gereinigt. Nachts spendeten hier Lampen Licht, die an den Hauswänden befestigt waren. Im allgemeinen lagerte aber der Unrat oft hinter einem Stadttor, neben Häusern und Gartenmauern, auf leerstehenden und ungenutzten Flächen.

Schicksalsschläge als Folgen von Krieg, Gewalt und Grausamkeiten, Hungersnöten, Krankheiten und Epidemien gehörten zum täglichen Brot der verschiedenen städtischen Schichten. Selbsthilfe konnte letzlich nur von den Großfamilien organisiert werden. Die untersten städtischen Schichten aus Vagabunden, Kriminellen, Prostituierten und Bettlern blieben allerdings selbst ohne ein solch bescheidenes Sicherheitsnetz. Hungersnöte hatten für Städte gravierende Folgen. Die Angst vor ihnen bringt eine mesoamerikanische Legende zum Ausdruck: In indianischen Überlieferungen galt der Untergang des toltekischen Zentrums Tollan letztlich als Ergebnis von sittlichen Verfehlungen des ehemaligen Herrschers Huemac. Damit hätte er die Weltordnung gestört und eine mehrjährige Hungersnot heraufbeschworen. Mit verstärkten Menschenopfern sollte dieses Schicksal beeinflußt und dadurch der Hunger abgewendet werden.

---

[31] Der Polyhistor und Politiker Konstantinos Psellos, als Mönch Michael [wirkte im 11. Jh.], in: Leben in Byzanz, S. 351.

[32] Der Literat Mei Yaochen [gest. 1060], in: Menschen im Jahr 1000, S. 159.

In den Jahren 962 bis 967 war der Höchststand des Nilpegels in Ägypten unter den üblichen 17 Ellen geblieben. Mit 12 Ellen und sieben Fingern im Jahr 967 erreichte er das niedrigste Niveau in islamischer Zeit. Die Folge war eine Hungersnot. Die junge Saat verdorrte in heißen Wüstenwinden und fiel Heuschreckenschwärmen zum Opfer. Eine Rattenplage suchte Ägypten heim und bescherte dem Land Seuchen. Teuerung und Hungersnot in Städten wie al-Fustat/Alt-Kairo fielen in eine Zeit militärischer Angriffe, so daß der Getreidemangel nicht durch Einfuhren aus Syrien gelindert werden konnte. Im Jahre 968 war der Preis für ein *irdabb* (198 Liter) Getreide auf 6 Gold-Dinar, das Zehnfache des Normalen, gestiegen, ein Huhn kostete einen Dinar, ein Ei einen Silber-Dirhem.[33] Nicht zuletzt aus dieser Not resultierte der Erfolg der fatimidischen Invasion in Ägypten.

Drastische Mahnungen verband der Mönch Rodulfus Glaber mit der Schilderung einer Hungersnot vom Anfang des 11. Jahrhunderts in Europa. Er spricht von »strafender Unfruchtbarkeit« und »lähmender Dürre«, die nach seiner Meinung vom Orient über Griechenland und Italien nach Frankreich und England gekommen seien. In allen, darunter städtischen, Orten seien Arme und Reiche gleichermaßen hilflos einem Chaos von Hunger, Räubern, Preiswucher, Krankheiten und sogar gelegentlichem Kannibalismus ausgeliefert gewesen.[34]

Auch die Gefahr von Seuchen schwebte vor allem über den größeren Städten immer wie ein Damoklesschwert, wenngleich großräumige Epidemien in den Zeiten um das Jahr 1000 wohl ausblieben. In allen Kulturen bemühte man sich, dieser Gefahr entgegenzuwirken. Dies gilt auch für China, wo die Trennung zwischen Pharmazie und Medizin zügig voranschritt. Der hohe Stand chinesischer Verwaltung äußerte sich in vielfältigen Gesundheitsdekreten. Vorschriften zur allgemeinen Hygiene, zum Schutz vor Hitze und Kälte und zur medizinischen Versorgung sogar in Gefängnissen wurden erlassen. Selbst für umherziehende kranke Wanderer gab es einen Erlaß: »Findet man auf der Straße einen Kranken ohne Pflege, so schaffe man ihn sofort in die Obhut der nächstgelegenen Herberge. Der Herbergswirt und ein Arzt sollen ihn den Vorschriften entsprechend behandeln und ihn mit Hilfe von Arzneien kurieren. Ein vollständiger Krankheitsbericht soll noch am selben Tag den Kreisbehörden vorgelegt werden. Man warte ab, bis die Krankheit einigermaßen abgeklungen ist und geleite (den Kranken) zur Kreispräfektur, daß er sich dort vorstelle. Dort erhalten auch der Herbergswirt und der Arzt Geld für ihre Auslagen.«[35]

Solche Anweisungen dürften aber zumeist auf dem Papier geblieben sein, denn nur Begüterte konnten sich Leibärzte und gut ausgebildete Ärzte leisten, und städtische Untertanen mußten sich meist mit volksmedizinischen Praktiken und Magie begnügen. In der Hauptstadt Kaifeng wurden umfassende hygienische Maßnahmen offenbar vor allem dann ergriffen, wenn Seuchen den kaiserlichen Hof unmittelbar bedrohten. Stiegen durch Epidemien die in Kaifeng ständig kontrollierten Mortalitätsraten an, mußten sich acht Ärzte in die Wohngebiete der Untertanen begeben und kostenlose Arznei ausgeben.

Großflächige und überregionale Epidemien waren in den islamischen Regionen seit dem 8. Jahrhundert zwar ausgeblieben, um einzelne Städte traten aber immer wieder lokale Seuchen auf. Das gilt für das irakische Basra in den Jahren 957/958, wo es mitunter über 1000 Opfer täglich gegeben haben soll. In Bagdad und Alt-Kairo gab es seit dem 9. Jahrhundert Krankenhäuser für die Allgemeinheit. Nach einer Festlegung des Kalifen al-Muqtadir mußten sich in Bagdad seit dem Jahre 931 alle allgemeinen Ärzte der Stadt einer Prüfung unterziehen, wenn sie praktizieren wollten. 860

[33] Nach verschiedenen Quellen: Bianquis, Prise, S. 53-55.
[34] Der Mönch Rodulfus Glaber [»Glatzkopf«, wirkte in der 1. Hälfte des 11. Jh.], in: Menschen im Jahr 1000, S. 148-150.
[35] Zuoyi zizhen von Li Yuanbi, j.7, 36a.

44 Der Ausschnitt »Stadttor und Hauptstraße mit erstklassigem Weinhaus« aus der Querrolle »Am Frühlingsfest den Fluß hinauf fahren« von Zhang Zeduan (12. Jh.) verdeutlicht auch die zentrale Stellung von Weinhäusern bei Vergnügungen in chinesischen Großstädten. Des weiteren lassen sich darauf verschiedene Arten des Warentransports erkennen.

Ärzte sollen eine solche Erlaubnis erhalten haben. Im Jahre 981 wurde in Bagdad das berühmte Hospital des Buyidenherrschers Adud al-Daula neu eröffnet. Vor dem Gebäude baute er einen Markt für die Stoffhändler, und für das Hospital bestimmte er viele fromme Stiftungen, darunter einige Mühlen. Der große Alchimist, Mediziner und Philosoph al-Razi hatte vielleicht an der ursprünglichen Wahl des Bauplatzes für das Krankenhaus mitgewirkt: »Al-Razi befahl einem Sklaven, in jedem Gebiet in den beiden Seiten von Bagdad (d. h. an beiden Ufern des Tigris) ein Stück Fleisch aufzuhängen. Dann beachtete er das, welches sich nicht verändert hatte und nicht schnell verdorben war, und riet, daß dort gebaut werden sollte. Das ist die Stelle, an der das Hospital errichtet wurde.«[36]

12. Vergnügungen

Städtischer Alltag war für die meisten Stadtbewohner hart und eintönig. Dennoch fanden die Menschen gelegentlich Abwechslung in verschiedenen Vergnügungen. Die Art solchen Genusses unterschied sich beträchtlich nach sozialen Schichten, nach Regionen und Bräuchen. Dabei standen »ehrbare«, anerkannte Formen in Gestalt zumeist religiöser Feste neben moralisch suspekten Freuden, die religiös-kultischen Normen zuwiderliefen. Nicht wenige derartiger Vergnügen, für die nicht zuletzt die Größe einer Stadt erhebliches Gewicht besaß, hielten sich bis in neuere Zeiten.

In einer Stadt wie Kaifeng pulsierte – ebenso wie in anderen großen chinesischen Städten – das Leben sowohl im Stadtzentrum als auch in den Vorstädten. Noch im 12. Jahrhundert erinnerte die Querrolle »Am Frühlingsfest den Fluß hinauf fahren« an die Vergnügungen und das geschäftige Treiben der Hauptstadt. Der Ausschnitt »Stadttor und Hauptstraße mit erstklassigem Weinhaus« (Abb. 44; vgl. Abb. 3a und b in Kap. V) läßt neben einem gewaltigen Stadttor und verschiedenen Arten des Warentransportes eines der 72 »erstklassigen Weinhäuser« von Kaifeng erkennen, deren Besitzer zugleich als Weinhändler tätig waren. Solche Weinhäuser konnten bis zu 110 separate Räumen umfassen, in denen Gäste tranken, aßen und sich sexuell vergnügten. In dem zentralen und dem inneren Vergnügungsviertel

[36] Der Mediziner-Biograph Ibn Abī Uṣaibi'a [gest. 1270], zitiert nach: Die Blütezeit der islamischen Welt, S. 135.

von Kaifeng befanden sich auch mehr als 50 verschieden große Theater, darunter ein »Elefantentheater« für mehrere tausend Besucher. Altkleiderhändler, Imbißverkäufer, Kräuterhändler, Wahrsager, Scherenbildschneider und Unterhaltungssängerinnen bevölkerten bis spätabends diese Stadtviertel.

Kaiserliche Beamte, Aristokraten und Wohlhabende ließen sich in Sänften durch die Stadt tragen oder saßen in Wagen, die von Büffeln oder Pferden gezogen wurden. In den Gaststätten wurden Festlichkeiten und Gastmahle von »Personen der hundert Festmahle« ausgerichtet. Bankette für die Begüterten zeichneten sich durch abgestimmte Speisenfolgen aus. Geschirr aus teurem Porzellan, Weinbecher aus Silber, Eßstäbchen aus Elfenbein oder kunstvoll lackiertem Holz schmückten die Tische. Ende des 10. Jahrhunderts waren, wie Funde von Möbeln belegen, die wohlhabenden Städter dazu übergegangen, auf Sitzbänken und Hockern an Tischen Platz zu nehmen statt auf dem Fußboden zu sitzen. »Die nächtlichen Vergnügungen des Han Xizai« aus der Mitte des 10. Jahrhunderts zeigen unter anderem, wie eine Musikantin einer Gesellschaft auf der viersaitigen Laute *(pipa)* ein Instrumentalstück vorträgt (Abb. 45). Auf den Märkten chinesischer Städte entliehen Reiche und weniger Bemittelte in Buden die Ausstattung für Hochzeiten, Beerdigungen und andere Feierlichkeiten.

Für die Städte des indischen Subkontinents vermitteln zahlreiche Skulpturen an Tempeln einen Eindruck vom aristokratischen Leben. Wahrscheinlich von dem Fries des Laksmana-Tempels in Khajuraho stammen verschiedene solcher Steinfiguren aus dem 10./11. Jahrhundert, als die Candella-Dynastie diese Stadt baute. Bei einer Dame mit Spiegel (Abb. 46) fallen vor allem die fließenden Bewegungen der Figur und die feine Herausarbeitung ihres Schmuckes ins Auge.

Genußvolles Leben verrieten gleichermaßen die Gildenbräuche der Kaufleute im holländischen Tiel. Sie umfaßten zum einen typische Formen der Geselligkeit, zum anderen aber auch Umkehrungen üblicher gesellschaftlicher Normen. Zumindest monierte ein kritischer Mönch, die Kaufleute seien »an nahezu keinerlei Zucht gewöhnte Männer. ... Schon am hellichten Morgen befleißigen sie sich ihrer Umtrünke, und wer dabei mit besonders lauter Stimme schimpfliche, Gelächter erregende Reden führt und das unbelehrbare Volk zum Weingenuß verleitet, der trägt bei ihnen großes Lob davon. Jedenfalls legen sie

45 Dieser Teil einer Querrolle aus Seide im Gesamtmaß von 335 x 28 cm zeigt eine chinesische Lautenspielerin von der Mitte des 10. Jh. in vornehmer Gesellschaft. Sie trägt auf einer viersaitigen Laute *(pipa)* vor. Die Kopie stammt aus dem 11. Jh.

46 Der Fries des Laksmana-Tempels in Khajuraho, Madhya Pradesh, enthält auch zahlreiche Steinskulpturen mit weltlichen Szenen aus dem 10./11. Jh., darunter diese Dame mit Spiegel. Die Herausarbeitung von Bewegungen und Schmuck verrät hohe künstlerische Fertigkeiten.

[37] Albert von Metz, zitiert nach: Leben im Mittelalter, S. 188 f.
[38] Ibn ʿAqīl bei Ibn al-Ǧauzī (?), zitiert nach: Die Blütezeit der islamischen Welt, S. 42.

deswegen Geld zusammen, und dies verteilen sie anteilmäßig auf die einzelnen zum Gewinnmachen, und aus dem (Gewinn) setzen sie alle möglichen Trinkgelage zu bestimmten Terminen im Jahr fest, und an besonders hohen Festtagen ergeben sie sich gewissermaßen zeremoniell der Trunkenheit.«[37]

Ein nahezu idyllisches Bild vom Leben der städtischen Oberschicht in Bagdad vermittelte Anfang des 11. Jahrhunderts ein muslimischer Rechtsgelehrter: »Die Uferpaläste (am Tigris) haben zu den Straßen Tore, vor denen Reittiere aufgeschirrt stehen, die zum Reiten bereit sind, während unter den Balkonen Chaitiya- und Zabzab-Schiffe liegen, um auf dem Wasser zu fahren. Die Leute dort scheinen ständig zum Feiern bereit zu sein, sei es zur Beschneidung eines Knaben oder zur Verheiratung einer Frau. An den Samstagen treffen sich Rezitatoren auf hohen Sitzen, wo sie den Koran modulieren, finden Fecht- und Ringkämpfe statt und werden Bootsrennen durchgeführt.«[38]

Viele Männer aus der städtischen Oberschicht islamischer Regionen trafen sich zur Unterhaltung in literarischen Zirkeln. In reger Folge wurden dort poetische Wettbewerbe, religiöse und literarische Debatten geführt. Nächtliche Gesellschaften in den Villen von Aristokraten und Begüterten waren dagegen stärker dem Vortrag von Anekdoten, Gedichten und Liedern und nicht zuletzt kulinarischen und sexuellen Genüssen gewidmet. Das geschliffene Wort, der kunstvolle poetische Vortrag, der emotional berührende Gesang, eine genaue Abstimmung von Kleidung, Schmuck und Parfümen, die erlesene Qualität von Speisen und Weinen standen dabei hoch im Kurs. Trotz der Warnungen Muhammads vor dem gefährlichen Luxus des Goldes waren oftmals Schmuck und Tafelgeschirr aus Gold Symbole eines eleganten Lebensstils. Weil besonders der Schmuck aber zerbrechlich war und in Zeiten der Armut gelegentlich eingeschmolzen werden mußte, sind aus diesen Zeiten nur wenige Stücke erhalten geblieben. Dazu gehört ein Ohrgehänge aus dem Iran (Abb. 47) in Form von Mondsicheln. Filigrane Drähte verbinden Vasenform und Halbkörbchen, die wiederum mit Goldperlen versehen sind.

Untere Schichten hatten ihre eigenen Belustigungen. In großen Städten islamischer Regionen traten zur öffentlichen Erbauung auf den Straßen und Märkten Erzähler, Schau- und Schattenspieler, Pantomimen und Puppenspieler auf. Schenken beiderlei Geschlechts waren in Kaschemmen tätig und leisteten gelegentlich als Prostituierte Dienste. Eine bunte Schar von Taschenspielern, Gauklern, Jongleuren, Seiltänzern, Zauberkünstlern, Schlangen- und Geisterbeschwörern, Wahrsagern, Stern- und Sanddeutern nahm der interessierten Menge auf den großen Plätzen und in den

borgener Zunge. Der »Epileptiker« erzeugte künstlich Schaum vor dem Mund. Der »Schnürer« täuschte mit festen Stricken geschwollene Gliedmaßen und mit Seife und »Drachenblut« brandige Geschwüre vor. Der »Verbesserer« bereitete Kinder auf das Betteln vor und verstümmelte sie dafür zu Blinden und Krüppeln. Der »Bekümmerte« war angeblich fünfzig Jahre im unterirdischen Kerker gefangengehalten worden, was er mit »Kettennarben« an Händen und Füßen zu belegen suchte. Der »Äthiopiersproß«, ein selbsternannter »Glaubenskrieger«, war vorgeblich vom schweren Grenzkampf zurückgekehrt und sämtlicher Mittel entblößt.[40]

Zwei Bettler sollen sich in Bagdad ein Rededuell um die übelsten Schimpfwörter geliefert haben, das dem Sieger einen Gold-Dinar einbringen sollte. In diesem Duell fielen Verbalinjurien wie »du Latrinenkannenschmutz, du Dirham ohne Nutz, du leiser Furz, der vom Gefährten kam, o du des Impotenten Scham, o du Geschwätz der Sängerschar, du Unglücksjahr, du Pups der Braut, du Stern, aus dem das Unheil schaut … o du der Schande Zeichen, Knoblauchsaft, in welchem Fleisch und Brote weichen, o du Rülpser, der dem Säufer aus dem Halse dringt, du Mundgeruch, der wie des Habichts Atem stinkt … du Scheußlichkeit des Kürbis-Erbsen-Breigerichts, du weniger als nichts, du Achselhöhlenschweißgestank, des Königreiches Untergang, o du Wegmorast an Regentagen, Wasser auf den leeren Magen, Schüttelfrost und Abführkost.«[41]

In Konstantinopel scheinen Dirnen selbst einen Asketen beeindruckt zu haben, sarkastisch festgehalten in einem Brief des Michael Psellos über eine Segelschiffreise:

»Von allem Anfang an weilten seine (des Asketen mit Namen Elias) Gedanken nicht beim Berge Karmel, noch bei sonst einer heiligen Einsiedelei, sondern bei der Zahl der Bordelle in der Hauptstadt und bei der Zahl der Schenken; wie viele Dirnen es gebe, die sich

Straßen Geld ab. Dabei handelte es sich oft um spezialisierte Kunstfertigkeiten, über die sogar Abhandlungen verfaßt wurden. Das Verzeichnis aller Traktate von Ibn al-Nadim aus der zweiten Hälfte des 10. Jahrhunderts enthält Schriften über »Taschenspielerei«, »Schwertschlucken« und den »Verzehr von Seife und Glas mit dem Trick dafür« sowie Werke über Magie und Zauberei wie »Der entschwundene Dämon«, »Die Austreibung der Teufel«, »Ratschläge zur Magie« und »Die Geheimnisse der Sterne«.[39]

Die islamische Almosengabe war aufs engste mit städtischem Alltag und Festlichkeiten verquickt, ihr erwuchs immer ein reiches Betätigungsfeld. Auf sie hatten es jedoch auch zahlreiche Betrüger und Gauner abgesehen. Schier unerschöpfliche Möglichkeiten bot vor allem täuschender Spendenbettel, der zugleich Straßenunterhaltung war. Der almoseneischende »Muezzin«, dessen Zunge angeblich von Feinden des wahren Islam herausgerissen worden war, arbeitete mit einem Trick mit ver-

47 Dieses goldene Ohrgehänge in Form von Mondsicheln wurde im 10. Jh. in Iran gefertigt. Filigrane Drähte verbinden Vasenform und Halbkörbchen.

[39] Der Autor und Buchhändler Ibn al-Nadīm [gest. 995], zitiert nach: Dodge, Fihrist, Bd. 2, S. 726 ff.
[40] Der Literat al-Baihaqī [wirkte am Anfang des 10. Jh.], zitiert nach: Bosworth, Underworld, S. 43-47.
[41] Der Literat al-Hamadānī [gest. 1008], zitiert nach: Al-Hamadhânî, Vernunft, S. 189-191.

48 Repräsentativ für nahezu alle mesoamerikanischen Städte ist dieser rekonstruierte Ballspielplatz der nördlichen Festung Las Ranas, Querétaro. Daß selbst in dem abgelegenen Gebiet ein solcher Platz existierte, unterstreicht die weite Verbreitung des Ballspielkultes und seines kultischen Charakters. Ziel des Spieles war es, den Ball über die Mittellinie bzw. in einen an der Schmalseite angebrachten Ring zu bringen, wobei er den Boden nicht berühren durfte. Gespielt wurde mit Schultern, Gesäß, Hüften oder Knien, und trotz der Polsterungen kam es oft zu schmerzhaften Verletzungen.

[42] Michael Psellos, zitiert nach: Leben in Byzanz, S. 351 f.

auf ihre Kunst wirklich verständen, und wie viele, die weniger gewandt wären. Er macht sich Notizen, welche Schankwirtin auch ein Bordell betreibe, ob eine Hure auch verkupple oder eine Kupplerin auch selbst hure. Er fertigte sich eine Liste derer an, die ihre Geschäfte offen betreiben, sowie derer, die im Verborgenen ›fechten‹ und sich verbergen. Damit war dieser Elias für die meisten ein recht wunderlicher Reisegefährte. Natürlich machten ihn die barbarischen Ruderknechte sofort zu ihrem Abgott, ebenso aber auch zahlreiche Passagiere, wenn er etwas ausführlicher die Namen seiner Dirnen durchging oder auch nur flüchtig aus der Liste vorlas.« [42]

Typisch für mesoamerikanische Städte war ein Ballspielkult, der rituellen Charakter besaß. Zwar haben später spanische Missionare die Spielfelder des Kultes als »Tempel des Bösen« zerstört, doch indianische Bilderhandschriften und archäologische Funde helfen, ein Bild dieses Kultes zu rekonstruieren. Ballspielplätze waren in nahezu allen Städten vorhanden, der größte Platz in Chichén Itzá hatte eine Länge von 150 Metern. In El Tajín gab es mehr als 10 solcher Plätze und sogar eine solch abgelegene Festung wie Las Ranas im äußersten Norden Mesoamerikas besaß eine Anlage (Abb. 48). Gespielt wurde auf Feldern von durchschnittlich 45 bis 60 m Länge, die durch eine Mittellinie geteilt waren und an deren schmalen Enden sich manchmal Ringe befanden. Mannschaften von zwei bis drei Spielern bemühten sich, einen Vollgummiball mit Schultern, Gesäß, Hüften oder Knien im Spiel zu halten und immer über die Mittellinie zu bringen. Der Ball durfte den Boden nicht berühren, landete er sogar in dem Ring an den Schmalseiten, war das Spiel sofort zu Ende. Trotz Helm sowie der Polsterung von Knien, Armen und Unterleib führte der Kampf oft zu schmerzhaften Verletzungen.

Die Tonfigur eines totonakischen Ballspielers aus El Tajín im heutigen mexikanischen Bundesland Veracruz am Golf von Mexiko (Abb. 49) trägt zum Schutz des Unterleibes vor dem harten Kautschukball einen dicken Gürtel. Starke Baumwollbandagen schützen

49 Ein totonakischer Ballspieler aus El Tajín im heutigen mexikanischen Bundesland Veracruz läßt typische Schutzausrüstungen gegen den harten Kautschukball sowie Schmuckelemente erkennen: Zum Schutz des Unterleibes trägt die Figur einen dicken Gürtel. Starke Baumwollbandagen schützen die Oberschenkel und Schoner die Kniegelenke. Sein Kopf ist mit dem Kopf eines Raubtieres geschmückt. Die Tonfigur ist 64 cm hoch und 26 cm breit.

50 Auf einem Relief am südlichen Ballspielplatz von El Tajín sind einige kultische Aspekte des Spieles verdeutlicht: Vorbereitung des Spieles, rituelle Wechselreden vor dem Spiel, Opferung des Verlierers nach dem Spiel, wobei die Sonne das Herz des Opfers ergreift, und schließlich die Ehrung und Aufnahme des Siegers in den Militärbund des Adlers. Das Relief hat eine Gesamtlänge von 6,66 m, die der Opferung eines Verlierers gewidmete Tafel eine Höhe von 1,65 m und eine Länge von 1,87 m.

die Oberschenkel, Knieschoner die Gelenke. Sein Kopf ist mit dem Oberkiefer eines Raubtieres geschmückt, an dem zwei durchbohrte Scheiben als Ohren befestigt sind. Reste von Bemalung lassen schwarze Farbe erkennen. Schädelgerüsthäuser bei den Spielplätzen in den Zeremonialzentren verweisen auf einen kultisch-rituellen Aspekt, der offenbar das Opfer unterlegener Spieler verlangte. Das Blut, das aus enthaupteten Spielern strömte, verwandelte sich vorgeblich in blühende Pflanzen und Schlangen, die zum Bereich der Regengötter gehörten und somit die Fruchtbarkeit in der Natur befördern sollten. Von dem südlichen Ballspielplatz in El Tajín ist ein Relief erhalten, das mehrere kultische Aspekte dieses Spiels verdeutlicht (Abb. 50). Experten haben die Szenen folgendermaßen gedeutet: Vorbereitung auf das Spiel, rituelle Wechselreden vor dem Spiel, Opferung des Verlierers nach dem Spiel – bei der die Sonne das Herz des Opfers ergreift – und Ehrung des Siegers durch Aufnahme in den Militärbund der Adler.[43]

13. Bildung und Schulen

Um das Jahr 1000 waren Bildung und Wissenschaft höchst ungleich auf der Erde verteilt. Sie schritten vor allem in jenen Regionen der Welt voran, wo sich ein relativ hohes wirtschaftliches Niveau mit überregionaler Kommunikation, mit Weltaufgeschlossenheit, Wissensdurst und Neugier der Gelehrten verband. Städtische Zentren eines solchen bereits stärker differenzierten Kultur- und Geisteslebens lagen in Ostasien, Byzanz und den islamischen Regionen. Im nordalpinen Europa, in Mesoamerika und Afrika dominierte dagegen noch die mündliche Kommunikation. Gemeinsam war allerdings allen Kulturregionen, daß sich Bildung und Kultur zunehmend in den Städten konzentrierten. Selbst die weitgehend auf dem flachen Land basierende klösterliche Bildung im mittleren und westlichen Europa oder die Schulung in Brahmanen-Gelehrtendörfern auf dem indischen Subkontinent erfuhren wichtige Impulse aus der städtischen Entwicklung. Bildung erforderte erhebliche Mittel zur Finanzierung, die staatliche Autoritäten und private Mäzene in den entwickelten Zivilisationen zur Verfügung stellten. Dabei blieb jedoch selbst in diesen Regionen Bildung weitgehend ein Privileg der städtischen Eliten. Das einfache Volk eignete sich weltweit nach wie vor seine informell-berufliche Bildung vor allem im Rahmen der Familien und bei der Arbeit an.

[43] Köhler, Ballspiel, S. 273 ff.

Eine grundlegende materielle Voraussetzung für die zunehmende Bildung war zweifellos die Verbreitung des Papieres, in China sogar schon des Druckes. Der chinesische Kaiser förderte den seit dem 9. Jahrhundert bekannten Blockdruck von Literatur tatkräftig, im 10. Jahrhundert wurden die Preise für Bücher und Studienmaterialien um das Zehnfache gemindert. Schon im Jahre 932 hatte ein hoher Beamter den Druck der konfuzianischen Klassiker angeordnet. Zwischen den Jahren 971 und 983 wurden aber ebenfalls der buddhistische Kanon mit über 130 000 hölzernen Druckplatten und im Jahre 1019 das Standardwerk des Daoismus gedruckt.

Die Entwicklung von Schrifttum und Wissen kam aber auch dort voran, wo der Buchdruck noch nicht bekannt war. Bibliotheken mit ihren Sammlungen von Schriften und als Stätten gelehrten Dialogs existierten in vielen Regionen. So gab es in allen größeren islamischen Städten relativ preiswertes Papier und eine Vielzahl von Kopisten. Hinzu kam eine rege Aufzeichnungstätigkeit der Studierenden, wodurch die umfangreichen Sammlungen von Manuskripten und Kopien ständig anwuchsen. Vor allem in den großen Moscheen wurden beträchtliche Bestände an religiöser Literatur aufbewahrt, die aus Stiftungen privater Sammler stammten. In der Bibliothek von Mosul konnten Studierende schon vor Mitte des 10. Jahrhunderts kostenlos Papier bekommen, der Stifter einer Bibliothek in Basra gewährte Stipendien für dort arbeitende Gelehrte. In Schiraz besaß die Bibliothek Kataloge und einen ausgebildeten Mitarbeiterstab. Zur gleichen Zeit verzeichnete der zehnbändige Katalog eines »Bücherhauses« im iranischen Raiy 400 Kamelladungen an Manuskripten.

Die Stätten von Bildung und Wissenschaft in der islamischen Welt fanden sich in Moscheen und privaten Häusern, Villen und Palästen, Akademien und Buchläden, öffentlichen und privaten Bibliotheken, Krankenhäusern und Observatorien. Elementarlehrer unterrichteten zumeist in Gebäuden neben den Moscheen, bei sich zu Hause oder privat bei Begüterten. Diese Lehrer besaßen nur ein geringes soziales Prestige und galten sprichwörtlich als einfältig. Wesentlich höher geschätzt waren Lehrer höherer Bildung. Als solche wirkten Rechts- und Religionsgelehrte, Sprachwissenschaftler und Literaten, Naturwissenschaftler und Mediziner. Freilich setzte das Studieren eine gewisse Disziplin voraus, die nicht immer leicht zu erlangen war. Von dem berühmten muslimischen Arzt al-Razi hieß es: »Er war ständig beim Studieren und überaus eifrig darin. Er pflegte seine Öllampe in eine Wandnische zu stellen und sich davor zu setzen, wobei er sein Buch gegen die Wand gelehnt hielt, damit es ihm, wenn ihn der Schlummer überwältigen wollte, aus der Hand fiele und ihn weckte und er sich wieder seiner Lektüre zuwenden konnte.«[44]

Aristokraten und Begüterte ließen in islamischen Städten ihre Söhne meist ab dem sechsten Lebensjahr einen Elementarunterricht in Lesen, Schreiben, Rechnen, Grammatik, Prophetengeschichten und Poesie nehmen. Die auch bei der höheren Bildung praktizierten Methoden des Vorlesens, Lautlesens und Auswendiglernens dienten zunächst vor allem dem höchst erstrebenswerten Ziel, den Koran vollständig zu memorieren. Im islamischen Andalus gründete der Omaijadenkalif Abd al-Rahman III. (reg. 919-961) in der Großen Moschee von Córdoba eine höhere Bildungsstätte, die von seinem bibliophilen Nachfolger mit Stiftungen für Gelehrtengehälter befördert wurde. Der »Säulenwald« (Abb. 51) im inneren Gebetssaal dieser im Jahre 786 gebauten und bis Ende des 10. Jahrhunderts umfänglich erweiterten Großen Moschee von Córdoba besteht aus ca. 600 Marmorsäulen. Am Dekor der Schäfte und Kapitelle ist zu erkennen, daß sie teilweise von antiken oder westgotischen Gebäuden stammten. Die Säulen tragen ein originäres System übereinan-

[44] Der Universalgelehrte al-Bīrūnī [gest. 1048], zitiert nach: Al-Bīrūnī, Gärten der Wissenschaft, S. 148.
[45] Ibn al-Nadīm, zitiert nach: Ullmann, Natur- und Geheimwissenschaften, S. 308 f.

51 Etwa 600 Säulen bilden seit Ende des 10. Jh. den »Säulenwald« des Gebetssaals in der Großen Moschee von Córdoba. Sie stehen auf einer Fläche von ca. 105 x 116 m, die Höhe des Saales beträgt 9,80 m. Jede Säule mit einem Durchmesser von 35 bis 43 cm ist ca. 3 m hoch. Die typische Hufeisenform der übereinandergesetzten Arkaden stammt aus dem Syrien des 8. Jh. und unterstreicht die Verbindung der spanischen Omaijaden zu ihren nahöstlichen Ahnen.

dergesetzter Arkaden. Die Bögen bestehen aus je acht abwechselnd gemauerten weißen Gewölbesteinen und hochkantig eingesetzten Backsteinen. Ihre typische Hufeisenform stammte aus dem omaijadischen Syrien an der Wende zum 8. Jahrhundert und dokumentiert damit die Verbindung der spanischen Omaijaden zu ihren nahöstlichen Vorfahren.

Die große Moschee von Córdoba errang gegen Ende des 10. Jahrhunderts eine ähnliche Bedeutung wie das »Haus der Weisheit«, die seit 830 in Bagdad bestehende berühmte Akademie. Gleichfalls in Bagdad wurde ein »Haus des Wissens«, gestiftet im Jahre 993 von einem Wesir, bekannt. Im Kairo der Fatimiden kündete seit dem Jahre 1005 eine »Stätte der Weisheit« von den Bildungsbestrebungen dieser schiitischen Kalifendynastie. An all diesen akademischen Stätten bestanden große Bibliotheken mit jeweils Hunderttausenden von Manuskripten.

Charakteristisch für die Wissenschaft jener Zeiten blieb zugleich eine enge Verbindung zu Magie, Astrologie und »Geheimwissenschaften«. Zwar wurden sie z. B. von strengen muslimischen Theologen als tadelnswerte Wissenschaften kritisiert, doch gab es auch auf diesen Gebieten ernsthafte Gelehrsamkeit. Zudem fanden Erkenntnisse von Astrologie und Magie im Alltagsleben der Stadtbewohner reichhaltige Verwendung. Aus dem Vogelflug wurden Orakel abgeleitet, Mädchenwangen konnte man gegen den bösen Blick schwärzen, und magische Beschwörungen gegen Geister wurden zum Verkauf angeboten. Zahllose volkstümliche Amulette und Talismane, darunter der aus dem Osten gekommene Rosenkranz, waren unter einfachen Muslimen verbreitet. Theologen und Gebildete hatten gewöhnlich dafür oft nur Verachtung übrig: »Was aber die Zauberer betrifft, so behaupten sie, sich die Satane dienstbar zu machen durch Opferhandlungen sowie durch Frevel und das Begehen verbotener Dinge, die zu vermeiden Gott – erhaben ist sein Name! – gefällt, während es den Satanen gefällt, wenn man davon Gebrauch macht, wie z. B. die Unterlassung des Gebets und des Fastens, Mord, Unzucht und weitere böse Handlungen.«[45]

Die Wissenschaften, insbesondere die Philosophie, existierten nicht losgelöst von den politischen Verhältnissen. Zeiten der Förderung durch staatliche Autoritäten standen Perioden von politischen Brüchen und Kurswechseln gegenüber. Entfernten in den Moscheen Bagdads Beamte die Matten von Gelehrten, galt dies als Lehrverbot. In Córdoba nahm das Schicksal der berühmten Bibliothek bereits Ende des 10. Jahrhunderts tragische Züge an. Der bibliophile Kalif al-Hakam II. (961-976) hatte noch in Alexandria, Damaskus und Bagdad so viele Originale und Kopien von Handschriften aufkaufen lassen, daß der Bestand dieser Bibliothek auf 400 000 Titel angewachsen sein soll, verzeichnet in 44 Bänden Katalog. Als aber nach seinem Tod der Autokrat al-Mansur, Groß-Kammerherr seines Nachfolgers, die Macht an sich riß, suchte dieser seine Positionen durch gute Beziehungen zu Gelehrten der formalistisch-konservativen Rechtsschule der Malikiten zu stärken. Einmal zu Einfluß gelangt, machten sie sich daran, die Bibliothek von Córdoba von mißliebigen Büchern zu säubern. Sie stellten eine schwarze Liste zusammen, auf die sie vor allem philosophische Werke setzten, deren Inhalt ihren formalistisch-konservativen Auffassungen widersprachen. Al-Mansur ließ diese Bücher verbrennen, symptomatisch für eine in späteren Zeiten wachsende religiöse Intoleranz. Hier bewahrheitete sich offenbar die düstere Prophezeiung eines großen muslimischen Philosophen: »Die Exponenten der Religion … werden die Philosophen bekämpfen. Statt eine führende Rolle bei der Verwaltung der Religion und ihrer Anhänger zu spielen, werden die Philosophie und die Philosophen abgelehnt werden. Die Religion wird daher wenig Unterstützung von der Philosophie erhalten, und von der Religion und ihren Anhängern kann großer Schaden über die Philosophie und die Philosophen kommen.«[46]

Die Verhältnisse im nordalpinen Europa nahmen sich demgegenüber bescheiden aus. Hier beschränkten sich Bildung und Kultur noch weitgehend auf die Angehörigen der Kirche, Priester und Mönche, und selbst unter diesen existierte ein steiles Bildungsgefälle. Die zumeist selbst noch analphabetischen staatlichen Obrigkeiten näherten sich erst allmählich jener Verbindung von Wissen und Macht, wie sie etwa in China mit seiner entwickelten Bürokratie aus Beamtengelehrten schon existierte. Europäische Bildung und Kultur lagen noch weitgehend in den Händen von Benediktinerklöstern, die über diese Bildung als ihr Monopol wachten. Die analphabetischen Laien *(laici, illiterati)*, von den Bauern bis zum Hochadel, erfuhren die Verachtung der Lese- und Schreibkundigen. Seit dem 9. Jahrhundert nahmen aber bereits Domschulen in Bischofssitzen wie Reims, Lüttich, Köln und Hildesheim einige Bildungsaufgaben wahr. Weil auch diese Schulen in erster Linie dazu dienten, Kleriker auszubilden, wohnten die Schüler in der Regel in einem Stift. Für die Unterweisung von Laien konnten daneben externe Schulen bestehen, wie es in Reims und Hildesheim der Fall war. Die Domschulen förderten seit dem 10. Jahrhundert verstärkt Rechts- und Logikstudien. An den Domschulen von Auxerre und Reims wurden das Studium antik-klassischer Literatur um deren Bildungswertes willen betrieben und solche »freien Künste« wie Dialektik, Arithmetik, Geometrie und Astronomie gefördert. Außerdem belegen Urkunden, daß im Rechtswesen einiger oberitalienischer Städte manche Laien schriftkundig waren und über elementare Bildung verfügten.

Die religiösen Bildungseinrichtungen stellten mit ihren Skriptorien für die Abschriften und ihren noch sehr bescheidenen Bibliotheken die wichtigsten Domizile für Bildung, Erziehung und Kunstausübung dar. Sie waren daher auch das Ziel der umherziehenden Studenten. Eine der größten Klostersiedlungen im irischen Glendalough soll in ihrer Blüte zwischen dem 9. und 11. Jahrhundert Hunderte Schüler angezogen haben. Wissensdurstige begaben sich auf oft gefährliche Wanderschaft. Abbo, später Abt von Fleury (gest. 1004), zog nach dem Erlernen von Grammatik, Arithme-

[46] al-Fārābī [gest. 950], zitiert nach: Mahdi, Al-Farabi's Book, S. 55.

tik und Dialektik zum Studium der Philosophie nach Paris und Reims. Bischof Gerbert von Aurillac (später Papst Silvester II.) verließ Reims, um in Katalonien sogar bei jüdischen oder muslimischen Gelehrten Mathematik zu studieren. Dieser Bischof zeigte ebenso wie etwa Bernward, Gründer des Benediktinerklosters St. Michael in Hildesheim, oder Mönche wie Notker der Deutsche, Lehrer an der Klosterschule von St. Gallen, bereits eine stärkere Aufgeschlossenheit gegenüber nichttheologischen Disziplinen.

Insgesamt wesentlich höheres Niveau besaß jedoch die Bildung im byzantinischen Konstantinopel. Hier stammte das Bildungssystem noch aus der Spätantike. Es umfaßte eine Elementarstufe mit Lesen und Schreiben, eine Sekundarstufe mit der Vermittlung klassischer griechischer Literatur und eine dritte Stufe, wo Rhetoriker die korrekte und kunstvolle Ausdrucksfähigkeit in der Literatursprache lehrten. Die vierte Stufe schließlich widmete sich dem Studium der Philosophie. Elementarlehrer gab es in vielen byzantinischen Städten, die höheren Stufen konnten an der Wende zum 11. Jahrhundert nur noch in Konstantinopel selbst geboten werden. Elementarlehrer wurden von den Eltern bezahlt, Lehrer höherer Stufen erhielten Förderung durch die zentrale Administration und die Kirche. Auch der Staat interessierte sich für die Ausbildung. Seit dem 9. Jahrhundert regelten kaiserliche Erlasse den Unterricht in Rhetorik, Philosophie, Rechtswissenschaft und Medizin. Parallel zum staatlichen Bildungswesen organisierte das Patriarchat Schulen mit stärker theologischer Ausrichtung für Kleriker, die aber ebenfalls von Laien besucht wurden. Daneben gaben private Lehrer in Konstantinopel Unterricht in Literatur, Rhetorik und Philosophie. Lektüre und Auswendiglernen bestimmten den Schulbetrieb, der in seinen höheren Stufen nicht völlig christlich ausgerichtet war. Diese Form der Bildung genossen Zehntausende von Staatsbeamten und kirchlichen Würdenträgern Konstantinopels. Wissen war damit relativ verbreitet, wenngleich es in seiner höheren Form auch hier auf eine kleine Gruppe beschränkt blieb.

Gleichzeitig existierten einfache Kleriker, über deren Bildungsniveau sich der erwähnte Psellos noch im 11. Jahrhundert sarkastisch äußerte, als er von seinem Pfarrer berichtete, der »aus jedem klerikalen Rahmen« fiel:

»Zwar läßt er sich mit allen möglichen schönen Titeln schmücken, Grammatiker oder Notar, neben der Bezeichnung Papas. Aber das sind beschönigende Redeweisen, so wie der Dichter gelegentlich statt ›Hund‹ der ›Schnellfüßige‹ sagt, oder der Redner eine Hure hochtrabend ›Hetäre‹ nennt. Genau so ist es mit seinem Notar und Grammatiker bestellt. Gewiß, als er noch jung war, suchte er beide Berufe zu erlernen und besuchte dazu mehr als eine Schule. Aber er lernte nichts; er störte nur den Unterricht. Würde man ihn fragen, was Orthographie ist oder Metrum oder Syntax, dann würde er meinen, man spreche eine fremde Sprache, und würde sagen, man solle doch griechisch mit ihm sprechen. Von all dem, was mit Versmaßen zu tun hat, besitzt er keinen Dunst.«[47]

Auf dem nördlichen und zentralen indischen Subkontinent vollzogen sich an der Wende zum 11. Jahrhundert wichtige Veränderungen in der Bildungslandschaft. Der Hinduismus drängte den Buddhismus zurück. Die Folge dessen war, daß hinduistische Tempelanlagen zahlreiche verfallene buddhistische Städte und Klöster ablösten. Heilige Orte in Kanauj, Varanasi (Benares), Ayodhya, Bhubaneswar und Puri zogen als Pilgerzentren nunmehr zahlreiche Hindu-Gläubige an. In Südindien errrichtete die Tamilen-Dynastie der Cola in ihren Hauptstädten Tanjavur und Gangaikondacolapuram neue prachtvolle Hindu-Tempel. Brahmanen wirkten in den Großtempeln der Könige. Sie hatten ihre Ausbildung oft in regel-

[47] Michael Psellos, zitiert nach: Leben in Byzanz, S. 352 f.

52 Auf einem Feldzug erbeutete buddhistische Schriften wurden in dieser Bibliothek in Pagan, Burma, bewahrt. Ein fünfstufiges Dach schmückt das Gebäude, errichtet um 1060, restauriert 1783. Die Gesamtfläche der Bibliothek umfaßt ca. 580 Quadratmeter.

rechten Gelehrtendörfern bei den Sasana-Brahmanen auf dem flachen Lande erhalten. Die dortige Ausbildung war langwierig und fand unter kasernengleichen Bedingungen statt. Nur Zöglinge aus den oberen drei Ständen durften Zugang zu dem heiligen Wissen des hinduistischen Veda erlangen. Zur Verbreitung der brahmanischen Gelehrsamkeit trug auch die Tatsache bei, daß eines ihrer traditionellen Zentren, Kanauj in Nordindien, 1019 von Mahmud von Ghazna erobert wurde. Die Brahmanen verließen den Ort und zogen in andere Gegenden, wo sie wegen des Prestiges ihrer Herkunft bald Aufnahme fanden.

Buddhistische Gelehrsamkeit kam nunmehr vor allem außerhalb des indischen Subkontinents zum Tragen. In Pagan, der burmesischen Hauptstadt, wurde um 1060 eine spezielle Bibliothek (Abb. 52) für die Aufbewahrung buddhistischer Schriften gebaut, die auf einem Feldzug erbeutet worden waren. Den Bau mit quadratischem Grundriß krönt ein fünfstufiges, an den Rändern geschmücktes Dach mit einem Turm. Ende des 18. Jahrhunderts ließ der burmesische König die Bibliothek restaurieren und dabei die

ursprüngliche Holzarchitektur nachbilden. Durch kleine Steingitterfenster fällt schwaches Licht in das Innere des Baus.

Die Kult- und Bildungshorizonte im toltekischen Zentrum Tollan, seine Beziehungen zu anderen Ortschaften und seine historisch-mythische Verbindung mit späteren vorkolumbischen Kulturen Amerikas, insbesondere der Azteken, werden in der Gegenwart zunehmend intensiver erschlossen. Hier wie in großen Teilen Europas und Afrikas beherrschte die Mündlichkeit die Bildung. Neben den archäologischen Funden sind es deshalb mündliche indianische Überlieferungen aus spanischer Zeit, die Aufschluß über diese Traditionen geben. In ihnen erschien der mythische Quetzalcoatl, die »gefiederte Schlange«, als historische Gestalt und wurde damit zu jener überaus populären legendären Person, die für die meisten mesoamerikanischen Völker die positiven Werte der Tolteken weitertrug.

Es ist aber anzunehmen, daß in mesoamerikanischen Städten Priesterschulen existierten, an denen Priester und Adlige nicht nur die notwendigen Kenntnisse über kultische Zeremonien, über Opfer und Selbstopfer erwarben. Lesen, Schreiben, Mathematik und Singen dürften hier ebenso gelehrt worden sein wie die Deutung des komplizierten Kalenders insbesondere für das Wahrsagen und die Zeitvorausschau. In der praktischen Ausbildung folgten die späteren Azteken, die sich auf die Tolteken beriefen, gleichfalls deren Vorbild. Knaben wurden bereits in jungen Jahren an das Tragen leichter Lasten, Mädchen an die Arbeit mit der Spindel herangeführt.

Für den afrikanisch-subsaharischen Bereich blieb charakteristisch, daß Wissen und Bildung mündlich weitergegeben wurden. Ergebnisse neuerer Ausgrabungen von Städten verstärken Eindrücke des bemerkenswerten Phänomens, daß hier umfassende organisatorische und politische Aktivitäten offenbar ohne Schrift möglich waren.

Dominierte in vielen Kulturen um das Jahr 1000 eine Bildung, die eng mit Glauben und Religionsausübung verzahnt war, so finden wir in den großen Städten Chinas ein weiter gefächertes, stärker auf weltliche Aufgaben orientiertes Wissen. Der chinesische Staat hatte die Bedeutung von Wissen als Herrschaftsinstrument erkannt. Vom Kaiser Taizu aus der Song-Dynastie stammte der programmatische Spruch »Wenn Kultur und Schrifttum leuchten, wird sich das Regieren verändern«[48]. Die neue Herrscherdynastie im China der Song strebte eine zivile Gesellschaft an, die sich an neo-konfuzianischen Konzepten orientierte. Die Staatsmacht sollte zentralisiert werden, nicht zuletzt um das politische Gewicht des Militärs zurückzudrängen. Dazu bedurfte es einer großen Zahl gut ausgebildeter kaiserlicher Beamtengelehrter, die im Sinne neo-konfuzianischer Ideale bereit waren, dem Staatswohl Eigennutz und private Interessen unterzuordnen.

Die Bildung war zentral organisiert. In der Hauptstadt Kaifeng nahm ein spezielles Direktorat die Bildung von Söhnen der aristokratischen Elite wahr. Hier wurde im Jahre 978 die Bibliothek des Kaiserpalastes gegründet, die 80 000 Bände besaß. In den Provinzen förderten lokale Beamte, private Gelehrte, finanzkräftige Haushalte, konfuzianische Tempel oder buddhistische Klöster Bildung und Erziehung. Ab Ende des 10. Jahrhunderts verschenkte die Regierung Landbesitz an Schulen und stellte Lehrer ein, so daß um das Jahr 1000 bereits etwa 30 staatliche Präfektur- und Bezirksschulen existierten. Deren wichtigste Aufgabe bestand darin, ihre Schüler für die Prüfung zur Beamtenlaufbahn vorzubereiten. Da jährlich 10 000 von ihnen die Prüfungszulassung erlangten und nur ein Schüler von hundert diese Stufe erreicht haben soll, dürfte etwa 1 Million chinesischer Kinder und Jugendlicher einen zumindest elementaren Bildungsweg begonnen haben.

Die damit verbundenen organisatorischen Probleme zu bewältigen war eine Leistung, die sicher bis weit in die Neuzeit in anderen Teilen der Welt ihresgleichen suchte. Die Anwärter mußten sich nicht nur mit dem Abschreiben komplizierter Schriftzeichen mühen, sondern auch alte konfuzianische Texte auswendig lernen und zu erklären verstehen. Ihre Kenntnis bildete den Hauptbestandteil von Beamtenprüfungen. Während in der gesamten siebzehnjährigen Regierungszeit des Gründungskaisers der Song-Dynastie, Kaiser Taizu, nur etwas mehr als 300 Kandidaten die Prüfung in der Hauptstadt bestanden, erreichte die Prüfungsaktivität im Jahr 1000 ihren Höhepunkt in der gesamten Geschichte des Prüfungswesens für den Beamtendienst: etwa 1500 Kandidaten bestanden die Prüfung und konnten danach im zivilen Beamtendienst Karriere machen.

Gelehrsamkeit war auch bei den nördlichen Nachbarn der Song, den Khitan unter der Liao-Dynastie, verbreitet. Noch heute bezeugt eine Bibliothek des Xiahuayan-Klosters in Datong vom Jahre 1038 (Abb. 53) mit einer Gesamtfläche von ca. 580 Quadratmetern das Streben nach religiösen Kenntnissen. In alle

[48] Wengming zhenghua, zitiert nach: Bol, Culture of Ours, S. 151.

vier Wände der Halle sind Schränke eingelassen, in denen heilige hinduistische Lehrgedichte auf Schriftrollen bewahrt werden. Architektonisch bemerkenswert ist die Harmonie der Proportionen zwischen Basis, Balustraden, Konsolen und Dach.

Schwerpunkte der nach chinesischem Vorbild gestalteten kaiserlichen Universität lagen im japanischen Kyôto auf Chinastudien, Mathematik und Recht. Diese Universität hatte jedoch seit Mitte des 10. Jahrhunderts gegenüber aristokratischen Eliteschulen im Umland, die ihr formell angegliedert waren, an Anziehungskraft verloren. Die Zahl der Lehrenden an Universität und Schulen, die nunmehr ihre Funktion vererben durften, war damit zwar gewachsen, es dominierte aber eine wenig schöpferische »Hauswissenschaft«. Zur gleichen Zeit wurden weiterhin buddhistische Lehren in zahlreichen Tempeln der Metropole vermittelt.

Die Herrscher der koreanischen Koryŏ-Dynastie hatten in der Hauptstadt Kaesŏng im Jah-

53 Zur Aufbewahrung heiliger hinduistischer Lehrgedichte diente diese Bibliothek des Xiahuayan-Klosters im nordchinesischen Datong aus der Zeit der Liao-Dynastie der Khitan im Jahre 1038. Von einer beachtenswerten Harmonie zeugen die Proportionen zwischen Basis, Balustraden, Konsolen und Dach des Gebäudes.

54 Die Statue der Göttin Marici aus Bihar im 9./10. Jh. ist 55 cm hoch. Laut Inschrift handelt es sich hier um eine buddhistische Darstellung dieser Göttin.

dieser Grundlage bereits eine stärker diversifizierte Wissens-Infrastruktur herausgebildet hatte, erhielten mehr und mehr auch weltliche Bildungszweige deutliche Impulse. Das war insbesondere in jenen Regionen der Welt der Fall, wo ein zentralisierter Staat und sein Verwaltungsapparat aus praktischen Erfordernissen städtische Bildung und Wissenschaft förderten. Allerdings bedeutete dies nicht, daß dort die religiösen Dimensionen der Bildung keinen Platz gehabt hätten, denn Kulte und Religionen durchdrangen weltweit alle Sphären des Lebens.

14. Religiosität und Rationalismus

Überall auf der Welt war das Leben von Stadt- und Landbewohnern organisch mit vielfältigen religiös-kultischen Riten und Praktiken verwoben. Bei allen Unterschieden hatten religiöse Vorstellungen gemeinsam, daß Menschen Zuflucht zu überirdischen Mächten nehmen konnten. Angesichts täglich drohender Katastrophen und anderer Unwägbarkeiten halfen Religionen und Kulte mit ihren Riten, Götterbeschwörungen und Prophezeiungen, das Leben erträglicher und berechenbarer erscheinen zu lassen. Nicht selten schloß dies eine Hoffnung auf das Jenseits und Vorstellungen ein, daß jeder Mensch nach seinem Tode höhere Gerechtigkeit erfahren werde. Dies konnte sich im Glauben an ein ewiges Leben, an einen Kreislauf von Wiedergeburten oder an das schließliche Verlöschen im Jenseits artikulieren (Abb. 54). Ein solches tiefes innerliches Vertrauen verhalf zu Seelenfrieden bei Schicksalsschlägen und förderte die gegenseitige Unterstützung unter den Angehörigen von Glaubensgemeinschaften. Das in Europa und im Islam verbreitete Almosenwesen war zumindest ein Ansatz sozialer Sicherung. Zugleich boten Religionen und Kulte mit ihren spezifischen Festkalendern Abwechslungen vom oft eintönigen Alltag. Schließlich steckten

55 Ein jainistischer Heiliger ist mit dieser Skulptur vom Vimala-Tempel am Berg Abu, Rajasthan, aus dem frühen 11. Jh. dargestellt.

re 992 eine nationale Universität gegründet. Auf Erfahrungen von älteren Schulen in Kaesŏng und Pyŏngyang fußend, besaß diese Universität verschiedene »Fakultäten«, deren Lehrinhalte allerdings ähnlich waren und sich vor allem auf Ursprünge chinesischer Überlieferungen bezogen. Der Zugang zur Universität war nach einer Aufnahmeprüfung den Söhnen von Militär- und Zivilbeamten vorbehalten. Neuerungen zeichneten sich möglicherweise unter Kaiser Sŏnjong (reg. 981-997) ab, der erstmals Jugendliche vom Land zum Studium geholt und Lehrer auf das Land geschickt haben soll.

Ursprung und Kern der meisten Bildungssysteme lagen allgemein in dem Bemühen, religiöses Wissen zu tradieren und theologische Probleme zu meistern. Dort aber, wo sich auf

in den Gesellschaften an der Wende zum 11. Jahrhundert Religionen und Kulte einen normativen Rahmen von Moralvorstellungen ab.

Am Ende des 10. Jahrhunderts finden wir in vielen Kulturen Hinweise darauf, daß mystische und meditative Glaubensformen an Bedeutung gewannen (Abb. 55). Der hinduistische Weg der Näherung an das Überirdische bestand in einer streng asketisch-meditativen Versenkung. Buddhistisches Ziel solcher Versenkung war die erlösende Vereinigung mit dem Absoluten (Abb. 56).

Nicht wenige Muslime und vorwiegend östliche Christen befleißigten sich asketischer Übungen. Ihre verinnerlichte Frömmigkeit, zuweilen gepaart mit ekstatischen Praktiken, strebte das individuelle Einswerden mit Gott an. Symeon, der Neue Theologe (gest. 1022), geriet auf diesem Weg in Konflikt mit dem orthodoxen Patriarchat von Konstantinopel und mußte die Metropole verlassen. In seinen Hymnen und anderen Schriften spielen persönlich erfahrene Gnade Gottes und Visionen eines von Christus ausgesandten Lichtes eine große Rolle. Diese Erfahrungen galten ihm zugleich als Wesen und Krönung mystischer Religiosität (Abb. 57).

In den östlichen islamischen Städten hatte sich am Ende des 10. Jahrhunderts die islamische Mystik, der Sufismus – so genannt nach dem einfachen Gewand aus Wolle *(suf)* von Asketen – verbreitet. Eine Askese mit genauer Befolgung religiöser Vorschriften, das ständig praktizierte Gottdenken und das Voranschreiten auf den Stationen eines verinnerlichten mystischen Pfades bestimmten das Leben der Sufis. Als berühmtes Vorbild des Aufgehens in Gott galt ihnen al-Halladsch. Seit 913 im Gefängnis, war er im Jahre 922 nach Palastintrigen in Bagdad hingerichtet worden. Den Leuten vor einer Moschee in Bagdad hatte er erklärt: »Vor mir verbirgt er (Allah) sich keinen Augenblick, so daß ich mich nicht erholen kann, bis mein Menschsein in seinem Gottsein zugrunde geht und mein Leib in den Lichtern seines Wesens verschwindet. Von mir bleibt dann weder Anblick noch Spur, weder Ansicht noch Kunde.« [49]

Als Kontrapunkt zu diesen mystischen Tendenzen finden sich am Ende des 10. Jahrhunderts neue Ansätze eines stärker rational ausgerichteten Denkens. Vor allem städtische Gelehrte warfen Fragen nach der Verantwortung des Menschen für sein Handeln auf, nach dem Verhältnis zwischen Kosmos, Staat und Vernunft, zwischen Theologie und Philosophie.

Das gegen Autoritätsbeweise gerichtete Wissens- und Glaubensverständnis des Iren Scotus Eriugena aus dem 9. Jahrhundert fand einige Fortsetzer in Westeuropa. Chinesische Beamtengelehrte führten einen Disput im neo-konfuzianischen Sinne, wonach der Er-

56 Im Kreis Nonsan, Korea, ist bei Ausgrabungen das hochdetaillierte Modell einer buddhistischen Pagode aus dem 10./11. Jh. gefunden worden. Es ist vor allem auch deshalb interessant, weil es durch die Modellierung in Bronze mit Vergoldung die üblichen Holzbauten überdauert hat. Aus einer Basis von 63 x 63 cm erhebt sich das Modell in eine Höhe von 155 cm.

[49] Der Mystiker al-Ḥallāǧ, zitiert nach: Die Blütezeit der islamischen Welt, S. 176.

57 Die stark expressive Szene der Fußwaschung gehört zur ältesten Ausmalung der Kirche S. Pietro im apulischen Otranto aus dem späten 10. Jh. Sie ist Teil eines Freskos im byzantinischen Stil, welches das Tonnengewölbe der Kirche schmückt.

50 Der Philosoph al-Maqdīsī [wirkte im 10. Jh.], zitiert nach: Altarabische Prosa, S. 296 f.

halt von staatlicher und gesellschaftlicher Einheit durch Betonung des höchsten Prinzips (dao) zu erreichen sei. Sie forderten aus Schriften der Weisen des Altertums die Gebildeten zu individueller Rechtschaffenheit, Anstand, Wohltätigkeit und Glaubwürdigkeit auf. Am Ende des 10. Jahrhunderts betonte der Beamtengelehrte Xu Xuan als wichtige Pflicht der Gelehrten, kaiserliche Wohltätigkeit und emotionale Reaktionen der Untertanen in Übereinstimmung zu bringen, um damit eine gesellschaftliche Harmonie zu erreichen. Aus Konstantinopel belegt die Lebensgeschichte des heiligen Narren Andreas, daß hier eine mehr säkular ausgerichtete intellektuelle Mentalität in Konfrontation mit Auswirkungen innerer Religiosität und gesteigerter religiöser Schwärmerei geriet.

Unter muslimischen Gelehrten argumentierten die stärker rationalistisch geprägten Muʿtaziliten (»sich Distanzierende«) dialektisch, daß der Koran erschaffen und nicht ewiges göttliches Wort sei. Sie plädierten für Handlungsfreiheit und -verantwortung des Menschen. Dagegen beschwor allerdings eine wachsende Zahl von Aschʿariten (so genannt nach al-Aschʿari, gest. 935) die Ewigkeit des Korans und die Schöpfungsallmacht Gottes in jedem Augenblick. In einem Disput erklärte am Ende des 10. Jahrhunderts ein Vertreter der »Lauteren Brüder« aus Basra: »Das Religionsgesetz ist die Medizin der Kranken, die Philosophie aber die Medizin der Gesunden. Die Propheten behandeln die Kranken, auf daß ihre Krankheit nicht allmählich zunimmt und schließlich dem Wohlbefinden weicht. Was aber die Philosophen angeht, so bewahren sie ihren Freunden die Gesundheit, auf daß Krankheit sie überhaupt nicht befällt.« [50]

15. Ausblick

In vieler Hinsicht ging von den Städten im Jahr 1000, wie auch danach, weltweit die größte Dynamik aus. Hier waren Handel und Luxus, Religion und Bildung konzentriert. Die Spezialisierung der Gewerbe schritt vor allem in städtischen Zentren zügig voran. Die bedeutendsten Städte dieser Zeit lagen nicht zufällig in den stärker zentralisierten Staaten Asiens, Nordafrikas und Südeuropas. Dort förderten die staatlichen Autoritäten ein relativ hohes Wirtschafts-, Lebens- und Kulturniveau. Sie profitierten ihrerseits von den Vorteilen großer Städte, etwa durch die Möglichkeit, über Handelswege und andere Machtkanäle Einfluß auf weite Territorien auszuüben. So scheinen Stadt und Staat um das Jahr 1000 aufs engste miteinander verbunden gewesen zu sein, wofür die riesigen Metropolen im hochgradig bürokratisierten China einen sinnfälligen Beleg liefern.

Allerdings zeigte der Aufstieg europäischer Städte in den folgenden Jahrhunderten, daß eine solche Symbiose an Bedeutung verlieren sollte. Es waren nicht allein die bemerkenswerten Bildungshorizonte, der Stand gewerblicher Technik oder das Handelsvolumen in den Städten, welche die künftige Entwicklung bestimmten. Dies gilt auch für fast grenzenlose Zuwächse an Fläche und Bevölkerung, wie beispielsweise in den chinesischen Städten Kaifeng und Quanzhou, die sich Anfang des

12. Jahrhunderts der Zahl von nahezu einer Million Einwohnern näherten. Dennoch bildeten sich keine neuen städtischen Qualitäten heraus.

Offenbar kam es auf andere Gesichtspunkte an. Ab dem 11./12. Jahrhundert entwickelten vor allem solche Städte zunehmend dynamische Wirkungen, die ihre Selbstverwaltung erreichen und ausbauen konnten und damit ihrer Bevölkerung wachsende Freiheiten bei wirtschaftlichen Betätigungen schufen. Dies war in einigen Regionen Europas der Fall, wo kommunale Bewegungen gegen die Stadtherren in Oberitalien, in Flandern, in Teilen Frankreichs und des deutschen Reiches städtische Privilegien erfochten, die dann oftmals nicht nur offiziell sanktioniert wurden, sondern den Kommunen auf Dauer eine Grundlage für weitgehende Selbstverwaltung boten. Die neuen Rechte für Bürger und Städte schufen andere Verhältnisse als jene in den Metropolen der zentralisierten Großstaaten. Der Aufstieg vieler europäischer Städte, der als eine wichtige Voraussetzung für die Industrialisierung in der Neuzeit nicht zu unterschätzen ist, hatte wohl in diesen Privilegienkämpfen wichtige Wurzeln.

Zur Unabhängigkeit vor staatlichem Zugriff gehörte auch, daß die Sicherheit von Vermögen der Stadtbewohner gegenüber staatlich-militärischer Gewalt behauptet werden konnte. Symptomatisch für eine solche Entwicklung war seit Ende des 10. Jahrhunderts der Weg einiger oberitalienischer Städte wie Venedig, Mailand, Genua und Pisa. Dort hatte sich, mit den Bischöfen oder gegen sie, eine aktive Allianz zwischen Kaufleuten und stadtansässigem Adel formiert, die in erster Linie gemeinsamen Nutzen aus dem Überseehandel zog. Der Stadtstaat Venedig vermochte byzantinische Handelsprivilegien dafür zu nutzen, seine Dominanz über die Adria und den Handel mit Nordafrika auszubauen. Die städtischen Oberschichten von Genua und Pisa orientierten sich ebenfalls erfolgreich auf den Fernhandel. All diese Städte konnten schließlich bis zum Ende des 13. Jahrhunderts als tatsächliche Gewinner der Kreuzzüge in den Nahen Osten und gegen Konstantinopel zusätzliche Reichtümer scheffeln, die sie in politische Macht ummünzten.

Waren also europäische Städte in Ermangelung eines starken Staates um 1000 im Weltvergleich eher bedeutungslos, so erlangten nicht wenige von ihnen in den folgenden Jahrhunderten mit ihrer Emanzipationsfähigkeit gegenüber staatlichen Mächten einen beträchtlichen historischen Vorteil.

ANGELA SCHOTTENHAMMER
V. Kommunikation, Transport und Verkehr

1. Grenzen der Welt

Die Welt im Jahre 1000 mag manchem gerade in bezug auf überregionale Beziehungen und Kontakte als »finsteres Mittelalter« erscheinen, vor allem, wenn man die Möglichkeiten der Kommunikation in der heutigen Welt zugrunde legt. Die Europäer wußten im allgemeinen nichts von Amerika und Australien, und auch sonst waren vielen Völkern große Teile der Welt nicht bekannt. Als die Wikinger um das Jahr 1000 mit ihren Schiffen bis nach Amerika vordrangen, wurde dieses Ereignis im übrigen Europa und Amerika kaum zur Kenntnis genommen. Von der Existenz mancher fernen Länder wußte man zwar, doch kursierten teilweise die fabelhaftesten Vorstellungen über das dortige Leben der Menschen. So war über Indien noch gegen Ende des 13. Jahrhunderts in Europa die Vorstellung vorherrschend, das Land liege weit im Osten in der Nähe des Paradieses. Darüber hinaus sprach man von seltsamen Tieren und Pflanzen wie dem Einhorn, Elefanten, Tigern, goldhütenden Greifen und goldgrabenden Ameisen oder Drachen und Riesenschlangen sowie von vielen exotischen Gewürzen. Den Höhepunkt aber bildeten sicherlich die Fabelvölker, die bereits in den ersten Jahrhunderten n. Chr. erwähnt wurden, so wie die Hundsköpfigen (Kynokephalen) – entweder als Paviane oder Menschen mit Fellen erlegter Tiere bekleidet interpretiert – oder die Langohrigen (Panotii), die sich nachts mit ihren Ohren zudecken könnten, und weitere Fabelwesen.

Schon dem muslimischen Gelehrten al-Bīrūnī (gest. 1048) waren damals die seltsamen Lehrmeinungen aufgefallen, die über Indien und die Inder in Umlauf waren. Doch selbst dieser enzyklopädische Geist bezeichnete die Inder als seltsames Volk, und dies nicht nur wegen ihrer fremden Sprache, Sitten und Religion, die allein schon jede Kommunikation vereitelten:

»Ferner gibt es noch Gründe, deren Erwähnung wie eine Schmähung klingt, jedoch liegen sie in ihrem (der Inder) Charakter und sind nicht zu übersehen. Und zwar ist die Dummheit eine Krankheit, für die es kein Heilmittel gibt. Sie meinen nämlich von der Erde, daß sie ihr Land sei, und von der Menschheit, daß sie ihr Geschlecht sei, und von den Königen, daß es nur ihre Fürsten gäbe, und von der Religion, daß sie nur ihr Glaube sei, und von der Wissenschaft, daß sie das sei, was sie davon besitzen. Sie sind überheblich, dünkelhaft, selbstzufrieden und dennoch ungebildet. Von Natur aus geizen sie dabei mit dem, was sie wissen, … obwohl sie doch meinen, daß es auf der Erde nichts als ihren Landstrich gäbe und unter den Menschen niemanden als dessen Bewohner, und daß außer ihnen niemand eine Wissenschaft besäße.« Des weiteren konstatierte er: »Bei den Indern herrschen ähnliche Verhältnisse wie im Christentum, denn es gründet sich auf das Tun des Guten und die Unterlassung des Bösen, indem man überhaupt nicht töten soll, und dem, der einem das Schultertuch raubt, auch noch das Hemd nachwirft, und dem, der einem auf die eine Backe schlägt, auch noch die andere hinhält, und indem man dem Feind Gutes wünscht und für ihn betet. Das wäre fürwahr ein vortrefflicher Lebenswandel. Jedoch sind die Bewohner dieser Welt nicht alle Philosophen, sondern in ihrer Mehrheit so unwissend und verblendet, daß sie nur durch das Schwert und die Peitsche zurechtgewiesen werden können.«[1]

---
[1] Al-Bīrūnī, Gärten der Wissenschaft, S. 156f.

Hinter der mit eigener Erfahrung angereicherten Beschreibung macht sich doch eine Geringschätzung für die fremde Kultur bemerkbar, und es mischt sich in alle Darstellungen und Berichte, vor allem in die der wissensdurstigen und weitgereisten muslimischen Autoren, doch die Überzeugung, selbst in der einzig wahren Welt zu leben. So wurde meist streng zwischen Einheimischen und Fremden unterschieden. Juden und Christen, die in einem islamischen Land lebten, mußten beispielsweise eine jährliche Personensteuer entrichten. Wenn sie diese Steuer bezahlt hatten, erhielten sie ein Zertifikat, welches sie stets bei sich zu tragen hatten, um beweisen zu können, daß sie ihrer Pflicht nachgekommen waren. Fremde, die aus einem nichtislamischen Land kamen, waren verpflichtet, für ihren Schutz zu bezahlen, der ihnen in islamischen Regionen vor Ort zumindest *pro forma* gewährt wurde. Die Herrscher Chinas waren sich zwar im Prinzip einig, daß es »zivilisierte und unzivilisierte« Völker gab, doch waren sie überzeugt, daß letztlich »die Barbaren aus allen vier Himmelsrichtungen« dem politisch, wirtschaftlich und kulturell hochentwickelten China, im Zentrum der Welt gelegen, unterlegen und tributpflichtig seien – selbst wenn die politische Wirklichkeit anders aussah.

Der wirtschaftliche und kulturelle Schwerpunkt der Welt um 1000 lag zweifellos auf dem asiatischen Kontinent, Mittel- und Nordwesteuropa befanden sich dagegen eher an der Peripherie. Bis zu Beginn der Kreuzzüge waren die Beziehungen der abendländischen Regionen zueinander so unbedeutend, daß Bischof Otto von Freising (Sohn des Markgrafen Leopold II. von Österreich und Enkel Kaiser Heinrichs IV.) in seinen aus der ersten Hälfte des 12. Jahrhunderts herrührenden Aufzeichnungen Aquitanier, Gascogner, Normannen, Engländer, Schotten, Irländer, Franzosen, Flandrer, Lothringer als »ganz unbedeutende« Völker bezeichnen konnte, über welche die abenteuerlichsten Erzählungen im Umlaufe

waren. In zahlreichen orientalischen Städten herrschte hingegen bereits ein reges »internationales« Treiben. Von Konstantinopel über Bagdad bis hin zu Kaifeng begegneten sich die Menschen, wurden Waren und Ideen getauscht. Aber was drang von diesen Zentren nach außen? Was erfuhren die Menschen von den entfernt gelegenen Ländern? Gab es neben den fabelhaften Vorstellungen auch ein konkretes Wissen, das über den eigenen Horizont hinausreichte? War das Fremde nur das Andersartige, Närrische oder gar Böse, das es zu bekämpfen galt? Wie reisten die Menschen, welche Kontakte zu anderen besaßen sie überhaupt?

Wichtige Kontakte zwischen verschiedenen Ländern und Regionen entstanden durch wirtschaftliche und politische Interessen, die sich in Handelskontakten, diplomatischen Beziehungen, Gesandtschaften oder in Kriegen äußerten, aber auch durch die Religionen, das Christentum, den Islam, den Buddhismus und den Kult der gefiederten Federschlange, das Charakteristikum Mesoamerikas. Dabei war ein ausgebautes Verkehrswegenetz zu Lande und zu Wasser eine Voraussetzung, um über den regionalen Austausch hinaus weitläufige Kontakte und Begegnungen zwischen den verschiedenen Völkern herzustellen, wenngleich betont werden muß, daß die Landwege oft sehr schlecht ausgebaut waren. Im Verkehr zwischen dem Osten und dem Westen lösten maritime Handelsrouten immer stärker den traditionellen Landweg, die Seidenstraße, ab, wodurch neue, blühende wirtschaftliche Zentren entstanden. Insbesondere muslimische Kaufleute waren um 1000 wichtige Vermittler zwischen Ost und West. Handelsbeziehungen wurden nicht selten durch einen religiös-kulturellen Austausch begleitet oder durch die Verbreitung einer Religion in vorher von ihr unberührten Gebieten sogar erst bedingt. Kriegerische Auseinandersetzungen wiederum führten zum Erliegen ehemals florierender Landrouten, konnten, aber mußten keineswegs mit dem Abbruch von Handelskontakten zwischen den verfeindeten Staaten einhergehen. Andere Beispiele zeugen wiederum von der Freizügigkeit und dem Nebeneinander verschiedener Kulturen.

So beinhaltete »Kommunikation« im Jahre 1000 im wesentlichen den Austausch von Handelsgütern, von religiösen und weltlichen Vorstellungen sowie die Begegnung von Menschen unterschiedlicher Kulturen unter jeweils spezifischen Bedingungen. Dabei hatte zweifellos der größte Teil der damals Lebenden kaum Kontakt mit fremden Ländern und Menschen, da man in der Regel nicht weit reiste. Die weitesten Strecken legten neben politischen Gesandten wohl vor allem Fernhändler, Soldaten im Krieg, Pilger auf den Heilswegen und Menschen auf der Flucht zurück.

2. Vorstellungen über Fremde

»Fremd« bedeutete im wesentlichen, anders zu sein als das, was man gewohnt, mit dem man unmittelbar vertraut war, seien es nun äußere Merkmale (Physiognomie, Kleidung) oder bestimmte Gewohnheiten. Die Betrachtung Fremder reichte von interessierter Neugierde bis hin zu offener Feindseligkeit. Die damaligen Kenntnisse und Vorstellungen von fernen Ländern und Völkern beruhten neben älterem Schrifttum vornehmlich auf Berichten und Schilderungen von Reisenden wie Kaufleuten, Mönchen und Pilgern oder diplomatischen Gesandtschaften.

Das Augenmerk in den Reiseberichten aus fremden Ländern lag auf der Andersartigkeit der Leute in den besuchten Gegenden. So verschieden dabei die Urteile über die Fremden im einzelnen ausfallen mochten, waren die Beurteilungsmaßstäbe im Grunde genommen überall sehr ähnlich. Charakterisierungen wie der »rohes Fleisch essende Wilde«, der »geschickte Kaufmann« oder die »wilden, rauhen Barbaren« und dergleichen mehr sind in den Berichten immer wieder zu finden. Meist wird dabei, wie wir oben schon erwähnt haben, auch das Gefühl der eigenen Überlegenheit betont. Man sollte nun nicht davon ausgehen, daß sich außer Kaufleuten und einigen Gelehrten niemand für Informationen über andere Völker und Sitten interessierte. Auch für die herrschende Elite eines Landes waren Kenntnisse über fremde Staaten, beispielsweise aus militärstrategischen Gründen, von Interesse. Das mögen die Worte des Kekaumenos verdeutlichen, der im 11. Jahrhundert folgendes bemerkte: »Anders kannst du nichts über Feinde erfahren, außer wenn du viele Spione hast. … Ohne Spione kann man unmöglich seine Arbeit tun.«[2]

Die umfassenden politischen, kulturellen und religiösen Kontakte innerhalb der islamischen Welt, von der Iberischen Halbinsel bis nach Mittelasien, boten gebildeten Muslimen um das Jahr 1000 zahlreiche Möglichkeiten, ihre Kenntnisse über andere Völker zu erweitern. Die Erlebnisse, Erfahrungen oder auch Gerüchte wurden häufig schriftlich festgehalten. In zahlreichen, auf uns fremd wirkenden Mitteilungen, verbanden sich reale Erfahrungen mit Wissen vom Hörensagen, was zu wundersamen und kuriosen Berichten führte. Besonders farbig gerieten Geschichten aus der Seefahrt im Indischen Ozean mit Nachrichten über Inder und Chinesen. Den Kaufmannslegenden über China und Indien vom Anfang des 10. Jahrhunderts folgten halbhistorische Berichte wie der des Kapitäns Buzurg b. Schahriyar aus Siraf (10. Jahrhundert) und die phantastischen Erzählungen von Sindbadh dem Seefahrer, späterer Teil von »1001 Nacht«. Legenden von einem Staat der 1700 Inseln im Indischen Ozean behaupteten, daß dieser von einer Frau regiert wurde.

Chinesen galten in der islamischen Welt als Nachfahren eines Amur aus dem Hause Noah, ihre früheren legendären Könige hätten oft mehrere hundert Jahre geherrscht. Ihnen wurden geschickte Hände und höchste Fertigkei-

[2] Zitiert nach: Koder, Gesandtenberichte, S. 113.

ten in Malerei und Kunsthandwerk zugeschrieben. Über Indien sollte vor Urzeiten 366 Jahre lang Brahman als erster König oder Prophet geherrscht haben, als dessen Nachkommen die Brahmanen angesehen wurden. Vorstellungen über Seelenwanderung, indische Zeitzyklen, mathematische Berechnungen, die Erfindung von Tricktrack- und Schachspiel, ins Arabische übernommene indische Traktate wurden zu bemerkenswerten Leistungen der Inder gezählt. Darüber hinaus bewunderte man ihre Weisheit und ihre gesunden Körper. Eine neue Qualität wissenschaftlicher Erkundung Indiens erreichte später der bereits genannte al-Bīrūnī, der Kriegszüge des Mahmud von Ghazna begleitete. Er gelangte dabei zu dem Schluß, daß sich die Inder »von uns in all dem unterscheide(n), was sonst Völkern gemeinsam ist. Als erstes wäre die Sprache zu nennen, obwohl sich die Völker damit auch sonst voneinander unterscheiden. … In ihr wird ein Ding durch eine Vielzahl von Wurzelwörtern und abgeleiteten Ausdrücken bezeichnet, während ein und dasselbe Wort eine Vielzahl von bezeichneten Dingen bedeutet, was um des klaren Ausdrucks willen die Zufügung von Attributen erforderlich macht, und man kann das Richtige nur herausfinden, wenn man den Kontext versteht und das Gemeinte mit dem vergleicht, was vorher und nachher kommt. … Ferner zerfällt sie (die Sprache) in einen Jargon, dessen sich nur der Pöbel bedient, und in eine reine Hochsprache mit Flexionsendungen und Ableitungen und Feinheiten der Grammatik und Rhetorik, wie sie nur den Gelehrten und Kundigen zugänglich ist. Außerdem ist sie aus Konsonanten aufgebaut, von denen einige unter den Konsonanten des Arabischen und Persischen keine Entsprechung und keine Ähnlichkeit haben, ja unsere Zunge und unser Gaumenzäpfchen sind kaum dazu zu zwingen, sie richtig hervorzubringen, und unser Ohr hört nicht die Unterschiede zwischen ihnen und den ähnlich klingenden. … Außerdem unterscheiden sie sich in ihren Sitten und Gebräuchen derart von uns, daß sie uns mit unserer Kleidung und unserer äußeren Erscheinung fast zum Kinderschreck machen und uns für Geschöpfe des Teufels halten und unsere Sitten für das Gegenteil des Anständigen.«[3] Mit ähnlichen Schwierigkeiten wäre al-Bīrūnī wohl auch in manchen anderen Weltgegenden konfrontiert worden.

Vor allem Bewohner des europäischen Nordens und Westens galten als Barbaren, rätselhafter als Inder, Chinesen oder selbst nichtmuslimische Afrikaner. All diese Völker bewohnten Regionen von Feuchtigkeit, Kälte und Eis, was sich in groben Charakteren, derben Sitten, mühsamem Geist und schweren Zungen widerspiegele. All diese Gebiete Mitteleuropas besuchten Reisende aus islamischen Regionen wegen christlicher Feindseligkeit und geringer wirtschaftlicher Möglichkeiten nur selten und widerwillig. Einen einzigen Bericht von einer Gesandtschaft aus Córdoba zum deutschen Kaiser Otto I. (um 965) hinterließ uns ein Jude oder Muslim, Ibrahim Ibn Yaqub. Wie seinen fragmentarisch überlieferten Reisenotizen zu entnehmen ist, reiste er von Almería über Barcelona, Marseille, Genua, Rom, Venedig, Prag, Krakau, Schwerin, Schleswig, Magdeburg, Soest, Fulda, Mainz, Verdun, Rouen und Paris zurück nach Córdoba. Dabei galt ihm Prag als beste und wirtschaftlich aktivste Stadt des Nordens. Bemerkenswert im ärmlichen Schleswig fand er u.a. das bei den Frauen liegende Scheidungsrecht. Auf dem Markt in Mainz fielen ihm Silber-Dirhems aus Samarkand sowie indische Gewürze auf. Aus zweiter Hand hatte er Nachrichten über Walfischfang und normannische Sitten in Irland sowie über qualitativ hochwertige Wollsorten aus Schaschin, wahrscheinlich das angelsächsische England, übernommen. Völlig dem Reich der Fabeln entnommen sind schließlich seine Informationen über eine nordeuropäische Stadt der Frauen, deren Bewohnerinnen wie Amazonen Krieg führten. Sie zeugten angeb-

[3] Al-Bīrūnī, Gärten der Wissenschaft, S. 149-202.

1 Querrolle aus der zweiten Hälfte des 10. Jh. mit dem Titel »Barbarenfürsten verehren den Buddha«. Das Bild wird Zhao Guangfu zugeschrieben. Besonders erwähnenswert sind die Gesichtszüge der abgebildeten Fürsten, die zentralasiatisch-mongolische bis westlich-europäische Merkmale erkennen lassen.

4 Zitiert nach: Erling von Mende, China, S. 187. Er beruft sich auf die Geschichte Koreas (Korŏsa), Kap. 2, 26b.

lich mit männlichen Sklaven Nachwuchs, ließen aber nur die Mädchen am Leben.

Den Chinesen galten besonders die Völker im Norden und Westen ihres Reiches ähnlich wie manche Inselvölker in Südostasien als ausländische Barbaren. Chinesische Gelehrte sahen sich im kulturellen und geistig-ideologischen Sinne ihren teils nomadischen Nachbarvölkern klar überlegen. Ihr Bild von den Fremden unterschied sich damit kaum von den Auffassungen über Fremde, wie sie beispielsweise bei den Muslimen vorherrschend waren. Eine ähnliche Einstellung finden wir auch im teilweise sinisierten Korea. Der Gründer der Koryŏ-Dynastie, Wang Kŏn, beispielsweise kam aus einer reichen Kaufmannsfamilie. Über das Verhältnis seines Staates zu den asiatischen Nachbarn soll er im Jahre 943 gesagt haben: »Wir im Osten haben schon lange die Sitten der T'ang gepflegt. Ob Literatur, Riten oder Musik, insgesamt haben wir ihre Institutionen geehrt. In anderen Gegenden ist die Natur der Menschen anders, daher sollte man nicht nachgiebig auf sie eingehen. (Das Land) der Khitan ist ein Land der wilden Tiere. Die Sitten sind anders, die Sprache verkehrt. Was die Kleidung und die Institutionen anbelangt, hütet euch, darin (mit ihnen) gleich zu werden.«[4]

Der Fremde wurde damals auch als solcher bereits bildlich dargestellt, wie eine Zhao Guangfu zugeschriebene Querrolle belegt. Das Bild zeigt Buddha verehrende »Barbarenfürsten«, deren Gesichter Zuschnitte vom Zentralasiatisch-Mongolischen bis hin zum Westlich-Europäischen erkennen lassen (Abb. 1).

Naturvölker, die meist als Wilde, völlig unzivilisierte Urmenschen angesehen wurden, wußte man als Sklaven sehr wohl zu nutzen: »In Guangzhou (Kanton) halten sich die meisten reichen Haushalte Teufelssklaven; sie sind sehr stark und können mehrere hundert

Pfund heben. Ihre Sprache und Neigungen sind (für Chinesen) nicht verständlich. Sie sind von ihrer Natur her schlicht und fliehen nicht. Man bezeichnet sie auch als ›Wilde‹. Ihre Hautfarbe ist so schwarz wie Tinte, ihre Lippen sind rot, ihre Zähne weiß und ihre Haare kraus und gelb (sic!). Es gibt sowohl Männer als auch Frauen unter ihnen. Sie stammen aus verschiedenen Regionen in Übersee und verzehren (ihre Speisen) roh. Gibt man ihnen in Gefangenschaft gekochte Speisen zu essen, haben sie nach einigen Tagen Durchfall, was man als ›Darmwechsel‹ bezeichnet. Manchmal werden sie aus diesem Grund sogar krank und sterben. Wenn sie nicht sterben, kann man sie behalten *(xu)*[5], und nach einer längeren Zeit beginnen sie, die Sprache der Leute [d. h. Chinesisch] zu verstehen, obgleich sie sie noch nicht selber sprechen können. Eine andere Art von wilden Menschen, die in der Nähe des Meeres leben, können im Wasser untertauchen, ohne ihre Augen zu schließen. Man bezeichnet sie als Kunlun-Sklaven.«[6] Diese guten Schwimmer wurden übrigens auf See ins Wasser geschickt, um Lecks am Schiffsrumpf zu reparieren.

Demgegenüber galten den Chinesen Angehörige islamischer Völker im allgemeinen noch am ehesten als Vertreter einer zivilisierten, wenngleich andersartigen Kultur. Im Regelfall wurden sie mit Handel und Reichtum in Zusammenhang gebracht. Die Bilder von Koreanern, Japanern und Indern fielen dagegen durchaus unterschiedlich aus. Einerseits zwar als Vertreter von mehr oder weniger zivilisierten Völkern angesehen, reichten sie andererseits alle nicht an die chinesische Kultur heran und galten eigentlich auch nur als bessere Wilde. So soll Kaiser Taizong einst bemerkt haben: »Die Japaner … sind im Grunde genommen doch nur Wilde, die nichts von der Bildung der Chinesen verstehen. Wie haben diese Wilden es nur fertiggebracht, die königliche Würde ununterbrochen in derselben Familie zu erhalten und immer die Beamtenstellen erblich einem Sprößling des Inhabers zu übermitteln, ohne jemals gezwungen worden zu sein, dieses System abzuschaffen?«

Wie sehr man sich häufig auf persönliche Geschichten, Gerüchte oder anekdotenhafte Erzählungen verließ, um ein allgemeines Urteil über ein anderes Volk abzugeben, ist seiner abschließenden Beschreibung der Japaner zu entnehmen: »Die Japaner lieben sehr den Baum Sin-luo-sung (eine Art der im östlichen Asien vorkommenden Fichten), dessen Holz und Harz so wohlriechend sind. Der Fußboden und die Decken der Zimmer sind immer aus solchem Holze gemacht. Tritt man also in ein Zimmer, so strömen einem die angenehmsten Wohlgerüche entgegen. Diese Vorsicht ist durchaus notwendig und geboten, weil die japanischen Frauen von Natur aus übel riechen. Um diesen üblen Geruch loszuwerden, pflegen sie sich noch den ganzen Körper mit dem wohlriechenden Harze jenes Baumes einzureiben. … Die Japanerinnen haben kein Haarnetz, sondern lassen der Schönheit und des üppigen Haarwuchses wegen die Haare lose im Winde flattern.«[7]

Da nur ein kleiner Teil der Bevölkerung der jeweiligen Kulturen die fremden Länder und fernen Regionen bereiste, wird es nicht verwundern, daß sich solche phantastischen und teilweise weltfremd anmutenden Vorstellungen und Auffassungen lange halten konnten. Dennoch bestanden um 1000 schon nennenswerte Kontakte, die von Europa und Afrika bis hin nach Ost- und Südostasien reichten und meist über den Handel vermittelt waren.

3. Handelsbeziehungen

Viele Regionen der damaligen Welt erlebten eine Ausweitung von Handelskontakten, wobei deren Quantität und Qualität in den einzelnen Gegenden zweifellos sehr unterschiedlich geprägt waren. Erschwerend für den heutigen Historiker kommt hinzu, daß in den

[5] Diese Vokabel wird eigentlich im Zusammenhang mit Vieh verwendet.
[6] Zhu Yu, Pingzhou ketan (Gespräche in Pingzhou), j. 2, 20. Congshu jicheng-Ausgabe.
[7] Tschepe, Japans Beziehungen zu China, S. 91f.

Quellen oftmals nähere Informationen über einzelne Orte oder auch Hinweise auf bestimmte Länder fehlen, selbst wenn von Kaufleuten aus Übersee die Rede ist. Ohnehin sollte der Handelsverkehr im damaligen Europa nicht überschätzt werden. Große Handelsknotenpunkte und Märkte für Kaufleute aus aller Welt waren zumindest in Nordwesteuropa eher eine Ausnahme. Auch Nachrichten waren dort zumindest im 10. Jahrhundert spärlich. Nordwesteuropa lag insofern zweifellos am Rande der großen Handelszentren, doch gab es für die Reichen der Gesellschaft auf den Märkten größerer Städte hinreichend Möglichkeiten, verschiedene Produkte aus zum Teil weit entfernten Ländern zu erstehen.

Im Gegensatz zu Europa lag die islamische Welt damals im Zentrum weitreichender Handelsbeziehungen, die sich von Afrika, Europa bis hin nach Ost- und Südostasien erstreckten. Das Interesse an fremden Rohstoffen, verfeinerten Manufakturwaren oder auch lokalen Besonderheiten hatte in den Jahrhunderten bis 1000 zu einem sich stetig ausweitenden Handelsnetz geführt, dessen Routen im Laufe des 10. Jahrhunderts immer starker vom Land- auf den Seeweg verlagert wurden, da kriegerische Auseinandersetzungen in Zentralasien, doch auch die politischen und militärischen Instabilitäten im China des 10. Jahrhunderts den Handelsverkehr zwischen Ost und West auf der traditionellen Seidenstraße zunehmend erschwerten. Dennoch bestanden aber Handelsbeziehungen zwischen China und seinen nördlichen Nachbarn um das Jahr 1000 fort, wie etwa der Tributhandel mit Ost-Turkestan: Einmal jährlich kamen Gesandte, die von uighurischen Händlern begleitet wurden, von Ost-Turkestan nach China. Die uighurischen Händler blieben oft längere Zeitperioden in verschiedenen Städten Nordchinas, wo sie ihre Produkte gegen Edelmetalle austauschten. Manche sollen sogar in der Hauptstadt Kaifeng als Geldverleiher agiert haben.

Einen weiteren Impuls für die Verlagerung der Handelswege aufs Meer stellten die revolutionierenden Fortschritte und Kenntnisse in der Navigationstechnik und im Schiffsbau dar, wie beispielsweise die Einführung des magnetischen Kompasses für Navigationszwecke, die im allgemeinen in das 11. Jahrhundert datiert wird. Diese Entwicklung wirkte sich bis hin nach Indien, Konstantinopel oder zu den europäischen Regionen der damaligen islamischen Welt aus. Küstenstädte erfuhren einen deutlichen wirtschaftlichen Aufschwung. Indien und Südostasien spielten um 1000 noch nicht die zentrale Rolle im Austausch zwischen Ost und West, die ihnen wenig später zukommen sollte. Doch stieg die Bedeutung von Handelsniederlassungen vor allem im südlichen Indien und an bestimmten Knotenpunkten im Indischen Ozean aufgrund ihrer geographischen Lage bereits damals stetig an.

Muslimische Händler spielten in der Entwicklung des damaligen Handels eine entscheidende Rolle. Nicht zu vernachlässigen waren hierbei auch die vom Koran vorgeschriebenen Pilgerfahrten nach Mekka. Zum einen waren die Pilgerwege dorthin unmittelbar mit einigen transkontinentalen Handelsrouten verbunden, so daß die Pilgerzüge Handelskarawanen glichen, die mit orientalischen Erzeugnissen beladen waren. Zum anderen mußte jeder Muslim einmal in seinem Leben nach Mekka pilgern, so daß die Kaufleute, Handwerker und Gelehrten ihre beruflichen und persönlichen Interessen mit Pilgerfahrten zu den heiligen Orten kombinierten. So erklärt sich der fromme Wunsch für einen muslimischen Pilger: »Möge Dein *Hadschdsch* angenommen, Deine Sünden vergeben werden und Deine Waren nicht unverkauft bleiben.«[8] Die Muslime, die auf maritimen Handelswegen bis nach Indien, Südostasien und China segelten, waren im Regelfall Kaufleute.

Auch Ostafrika war um das Jahr 1000 fest an das interkontinentale Fernhandelsnetz des Indischen Ozeans angebunden. Schon lange,

[8] Goitein, Mediterranean Society, S. 55.

bevor wir greifbare Quellen haben, gehörte die ostafrikanische Küste zur Handelseinheit »Indischer Ozean«, wo sich die Swahili-Sprache und der Islam als Bindeglied der ostafrikanischen Küstengesellschaften etablierten. Von der Küste aus verlief ein komplexes System an Handelswegen zu den Handelsreichen sowie den Bauern-, Jäger- und Hirtengesellschaften im Landesinneren. Iranische Keramik fand man bis zu 50 Kilometer landeinwärts beispielsweise in Tansania und Kenia. Aber auch wesentlich weiter südlich und westlich in Afrika ist Fernhandel über Strecken von Tausenden von Kilometern nachweisbar. So wurden im Fundort Igbo Ukwu Kupfer und Perlen gefunden, die möglicherweise auf Beziehungen bis nach Indien hinweisen und das Klischee vom isolierten Afrika widerlegen. Dennoch herrschte bis in vergleichsweise junge Zeiten eine relativ strikte Trennung zwischen dem Küstenbereich und dem Hinterland. Die Herrscher des Hinterlandes erkannten formal die Oberherrschaft der Küstenhändler an, aber deren Macht und Einfluß blieben bescheiden. Für die Führer der Inlandreiche wäre es wohl nicht schwer gewesen, die Küste unter Kontrolle zu bringen. Aber warum hätten sie ihre Haupthandelswege und die Quelle ihres Reichtums zerstören sollen? Seit etwa 1000 beschleunigte sich die Islamisierung und die Entwicklung des Handels an der Küste. Die Errichtung von Stein-Moscheen und wohl auch die Herausbildung der heutigen Swahili-Kultur als Handelssprache legen ein Zeugnis davon ab.

Mesoamerika war zwar nicht mit den übrigen Kontinenten verbunden, doch gab es zwischen den einzelnen Volksgruppen eine relativ rege Handelstätigkeit. Über den Fernhandel war es mit Nord- und Zentralamerika und Zentralmexiko mit Yukatan verbunden. Während sich in westlicher Richtung ab Tabasco eine klare Präferenz des Seehandels in Richtung Yukatan, Belize und Zentralamerika zeigte, war in den Hochländern von Guatemala und Chiapas, ebenso wie in Zentralmexiko und im Süden Nordamerikas der Landhandel vorherrschend.

4. Handels- und Verkehrswege

Die zentrale Rolle bei der Erschließung länderübergreifender Handelswege nahmen unbestrittenermaßen muslimische Kaufleute ein. Von ihrer Bedeutung für den Handel sowohl zu Lande als auch zur See legen nicht zuletzt zahlreiche, von europäischen Völkern übernommene arabische Ausdrücke aus dem Bereich des Handels Zeugnis ab, wie Karawane (pers. kārwān) Magazin (arab. maḫzan = Warenniederlage), Dogana (arab. dīwān = Behörde, daraus französisch *douane*, Zollamt), Arsenal (arab. dār al-sināʿa = Haus der Fabrikation, speziell: Werft), Havarie (arab. ʿawār = Fehler, Mangel), Sensal (arab. simsār, Makler) oder auch das Wort Risiko (arab. rizq, Vermögen, Geschenk Gottes) und andere mehr.

Der Landverkehr blieb im Rahmen der Handelsbeziehungen offenbar bis zum Ende des 10. Jahrhunderts in den meisten islamischen Regionen bedeutender als die Verbindungen zur See. Wegen der großen Entfernungen, den klimatisch-geographischen Bedingungen von Steppe, Wüste und zerklüfteten Gebirgen blieben Straßen, Wege und Pisten im allgemeinen unbefestigt. Straßenbautechnik wurde außer in den Städten nur gelegentlich bei einigen Strecken durch Gebirge und bei der Anlage von steinernen Brücken über größere Flüsse praktiziert. Seit alters her blieben damit Möglichkeiten beschränkt, Wagen und Fuhrwerke in größerem Umfange einzusetzen. Eine Hauptroute des Landverkehrs verband beispielsweise in Transoxanien die alte »Seidenstraße« nach China mit den iranischen und mesopotamisch-irakischen Gebieten. Von Taschkent zog sich diese Handelsstraße westwärts über Samarkand, Buchara, Merv, Tus, Nischapur, Damghan, Raiy und

2 Die Luoyang-Brücke in Hui'an, Fujian (China) aus dem Jahr 1053 ist mit ihrer Länge von 834 m und der Breite von 7 m ein beachtenswertes Beispiel für die damalige chinesische Brückenbaukunst.

Hamadan bis nach Bagdad. Eine andere Handelsroute erstreckte sich auf den südlichen Abzweig der Seidenstraße durch Karakorum oder den Hindukusch nach Tibet und Zentralasien, durch die heutige chinesische Provinz Yunnan, dem damaligen Reich Nanzhao, bis in das Reich der Song. In westlicher Richtung führte ein Landweg bis nach Persien.

Das ursprünglich gut ausgebaute römische Straßennetz war um das Jahr 1000 zumindest außerhalb Italiens weitgehend verfallen. Nur wenige Straßen führten durch die dichten Mittelgebirgs- und Waldlandschaften Zentraleuropas. So gab es nur eine einzige Route vom damaligen Bischofssitz Regensburg durch Ostmitteleuropa nach Rußland. Zu den bekanntesten Fernstraßen zählte die Brennerroute über die Alpen und diejenige durch das Aosta-Tal. Der Alpenübergang bedeutete für viele Reisende ein großes Wagnis und mußte möglichst vor Wintereinbruch stattfinden, auch wenn Hannibal gut tausend Jahre früher (218 v. Chr.) bereits bewiesen hatte, daß man die Alpen im Winter sogar mit Elefanten überqueren konnte. Zu den heutzutage wohl bekanntesten mittelalterlichen Reisen dürfte sicherlich der Bußgang Heinrichs IV. nach Canossa im Winter 1076/77 zählen, von dem uns Lampert von Hersfeld (gest. 1082) eine dramatische Beschreibung überlieferte.[9] Das unübersichtliche Gelände begünstigte auch das Bandenwesen. Im 9. und 10. Jahrhundert hielten Sarazenen einen Brückenkopf in den französischen Seealpen, von dem aus sie plündernd, brennend und mordend das Rhônetal und Burgund heimsuchten. 982 brachten sie Abt Majolus von Cluny auf dem Großen St. Bernhard in ihre Gewalt. Da viele Menschen über die Alpen reisten, verdienten sich landes- und wegekundige Träger ihren Unterhalt, indem sie Waren, möglicherweise auch Personen, auf besonderen Traggeräten über das Gebirge brachten.

Um Kaufleuten, Wallfahrern und Abenteurern ein Minimum an Sicherheit zu bieten, wurden im Laufe des Mittelalters am Fuße mancher Pässe Klöster, unterhalb der Pässe Hospize gegründet. Klöster boten auch in Asien den Reisenden eine relativ sichere Unterkunft. Die insgesamt gesehen aber eher

[9] Ohler, Reisen im Mittelalter, S. 170f.

schlechten Wegeverhältnisse und Verkehrsbarrieren führten dazu, daß viele Reisen, wenn möglich, auf dem Wasserweg unternommen wurden. Eine nicht zu unterschätzende Verkehrsbarriere war beispielsweise das Überqueren größerer Flüsse, weshalb der Brückenbau von großer Bedeutung war. Er nahm aber, allgemein gesprochen, erst ab dem 11. Jahrhundert deutlich zu, meist aus wirtschaftlichen und militärischen Gründen. Ein beachtenswertes Beispiel für den Brückenbau besitzen wir mit der Luoyang-Brücke in Hui'an in der heutigen Provinz Fujian in Südostchina. Die Brücke wurde im Jahr 1053 errichtet, ist 834 m lang und 7 m breit (Abb. 2). Um im tiefen Wasser und bei der starken Strömung das Fundament zu errichten, versenkte man über die gesamte Breite des Flußbettes große Mengen von Felsblöcken. Da sich zwischen den Steintrümmern Muscheln ansiedelten und die Spalten mit ihren Schalen quasi »auszementierten«, entstand so im Laufe der Zeit ein homogenes Fundament für die Pfeiler. Darüber wurde die Brücke errichtet. Dies ist gleichzeitig die älteste Art in China, Fundamentplatten für Flußbrücken zu errichten.

Die Vorteile der Binnenschiffahrt für Verkehr und Handel waren so offenkundig, daß man bereits in der Antike natürliche Wasserläufe durch Kanäle zu einem Wasserstraßennetz ausgebaut hatte. Zu Wasser reiste man nicht nur schneller, sondern auch bequemer und billiger als zu Lande. Vor allem ließen sich Massengüter wie Getreide, Salz und Wein, deren Transportkosten auf dem Landweg den Wert der Waren oft schon nach einigen Tagen

3 a, b Ausschnitte aus dem Rollbild »Am Frühlingsfest den Fluß hinauf fahren« von Zhang Zeduan (ca. 1125 n. Chr.). Anschaulich dargestellt werden die Verkehrs- und Transportverhältnisse in der Hauptstadt Kaifeng.

überstiegen, auf Schiffen über große Strecken relativ preisgünstig befördern.

In China gab es für die Binnenschiffahrt bereits ein relativ gut ausgebautes Fluß- und Kanalwegesystem. Dieses System war staatlich organisiert. Ursprünglich hatte die Bevölkerung für den Landtransport Wagen, für den Wassertransport Boote und Arbeitskräfte zu stellen. Später mußten die Dienstpflichtigen entlohnt werden, doch wurden immer wieder Dienstpflichtarbeiter herangezogen. Im Jahr 983 wurde in Kaifeng eigens die »Kommission für den Wasser- und Landtransport der Provinzen« gegründet, zu der je eine Abteilung für Wasser- und Landtransport gehörte. Der Steuerreis oder andere Abgaben wurden auf große Dschunken und, falls der Weg durch kleinere Flüsse und Kanäle führte, auf Lastkähne und Boote verladen und in die Hauptstadt transportiert. Dafür benutzte man staatliche und private Fahrzeuge, die oftmals im Besitz von Kaufleuten waren. Wenn es sich anbot, ging man vom Boot- zum Landtransport über, der meist durch Träger erfolgte. Das über fünf Meter lange Rollbild »Am Frühlingsfest den Fluß hinauf fahren« von Zhang Zeduan (ca. 1125 n. Chr.) zeigt zahlreiche Stadtbewohner, die zu Fuß, auf Pferden oder Mauleseln, mit Wagen oder Schubkarren oder auch in einer Sänfte die hölzerne »Regenbogenbrücke« am Bian-Kanal in der Hauptstadt Kaifeng überqueren bzw. dort durch die Straßen ziehen. Auch beladene Kamele sind zu sehen, ferner Frachtkähne und Passagierschiffe (Abb. 3a und b).

Kaifeng war über den Bianhe, den Huanghe (Gelber Fluß), den Huiminghe und den Guangjihe mit vier Flüssen verbunden, von denen dem Bianhe die größte Bedeutung zukam, da er mit dem Großen Kanal verbunden war und über ihn die meisten Getreidetransporte aus dem Süden kamen. Im Jahr 1021 gab es im ganzen Reich insgesamt 2915 offiziell verzeichnete Boote nur für den Transport von

Getreide. 51 verschiedene Orte, meist in Süd- oder Zentralchina gelegen, waren als staatliche oder private Zentren für den Bau von Booten für die Binnenschiffahrt registriert. Schon im 8. Jahrhundert soll die staatliche Handelsflotte 2000 Schiffe besessen haben, die insgesamt 70 000 Menschen beschäftigte und ein Gesamtfassungsvermögen von 100 000 t hatte. Hinzu kamen Schiffe aus der Privatwirtschaft, ein Gewerbe, das sich vor allem im China der Song-Zeit stark ausweitete, aber auch in islamischen Ländern und im indischen Raum an Bedeutung gewann.

Gütertransporte auf den schlechten Landwegen waren weitaus beschwerlicher und gefährlicher, zumal sie ein beliebtes Angriffsziel für Räuber und umherziehende Banden boten, weshalb ein aufwendiger, militärisch ausgerüsteter Geleitschutz erforderlich war. Für den Transport von Lasten über kürzere Wegstrecken diente der Schubkarren, mit dem man in China viel größere Lasten befördern konnte als im Westen, da sich das Gewicht durch eine besondere Konstruktion, einen zweiarmigen Hebel, auf beide Seiten der Achse verteilte. Für den Personentransport gab es darüber hinaus Sänften. Viele Wegstrecken wurden auch zu Fuß oder zu Pferd zurückgelegt.

In Europa waren die meisten Benutzer der Wege und Straßen zu Fuß unterwegs. Allerdings besitzen wir über einfache Pilger, Handwerker, Söldner und sonstige Volksangehörige so gut wie keine schriftlichen Aufzeichnungen. Daß das Zufußgehen auch ein soziales Differenzierungsmerkmal war, belegt die aus dem frühen Mönchtum bezeugte Unterscheidung zwischen *hospitale nobilium* (Unterkunft der Adligen) und *hospitale pauperum* (Unterkunft der Armen). Für die zu Pferd Reisenden kamen noch zusätzliche Kosten hinzu, die bedacht werden mußten. Das betraf Ausgaben für das Futter, Hufeisen, Zügel, Sporen, Sattel etc. Auch war nicht überall entlang der öffentlichen Straßen freies Weiden möglich, insbesondere dann nicht, wenn eine große Anzahl von Pferden unterwegs war. So schrieb der Biograph des heiligen Ulrich (gest. 973), »alles sei über die Maßen teuer, das Gras überall *in defensione*, also wohl eingezäunt, und daher könne man sich selbst und die Pferde kaum ernähren.«[10]

In den islamischen Regionen waren die Binnenschiffahrt privat, Kanalsysteme staatlich organisiert. Der Transport auf Wasserwegen spielte allerdings aufgrund der geographischen Gegebenheiten bei weitem keine so wichtige Rolle wie in China. Als wichtige, viel genutzte Strecken sind der Nil sowie ein Kanal von Kairo bis Qulzum/Suez am Roten Meer, Euphrat und Tigris und der Guadalquivir in Spanien zu nennen. Seit Ende des 10. Jahrhunderts nahm der ägyptische Schiffsverkehr auf dem Roten Meer von Qulzum und Aidhab beträchtlich zu, seine Zielhäfen lagen in Dschidda und im Jemen. Damit begann die Verlagerung der Hauptrouten des muslimischen Handels mit Süd- und Ostasien vom Persischen Golf in das Rote Meer. Die Geniza-Dokumente berichten beispielsweise über Kopien tangzeitlicher Bronzen aus China auf den Märkten von al-Fustat (Alt-Kairo), die besonders in den Kreisen der damaligen Elite sehr geschätzt wurden.

Gewöhnlich aber zogen Händler, reisende Gelehrte, bewaffnete Truppen oder Pilger in der islamischen Welt in einer Karawane durch die Lande. Bevorzugte Lasttiere waren die widerstandsfähigen und genügsamen Kamele, aber auch Maultiere, Esel und Pferde. Ein traditionelles System von Tagesreisestrecken mit etwa 12 bis 30 Kilometer Länge war mit dem Bau von Rast- und Lagerhäusern, später als Karawansereien bekannt, einhergegangen. Die Maximaldistanz zwischen zwei Wasserstellen konnte wohl ca. 150 km betragen. In den großen Städten des Ostens waren die Rasthäuser als Khane gleichzeitig zu Plätzen von Großhandel und Geldgeschäften geworden. In Nordafrika boten sie als Funduq Unterkünfte für Kaufleute, seit Ende des 10. Jahrhunderts in Tunis, Alexandria und Kairo sogar schon se-

[10] Riedmann, Verkehrswege, Verkehrsmittel, S. 73.
[11] Ohler, Reisen im Mittelalter, S. 61.
[12] Frankfurter Allgemeine Zeitung (21. 10. 1998). S. N 6.

4 Bereits 1880 entdeckten Archäologen das sogenannte Gokstad-Schiff unter einem um 900 aufgeschütteten Grabhügel in der Nähe von Oslo. Bemerkenswert sind besonders der hohe Kiel aus einem Stück und die Flachbauweise des Rumpfes, der auch die Schiffbarkeit von Flüssen und Niedriggewässern ermöglichte. Ein originalgetreuer Nachbau segelte 1893 quer über den Atlantik zur Weltausstellung nach Chicago, womit eindrucksvoll die Hochseetauglichkeit der Wikingerschiffe nachgewiesen werden konnte.

parat für europäische, vornehmlich italienische Kaufleute. Auch in China gab es Rasthäuser und sogenannte Relaisstationen, die als Unterkünfte für Händler und Reisende dienten und von Dichtern und Gelehrten gelobt wurden.

Eine zunehmend wichtige Stellung nahm damals die Seeschiffahrt ein. Deren wesentlicher Vorteil bestand darin, eine billige Energiequelle, die Kraft des Windes, optimal zu nutzen. Seit dem 8. Jahrhundert wurde in Skandinavien das sogenannte Wikingerschiff immer weiter vervollkommnet. Ein historisches Langboot der Wikinger ist noch heute im Museum von Haithabu zu besichtigen (Abb. 4). Aus dem offenen Ruderboot entwickelt, war es hochseetüchtig und auch für die Flußschiffahrt geeignet, da es bei voller Beladung nur einen Meter Tiefgang hatte. Wegen seines geringen Gewichts konnte es ferner über Land getragen werden. »Bei einer Länge von 12-20, gelegentlich 25 Metern und einer Breite von höchstens fünf Metern dürfte es mit seinem großen trapezförmigen Segel eine Geschwindigkeit von maximal 11 Seemeilen (gut 20 km/h) erreicht haben.«[11]

Die Stadt Haithabu war vom Beginn des 9. Jahrhunderts bis zu ihrer Zerstörung durch die Slawen im Jahr 1066 das wichtigste Fernhandelszentrum im nordischen Raum mit Verbindungen, die sich von Mittelasien über Rußland bis nach Spanien erstreckten. In Haithabu, das von dem genannten Ibrahim Ibn Yaqub nach einem Besuch im Jahre 965 als eine »große Stadt am äußersten Ende des Weltmeeres«[12] beschrieben wurde, nahm auch die christliche Missionierung Skandinaviens ihren Ausgang. Ob die Wikinger allerdings mehr Kaufleute oder eher Räuber waren, ist sicher häufig nicht klar zu trennen. Wenn sie in einen Hafen einliefen, hißten sie oft als Friedenszeichen einen roten Schild auf dem Mast, den sie nach Beendigung des Tausches sofort herabließen und mit Raub und Plünderung begannen. »Gewinn« *(winnunge)* bedeutet ebenso wie »*lucrum*« *(Lohn)* »Kampfertrag«. Häufig war der Tauschverkehr von Gewalt begleitet, wenn nicht, so war er mit Betrug und Überlistung des Käufers zumindest eng verknüpft.

Nicht zu unterschätzen waren aber nach wie vor die Probleme der Schiffahrt auf hoher See. Neben nautischen Schwierigkeiten war die Piraterie ein Dauerproblem, sei es im Mittelmeer oder in den Gewässern an den Küsten Südchinas. Piraten verunsicherten im Prinzip fast alle Gewässer, und Beispiele für ihre systematische Bekämpfung durch eine staatliche Kriegsmarine oder ähnliche Maßnahmen besitzen wir nicht allzu viele. Gerade die mit zahlreichen Luxusgütern beladenen Schiffe boten ein beliebtes Angriffsziel. Was nautische

263 | V. KOMMUNIKATION, TRANSPORT, VERKEHR

Fragen betraf, bestand in küstennahen Gewässern leicht die Gefahr, auf Felsen oder Grund aufzulaufen. Oft passierte es auch, daß die Seefahrer die Orientierung verloren und woanders als vorgesehen landeten. Ein legendärer persischer Kapitän namens Buzurg Ibn Schahriyar sammelte in der Mitte des 10. Jahrhunderts entsprechende Mythen und Berichte verschiedener muslimischer Seefahrer.

Der Kompaß, die sogenannte »südweisende Nadel« wurde in China seit dem 11. Jahrhundert in der Navigation eingesetzt. Die früheste bisher bekannte ausführliche Beschreibung eines Schwimmkompasses stammt aus dem Jahr 1044[13], während er in Europa erstmals im Jahr 1190 erwähnt wird. Aus China ist auch bekannt, daß die Seeleute Nacht für Nacht den Stand der Sterne beobachteten und entsprechende Karten anlegten. Karten gab es auch außerhalb Chinas, wahrscheinlich sogar bessere als die, die bis heute in den Bibliotheken und Archiven überlebt haben. Eine Karte von al-Istachri (10. Jahrhundert) zeigt das westliche Mittelmeer in schematisierter Form (Abb. 5). Rechts liegt die Iberische Halbinsel mit der Eintragung von Córdoba als Kreis am rechten oberen Rand. Rechts unten ist als Kreis Sizilien eingetragen. Auf der linken Seite ist die nordafrikanische Küste mit Städten wie Kairuan, Tunis, Mahdiya, Tripolis und Barqa markiert. Auf einer angelsächsischen Weltkarte (um 1050) ist etwas unterhalb ihres Zentrums der mit zahlreichen Inseln übersäte Mittelmeerraum erkennbar. Die Karte ist geostet. Am Südostsaum des Mittelmeeres erscheint als Hauptbezugspunkt Jerusalem. Ein Abschnitt der Handschrift befaßt sich in Text und Bild mit den ›Wundern des Ostens‹ wie Greifen und hundsköpfigen Wesen. Zum Ensemble gehört neben einer Himmels- und einer Zonenkarte aber auch die älteste aus England erhaltene Karte der bewohnten Welt, die offensichtlich einer römischen Weltkarte nachgebildet wurde. Recht gute Kenntnisse verrät sie natürlich zu den Örtlichkeiten im Heiligen Land. Während die Angaben zu sonstigen Weltgegenden, auch zu Westeuropa, ziemlich karg ausfallen, hat man auf die Darstellung der britischen Inseln (untere linke Ecke) viel Sorgfalt verwandt. Einige Ortsnamen tragen sogar ihre altenglische Bezeichnung (Abb. 6).

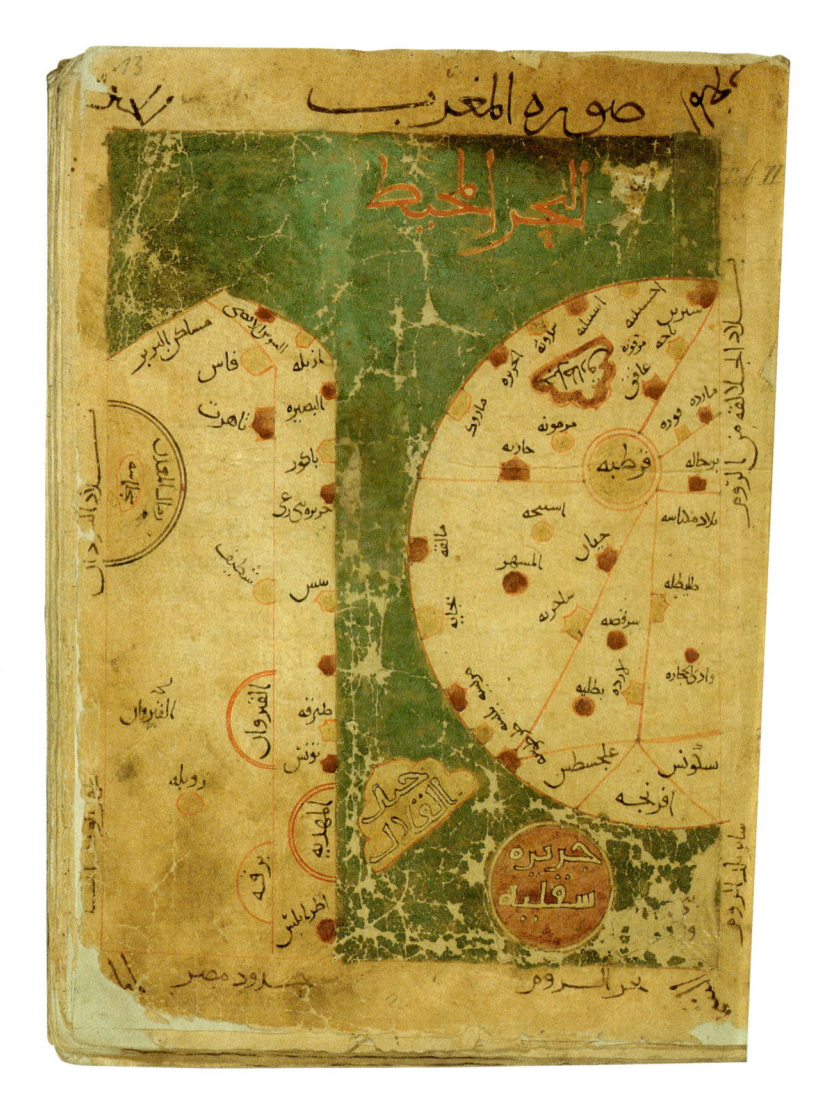

Die Schiffe, die damals im Indischen Ozean verkehrten, waren relativ groß (bis 50 m Länge), konnten ungefähr 600 t Fracht laden und besaßen mehrere Masten und Segel. Auf der Reise zwischen Ost und West machten sich die Seefahrer die Monsunwinde zunutze. Angeblich konnten die Schiffe bei sehr günstigen Windverhältnissen bis zu 400, 500 km an einem Tag zurücklegen. In der Regel variierten die Zeiten aber beträchtlich. Eine Reise mit

5 Schematisierte Karte des westlichen Mittelmeeres aus dem Werk von al-Istachri (10. Jh.). Rechts liegt die Iberische Halbinsel mit der Eintragung von Córdoba als Kreis am rechten oberen Rand. Rechts unten ist als Kreis Sizilien eingetragen. Auf der linken Seite ist die nordafrikanische Küste mit Städten wie Kairuan, Tunis, Mahdiya, Tripolis und Barqa markiert.

[13] Zeng Gongliang, Ding Du, Wujing zongyao, j.15, 15b.

6 Angelsächsische Weltkarte (um 1050) in einer wissenschaftlichen Sammelhandschrift aus Christ Church, Canterbury. Die Karte ist geostet, etwas unterhalb ihres Zentrums der mit zahlreichen Inseln übersäte Mittelmeerraum erkennbar. An dessen Südostsaum erscheint als Hauptbezugspunkt Jerusalem.

dem Schiff von Fujian in Südchina nach Korea hat beispielsweise zwischen 5 und 20 Tagen betragen. Meist segelten die Schiffe aus Orientierungsgründen so weit in Küstennähe, daß das Land in weiter Entfernung noch sichtbar war. Aber auch die seichten Gewässer stellten ein Problem für die Seeleute dar, da die Schiffe dort schnell auf Grund oder Felsen aufzulaufen drohten. Ein Basrelief aus Mittel-Java zeigt zwei Einzelszenen mit dem Schiff des Hiru auf offener See sowie der Ankunft des Hiru in Hiruka. Der Geschichte des Königs Rudrāyana zufolge war Hiru, der aus der Stadt Roruka auf einem mit Juwelen beladenen Schiff geflohen war, im Begriff, in der Fremde die Stadt Hiruka zu gründen (Abb. 7).

In Mesoamerika benutzte man im Seehandel hingegen meist Flöße oder große Einbäume. Der Gebrauch von Segeln war eher selten.

Für weite Strecken dienten vor allem große Einbäume, die von zahlreichen Paddlern bewegt wurden. Betrachtet man die Atlantikküste, so wird sichtbar, daß die meisten Strecken zwischen Tabasco und Honduras in geschützten Gewässern verlaufen, die nur für ein oder zwei Tage pro Reise verlassen werden mußten. Ungünstiger war die Situation an der Pazifikküste. Dort waren weite Entfernungen nur unter großen Gefahren zurückzulegen, weshalb der Seehandel dort auch eine deutlich geringere Rolle spielte.

Die alte Kalifenmetropole Bagdad war um das Jahr 1000 noch immer ein bedeutender Knotenpunkt des Landverkehrs, auch wenn Bagdad zugleich über den Seeweg und den Tigris mit ausländischen Produkten versorgt wurde. Die wichtigsten Seerouten vorderorientalischer Kaufleute, die damals den maritimen Handel dominierten, lagen im Indischen Ozean, im Mittelmeer und im Roten Meer. Vom Persischen Golf (Basra/Ubulla und Siraf) liefen gegen Ende des 10. Jahrhunderts Schiffe an die südwestindische Malabar-Küste und nach Ceylon aus. Von dort fuhren einige Schiffe weiter nordwärts zum Golf von Bengalen oder ostwärts zur Halbinsel Malakka mit ihrem Haupthafen Qala, nordwestlich des heutigen Singapur, weiter bis an die süd- und südostchinesische Küste und erreichten Häfen wie Kanton und Quanzhou. Unter Ausnutzung des Monsuns begaben sich zahlreiche Schiffe bei der Rückkehr aus Südasien über den Süden der Arabischen Halbinsel, Jemen und die Insel Sokotra nach Ostafrika. Sie erreichten die somalisch-äthiopische Küste mit Mogadischu, Sansibar, wohl auch die Komoren, Madagaskar und die ostafrikanische, mozambikanische Küste. Die Präsenz muslimischer Kaufleute in Hafenstädten wie dem damaligen Kanton oder Quanzhou, dem späteren Zaitun Marco Polos, ist noch heute durch zahlreiche archäologische Relikte wie Grabanlagen und Inschriften belegt.

Die Region um das heutige Malaysien, Sumatra und Thailand an der Malakkastraße im

Indischen Ozean, offiziell als Srīvijaya bezeichnet, diente den muslimischen Kaufleuten dabei als eine Art Umschlagsplatz und spielte eine zentrale Rolle im Handelsverkehr. Wegen ihrer zentralen Lage partizipierten insbesondere die Küstenstädte Indiens und Sri Lankas am »internationalen« Fernhandel. Vor allem Gujarat, die Malabarküste und das heutige Sri Lanka spielten in diesem Zusammenhang eine wesentliche Rolle. In diesen Gebieten, vornehmlich in Malabar, siedelten auch die ersten arabischen Händler, also genau dort, wo sich schon in der Antike Römer, Juden und syrische Christen niedergelassen hatten. Jene Orte waren die Warenumschlagsplätze für die Produkte, die zwischen China und Südostasien einerseits und Arabien, Ägypten, Äthiopien, Konstantinopel und Europa andererseits verschifft wurden. Ein Historiker sprach in bezug auf den Indienhandel sogar vom »Rückgrat der internationalen Wirtschaft im Mittelalter im allgemeinen und innerhalb der islamischen Welt im besonderen.«[14]

Chinesische Händler besaßen im Seehandel um das Jahr 1000 noch keine so wichtige Stellung, wie es später im 12. und 13. Jahrhundert der Fall sein sollte. Ihre Bedeutung lag damals vor allem im Warenaustausch mit Japan und Korea. Während im 9. Jahrhundert noch das koreanische Königreich Silla den Überseehandel in den nördlichen Gewässern dominiert hatte, büßte Korea mit der Gründung Koryŏs seine vorherrschende Stellung ein. Dies wird darauf zurückgeführt, daß der Begründer der Koryŏ-Dynastie, Wang Kŏn, und seine unmittelbaren Nachfolger besonders die mächtigen Kaufmannsfamilien, die bis dahin wichtige Faktoren für Machtverschiebungen innerhalb Koreas gewesen waren, durch eine stärkere Zentralisierung des Staates kontrollierten und ihnen dadurch ihre lokale Basis weitgehend entzogen. Als Folge stagnierte auch der Schiffsbau, und Korea war in seinem Außenhandel weitgehend von der Initiative ausländischer Kaufleute abhängig. Ähnlich wie im Falle Japans zu jener Zeit, spielte sich der Außenhandel weitgehend auf privater Ebene ab.

Zwar vielfältig, aber im Volumen geringer und immer von Seeräubern der zahlreichen

7 Jakataszenen aus Mittel-Java, vulkanisches Gestein, 8./9. Jh. Das untere Relief zeigt das Schiff des Hiru, der aus seiner Heimat geflohen war, auf offener See.

[14] Goitein, India Trade, S. 188.

266 | V. KOMMUNIKATION, TRANSPORT, VERKEHR

geschützten Buchten und Inseln bedroht, waren die Seeverbindungen im Mittelmeer. In den Händen muslimischer Herrscher lagen im 10. Jahrhundert die Balearen, Malta, Sizilien, bis zum Jahre 961 auch Kreta und bis 965 Zypern. Das islamisch-sizilianische Palermo unterhielt Schiffsrouten zu den westitalienischen Häfen Amalfi, Salerno, Neapel und Gaeta. Kaufleute aus diesen Häfen und aus italienischen Seestädten an der Adria wie Venedig und Bari erreichten nunmehr Nordafrika und vor allem Ägypten. Der intensivierte Handel zwischen den italienischen Städten und dem prosperierenden fatimidischen Ägypten dürfte wesentliche Impulse für die Ende des 10. Jahrhunderts beginnende Verlagerung der Haupthandelsrouten im Indischen Ozean vom Persischen Golf zum Roten Meer gegeben haben.

Ein Teil der Erzeugnisse aus China, Indien und dem Vorderen Orient wurde über das Mittelmeer nach Marseille verschifft und von dort die Rhône hinauf bis zu den Messen in der Champagne transportiert. Eine weitere wichtige Handelsstraße lief rheinabwärts bis nach Flandern. So erfuhren die alten Handelsstädte wie Köln, Mainz oder auch Speyer, Dortmund und das weiter nördlich gelegene Utrecht am Ausgang des 10. Jahrhunderts einen deutlichen Aufschwung. Menschen aus vielen fremden Ländern besuchten im 11. Jahrhundert den berühmten Jahrmarkt in Köln. Und der schon erwähnte Ibn Yaqub äußerte sich erstaunt darüber, in Mainz fremdländische Gewürze wie Pfeffer, Zimt und Gewürznelken vorzufinden. Wie den Londoner Statuten zu entnehmen ist, verkauften Anfang des 11. Jahrhunderts deutsche und französische Kaufleute in England Wein und nahmen dafür Wolle mit. Eine größere Bedeutung erfuhr der Handelsverkehr zwischen Italien, Frankreich, den Niederlanden und England jedoch erst im Laufe des 11. Jahrhunderts.

Insgesamt gesehen blieben die Europäer beim Weitervertrieb der Waren aber weitgehend unter sich, da die Handelsinteressen der arabischen Kaufleute, die sie über Konstantinopel mit den gewünschten Produkten versorgten, eher nach Süden gerichtet waren. Mittelpunkt des damaligen Handelsverkehrs in Südosteuropa war Konstantinopel. Hier trafen sich Kaufleute aus verschiedenen Ländern, wie Araber, Italiener, Russen, Armenier, Bulgaren, um ihre Waren von dort weiter nach ganz Europa zu vertreiben. Ein Teil der Waren wurde über das Schwarze Meer nach Kiew und von dort wohl über den Dnjepr und die Wolga schließlich weiter bis an die Ostseeküste gebracht. Der Seehandel mit dem Orient lief damals noch vorwiegend über Amalfi, an dessen Stelle nach seiner Eroberung durch die Normannen die Städte Pisa, Genua und Venedig traten.

Der Islam hatte sich seit dem 8. Jahrhundert zunächst im Sudan und an der Ostküste Afrikas auszubreiten begonnen und war von dort allmählich weiter bis nach Westafrika vorgedrungen, wobei es sich, zumindest bis zum Ende des ersten Jahrtausends, nur um die Zuwanderung arabisch-muslimischer Kolonialisten oder Kaufleute handelte. Als arabisch-muslimische Händler den Islam über die Sahara nach Westafrika brachten, fanden sie dort Städte und ein regionales Handelsnetz vor. Die Verbindung zweier blühender Wirtschaftssysteme sorgte in den folgenden Perioden für das Wachsen des transsaharischen Handels. Am aussagekräftigsten sind die Befunde aus Jenné-Jeno im heutigen Mali am südlichen Rand des Niger-Binnendeltas. Diese Stadt lag am Schnittpunkt der Niger-Schwemmlandbewirtschaftung mit Transportwegen in die nördliche Savanne und in das südliche Waldland. Sie war jahrhundertelang Teil eines weitverzweigten, jedoch bis dahin weithin in sich geschlossenen westafrikanischen Handelssystems. Um das Jahr 1000 war sie aber längst eine bevölkerungsreiche Stadt mit rund 27 000 Einwohnern, in der Spezialisten für ferne Märkte produzierten. Obwohl im Delta von Natur aus kein Stein und kein Eisenerz vorhanden ist, war dort die Eisenerzbearbeitung und der Handel mit Metall offenbar ein wichtiger Handelsfaktor. Außerdem wurden Fleisch, Trockenfisch, Getreide und Fischöl in den angrenzenden Regionen gehandelt. Bei Ausgrabungen hat man am Niger-Binnendelta und am Niger-Fluß Terrakotta-Figuren und Behälter gefunden. Ihre Funktion ist teilweise nicht mehr bekannt. Eine Figur, ausgegraben in der heutigen Republik Mali, wurde möglicherweise bei Heilungskulten und –ritualien verwendet (Abb. 8). Aus der sogenannten Bura-Kultur, die vom 3. bis zum 11. Jahrhundert am Niger-Fluß in der heutigen Republik Niger bestanden hat, stammen zwei Grabgefäße. Ein Terrakotta-Behälter diente offenbar als Grabbeigabe, gefüllt mit allerlei Habseligkeiten des Verstorbenen (Abb. 9). Ein anderes anthropomorphes Grabgefäß, das ebenfalls an der Fernhandelsroute entlang des Niger-Flusses gefunden wurde, ist möglicherweise mit Geistervorstellungen im Jenseits und Totenritualien in Zusammenhang zu bringen (Abb. 10).

Die Metropolen Mesoamerikas, Tollan und Chichén Itzá, verfügten über enge Handelskontakte mit dem Hinterland. Im Norden Yukatans lassen sich gepflasterte Wege als Beleg für damalige Handelswege nachweisen. Bei Grabungen in Chichén Itzá wurden zwanzig neue Wege entdeckt, die auch im weitläufigen Zeremonialbezirk der Stadt einzelne Zentren untereinander verbanden. Die Itzá kontrollierten den Handel in den nördlichen Küstenregionen Yukatans, eventuell zeitweilig sogar den gesamten Fernhandel der Halbinsel, auf der sie bedeutende Handelsposten besaßen. Ein Handelsposten von Chichén Itzá war die nördliche Insel Isla Cerritos. Es kann aber davon ausgegangen werden, daß sich der Einfluß der Itzá noch weit bis in die Karibik hinein erstreckte. Der toltekische Handel mit dem südlichen Nordamerika verlief über Teuchitlan-Ahualulco, Chametla, Culiacán,[15] Guasave und Casas Grandes oder passierte erst die Stationen La Quemada und Chalchihuites, bevor

8 Terrakotta-Figur aus dem Niger-Binnendelta in der heutigen Republik Mali. Die Funktion der Figuren ist unbekannt. Möglicherweise dienten einige davon als Utensilien in Heilungskulten und –riten. Obwohl dieses Gebiet bereits weit vor dem Jahr 1000 besiedelt war und große Städte wie Jenné bestanden, stammt die Mehrzahl der erhaltenen Figuren aus den vier Jahrhunderten danach.

9 Terrakotta-Behälter der sog. Bura-Kultur, die vom 3.-11. Jh. am Niger in der heutigen Republik Niger bestanden hat. Hierbei handelte es sich offenbar um eine Grabbeigabe, die mit Habseligkeiten des Verstorbenen gefüllt war.

[15] Für diesen Ort fehlen derzeit noch bestätigende Grabungsbefunde.

10 Anthropomorphes Gefäß der Bura-Kultur (ca. 10.-12.Jh.), das möglicherweise auf Geistervorstellungen und Totenrituale verweist.

11 Glaskanne aus Iran (9.-10. Jh.), die mit ihrer kunstvollen Bearbeitung zu den damaligen Luxusgegenständen zählte und im Fernhandel über große Strecken transportiert wurde.

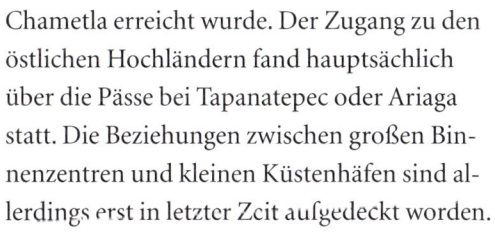

Chametla erreicht wurde. Der Zugang zu den östlichen Hochländern fand hauptsächlich über die Pässe bei Tapanatepec oder Ariaga statt. Die Beziehungen zwischen großen Binnenzentren und kleinen Küstenhäfen sind allerdings erst in letzter Zeit aufgedeckt worden.

Trotz großer Veränderungen während des 9. Jahrhunderts, die sich negativ auf die Handelsbeziehungen mit Zentralamerika ausgewirkt hatten, scheint der Handelsverkehr aus dem Mayagebiet jedoch keine wesentliche Unterbrechung erlitten zu haben. Ob die Putún-(Chontal-) Maya die zentralamerikanischen Waren in einem Handelszentrum, ähnlich dem späteren Nito, erwarben oder selbst bis Costa Rica und Panama fuhren, ist ungeklärt. Auf jeden Fall brachten sie Waren aus diesen Gegenden nach Yukatan, etwa Fertig- und Halbfertigprodukte aus Gold und Tumbaga, die in der Metropole Chichén Itzá geopfert wurden.

Man nimmt an, daß der Handel im mexikanischen Hochland von spezialisierten Kaufleuten[16] durchgeführt wurde, die ihre Produkte mit Lastenträgern hauptsächlich von Tollan aus bis zu den Siedlungen der Hohokam-Kultur im Norden und bis zu den Häfen in Tabasco bzw. den Städten der östlichen Hochländer transportierten. Die dortigen Handelsrouten existierten schon lange, sie waren bereits während der früheren Völkerwanderungen benutzt worden.

Die damaligen Verkehrs- und Handelsrouten, vor allem auf dem Wasser, ermöglichten insofern Kommunikation und Austausch zwischen weit entfernten Gegenden und Ländern. Es war keineswegs undenkbar, von Köln bis nach Japan oder Korea zu gelangen. Die Mittel der Fortbewegung bzw. des Transports wurden damals vor allem im Bereich des Schiffbaus deutlich verbessert. Andererseits nutzte man aber auch noch althergebrachte Verkehrswege, die zum Teil, wie das römische Straßennetz, bereits ca. 1000 Jahre früher befestigt worden waren. Daß solche Verkehrswege existierten, heißt allerdings nicht, daß ihre Nutzung so selbstverständlich war wie heute. Vornehmlich dienten sie Pilgern und Gruppen von Kaufleuten.

[16] Die Azteken nannten diese organisierten Fernhändler *Pochteca*.

5. Handelsprodukte und Handelsorganisation

Bei den ausgetauschten Waren handelte es sich vornehmlich um Luxusgüter und hochwertige gewerbliche Erzeugnisse oder aber um seltene Naturprodukte und ausländische Spezialitäten, die in erster Linie dem Luxusbedarf der geistlichen und weltlichen Elite jener Zeit dienten. Zu solchen Luxusartikeln zählten feinste Stoffe, Glasvasen (Abb. 11), Bernstein, Smaragde, Berg- und Bleikristall, Keramikprodukte, Gold-, Silber- und Kupfergegenstände, edle Waffen, Pelzwaren oder auch Wein. Die Inschrift auf einer ägyptischen Bleikristallflasche (Abb. 12) bezieht sich auf den fatimidischen Kalifen al-Aziz (975-996). Gold und Silber waren damals bevorzugte Handelsgüter, obwohl sie eigentlich nicht bearbeitet werden sollten (Abb. 40, Kap. IV). Tee zählte vor allem in China zu einem beliebten Handelsgut. Der Genuß von Tee nahm damals einen deutlichen Aufschwung. Tee wurde im ganzen Reich, insbesondere in den Städten, zum bevorzugten Getränk, und entsprechend der Vielfalt der Teesorten variierten auch die Preise. Ein Liu Songnian (ca. 1150 - nach 1225) zugeschriebenes Bild zeigt umherziehende Teeverkäufer, die Tee für eine Kupfermünze pro Schale auf der Straße verkauften (Abb. 13). Der Export von Fayenceprodukten aus iranischen Städten reichte im Westen bis nach Spanien, im Osten bis nach Indien. In der Technik folgte die Herstellung solcher Waren dem seit dem 8. Jahrhundert importierten chinesischen Steinzeug, die Bemalung stützte sich auf alte iranische Traditionen. So weist die Fayence-Schale aus der Stadt Raiy im 10. Jahrhundert (Abb. 14) vorislamisch-iranische Vogelmotive auf, ihre islamische Inschrift hingegen beschwört göttlichen Segen für den Besitzer. Daneben importierte man Seidenstoffe über Konstantinopel in den Westen. Dabei wurden diese und andere Waren nicht nur im weltlichen Bereich, sondern auch für die kirchliche Ausstattung oder den Gottesdienst gebraucht.

Die Edelmetalle wurden aber nicht nur als Schmuckgegenstände der verschiedensten Art geschätzt, sondern fungierten darüber hinaus im überregionalen Handel als Wertäquivalente, d. h. sozusagen als allgemein anerkanntes »Weltgeld«. Die stetige Zunahme des Goldhandels zwischen dem 8. und 11. Jahrhundert sorgte in diesem Zusammenhang offenbar für

12 Bleikristallflasche aus Ägypten (10. Jh.), ebenfalls ein Beispiel für die damalige Luxusproduktion. Die Inschrift bezieht sich auf den fatimidischen Kalifen al-Aziz (975-996).

13 Ein Liu Songnian (ca. 1150- nach 1225) zugeschriebenes Bild zeigt umherziehende Teeverkäufer, die Tee für eine Kupfermünze pro Schale auf der Straße verkauften.

14 Der Export von Fayenceprodukten aus iranischen Städten reichte im Westen bis nach Spanien, im Osten bis nach Indien. In der Technik folgte die Herstellung solcher Waren dem seit dem 8. Jh. importierten chinesischen Steinzeug, die Bemalung stützte sich auf alte iranische Traditionen. So weist die Fayence-Schale aus der Stadt Raiy (10. Jh.) vorislamisch-iranische Vogelmotive auf, ihre islamische Inschrift hingegen beschwört göttlichen Segen für den Besitzer.

großen Reichtum im alten Reich Ghana. Es war als »Land des Goldes« weithin berühmt und der Ruhm des Königs von Ghana als angeblich reichster Mann der Erde war Ende des 8. Jahrhunderts mindestens bis Bagdad bekannt. Der persische Gelehrte Ibn al-Faqih schrieb über das Ghana des 10. Jahrhunderts, daß dort Gold im Sand wachsen würde wie Karotten und bei Sonnenaufgang gepflückt würde. Ostafrikanische Goldminen beim legendären, vielleicht mozambikanischen »Gold-Sofala« lieferten Rohgold über See, die Minen Nubiens und des Wadi Allaqi über den Nil bei Assuan. Die transsaharischen Gebiete im Westen Afrikas waren gleichfalls Quellen beträchtlichen Reichtums. In der Region Senegal-Niger lagen ebenfalls wichtige Lagerstätten von Gold, das zumeist in geschmolzenen Stäben über den Maghreb vor allem nach Ägypten und Spanien exportiert wurde.

Afrikanische Regionen waren auch sonst Quelle hochbegehrter Handelsprodukte. Über die Fernhandelswege der muslimischen Kaufleute gelangten neben Gold vor allem Salz und Sklaven auf die Märkte der damaligen Welt. Sklaven gehörten zu den wichtigsten und am häufigsten in den Quellen genannten »Objekten« des frühmittelalterlichen Handels. In Asien arbeiteten sie im Haus und im Harem oder wurden als Perlentaucher oder Plantagenar-

beiter eingesetzt. Seit dem 7. Jahrhundert dienten abessinische Sklaven beispielsweise auch als Soldaten, spielten aber jenseits von Nordafrika, Ägypten und der Arabischen Halbinsel keine so wichtige Rolle in den islamischen Armeen. Dort taten turkstämmige Sklaven ihren Dienst. Wenn Sklaven in jenen Ländern eine hohe gesellschaftliche Stellung erlangten, so oft in der Funktion als Eunuchen. Die meisten Muslime sahen schwarze Afrikaner als Menschen an, die von Natur aus für die niedrigsten Arbeiten prädestiniert waren. Anscheinend wurden sie auch oft viel schlechter behandelt, als gelegentlich versklavte nichtmuslimische Kriegsgefangene. Andererseits fanden rassistische Sichtweisen niemals in systematisierten Gesetzen oder Einrichtungen ihren Ausdruck.

Eine chinesische Quelle aus dem 12. Jahrhundert berichtet, daß Wilde mit lackschwarzen Körpern und krausem Haar durch die Vergabe von Nahrungsmitteln angelockt, dann gefangengenommen und schließlich als ausländische Sklaven bis in die entferntesten Gegenden verkauft würden.[17] Modernen Forschungen zufolge wurden die Sklaven damals möglicherweise von den Arabern aus Ostafrika/Madagaskar bis nach China verschifft. Ebenso verkauften Kaufleute in Europa Germanen. Der Handel mit christlichen Sklaven

17 Zhou Qüfei, Lingwai daida, j.3, 6b-7a.

war zwar durch die Kirche wiederholt verboten worden, doch gab es zahlreiche Ausnahmen.

Neben Sklaven und wertvollen Manufakturprodukten wurden in islamischen Regionen ferner teure Rohstoffe zur Weiterverarbeitung gehandelt. Aus Indien stammten Chemikalien, Parfüme, Schmuck, Perlen, aber auch Baumwolle und Tuche. Besonders China war zum damaligen Zeitpunkt noch auf Baumwollexporte aus Indien angewiesen. Interessant ist auch die Erwähnung von Damaszenerstahl und daraus hergestellten Fertigprodukten, die von Indien über Damaskus bis nach Europa gelangten. Wir besitzen Beschreibungen von fladenartigen Stahlbarren, die als Halbfertigprodukte bis nach Arabien transportiert und dort weiterverarbeitet wurden. Ausgrabungen in Quseir-al-Qadim am Roten Meer förderten eine Eisenschmiede mit einer tamilischen Inschrift zutage.

Bagdad war besonders durch luxuriös kolorierte, vergoldete und emaillierte Glaswaren berühmt. Die Küstenzonen der Arabischen Halbinsel am Persischen Golf versorgten den Handel mit Datteln und wertvollen Perlen der Küstentaucher. An verschiedenen Stellen der Küste bemühte man sich um Amber (Duftstoff von Pottwalen), der für Parfüme und Aromen Verwendung fand. Aus Mesopotamien wurden vor allem Getreide und Zuckerrohr, Baumwolle und Textilien, aus nördlichen Gebieten Kupfer geliefert. Jüdische Quellen aus Kairo belegen den Export von Textilien, Silberwaren, Messingprodukten, Glaswaren und Papier nach Indien. Wahrscheinlich wurden diese Waren speziell für die südindischen jüdischen Gemeinden geliefert. Auf Bestellung brachten die Kaufleute auch Goldmünzen und Rohmaterial für die indische Messingindustrie nach Indien. Aber es wurden auch Güter wie billige Baumwollstoffe, Nahrungsmittel und Bauholz (Teakholz) gehandelt.

Ein weiteres, überregional begehrtes Produkt war Elfenbein. Eine Renaissance der christlichen und islamischen Elfenbeinschnitzerei in der Mittelmeerregion führte vor allem in Ostafrika, aber auch im westlichen, zentralen und südlichen Afrika zu einem Erstarken des Elfenbeinhandels (vgl. Abb. 40, Kap. II). Im 10. Jahrhundert waren zudem Indien und China als wichtige Märkte für afrikanisches Elfenbein offenbar fest etabliert. Die Stoßzähne asiatischer Elefanten sind nicht nur kleiner, sondern auch viel härter als die der afrikanischen Elefanten und deshalb zum Schnitzen weitaus weniger geeignet, weswegen die Grundlage vieler indischer Elfenbeinschnitzereien das Elfenbein männlicher afrikanischer Elefanten war. Exporte aus Ostafrika waren neben Elfenbein und Sklaven ansonsten vor allem landwirtschaftliche Produkte, Tierhäute und Schildkrötenpanzer.

Chinesen waren um das Jahr 1000 wohl nur in Ausnahmefällen, wenn überhaupt, in Afrika. Der Fernhandel mit den Zandsch, wie die Bewohner Ostafrikas in den arabischen Quellen genannt wurden, wurde vornehmlich durch Araber und Inder als Mittelsmänner durchgeführt. Handelsverbindungen beschränkten sich auf dem afrikanischen Kontinent aber nicht auf Ostafrika, sondern reichten mindestens bis in die Limpopo- und Sambesi-Region im südlichen Afrika, als Vorläufer der extensiven Handelstätigkeit im 14. und 15. Jahrhundert. So gibt es zahlreiche Belege für importiertes Glas an den Viktoriafällen und in Zimbabwe, im nördlichen Botswana und im östlichen Transvaal.

Verkauft wurden die Waren meist auf Märkten und Basaren, die sich im Bereich befestigter Siedlungen oder Städte befanden. So lag der Markt im Hafen von Quilon einer indischen Kupfertafelinschrift aus dem 9. Jahrhundert zufolge innerhalb befestigter Stadtmauern, während eine dort angesiedelte christliche Kirche außerhalb lag. In der Region Kannada in Indien stand der Wochenmarkt unter Aufsicht eines sogenannten »Stadtherrn«, der als Gegenleistung wahrscheinlich bestimmte Einkünfte oder Steuerleistungen erhielt. Märkte wurden aber auch von »international« operierenden Handelsorganisationen und Händlergilden organisiert, die dort ihre ausländischen Produkte weiterverkauften. Solche Gilden besaßen ihre eigenen Niederlassungen, standen weitgehend unter Selbstverwaltung und nutzten ihre Beziehungen zum lokalen Adel. In den großen Hafenstädten waren sie auf die Zusammenarbeit mit königlichen Beamten angewiesen, die dort Polizei und Militär befehligten, Steuern und Zölle einzogen und das Zusammenleben der einheimischen und ausländischen Händler regelten. Häufig traten sie als Geldgeber für die Könige auf, kauften deren in Naturalien eingetriebene Steuern auf und vertrieben sie weiter. Neben großen Tempeln waren die Händlergilden somit die zweite zentrale Instanz des Geldflusses in Indien. Die bekanntesten waren um das Jahr 1000 die Manigrāmam und die Ayyāvole. Die Aktivitäten der Ayyāvole umspannten beispielsweise die Westküste Indiens, Tamil Nadu, den wichtigen Hafen Visakhapatnam an der Ostküste, Sri Lanka und Südostasien.

Über spätere Quellen läßt sich rückschließen, daß die Verkäufer in Mesoamerika einen Marktzins entrichten mußten und eine Marktaufsicht die Qualität der Produkte und den korrekten Ablauf der Geschäfte überwachte. Auf den großen Märkten entschied ein Gericht an Ort und Stelle über Streitfälle. Innerhalb eines Gebietes waren die Märkte hierarchisch organisiert. Unbedeutendere Ortschaften hielten einen Markttag nur in Verbindung mit der Feier des ihrem Patronatsfest gewidmeten Kalenderfestes ab. Gewöhnlich fanden die Märkte im Fünf-Tage-Rhythmus statt, nur die großen Wirtschaftszentren wie Mexiko, Tlatelolco, Texcoco hatten täglich Markt; hier gab es zusätzliche Marktplätze in den Stadtvierteln. Waren gelangten allerdings auch in Form von Abgaben, sogenannten Tributen, die von weniger mächtigen Nachbarstädten und -völkern an die jeweiligen Herrscher entrichtet wurden, in die Metropolen. Dieses von den Azteken ausgebaute System ist Gegenstand mehrerer Bilderhandschriften. Es sollte die Warenversorgung des Herrscherhauses des dominanten Zentrums gewährleisten. Wie der Austausch von Gütern allerdings konkret abgewickelt wurde, erschließt sich dem heutigen Betrachter leider nur sehr indirekt über die kulturellen Erben dieser Zeit. So können wir beispielsweise nur vermuten, daß der toltekische Handel ähnlich dem der Azteken gestaltet wurde (vgl. das Kapitel »Städte«).

Ein gutes Beispiel für einen in vielen Bereichen zentralstaatlich organisierten und monopolisierten Handel bietet China. Der größte chinesische Hafen um 1000 war Kanton, wo im Jahre 971 nach der Eroberung der Südlichen Han-Dynastie (917-971) das erste Überseehandelsamt wiedereröffnet wurde. Dies war eine Art Steueramt, das den Handel mit Produkten aus Übersee regeln bzw. staatlich monopolisieren sollte. Eine gewisse Monopolisierung des Handels ist uns aber auch aus dem damaligen Europa nicht völlig unbekannt: Um die Monopolstellung Konstantinopels im Handelsverkehr und sich darüber hohe Einnahmen für die eigene Kasse zu sichern, verhinderten byzantinische Kaiser die Weiterreise europäischer Händler in den Orient, dem Ursprungsland vieler Waren. Vielmehr sollten die Kaufleute ihre Waren in Konstantinopel erwerben, und zwar im Regelfall durch die vermittelnde Rolle einer staatlichen Behörde. Ähnlich wie in China besaß der Staat auch ein Monopol über den Weitervertrieb einiger in Konstantinopel hergestellter Produkte: Steuerabgaben der Bevölkerung in Form von Seide, Wein, Getreide, Oliven und Öl durften beispielsweise nur aus kaiserlichen Lagerhäusern bezogen werden.

Weitere Regelungen betrafen in China den Weiterverkauf fremdländischer Waren im Inland. So wurde unter Kaiser Taizong (976-997) in Kaifeng ein zentrales Amt eröffnet, über das der private Handel mit Kräutern, Gewürzen, Heilmitteln, Weihrauch und kostbaren Gegenständen reguliert wurde. Bei allen ausländischen Waren besaß der Staat ein gewisses Vorkaufsrecht. Bestimmte Importwaren durften gar nicht an die inländischen Kaufleute oder die Bevölkerung weiterverkauft werden. Hierzu zählten beispielsweise Elfenbein, Metalle, Korallen, Achat und Krokodilshaut. Die genauen Bestimmungen wurden im Laufe der Song-Zeit allerdings wiederholt geändert. Zu den sogenannten Monopolwaren gehörten auch Produkte, die zunächst von den staatlichen Behörden aufgekauft und anschließend mit hohem Gewinn an die Bevölkerung weiterverkauft wurden. Sehr beliebt waren anscheinend Weihrauch aus Ländern der »Südlichen Meere« *(Nanhai)*, Schwefel und Hölzer aus Japan und Elfenbein. Offiziell wurden die ausländischen Waren in feine und grobe Qualität eingestuft. Zur ersteren zählten wertvolle, feine, zur letzteren unhandliche oder in großer Menge vorhandene, meist billige Waren. Die Höhe dieser Zollsätze hat sich im Laufe der Dynastie öfter verändert und war zeitweise auch regional unterschiedlich. Zur Nördlichen Song-Zeit betrugen sie meist 10 %. Für den Weiterverkauf ausländischer Produkte auf inländischen Märkten benötigten die Händler einen Beleg, die sogenannten Landzertifikate, 982 erstmals ausgegeben, die auch als Steuerbescheinigung dienten. 989 gaben die Überseehandelsämter auch amtliche Bescheinigungen für die Ausreise einheimischer Kaufleute aus, die von den Händlern beantragt werden mußten, wenn sie mit ihren Produkten nach Übersee fahren wollten.

Auch der Handelsverkehr mit Chinas nördlichen und westlichen Nachbarn war über Monopolämter geregelt. Diese scheinen mehr oder weniger regelmäßig Märkte abgehalten zu haben, auf denen es den Kaufleuten gestattet wurde, ihre eigenen Erzeugnisse gegen staatliche Waren einzutauschen. Ähnliche Einrichtungen bestanden bereits vor der Gründung der Song-Dynastie an den Grenzen zu den Tibetern und zu Korea. Die Nordstaaten Ostasiens waren seit alters her über ihre Pferde in den Chinahandel integriert. Als im wesentlichen ackerbautreibendes Volk waren die Chinesen keine Pferdezüchter, und es lag ihnen fern, wertvolles Ackerbauland in Weideland umzuwandeln. Der Staat kaufte entweder direkt oder unter Einschaltung der Kaufleute von den nördlichen Nachbarvölkern im gegenseitigen Austausch gegen chinesische Erzeugnisse Pferde. 981 wurde der private Pferdehandel gänzlich verboten, und es gab bestimmte Vorschriften über die Arten von Pferden und die Volksgruppen, mit denen gehandelt werden durfte.

Außer Pferden tauschte man mit den Khitan Schafe, verschiedene Pelze, Wollkleidung, Teppiche, Brokat, Silber- und Goldornamente, Sklaven, Nutzholz und angeblich sogar Eisenrüstungen gegen Seide, Seidenbrokate, Tee, Waffen, Meeresprodukte, Ingwer, Orangenschalen, Färbemittel, Heilmittel und Silber- und Goldornamente ein. Dieser Warenaustausch erfolgte größtenteils über den Liao-Fluß, dessen Mündung die Khitan mit chinesischen Häfen an der Küste Shandongs verband. Nach diversen militärischen Aktionen der Khitan gegen ihre Nachbarn, einschließlich China, verschlechterten sich die Handelsbeziehungen zunehmend. Doch im Friedensabkommen von Shanyuan mußten die Chinesen der Öffnung fünf dauerhafter Handelsposten entlang der Grenze zustimmen – eine Vorgehensweise, die uns aus der jüngeren Vergangenheit Chinas nicht ganz unbekannt ist. Handelsbeziehungen zu den Tanguten (Xixia) gab es kaum, und kurzfristig eingeräumte Zugeständnisse eines mehr oder weniger freien Handels wurden mit Beginn der kriegerischen Auseinandersetzungen sehr schnell wieder beseitigt.

Die chinesische Regierung setzte Kaufleute auch zur Versorgung der Grenzdivisionen ein. Insbesondere in den nördlichen und nordwestlichen Grenzregionen mußten starke Gar-

15 Im damaligen Europa, wo größtenteils noch keine einheitlichen Münzen im Umlauf waren, wogen Münzwechsler die Münzen ab, um deren Wert zu bestimmen.

nisonen zum Schutze gegen die Angriffe der Liao und der Tanguten unterhalten werden, wozu die landwirtschaftlichen Erträge der dortigen Region nicht ausreichten. Daher nutzte die Regierung ihr Monopol über den Handel mit Tee, Salz und einigen anderen gewerblichen Produkten, um die Kaufleute zum Transport von Getreide in die Grenzregionen zu zwingen. Gegen Ablieferung von Getreide, Textilien oder Pferdefutter konnten die Kaufleute schließlich staatliche Monopolwaren entweder direkt eintauschen oder erhielten zunächst Anweisungen auf Kupfergeld bzw. Monopolwaren ausgestellt, die sie später bei der Finanzbehörde ihres Heimatbezirks einlösen konnten. Für die Händler war das eine der wenigen Möglichkeiten, an die staatlichen Monopolwaren heranzukommen. Über diese Regelung sicherte sich der Staat auch noch nebenbei den Abtransport des in den nördlichen Grenzregionen produzierten Salzes in die restlichen Regionen des Reiches.

Die staatlichen Einkünfte aus dem Handel betrugen im Jahr 976 ungefähr 16 Millionen Geldschnüre in Kupfermünzen, die Einnahmen aus dem maritimen Handel lagen bei ungefähr 300 000 Geldschnüre, betrugen also nur 1,87 %. Wenige Jahre später, 980, beliefen sich die Einnahmen aus dem Überseehandel auf ungefähr 500 000 Geldschnüre (ca. 2,5 %), denen ca. die 20 Millionen Geldschnüre an Gesamteinnahmen gegenüberstanden.

6. Tausch- und Zahlungsmittel

Als Zahlungs-, Tausch- und Zirkulationsmittel, d. h. als Geld bzw. als allgemeines Wertäquivalent, fungierten in der damaligen Welt regional oftmals recht unterschiedliche Waren, wenngleich sich gemünztes Metall in zahlreichen Weltgegenden weithin durchgesetzt hatte. So gab es in China bereits eine einheitliche, im ganzen Reich akzeptierte Münze. In Europa

16 Gold-Dinar des Samaniden-Emirs von Buchara, Nasr II. Ibn Ahmad, geprägt 917/918 in Nischapur; Durchmesser 25 mm.

17 Gold-Dinar des Fatimidenkalifen al-Mu'izz, geprägt 969 in Kairo; Durchmesser 24 mm.

wurden Münzen von umherwandernden Münzern für den Markt geprägt, im Regelfall aus edlen Metallen (meist Silber). Zum Teil waren auch noch Münzen aus dem früheren Römischen Reich in Umlauf oder wurden, wie in Konstantinopel, weiter geprägt, insbesondere der Goldsolidus. Seit dem 8. Jahrhundert prägte man Silbermünzen, *Miliaresion* genannt, die dem arabischen Silberdirhem sehr ähnlich waren. Geldwechsler errichteten auf den Märkten ihre Stände, wo auch Marktgefälle erhoben wurden. Solche Münzwechsler wogen das Geld noch regelrecht ab (Abb. 15). Das Münzrecht sowie die Erhebung der Marktgefälle oblagen ursprünglich dem König, gingen jedoch im Laufe der Zeit an die Lehnsherren über. Da der Kauf und Verkauf von Waren in Europa noch keine alltägliche Erscheinung war, wurden Münzen entweder im Fernhandel eingesetzt oder fungierten vorzugsweise als Zahlungsmittel für bestimmte Abgaben, Steuern, Zinsen, Tribute oder auch Bußgelder. Zinsen wurden aber auch in Form von Korn, Eiern, Hühnern, Schweinen oder Wein abgeführt, Bußen zahlte man vornehmlich in Melkkühen oder Stoffen, Steuern häufiger in Waffen und Vieh. In England mußten »die Leute des Kaisers« im 10. Jahrhundert Abgaben in Tuch, Pfeffer, Handschuhen und Essig entrichten. Sparschätze *(thesaurus)* bestanden im 10. und 11. Jahrhundert weitgehend aus Prunkgegenständen und Zierat aus Edelmetallen und nur zu einem geringen Teil aus Münzgeld.

In der islamischen Welt war der Fernhandel im 10. Jahrhundert eng mit der Zirkulation von Gold- und Silbermünzen verbunden. Seit dem 7. Jahrhundert existierte eine eigene Goldwährung mit dem Dinar (von griech. *denarios*) von 4,25 g Gewicht und eine Silberwährung mit dem Dirhem (von pers. *drahm*, griech. *drachme*) von 2,97 g Gewicht. Ein Gold-Dinar des Samaniden-Emirs von Buchara, Nasr II. Ibn Ahmad (914–943), folgte in seiner Gestaltung dem Vorbild der abbasidischen Münzprägung in Bagdad (Abb. 16). Bemerkenswert ist allerdings die Verwendung einer kursiven Schrift am Münzrand, die in anderen islamischen Gebieten erst Jahrhunderte später üblich wurde. Neue islamische Dynastien prägten neue Münzen und symbo-

18 Münze Rājendras I (1014-1047). Sie feiert den Feldzug Rājendras zum Ganges 1022/23, von welchem der König Wasser des heiligen Flusses nach Tamil Nadu mitbrachte.

19 Gold-Dinar des Omaijadenkalifen Abd al-Rahman III., geprägt 954/955 in der Madinat al-Zahra; Durchmesser 22 mm.

lisierten auch damit ihren Machtanspruch. So bezog sich die Beschriftung eines Gold-Dinars des Fatimidenkalifen al-Mu'izz, geprägt 969 in Kairo (Abb. 17), deutlich auf die schiitisch-ismailitische Ausrichtung seiner Dynastie. In Indien beispielsweise feierte die Inschrift auf einer Münze Rājendras I. (1014-1047) dessen Feldzug zum Ganges 1022/23, von dem der König Wasser des heiligen Flusses nach Tamil Nadu mitbrachte (Abb. 18).

Seit 929 hatten die omaijadischen Emire von Córdoba den Kalifentitel angenommen und waren damit in Konkurrenz zu den Kalifen in Bagdad und Kairo getreten. Symbolisch fand dies in der Prägung eigener Gold-Dinare mit Nennung des Kalifentitels seinen Ausdruck. Der omaijadische Kalif Abd al-Rahman III. hatte im Jahre 948 die Münzprägung in sein neues Residenzviertel von Córdoba, die Madinat al-Zahra, verlegt. Aus dieser Prägestätte stammt ein Gold-Dinar des Jahres 954/955 (Abb. 19). Staatliche Prägestätten von Münzen befanden sich nunmehr in zahlreichen großen Städten von Mittelasien bis nach Spanien. Durch ein Amalgamverfahren mit Quecksilber konnte bei der Prägung eine hohe Goldreinheit erzielt werden, so daß sich das Verhältnis vom Dinar zum Dirhem im 10. Jahrhundert etwa auf 1 : 20 einpegelte. Kleinere Scheidemünzen aus Kupfer wurden von lokalen Autoritäten geprägt, fanden jedoch nur regionale Akzeptanz und standen in keiner festen Relation zu den anderen Münzen.

Der Gold-Dinar war zwar noch Anfang des 10. Jahrhunderts Berechnungsgrundlage der Finanzen im Abbasidenkalifat von Bagdad geworden, geriet aber vor allem mit dem Machtgewinn der neuen Kalifendynastie der Fatimiden im Maghreb und in Ägypten schon bald in Bedrängnis. Goldmünzen wurden nun im Osten seltener, und Fürsten mußten ihre Gold- und Silbergeräte umschmelzen, um den Sold für ihr Militär aufzubringen. Die Kontrolle über die Goldvorkommen im subsaharischen Afrika lag jetzt vor allem in den Händen der Fatimiden, auch das Kalifat der Omaijaden im spanischen Córdoba konnte sich davon zeitweilig einen Teil sichern und eigene Goldmünzen prägen. Die Fatimiden intensivierten in ihrem Reich von Syrien bis Sizilien die Goldprägungen. Östliche Regionen, vor allem Chorasan und Transoxanien unter den Sama-

20 Songzeitliche Bronzemünzen

niden verstärkten die Prägung von Silberdirhems, die in großer Zahl auch nach Nord- und Mitteleuropa gelangten. In der bereits erwähnten Wikingerstadt Haithabu setzte ab dem Jahr 880 eine allmähliche Wende zum Gewichtsgeld ein, dessen Grundlage der arabische Silberdirhem bildete. Zuvor hatte man Edelmetallmünzen aus dem Osten zwar bereits abgewogen, bei der Bezahlung in westlichem Münzgeld war allerdings die Anzahl der Münzen entscheidend gewesen. Die arabischen Silbermünzen wurden nun nach Bedarf zerstückelt und mit feinen bleiernen oder bronzenen Waagen abgewogen. Erst im 11. Jahrhundert, als der Zustrom arabischer Münzen versiegte und mehr englische und deutsche Münzen vor Ort zirkulierten, begann wieder eine Phase der Münzgeldwirtschaft nach Stückzahl.

In China zirkulierten Bronze- bzw. Kupfermünzen, die zu Geldschnüren von 1000 Münzen aufgezogen wurden, weshalb die Münzen in der Mitte ein quadratisches Loch besaßen. Als »Datum« trugen sie den Namen der jeweiligen Regierungsperiode (Abb. 20). Das Monopol zur Münzherstellung lag beim Staat. Um das Jahr 1000 bestand eine Kupfermünze aus einer Legierung von ungefähr 65 % Kupfer, 25 % Blei und 10 % Zinn und wog durchschnittlich 4 g. Kupfer wurde auch in größeren Mengen in Länder in Ost- und Südostasien sowie nach Indien verschifft, was um das Jahr 1000 auch mit seiner »religiösen« Bedeutung als Ausgangsmaterial für den Guß von Buddhastatuen und Ritualgefäßen zu tun hatte. Chinesische Quellen sprechen in diesem Zusammenhang vereinzelt bereits im 10. Jahrhundert vom unerwünschten Abfluß von Kupfermünzen.

Die Verwendung von Kupfer für religiöse Zwecke stand sehr offensichtlich im Gegensatz zu seiner rein ökonomischen, von jeglichem Gebrauchswert losgelösten Funktion als Wertäquivalent und Zirkulationsmittel im Handel. Um den Abfluß von Kupfermünzen ins Ausland zu erschweren, gab der Staat damals in den westlichen und nordwestlichen Provinzen Eisengeld aus. Da Eisenmünzen im alltäglichen Gebrauch überaus unhandlich und beschwerlich waren, gingen während der Regierungszeit des Kaisers Zhenzong (998-1022) private Kaufleute in der westlichen Provinz Sichuan dazu über, gegen Sicherheiten Geldanweisungen auszugeben, die das unbequeme Eisengeld ersetzten. Die Ausgabe dieser Anweisungen lag in den Händen von 16 reichen lokalen Händlern, ihre Laufzeit betrug drei Jahre, nach deren Ablauf sie eingezogen wurden. Später, im Jahr 1023, übernahm der Staat mit einem Amt für die Ausgabe von Geldanweisungen diese Aufgabe, angeblich um Mißbräuche bei ihrer Einlösung zu unterbinden. Tatsächlich aber war dem Staat aufgefallen, wie man über die Ausgabe von wertlosen Papierzetteln die Zahlung in werthaltigen Münzen zeitlich verzögern und sich dadurch vorübergehend von der Bevölkerung »kreditieren« lassen konnte. Vorbild für diese Geldanweisungen war das sogenannte »fliegende Geld« der Tang-Zeit.

Recht schnell vollzog sich auch in der damaligen orientalischen Welt der Übergang vom werthaltigen Metallgeld zum bargeldlosen Zahlungsverkehr, wohingegen in Nordwest- und Mitteleuropa der Kredit kaum verbreitet war. Private Zahlungsanweisungen (ṣakk, daraus Scheck) und Handelswechsel (ḥawāġa, »Überweisung«, pers. *sufṭaġa*) waren in der islamischen Welt sehr häufig, aber auch in China nicht unbekannt. Besonders im Zusammenhang mit den großen Warenmengen, die im transkontinentalen und maritimen Handel ihre Besitzer wechselten, den entsprechend langen Umschlagzeiten und den Gefahren beim Transport großer Mengen werthaltiger Münzen waren bargeldloser Zahlungsverkehr und die gegenseitige Kreditierung der Kaufleute keine Seltenheit mehr. Weil sich die Münzen darüber hinaus durch ihren Gebrauch allmählich abnutzten und damit einhergehend an Gewicht verloren, was ihre Funktion als Wertäquivalent beeinträchtigte, ging man vor allem bei hohen Zahlungen häufig dazu über, die wirkliche Zahlung durch Wertzeichen, versehen mit einem Zahlungsversprechen, zu ersetzen, das zu einem späteren Zeitpunkt durch entsprechende Mengen an werthaltigen Metallmünzen oder -gewichten eingelöst werden mußte.

Die Gläubiger waren im Regelfall private Banken oder Handelsgesellschaften. An letzteren beteiligten sich im islamischen Raum immer mehrere Besitzer von Geld und Waren, unter denen Quoten für Risiko und Gewinn vereinbart wurden. Bei einer Darlehensgesellschaft übernahm dagegen ein Kaufmann von Kapitalgebern Geld zur gewinnbringenden Anlage. Er erhielt schließlich einen bescheideneren Anteil am Profit, war aber dafür nicht am Risiko beteiligt. Um den allmählichen Gewichtsverlust auszugleichen, wurde beispielsweise unter muslimischen Händlern bei der Ausstellung von Schecks oder Kreditbriefen die spätere Auszahlung in prägefrischen Geldstücken verlangt. Bei der Stiftung eines Mannes aus Toledo für die Armen in Jerusalem erfolgte die Überweisung der Geldsumme bargeldlos mit einem Scheck, der auf eine Bank in al-Fustat (Alt-Kairo) ausgestellt war. Daneben diente als international anerkanntes, relativ weit verbreitetes Wertäquivalent und Zahlungsmittel auch Seide.

Der Zahlungsverkehr in anderen Regionen der Welt war hingegen weit weniger entwickelt. In Korea wurden zwar im Jahr 996, während der Regierungszeit Sŏnjongs (981-997) Kupfermünzen geprägt, die jedoch nicht groß in Umlauf waren. Silbervasen, die die Form der Halbinsel Korea besaßen und ca. 600 g Silber enthielten, waren im Vergleich dazu in den Kreisen der Oberschicht für größere Zahlungen sehr verbreitet.

In Mesoamerika besaßen damals Kakaobohnen eine zentrale Bedeutung als Tausch- und Zahlungsmittel. So heißt es in einer Quellenbeschreibung des frühen Nicaragua: »Sie (die Händler und Leute) behüten sie (die Kakaobohnen, im folgenden als »Mandeln« bezeichnet) und schätzen sie ebenso wie die Christen Gold oder Münzen. Das liegt daran, daß diese Mandeln von ihnen als etwas angesehen werden, mit dem man alle Dinge käuflich erwerben kann. In dem Sinne, daß in der besagten Provinz Nicaragua ein Kaninchen zehn dieser Mandeln wert ist, und für den Preis von vier Mandeln geben sie acht jener exzellenten Früchte, die sie *munoncapot* nennen, und ein Sklave kostet einhundert Mandeln, etwas mehr oder weniger, je nach seinem körperlichen Zustand und entsprechend der Übereinkunft von Verkäufer und Käufer. ... Und selbst bei diesem Mandelgeld stößt man auf Fälschungen, so daß man den anderen betrügen kann und falsche Stücke unter eine Menge guter mischt. Diese falschen Stücke gewinnt man, indem man die Schale oder die Haut, die einige Bohnen haben – ähnlich unserer Mandeln – entfernt und sie dann mit Erde oder etwas ähnlichem füllt.«[18]

7. Verständigung und Sprache

Reisende, seien es nun Kaufleute, Pilger oder Privatpersonen, waren im Regelfall auf die Verkehrssprache des jeweiligen Landes angewiesen. Man tat gut daran, sich vor Reisean-

[18] Tozzer, Chichén Itzá, S. 224. Vol. XI and XII.

tritt etwas mehr als nur ein oder zwei Wörter der fremden Sprache anzueignen. Ein gewisser Grundwortschatz bedeutete schon einen Gewinn für den Reisenden, auch einen Gewinn an Sicherheit. Zahlreichen beiläufigen Quellenaussagen folgend, waren die Kenntnisse anderer Sprachen damals in allen Kulturen allerdings ziemlich beschränkt. So war man selbst in den geistigen Zentren des Abendlandes jahrhundertelang des Griechischen kaum mächtig, geschweige denn etwa des Arabischen. Bei Reisen in den Süden bzw. anderen Kontakten mit der islamischen Welt wurden so gut wie immer Dolmetscher benötigt. Häufig lassen sich Juden in dieser Rolle nachweisen.

Die gebildeten Schichten der islamischen Regionen nutzten die klassische arabische Schriftsprache als Mittel der Verständigung, und zwar im religiösen, wissenschaftlichen und kulturellen Bereich. Nach muslimischer Auffassung war das Arabische des Korans die Sprache, in der Gott zu den Arabern gesprochen hatte. Auf der Grundlage des Korans hatten deshalb seit Ende des 7. Jahrhunderts Korankenner und Grammatiker jene Normen und Regeln der hocharabischen Schriftsprache festgelegt, die bis heute gültig sind. Dieses Hocharabisch stand für die Einheit im Islam, und seine Kenntnis war wichtige Voraussetzung für einen sozialen Aufstieg. Allerdings war bereits eine Kluft zwischen der selbst von Gebildeten im Alltag kaum verwendeten Hochsprache und der Umgangssprache entstanden. Gleichzeitig spielten, ähnlich wie auch im damaligen China, selbständige Dialekte in teils weit voneinander entfernten Provinzen eine immer größere Rolle. So entwickelte sich schließlich eine weniger normative »mittelarabische« Schriftsprache, die vor allem seit dem 11. Jahrhundert zunehmend in naturwissenschaftlichen Traktaten, in Chroniken und unterhaltender Prosa sowie in Privatbriefen zu finden ist. Im Iran und in Mittelasien beförderte seit dem 9. Jahrhundert die faktische Autonomie einiger Provinzen die Herausbildung der neupersischen Schriftsprache.

Während sich in Ostasien in der Umgangssprache verschiedene Dialekte entwickelt hatten, diente Gelehrten als Mittel der schriftlichen Verständigung meist die klassische chinesische Schriftsprache. Da nur ein Bruchteil der Bevölkerung lesen und schreiben konnte, blieb diese allerdings auf eine kleine Herrscher- und Gelehrtenschicht beschränkt. Aus Berichten sowie aus jüngeren archäologischen Entdeckungen wissen wir, daß die gebildete aristokratische Elite in Japan trotz einer immer stärkeren Hinwendung zu eigenen Traditionen nach wie vor an den alten kanonischen Schriften Chinas sowie an seiner Literatur interessiert war. Neben Kopien der chinesischen Klassiker gehörten Werke der berühmten Tang-Dichter Li Bo (699-762) oder Bo Juyi (772-846) zur Standardausstattung der Bibliothek eines japanischen Adligen jener Zeit. Bezeichnenderweise war das Interesse an jüngeren philosophischen und literarischen Texten aus China mit wenigen Ausnahmen scheinbar eher gering. Die neo-konfuzianischen Debatten jener Zeit schienen die Gelehrten Japans wenig berührt zu haben.

Die koreanischen Herrscher waren im Vergleich zu Japan damals noch sehr stark an der Übernahme chinesischer Traditionen und seines Schrifttums interessiert, obwohl sie seit dem Zusammenbruch des Tang-Reiches keiner direkten Kontrolle durch den chinesischen Hof mehr unterstanden. Die chinesische Kultur galt ihnen als Vorbild, sowohl die materielle, wie auch die geistige und soziale. Die chinesische Schrift eroberte damals immer stärker auch den Bereich der koreanischen Literatur, so daß eine Tradition einheimischer Gesangstexte *(hyangga)* allmählich ausstarb. Den Gelehrten, die sich an der chinesischen Philosophie, Geschichte, Medizin, Astronomie u. ä. orientierten, diente Chinesisch in ihren Werken ohnehin schon als durchgesetztes Medium der Verständigung.

Die dominanten Sprachen der Indianer Mesoamerikas waren Nahua-, Otomangue- und Mayasprachen, die große Ähnlichkeiten mit den aktuell gesprochenen besitzen, aber eine wechselseitige Beeinflussung kaum feststellen lassen. Daraus kann man schließen, daß die Metropolen der damaligen Zeit ein hohes Maß an individueller, ethnischer Eigenständigkeit bewahrten. Die große Familie der Mayasprachen bildet auch heute noch ein fast geschlossenes System. Allerdings sollte davon ausgegangen werden, daß die Bewohner der Metropolen und auch die Händler mehrere Sprachen beherrschen. Im zentralen Hochland Mesoamerikas dominierten um 1000 das Uto-Aztekische, eine Sprachfamilie, die vom nordamerikanischen Utah bis nach Nicaragua anzutreffen ist. Das Nahuat, aus dem sich dann das aztekische Nahuatl entwickelte, dürfte die bedeutendste, auch von den Tolteken gesprochene Sprache gewesen sein. Die Gruppe der Otomanguesprachen schließt acht Familien ein. Dazu gehören auch das Chiapanekische sowie Sprachen der Chorotega-Familie, die noch heute jenseits der südwestlichen Grenze Mesoamerikas, zwischen El Salvador und Costa Rica, gesprochen werden.

In den neuen Regionalzentren ist im Postklassikum ein deutlicher Rückgang in der Verwendung von Schriftzeichen zu bemerken. Die Tradition, beschriebene Stelen mit Informationen aus den entsprechenden Herrscherhäusern aufzustellen, wurde vollständig aufgegeben. Reste von Bilderschriften finden sich im zentralen Hochland hauptsächlich in Xochicalco, das auch dort starke Beeinflussungen aus der Mayaregion erkennen läßt. Die spätere aztekische Schrift, die sich aus Dokumenten mit spanischen Kommentaren erschließt, beschränkte sich nur noch auf ganz konkrete Anwendungsbereiche wie z. B. Bezeichnungen von Waren, Mengenangaben, Orts- und Personennamen und kalendarischen Daten. Durch die hieroglyphischen Zeichen wurden in erster Linie »Namen von Personen und Orten geschrieben. Diese Namen waren fast ausnahmslos ›redende‹ Namen, Namen, deren Bedeutung sich klar verstehen ließ. Es genügte also, den Inhalt dieses Namens abzubilden: für eine Person namens Obsidian-Schlange eine mit Obsidiansplittern besetzte Schlange, für einen Ort namens Adlerberg einen Adlerkopf auf der Kontur eines Berges. Auf die phonetische Gestalt der Namen wurde nur hingewiesen, wenn die Gefahr von Mißverständnissen vorhersehbar war.«[19] Da sich die Azteken in den meisten ihrer kulturellen Äußerungen auf die Tolteken beriefen, kann man davon ausgehen, daß die in Tollan gebräuchliche Schrift ähnlich strukturiert, aber textfähiger war. Im Mayatiefland war der Gebrauch der Schrift jedoch weiter verbreitet und behielt seine Bedeutung bis zur Ankunft der Spanier.

8. Nachrichtenübermittlung

Kurier- und Postdienste waren in der damaligen Welt keineswegs unbekannt. So besaßen die islamischen Staaten eine über viele verschiedene Landrouten organisierte Nachrichtenübermittlung. Einen offiziellen Kurierdienst hatten die Araber schon von den Persern übernommen. Im Jahr 937 beförderte, so die Quellen, ein Kurier einen Postsack über die weite Strecke von Bagdad bis nach Mekka. Durch Kleinasien führte eine Poststraße, bis nach Konstantinopel mit Reisestationen im Abstand von drei Meilen (~ 6 km). Die türkische Post lief angeblich bis zur chinesischen Grenze. Samarkand, welches schon ein »Chinesentor« hatte, stellte einen Knotenpunkt auf der asiatischen Poststraße dar. Die Entfernungen wurden in Meilen oder Parasangen (= 6 km) gemessen. In der Regel gab es alle sechs Meilen (~ 12 km) Stationen mit Reiter- oder Maultierrelais.

Auch in China setzte man Kuriere ein. Post- bzw. Relaisstationen existierten schon in der Qin-Dynastie (221-206 v. Chr.) des ersten

---

[19] Prem/Riese, Schrift, S. 373.

Kaisers von China, Qin Shihuang, der durch das ganze Reich von Norden nach Süden mit Bäumen bepflanzte Kurierstraßen hatte anlegen lassen. Die ältesten Nachrichten über eine staatliche Post führen bis in die Zhou-Zeit (1045-221 v. Chr.) zurück. Im Laufe der Tang-Dynastie war ein großes Netz von Poststraßen zu Wasser und zu Lande eingerichtet worden, und die Rasthäuser und Relaisstationen wurden von Dichtern gerühmt. Den Postverkehr unterhielten meist wohlhabende, einflußreiche Familien. Beamte setzte man erst seit der zweiten Hälfte des 8. Jahrhunderts ein. Doch angesichts der inneren Machtkämpfe im 9. und 10. Jahrhundert verfiel das Postwesen zunehmend. So ließen die Herrscher der neuen Song-Dynastie im Jahre 961 den Postverkehr auf militärischer Grundlage neu aufbauen. Statt der anwohnenden Bevölkerung verpflichteten sie nun vorwiegend Soldaten als Kuriere zwischen den Poststationen.

In Japan soll es im Jahr 984 insgesamt 414 Poststationen gegeben haben. Auch aus Korea sind an wichtigen Land- oder Wasserrouten Poststationen, Fähren und Gasthäuser bekannt. Diejenigen, die in diesen Einrichtungen arbeiteten, hatten einen niedrigeren sozialen Status inne als gewöhnliche Leute in Koryŏ. In Indien stand schon seit alters her alle zehn Stadien eine Säule, welche die Entfernungen und Nebenwege anzeige.

Die offiziellen Kurierdienste waren natürlich in erster Linie für die Übermittlung politischer und militärischer Informationen von Bedeutung. Bei Kriegszügen wurde für die Regierung auch eine Feldpost eingerichtet. Als z. B. im Jahr 914 ein Feldherr aus Bagdad nach Ägypten zog, um die Fatimiden zurückzuschlagen, befahl der Wesir, eine Post auf Rennkamelen einzurichten, die täglich Ägypten mit Bagdad verband. Um die Kommunikation mit seinem Bruder zu verbessern, der in einer anderen Provinz herrschte, ließ der Emir Mu'izz al-Daula den Postverkehr beschleunigen und stellte eigens Eilboten als Postillione an. Wie es heißt, waren die jungen Leute Bagdads ganz versessen auf diesen neuen Beruf, und die Armen übergaben dem Emir ihre Söhne zur Ausbildung darin.

Private, geschäftliche Nachrichten wurden auf ähnliche Weise weitervermittelt. Die Kuriere trugen den Namen *faiǧ* (Plural: *fuyūǧ*), eine arabisierte Form des persischen Wortes *payk*, abgeleitet von *pā*, was soviel wie »Fuß« oder »Laufbursche« bedeutet. Ähnlich den offiziellen Kurierdiensten gab es diese *fuyūǧ* mit wenigen Ausnahmen anscheinend nur auf den Landrouten. Quellen zeigen auch, daß die Nachrichten von der fatimidischen Hauptstadt Kairo zu Endbestimmungen in Asien im allgemeinen von (Handels-)Gesellschaften, vornehmlich Familienverbänden, weitervermittelt wurden, da die Wege in die Städte Zentralasiens weitaus länger und gefährlicher waren und daher eines höheren Grades der Organisation bedurften, als es für das »Postwesen« auf näher gelegenen Strecken nötig war. Die Dienste in der näheren Umgebung von Kairo konnten dementsprechend von einer Vielzahl von Einzelkurieren übernommen werden.

Die Namen von Kurieren sind in vielen Einzelfällen bekannt. Gewöhnlich haben die Kuriere nach ihrer Rückreise wohl den Absender darüber informiert, daß sein letztes Schreiben wohlbehalten am Zielort angekommen war. Denn, wie den Geniza-Dokumenten zu entnehmen ist, belegen zahlreiche persönliche Briefe, daß der Schreiber keine Zweifel daran hatte, daß auch sein letzter Brief den Empfänger erreicht hatte.

Wie lange brauchte ein Kurier im Regelfall für eine bestimmte Entfernung? Darüber gibt es leider keine einheitlichen, geschweige denn umfassenden Informationen, zumal ein Kurierdienst auch von den Umständen abhing. Ein Kurier von Alexandria nach Kairo war 4-5 Tage unterwegs, ein anderer benötigte eineinhalb Monate von Ägypten nach Tunesien, ein dritter für eine ähnliche Entfernung sogar über zwei Monate. Auch Brieftauben, die schon in römischer Zeit bekannt waren, wurden eingesetzt.

In der zweiten Hälfte des 10. Jahrhunderts hielt ein muslimischer Aristokrat, Muhammad Ibn Umar, in Bagdad und Kufa Brieftauben, um schnell Nachrichten zwischen den beiden Städten übermitteln zu können. Als ein Gesandter der aufständischen Qarmaten angemeldet wurde, befahl der Emir Adud al-Daula dem Aristokraten, diesen Gesandten in Kufa bei seinem Stellvertreter absteigen zu lassen. Muhammad Ibn Umar schickte daraufhin einen »kufischen Vogel«, der Stellvertreter in Kufa antwortete mittels eines Vogels aus Bagdad, und nach wenigen Stunden war die Angelegenheit erledigt.

9. Kriegerische Auseinandersetzungen und Diplomatie

Politische Konflikte, die in kriegerische Auseinandersetzungen mündeten, gab es zu allen Zeiten, so auch in der Welt um 1000. Die Auslöser waren in erster Linie machtpolitischer, wirtschaftlicher oder religiöser Natur, wobei die Motive sich in der Regel vermischten. Kriegerische Handlungen brachten die Menschen in negativem Sinne in »Kontakt«, geprägt durch Zerstörung, Vertreibung, Ermordung und Versklavung. Doch dazu gehörten auch Maßnahmen zur Eindämmung oder Unterdrückung schwelender oder bereits ausgebrochener Konflikte, was wiederum Kommunikationsfähigkeit von den kriegsbeteiligten Parteien erforderte. Hier waren insbesondere die Mittel der Diplomatie gefordert und Tributleistungen gefragt, um bedrohliche Situationen zu meistern, wobei diese Felder ritualisiert und im einzelnen geregelt waren. So konnten Konfliktsituationen durch Unterwerfung entschärft werden, was etwa in Europa in der Zeit um 1000 zu auffallend milden Bestrafungen des Königs gegenüber widerspenstigen oder aufständischen Adligen und Bürger führte.

Von Kriegen betroffen war damals unter anderem die gesamte islamische Welt. Die schiitisch-ismailitischen Fatimiden, seit dem Jahre 909 im tunesischen Ifriqiya als neue Kalifen etabliert, hatten im Jahre 969 Ägypten eingenommen und das Zentrum ihrer Macht nach Kairo verlegt. Nunmehr betrieben sie imperiale Politik gegen die Abbasidenkalifen von Bagdad, standen aber auch in den syrisch-palästinensischen Regionen vor erheblichen militärischen Problemen. Auch mit Kaiser Basileios II. von Byzanz, der Ende des 10. Jahrhunderts auf der Höhe seiner Macht angelangt war, konnten sie nach mehreren Kämpfen erst im Jahre 1001 einen 10-jährigen Waffenstillstand schließen. Andere Gegner erwuchsen den Fatimiden beispielsweise in den Djarrahiden, den Stammesführern der Banu Tayyi im palästinensischen Süden.

Zahlreiche kriegerische Auseinandersetzungen fanden im islamischen Osten statt. So hatten in den westlichen iranischen und in den irakischen Provinzen der islamischen Welt die schiitischen Emire aus der Familie der Buyiden mit militärischen Mitteln die Kontrolle über den sunnitischen Abbasidenkalifen von Bagdad erlangt. Seit dem Tode des allgemein anerkannten Buyiden-Fürsten Adud al-Daula im Jahre 983 standen sich mehrere verfeindete Angehörige dieser südkaspischen Herrscherfamilie gegenüber. In diesen Auseinandersetzungen, oftmals im Militär selbst zwischen schiitischen Fußkriegern aus den dailamitisch-südkaspischen Bergen und sunnitischen turkstämmigen Reiter-Söldnern manifest, bemühten sich die Prätendenten auch um die Unterstützung durch bewaffnete städtische »Vagabunden«. Sunnitische und schiitische Volksgruppen in der Kalifenmetropole führten aber gleichzeitig auch gegeneinander militante Aktionen durch.

Weiter östlich brachten die Beutezüge und Eroberungen Mahmuds von Ghazna (998-1030) die Expansion des Islams auf den indischen Kontinent und das Ende der Einheit

Nordindiens. Die Ghaznawiden verstanden sich als militanter Arm des sunnitischen Abbasidenkalifen in Bagdad. In die Zeit um 1000 fällt auch der Beginn der großen Fluchtbewegung vor den Truppen Mahmuds in den Süden des Landes, wovon sich Indien bis 1200, als es schließlich von den Türken erobert wurde, nicht mehr erholt hat. Folgen der Flucht waren aber auch, daß indische Experten, die zum Auswandern aus ihren Heimatgebieten gezwungen waren, in ganz Süd- und Südostasien den jungen Staaten als Berater zur Seite standen. Die Flucht von Parsen und Hindus aus Persien und Afghanistan, die mit der Islamisierung dieser Gebiete einsetzte, brachte weitere Gruppen von Spezialisten in die südlichen Regionen.

Über Kriegsanlässe und Kriegshandlungen sind wir für gewöhnlich gut informiert, da solche Ereignisse in Chroniken oder königlichen und kaiserlichen Dokumenten meist erwähnt werden. Über Kriegstaktik, -führung und -gerät, aber auch die Zahl der Kriegsteilnehmer haben wir hingegen oft keine genaue Vorstellung. Wichtig für die Kriegsführung waren wohl überall gut ausgerüstete Fußtruppen und eine schlagkräftige, gepanzerte Reiterei. In Europa dienten den Kriegern aus Eisen gefertigte Helme, Kettenhemde, Schilde, Schwerter und Lanzen zum Schutz und zum Angriff. Die Reiterei war komplett mit Eisenrüstungen bekleidet. Für eine solche Rüstung benötigte man ungefähr fünfzig Pfund dieses Schwermetalls. Wenn also eine Armee, wie sie Kaiser Otto II. in den achtziger Jahren des 10. Jahrhunderts aufstellte, ungefähr 5000 Gepanzerte umfaßte, wogen deren Rüstungen alleine schon 125 Tonnen. Die Pferde, die diese Gewichte zu tragen hatten, waren nur durch besondere Züchtung und Ausbildung zu gewinnen. Verbreitet waren gepanzerte Reiter auch bei den Muslimen, Griechen, Chinesen und den Völkern Nord- und Zentralasiens.

Eine große Rolle als weiteres Kriegsgerät spielten daneben Katapulte und Wurfmaschinen, die in China bereits explosive Granaten abschießen konnten. Diese »Gift- und Rauchbälle« wogen fünf Pfund und waren zusammengesetzt aus Schwefel, Nitrat, Eisenhut, Öl, pulverisierter Holzkohle, Harz und Wachs. Schießpulver wurde in China um das Jahr 1000 noch nicht eingesetzt. In den anderen Kulturen verwendete man ansonsten Steine, Lehmbatzen und auch brennbares Material wie ölgetränkten Stoff. Im Kampf kamen neben Fußtruppen und Kavallerie auch verschiedene Streitwagen zum Einsatz.

Die größten Heere waren wohl in Ostasien zu finden. Die großen Schlachten der Song-Zeit verliefen wahrscheinlich nicht anders wie in den voraufgegangenen Jahrhunderten: Menschenmassen wurden gegeneinander getrieben und schlugen aufeinander ein, bis die eine oder andere Seite sich geordnet oder ungeordnet zurückzog. Auf die geordnete Stellung der einzelnen Truppenteile wurde dabei allerdings großes Gewicht gelegt. Obwohl man den Angaben von mehreren tausend bis zu mehreren zehntausend Soldaten in den Quellen kritisch gegenüberstehen muß, darf man wohl relativ sicher sein, daß an den Schlachten in China mehr Soldaten beteiligt waren als in Europa.

Auf anderen strategisch-technischen Voraussetzungen beruhten Seeschlachten, die um das Jahr 1000 keine Seltenheit waren. So lieferten sich die starken fatimidischen und byzantinischen Flotten zahlreiche Seegefechte. Das Schlachtschiff der byzantinischen Flotte des 10. Jahrhunderts war die mit sehr steilen Außenwänden, flachem Boden, schwachem Kiel und einer Lateinerbesegelung ausgestattete »Groß-Dromone«. Ihr Segel war an sich schwer und gefährlich zu handhaben, erlaubte aber bei geschickter Führung einen sehr kräftigen und günstigen Zug. Durch diese Konstruktion war andererseits das Kreuzen praktisch unmöglich, so daß die Dromone, stärker als andere Schiffe später, an Wind und Wetter gebunden war. Deren Einsatz bei militärischen Aktionen mußte deshalb vor Be-

21 Archäologischer Stadtplan von Chichén Itzá.

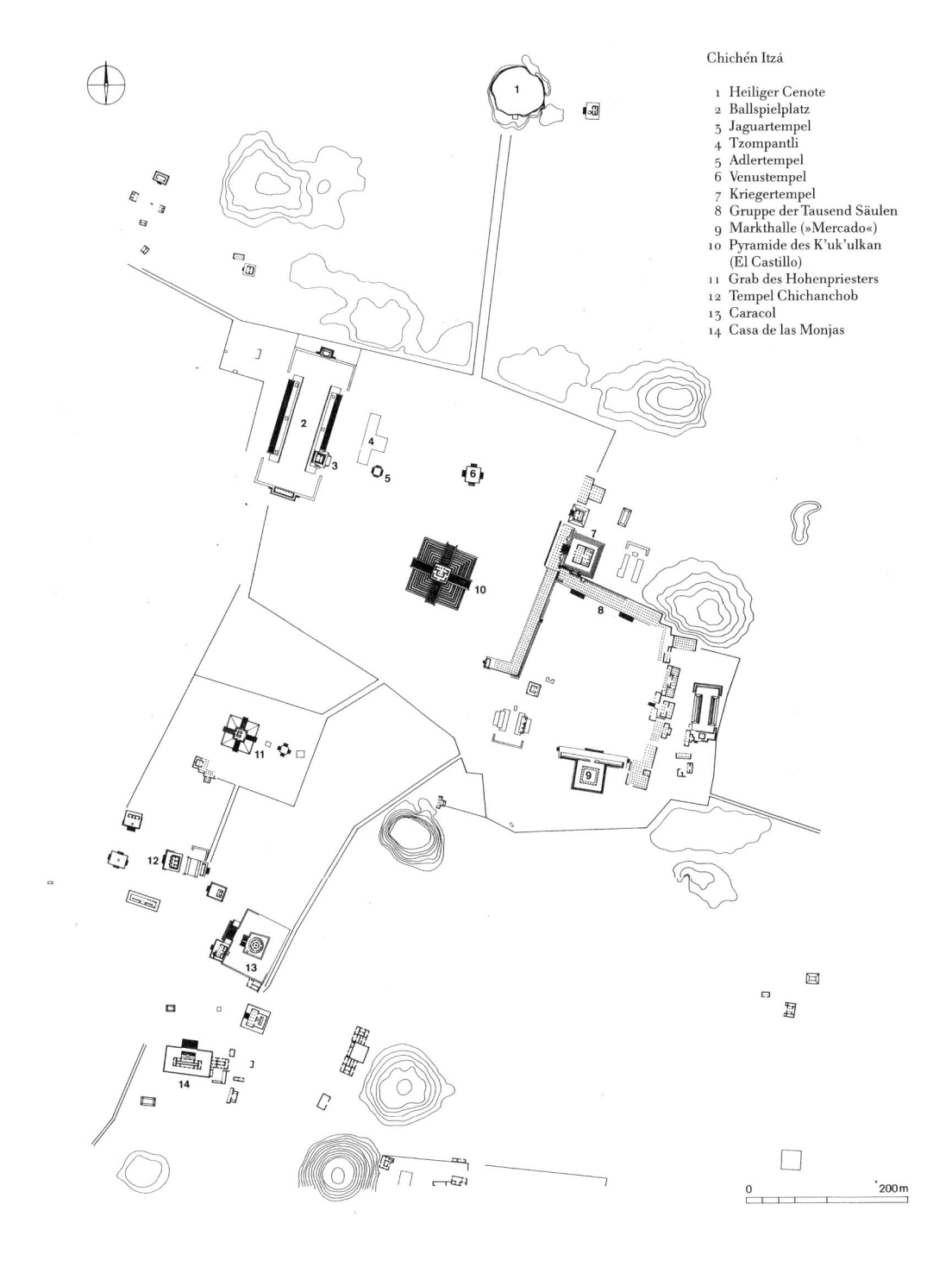

Chichén Itzá

1 Heiliger Cenote
2 Ballspielplatz
3 Jaguartempel
4 Tzompantli
5 Adlertempel
6 Venustempel
7 Kriegertempel
8 Gruppe der Tausend Säulen
9 Markthalle (»Mercado«)
10 Pyramide des K'uk'ulkan (El Castillo)
11 Grab des Hohenpriesters
12 Tempel Chichanchob
13 Caracol
14 Casa de las Monjas

ginn der Herbst- und Winterstürme beendet sein.

Seit der Erfindung des »griechischen Feuers« durch Kallinikos von Baalbek im Jahr 672 besaß die byzantinische Flotte eine taktische Überlegenheit. Das griechische Feuer war eine unmittelbare Vorform des Schießpulvers, das mit starkem Donner, Zischen und dichter Rauchentwicklung brannte und über einige Entfernung hinweg geschleudert werden konnte. Es war nur schwer zu löschen, da es am Ziel kleben blieb und auch auf dem Wasser weiterbrannte. Im Jahre 964 verloren die Byzantiner jedoch die Schlacht vor dem sizilianischen Rametta gegen die Araber und Berber, die die großen byzantinischen Dromonen durch eine tollkühne Nahkampftaktik vernichteten. Sie sprangen ins Meer, schwammen an die gegnerischen Schiffe heran, legten Feuer, enterten und versenkten sie. Diese Taktik setzte sich von da an in den Seeschlachten des Mittelmeeres gegen besonders hochbordige Schiffe durch. Doch zeichnete sich bald wieder ein Umschwung zugunsten der Byzantiner ab,

22 Kriegertempel mit Versammlungshalle in Chichén Itzá.
23a Goldscheibe mit der Darstellung einer Hinrichtung eines Kriegsgefangenen.
23b Umzeichnung

nicht zuletzt deshalb, weil die Fatimiden ihr Hauptaugenmerk auf die islamischen Regionen im Osten verlegten. Von dieser Situation profitierten seit Ende des 10. Jahrhundert die Flotten von Genua, Pisa und Venedig, die gleichzeitig an die Eroberung von Mittelmeerinseln gingen.

Rückschlüsse auf Kriegsführung und Kriegstaktik lassen sich auch aus archäologischen und kulturhistorischen Relikten ziehen, insbesondere bei den mesoamerikanischen Völkern. Eine Wandmalerei aus Chichén Itzá zeigt das Kampfgetümmel von mit Speeren und Schildern bewaffneten Kriegern, die sich durch eine aufwendige Kriegstracht auszeichnen. In der Stadt gab es einen Kriegertempel, dessen Kollonnaden noch heute erhalten sind (Abb. 21 und 22). Ebenso sind Kriegerdarstellungen und Kampfszenen auf verschiedenen Goldscheiben überliefert, darunter die Hinrichtung eines Kriegsgefangenen (Abb. 23).

Oft sind uns die Folgen von bedeutenden Kriegshandlungen im Ergebnis, aber nicht im konkreten Verlauf bekannt. So wissen wir etwa, daß sich nach dem Fall von Teotihuacan, dem heutigen Mexiko-Stadt, Nachfolgestaaten im Süden des Landes bildeten, die auch kulturelle Besonderheiten des ehemaligen politischen Zentrums übernahmen. Wie das im einzelnen geschah, ist unklar. Außerdem entwickelte sich keiner dieser Nachfolgestaaten zur führenden Macht in Zentralmexiko, vielmehr verlagerte sich der politische und kulturelle Schwerpunkt nach Tollan, welches nordwestlich an das Hochbecken von Mexiko angrenzt. Landwirtschaftlich und strategisch gesehen bot diese Region keine offensichtlichen Vorteile, allerdings begünstigte seine geographische Lage den Fernhandel und ermöglichte einen leichten Zugang zur Golfküste im Osten sowie zum Westen. Die Ausbreitungsphase Tollans fiel genau in das Jahr 1000. In welcher Weise jedoch dieses neue Zentrum das übrige alte Mexiko beeinflußte und welche Gebiete genau erobert wurden, ist eine umstrittene Frage. Für großangelegte Eroberungszüge konnten die Tolteken, im Gegensatz zu den späteren Azteken, jedenfalls nicht die erforderliche Kampfstärke aufbringen. Die Sprachenverteilung kann immerhin belegen, daß sich zwischenstaatliche Beziehungen nicht auf den Warentausch beschränkten, man in bestimmten Fällen vielmehr sogar von Völkerwanderungen sprechen könnte.

Nicht jeder Konflikt endete in kriegerischen Auseinandersetzungen mit tödlichem Ausgang, vielfach wirkten diplomatische Gesandtschaften dem Äußersten entgegen. In Europa war es häufig die Geistlichkeit, die in Krisensituationen vermittelte. Bekannt ist die Belagerung der mittelitalienischen Stadt Tivoli durch die Truppen Kaiser Ottos III. im Jahre 1001, die durch das persönliche Eingreifen von Bischof Bernward von Hildesheim und Papst Silvester II. zur kampflosen Übergabe der Stadt durch ihre Bürger führte. Ihre bedingungslose Unterwerfung rettete, wie die *Vita Sancti Bernwardi* schildert, Leib und Leben der Einwohner und verschonte auch ihre Stadt. [20]

Auch in gefährdeten Regionen versuchte man kriegerischen Auseinandersetzungen durch Diplomatie aus dem Wege zu gehen. So hatten die Khitan die Kontrolle über Teile Nordchinas erringen können, die bereits innerhalb der Großen Mauer lagen. Nach der Etablierung der Song-Dynastie lag dieses Gebiet nur wenige Tagesritte nördlich von der neuen Hauptstadt Kaifeng entfernt, was eine unmittelbare Gefahrenquelle darstellte. Im Jahre 1075 nahmen die Chinesen und die Khitan diplomatische Beziehungen auf, und die erste chinesische Gesandtschaft wurde an den Hof der Liao geschickt. Doch 979 kam es erneut zum Krieg, und es entwickelte sich eine fünfundzwanzig Jahre andauernde Auseinandersetzung, die 1005 mit dem Frieden von Shanyuan ein Ende nahm, ohne daß China sein Ziel einer Rückeroberung jener Gebiete erreicht hätte. Dabei waren die Jahre 999 und 1003/4 von besonders schweren Kämpfen gekennzeichnet.

---

[20] Althoff, Politik im Mittelalter, S. 237.

24 Geradezu symptomatisch für die Verbindung von Fernhandel und Kriegen ist der Weg dieses reich verzierten Seidenstoffes, hergestellt in der Mitte des 10. Jh. im ostiranischen Chorasan. Dieser Stoff war ursprünglich für einen türkischen General der dortigen Samaniden-Emire gefertigt worden, gelangte dann nach Palästina und von dort schließlich als Trophäe wahrscheinlich des ersten Kreuzzuges in den Reliquienschrein der französischen Abtei St.-Josse in Pas-de-Calais. Auf dem erhaltenen Fragment aus braunviolettem Grund mit roten Kettfäden fallen vor allem zwei Elefanten mit kleinen geflügelten Fabelwesen zwischen ihren Beinen auf.

Im Grenzgebiet der Song und Liao hatten sich die Tanguten, eine Föderation tibetanischer Stammesorganisationen, mit ihrem Reich Xixia etabliert. Sie nutzten die Kämpfe zwischen den Chinesen und den Khitan geschickt aus und traten im Jahr 990 durch eine Heirat in enge Verbindung mit den Khitan. Tributgesandtschaften, wie sie auch für andere innerasiatische, meist uighurische und mongolische Volksstämme verzeichnet sind, haben die Tanguten erst nach einer Pause von dreißig Jahren (994, 995 und 998) wieder an den an den chinesischen Kaiserhof geschickt.

Eine geschickte Diplomatie war auch erforderlich, wenn man nicht in kriegerische Auseinandersetzungen hineingezogen werden wollte. China, das sich als Zentrum der Welt betrachtete und die umliegenden Völker als potentielle Vasallen empfand, forderte 985 die in Korea herrschende Koryŏ-Dynastie (918-1392) zum militärischen Beistand gegen die Khitan auf. Korea griff in die militärischen Auseinandersetzungen anscheinend nicht ein, schickte aber noch in den Jahren 992-994 und 1000 Tributgesandtschaften an den kaiserlichen Hof, nachdem dieser die Gesandtschaftsbeziehungen 991 offiziell abgebrochen hatte. Anfang 1000 äußerte die Koryŏ-Dynastie dann den Wunsch, in die Abhängigkeit von den Song zurückzukehren, und nahm auch die Tradition wieder auf, Koreaner zum Studium nach China zu schicken.

Bedeutende Gesandtschaften Japans an den Kaiserhof der Song-Dynastie erfolgten während der Regierungszeit Taizongs (976-998). Relativ häufig waren gegen Ende des 10. Jahrhunderts auch Tributgesandtschaften aus Annam und Champa (Vietnam) sowie aus Übersee, z.B. aus Śrīvijaya. Gesandtschaften indischer Mönche sind für die Jahre 980 und 991 belegt, arabische Tributgesandtschaften für die Jahre 993 bis 998. Vereinzelt sind auch Gesandtschaften aus anderen Ländern oder Regionen vermerkt.

Ende des 10. Jahrhunderts bekundete China in Person des Kaisers Taizong sein Interesse an einem verstärkten Handel mit den »Ländern der Südlichen Meere« und schickte offiziell kaiserliche Beamte als Botschafter in jene Länder aus. Śrīvijaya reagierte darauf und sandte in den Jahren 1003 bis 1018 sechs Botschaften an den chinesischen Kaiserhof. Der König des südindischen Cola-Reiches, Rájendra I., folgte im Jahr 1015 mit einer Gesandtschaft. Ferner konnten Heiratsbeziehungen zwischen Angehörigen der Aristokratie zweier Staaten neue politische Bande knüpfen. Nicht selten dienten sie der politischen Einflußnahme oder der Verbesserung der gegenseitigen Beziehungen. So konnte im Jahr 1070 bei der Thronbesteigung des Cola-Königs Cola Kulottungas I. der Kronprinz der Gangas legitimerweise ebenfalls den Thron beanspruchen.

Handel und Krieg schlossen sich aber nicht immer gegenseitig aus, wie wir am Geschäftsgebahren von Wikingern und Normannen gesehen haben, sondern konnten auf kuriose Weise die Wege der Waren bestimmen. So stammt ein reich verzierter Seidenstoff, den man in einem Reliquienschrein der französische Abtei St. Jossè in Pas-de-Calais gefunden hat, aus Palästina, von wo er als Trophäe von einem Teilnehmer am ersten Kreuzzug mitgebracht worden ist. Einer Inschrift zufolge gehörte er aber einst einem türkischen General der Samaniden-Emire, der das teuere Stück, hergestellt in der Mitte des 10. Jahrhundert im ostiranischen Chorasan, in Auftrag gegeben hatte. Auf dem erhaltenen Fragment aus braunviolettem Grund mit roten Kettfäden fallen vor allem zwei Elefanten mit kleinen geflügelten Fabelwesen ins Auge (Abb. 24). Dieser Stoff mit dem heidnischen Motiv, gleichsam vom anderen Ende der Welt, schützte bis in die Gegenwart in einer mitteleuropäischen Kirche eine christliche Reliquie.

10. Religion und Kunst

Religion und Kunst spielten als Bindeglieder und Träger von Kommunikation in der Welt um 1000 eine wichtige Rolle. Im Zuge wirtschaftlicher, politischer und kriegerischer Aktivitäten wurden religiöse Auffassungen, bestimmte Bauweisen und künstlerische Vorstellungen ausgetauscht, assimiliert, aber auch aufgezwungen oder von der Bildfläche verdrängt. Die Begriffe »Kulturkontakt« oder »Kulturaustausch« sind für diese Vorgänge sicherlich zu schwache Umschreibungen, da Religion und Kunst das weite Feld vom friedlichen bis aggressiven Umgang der Völker miteinander entscheidend geprägt haben und heute noch prägen.

Die drei großen Religionen jener Zeit waren das Christentum, der Buddhismus und der Islam. Während der Siegeszug des Buddhismus, von Mönchen in den Jahrhunderten vor dem Jahre 1000 bis hin nach Korea und Japan getragen, äußerst friedfertig ablief, war die Verbreitung von Christentum und Islam nicht selten mit Gewalt verbunden. Das Christentum als monotheistische Glaubensrichtung anerkannte vom Prinzip her keinen anderen Gott als den seinen und duldete daher auch keine andere religiöse Einstellung. Der Islam hingegen tolerierte die Religionszugehörigkeit von »Schriftbesitzern«, d. h. von Angehörigen anderer Offenbarungsschriften. In Amerika (südl. Nord-, Meso- und Zentralamerika) praktizierte man den Kult der Federschlange. Regengötter wurden in bestimmten Schöpfungsmythen mit der Federschlange in Verbindung gebracht (vgl. Kap. 1). Die Abb. 25, dem Maya-Codex entnommen, zeigt einen Chac – ein Sammelbegriff für die Regengötter der alten Maya – in einem Boot rudernd.

Der Islam setzte im Osten seiner Einflußsphäre mit den Ghaznawiden, wie wir sahen, zur Eroberung von Nordindien an, wohingegen im äußersten Westen das Kalifat von Córdoba bereits seinen Höhepunkt erreicht hatte und zu Beginn des 11. Jahrhunderts ein innerer Zerfall sowie die Reconquista, die Rückgewinnung der arabisch besetzten Gebiete durch christliche Herrscher, einsetzten. In Mitteleuropa nahm Otto III. (983-1002) die Wiedergewinnung der Gebiete östlich der Elbe in Angriff, die in dem großen Slawenaufstand von 983 verlorengegangen und dem die jungen,

25 Der Regengott Chac, rudernd in einem Boot dargestellt.

erst unter Otto dem Großen eingerichteten Missionsbistümer Ratzeburg, Havelberg, Brandenburg und Meißen zum Opfer gefallen waren. Geschickt verband er dabei politisches und religiöses Handeln, indem er in Person des polnischen Fürsten Boleslaw Chobry (gest. 1025) ein eigenständiges Königtum östlich der Elbe unterstützte und im Einvernehmen mit Papst Silvester II. die unabhängige Kirchenprovinz Gnesen gründete, die Keimzelle eines eigenen polnischen Kirchenverbandes. Der Vorgang wurde im großen Stil inszeniert. Im Jahre 1000 unternahm Kaiser Otto III. zur Besiegelung eine Wallfahrt nach Gnesen an das Grab des eben heiliggesprochenen Adalbert (gest. 997), der als Missionar bei den heidnischen Preußen den Märtyrertod gestorben war. Hier rief er das Erzbistum Gnesen aus und ernannte Boleslaw Chobry, der den Leichnam Adalberts aus den Händen der Preußen freigekauft hatte, zum Freund und Mithelfer im Reiche. Als Symbol seiner Herrschaft und seiner Aufgabe als Verteidiger der römisch-katholischen Kirche überreichte der Kaiser ihm eine Nachbildung der Heiligen Lanze. Auf der Wallfahrt führte Otto III. den Titel *servus Jesu Christi*, den der Apostel Paulus auf seinen Missionsreisen getragen hatte, womit er den hohen Anspruch seines Unternehmens und die Bedeutung seiner eigenen Person zu unterstreichen gedachte. Zahlreiche Pilgerfahrten, die insbesondere auch von weltlichen Herrschern unternommen wurden, dienten insofern nicht alleine der Pflege und Verinnerlichung der christlichen Glaubenslehre, sondern zeugten auch vom Interesse der weltlichen Herrscher, die religiös-geistliche Legitimität der politischen Herrschaft zu demonstrieren.

Religion verbreitete sich aber auch ohne machtpolitische Ambitionen, wie das Eindringen einer Spielart des Christentums bis nach China zeigt. So hatten sich Nestorianer, deren Glaubensrichtung auf den ehemaligen Patriarchen von Konstantinopel, Nestorius (gest. ca. 415), zurückgeht, wegen eines Glaubensstreites von der griechisch-römischen Kirche getrennt, und unter den ihnen anfangs günstig gesonnenen Abbasiden-Herrschern zogen ihre Missionare auf den Handelsstraßen von Mesopotamien bis nach China und von Südindien bis in die Mongolei. In Dunhuang, einem End- bzw. Anfangspunkt der Seidenstraße in Nordwestchina, fand man Buchlisten und Texte nestorianischer Schriften; sogar in daoistischen Texten soll sich nestorianisches Gedankengut niedergeschlagen haben. Als aber im Jahre 845,

u. a. auf Anraten des großen Tang-Gelehrten Han Yü (768-824), eine Buddhisten- und Daoistenverfolgung einsetzte, gingen die Feindlichkeiten auch an den Nestorianern nicht spurlos vorbei. Weiterhin fand die Fremdenverfolgung im Jahre 878 in Kanton einen Höhepunkt, als chinesische Rebellen die Stadt und den Hafen in Schutt und Asche legten und besonders die Fremden massakrierten. Mönche aus Bagdad, die im 10. Jahrhundert nach China kamen, um nach Glaubensbrüdern zu fahnden, fanden keine Christen mehr vor.

In Korea hatte sich der ursprünglich aus China eingeführte Chan-Buddhismus (koreanisch Son), mit der sich ständig wiederholenden Anrufung des Buddha Amithâba, vor Ort mittlerweile mit koreanischem Schamanismus und anderem Volksglauben zu einer richtigen Volksreligion entwickelt. In der Malerei wurden die Koreaner wegen ihrer gelungenen Darstellungen der Göttin Guanyin gerühmt. Da die japanische Malerei auch stark durch koreanische Vorbilder beeinflußt wurde, gab es sogar die Auffassung, daß »die alte buddhistische Kunst der Japaner vielmehr indisch [sei] als die chinesische«[21]. Indische Einflüsse blieben im Bereich der buddhistischen Malerei in Ostasien allerdings auch nach der offiziellen Abwendung vom Buddhismus unverkennbar.

Für Muslime bot die alljährliche Pilgerfahrt nach Mekka im Dhu-l-Hidschdscha, dem 12. Monat des islamischen Kalenders, religiöse und dazu auch wirtschaftliche Kontakte aus allen Himmelsrichtungen. Trotz seiner relativen Ferne zog Mekka zur Zeit des Pilgerfestes einen großen Zustrom der ganzen islamischen Welt an sich. Da es eine Grundpflicht für jeden Muslim war, der dazu körperlich und materiell in der Lage war, mindestens einmal im Leben nach Mekka zu reisen, brachte die Pilgerfahrt in jedem Jahr große Scharen von Gläubigen in den Hidschaz im Westen der Arabischen Halbinsel. An den Karawanenrouten Brunnen und Wasserleitungen zu stiften, galt als hochverdienstvolles religiöses Werk. Die Pilgerkarawanen wurden durch militärische Begleitung von Beduinen geschützt, von anderen Beduinen, insbesondere aber von der sozial-religiösen Bewegung der Qarmaten jedoch auch des öfteren attackiert und geplündert. Pilger- und Handelskarawanen ergänzten sich, und die Märkte der Pilgerorte waren auch die Umschlagsplätze für Kunst und Kunsthandwerk. Besonders begehrt waren wertvolle Steine für die Basare der Juweliere.

Galt die Reise nach Mekka als einzige religiöse Pilgerverpflichtung für Muslime, so bestanden weitere Stätten religiöser Andacht, die Muslime in Scharen anzogen. Dazu gehörte der Felsendom in Jerusalem, der im Jahre 691/92 auf dem Felsen errichtet worden war, den islamische Traditionen mit der koranischen Himmelsreise Muhammads verbanden. Im nordafrikanischen Maghreb besuchten zahlreiche Muslime die im Jahre 672 begonnene, bis Ende des 9. Jahrhunderts beträchtlich erweiterte Sidi-Uqba-Moschee von Kairuan im Gedenken an den im Jahre 683 gefallenen Anführer erster arabischer Eroberungen im Maghreb. Sakrale Kultur und Kunst in den islamischen Regionen beruhten auf einem bemerkenswerten Phänomen, der Verschmelzung verschiedenster vorislamischer Kulturtraditionen von Spanien bis Mittelasien mit der Religion des Islam und der arabischen Schrift. Die Ablehnung einer Bildersprache für sakrale Zwecke hatte ferner zum Ergebnis, daß die abstrakte Ornamentik in der islamischen Kunst Priorität gewann. Trotz weiterhin fortbestehender regionaler Traditionen und Besonderheiten entwickelte sich eine gemeinsame islamische »Formsprache«, deren deutlichstes Symbol die abstrahierende »Arabeske« aus Pflanzenmotiven, geometrischen Elementen und arabischen Schriftzeichen war, die im nicht-sakralen Bereich auch für figürliche Darstellungen diente.

Im Unterschied zu Islam und Christentum hatte der Buddhismus seine expansive Phase schon lange vor der Jahrtausendwende erreicht. Er spielte im Kontakt zwischen China und der Außenwelt im Jahre 1000 keine so be-

---

[21] Hirth, Einflüsse, S. 46.

deutende Rolle mehr wie noch in der vorausgehenden Tang-Dynastie (618-906), als noch zahlreiche chinesische Mönche Pilgerfahrten nach Indien zu den Wirkstätten Buddhas unternahmen. Vielmehr machten nicht wenige chinesische Beamtengelehrte im Rahmen der damaligen Rückbesinnung auf eigene, konfuzianische Traditionen die Lehren des Buddhismus sogar für vergangene negative Entwicklungen und Mißstände verantwortlich. Allerdings behielt er seine Stellung im alltäglichen Leben der Leute bei, wie Beispiele aus der umfangreichen Literatur oder auch der Malerei in Ostasien belegen.

Der Zusammenhang zwischen der Ausbreitung des Buddhismus und der indischen Kultur über weite Teile Asiens, insbesondere nach Südostasien, ist unverkennbar. Lange wurde unter Indologen eine wissenschaftliche Auseinandersetzung darüber geführt, welche indische Region am aktivsten bei der Verbreitung der indischen Kultur nach Südostasien war. Heute ist man sich im allgemeinen darin einig, daß der größte Einfluß, besonders in den frühen nachchristlichen Jahrhunderten, Südindien, und hier insbesondere Tamil Nadu zuzusprechen ist, wobei die Träger indischen Kulturexports neben den Kaufleuten vor allem Brahmanen und buddhistische Mönche waren, die als religiöse Spezialisten ihre Sprache, ihre Architektur, aber auch ihre verwaltungstechnischen Kenntnisse in die fremden Länder trugen. Ihr Einfluß läßt sich noch heute an den Sprachen Südostasiens ablesen, die einen hohen Anteil von Lehnwörtern aus dem Sanskrit und Pali aufweisen. Brahmanen und Mönche wirkten dort an Königshöfen, die nach indischem Vorbild organisiert waren. Indische

26 Der 61 Meter hohe Grabturm des Qabus, eines Emirs von Gurgan südöstlich des Kaspischen Meeres, wurde 1006/7 errichtet. Er läßt das Zusammenwirken verschiedenster vorislamischer und islamischer Traditionen erkennen und spiegelt die gegenseitige Beeinflussung mehrerer Kulturen wider.

27 Ein einzigartiges Architekturbeispiel für den kulturellen Transfer findet sich in der Bartholomäuskapelle an der Nordseite des Paderborner Doms. Um 1017 muß sie von griechischen Bauhandwerkern als erste ganz überwölbte Kirche nördlich der Alpen errichtet worden sein.

28 Elfenbeinbüchse mit Deckel aus Córdoba, gefertigt im Jahre 968. Sie ist nicht nur ein beeindruckendes Zeugnis für die hochentwickelte Elfenbeinschnitzerei, sondern läßt auch den Einfluß verschiedener, weit voneinander entfernter islamischer Regionen erkennen.

29 Byzantinische Krone Kaiser Konstantins IX. »Monomachos« (1042-1055), die dieser nach Ungarn geschickt haben soll.

Lehrschriften bildeten auch die Grundlage des gesellschaftlichen Lebens des städtischen Adels. Durch die Reisen der Bekehrten zu den Pilgerstätten und Bildungseinrichtungen des Buddhismus in Nordindien kam es zu regen Kontakten zwischen den Menschen Süd- und Südostasiens. Zahlreiche Gläubige pilgerten auch nach Sri Lanka, wo die in Südostasien besonders verbreitete Theravada-Richtung des Buddhismus beheimatet war.

Die Architektur, aber auch die bildende Kunst, spiegeln am besten die Durchdringung verschiedenster Traditionen, die gegenseitige Beeinflussung der Kulturen wider. Eines von zahlreichen Beispielen ist im asiatischen Raum der imposante 61 Meter hohe Grabturm von Gurgan, südöstlich des Kaspischen Meeres gelegen, den sich der Emir Qabus hat errichten lassen. An diesem zylindrischen Ziegelbau aus dem Jahr 1006/7, den eigentümlich übereckgestellte Strebepfeiler charakterisieren, läßt sich das Zusammenwirken verschiedenster vorislamischer und islamischer Traditionen erkennen. Der Grabturm ist von einem konischen Dach aus glatten und besonders festen Backsteinen bedeckt (Abb. 26). Der Bau umschließt einen einzigen, vom Boden bis zur Kuppel reichenden Raum. Solche Formen waren bereits bei vorislamischen iranischen, zentralasiatischen und indischen Wohn- und Kultstätten bekannt. Wie auch bei frühen buddhistischen Bauten dieser Form wird offenbar eine symbolische Bedeutung der Himmelssphäre markiert. Ebenso zeugen buddhistische Tempelanlagen an östlichen Ausläufern der ehemaligen Seidenstraße vom Einfluß des Buddhismus in Architektur und Kunst. Während der Tang-Dynastie (618-906) erlebte diese religiöse Architektur in China ihre Hochblüte, die durchaus mit dem Kathedralenbau im späteren Europa zu vergleichen ist. Der chinesische Einfluß wird umgekehrt oftmals schon dadurch deutlich, daß die Buddhafiguren Schlitzaugen und Mondgesichter haben.

Die hochentwickelte Elfenbeinschnitzerei des islamischen Córdoba mag als Beleg dafür stehen, wie ausgeprägt kulturell-künstlerische Kontakte zwischen weit voneinander entfernten islamischen Regionen waren. Die Inschrift auf einer Elfenbeinbüchse aus Cór-

V. KOMMUNIKATION, TRANSPORT, VERKEHR

30 Seidengewebe mit Löwen aus Byzanz, das um 1000 nach Köln gelangte und sich noch heute in der Pfarrei St. Heribert in Köln-Deutz befindet.

doba besagt, daß diese im Jahre 968 für Mughira, einen Sohn des Kalifen Abd al-Rahman III., gefertigt wurde. (Abb. 28). Die linke Gestalt hält ein Trinkgefäß in der Hand, die rechte einen Wedel. In der Mitte steht ein Lautenspieler. Die beiden Löwen zu Füßen des Thrones repräsentieren königliche Macht, ein Motiv, das auch aus dem islamischen Syrien des 7. Jahrhunderts belegt ist. Auf der nicht abgebildeten Rückseite werden Rinder von zwei Löwen attackiert, ein Hinweis auf vorislamisch-altorientalische Einflüsse. Die Gestaltung von anderen Tieren, Ranken und Blüten entspricht einem weitverbreiteten Stil islamischen Kunsthandwerks. Die byzantinische Krone Konstantins IX. (1042-1055) fand ihren Weg bis nach Ungarn (Abb. 29). In der Pfarrei von St. Heribert in Köln-Deutz befindet sich noch heute ein Seidengewebe mit einer Darstellung von Löwen aus Byzanz (Abb. 30).

Bereits zu Beginn des 7. Jahrhunderts soll es in China Bildrollen mit Tieren aus fremden Ländern sowie »Menschen und Gegenständen aus Fulin« (Syrien oder Byzanz) gegeben haben. Die Galerie des Kaisers Huizong (1101-1126) besaß Bilder eines Malers aus dem 8. Jahrhundert mit Darstellungen von »Indischen Frauen« und »Bildern aus Fulin« oder auch Gemälde des Malers Wang Shang aus dem 10. Jahrhundert, die mit Titeln versehen waren wie »Sitten und Gebräuche in Fulin«, »Frauen aus Fulin« oder »Darbringung von Tributgeschenken«. Auch japanische Gemälde waren damals in China nicht unbekannt. In der Galerie des Kaisers Huizong wurden drei japanische Landschafts- und Volkssittenbilder gezeigt, die dem chinesischen Kaiserhof zwischen 976 und 984 von japanischen Gesandten gewidmet worden waren.

11. Wissenschaft, Sport und Spiel

Wie im Bereich des Handels spielten muslimische Gelehrte und Kaufleute die Hauptrolle bei der Vermittlung von Wissen, Technik und Kultur zwischen Ostasien, Indien, dem Vorderen Orient und Europa. Im 10. Jahrhundert boten Paläste regionaler Herrscher wie der Samaniden in Buchara und Samarkand, der Buyiden in Schiraz und Bagdad, der Hamdaniden in Aleppo, der Fatimiden in Kairo, der Omaijaden in Córdoba mit ihren Bibliotheken den Gelehrten und Studierenden wertvolle Möglichkeiten des intellektuellen Austausches. Wissensdurstige Studenten unternahmen ausgedehnte Studienreisen, um prominente Gelehrte in den großen Moscheen, vor allem von Bagdad, Kairo, Kairouan, Fez und Córdoba, in den »Häusern der Weisheit« von Bagdad und dem fatimidischen Kairo, in den Krankenhäusern von Raiy und Bagdad sowie in Observatorien verschiedener Regionen zu treffen. Die Hauptströme geistigen Austauschs liefen dabei in den irakischen, westiranischen und ägyptischen Großstädten zusammen. Das intellektuelle Leben im andalusischen Córdoba wurde durch Gelehrte aus dem Orient befruchtet, welche die omaijadischen Kalifen mit großen materiellen Vergünstigungen gewonnen hatten.

Hingegen herrschte in den meisten Regionen Europas kaum ein positives Interesse an der Aufnahme anderer kultureller Traditionen und Errungenschaften oder überhaupt an einem regen kulturellen Austausch. Im Abendland war man zwar von dem Luxus und der Pracht der byzantinischen Kultur geblendet, doch die Byzantiner zeigten bis ins 11. Jahrhundert wenig Interesse an der abendländischen Kultur. Auf höchster Ebene führte die Eheschließung zwischen Otto II. und der byzantinischen Prinzessin Theophanou in Deutschland bis um die Jahrtausendwende zu einer kurzzeitigen, in mehreren Bereichen engeren Beziehung beider Zivilisationen. Die berühmte Heiratsurkunde der Theophanou, ein auf Latein verfaßtes und in goldener Schrift geschriebenes Dokument auf purpurfarbenem, reichgemustertem Hintergrund, stammt von der Hand eines Fuldaer Schreibers und ist ein Beispiel vollkommener Aneignung byzantinischer Pracht und Motivik - selbst im Herkunftsland dieser Kunst ohne erhaltenes Beispiel (Abb. 31). Doch blieben solche Berührungen vereinzelt und zufällig, was wohl auch mit der christlichen Weltanschauung zu tun hatte. Der Impulsgeber blieb darüber hinaus stets der Osten.

Bildung und Wissen blieben in Europa in der heilsgeschichtlichen Perspektive der Kirche befangen. Die Kontinente ordneten sich auf den geographischen Karten nach der Bibel, bzw. ihre Lage und Ausrichtung wurden mit dem Wissen aus der Genesis in Übereinstimmung gebracht, so im Falle der drei damals bekannten Kontinente Europa, Asien und Afrika, die als solche in der Bibel nicht belegt sind. Ein intellektueller Austausch fand vornehmlich in den eigenen Reihen statt, und zwar vor allem in Fragen, welche die Lehre Christi und des Christentums betrafen. Anderes Wissen wurde im Regelfall der christlichen Weltanschauung untergeordnet bzw. entsprechend »verbannt«. Eine bemerkenswerte Ausnahme bildete der Transfer von Kultur und Wissen aus der islamischen Welt über Spanien und Frankreich in die europäische. Zwar muß auch in diesem Fall betont werden, daß die treibende Kraft eher die islamische Seite war, doch besaß die christliche Welt des Westreiches damals in Gerbert von Aurillac einen der bedeutendsten Gelehrten jener Zeit und einen der Wissenschaft gegenüber weithin aufgeschlossenen

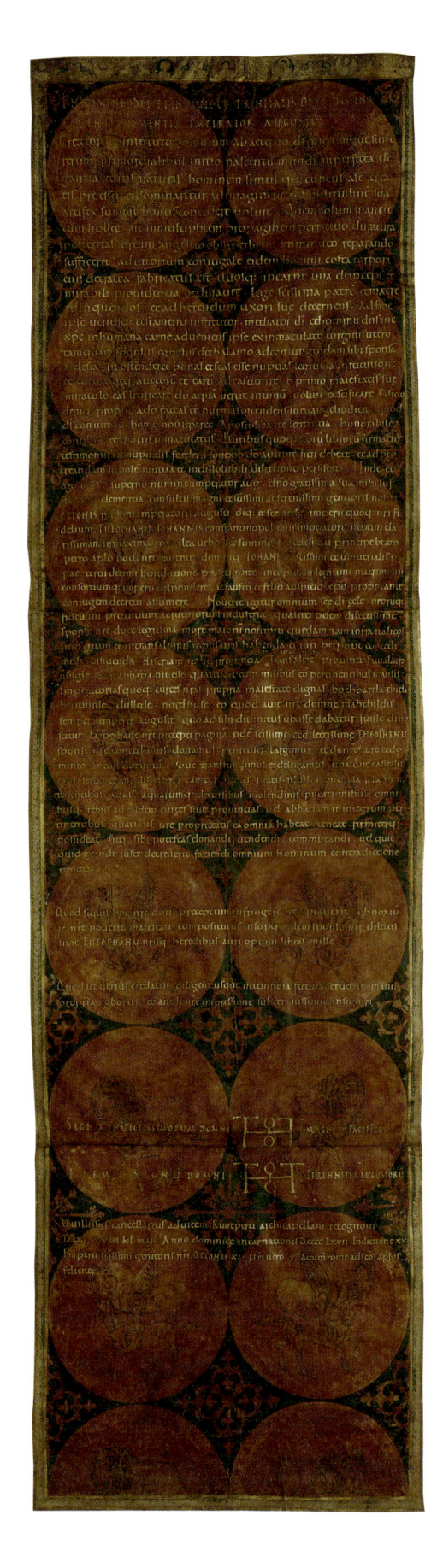

Vertreter, der zudem ab 999 als Papst Silvester II. auch über starke Autorität im westlichen Kaiserreich verfügte. Sein Schüler Richer von Reims geht in einer Handschrift eigens auf den Unterricht bei seinem Lehrer ein (Abb. 32). 980 hatte sich Gerbert von Aurillac in Ravenna in einem Streitgespräch mit Othrich, einem weiteren bedeutenden Gelehrten jener Zeit, darüber auseinandergesetzt, ob bei der Einteilung der Wissenschaft der Mathematik oder der Physik mehr Realität und Vollkommenheit zuzusprechen sei.

Zu bedeutenden Kulturträgern sind zweifellos die Spiele, aber auch die Musik zu zählen. Während Glücksspiele aus dem Orakel hervorgingen, bildete der Kampf den Ursprung der Geschicklichkeitsspiele. Wie sich ein Zeitvertreib von Osten allmählich nach Westen verbreitete, mag das Schachspiel verdeutlichen. Das Schachspiel ist in Indien, eventuell im Industal entstanden. Als sicher gilt, daß die alte indische Schlachtordnung mit vier Truppenteilen – Elefanten, Reiter, Streitwagen und Infanterie – bei der Differenzierung und Definition der Figuren Pate gestanden hat. Auf das im 7. Jahrhundert in Indien nachweisbare Schachspiel »Vier Teile [des Heeres]«, welches auf dem »Acht-[mal-acht-]Felder-Brett« gespielt wurde, geht das chinesische Elefanten- oder Ministerschach zurück, welches während der Tang-Zeit (618-906) Verbreitung fand. Während Glücksspiele, aber auch Brett- und Schachspiele im 11. Jahrhundert von zahlreichen konfuzianischen Gelehrten als »Spiel des gemeinen Mannes« abgewertet wurden[22], verglich der hohe song-zeitliche Gelehrte Ouyang Xiu (1007-1072) das Schachspiel umgekehrt mit der Führung eines Staatswesens: »Das Material dient dem Handwerker und wird dadurch vollendet; der Beamte dient dem Herrscher und wird dadurch nützlich. Daher heißt es, die Regierung des Staates ist mit dem Schachspiel zu vergleichen. Kennt man seinen Nutzen und setzt so seine Stärke ein, so gewinnt man; kennt man seinen Nut-

31 Die Heirat zwischen Otto II. und der byzantinischen Prinzessin Theophanou war einer der seltenen Fälle, in denen von Europa aus, das generell wenig Interesse an anderen Regionen besaß, Kontakt zu Byzanz aufgenommen wurde. Die berühmte Heiratsurkunde stammt von einem Fuldaer Schreiber und ist ein Beispiel vollkommener Aneignung byzantinischer Pracht und Motivik.

[22] Vgl. Shi Jie, Culai xiansheng wenji, S. 22f.; Sima Guang, Sima gong wenji, j. 65, 3b.

32 Der im Reimser Remigiuskloster beheimatete Mönch Richer befaßt sich in diesem Ausschnitt seiner zwischen 992 und 998 entstandenen Schrift »Vier Bücher Geschichte« ausführlich mit Studiengang und Karriere von Gerbert von Aurillac, seinem Lehrer und dem späteren Papst Silvester II.

zen nicht und vergeudet so seine Stärke, so unterliegt man. Der Verlierer richtet sein Augenmerk auf die Spielsteine und zermartert sich den ganzen Tag den Kopf darüber. Wenn man im Schachspiel gut ist, sieht man das, und wenn man dazu seine Stärke mit spielerischer Leichtigkeit einsetzt, dann gewinnt man. Das, was dem Gewinner von Nutzen ist, sind die Spielsteine des Verlierers. Das, was einem aufblühenden Staat von Nutzen ist, sind die Beamten eines untergegangenen Staates.«[23] Sowohl im Orakel als auch im Kampf bildete sich das kosmische Geschehen ab, das es im Spiel nachzuvollziehen galt.[24]

Die Araber lernten das Schachspiel im 8. Jahrhundert bei der Eroberung Irans kennen und führten es auf ihren Eroberungsfeldzügen mit sich, so daß es schließlich bis nach Spanien gelangte. Genaue Daten und Verbreitungswege sind allerdings unbekannt. Insbesondere die Tatsache, daß es in Ostasien bereits früher als im Abendland Varianten des Schachspiels gab, läßt auch der Hypothese Raum, das Spiel sei in China entstanden und von dort aus über Indien und Persien weiter nach Westen gewandert. Heinrich II. stiftete 1014 einen kostbaren Figurensatz für den Ambo des Aachener Doms. Er bestand ursprünglich aus 27 Schachfiguren in arabischer Form, die möglicherweise in Ägypten aus Achat und Chalzedon gefertigt worden und über Konstantinopel oder Spanien schließlich nach Nordwesteuropa gelangt wa-

23 Ouyang Xiu, Xin Wudai shi. Beijing, 1974, j. 31, 347; vgl. Ebner von Eschenbach, Spiel, S. 26.
24 Ebd., S. 14.

297 | V. KOMMUNIKATION, TRANSPORT, VERKEHR

33 Polo war eines der damaligen Ballspiele und ist wahrscheinlich in Persien oder Tibet entstanden. Das Relief aus dem 10. Jh. zeigt Polospieler aus Vietnam.

ren. Im 10./11. Jahrhundert hatte sich das Schachspiel jedenfalls bis hin zu den Wikingern verbreitet. Falls das Spiel ursprünglich auf dem Seeweg von Osten weiter nach Westen gelangt war, kann wohl als sicher gelten, daß persische und arabische Seefahrer nicht unwesentlich zu seiner Verbreitung beigetragen haben.

Auch Ballspiele verbreiteten sich vom Land ihrer Entstehung aus in zahlreichen anderen Kulturen und erfuhren die verschiedensten Abwandlungen. Die Erfindung des Fußballs wird in China auf ein Ritual im Gedenken an eine Schlacht zwischen dem Gelben Kaiser und dem Helden Chiyou zurückgeführt, dessen Magen der Gelbe Kaiser, nachdem er ihn besiegt hatte, zu einem Fußball ausgestopft haben soll. Ursprünglich war der Fußball ein mit Haar gefüllter Lederball. Ab dem 5. Jahrhundert wurde er mit Luft gefüllt. Das Fußballspiel diente der militärischen Ertüchtigung. Das Polospiel, das wahrscheinlich in Persien oder in Tibet entstanden ist, stellte eine andere Ballspielvariante dar. Ursprünglich mußte man den Ball auf dem Rücken von Pferden sitzend schlagen. Später entwickelten sich aber auch regional unterschiedliche Varianten, in denen Polo oder Schlagball ohne Reittiere gespielt wurde. Ein Relief aus dem 10. Jahrhundert zeigt Polospieler in Đại-an, Vietnam (Abb. 33). Die Feinheit, mit der die Spieler wiedergegeben sind, steht in einem merkwürdigen Gegensatz zu der Schwerfälligkeit und Unbeholfenheit der Reittiere, die eher mächtigen Zugpferden ähneln. Das Auftauchen von Steigbügeln und gewisse Besonderheiten des Pferdegeschirrs lassen auf einen chinesischen Einfluß schließen.

Die berühmten Ballspielplätze Mesoamerikas schließlich können Verbindungen zwischen diesen Gebieten und dem Südwesten Nordamerikas aufzeigen. Intensive Handelsbeziehungen drückten sich nicht nur im Import der für das Spiel benötigten Kautschukbälle aus; auf dem Rücken mexikanischer Lastenträger wurden auch spezielle Keramiktypen, die Teparybohne *(Phaseolus acutifolius),* Kupferschellen, spulenförmige Ohrpflöcke und das Motiv einer gefiederten Schlange in die Hohokam-Kultur gebracht. Für die beiden anderen Kulturtraditionen des Südwestens, Anasazi und Pueblo, fehlen allerdings solch deutliche Hinweise des Kontaktes. Ebensowenig sind die Güter dokumentiert, die aus dem Norden nach Mesoamerika gelangten. Der Türkis dürfte dabei aber eine große Rolle gespielt haben.

Ein interessantes Beispiel für die musikalische Unterhaltung von Angehörigen der gesellschaftlichen Elite im damaligen China liefert ein Wandrelief, welches in der hinteren

34 Damenorchester, Wandrelief aus dem Grab des Wang Chuzhi (863-923).

Grabkammer eines hohen Militärgouverneurs der ausgehenden Tang-Zeit gefunden wurde (Abb. 34). Das abgebildete Damenorchester besteht aus insgesamt fünfzehn Personen. Abgebildet sind eine harfenähnliche Laute *(konghou)* mit 18 Saiten, eine Wölbbrettzither *(zheng)*, eine Pipa, d. h. eine viersaitige chinesische Laute, die hier mit einem abgeknickten Steg versehen ist. Weiterhin schlägt eine Dame mit einer Klapper aus scheinbar sechs Holzbrettchen den Takt, eine andere die Trommel des Orchesters. In der hinteren Orchesterreihe bläst eine Dame auf einer Mundorgel *(sheng)*. Die Dame daneben schlägt mit einem kleinen Stöckchen gegen ein aus mehreren Klangblättchen zusammengesetztes Schlagplattenspiel, das unserem Glockenspiel vergleichbar ist, eine weitere Dame gegen eine andere zylinderförmige Trommel. Die letzten vier Damen spielen auf einer Art Oboe *(bili)*, wie sie unter den Tataren üblich war, bzw. auf Querflöten *(hengdi)*. Diese Darstellung des Orchesters gibt uns nicht nur Aufschluß darüber, welche Instrumente in den Kreisen der Oberschicht damals gespielt wurden, sondern zeugt auch von hohem künstlerischem Niveau. Musik scheint in den Kreisen der damaligen Oberschicht eine große Rolle gespielt zu haben, denn entsprechende Darstellungen, auch in der Malerei[25], waren sehr beliebt. Die Pipa eignete sich sehr gut als Soloinstrument, wurde aber, wie das Relief im Grab des Wang Chuzhi belegt, auch im Orchester eingesetzt. Die harfenähnliche Laute *(konghou)* ist im heutigen China nicht mehr bekannt, in Japan jedoch erhalten geblieben. Angeblich soll sie dort aus Korea entlehnt sein. In China wurde sie scheinbar zuerst unter Han Wudi (140-87 v. Chr.) benutzt, d. h. zu einer Zeit, als viele fremde Einflüsse nach China gelangten. Der Name *konghou* ist wahrscheinlich nicht chinesisch, in alten Quellen wird das Instrument z. B. auch als »hunnisch« bezeichnet.[26] Zentralasiatische Einflüsse sind in der Musik jedenfalls unverkennbar.

12. Schlußbemerkungen

Der Überblick über die Art der Begegnungen zwischen verschiedenen Völkern, Staaten und einzelnen Gruppen oder Personen mag verdeutlicht haben, daß von Kommunikation im heutigen, engeren Sinne als eine schnelle und umfassende Weiterleitung bzw. Vermittlung von Nachrichten und Informationen an

[25] Vgl. die Gu Hongzhong zugeschriebene Querrolle »Die nächtlichen Vergnügungen des Han Xizai« (Palastmuseum Beijing), Mitte des 10. Jahrhunderts, auf der eine Lautenspielerin abgebildet ist.
[26] Ying Shao, Fengsutong; zitiert nach: Eberhard, China, S. 231.

der Wende zum 11. Jahrhundert nicht die Rede sein konnte. Die Weitergabe von Informationen, von Wissen oder kulturellen Traditionen blieb auf bestimmte Regionen und gesellschaftliche Gruppen begrenzt. Gleichzeitig besaßen einige Regionen wie China oder die islamische Welt ein deutlich intensiver ausgebautes »Kommunikationssystem« als andere, sei es in bezug auf die schriftliche Weitergabe von Wissen, die Überwindung von Entfernungen, die verwaltungs- und regierungsamtliche Organisation eines Reiches oder auch in bezug auf einen »internationalen« Warenaustausch. Der zentralstaatlich organisierte Transport der Steuerleistungen der Provinzen und Bezirke Chinas in seine damalige Hauptstadt, Kaifeng, oder die Übermittlung von Depeschen und Nachrichten über Eilboten zeigten, wie gut die Kommunikation zwischen weit auseinanderliegenden Regionen bereits funktionieren konnte. Andererseits konnte es Tage oder Wochen dauern, bis man in unübersichtlichem, gebirgigem Gelände nur kurze Strecken zurückgelegt hatte. Auch die Gefahr, auf hoher See wie auf über weite Regionen unbesiedeltem Gelände die Orientierung zu verlieren, war allgegenwärtig. Gutes Kartenmaterial war im Regelfall eher selten.

Die Möglichkeit, fremde Völker, Länder, Sitten und Gebräuche kennenzulernen, besaßen am ehesten Kaufleute, damals noch vor allem muslimische, Seefahrer sowie Pilger, Mönche und politische Gesandte. Gewöhnliche Bauern und Handwerker kamen meist nicht weit über die Koordinaten ihres Wohn- und Heimatortes hinaus, es sei denn, sie wurden durch äußere Umstände wie Kriege, Vertreibungen und Naturkatastrophen dazu gezwungen.

Eine direkte Kommunikation zwischen Herrschern und dem Volk beschränkte sich ebenfalls auf einen kleinen Personenkreis. So durfte man beispielsweise zwar formell seine Anliegen beim Kaiser oder König entweder mündlich, in den Audienzen, oder in schriftlichen Eingaben vortragen. Allerdings ist ziemlich klar, daß der Kreis der Leute, die tatsächlich zu Audienzen gingen oder Eingaben mit Vorschlägen und Kritiken vorbrachten und den Herrscher unter Umständen sogar kritisierten, zur Oberschicht gehörten. Das war in allen Weltgegenden und Kulturkreisen gleich. Die »Stimme des kleinen Mannes« fand im Regelfall kaum ihren Weg zum Ohr des Herrschers, es sei denn, sie artikulierte sich zusammen mit anderen in größeren Protesten, Aufständen oder gefährdete vielleicht sogar den »inneren Frieden«. Wurden Aufstände für gewöhnlich niedergeschlagen, so führten größere Proteste doch manchmal, wenn nicht zur Abschaffung oder Rücknahme bestimmter Praktiken, so doch zu einem gewissen Einlenken des Herrschers. Was schriftliche Eingaben betraf, unterschied sich allerdings China sehr deutlich vom europäischen Mittelalter, wo Niederschriften bei Beratungen, Verhandlungen o. ä. noch längere Zeit nicht auf der Tagesordnung standen. Selbst Verhaltensmaßregeln bei kaiserlichen Beratungen und Audienzen waren in China, im Gegensatz zu Europa, bereits schriftlich fixiert. Wann man wen wie anzusprechen hatte, welche Kleidung getragen werden mußte, wer Geschenke bekam und vieles andere mehr war genauestens geregelt, und man durfte sich vor allem in höfischer Gesellschaft oder in Kreisen des Beamtentums möglichst keines Vergehens der Konvention gegenüber schuldig machen. Auch im Abendland gab es hierfür allerdings Vorschriften, die quasi als ungeschriebene Gesetze des öffentlichen Umgangs höchste Verbindlichkeit beanspruchten.

So läßt sich abschließend feststellen, daß die technischen Möglichkeiten, mit anderen in Kontakt zu treten, sei es schriftlich oder mündlich, in zahlreichen, gut besiedelten Regionen zweifellos vorhanden waren, nutzen aber konnte sie im Regelfall nur eine kleine Minderheit.

Wolfgang Reinhard

VI. Wege der Welt ins Jahr 2000

Die verschiedenen Kulturen der Welt im Jahr 1000, unter denen Europa alles andere als eine herausragende Rolle spielte, hatten wenig Kontakt untereinander. Wenn, dann gab es direkte Einflüsse nur zwischen benachbarten Kulturen, vor allem in Süd- und Ostasien. Aufs Ganze gesehen, waren sie aber alle von unverwechselbarer Eigenständigkeit, abgesehen höchstens von Südostasien, wo die Prägung durch Indien bzw. China nicht zu übersehen ist.

Tausend Jahre später bietet die Welt ein völlig anderes Bild. Man mag reisen, wohin man will, überall tragen Menschen dieselbe Art Kleidung, trinken Coca-Cola, lesen Zeitungen oder Bücher oder schauen wenigstens Plakate an, lauschen einem Transistorradio oder versammeln sich um einen Fernseher, haben elektrisches Licht oder hätten es gerne, besuchen im Krankheitsfall einen Arzt, der sie überall mit denselben Medikamenten behandelt, bekommen mit den beamteten und bewaffneten Organen eines souveränen Staates zu tun usf. Wo es größere Unterschiede gibt, etwa bei Speisegewohnheiten und in der Religion, sind dem Westler die fremden Sitten bereits geläufig, denn sie haben sich längst in seinen Heimatländern etabliert. Für unterschiedliche Schriftsysteme gibt es zumindest elaborierte Transkriptionen, sofern nicht ohnehin Englisch, Spanisch, Portugiesisch oder Französisch genügt. Englisch wird ja in den meisten höheren Schulen der Welt unterrichtet. Die verbleibenden kulturellen Differenzen nehmen sich wie bloße Varianten einer europäisch-amerikanisch geprägten Weltkultur aus, von der Art, wie es auch in Europa Unterschiede zwischen Schweden und Italien gibt.

Dieser Sachverhalt ist das Ergebnis der europäischen Expansion zwischen dem 15. und 20. Jahrhundert, nach der westlichen, inzwischen ebenfalls weltweit üblichen Zeitrechnung. Fast die gesamte Landoberfläche der Erde hat sich irgendwann unter europäischer Herrschaft befunden; auf deren Höhepunkt im frühen 20. Jahrhundert war es ungeachtet der Unabhängigkeit beider Amerika immer noch mehr als die Hälfte. Identitätsstiftende Namen wie »Asien«, »Indien«, »Indonesien«, »Amerika«, »Indianer«, »Australien«, »Neuseeland« sind weithin europäischen Ursprungs. Die wenigen Länder, die formell unabhängig geblieben sind wie Japan und China, Thailand und Iran, gerieten nichtsdestoweniger ebenfalls massiv unter westlichen Einfluß. Zwar ist inzwischen die Führung eindeutig an die USA übergegangen – auch das vereinigte Europa spielt nur noch die zweite oder nach Japan die dritte Geige in Weltwirtschaft und Weltpolitik –, aber die USA sind kulturell nichts anderes als eines der verschiedenen neuen Europa, die das alte in den letzten 500 Jahren hervorgebracht hat. Und auch die japanische Machtstellung beruht weitgehend auf Ressourcen westlichen Charakters.

Diese Entwicklung läßt sich beschreiben, aber nicht leicht erklären, zum einen wegen unserer Wissenslücken, zum anderen und vor allem wegen der im Westen weitverbreiteten ideologischen Befangenheit. Denn die einzige Alternative zum früher üblichen, weniger europäischen als nationalen Stolz auf die eigene Expansion scheint heute politisch korrekte Scham zu sein. Das hängt aber mit dem fragwürdigen Versuch zusammen, den unbestreitbaren europäischen »Sonderweg« pauschal mit irgendwelchen besonderen Eigenschaften der Europäer a priori zu erklären, was in der Tat in bedenkliche Nähe von Rassismus geraten kann. Die rückwirkende Konstruktion derartiger Determinanten erweist sich aber als empirisch verfehlt. Natürlich hatten die Europäer besondere Eigenschaften wie alle anderen auch. Aber diese kamen in kontingenter, fast zufälliger Weise Schritt um Schritt im Expansionsprozeß selbst zum Zug, in einer Abfolge je spezifischer Konstellationen, für die die jeweilige Lage der Anderen und die je besonderen Rahmenbedingungen ebenso wichtig waren. Insofern kann es keine Pauschalerklärung der europäischen Expansion geben, sondern die Beschreibung ihrer Entwicklung erweist sich als die einzig mögliche Erklärung. Eine eurozentrische Perspektive läßt sich freilich auch so nicht völlig vermeiden, weil die Sache selbst eurozentrisch, Europa eine Art von gemeinsamem Nenner dieses historischen Prozesses war.

Es besteht Einvernehmen darüber, daß im Jahr 1000 keinerlei Anzeichen einer zukünftigen Dominanz Europas zu erkennen waren, eindeutig hingegen im Jahr 1800. Umstritten ist, wie weit im Jahr 1500 bereits Ansätze zu identifizieren sind. Immerhin schien noch im 13./14. Jahrhundert eine Einheit großer Teile der Welt durch die mongolische Expansion, also durch Asien, Wirklichkeit zu werden. Und noch im 15. Jahrhundert schien die »Entdeckung« des Westens durch chinesische Flotten bevorzustehen. Seit vorgeschichtlichen Zeiten hat es ja im eurasiatischen Raum und rund um den Indischen Ozean ein relativ höheres Maß von Kulturkontakt gegeben, wenn auch direkt meist nur zwischen benachbarten Kulturen. So sind seit alters nicht nur Handelsgüter wie Seide oder Gewürze vom Osten nach Westen gelangt, sondern auch Kulturpflanzen wie der Pfirsich und die Zitrone, das Zuckerrohr und die Baumwolle. Damit hing die Ausbreitung von Seuchen wie der Pest zusammen, die wahrscheinlich ihre »Brutstätten« in feuchtwarmen Gebieten Südasiens hatten. Das Wandern von Elementen der geistigen Kultur ist schwieriger nachzuweisen, etwa der buddhistische Ursprung der katholischen Heiligenlegende von Barlaam und Josaphat oder die Rezeption des antiken Alexanderromans in Südasien. Deutlicher ist der Weg missionarischer Religionen zu verfolgen. Während die Ausbreitung des Buddhismus, der einzigen missionarischen Religion Asiens, im Jahr 1000 weitgehend abgeschlossen war, lassen sich bereits vor der europäischen Expansion zwei christliche Wellen in Asien identifizieren, die Nestorianer zwischen dem 7. und 14. Jahrhundert in Iran, Süd-, Ost- und Zentralasien sowie die marginal gebliebene katholische Chinamission des 13./14. Jahrhunderts. Und der Islam befand sich mit oder ohne politische Unterstützung auch nach dem Jahr 1000 ständig in weiterer Expansion, nach Zentralasien – ein Teil der Mongolen wurden Muslime, ein anderer Buddhisten – und China, nach Indien und Südostasien, in den Sudan und nach Ostafrika.

Demgegenüber blieben andere Teile der Welt stärker isoliert, am stärksten die beiden Amerika, mit fatalen Folgen, als die Europäer dorthin vordrangen. Die jahrtausendelange Isolierung der Indianer läßt sich an der Dominanz der Blutgruppe 0 nachweisen, die genetisch durch das Fehlen der altweltlichen Seuchen zustande kam. Der entsprechende Mangel an Antikörpern mußte aber zum Massensterben der Ureinwohner führen, als sie durch ihre »Entdecker« mit den Infektionen der Alten Welt in Berührung kamen. Dazu kam die vergleichsweise Fragilität eines Ackerbaus ohne Haustiere und einer Technologie ohne Metalle. Bereits die Ablösung der führenden Maya-Zentren Guatemalas durch die Stadtherrschaften der Halbinsel Yukatan wird damit erklärt, daß die Landwirtschaft die wachsende Bevölkerung nicht mehr ernähren konnte. Ähnliches soll für den Niedergang des sagenumwobenen Toltekenreiches in Mexiko gelten; dort kam noch die Einwanderung der kriegerischen Chichimeken aus dem Norden hinzu. Daraus ging bis zur Mitte des 15. Jahrhunderts das Aztekenreich von Tenochtitlan hervor, freilich weniger eine Flächenherrschaft als ein kompliziertes Geflecht verbündeter und abhängiger Stadtfürstentümer unter mexikanischer Dominanz. Dabei spricht einiges dafür, daß im Becken von Mexiko die Landwirtschaft nicht zuletzt durch Bodenerosion abermals an den ökologischen Grenzen ihrer Möglichkeiten angekommen war. Auch an der wüstenhaften peruanischen Küste scheint die Bewässerungslandwirtschaft unter Versalzung gelitten zu haben, aber die Fischerei bot eine komplementäre Nahrungsgrundlage. Politisch handelte es sich auch hier um zahlreiche Herrschaften mit städtischen Zentren, aus denen zunächst nur das Reich von Chimú im nördlichen Küstenland herausragte. Erst Mitte des 15. Jahrhunderts erlag es den Inkas von Cuzco im Hochland, die nun in kurzer Zeit ein wohlorganisiertes Reich aufbauten, das sich über 4000 km von Ecuador bis Chile erstreckte. Aber um 1525 starb der Inkaherrscher an einer aus Europa eingeschleppten Seuche vor jedem direkten Kontakt mit den »Entdeckern«.

Seuchenhistorisch ähnlich katastrophale Erfahrungen mußten die Australier und zum Teil auch die Bewohner der pazifischen Inselwelt machen, als sie seit dem späten 18. Jahrhundert in Kontakt mit dem Westen kamen. Bis dahin hatten die Australier in völliger, die Bewohner der Inseln in relativer Isolierung von anderen Kulturen gelebt. Anders als der Indik waren der Pazifik wie der Atlantik in voreuropäischer Zeit keine Verkehrsräume, sondern trennende »Wasserwüsten«, von der hochentwickelten Seefahrt zwischen den polynesischen Inseln abgesehen.

Demgegenüber konnte das tropische Afrika mit neuen Infektionskrankheiten aufwarten, die Westafrika noch im 19. Jahrhundert zum »Grab des weißen Mannes« werden ließen, kombiniert mit abweisenden Küsten für lange Zeit ein guter Schutz dieses Kontinents, der als letzter von Europa erobert wurde. Von Isolation kann aber dennoch nicht die Rede sein, höchstens für die zentralen Regenwaldgebiete, wo keine größeren politischen Einheiten möglich waren. Anders in den Savannengürteln nördlich und südlich davon. Im Raum zwischen Senegal und Niger blühte im 14. Jahrhundert Mali, ein Reich schwarzer Muslime, das nicht nur in der Welt des Islam Aufsehen erregte, sondern auch im gleichzeitigen katalanischen Weltatlas verzeichnet war, vermutlich weil es das Goldland war, aus dem Karawanen quer durch die Sahara das begehrte Edelmetall ins Mittelmeergebiet brachten. Im 15./16. Jahrhundert wurde Mali durch das Reich Songhai abgelöst, bis dieses der marokkanischen Expansion erlag. Östlich schlossen sich die Haussafürstentümer und die zentralafrikanischen Reiche von Kanem und Bornu an, südlich die Fürstentümer der Yoruba, deren berühmte Plastik im Zusammenhang einer elaborierten polytheistischen Religion stand, die heute afroamerikanische Kulte mit einer Millionenanhängerschaft prägt (Camdomblé, Umbanda, Voudou). Im südlichen Savannengürtel entstanden seit dem 14. Jahrhundert die Königreiche Kongo und Angola, deren Partnerschaft mit ihren portugiesischen »Entwicklungshelfern« aber schon um 1500 in Abhängigkeit vom europäischen Sklavenhandel umschlagen sollte. Das Reich des Mwene Mutapa (Monomotapa) von Zimbabwe erlebte im 15. Jahrhundert seinen letzten Höhepunkt.

Ostafrika war seit alters Bestandteil des Handels- und Verkehrssystems des Indischen Ozeans. Die auf Madagaskar dominierenden Merina lassen sich sprachlich und kulturell als Einwanderer aus dem indonesischen Raum identifizieren, auch wenn ihre Ankunft nicht zu datieren ist. Ostafrikanische Bodenfunde sind voll von Münzen und Porzellan aus China, beginnend mit der T'ang-Zeit (7.-9. Jahrhundert). Von einer Giraffe, die eine ostafrikanische Gesandtschaft 1415 nach China brachte, gibt es sogar eine zeitgenössische chinesische Abbildung. Chinas und Indiens Partner waren die knapp vierzig miteinander rivalisierenden Küstenstädte zwischen Mogadischu im Norden und Sofala im Süden, die seit dem 7. Jahrhundert entstanden waren, als sich Gruppen von der Arabischen Halbinsel und aus Iran dort niederließen. Hier entstand eine neue Kultur überwiegend schwarzafrikanischer Muslime, den Suaheli, die eine arabisch geprägte Bantu-Sprache sprechen, das Kisuaheli. Es ist heute die Verkehrssprache Ostafrikas geworden. Die zunehmende Macht des Islam am Indischen Ozean brachte freilich das uralte christliche Königreich im Hochland von Äthiopien immer wieder in Bedrängnis.

Die Expansion der islamischen Welt war bis zum Beginn der europäischen und weit darüber hinaus die bei weitem dynamischste, so daß die beiden rivalisierenden missionarischen Kulturen eines eifersüchtigen Gottes sich mehr als andere auf lange Zeit als Todfeinde betrachteten, mit Folgen bis heute. Freilich wurde der Islam mindestens ebensosehr von Kaufleuten und Missionaren wie von Eroberern verbreitet. Die einheitliche Monarchie des Kalifen existierte schon im 10. Jahrhundert nur noch dem Namen nach. Sie geriet in Abhängigkeit von islamisierten Turkvölkern, die nach Vorderasien drängten, zuletzt vom Sultanat der Seldschuken, bis dieses ebenso wie das Kalifat Mitte des 13. Jahrhunderts von den Mongolen vernichtet wurde. Aber schon 1295 wird der Khan des vorderasiatischen Mongolenreiches mit Schwerpunkt in Iran Moslem, der Khan der »Goldenen Horde« in Rußland und Westsibirien folgt wenige Jahrzehnte später.

Bereits im 11. Jahrhundert fielen türkische Muslime aus dem heutigen Afghanistan in Indien ein, zunächst um zu plündern, dann um zu erobern. Nach einem Sieg über indische Fürsten wurde seit 1200 in Nordindien das Großreich des Sultanats von Delhi geschaffen, das im 14. Jahrhundert in Regionalreiche von Muslimen zerfiel, denen ebensolche der Hindus im Süden der Halbinsel gegenüberstanden. Aber die meisten dieser Gebilde waren für sich allein reicher und mächtiger als die Länder, aus denen die Europäer seit 1498 über See in diese pluralistische politische Landschaft gelangten. Die Mongolen Dschingis Khans und seiner Nachfolger hatten Indien nur gestreift und auch der Mongole Timur, inzwischen wie die meisten Mongolen des westlichen Zentralasien selbstverständlich ebenfalls Moslem, der 1360-1405 das alte Großreich zu erneuern versuchte, kam 1398 nur, um zu plündern. Anders sein und Dschingis Khans Nachkomme Babur, der abermals von Afghanistan aus 1526 das Sultanat von Delhi eroberte und damit zum Begründer des indischen Moghul-Reiches wurde, das zu seiner Blütezeit unter seinem Enkel Akbar (1556-1605), der als einer der großen Herrscher der Weltgeschichte gilt, ganz Nord- und Zentralindien umfaßte.

Im Westen war die Vormacht des Islam inzwischen auf die türkische Teilgruppe der Osmanen übergegangen, die von ihrem Zentrum in Westanatolien aus eine Militärmonarchie mit der 1453 eroberten Hauptstadt Istanbul begründeten, die auf ihrem Höhepunkt im 16./17. Jahrhundert alle Länder am östlichen Mittelmeer und am Schwarzen Meer umfaßte und darüber hinaus bis Algerien, Ungarn, Irak und auf die Arabische Halbinsel ausgriff. Mit der Eroberung Ägyptens 1517 wurden die Osmanen zu den wichtigsten Konkurrenten der Portugiesen im Geschäft mit indischen Gewürzen, während im westlichen Mittelmeer und auf dem Balkan vom 15. bis ins 18. Jahrhundert theoretisch ständiger, praktisch immer wieder aufflammender, mehr oder weniger religiös stilisierter Krieg zwischen Christen und Muslimen herrschte. An ihrer Ostgrenze lebten die sunnitischen Osmanen in einem ähnlichen ideologischen Dauerkonflikt mit der schiitischen Variante des Islam, die 1501 zur Religion Irans gemacht worden war.

Am anderen Ende der Welt, auf den Gewürzinseln der Molukken und den »Philippinen« stießen die Europäer ebenfalls mit Muslimen zusammen; der Islam war dort erst kurz vor ihnen eingetroffen. In Indonesien hingegen wurden im 13. Jahrhundert erste Moslemreiche gegründet; im 16. Jahrhundert hatten die Malayische Halbinsel und fast ganz Indonesien den Islam angenommen; die bis dahin dominierende hinduistische Kultur wurde zurückgedrängt. Auf dem südostasiatischen Festland hingegen blieben trotz sich ablösender Reiche und Dynastien Birma, Thailand und Kambodscha indisch geprägt, und vor allem durch den Buddhismus, der in Indien seit 1200 im Verschwinden war. Vietnam hingegen blieb kulturell unter Chinas Einfluß und geriet wie schon von 111 v. Chr. bis 972 n. Chr. immer wieder unter chinesische Oberhoheit.

China selbst, das damals im wesentlichen den Raum südlich der Großen Mauer umfaßte, erlebte unter der Song-Dynastie (960-1279) trotz sozialer Spannungen und außenpolitischer Zugeständnisse an die Nomadenvölker des Nordens einen wirtschaftlichen und kulturellen Höhepunkt seiner Geschichte. Damals wurde das bürokratische Herrschaftssystem samt der neo-konfuzianischen Ideologie seiner Elite geschaffen, das sich dank seiner Stabilität selbst überleben sollte – bis ins 20. Jahrhundert. 1127 freilich ging der Norden an das sinisierte Jin-Reich der mandschurischen Dschurdschen verloren. Im Bündnis mit den Song vernichtete die neue Großmacht der Mongolen 1234 die Jin, entriß aber in der Folgezeit den Song nach und nach auch das restliche China. Ihr Großkhan Khubilai (1260-1294), auch einer der Großen der Weltgeschichte, verlegte 1264 seinen Regierungssitz aus der Steppenstadt Karakorum nach Peking und betrachtete sich spätestens mit der Annahme der Dynastiebezeichnung Yuan 1271 in Personalunion als chinesischer Kaiser. Zunächst freilich hatte sein Herrschaftssystem mit der Privilegierung der Mongolen eher kolonialen Charakter.

Unter Khubilai erreichte auch das von Dschingis Khan (1162[?]-1227) geschaffene Weltreich der Mongolen seinen Höhepunkt, obwohl es von der Dynastie bereits in vier Khanate geteilt worden war, neben dem chinesischen mit Mongolei und Mandschurei das zentralasiatische Tschagatai, das Reich der Ilchane in Iran und Irak und das Khanat Kiptschak (Goldene Horde) in Südrußland und Westsibirien. Hatte sich das Reich unter Dschingis Khan bereits vom Kaspischen Meer bis zum Pazifik quer durch Innerasien erstreckt, so erreichte es nun dank Tributpflicht der russischen Fürstentümer die Ostgrenze Polens, griff nach Syrien und Kleinasien aus und versuchte, China nicht nur um Tibet, Birma und Vietnam, sondern auch um Java und Japan zu erweitern – letzteres dank eines rechtzeitig aufgetretenen Taifuns vergeblich. Nach den Greueln der mongolischen Eroberung war eine vorübergehende, ausgesprochen handels- und verkehrsfreundliche Friedensordnung von einer Ausdehnung entstanden, wie sie die Welt noch nicht gesehen hatte.

In denselben, im Westen klimatisch begünstigten Jahrhunderten hatte Europa einen beträchtlichen wirtschaftlichen und kulturellen Aufschwung erlebt – die Zeit, in der die großen Kathedralen entstanden – und bereits zu expandieren begonnen, mit der Reconquista der Iberischen Halbinsel von den Muslimen nach Süden, mit den Kreuzzügen in den islamischen Nahen Osten, mit dem Landesausbau in das heutige Ostmitteleuropa. Zugleich nahmen Schiffahrt und Handel vor allem in den italienischen Seestädten im Zusammenhang der Kreuzzüge einen revolutionären Aufschwung. Die Möglichkeiten des Mongolenreiches wurden umgehend genutzt, und es entstand ein Welthandelssystem, das von Grönland bis China reichte. Marco Polo war nur als Schriftsteller ein Sonderfall. Allerdings handelte es sich nicht um ein europäisches System, denn viele beteiligte Asiaten waren den Europäern in den Handelstechniken ebenbürtig und im Geschäftsvolumen überlegen. Und neben den Weltreisen des Ibn Battuta zwischen dem Niger, Südrußland, Indonesien und China 1325-1354 nimmt sich Marco Polo eher bescheiden aus.

Im frühen 14. Jahrhundert war Europa aber an den Grenzen seiner Möglichkeiten angekommen; Übervölkerung leitete bereits wirtschaftliche Kontraktion ein, bevor die von Mongolen ins Schwarzmeergebiet eingeschleppte Pest seit 1356 zum Massensterben führte. Seit 1331 wütete die Pest auch in China. Das Mongolenreich war im Zerfallen. In einer heftigen Reaktion gegen die Fremdherrschaft und ihre Mißstände fiel die Mongolendynastie; aus den Bürgerkriegen ging die neue Dynastie der Ming hervor (1368-1644) hervor, die von Ausländern Assimilation verlangte, aber vorübergehend mit sieben Flottenexpeditionen 1405-1433 in imperialistischer Absicht bis Ostafrika und ins Rote Meer ausgriff. Doch dann setzte sich ein Kurs wirtschaftlicher und kultureller Selbstgenügsamkeit durch.

Die Beeinträchtigung des europäischen Welthandels durch den Zerfall des Mongolenreiches und das Scheitern der Kreuzzüge ließen zwar den Venezianern das Gewürzgeschäft mit Ägypten, beraubte aber deren Konkurrenz aus Genua ihrer Asienkontakte. Nicht zufällig wurde 1291, als die letzte Kreuzfahrerfestung Akkon fiel, von Genuesen erstmals ein vergeblicher Versuch gemacht, Indien über See auf dem Westweg zu erreichen. Außerdem hatten Venezianer und Genuesen in Zypern, auf Chios und am Schwarzen Meer Erfahrungen mit Kolonialwirtschaft gesammelt, einschließlich der Finanzierung durch Kapitalgesellschaften und des Betriebs von Zuckerplantagen mit Sklavenarbeit. Italienisches Knowhow und Kapital verbanden sich mit Bestrebungen in Portugal und Kastilien, die Reconquista ins goldreiche Afrika weiterzutragen. Daraus ergab sich im 15. Jahrhundert die Entdeckung und Besiedelung der atlantischen Inseln und das Vordringen der Portugiesen an der afrikanischen Küste nach Süden. Mit Erreichen der Passatzone war auch die Möglichkeit gegeben, problemlos nach Westen zu segeln, die sonst nur in polaren Breiten bestand, wo die Wikinger einst nach Vinland gelangt waren. Sie wurde genutzt, als den Portugiesen nach der Umrundung Afrikas der Weg nach Indien offen stand, den Kastiliern aber durch ältere Verträge verschlossen blieb. Indien war zwar keineswegs von Anfang an das Ziel beider Parteien gewesen, aber nun versuchte abermals ein Genuese, Indien auf dem Westweg zu erreichen, um im Dienste Kastiliens mit Portugal gleichzuziehen. Auf diese prosaisch-kontingente Weise und nicht etwa durch den plötzlichen Aufbruch des dynamischen Renaissancemenschen, dieses zählebigen Popanzes des populären Geschichtsbildes, ist die europäische Expansion zustande gekommen. Und ebenso kontingent ist zu erklären, warum in Asien vom 16. bis 18. Jahrhundert nur maritime Stützpunktsysteme zustande kamen, in Amerika hingegen riesige Kolonialreiche mit zahlreichen europäischen Siedlern.

Die portugiesische Krone versuchte, durch Eroberung wichtiger Häfen rund um den Indischen Ozean mit dem Zentrum in Goa die Kontrolle über den Seehandel, insbesondere das Gewürzgeschäft mit Europa in die Hand zu bekommen. Dazu kamen Stützpunkte weiter im Osten auf den Gewürzinseln, an der chinesischen Küste und in Japan zur Beschaffung wichtiger Güter. Gegen die Moslemkaufleute konnten die Portugiesen sich zwar durchsetzen, sich aber nicht gegen die westeuropäischen Konkurrenten behaupten, die um 1600 ebenfalls auftauchten, weil ihnen das asiatische Direktgeschäft attraktiver erschien als der Einkauf in Portugal oder der Levante. Bis Mitte des 17. Jahrhunderts hatten die Niederländer fast alle portugiesischen Besitzungen in Asien erobert und das Geschäft weitgehend an sich gezogen. Daneben spielten die Engländer und auch Franzosen eine zunehmend wichtigere Rolle, freilich vor allem in

Vorderindien, während die Niederländer ihr Zentrum in Batavia auf Java errichtet hatten. Das hing mit der Verschiebung der europäischen Nachfrage von Gewürzen zu Baumwollwaren und schließlich Kaffee und Tee zusammen. Ein Grund für die Überlegenheit der Niederländer und Engländer bestand darin, daß ihre Expansion privatwirtschaftlich von privilegierten Aktiengesellschaften betrieben wurde, den ersten Großkonzernen der Weltgeschichte, die mehr Kapital zu mobilisieren vermochten als die europäischen Kronen.

Bis ins 18. Jahrhundert wurden die europäischen Kaufleute von den Kaiserreichen Indiens, Chinas und Japans, die am Seehandel wenig interessiert waren, als Barbaren verachtet und höchstens geduldet. Versuche, sich mit ihnen anzulegen, endeten regelmäßig mit Katastrophen. Darunter hatten auch die von den Portugiesen unterstützten Jesuitenmissionare zu leiden, die deswegen besondere Beachtung verdienen, weil sie im 16./17. Jahrhundert Versuche unternahmen, das Christentum zu den kulturellen Bedingungen der Asiaten zu verkünden, wie sie im Zeichen des zunehmenden Eurozentrismus später nicht mehr möglich waren.

Japan hatte unter dem Einfluß Chinas seine eigene Variante der ostasiatischen Kultur ausgebildet, wo der Kaiser seit langem nur noch eine zeremonielle Rolle spielte. Im 15. Jahrhundert zerfiel das Land auf lange Zeit in rivalisierende Fürstentümer, eine Krisensituation, in der eine neue Heilsbotschaft Chancen hatte und ausländische Hilfe willkommen war. Eine blühende christliche Kirche entstand und der Handel mit den Portugiesen blühte. Aber die Einigung des Reiches durch ein neues Shogunat 1560-1615 mündete zunächst in Versuche zur Eroberung Chinas, 1636-1641 aber in die Abschließung des Landes und die Ausmerzung des fremden Glaubens. Statt der Portugiesen durften nur die Holländer ein bißchen reglementierten Handel treiben.

Das »Indien« im Westen, das sich als Neue Welt entpuppt hatte, erwies sich zunächst als wenig attraktiv. Doch dann entdeckten die Spanier die gold- und menschenreichen Hochkulturländer und eroberten sie, nicht nur dank militärischer Überlegenheit, sondern auch durch Ausnutzen der Gegensätze unter den Indianern. Bald kamen ihnen Seuchen zu Hilfe, die wegen des fehlenden Immunschutzes ein Massensterben der Ureinwohner auslösten. Zahlreiche Einwanderer wollten Gold finden oder zumindest ein Herrenleben führen. Zwar wurde schon zu Anfang von dem Missionar Bartolomé de las Casas Kolonialkritik von einer Schärfe geübt, die anderswo noch Jahrhunderte auf sich warten lassen sollte, und die spanische Krone versuchte, in ihrem für damalige Verhältnisse gut organisierten Kolonialreich die Ausbeutung der indianischen Untertanen zu verhindern. Aber es fehlte ihr dazu an Mitteln, so daß eine rassisch geschichtete Gesellschaft entstand, die sich in Lateinamerika teilweise bis heute behauptet hat.

Für das Mutterland interessant war Amerika vor allem durch seine im 16. Jahrhundert entdeckten Silberreserven. Doch die Silberimporte haben Spanien nicht reich gemacht, sondern flossen aus dem Land, zum einen zur Finanzierung der überzogenen Großmachtpolitik des 16./17. Jahrhunderts, zum anderen, weil die hohe Inflationsrate den Import von Fertigwaren für die Spanier wie ihre westeuropäischen Lieferanten zum guten Geschäft machte. Das Silber gelangte vor allem in die Niederlande und diente zur Finanzierung des Asienhandels. Es sammelte sich letztlich in Indien und China, zusätzlich auch auf dem direkten Weg von Mexiko über die Philippinen. Als im portugiesischen Brasilien im 18. Jahrhundert Gold und Diamanten gefunden wurden, spielte sich zwischen Lissabon und London derselbe Mechanismus ein wie zwischen Sevilla und Amsterdam.

Brasilien war vorher zum führenden Zuckerproduzenten entwickelt worden. Das hieß traditionell Plantagen mit Sklavenarbeit. Weil dafür nicht genug Indianer zur Verfügung standen und die Portugiesen ohnehin das Monopol des Handels mit afrikanischen Sklaven besaßen, begann nun der massenhafte Sklavenimport in die Neue Welt. Nachdem die Holländer sich auch hier gewaltsam eingeschaltet und die Zuckerplantagenwirtschaft in die Karibik übertragen hatten, wo die Indianer längst ausgestorben waren, nahm er weiter zu, vor allem im 18. Jahrhundert, als die Engländer die führenden Sklavenhändler waren. Auf diese Weise wurde der Atlantikhandel zum »Dreieckshandel«, der Atlantik zum »Mittelmeer« nicht nur zwischen zwei, sondern zwischen drei Kontinenten. Insgesamt wurden weit über 10 Millionen Afrikaner in die Neue Welt geschafft, so daß heute die Afroamerikaner in der Karibik dominieren, in Brasilien einen großen Bevölkerungsanteil und anderswo wenigstens eine wichtige Minderheit stellen.

In Nordamerika gedachten Engländer und Franzosen zunächst Edelmetallfunde wie die Spanier zu machen; eher aus Verlegenheit wurden Kanada und vor allem die verschiedenen britischen Niederlassungen an der Ostküste zu Siedlungskolonien. Anders als bei den Spaniern galten die Indianer bei den Engländern nicht als Untertanen, sondern als fremde Nationen, die man verdrängte oder ausrottete, wenn die Siedler Land brauchten. Infolgedessen entstand in Nordamerika anders als im Süden eine relativ egalitäre, rein weiße Gesellschaft, die dank der Nachfrage ihrer rasch wachsenden Bevölkerung bald zum wichtigen Handelspartner des Mutterlandes wurde. Dessen Versuch zur fiskalischen und politischen Straffung des Reichsverbandes quittierten die traditionell an Selbstverwaltung gewöhnten »Amerikaner« mit der Unabhängigkeitserklärung. Die autoritären Regimes Lateinamerikas behaupteten sich länger. Hier war die Unabhängigkeit das Ergebnis des von Napoleon provozierten Zerfalls des Herrschaftssystems. Im dritten Jahrzehnt des 19. Jahrhunderts war die westliche Hemisphäre weitgehend »dekolonisiert«.

Ausgleich für diese Verluste fanden die Briten im Osten, wo sie im späten 18. und frühen 19. Jahrhundert ganz Vorderindien eroberten und im Zuge des »zweiten Entdeckungszeitalters« neue Siedlungskolonien in Australien und Neuseeland schufen. In Indien, das bald zur Musterkolonie der gesamten neueren Kolonialgeschichte werden sollte, war das Moghulreich im 18. Jahrhundert in Regionalherrschaften zerfallen, die den Franzosen, mit denen die Briten weltweit rivalisierten, Möglichkeiten zur Festsetzung boten. Mächterivalität dieser Art einschließlich nervöser Präventivmaßnahmen wurde bald mehr denn je ein politisches Leitmotiv der europäischen Expansion. Vor allem zeichnete sich inzwischen eine relative Überlegenheit der Europäer ab, nicht kraft eines qualitativen »Sprungs«, sondern durch jahrhundertelange Akkumulation kleiner Veränderungen. In Indien erwies sich die gedrillte Berufsarmee europäischer Art als überlegen, weshalb sie unverzüglich von indischen Fürsten übernommen wurde. Das »zweite Entdeckungszeitalter« beruhte auf einer Seefahrt, die zwar immer noch dieselben Segelschiffstypen benutzte wie im 16. Jahrhundert, aber mit so vielen Verbesserungen, daß z. B. jeder Schiffsreisende damit rechnen konnte, heil zurückzukehren, was im 16. Jahrhundert im Asienverkehr höchstens jedem zweiten vergönnt war. Typisch ist die Art und Weise, wie das Problem der Messung der geographischen Länge gelöst wurde. Für eine genau gehende Uhr, die dazu benötigt wird, wurde vom britischen Parlament ein Preis ausgesetzt und schließlich nach allerhand Versuchen von einem Erfinder gewonnen.

Europa entpuppte sich mehr denn je als Kultur der Lernbereitschaft und der Erfinder. Die Industrialisierung, die im 18. Jahrhundert in Großbritannien einsetzte und Europa seinen entscheidenden Vorsprung für das 19. und frühe 20. Jahrhundert bringen sollte, stellte das erneut unter Beweis. Ökonomische Anreize genügten dafür nicht, vielmehr dürfte die spezifisch europäische Lernfähigkeit Ergebnis jahrtausendelanger Übung sein. Denn europäische Kultur, angefangen mit dem lateinischen Christentum, beruhte auf ständigem Lernen von der Antike und vom Judentum. Weil dabei Übersetzen angesagt war, wurden die Europäer zu den besten Philologen der Welt, was sich in der Begegnung mit Anderen als weiterer Wettbewerbsvorteil erweisen sollte. Verstehen kann auch eine Art von Überwältigen sein! Sollte es ein Zufall sein, daß die einzige Kultur, die sich zunächst den Europäern gewachsen zeigte, auch die einzige war, die wie die europäische auf jahrtausendelangem Lernen beruhte, nämlich die japanische mit ihren chinesischen Grundlagen?

Judentum und Christentum haben Europa möglicherweise weitere grundlegende Wettbewerbsvorteile beschert. Weil ihr Gott nicht Bestandteil der Welt ist, sondern als ihr Schöpfer außerhalb bleibt, kann die Welt ihren eigenen, rational zu erfassenden Gesetzen folgen. Die spezifisch westliche Religion erweist sich paradoxerweise als Grundlage ihrer eigenen Überwindung durch Säkularisierung. Das ist im Grunde gemeint, wenn Max Weber von westlicher Rationalität und der Entzauberung der Welt durch ihre Technik und Naturwissenschaft schreibt, und nicht, daß es anderswo keine Rationalität gegeben habe.

Ähnlich paradox ist der Beitrag, den der nur im lateinischen Christentum notorische Dualismus von Geistlich und Weltlich, von Kirche und Staat zum für Europa kennzeichnenden politischen Pluralismus und zu der damit zusammenhängenden Freiheitsidee geleistet hat. Bereits aus geographischen Gründen hat es in Europa nie ein allumfassendes Großreich, sondern stets nur rivalisierende Herrschaften gegeben, aus denen sich schließlich der moderne Nationalstaat als abstrakte Rechtsperson und als unvergleichlich machtvolles und daher weltweit nachgeahmtes Gebilde entwickelt hat. Diese Rivalität war kostspielig, aber sie hielt stets mentale, politische und wirtschaftliche Freiräume bereit. Als Columbus in Portugal keinen Erfolg hatte, ging er zum spanischen Rivalen.

Deshalb konnte sich marktwirtschaftliche Praxis, die an sich keine europäische Besonderheit war, hier besonders gut entfalten. Das Risiko politischer Expropriation von Profiten war deutlich geringer, nicht zuletzt auch wegen des vor allem vom römischen Recht begründeten Privateigentums, das in dieser Strenge anderen Kulturen unbekannt war. In China z. B. war es undenkbar, daß ein Herrscher als Käufer oder Verkäufer oder gar als Prozeßgegner auftrat wie in Europa. Darüber hinaus soll das besondere europäische Heiratsmuster mit vergleichsweise später Eheschließung und etwas verminderter Geburtenzahl eine höhere Sparrate ermöglicht haben. Und eine Landwirtschaft, die weithin auf Ackerbau *und* Viehzucht setzte, hatte dank Arbeitstieren eine bessere Energiebilanz und höhere Reserven.[1]

Möglicherweise genügen die verschiedenen Wettbewerbsvorteile der Europäer und die kulturell bedingte Selbstgenügsamkeit anderer Kulturen – weit mehr als deren Angehörige haben sich Europäer zur See und zu Land schon frühzeitig in der ganzen Welt aufgehalten – nicht zur Erklärung, warum Europa seit ca. 1800 industrialisiert hat und andere nicht oder erst nach Anstoß durch Europa. Wahrscheinlich kamen für andere damals noch besondere Wettbewerbsnachteile hinzu, obwohl die Kaiserreiche Ostasiens von den Europäern im Gegensatz zu Indien erst mit der Militärtechnologie des 19. Jahrhunderts zu bezwingen waren. China erlebte nach einer Krise, in der die mandschurische Dynastie Qing (1644-1911) die Ming abgelöst hatte, unter den großen Kaisern Kangxi (1662-1722) und Qianlong (1736-1799) einen neuen Höhepunkt seiner Geschichte. Erst damals erreichte es durch regelrechten Imperialismus, der bereits

---

[1] Franke, Schwierigkeit; Jones, Wunder

mit dem russischen zusammenstieß, seine größte Ausdehnung unter Einschluß der Mandschurei und Mongolei, von Xinjiang und Tibet, wodurch der uralte chinesische Kolonialismus eine neue Dimension erhielt – bis heute. Die Bevölkerung wuchs von 100-150 Millionen auf 300-400 Millionen Menschen, was in der damaligen Welt ohne Beispiel war. Für ganz Europa wird ein Anstieg von 120 auf 190 Millionen angenommen. Im nachhinein ist aber zu erkennen, daß China ökonomisch bereits in einer »Gleichgewichtsfalle auf hohem Niveau« gefangen war, die im 19. Jahrhundert zu schweren Krisen führen sollte. Ein Überangebot billiger Arbeit bei knapper werdenden Ressourcen und hoher landwirtschaftlicher Produktivität ließ Unternehmern Innovationen unnötig erscheinen, eine extrem ungleiche Einkommensverteilung ließ keine stimulierende Massennachfrage aufkommen. Demgegenüber soll die europäische Industrialisierung gerade durch Knappheit der Arbeitskraft ausgelöst worden sein. [2]

Europa aber »hob ab« und erlebte eine welthistorisch neuartige Wirtschaftsentwicklung tendenziell ununterbrochenen Wachstums seines Bruttosozialprodukts. Dank seiner technologischen und institutionellen Überlegenheit konnte es sich bis ins frühe 20. Jahrhundert den Rest der Welt unterwerfen, Südostasien, die pazifischen Inseln und zuletzt in wenigen Jahrzehnten Afrika. Es bestand nämlich die – falsche – gemeinsame Überzeugung, daß die Industriewirtschaft die überseeischen Lieferanten und Kunden benötige, was kombiniert mit sozialdarwinistisch aufgeheiztem Nationalismus die bisweilen hysterische Mächterivalität des imperialistischen Zeitalters um 1900 auslöste. In Wirklichkeit waren und sind sich die entwickelten westlichen Länder selbst die bei weitem besten Kunden! Neben der europäischen Übersee-Expansion spielte die langfristige Expansion über Land in den USA, Rußland, Kanada, Brasilien, Argentinien, Chile, Südafrika, Australien keine geringere Rolle. Mancherorts ist sie heute noch nicht abgeschlossen. Sie wird aber oft übersehen, weil sie aus der Sicht Europas Sekundärexpansion darstellt, die von selbständigen Ländern, vom kolonialen »neuen Europa« betrieben wurde, die gleichsam durch Zellteilung Europas entstanden waren. Soweit sie britische Kolonien waren, erhielten sie zwischen 1840 und 1931 als Dominions die faktische Unabhängigkeit. Ein Teil dieser Länder, vor allem die USA, dienten als Ziel der 60 Millionen Europäer, die ausgewandert sind. Vermutlich hat diese Auswanderung verhindert, daß das neue europäische Wirtschaftswachstum von der gleichzeitigen Bevölkerungsexplosion aufgezehrt wurde wie anderswo!

Japan gelang dank günstiger wirtschaftlicher und politischer Ausgangslage und hoher Lernbereitschaft seit der Meiji-Restauration des Kaisertums 1868 die erfolgreiche Anpassung an westliche »Modernität«. Ägypten erzielte beachtliche, Äthiopien bescheidene Erfolge in dieser Hinsicht, die aber in Ägypten zur Fremdherrschaft, in Äthiopien hingegen zu deren erfolgreicher Abwehr führten. In Madagaskar wurden entsprechende Anläufe von den Franzosen unterdrückt. Bezeichnenderweise hat erfolgreiche Modernisierung umgehend zur imperialistischen Expansion jener Länder geführt, von Japan nach Korea und Taiwan, später in die Mandschurei und nach China, von Ägypten in den Sudan, von Äthiopien ins Land der Oromo im Süden. Anderswo liefen Anpassungsversuche auf wirtschaftliche und politische Vormundschaft des Westens hinaus, China, Iran und das Osmanische Reich wurden um 1900 zu Recht als »Halbkolonien« bezeichnet.

Aber die westliche Expansion sollte sich als dialektischer Prozeß erweisen, insofern sie die Kräfte zu ihrer eigenen Überwindung in der Dekolonisation selbst hervorbrachte. Der Widerstand der jeweiligen kulturellen Tradition war stets zum Scheitern verurteilt. Auch in Japan und in der indischen Unabhängigkeitsbe-

[2] Elvin, Pattern; Landes, Wealth and Poverty

wegung Gandhis, dem Modell der Dekolonisation, kam sie nur in westlich transformierter Gestalt zum Zug. Überwiegend waren Träger der Dekolonisation zur Modernisierung im westlichen Sinne entschlossene und selbst durch ihre europäische Bildung verwestlichte Eliten, häufig deshalb, weil ihre ursprüngliche Kooperationsbereitschaft – keine Kolonialherrschaft funktioniert ohne Kooperation einheimischer Eliten – vom Rassismus Europas frustriert wurde. Für Gandhi wurde die in Südafrika erfahrene Demütigung zum Auslöser seines Kampfes.

Nicht zuletzt dank einer kolonialfeindlichen weltpolitischen Konstellation wurden nach 1945 in gut zehn Jahren nach Indonesien und Indien auch alle anderen größeren Kolonien in Asien unabhängig. Die Europäer versuchten zwar, Afrika planmäßig zu einem Ersatz auszubauen, mußten aber in wenigen Jahren um 1960 auch fast allen Ländern dieses Kontinents die Unabhängigkeit gewähren. Die portugiesischen Kolonien kamen erst nach der Revolution von 1974 im Mutterland an die Reihe, die Siedlerkolonien Zimbabwe 1980, Namibia 1989, Südafrika selbst 1989-1995. Die Auflösung der Sowjetunion 1991 verschaffte den einstigen asiatischen Kolonien Rußlands die Unabhängigkeit; 1993 begann der Ablösungsprozeß der von Israel beherrschten und kolonisierten Palästinensergebiete. Freilich sind die meisten der 192 nach westlichem Muster gestalteten, souveränen Nationalstaaten der Erde des Jahres 1990 nur formal unabhängig, denn es fehlt ihnen an den wirtschaftlichen und politischen Ressourcen für eine unabhängige Politik. Nichtsdestoweniger garantiert ihnen die internationale Politik im Gegensatz zu den Gepflogenheiten vor 1945 ihre Existenz. Die Dominanz der USA, die weithin an die Stelle der ehemaligen Kolonialmächte getreten sind, wurde schon früh als Neokolonialismus denunziert, mit dem zweiten Vietnamkrieg von 1964-1975 als eindeutigem Höhepunkt. Dependenztheorien behaupteten nicht nur, daß die Entwicklung des Westens kausal mit der Unterentwicklung der übrigen Welt verknüpft sei, sondern vor allem, daß die wenig entwickelten Länder sich in wirtschaftlicher Abhängigkeit von den entwickelten befänden und dieser Zustand durch die weltwirtschaftlichen Mechanismen ohne Hoffnung auf Ausweg für immer aufrechterhalten werde. Die seitherige Entwicklung hat diese wie so manche andere Großtheorie inzwischen falsifiziert; etliche Länder haben sogar einen höchst bemerkenswerten wirtschaftlichen Aufstieg erlebt. Die Handlungsspielräume der weniger entwickelten sind offensichtlich größer als angenommen. Richtig bleibt allerdings, daß auch die vielberufene Globalisierung der Weltwirtschaft eine höchst einseitige Angelegenheit ist, denn ihre riesigen Transaktionen spielen sich überwiegend zwischen den Ländern des Westens, Japan und einigen »Schwellenländern« ab; der Rest der Menschheit wird von der Weltwirtschaft kaum benötigt.[3]

Die Ökosysteme der Erde freilich sind hier wie dort irreversibel von der europäischen Expansion geprägt. Europas eigene Umwelt und Wirtschaft haben sich vor allem durch die Einführung amerikanischer Kulturpflanzen verändert, freilich erst seit dem 18. Jahrhundert. Aber Tabak, Kartoffel, Mais, Tomate und viele andere sind inzwischen unentbehrlich geworden. Auch die hochentwickelte chinesische Landwirtschaft konnte die explodierende Bevölkerung nur mit Hilfe neuer Kulturpflanzen amerikanischer Herkunft wie Süßkartoffel und Mais ernähren. In Afrika spielen Maniok und Mais eine ähnliche Rolle. Anderswo kam es gewollt oder ungewollt zur radikalen Veränderung ganzer Erdteile durch neue Pflanzen und Tiere. Auf Inseln wie den Azoren oder Neuseeland dominiert die eingeführte Flora unterschiedlicher Herkunft längst über die einheimische. Aus den Savannen Nordamerikas und Argentiniens sind Kornkammern der Erde geworden, die zum Teil infolge Tiefpflü-

[3] Jackson, Quasi-States; Menzel, Ende der Dritten Welt.

gens und Monokulturen unter schweren Erosionsschäden leiden. Die Einführung der in Amerika, Australien und Neuseeland unbekannten europäischen Haustiere bedeutete dort eine Revolution von Wirtschaft und Lebensweise, angefangen mit der Anpassungsleistung der Prärie- und Pampasindianer, die sich dank des Pferdes in berittene Jägernomaden verwandelten. Dazu kommen radikale Veränderungen menschlicher Populationen, vor allem durch freiwillige wie erzwungene Einwanderung nach Amerika und Australien, aber auch durch indische Kontraktarbeiter, die heute in Guyana, auf Mauritius und den Fidschiinseln die stärkste Bevölkerungsgruppe stellen. Diese Menschen konzentrieren sich im Zuge der Ausbreitung der westlichen Weltkultur in bisher unbekanntem Ausmaß in Städten, nicht zuletzt Industriestädten, mit schwerwiegenden Folgen für Mensch und Umwelt. Zwar hegt man heute Zweifel an der generellen Nachhaltigkeit vorindustriellen Wirtschaftens, aber dessen Folgen dürften dennoch harmlos gewesen sein im Vergleich mit denjenigen der inzwischen weltweit verbreiteten und ebenso intensiven wie rücksichtslosen Ausbeutung der natürlichen Ressourcen.[4]

[4] Crosby, Columbian Exchange; Ders., Früchte.

Afrika um das Jahr 1000

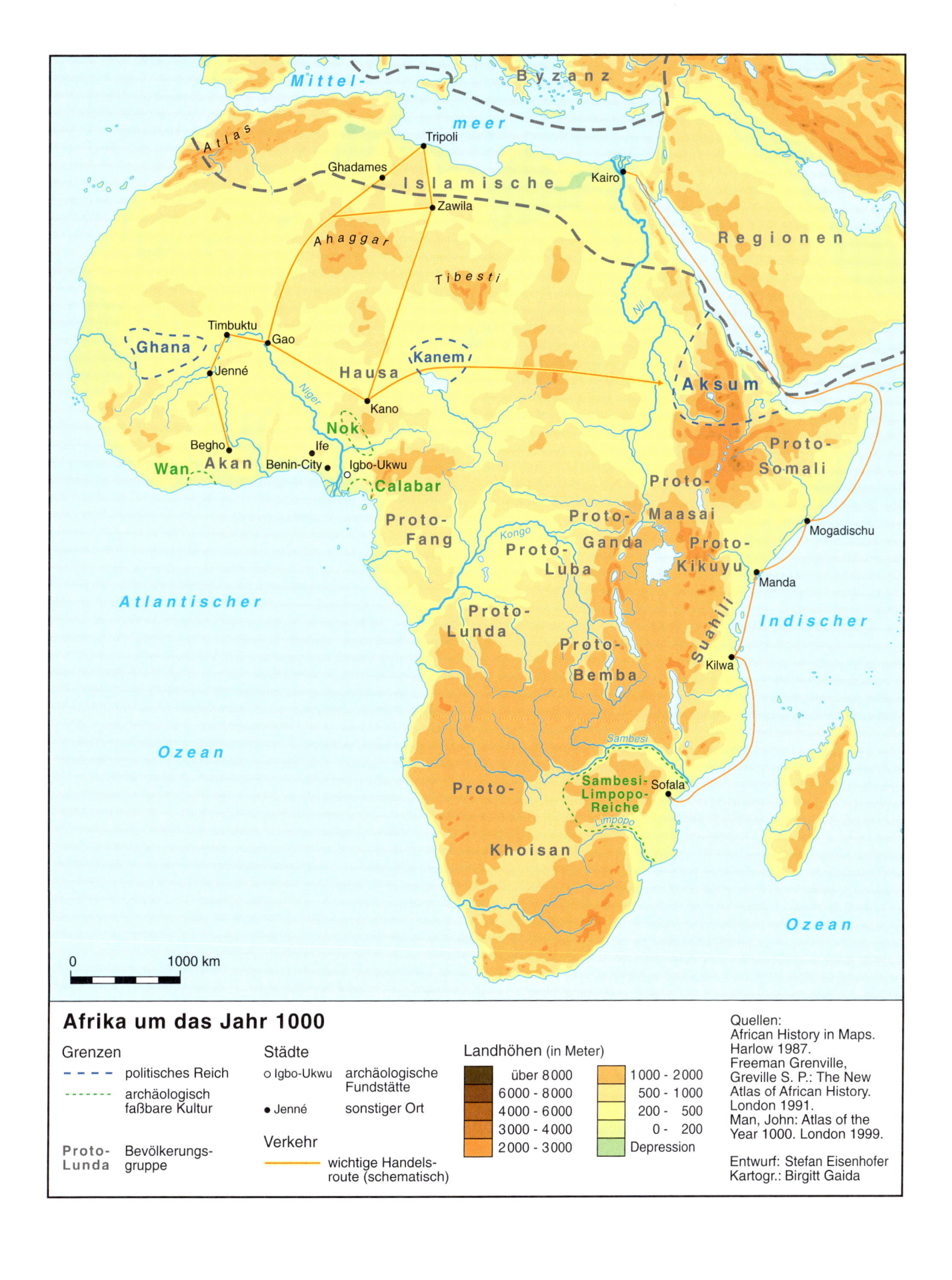

Grenzen
- – – – politisches Reich
- – – – archäologisch faßbare Kultur

Proto-Lunda Bevölkerungsgruppe

Städte
- ○ Igbo-Ukwu archäologische Fundstätte
- ● Jenné sonstiger Ort

Verkehr
- ⸺ wichtige Handelsroute (schematisch)

Landhöhen (in Meter)
- über 8000
- 6000 – 8000
- 4000 – 6000
- 3000 – 4000
- 2000 – 3000
- 1000 – 2000
- 500 – 1000
- 200 – 500
- 0 – 200
- Depression

Quellen:
African History in Maps. Harlow 1987.
Freeman Grenville, Greville S. P.: The New Atlas of African History. London 1991.
Man, John: Atlas of the Year 1000. London 1999.

Entwurf: Stefan Eisenhofer
Kartogr.: Birgitt Gaida

Islamische Regionen um das Jahr 1000

Grenzen / Einflußgebiete
- - - - islamische Regionen
- - - - Kalifat
- - - - regionale islamische Dynastie

Städte
- Asiyut   islamisch
- **Kairo**   Hauptstadt eines Kalifates
- ○ Kano   nichtislamisch

Verkehr
— wichtige Handelsroute (schematisch)

Landhöhen (in Meter)

- über 8000
- 6000 – 8000
- 4000 – 6000
- 3000 – 4000
- 2000 – 3000
- 1000 – 2000
- 500 – 1000
- 200 – 500
- 0 – 200
- Depression

Quellen: Freeman-Grenville, Greville S. P.: Historical Atlas of the Middle East. New York 1993.
Historical Atlas of the Muslim Peoples. Djambatan-Amsterdam 1957.
Spuler, Bertold: Iran in frühislamischer Zeit. Wiesbaden 1952.

Entwurf: Gerhard Hoffmann
Kartogr.: Birgitt Gaida

Map labels

Island

Grönland/ Nordamerika (Neufundland) über Island

Königreich Norwegen
- Nidaros
- Bergen
- Stavanger

Königreich Schweden
- Uppsala
- Birka

Nord- see

Ost- see

Kgr. Alban
Kgr. Strathclyde — Lothian

Irische Königreiche
- Dublin

Königreich England
- York
- Chester
- Wales
- London
- Canterbury

Kgr. Dänemark
- Hamburg
- Bremen

- Danzig
- Truso
- Gnesen

Polen
- Krakau

Atlantischer Ozean

Ostfränkisch-deutsches Römisches Königreich
- Utrecht
- Aachen
- Köln
- Lüttich
- Magdeburg
- Mainz
- Reims
- Trier
- Paris
- Metz
- Orléans
- Regensburg
- Prag
- Straßburg
- Rhein
- Elbe

Westfränkisch- franz. Königreich
- Bordeaux
- Cluny
- Basel
- Konstanz
- Salzburg
- Gran

Kgr. Burgund
- Alpen
- Rhône

Ung(arn)

Santiago de Compostela

Kgr. León
- León
- Douro

Gft. Kastilien

Kgr. Navara

Gft. Barcelona
- Jaca
- Ebro
- Pyrenäen
- Barcelona
- Toulouse
- Arles
- Marseille

Kgr. Italien
- Mailand
- Pavia
- Verona
- Venedig
- Genua
- Ravenna
- Pisa

Reich

Kirchen- Staat
- Rom

Langobard. Fürstentümer
- Neapel
- Amalfi
- Bari

Kgr. Kroatien
- Ragusa

Byz(antinisches) Reich
- Thes(saloniki)

Omaijaden

Mittel- meer

- Palermo
- Messina
- Syrakus

Atlas

Fatimiden

Europa/Byzanz um das Jahr 1000

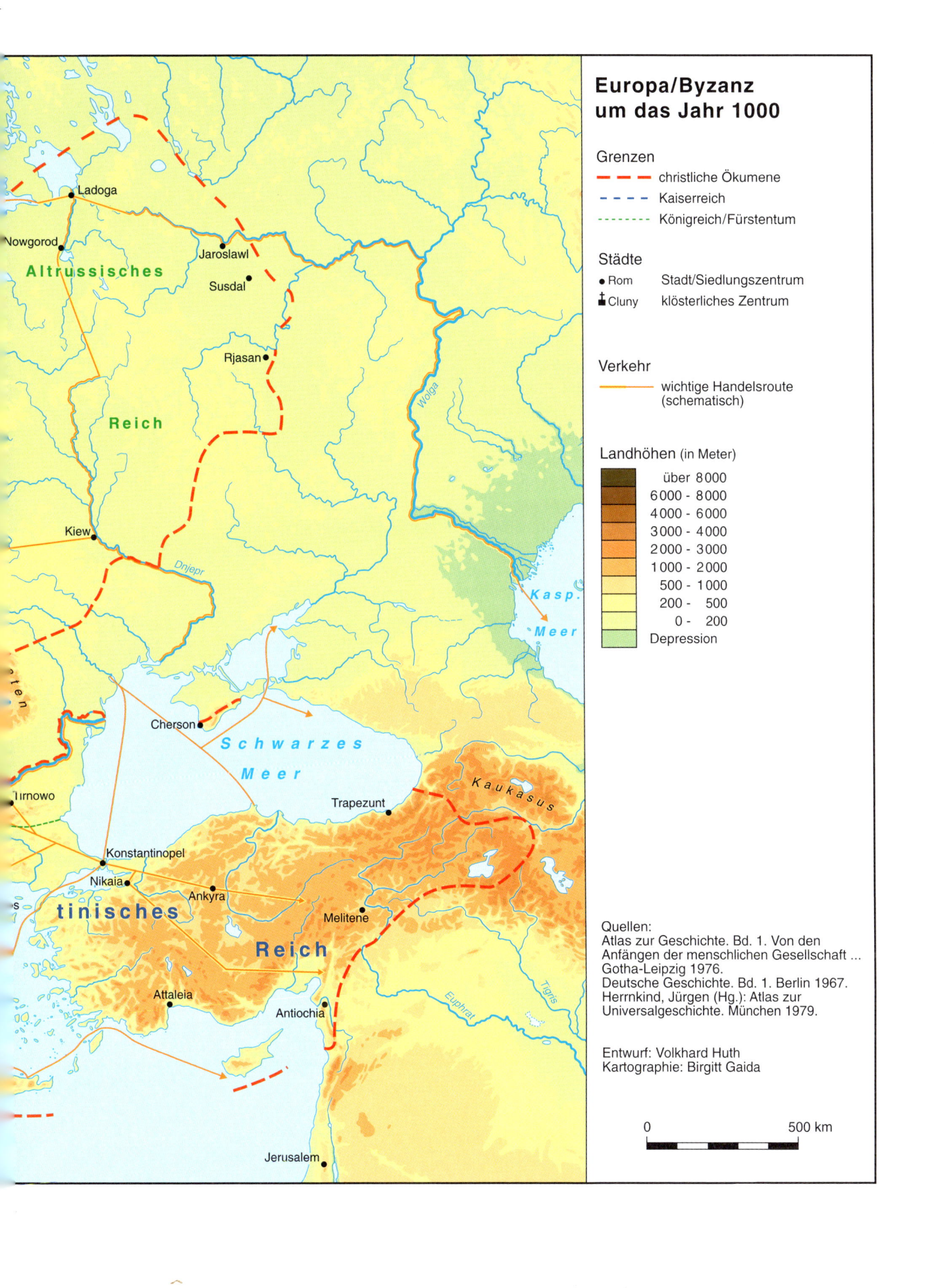

Grenzen
- ––– christliche Ökumene
- – – – Kaiserreich
- ······· Königreich/Fürstentum

Städte
- ● Rom — Stadt/Siedlungszentrum
- ☧ Cluny — klösterliches Zentrum

Verkehr
- ––– wichtige Handelsroute (schematisch)

Landhöhen (in Meter)
- über 8000
- 6000 - 8000
- 4000 - 6000
- 3000 - 4000
- 2000 - 3000
- 1000 - 2000
- 500 - 1000
- 200 - 500
- 0 - 200
- Depression

Quellen:
Atlas zur Geschichte. Bd. 1. Von den Anfängen der menschlichen Gesellschaft ... Gotha-Leipzig 1976.
Deutsche Geschichte. Bd. 1. Berlin 1967.
Herrnkind, Jürgen (Hg.): Atlas zur Universalgeschichte. München 1979.

Entwurf: Volkhard Huth
Kartographie: Birgitt Gaida

0 — 500 km

Beschriftete Orte: Ladoga, Nowgorod, Jaroslawl, Susdal, Altrussisches Reich, Rjasan, Kiew, Dnjepr, Wolga, Kasp. Meer, Cherson, Schwarzes Meer, Kaukasus, Trapezunt, Tirnowo, Konstantinopel, Nikaia, Ankyra, Melitene, -tinisches Reich, Attaleia, Antiochia, Euphrat, Tigris, Jerusalem

Glossar

Abbasiden: Kalifen-Dynastie in Bagdad, 750-1258.

Amhara: Volk des äthiopischen Hochlandes.

Andalus: Bezeichnung für die islamische Iberische Halbinsel.

anthropomorph: von menschlicher Gestalt.

Apotheose: Erhebung eines Menschen zum Gott, Vergöttlichung oder Verherrlichung eines Herrschers.

Aquitanien: Region im Südwesten Frankreichs.

Autodafé: Ketzerverbrennung nach Inquisitionsurteil.

Azteken: Mesoamerikanische Hochkultur zur Zeit der Ankunft der Spanier.

Bodhisattva: Ein werdender Buddha, der den Schritt in die Vollkommenheit hinauszögert, um anderen bei der Suche nach Erlösung aus dem Geburtenkreislauf zu helfen (Sanskrit: »Erleuchtungswesen«).

Brahma: ursprünglich höchster Gott im Hinduismus.

Brahmanen: Angehörige der obersten hinduistischen Kaste (Priester).

Buchara: Mittelpunkt Transoxaniens und Sitz der Samaniden; heute Usbekistan.

Buyiden: iranische Emir-Dynastie, in Bagdad 945-1055.

Cepheus: Sternbild der nördlichen Hemisphäre.

Chang'an: Hauptstadt des tangzeitlichen China (618-906), seiner Zeit die wohl größte Metropole der Welt.

Charidjiten: Angehörige einer islamischen Sezessionsbewegung, die dem vierten Kalifen Ali (656-661) die Gefolgschaft verweigerten und in den folgenden Jahrhunderten mehrere Aufstände unternahmen.

Chichén Itzá: Bedeutendstes Maya-Zentrum im Norden der Halbinsel Yukatan um das Jahr 1000.

Chichimeken: Sammelbezeichnung für die häufig halbnomadischen Völker im nördlichen Grenzgebiet Mesoamerikas.

Daoismus: Religiös-philosophische Richtung in China, als deren Begründer Laozi gilt. Zielt auf die Harmonie zwischen Mensch und Kosmos, zu erreichen durch vollkommene Seelenruhe, Leidenschaftslosigkeit und Selbstentäußerung. Dabei spielt die Meditation eine wichtige Rolle.

Devotion: Frömmigkeit, Ergebenheit, Andacht, Unterwürfigkeit.

Domäne: Land- und forstwirtschaftlich genutztes Gut in Staatshand.

Dunhuang: Chinesische Oasenstadt im Nordwesten der heutigen Provinz Gansu.

Emir: Militärischer Befehlshaber, Fürst in islamischen Regionen.

Epigraph: Antike Inschrift.

Eschatologie: Lehre von den Letzten Dingen, vom Endschicksal des Einzelnen und der Welt.

Euchaita: byzantinische Stadt in Anatolien, seit dem frühen Mittelalter Erzbischofssitz (heute: Avkat/Türkei).

Fatimiden: Schiitisch-ismailitische Kalifen-Dynastie, seit 910 im Maghreb, von 969-1171 in Ägypten/Syrien mit der Hauptstadt Kairo.

Fünf Dynastien: Rasche Abfolge von fünf chinesischen Herrscherdynastien im 10. Jh. nach dem Auseinanderbrechen des Reiches und Auflösung der Tang-Dynastie (906). Wiedervereinigung des Reiches 960 unter der Song-Dynastie.

Genealogie: Wissenschaft von Ursprung, Folge und Verwandtschaft der Geschlechter.

Geomantie: Kunst der Wahrsagerei aus Linien und Zeichen im Sand.

Gesta: Bericht über die Taten von Personen oder Völkern, Form mittelalterlicher Geschichtsschreibung.

Ghaznawiden: Turkstämmige Emir-Dynastie des 10.-12. Jahrhundert mit Hauptstadt Ghazna im heutigen Afghanistan.

Hagia Sophia: Krönungskirche der oströmischen Kaiser in Konstantinopel, ab 1453 Moschee (griech. »heilige Weisheit«).

Hamdaniden: Arabische Emir-Dynastie des 10. Jh. in Nordsyrien und Obermesopotamien.

Han: Erste dynastische Hochkultur im alten China (206 v. Chr.-220 n. Chr.), erreichte im letzten vorchristlichen Jh. ihre größte politische Ausdehnung.

Hanbaliten: Anhänger einer traditionalistischen islamischen Strömung und Rechtsschule, so genannt nach Ahmad Ibn Hanbal, gest. 855.

Heiankyô: Hauptstadt des damaligen Japans in der Heian-Zeit.

Heian-Zeit: Abschnitt der japanischen Geschichte, so bezeichnet nach dem 794 Hauptstadt gewordenen Heian-kyô (Kyôto). Beendet durch die Machtübernahme des ersten Shoguns (1185/1192).

Hinayana-Buddhismus: Richtung des Buddhismus, die vor allem in Südindien Verbreitung fand und heute nur noch in Sri Lanka und Indochina vorzufinden ist (vgl. Mahayana-Buddhismus).

Ideogramm: Schriftzeichen, das nicht einen bestimmten Laut oder eine Lautgruppe, sondern einen ganzen Begriff repräsentiert.

Imam: Anführer der islamischen Gemeinde beim Gebet; Oberhaupt des Staates (vgl. Kalif).

Inka: Südamerikanische Hochkultur zur Zeit der Ankunft der Spanier.

Ismailiten: Gruppierung unter den Schiiten, die als rechtmäßiges Haupt der islamischen Gemeinschaft nur Abkömmlinge des siebenten Imams anerkennen.

Jainismus: Indische Religion, gestiftet von Wardhamana (gest. 447). Erstrebt Erlösung durch Askese, wozu auch die Selbsttötung durch Fasten gehören kann; strenges Verbot der Tötung anderer Lebewesen.

Kalif: »Nachfolger, Stellvertreter« Muhammads, religiös-staatliches Oberhaupt eines islamischen Reiches.

Kaesŏng: Hauptstadt des koreanischen Reiches Koryŏ.

Kaifeng: Hauptstadt der Nördlichen Song-Dynastie.

Kara-Khaniden: Turkstämmige Emir-Dynastie in Mittelasien vom 10. bis 12. Jh.

Kaurava: Altindischer Volksstamm (vgl. Paṇḍava).

Khitan: Nordasiatischer Volksstamm, der im 10. Jh. die Liao-Dynastie gründete.

Konfuzianismus: Die auf Konfuzius (551-479 v. Chr.) zurückgehende, neben Daoismus und Buddhismus einflußreichste philosophische Geisteshaltung Chinas, deren Einfluß sich bis nach Korea und Japan erstreckte. In China in der Han-Dynastie (206 v. Chr.-220 n. Chr.) erstmals als offizielle Staatsdoktrin durchgesetzt, nahm der Konfuzianismus in der Folgezeit viele Elemente des Daoismus und des Buddhismus in sich auf. Erst in der Song-Dynastie erfolgte im Rahmen einer starken Rückbesinnung auf eigene, chinesische Traditionen unter den offiziellen Gelehrten der Versuch, den Konfuzianismus von buddhistischen und daoistischenden Elementen zu säubern. Der Konfuzianismus versteht sich als Wahrer chinesischer Tradition und hat als Staatstheorie das zentrale Anliegen einer Fundierung des Einzelnen, der Familie und des Staates in der Moral (fünf Kardinaltugenden).

Koryŏ: Koreanisches Königreich (918-1392). Unter der Koryŏ-Dynastie gelang 936 die Vereinigung von drei bzw. seit 918 einschließlich Koryŏ insgesamt vier territorial getrennten Königreichen (Parhae, Paekche, Silla und Koryŏ).

Kuschiten: Sammelbezeichnung für mehrere Völker mit kuschitischer Sprache in Nordost-Afrika.

Liao: Eines der »sinisierten« Reiche am Rande der chinesischen Kulturwelt (907/916-1125), 907 von Apaoki aus dem Clan Yelü des Khitan-Volkes gegründet. Den Namen Liao, genannt nach einem Fluß in der Mandschurei, führte diese Dynastie allerdings erst seit 937.

Maghreb: Das islamische Nordafrika, außer Ägypten.

Mahayana-Buddhismus: In den ersten nachchristlichen Jahrhunderten entstandene Richtung des Buddhismus, die vor allem in Nordindien, Zentralasien und China heimisch war, von wo sie bis nach Korea und Japan gelangte (vgl. Hinayana-Buddhismus).

Majuskeln: Großbuchstaben.

Malakiten: Anhänger einer konservativen islamischen Rechtsschule, so genannt nach Malik Ibn Anas (gest. 795).

Manichäismus: Von Mani gestiftete dualistische Erlösungslehre, derzufolge die Befreiung von der Materie des Körpers und die Vereinigung der Seele mit der himmlischen Lichtwelt durch strenge Askese erreicht werden sollte. Um das Jahr 1000 eine insbesondere in Zentralasien weitverbreitete Religion.

Marwaniden: Arabisierte kurdische Emir-Dynastie in syrisch-kleinasiatischen Gebieten, 990-1096.

Maya: Mesoamerikanische Hochkultur im Norden Zentralamerikas (Mexiko, Guatemala, Belize, El Salvador, Honduras). Kulturelle Blüte in der sogenannten »klassischen Periode« zwischen 200 und 900 n. Chr.

Minuskeln: Kleinbuchstaben. Minuskelschriften bedienen sich Ober- und Unterlängen, was im Gegensatz zur Majuskelschrift ein flüssiges Schreiben ermöglicht.

Mixteken: Volk Mesoamerikas, das zur Zeit um 1000 begann, die Vormachtstellung im Hochtal des heutigen mexikanischen Bundesstaates Oaxaca einzunehmen.

Nestorianismus: Christliche Glaubensrichtung, die auf den ehemaligen Patriarchen von Konstantinopel, Nestorius (gest. ca. 415), zurückgeht; die Nestorianer hatten sich wegen eines Glaubensstreites von der griechisch-römischen Kirche getrennt.

Nubien: Gebiet in Nordostafrika, Südägypten und Nordsudan.

Numen: Ein göttliches Wesen ohne Person-Charakter, auch die Gottheit selbst.

Olmeken: Früheste Hochkultur Mesoamerikas.

Omaijaden: Kalifen-Dynastie, in Damaskus 661-750; Emire im islamischen Spanien 756-929, dort Kalifen 929-1031.

Pandava: Altindischer Stamm, dessen sagenhafter Krieg mit den Kaurava Gegenstand des Mahabharata-Epos ist.

patrimonial: Vom Vater ererbt, väterlich.

Performanz: Gebrauch der Sprache; gleichzeitige Umsetzung einer sprachlich beschriebenen Handlung.

Piktogramm: Bildsymbol.

Polyhistor: Umfassend gebildeter Gelehrter, Enzyklopädist.

Prospektion: Aufsuchen von (Rohstoff-)Lagerstätten mittels geologischer, geophysikalischer und geochemischer Methoden.

Puranen: Sammlung über Jahrhunderte entstandener religiöser, in Versen gehaltener Texte des Hinduismus (Sanskrit: »alte [Erzählung]«).

Qarmaten: Islamische sozialreligiöse Bewegung ismailitischer Prägung mit eigenem Staat im Osten der Arabischen Halbinsel 894-1078.

Qin: Erste chinesische Kaiserdynastie (221-206 v. Chr.), gegründet durch den sogenannten »Ersten Kaiser von China« (Qin Shihuangdi).

Quraisch: Arabischer Stamm, dem die Familie des Propheten Muhammad angehörte.

Regest (meist Mehrzahl: Regesten): Knappe Zusammenfassung einer Urkunde, Urkundenverzeichnis.

Sagittarius: Sternbild des Schützen.

Samaniden: Iranische Emir-Dynastie in Ostiran und Mittelasien 875-1005, Hauptstadt Buchara.

Samarkand: Stadt im heutigen Usbekistan; 712 von Arabern, 1220 von Dschingis Khan erobert, später Hauptstadt Timur-Lengs; um 1000 unter der Herrschaft der Samaniden.

Sanskrit: Klassische Form des Altindischen, bis heute als Schriftsprache und heilige Sprache der Brahmanen verwendet.

Schiiten: Anhänger einer Strömung im Islam, die als rechtmäßige Herrscher und Imame nur Nachfahren des vierten Kalifen, Ali, aus der Ehe mit der Tochter Muhammads, Fatima, anerkennt.

Shakti: Im Hinduismus eine weibliche Urkraft des Kosmos, von der Götter und Menschen abhängig sind; oft mit der Göttin Parvati (Gattin des Shiva) gleichgesetzt (Sanskrit: »Kraft«).

Shintoismus: Japanische Nationalreligion, gekennzeichnet durch Naturverehrung und

Ahnenkult (jap. shinto: »Weg der Götter«).

Shiva: Einer der drei Hauptgötter des klassischen Hinduismus, neben Brahma und Vishnu. Verkörpert den Aspekt der Zerstörung (Sanskrit: »der Gnädige«).

Sondierung: Sammelbegriff für Methoden zur Gewinnung archäologischer Informationen ohne Grabung, d. h. auch ohne Zerstörung des Materials. Dazu gehören z. B. die Auswertung von Luftbildern und geophysikalische Verfahren wie Bodenwiderstandsmessung oder die Messung von Anomalien des Erdmagnetfeldes.

Song: Chinesische Herrscherdynastie, 960-1279, wirtschaftlicher und kultureller Höhepunkt des vormodernen China, durch Mongoleneinfall gestürzt.

Spolien: Aus anderen Bauten wiederverwendete Bauteile.

Sunniten: Mehrheit der Muslime, welche die Omaijaden- und Abbasidenkalifen anerkennen; so genannt nach dem »Brauch« (sunna) Muhammads.

Tang: Von Li Yuan begründete chinesische Herrscherdynastie (618-906); Etablierung einer berufsmäßigen konfuzianischen Beamtenschaft, deren Mitglieder als Aristokratenbeamte das Reich verwalteten. Höhepunkt der höfischen Kultur des Reiches, daher auch als »Chinas goldenes Zeitalter« bezeichnet.

Tolteken: Einflußreichstes Volk Mesoamerikas im Jahr 1000 mit der Hauptstadt Tollan.

Totonaken: Mesoamerikanisches Volk, dem die Gründung der Stadt El Tajin im heutigen mexikanischen Bundesstaat Veracruz zugeschrieben wird.

Transoxanien: Das Gebiet um Buchara und Samarkand im heutigen Osten Usbekistans.

Tunhuang: Chinesische Oasenstadt im Nordwesten der heutigen Provinz Gansu; in der Nähe die Mogaogrotten (»Grotten der Tausend Buddhas«), die größten und ältesten buddhistischen Höhlentempelanlagen Chinas.

Uighuren: Turkvolk, das von 9. bis 13. Jh. ein blühendes Reich in den Oasen des östlichen Turkestan besaß.

Uqailiden: Arabische Emir-Dynastie um Mosul, 990-1096.

Veden: Älteste indo-arische Literatursammlung, die zu den heiligen Schriften des Hinduismus zählt, etwa 1200-600 v. Chr. entstanden. Nachhaltiger Einfluß auf Sprache, Literatur und Philosophie Indiens (Singular Veda: Sanskrit für »Wissen«).

Vinland: »Weinland«, normannischer Name für einen Abschnitt der nordöstlichen Küste Nordamerikas, an dem Leif Eriksson um 1000 landete (Neufundland).

Vishnu: Im klassischen Hinduismus neben Brahma und Shiva einer der höchsten Götter, im Unterschied zu letzterem aber stets als gütig dargestellt. Vishnu (auch Hari genannt) erscheint in zehn Inkarnationen (Avatara) auf der Erde, um das Böse zu bekämpfen und um die religiösen Sittengebote (Dharma) zu bewahren.

Vita: Lebensbeschreibung; Bezeichnung und Titel der antiken und mittelalterlichen Biographie.

Wesir: Ratgeber des Kalifen, seit den Abbasiden: oberster Beamter der zivilen Verwaltung; heute: Minister.

Yuan: Mongolische Herrscherdynastie in (dem zum mongolischen Weltreich gehörenden) China, 1279-1368.

Yukatan: Halbinsel an der Ostseite der zentralamerikanischen Landbrücke, heute größtenteils zu Mexiko, im Süden und Südosten zu Guatemala und Belize gehörend.

Ziriden: Berberische Emir-Dynastie in Ifriqiya/Tunesien, 973-1156.

zoroastrisch: Die von Zarathustra gestiftete altpersische Religion (Parsismus) betreffend (von Zoroaster = Zarathustra).

Literaturliste

Abraham, Meera: Two Medieval Merchant Guilds of South India. New Delhi 1988.

Abū Isḥak al-Istakhrī: Kitābu-l Akālīm. In: Elliot H. M. und Dowson J. (Hg.): The History of India as Told by Its Own Historians. Bd. 1. Delhi 1990 (Ndr. der Erstausgabe von 1867), S. 26-30.

Achaya, K. T.: Indian food. A Historical Companion. Delhi-Calcutta-Chennai 1998.

Alberuni: Alberuni's India. 2 Bde. Hg. v. C. Sachau. London 1914.

Al-Bīrūnī: In den Gärten der Wissenschaft. Ausgewählte Texte aus den Werken des muslimischen Universalgelehrten. Übersetzt und erläutert von Gotthard Strohmaier. Leipzig 1988.

Al-Hamadhânî: Vernunft ist nichts als Narretei. Die Maqâmen. Aus dem Arabischen vollständig übertragen und bearbeitet von Gernot Rotter. Tübingen 1982.

Altarabische Prosa. Hg. v. Manfred Fleischhammer. Leipzig 1988.

Altekar, Anant Sadashiv: State and Government in Ancient India. Delhi-Varanasi-Patna u. a. 1984 (Erstausgabe Varanasi 1949).

Althoff, Gerd: Spielregeln der Politik im Mittelalter. Kommunikation in Frieden und Fehde. Darmstadt 1997.

Amerikanische Archäologie. Geschichte, Theorie, Kulturentwicklung. Darmstadt 1992.

Aristoteles: Poetik. Übersetzung, Einleitung u. Anmerkungen v. Olof Gignon. Stuttgart 1961 (Ndr. 1981).

Ashtor, E.: A Social and Economic History of the Near East in the Middle Ages. London 1976.

At-Tanukhi: Ende gut, alles gut. Das Buch der Erleuchtung nach der Bedrängnis. Auswahl und Übersetzung aus dem Arabischen von A. Hottinger. Zürich 1979.

Ayers, John u. a.: Die Keramik des Fernen Ostens. China - Vietnam - Korea - Japan. Freiburg-Basel-Wien 1984.

Balázs, Étienne: Chinesische Geschichtswerke als Wegweiser zur Praxis der Bürokratie. Die Monographien, Enzyklopädien und Urkundensammlungen. In: Saeculum 8 (1957), S. 210-223.

Banerjee, R. D.: Andhau Inscriptions of the Time of Rudradāman. In: Epigraphia Indica 16 (1921), S. 19-25.

Basham, A. L.: The Wonder That Was India. New York 1959.

Bechert Heinz (Hg.): The Dating of the Historical Buddha. 3 Bde. Göttingen 1991-1997.

Begde, Prabhakar V.: Ancient and Medieval Town-planning in India. New Delhi 1978.

Behre, Karl-Ernst: Die Ernährung im Mittelalter. In: Bernd Herrmann: Mensch und Umwelt im Mittelalter. Stuttgart 1987, S. 74-81.

Belting, Hans: Bild und Kult. Eine Geschichte des Bildes vor dem Zeitalter der Kunst. München 1990.

Berkemer, Georg: Literatur und Geschichte im vormodernen hinduistischen Südasien. In: Rüsen, Jörn, Michael Gottlob und Achim Mittag (Hg.): Die Vielfalt der Kulturen. Frankfurt/M. 1998, S. 145-190.

Berkemer, Georg: No Heroes in Kaliṅga? On Death in Kaliṅga Inscriptions. In: Schömbucher, E. und C. Zoller (Hg.): Ways of Dying. Death and Its Meanings in South Asia. New Delhi 1998 (im Druck).

Berkemer, Georg: The Chronicle of a Little Kingdom. Some Reflections on the Tekkali-tālūkā Jamīṃdārla Vaṃśāvali. In: Kölver, Bernhard (Hg.): Recht, Staat und Verwaltung im klassischen Indien. München-Wien 1997, S. 65-95.

Berkemer, Georg: Little Kingdoms in Kaliṅga. Ideologie, Legitimation und Politik regionaler Eliten. Stuttgart 1993.

Berkemer, Georg: The »Centre out There« as State Archive. The Temple of Siṃhācalam. In: Bakker, Hans (Hg.): The Sacred Centre as the Focus of Political Interest. Groningen 1992, S. 119-130.

Bianquis, Thierry: La prise du pouvoir par les Fatimides en Egypte (357-363/ 968-974). In: Annales Islamologiques 11 (1972), S. 49-108.

Biedermann, Hans: Altmexikos heilige Bücher. Graz 1971.

Bischoff, Bernhard: Paläographie des römischen Altertums und des abendländischen Mittelalters. Berlin 1979.

Bol, Peter: This Culture of Ours. Intellectual Transitions in T'ang and Sung China. Stanford 1995.

Bosworth, Clifford E.: The Medieval Islamic Underworld. Teil I. Leiden 1976.

Brand, Michael und Arne Eggebrecht: Bernward von Hildesheim und das Zeitalter der Ottonen. Kat. der Ausstellung Hildesheim/Dom- u. Diözesanmuseum 1993, Bd. 2. Mainz 1993.

Bray, Francesca: Agriculture. In: Joseph Needham (Hg.): Science and Civilization in China. Bd. 6/2. Cambridge 1986.

Brüggemeier, Franz Josef und Gerhard Hoffmann (Hg.): Menschen im Jahr 1000. Freiburg 1999.

Bulliet, Richard W.: The Camel and the Wheel. Cambridge/Mass. 1975.

Bumiller, Casimir: Menschen, Mächte, Märkte. Schwaben vor 1000 Jahren und das Villinger Marktrecht. Villingen-Schwenningen 1999.

Burckhardt, Jacob: Über das Studium der Geschichte. Der Text der »Weltgeschichtlichen Betrachtungen« auf Grund der Vorarbeiten v. Ernst Ziegler nach den Handschriften hg. v. Peter Ganz. München 1982.

Byzanz und die Welt des Islam (Enzyklopädie der Weltkunst 4). Baden-Baden 1978.

Byzanz wieder ein Weltreich. Das Zeitalter der Makedonischen Dynastie. Teil I. Ende des Bilderstreites und Makedonische Renaissance (Anfang 9. bis Mitte 10. Jahrhundert). Nach dem Geschichtswerk des Johannes Skylitzes. Übersetzt, eingeleitet u. erklärt v. Hans Thurn (Byzantinische Geschichtsschreiber XV). Graz-Wien-Köln 1983.

Cahen, Claude: Zur Geschichte der städtischen Gesellschaft im islamischen Orient des Mittelalters. In: Saeculum 9 (1958), S. 59-76.

Cahen, Claude: Der Islam. Bd. I. Vom Ursprung bis zu den Anfängen des Osmanenreiches. Frankfurt/M.-Hamburg 1968.

Cai Xiang (1012-1067): Cha lu (Monographie über Tee). Zwischen 1049-1064. Congshu jicheng-Ausgabe.

Carmen ad Rotbertum regem. Adalbéron de Laon, Poème au roi Robert ... Hg. v. Claude Carozzi (Les classiques de l'histoire de France au moyen âge 32). Paris 1979.

Champakalakshmi, Radha: Trade, Ideology and Urbanization. South India 300 BC to AD 1300. Delhi, Bombay-Madras u. a. 1996.

Chartier, Roger und Guglielmo Cavallo (Hg.): Die Welt des Lesens. Von der Buchrolle zum Bildschirm, übersetzt v. H. Jochen Bussmann und Ulrich Enderwitz u. a. Frankfurt/M. 1999.

Chattopadhyaya, Bhrajadulal D.: Urban Centres in Early Medieval India. A Theoretical Overview. In: Thakur V. K. (Hg.): Towns in Pre-modern India. Patna-New Delhi 1994, S. 127-146.

Chaudhary, S. Radhakrishna: Urbanisation in Ancient India. Trends and Problems. In: Thakur, V. K. (Hg.) Towns in Pre-modern India. Patna-New Delhi 1994, S. 1-28.

Chaudhuri, K. N.: Asia before Europe. Economy and Civilization of the Indian Ocean from the Rise of Islam to 1750. Cambridge-New York-Port Chester u. a. 1990.

Chen Fu: Nong shu (Buch der Landwirtschaft). Aus dem Jahr 1149. Siku quanshu-Ausgabe.

Codex Dresdensis. Sächsische Landesbibliothek Dresden (Mscr. Dresd. R 310). Codices Selecti 54. Graz 1975.

Codices Becker I/II. Faksimile-Ausgabe. Vorwort v. K. A. Nowotny (Codices Selecti IV). Graz 1961.

Coe, William R.: Early cultures and human ecology in south coastal Guatemala. Smithsonian Contributions to Anthropology. Bd. 3. Washington/D. C. 1967.

Cohn, Bernard S.: The Past of an Indian Village. In: Ders.: An Anthropologist among the Historians and Other Essays. Delhi-Oxford-New York 1987, S. 88-99.

Corpus Inscriptionum Indicarum. Bd. 1. Inscriptions of Asoka. Neu hg. v. S. E. Hultzsch. Oxford 1925.

Crone, Patricia: Die vorindustrielle Gesellschaft. Eine Strukturanalyse. München 1990.

Crosby, Alfred W.: The Columbian Exchange. Westport/Conn. 1972.

Crosby, Alfred W.: Die Früchte des weißen Mannes. Ökologischer Imperialismus 900-1900. Frankfurt/M.-New York 1991.

Culavaṃsa: The More Recent Part of the Mahāvaṃsa. Übers. v. W. Geiger und M. Rickmers. London 1929-1930.

Curtin, Philip, Steven Feierman, Leonhard Thompson und Jan Vansina (Hg.): African History. From Earliest Times to Independence. London 1995.

Cutler, Anthony und Jean-Michel Spieser: Das mittelalterliche Byzanz 725-1204 (Universum der Kunst 41). München 1996.

Dasgupta, Surendranath: A History of Indian Philosophy. Delhi u.a. 1975.

Devasthali, G. V.: Chapter IX. Language and Literature. A. Sanskrit. In: Majumdar, R. C. (Hg.): History and Culture of the Indian People. Bd. 4. Bombay 1964 (1st ed. 1955), S. 178-231.

Diamond, Jared: Arm und Reich. Die Schicksale menschlicher Gesellschaften. Frankfurt am Main 1999.

Die Blütezeit der Islamischen Welt. Ein Lesebuch. Hoffmann, Gerhard (Hg.). München-Zürich 1994.

Doblhofer, Ernst: Die Entzifferung alter Schriften und Sprachen. Stuttgart 1993.

Dodge, Bayard (Hg. u. Übers.): The Fihrist of al-Nadīm. A Tenth-Century Survey of Muslim Culture. 2 Bde. New York-London 1970.

Ducellier, Alain: Byzanz-Das Reich und die Stadt. Frankfurt/M.-New York 1990.

Eberhard, Wolfram: China und seine westlichen Nachbarn. Beiträge zur mittelalterlichen und neueren Geschichte Zentralasiens. Darmstadt 1978.

Ebner Freiin v. Eschenbach, Silvia: Das Spiel in der chinesischen Literatur. In: Nikephoros. Zeitschrift für Sport und Kultur im Altertum 9 (1996), S. 7-39.

Eggebrecht, Arne (Hg.): Glanz und Untergang des alten Mexiko. Die Azteken und ihre Vorläufer. Mainz 1986.

Eisenhofer, Stefan (Hg.): Kulte, Künstler, Könige in Afrika. Tradition und Moderne in Südnigeria. Linz 1997.

Elliott, H. M. and Dowson, J. (Hg.): The History of India as Told by Its Own Historians. 8 Bde., London 1867-1877.

Elvin, Mark: The Pattern of the Chinese Past. Stanford/Calif. 1973.

Embree, Ainslee T.: Introduction. In: Alberuni's India. Abridged Edition. New York 1971, S. v-xix.

Endreß, Gerhard: Der Islam. Eine Einführung in seine Geschichte. 2. Aufl. München 1991.

Englisch, Brigitte: Zeitbewusstsein und systematische Zeitordnung, in: Hans-Werner Goetz (Hg.): Hochmittelalterliches Geschichtsbewußtsein im Spiegel nichthistorischer Quellen. Berlin 1998.

Euw, Anton von: Die ottonische Kölner Malerschule. Synthese der künstlerischen Strömungen aus Ost und West. In: Ders. und Peter Schreiner (Hg.): Kaiserin Theophanu. Köln 1991, S. 251-280.

Fehring, Günter P. und Walter Sage (Hg.): Mittelalterarchäologie in Zentraleuropa. Zum Wandel der Aufgaben und Zielsetzungen. (Zeitschrift für Archäologie des Mittelalters, Beiheft 9). Köln 1995.

Fichtenau, Heinrich: Lebensordnungen des 10. Jahrhunderts. München 1992.

Fischer, Klaus, Michael Jansen und Jan Pieper: Architektur des indischen Subkontinents. Darmstadt 1987.

Frank, Andre Gunder: ReOrient. Global Economy in the Asian Age. Berkeley u. a. 1998.

Franke, Herbert: Studien und Texte zur Kriegsgeschichte der Südlichen Sungzeit. Wiesbaden 1987.

Franke, Herbert: Über die Schwierigkeit, im alten China reich zu bleiben. In: Münchner Beiträge zur Völkerkunde 3 (1990), S. 7-16.

Frasch, Tilman: Pagan. Stadt und Staat. Stuttgart 1995.

Freeman-Grenville, Greville: The East African Coast. Oxford 1962.

Fried, Johannes: Das Widmungsbild des Aachener Evangeliars, der »Akt von Gnesen« und das frühe polnische und ungarische Königtum (Frankfurter Historische Abhandlungen 30). Wiesbaden 1989.

Fück, Johann: Eine arabische Literaturgeschichte aus dem 10. Jahrhundert n. Chr. (Der Fihrist des Ibn an-Nadīm). In: Ders.: Arabische Kultur und Islam im Mittelalter. Ausgewählte Schriften. Hg. v. Manfred Fleischhammer. Weimar 1981, S. 17-26.

Funke, Fritz: Buchkunde. Ein Überblick über die Geschichte des Buches. 5., neubearb. Aufl. Müchen-New York-Paris 1992.

Gaur, Albertine: A History of Writing. London 1984.

Geary, Patrick J.: Phantoms of Remembrance. Memory and Oblivion at the End of the First Millennium. Princeton/N. J. 1994.

Geiger, Wilhelm: Dīpavaṃsa and Mahāvaṃsa und die geschichtliche Überlieferung in Ceylon. Leipzig 1905.

Genji-Monogatari. Die Geschichte vom Prinzen Genji. Altjapanischer Liebesroman aus dem 11. Jahrhundert, verfaßt von der Hofdame Murasaki. Vollständige Ausgabe, aus dem Original übers. v. Oscar Benl. 2 Bde. Zürich 1966.

Gernet, Jacques: Die chinesische Welt. Frankfurt/M. 1979.

Goepper, Roger: Das alte China. Geschichte und Kultur des Reiches der Mitte. München 1988 (Ndr. ebd. 1998).

Goitein, S. D.: Letters and Documents on the India Trade in Medieval Times. In: Islamic Culture 37 (1963), S. 188-205.

Goitein, S. D.: A Mediterranean Society. The Jewish Communities of the Arab World as Portrayed in the Documents of the Cairo Geniza. Bd. I. Economic Foundations. Berkeley-Los Angeles 1967.

Gombrich, Ernst H.: Geschichte der Kunst. 16. Aufl. Frankfurt/Main 1996 (Ndr. 1997).

Grundriß der arabischen Philologie. Hg. v. Wolfdietrich Fischer und Helmut Gätje. Bd. 1 Sprachwissenschaft. Wiesbaden 1982; Bd. 2 Literaturwissenschaft. Wiesbaden 1987; Supplement 1991.

Gurjewitsch, Aaron J.: Das Weltbild des mittelalterlichen Menschen. München 1980.

Gutschow, Niels: Pāṭan. Symbolik einer newarischen Stadt in Nepal. In: Kulke, H., H. C. Rieger und L. Lutze (Hg.): Städte in Südasien. Wiesbaden 1982, S. 39-57.

Haarmann, Ulrich (Hg.): Geschichte der arabischen Welt. 3. Aufl. München 1994.

Haberland, Wolfgang und Hanns J. Prem: Die Geschichte der mesoamerikanischen Kulturen. In: Hanns J. Prem und Ursula Dyckerhoff (Hg.): Das alte Mexiko. Gütersloh 1986, S. 37-113.

Haberland, Wolfgang: Amerikanische Archäologie. Geschichte - Theorie - Kulturentwicklung. Darmstadt 1991.

Halāyudha's Abidhānaratnāmala. A Sanscrit Vocabulary (Sanskr. & Engl.). Hg. von T. Aufrecht. London-Leipzig 1861.

Hall, Martin: Archaeology Africa. London 1996.

Hall, Martin: Farmers, Kings, and Traders. The People of Southern Africa 200-1860. Chicago 1990.

Harrison, Peter D.: The revolution in ancient Maya subsistance. In: Clancy, Flora S. und Peter D. Harrison (Hg.): Vision and revision in Maya studies. Albuquerque 1990, S. 99-113.

Hassan, Ahmad Y. al- und Donald R. Hill: Islamic technology. An illustrated history. Cambridge 1986.

Haussig, H. W.: Die Geschichte der Seidenstraße in islamischer Zeit. Darmstadt 1988.

Havell, E. B.: The Ancient and Medieval Architecture of India. London 1915.

Haviland, William A.: A new population estimate for Tikal, Guatemala. In: American Antiquity 34:4 (1969), S. 429-433.

Henige, David: The Chronology of Oral Tradition. Oxford 1974.

Henning, Friedrich Wilhelm: Landwirtschaft und ländliche Gesellschaft in Deutschland. Bd. 1: 800 bis 1750. Paderborn u.a. 1996.

Hino Kaizaburô: Godai jidai ni okeru Kittan to Shina to no kaijô bôeki (Der maritime Handel zwischen den Khitan und China während der Zeit der Fünf Dynastien), Shigaku zasshi 52:7 (1941), S. 1-47 und 52:9 (1941), S. 55-82.

Hirth, Friedrich: Über fremde Einflüsse in der Chinesischen Kunst. München-Leipzig 1896.

Hirth, Friedrich und W. W. Rockhill: Chau Ju-Kua. His work on the Chinese and Arab Trade in the Twelfth and Thirteenth Centuries, Entitled Chu-fanchï. Amsterdam 1966.

Hultzsch, Erich: South Indian Inscriptions. Bd. I und II. Madras 1892.

Hunger, Herbert: Schreiben und Lesen in Byzanz. Die byzantinische Buchkultur. München 1989.

Husain, Mujahid: Lucknow. Its History and Architecture during the Nawābī Period. In: Kulke, H., H. C. Rieger und L. Lutze (Hg.): Städte in Südasien. Wiesbaden 1982, S. 59-75.

Ibn al-Waššā': Das Buch des buntbestickten Kleides. Aus dem Arabischen übersetzt und hg. von Dieter Bellmann. 3 Bde. Leipzig-Weimar 1984.

Iliffe, John: Geschichte Afrikas. München 1997.

Indian Express. Bombay (Mumbai). Internet-Ausgabe (http://www.expressindia.com).

Jackson, Robert H.: Quasi-States. Sovereignty, International Relations and the Third World. Cambridge 1990.

Jacut's Geographisches Wörterbuch. Hg. v. Ferdinand Wüstenfeld. 6 Bde. Leipzig 1866ff.

Janssen, Walter: Mittelalterliche Gartenkultur. Nahrung und Rekreation. In: Herrmann, Bernd: Mensch und Umwelt im Mittelalter. Stuttgart 1987, S. 224-243.

Jantzen, Hans: Ottonische Kunst. Neuausgabe, erweitert u. kommentiert durch ein Nachwort v. Wolfgang Schenkluhn. Berlin 1990.

Jayaswal, K. P. und R. D. Banerji: The Hathigumpha Inscription of Kharavela. In: Epigraphia Indica 20 (1929), S. 72-89.

Jia Sixie: Qimin yaoshu (Buch über die wesentlichen Techniken zur Wohlfahrt des Volkes). Aus dem Jahr 535.

Jones, Adam: Zur Quellenproblematik der Geschichte Westafrikas 1450-1900. Stuttgart 1990.

Jones, Eric L.: Das Wunder Europa. Umwelt, Wirtschaft und Geopolitik in der Geschichte Europas und Asiens. Tübingen 1991.

Kalhaṇa: Kalhaṅa's Rājataraṅgiṇī. A Chronicle of the Kings of Kashmir. 3 Bde. Hg. u. übers. v. M.A. Stein. Delhi 1988 (Ndr.).

Kane, P. V.: History of Dharmaśāstra. Vol. 3. Pune 1973.

Kane, P. V.: History of Dharmaśāstra. Vol. 5/1. Pune 1974.

Kant, S.: The Hāthīgumphā Inscription of Khāravela and the Bhabru Edict of Aśoka? A Critical Study. Delhi 1971.

Kauṭilya: Das altindische Buch vom Welt- und Staatsleben, übersetzt von J. J. Meyer. Leipzig 1926.

Kauṭilya: The Kauṭilīya Arthaśāstra. A Critical Edition with a Glossary and Translation, 3 Bde. Hg. von K. P. Kangle. Bombay 1965-1969.

Keller, Hagen: Die Entwicklung der europäischen Schriftkultur im Spiegel der mittelalterlichen Überlieferung. Beobachtungen und Überlegungen. In: Leidinger, Paul und Dieter Metzler (Hg.): Geschichte und Geschichtsbewußtsein. Fs. Karl-Ernst Jeismann zum 65. Geb. Münster 1990, S. 171-204.

Keller, Harald: Die Entstehung des Bildnisses am Ende des Hochmittelalters. In: Römisches Jahrbuch für Kunstgeschichte 3 (1939), S. 227-356.

Kennedy, Hugh: The Prophet and the Age of the Caliphates. The Islamic Near East from the sixth to the eleventh century. London-New York 1986.

Klawinski, Rion: Anuradhapura. In: Schellinger, Paul E. und Robert M. Salkin (Hg.): Illustrated Encyclopedia of Historic Places (Asia and Oceania). Bd. 1 A-G. New Delhi 1997, S. 35-39.

Köckmann, Uwe: Hindutradition und Stadtentwicklung. Varanasi. Analyse einer gewachsenen ungeplanten Pilgerstadt am Ganges. Bochum 1982.

Koder, Johannes: Die Sicht des »Anderen« in Gesandtenberichten. In: Engels, O. und P. Schreiner (Hg.): Die Begegnung des Ostens mit dem Westen. Kongreßakten des 4. Symposiums des Mediävistenverbandes in Köln 1991 aus Anlaß des 1000. Todestages der Kaiserin Theophanou. Sigmaringen 1993, S. 113-129.

Köhler, Ulrich: Das Ballspiel. In: Prem, Hanns J. (Hg.): Das alte Mexiko. München 1986, S. 273ff.

Köhler, Ulrich (Hg.): Altamerikanistik. Eine Einführung in die Hochkulturen Mittel- und Südamerikas. Berlin 1990.

Kölver, Bernhard: Ritual und historischer Raum. Zum indischen Geschichtsverständnis (Schriften des Historischen Kollegs. Vorträge 35). München 1993.

Konow, Sten (Hg.): Narsapatam Plates of Vajrahastadeva III. Saka Samvat 967. In: Epigraphia Indica 11 (1911), S. 147-153.

Krishnamacharyulu, V. G.: Sthala Purāṇas in Telugu und eine Untersuchung ihrer Eigenschaften (in Telugu). Diss. Waltair ca. 1968.

Kuckenberg, Martin: Die Entstehung von Sprache und Schrift. Ein kulturgeschichtlicher Überblick. 2. Aufl. Köln 1990.

Kuhn, Dieter: Die Song-Dynastie (960 bis 1279). Eine neue Gesellschaft im Spiegel ihrer Kultur. Weinheim 1987.

Kulke, H. und D. Rothermund: Geschichte Indiens. München 1998.

Kulke, Hermann: Geschichtsschreibung als Heilung eines Traditionsbruches? In: Rüsen, J., M. Gottlob und A. Mittag (Hg.): Die Vielfalt der Kulturen. Frankfurt/M. 1998, S. 422-440.

Kulke, Hermann: Überlegungen zu den Quellen der Tempelchroniken der Mādaḷā Pañji Puris. In: Falk, Harry (Hg.): Hinduismus und Buddhismus. Festschrift für Ulrich Schneider. Freiburg 1987, S. 173-207.

Kulke, H., H. C. Rieger und L. Lutze (Hg.): Städte in Südasien. Geschichte, Gesellschaft, Gestalt. Wiesbaden 1982.

Kulke, Hermann, Horst-Joachim Leue, Jürgen Lütt und Dietmar Rothermund (Hg.): Indische Geschichte vom Altertum bis zur Gegenwart (Historische Zeitschrift, Sonderheft 10). München 1982.

Kulke, Hermann: Gibt es ein indisches Mittelalter? In: Saeculum 33 (1982), S. 221-239.

Kulke, Hermann: Legitimation and Town. Planning in the Feudatory States of Central Orissa. In: Kulke, H., H. C. Rieger und L. Lutze (Hg.): Städte in Südasien. Wiesbaden 1982, S. 17-37.

Landes, David L.: The Wealth and Poverty of Nations. Why Some Are so Rich and Some Are so Poor. London 1998.

Laping, Johannes: Aspekte der Stadt im altindischen Staatslehrbuch des Kauṭilya. In: Kulke, H., H. C. Rieger und L. Lutze (Hg.): Städte in Südasien, Wiesbaden 1982, S. 1-16.

Lauer, Wilhelm: Der Naturraum. In: Prem, Hanns J. (Hg.): Das alte Mexiko. Gütersloh 1986, S. 15-27.

Le 'Śrīmad Bhāagavatam. [...] Ursprungstext in Sanskrit, Übertragung in lateinische Schrift, Übersetzung ... und Erläuterungen von A. C. Bhaktivedanta Swami Prabhupāda. 3 Bde. 2. Aufl. Paris 1978.

Leben im Mittelalter. Ein Lesebuch, hg., eingeleitet und übersetzt v. Ernst Pitz. München-Zürich 1990.

Leben in Byzanz. Ein Lesebuch, hg. v. Hans-Georg Beck. München-Zürich 1991.

Lee, Ki-baik (übers. v. Edward W. Wagner mit Edward J. Schultz): A New History of Korea. Cambridge/Mass.-London 1984.

Lehmann, Walter: Die Geschichte der Königreiche von Colhuacan und Mexico. Quellenwerke zur alten Geschichte Amerikas aufgezeichnet in den Sprachen der Eingeborenen. Bd. 1. 2. Aufl. Stuttgart u.a. 1974 (1938).

Leloup, Hélène: Dogon Statuary. Straßburg 1994.

Lengerke, Hans-Jürgen von: Ootacamund. Zur Entwicklung einer südindischen »Hill Station«. In: Kulke, H., H. C. Rieger und L. Lutze (Hg.): Städte in Südasien. Wiesbaden 1982, S. 93-132.

Levtzion, Nehemiah und J.F.P. Hopkins: Corpus of Early Arabic Sources for West African History. Cambridge 1981.

Lewin, Günter: Die ersten fünfzig Jahre der Song-Dynastie in China. Veröffentlichungen des Museums für Völkerkunde zu Leipzig. Bd. 23. Leipzig 1973.

Lewin, Marianne und Günter: Gewerbe und Handel im China der Song-Zeit. Teil II. Die chinesische Stadt. In: Jahrbuch des Museums für Völkerkunde zu Leipzig 38 (1989), S. 28-176.

Li Dao (1115-1184), Xu zizhi tongjian changbian (Ein weiterführender Spiegel zur Hilfe bei der Regierung) Shijie shuju-Ausgabe.

Li Yuanbi (? – nach 1117): Zuoyi zizhen (Selbstermahnungen für Lokalbeamte). Ca. 1117. Sibu congkan-Ausgabe.

Lindberg, David: Von Babylon bis Bestiarium. Die Anfänge des abendländischen Wissens. Stuttgart-Weimar 1994.

Mahalingam, T. V.: Mackenzie Manuscripts. Summaries of the Historical Manuscripts in the Mackenzie Collection. 2 Bde. Madras 1972/1976.

Mahalingam T. V. (Hg.): A Topographical List of Inscriptions in the Tamil Nadu and Kerala States. Bd. 7. Thanjavur District. New Delhi 1992.

Mahāvaṃśa. The Great Chronicle of Ceylon. Übersetzt von Wilhelm Geiger. Delhi 1986 (Ndr. der Erstausgabe London 1908).

Mahdi, Muhsin (Hg.): Al-Farabi's Book of Letters. Beirut 1969.

Majumdar, Ram Charan (Hg.): The History and Culture of the Indian People. Bd. 4: The Age of Imperial Kanauj. Bombay 1955.

Man, John: Atlas of the Year 1000. Cambridge/ Mass. 1999.

Acharya. A. K. (Hg.) Mānasāra. 5 Bde. Oxford 1927-1934.

Manu: The Law of Manu. Übersetzt von G. Bühler. Oxford 1886 (Ndr. Delhi 1965).

Marriott, McKim: Little Communities in an Indigenous Civilization. In: Marriott, M. (Hg.): Village India. Studies in Little Community. Chicago-London 1969, S. 171-222.

Medhāthiti: Manubhāṣya. Hg. und übersetzt von Ganganatha Jha. 9 Bde. Calcutta 1920-29 (Ndr. New Delhi 1997).

Meillassoux, Claude: Anthropologie der Sklaverei. Frankfurt am Main 1989.

Mende, Erling von: China und die Staaten auf der koreanischen Halbinsel bis zum 12. Jahrhundert. Eine Untersuchung zur Entwicklung der Formen zwischenstaatlicher Beziehungen in Ostasien (Sinologica Coloniensia Bd. 11). Wiesbaden 1982.

Menzel, Ulrich: Das Ende der Dritten Welt und das Scheitern der großen Theorien. Frankfurt/M. 1992.

Merchant Sulaiman: Salsilat-ut Tawārīkh. Übersetzung veröffentlicht in Exzerpten in Elliot, H. M. und J. Dowson: The History of India as Told by Its Own Historians. Bd. 1. Delhi 1990 (Ndr. der Erstausgabe von 1867).

Mez, Adam: Die Renaissance des Islams. Heidelberg 1922.

Mirashi, Vasudev Vishnu: Daulatpur Inscription of the Reign of Caṣṭana: Year 6. In: Journal of the Oriental Institute. Baroda 28:2 (1978), S. 34-37.

Mukunda Rao, N.: Simhachalam Temple Inscriptions. Simhachalam 1987.

Münsterberg, Hugo: Die Kunst Asiens (Enzyklopädie der Weltkunst 9). Baden-Baden 1980.

MyanmarSettar, S. und Günther D. Sontheimer: Memorial Stones. Dharwad. Heidelberg 1982.

Mylius, Klaus: Geschichte der altindischen Literatur. Bern-München-Wien 1988.

Nagel, Tilman: Die islamische Welt bis 1500. München 1998.

Nandi, Ramendra Nath: Social Roots of Religion in Ancient India. Calcutta-New Delhi 1986.

Narain, A. K.: On the Proto-History of Delhi and its Environs. In: Frykenberg, R. (Hg.): Delhi through the Ages. Delhi Bombay-Calcutta u. a. 1986, S. 3-17.

Needham, Joseph (Hg.): Science and Civilization in China. Cambridge 1986.

Nichols, Deborah L., Michael W. Spence und Marc D. Borland: Watering the fields of Teotihuacan. Early irrigation and the ancient city. Ancient Mesoamerica. Bd. 2. 1991, S. 119-129.

Nilakantha Sastri, A. K.: A Tamil Merchant Guild in Sumatra. In: Tijdschrift voor Indische

Taal-, Land- en Volkenkunde 72 (1932), S. 321-325.

Nilakanta Sastri, A. K.: The Cō!as. Madras 1984 (Ndr. der 2. Ausgabe Madras 1955).

Ochsenbein, Peter (Hg.): Das Kloster St. Gallen im Mittelalter. Die kulturelle Blüte vom 8. bis zum 12. Jahrhundert. Stuttgart 1999.

Ohler, Norbert: Reisen im Mittelalter. Zürich-München 1999.

Osterhammel, Jürgen: Die Entzauberung Asiens. Europa und die asiatischen Reiche im 18. Jahrhundert. München 1998.

Osterhammel, Jürgen: Kolonialismus. Geschichte, Formen, Folgen. München 1995.

Osterhammel, Jürgen: China und die Weltgesellschaft vom 18. Jahrhundert bis in unsere Zeit. München 1989.

Ouyang Xiu (1007-1072): Xin Wudai shi (Neue Geschichte der Fünf Dynastien). Shijie shuju-Ausgabe. Beijing 1974.

Panigrahi, Krishna Chandra: Archaeological Remains at Bhubaneshwar. Cuttack 1981.

Phillips, Tom (Hg.): Afrika. Die Kunst eines Kontinents. München 1996.

Phokas, Nikephoros: »Der bleiche Tod der Sarazenen« und Johannes Tzimiskes. Die Zeit von 959 bis 976 in der Darstellung des Leon Diakonos (Byzantinische Geschichtsschreiber 10). Übers. v. Franz Loretto. Graz-Wien-Köln 1961.

Planhol, Xavier de: Kulturgeographische Grundlagen der islamischen Geschichte. Zürich-München 1975.

Plarre, Werner: Entstehung und Verbreitung der Kulturpflanzen. In: Rehm, Sigmund (Hg.): Grundlagen des Pflanzenbaus in den Tropen und Subtropen. Stuttgart 1986, S. 191-213.

Pluiver, Jan M.: Historical Atlas of South-East Asia. Leiden 1995

Prem, Hanns J. (Hg.): Das alte Mexiko. Geschichte und Kultur der Völker Mesoamerikas. München 1986.

Prem, Hanns J. und Berthold Riese: Schrift, Kalender und Wissenschaft. In: Prem, H. J. (Hg.): Das alte Mexiko. Gütersloh 1986, S. 371-383.

Rajaguru, Satyanarayana (Hg.): Inscriptions of Orissa. Bd. 2., Bhubaneswar 1960.

Rau, Heimo: Stilgeschichte der indischen Kunst. 2 Bde., Graz 1986-87.

Reader, John: Africa. A Biography of the Continent. London 1998.

Reinhard, Wolfgang (Hg.): Verstaatlichung der Welt? Europäische Staatsmodelle und außereuropäische Machtprozesse. München 1999.

Reinhard, Wolfgang: Parasit oder Partner? Europäische Wirtschaft und Neue Welt 1500-1800. Münster 1997.

Reinhard, Wolfgang: Kleine Geschichte des Kolonialismus. Stuttgart 1996.

Reinhard, Wolfgang: Geschichte der europäischen Expansion. 4 Bde., Stuttgart 1983-1990.

Rice, Don S. und Dennis E. Puleston: Ancient Maya settlement patterns in the Peten, Guatemala. In: Wendy Ashmore (Hg.): Lowland Maya settlement patterns. Albuquerque 1981, S. 121-156.

Riedmann, Josef: Verkehrswege, Verkehrsmittel. In: Rachewiltz, Siegfried de und J. Riedmann (Hg.): Kommunikation und Mobilität im Mittelalter. Begegnungen zwischen dem Süden und der Mitte Europas (11.-14. Jahrhundert). Sigmaringen 1995, S. 61-75.

Rodulfus Glaber: The Five Books of the Histories. Hg. u. engl. übers. v. John France. By the Same Author. The Life of St William. Hg. v. Neidhart Bulst, engl. übers. John France und Paul Reynolds. Oxford 1989.

Rösel, Jakob: Der Palast des Herrn der Welt. Entstehungsgeschichte und Organisation der indischen Tempel- und Pilgerstadt Puri (Arnold-Bergstraesser-Institut. Materialien zu Entwicklung und Politik 18). München 1980.

Rossabi, Morris (Hg.): China among Equals. The Middle Kingdom and Its Neighbors 10th to 14th Centuries. Berkeley-Los Angeles 1983.

Rothermund, Dietmar: Grundzüge der indischen Geschichte. Darmstadt 1976.

Salomon, Richard: Indian Tīrthas in Southeast Asia. In: Bakker, Hans (Hg.): The History of Sacred Places in India as Reflected in Traditional Literature. Papers on

Pilgrimage in South Asia. Leiden-New York-Kopenhagen u. a. 1990, S. 160-176.

Sansom, George B.: Japan. A Short Cultural History. London 1952.

Sathianathaier, R.: Chapter X: The Cholas. In: Majumdar, R. C. (Hg.): History and Culture of the Indian People. Bd. 5. The Struggle for Empire. 4. Auflage Bombay 1989 (1st ed. 1957), S. 234-255.

Savile, Charles: Angkor. In: Schellinger, Paul E. und Robert M. Salkin (Hg.): Illustrated Encyclopedia of Historic Places (Asia and Oceania). Bd. 1 A-G. New Delhi 1997, S. 31-34.

Schacht, Joseph (Hg.): Das Kitāb al-hijal wal-maḫāriǧ des Abū Bakr Aḥmad ibn ʿUmar ibn Muhair aš-Šaibānī al-Ḫaṣṣāf. Hannover 1923.

Schacht, Joseph (Hg.): Das Kitāb al-hijal fil-fiqh (Buch der Rechtskniffe) des abū Ḥātim Maḥmūd ibn al-Ḥasan al-Qazwīnī. Mit Übersetzungen und Anmerkungen des Hg. Hannover 1924.

Schaedler, Karl-Ferdinand: Erde und Erz. 2500 Jahre Afrikanische Kunst aus Terrakotta und Metall. München 1997.

Schatzmiller, Maya: Labour in the Medieval Islamic World. Leiden u.a. 1994.

Schellinger, Paul E. und Robert M. Salkin (Hg.): Illustrated Encyclopaedia of Historic Places (Asia and Oceania). Bd. 1 New Delhi 1997.

Schelm-Spangenberg, Ursula: Geschichte zum Nachschlagen. Köln 1969.

Schlingloff, Dieter: Die altindische Stadt. Eine vergleichende Untersuchung. In: Abhandlungen der geistes- und sozialwissenschaftlichen Klasse der Akademie der Wissenschaften und Literatur zu Mainz 1969. H. 5, S. 75-141.

Schmidt, Peter, Mercedes de la Garza und Enrique Nalda (Hg.): Maya. Venedig 1998.

Schmidt, Richard und Johannes Hertel: Amitagati's Subhāṣitasaṃdoha. Sanskrit und Deutsch. In: Zeitschrift der Deutschen Morgenländischen Gesellschaft 59 (Leipzig 1905), S. 265-340, 523-577.

Schmidt-Glintzer, Helwig: Geschichte der chinesischen Literatur. Bern-München-Wien 1990.

Schmidt-Glintzer, Helwig: Geschichte Chinas bis zur mongolischen Eroberung 250 v. Chr.-1279 n. Chr. (Oldenbourg Grundriss der Geschichte 26). München 1999.

Schneider, Ulrich: Die großen Felsenedikte Ashokas. Wiesbaden 1978.

Schnellenbach, Christiane: Geschichte als »Gegengeschichte«? Historiographie in Kalhaṇas Rājataraṅgiṇī. Marburg 1996.

Schottenhammer, Angela: Grabinschriften in der Song-Dynastie (Würzburger Sinologische Schriften). Diss. Heidelberg 1995.

Schramm, Percy Ernst: Das Herrscherbild in der Kunst des frühen Mittelalters. In: Saxl, Fritz (Hg.): Vorträge der Bibliothek Warburg. II. Vorträge 1922-1923/I. Teil. Leipzig - Berlin 1924, S. 145-224.

Schwartzberg, Joseph: A Historical Atlas of South Asia. 2. Auflage New York - Oxford 1992.

Schwarz-Schilling, Christian: Der Friede von Shan-yüan (1005 n. Chr.). Ein Beitrag zur Geschichte der chinesischen Diplomatie. Wiesbaden 1959.

Sharma, Ram Charan: Urban Decay in India (c. 300 - c. 1000). New Delhi 1987.

Shaw, Thurstan, Paul Sinclair, Bassey Andah, Alex Okpoko (Hg.): The Archaeology of Africa. Food, Metals and Towns. London 1993.

Shen Gua (1031-1095): Pinselaufzeichnungen am Traumbach (Mengxi bitan). Das gesamte Wissen des alten China. Aus dem Altchinesischen übertr. u. hg. v. Konrad Herrmann. München 1997.

Shi Jie (1005-1045): Culai xiansheng wenji (Gesammelte Werke des Herrn Culai). Beijing 1984.

Shiba Yoshinobu: Sung Foreign Trade. Its Scope and Organization. In: Rossabi, Morris (Hg.): China among Equals. The Middle Kingdom and its Neighbors 10th to 14th Centuries. Berkeley-Los Angeles 1983, S. 89-115.

Sima Guang (1019-1086): Wenguo Wenzheng Sima gong wenji (Gesammelte Werke des Herrn Sima Wenzheng). Sibu congkan-Ausgabe.

Sinha, Surajit: State Formation and Rajput Myth in Tribal Central India. In: Man in India 42 (1962), S. 35ff.

Sircar, Dines Chandra: Indian Epigraphy, New Delhi 1965.

Song huiyao jigao (Dokumentensammlung von Ereignissen und Institutionen der Song-Zeit) von Xu Song u.a. (Hg. und Kompil.) (1781-1848). Xinwenfen chubanshe-Ausgabe.

Spuler, Bertold: Die wirtschaftliche Entwicklung des iranischen Raumes und Mittelasiens im Mittelalter. In: Handbuch der Orientalistik, 1. Abt., 6. Bd., 5. Abschnitt, Teil 1. Leiden-Köln 1977, S. 116-159.

Srinivas, M. N.: Religion and Society among the Coorgs of South India. Oxford 1952.

Stein, Burton: Peasant, State and Society in Medieval South India. Delhi 1980.

Stierlin, Henri: Die Architektur der Welt. Plan und Bauwerk. 2 Bde. München 1977.

Swamikannu Pillai, L. D.: Indian Chronology (Solar, Lunar and Planetary. A Practical Guide to the Interpretation and Verification of Tithis, Nakshatras, Horoscopes and other Indian Time-records, B.C. 1 to A.D. 2000). Madras 1911 (Ndr. Delhi 1982).

Temple, Robert K. G.: Das Land der fliegenden Drachen. Chinesische Erfindungen aus vier Jahrtausenden. Bergisch Gladbach 1990.

Thakur, Vijay K.: Urbanisation in Ancient India, New Delhi 1981.

Thapar, Romila: Time as a Metaphor of History. Delhi-Bombay-Calcutta u.a. 1996.

The Bhāgavata-Purāṇa. 5 Bde. Übersetzt von G. V. Tagare. Delhi-Patna-Varanasi 1976.

The Cambridge History of Japan. Bd. 2: Heian Japan, hg. v. Donald H. Shively u. William H. McCullogh. Cambridge-New York-Melbourne 1999.

The Encyclopaedia of Islam, New Edition. Bd. 1ff. Leiden-London 1960ff.

Thompson, J. Eric S.: A commentary on the Dresden codex. Philadelphia 1972.

Thukydides: Geschichte des Peloponnesischen Krieges. 1. Teil: Buch I-IV, übersetzt und mit einer Einführung und Einleitung versehen v. Georg Peter Landmann. München-Zürich 1993.

Tozzer, Alfred M.: Chichén Itzá and its Cenote of Sacrifice. A Comparative Study of Contemporaneous Maya and Toltec. Memoirs of the Peabody Museum of Archaeology and Ethnology. Bd. XI and XII. Cambridge/Mass. 1957.

Trauzettel, Rolf: Die chinesische Geschichtsschreibung. In: Debon, Günter (Hg.): Ostasiatische Literaturen (Neues Handbuch der Literaturwissenschaft 23). Wiesbaden 1984.

Tschepe S. J., P. A.: Japans Beziehungen zu China seit den ältesten Zeiten bis zum Jahre 1600 (Studien und Schilderungen aus China Nr. III). Yanzhou 1907.

Tuo Tuo u. a.: Song shi (Geschichte der Song-Dynastie) Ca. 1345. Zhonghua shuju-Ausgabe.

Turner II, B. L.: Comparison of agrotechnologies in the basin of Mexico and central Maya lowlands. Formative to the classic Maya collapse. In: Miller, Arthuer G.: Highland-lowland interaction in Mesoamerica. Interdisciplinary approaches. Washington/D. C. 1983, S. 13-47.

Ullmann, Manfred: Die Natur- und Geheimwissenschaften im Islam. Leiden 1972.

Vansina, Jan: Paths in the Rainforests. Madison/Wisconsin 1990.

Varāhamihira: Bṛhat Saṃhitā. Ed. by R. Bhat, with English Translation, Exhaustive Notes and Literary Comments. 2 Vols. Delhi 1981.

Vasudevan, A.: Pagan. In: Schellinger, Paul E. und Robert M. Salkin (Hg.): Illustrated Encyclopedia of Historic Places (Asia and Oceania). Bd. 3 P-Z. New Delhi 1997, S. 653-656.

Wang Zhen: Nung shu (Buch der Landwirtschaft). Aus dem Jahr 1313. Siku quanshu-Ausgabe.

Warder, Anthony K.: The Pali Canon and Its Commentaries as an Historical Background. In: Philips, Cyril H. (Hg.): Historians of India, Pakistan and Ceylon. London-New York-Toronto 1961, S. 44-56.

Weigert, Hans (Hg.): Kleine Kunstgeschichte der außereuropäischen Kulturen. Stuttgart 1957.

Weinfurter, Stefan: Sakralkönigtum und Herrschaftsbegründung um die Jahrtausendwende. Die Kaiser Otto

Wellhausen, Bernd: Landwirtschaft als Thema ethnologischer Forschungen. Eine Analyse empirischer und theoretischer Studien. Göttingen 1985.

Werner, Karl Friedrich: Gott, Herrscher und Historiograph. Der Geschichtsschreiber als Interpret des Wirkens Gottes in der Welt und Ratgeber der Könige (4. bis 12. Jahrhundert). In: Hehl, Ernst-Dieter, Hubertus Seibert und Franz Staab: Deus qui mutat tempora. Menschen und Institutionen im Wandel des Mittelalters. Fs. f. Alfons Becker zu seinem 65. Geb. Sigmaringen 1987, S. 1-31.

Westliches Geschichtsdenken. Eine interkulturelle Debatte. Hg. v. Jörn Rüsen. Göttingen 1999.

White, Christine D. Paleodiet and nutrition of the ancient Maya at Lamanai, Belize. A study of trace elements, stable isotops, nutritional and dental pathologies. Master's thesis. Trent University. Ontario 1986.

Wikinger-Waräger-Normannen. Die Skandinavier und Europa 800 bis 1200. Begleitheft zur Ausstellung v. Arnold Muhl u. Reiner-Maria Weiss. Berlin 1992.

Wilhelm, Friedrich: The Transfer of Capitals in the History of South Asia. In: Sinor, Denis (Hg.): Proceedings of the Twenty-seventh International Congress of Orientalists. Ann Arbor. Michigan 13th-19th August. 1967. Wiesbaden 1971, S. 337-338.

Wilson, Nigel G.: Scholars of Byzantium. London 1983.

Wink, André: Kanauj as the Religious and Political Capital of Early Medieval India. In: Bakker, H. (Hg.): The Sacred Centre as the Focus of Political Interest. Groningen 1992, S. 101-117.

Wink, André: Al Hind. The Making of the Indo Islamic World. Bd. 1, Leiden 1990.

Winternitz, Moritz: Geschichte der indischen Litteratur. 3 Bde. Leipzig 1909-1922 (Englisch: A History of Indian Literature. Delhi 1981).

Winternitz, Moritz: Die buddhistische Literatur und die heiligen Texte der Jainas (Geschichte der Indischen Litteratur 2). Leipzig 1926.

Witzel, Michael: Regionale und überregionale Faktoren in der Entwicklung vedischer Brahmanengruppen im Mittelalter. In: Kulke, Hermann und Dietmar Rothermund (Hg.): Regionale Tradition in Südasien. Stuttgart 1985, S. 57-76.

Wudai Wang Chuzhi (Das Grab des Wang Chizhi). Zusammengestellt von der kulturellen Forschungsgruppe von Hebei. Beijing 1998.

Yang Shiqi (1365-1444) u. a. (Hg. u. Kompilatoren): Lidai mingchen zouyi (Throneingaben berühmter Staatsmänner der Geschichte). Siku quanshu-Ausgabe.

Young, M. J. L., J. D. Latham und R. B. Serjeant (Hg.): Religion, Learning and Science in the 'Abbasid Period. The Cambridge History of Arabic Literature. Cambridge 1990.

Zeng Gongliang (998-1078) und Ding Du (990-1053): Wujing zongyao (Wesentliches aus dem Militärklassiker). Aus dem Jahr 1044. Siku quanshu-Ausgabe.

Zeuner Frederick E.: A history of domesticated animals. London 1963.

Zhao Rugua (1170-1231): Zhufan zhi (Aufzeichnung über ferne Länder). Sibu cong-kan-Ausgabe.

Zhou Qufei: Lingwai daida (Ein Buch, das an meiner Stelle auf Fragen, die sich auf die Gebiete jenseits der Gebirgszüge beziehen, antwortet). Aus dem Jahr 1178. Siku quanshu-Ausgabe.

Zhu Yu (1075? - nach 1119): Pingzhou ketan (Gespräche in Pingzhou). Aus dem Jahr 1119. Congshu jicheng-Ausgabe.

Abbildungsnachweis

Akademische Druck- und Verlagsanstalt, Graz: Kap.I Abb.9, 10, 11, 16; Kap. III Abb.1, 3, 7, 9, 10, 11, 26; Kap. V Abb.26.
Bayerische Staatsbibliothek, München: Kap.II Abb.22a,b, 48a,b.
Biblioteca Apostolica Vaticana, Vatikanstaat: Kap.I Abb.7; Kap.II Abb.11a,b, 37, 44.
Biblioteca di Monumento Nazionale di Montecassino, Cassino: Kap.III Abb.24; Kap.IV Abb.1, 24, 27a,b,c; Kap.V Abb.15.
Biblioteca Nazionale Marciana (Foto-Studio Toso), Venedig: Kap.II Abb.47.
Biblioteca Nacional, Madrid: Kap.III Abb.27.
Bibliothèque nationale de France, Paris: Kap.III Abb.13.
Bischöfliches Ordinariat, Limburg: Kap.IV Abb.34a,b.
Bodleian Library, University of Oxford: Kap.II Abb.7a,b,c, 39a,b,c.
The British Library, London: Kap.I Abb.6, 15; Kap.II Abb.3; Kap.V Abb.6.
The British Museum, London: Kap.V Abb.16, 17, 19.
Chinesische Akademie für Architektur, Beijing: Kap.IV Abb.6, 42, 53, 56; Kap.V Abb.2.
Departement of Archaeology and Anthropology, University of Ibadan: Kap.II Abb.15.
Diözesanmuseum, Bamberg: Kap.II Abb.52.

Domkapitel Aachen (Foto Münchow): Kap.II Abb.31, 38, 49a,b.
Dombibliothek, Hildesheim: Kap.I Abb.8.
Forschungs- und Landesbibliothek, Gotha: Kap.III Abb.4; Kap.IV Abb.23; Kap.V Abb.5.
Fotoarchiv U. Dyckerhoff & H. Prem, Göttingen: Kap.IV Abb.3, 20, 48; Kap.V Abb.21, 22.
Fotoarchiv Herder-Verlag, Freiburg: Kap.I Abb.4, 5; Kap.II Abb.9, 35; Kap.III Abb.19, 20; Kap.IV Abb.2, 8, 9, 10, 11, 14, 15, 16, 17, 18, 25, 35, 37, 38, 51, 52; Kap.V Abb.18, 26, 33.
W.H. Freeman and Company, New York: Kap.I Abb.12; Kap.II Abb.1, 28, 29; Kap.III Abb.18.
Freer Gallery of Art & Arthur M. Sackler Gallery, Washington: Kap.III Abb.14; Kap.IV Abb.40.
Frühchristlich-Byzantinische Sammlung, Staatliche Museen Berlin: Kap.II Abb.36.
Galerie Sonnenfels, Wien: Kap.II Abb.12, 14.
Germanisches Nationalmuseum, Nürnberg: Kap.I Abb.13.
M. Heiduk, Freiburg: Kap.V Abb.7.
G. Heil, Berlin: Kap.IV Abb.5.
Herzog August Bibliothek, Wolfenbüttel: Kap.II Abb.20.
A. Hoffmann, Schlangen: Kap.V Abb.27.
Indian Museum, Calcutta: Kap.II Abb.21.

Institut für Christliche Archäologie und Kunstgeschichte, Universität Freiburg: Kap.I Abb.3.
A.F. Kersting, London: Kap.III Abb.22, 23.
Khajuraho Museum: Kap.II Abb.6; Kap.IV Abb.46.
Koninklijke Bibliotheek, Den Haag: Kap.II Abb.54.
H.-J. Kress, Marburg: Kap.IV Abb.13.
D. Kuhn, Würzburg: Kap.III Abb.15, 16, 17, 21.
Kunsthistorisches Bildarchiv, Freiburg: Kap.II Abb.24, 25a,b, 26, 27; Kap.V Abb.7, 22, 33, 57.
Kunsthistorisches Museum, Wien: Kap.II Abb.50.
Kyoto National Museum: Kap.II Abb.32.
Magyar Nemzeti Múzeum, Budapest: Kap.V Abb.29.
R. McIntosh, London: Kap.IV Abb.4b,c.
Metropolitan Museum of Art, New York: Kap. IV Abb.41a,b.
Musée Guimet, Paris: Kap.IV Abb.30.
Musée du Louvre (Foto RMN – H. Lewandowski), Paris: Kap.V Abb.14, 24, 28.
Musée National du Bardo, Tunis: Kap.II Abb.23.
Museo della Basilica di San Marco, Venedig: Kap.V Abb.12.
Museo de Navarra, Pamplona: Kap.II Abb.40.
Museo Regional de Chiapas, Tuxtla Gutiérrez: Kap.IV Abb.31.

Museo Regional de Yucatán, Mérida (Mex.): Kap.IV Abb.43.
Museo de Sitio, Chichén Itzá: Kap.IV Abb.32.
Museum für Indische Kunst, Staatliche Museen Berlin: Kap.II Abb. 41, 42, 43; Kap.IV Abb.54, 55.
Museum für Islamische Kunst, Staatliche Museen Berlin: Kap.IV Abb.39, 47; Kap.V Abb.11.
Museum of Oriental Ceramics, Osaka: Kap.II Abb.33.
Museum für Völkerkunde, Wien: Kap.II Abb.13; Kap.IV Abb.21.
Münzkabinett, Staatliche Museen Berlin: Kap.II Abb.8.
National Commission for Museums and Monuments, Lagos (Nig.): Kap.II Abb.16
National Palace Museum, Taipei: Kap.II Abb.4, 10, 34, 46; Kap.III Abb.5, 8, 12; Kap.V Abb.13.
National Museum of Ireland, Dublin: Kap.II Abb.51.
Niedersächsisches Staatsarchiv, Wolfenbüttel: Kap.V Abb.31.
Ontario Science Centre, Toronto: Kap.II Abb.5.
Palace Museum, Beijing: Kap.IV Abb.28, 44, 45; Kap.V Abb.1, 3a,b.
Privatsammlungen (auf ausdrücklichen Wunsch der Eigentümer erfolgen keine näheren Angaben): Kap.II Abb.45; Kap.III Abb.2, 6; Kap.IV Abb.36; Kap.V Abb.8, 10.
Rautenstrauch-Joest-Museum für Völkerkunde, Köln: Kap.IV Abb.49.
Science Museum, London: Kap.I Abb.14.
Schatzkammer St. Heribert, Köln-Deutz: Kap.V Abb.30.
V. Schneider, Deutschland: Kap.II Abb.17, 18, 19; Kap.V Abb.9.
A. Schottenhammer, Hamburg: Kap.V Abb.20, 34.
A. Shakir, Leipzig: Kap.IV Abb.12.
Shanghai Museum: Kap.III Abb.25; Kap.IV Abb.29.
Staatsarchiv, Würzburg: Kap.II Abb.30a,b.
Staatsbibliothek, Bamberg: Kap.I Abb.1, 2; Kap.II Abb.53; Kap.V Abb.32.
Stiftsbibliothek, St. Gallen: Kap.II Abb.2.
E. Thiem, Kaufbeuren: Kap.IV Abb.19, 26, 50; Kap.V Abb.23.
Universitetets Oldsaksamling, Oslo: Kap.V Abb.4.

Herausgeber und Verlag danken allen Rechteinhabern für die freundliche Abdruckgenehmigung. Wir haben uns bemüht die Rechteinhaber in jedem Fall ausfindig zu machen. Das ist in den meisten, aber nicht in allen Fällen gelungen. Sollte jemand über berechtigte Ansprüche verfügen, möge er sich an den Verlag wenden, der diese selbstverständlich abgelten wird.

Autorenverzeichnis

Berkemer, Georg, Dr., studierte Ethnologie, Indologie und Geschichte in Heidelberg, Madison und Visakhapatnam. Er ist wissenschaftlicher Mitarbeiter am Historischen Seminar der Universität Freiburg i. Br. Von ihm liegen zahlreiche Arbeiten zur Geschichte Südostasiens vor. Derzeit beschäftigt er sich mit der Epigraphie dieser Region.

Brockmann, Andreas, Dr., Studium der Volkswirtschaft, Ethnologie, Publizistik und Soziologie an der Universität Münster, Ethnologie und Altamerikanistik an der Universidad Autónoma de México und der Universität Freiburg. Wissenschaftlicher Mitarbeiter an der Universität Freiburg. Lehrtätigkeit zur Ethnologie und Geschichte Lateinamerikas an der Universität Münster, dort von 1990-1997 Geschäftsführer des Lateinamerika-Zentrums. Zahlreiche Veröffentlichungen zur älteren und neueren Geschichte Lateinamerikas. Feldforschung im Hochland von Chiapas/Mexiko, mehrere Ausstellungen.

Brüggemeier, Franz-Josef, Dr. phil. Dr. med. Von 1995 bis 1998 Professur für Neuere Geschichte, Technik- und Umweltgeschichte in Hannover, seitdem Inhaber des Lehrstuhls für Wirtschafts- und Sozialgeschichte an der Universität Freiburg. Zahlreiche Veröffentlichungen zur Geschichte des 19. und 20. Jahrhunderts, mit Schwerpunkt auf der Sozial- und Wirtschaftsgeschichte, in den letzten Jahren auf der Umweltgeschichte. Ausstellungen: »Feuer und Flamme. 200 Jahre Ruhrgebiet« (Oberhausen 1994/1995), »mittendrin. Sachsen-Anhalt in der Geschichte«, und »Unter Strom. Energie, Chemie und Alltag. Sachsen-Anhalt 1890-1990« (Vockerode 1998 und 1999).

Eisenhofer, Stefan, Dr., Ethnologe und Historiker. Lehrtätigkeit am Institut für Völkerkunde und Afrikanistik der Ludwig-Maximilians-Universität München und langjähriger Mitarbeiter der Afrika-Abteilung des Staatlichen Museums für Völkerkunde München; wissenschaftlicher Leiter mehrerer internationaler Ausstellungen über Afrika; zahlreiche Publikationen zur Kunst und Geschichte Afrikas. Forschungsschwerpunkte sind die alten Reiche Benin und Ife in Westafrika.

Hoffmann, Gerhard, Dr., Studium der Arabistik, Islamwissenschaft und Geschichte an der Universität Leipzig. Wissenschaftlicher Mitarbeiter an der Universität Halle, Lehrtätigkeit zur arabisch-islamischen Geschichte des Mittelalters und der Neuzeit an den Universitäten Leipzig, Berlin, Kiel. Arbeitsgebiete: Geschichte des mittelalterlichen arabisch-islamischen Orients; sozio-militärische Entwicklungen im Vorderen Orient des Mittelalters. Zahlreiche Veröffentlichungen.

Huth, Volkhard, Dr., wissenschaftlicher Mitarbeiter am Historischen Seminar der Universität Freiburg i. Br. Nach dem Studium an den Universitäten Freiburg und Löwen war er zwischenzeitlich als Mitarbeiter der Stadtverwaltung Donaueschingen für kulturpädagogische Aufgaben, als Volkshochschuldozent sowie als freiberuflicher Journalist tätig. Forschungsschwerpunkte: Historiographie- und Bildungsgeschichte; Geschichte der politischen Symbolik in Mittelalter und Früher Neuzeit, Landesgeschichte.

Reinhard, Wolfgang, Dr., Professor, lehrte Neuere und Außereuropäische Geschichte in Freiburg, Augsburg, Atlanta und bei *Semester at Sea;* seit 1990 ist er Professor für Neuere Geschichte in Freiburg. Seine Forschungen und zahlreichen Veröffentlichungen betreffen frühneuzeitliche Kirchengeschichte, vergleichende politische Geschichte Europas, historische Anthropologie und die Geschichte der europäischen Expansion.

Schenkluhn, Wolfgang, Dr., seit 1995 Professor für Kunstgeschichte des Mittelalters an der Martin-Luther-Universität Halle-Wittenberg. Arbeitsschwerpunkte und zahlreiche Publikationen zur Architektur und Skulptur des Mittelalters, vor allem Kirchen- und Klosterbaukunst und Kathedralplastik; mittelalterliche Tafel- und Wandmalerei Italiens; Rezeptions- und Kontextgeschichte mittelalterlicher Kunst.

Schottenhammer, Angela, Dr., Studium der Sinologie, Japanologie, Geschichte und Medizin an den Universitäten Würzburg und Peking (Beijing daxue). Wissenschaftliche Mitarbeiterin an der Universität Halle. Lehraufträge zur alten und modernen chinesischen Geschichte u. a. an den Universitäten Leiden, Kiel und Köln. Sie ist Autorin zahlreicher Publikationen zur Geschichte, Wirtschaftsgeschichte und Literatur Chinas.

Die Staaten der Welt im Jahre 2000

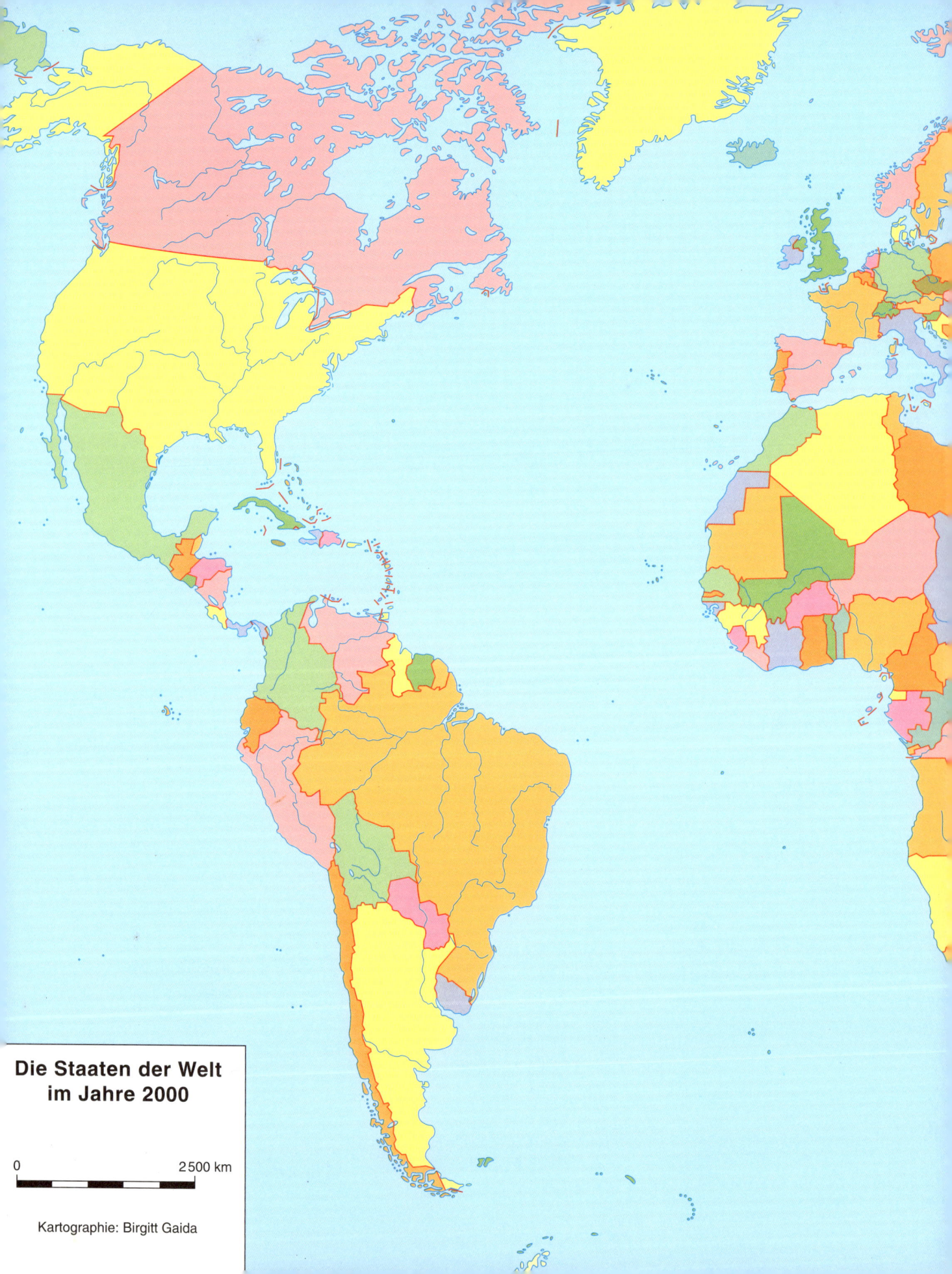

0 — 2500 km

Kartographie: Birgitt Gaida